U0560550

二〇二一年度國家古籍整理出版專項經費資助項目

九部經解

孟子說解

〔明〕郝敬　撰
劉建民　點校

長江出版傳媒
崇文書局

圖書在版編目（CIP）數據

孟子説解 /（明）郝敬撰 ; 劉建民點校. -- 武漢 : 崇文書局, 2022.12
（九部經解）
ISBN 978-7-5403-7117-3

Ⅰ. ①孟… Ⅱ. ①郝… ②劉… Ⅲ. ①《孟子》—研究 Ⅳ. ①B222.55

中國國家版本館CIP數據核字（2023）第021379號

出品人　韓　敏
選題策劃　李豔麗
責任編輯　吕慧英
責任校對　董　穎
責任印刷　李佳超

孟子説解

出版發行　長江出版傳媒　崇文書局
地　　址　武漢市雄楚大街268號C座11層
電　　話　(027)87677133　郵政編碼　430070
印　　刷　湖北新華印務有限公司
開　　本　880mm×1230mm　1/32
印　　張　20
字　　數　501千
版　　次　2022年12月第1版
印　　次　2022年12月第1次印刷
定　　價　138.00圓

原文後的説解闡釋，大致可以分爲三類内容。第一類是經義的闡發，這是郝敬解經的注述重點，也是《孟子説解》的精華所在，而且這一部分是説解《孟子》任何章節時都必不可少的内容。第二類是字詞的訓詁，這一部分内容的多寡主要取決於有礙文意理解的詞彙數量。第三部分則主要涉及名物制度、地理沿革、事件人物等内容的考證解釋。這三類内容在每章之下並非全部都有，順序也偶有不同。

據李維楨《舊刻經解緒言跋》，郝敬「病漢儒之解經詳於博物而失之誣，宋儒之解經詳於説意，而失之鑿」。〔一〕他認爲前人對《孟子》的見解多有不確，且誤會頗深。郝氏在説解中，嘗試以孟子的立言爲依歸，不拘陳説，以個人體悟爲主，按照自己對《孟子》的理解和把握來批駁先儒，並對《孟子》進行疏通發明。書成之後，郝敬對於自己「十年閉户」，「取經籍課誦，久之，於訓詁外微有新知」的經解還是比較滿意的。黄宗羲曾在《明儒學案》卷五十五的《諸儒學案》中肯定了郝敬的經學成就，認爲郝敬「一洗訓詁之氣，明代窮經之士，先生實爲巨擘」。黄氏在其《孟子師説》中也曾多次引到郝敬《孟子説解》的意見。閻若璩在其著作中也不時引用郝氏的見解。〔二〕但《四庫全書》不收郝敬著作，《四庫全書總目提要》也僅録其部分著作，對郝敬經學成績的評價基本上全持否定態度，説郝敬解經「往

〔一〕李維楨：《舊刻經解緒言跋》，《談經》，《四庫全書存目叢書》本，第七二八頁下欄。

〔二〕黄宗羲：《明儒學案》，中華書局，二〇一五年，第一三一三頁。

整理説明

郝敬著《孟子説解》十四卷，爲其《九部經解》之一種。此書在説解正文之前，有《孟子遺事》一卷。郝氏曾自述其説解《孟子》的原因：「戰國塵飛，處士横議，周道榛蕪，文武墜地。鄒魯相近，澤未五世，孟子願學，曰私淑艾。七篇之言，居仁由義，稱堯述舜，入孝出弟，守仲尼之道，以待後之學士，反約則同，詳説豈異？」〔一〕《孟子説解》成書後由其子郝千秋、郝千石刊刻於明萬曆年間。《千頃堂書目》《經義考》《四庫全書總目》均有著録。《經義考》引陸元輔云：「郝仲輿《孟子説解》前有《讀孟子》三十一條，爲一卷；又《孟子遺事》一卷；餘隨文詳説十二卷。」實際上郝氏《孟子説解》正文共十四卷，所引《孟子》的章節劃分，基本上沿用趙岐《孟子章句》的分章起止，只有個别章節有合併的情況。郝敬《九部經解》的每部經解原來本有序文一篇，以「讀××」名篇，後將九篇序文合爲一集，匯爲《經解緒言》（後又改名爲《談經》）先行刊行。此九篇序文單行之後，又編入《山草堂集》内編，所以《讀孟子》不再附於後來刊刻的《孟子説解》之前。

《孟子説解》將《孟子》每章原文録於説解之前，在原文中隨文以直音法注出生僻字讀音。《孟子》

〔一〕郝敬：《小山草》卷六，第九六頁。

往失之粗獷，好議論而不究其實」，還説「概敬之説經，通坐此弊」。〔二〕總之，在明末清初中國學術史由宋明理學向清代樸學逐漸演進的過程中，雖然郝氏嘗試回歸原典，且認爲自己的詮解貼近聖賢本意，但在實際操作過程中還是不可避免地流於空疏，獲得了「多憑臆説」（皮錫瑞《經學歷史》語）的評價。雖有連篇累牘的代聖賢立言，但其思想缺乏系統性和深刻性也是顯而易見的。盡管如此，《孟子説解》中對朱熹學説的批判，對於打破程朱理學的桎梏，開創清代新學術風氣還是有其功用與價值的。

我們此次整理，以《四庫全書存目叢書・經部》第一六一册所收湖北省圖書館所藏的京山郝氏萬曆四十七年家刻本《九部經解》中的《孟子説解》爲整理底本。此本有少量字迹模糊難以辨識之處，校以日本國立公文書館内閣文庫所藏編號爲「漢8455」的《孟子説解》（簡稱「内閣文庫本」）。内閣文庫此本卷末不見刊刻年份，文字内容與《存目叢書》本存在少量差異。從差異内容推測，内閣文庫此本的刊刻時間或稍早於存目本。我們在整理本中隨文注出二者差異，供讀者參考。另外，内閣文庫本經解之前的《讀孟子》一篇，爲存目本所無。我們此次整理仍將該篇置於經解本文之前，以便讀者。

〔一〕永瑢、紀昀等編：《四庫全書總目提要》，海南出版社，一九九九年，第二〇六頁。

目録

讀孟子

大道無垠，六經浩淼。乃至《論語》之教，循循有歸。然其言寬簡有餘，含弘包荒而不爲典要。及乎聖遠教堙，下迨戰國，處士横議。楊朱、墨翟、鄒衍、鬼谷、公孫龍之輩，百家簧鼓竽濫，不可勝聽，而孟子生當斯時，獨能守仁義、性善、孝弟、中庸之教，發明顯微博約、下學上達之旨，斬然歸于一。七篇之辭，彰明較著。而其旨精融渾化，使當世由之而不知，後世習之而不察，烏乎微已。若孟子者，真尼父之適嗣、聖之繼者也，豈如儒者所云「大賢」「亞聖之次」而已乎？

趙岐謂孟子通六經，尤長于《詩》《書》。程正叔謂：孟子云「可以仕則仕，可以止則止，可以久則久，可以速則速」，知《易》莫如孟子；又云「王者迹熄而《詩》亡，《詩》亡然後《春秋》作」「《春秋》無義戰」，知《春秋》莫如孟子。愚按，孟子言四端，即《易》之四德也。仁義即《易》立人之道也，性善即《易》「繼善成性」也，知性知天即《易》「窮理盡性至於命」也。兵貴人和得諸《師》，養大體得諸《頤》，聖人於天道得諸《乾》，收放心、養夜氣得諸《復》，寡欲得諸《无妄》，與王驩稷下諸人處包荒不失其正得諸《否》，學孔子「聖之時」得諸先後天，他可類推。則是知《易》誠未有如孟子者矣。《記》曰：「疏通知遠，《書》之教，其失也誣。」此本孟子「盡信《書》不如無《書》」之語，而後人託爲孔子言，非也。《書》删自孔子，焉得誣？至七國處士横議，真贋始淆，浸淫至于秦漢。如張霸之《武成〔一〕》，孔安國之古文，皆以魚目亂珠，乃知孟子「取二三策」其辨精矣。其言道德必稱堯舜，言征伐必稱湯武，則知《書》誠未有如孟子者矣。《詩三百》古序，其來已舊。後儒以辭害志，如咸丘蒙、高叟之輩，孟子教之「不以文害辭，不以辭害志，以意逆志」，此千古學《詩》心法。孔子與賜、商言《詩》意正同，而程正叔引「《詩》亡然後《春秋》作」，但謂孟子知《春秋》，而愚惟此益信孟子之深于《詩》也。蓋《詩》之美刺與《春秋》之是非相表裏。此義二千年來學者未通曉，自孟子始發，然則知《詩》尤未有如孟子者矣。世儒説《春秋》，謂「仲尼獎五霸，率諸侯事盟主」，此無稽之言。諸傳皆紛紛語夢，而獨孟子謂五霸爲三王罪人，《春秋》與《檮杌》同，然則知《春秋》孰有如孟子者乎？至于先王之禮，巡狩、述職、班爵、班禄、井田、學校，皆治天下大經大法，其説明徵典要，可信可傳。若《周禮》之煩苛，《儀禮》之瑣碎，《王制》《明堂位》之附會，皆强世難行。故欲考古禮、法先王，莫善于孟子，其言曰「非禮之禮，大人弗爲」，其論禮，惟恭敬辭讓、入孝出弟。「禮之實，節文斯二者；樂之實，樂斯二者，樂則生；生則惡可已，惡可已，則不知足之蹈之、手之舞之」，後儒襲其語以爲《樂記》，即孔子「禮云禮云，玉帛云乎？樂云樂云，鐘鼓云乎」之意。故達禮樂之精，又孰有如孟子者乎？愚故曰有六經不可以無孟子者，此也。

仲尼非必待孟子始尊，六經非必待孟子後傳。然當戰國時，無孟子則仁義之緒絶矣。孔子在春秋，

〔一〕「成」，内閣文庫本作「城」，據文義改。

諸侯大夫猶能博學道古、稱述先王。至于戰國遊士縱横之家，譚天炙轂之口，緯稗伎方之學，蜩螗亂鳴。是時稱述唐虞三代，明性善，譚仁義，烏可一日無孟子也？去聖未遠，六籍尚存，故七篇之言明徵可信。其他傳記，如《周禮》《春秋》諸傳等書，皆經後人脩飾，辭多附會。如言班禄，公侯方百里，伯七十里，子男五十里；而《周禮》謂公五百里，侯四百里，伯三百里，子二百里，男百里。質之《論語》，子路言志千乘之國，夫子哂之，冉子謙言七十、五十里，則子路之千乘爲百里甚明，古大國無過百里信矣。其告滕文公學校之設，夏曰校，殷曰序，周曰庠，學則三代共之，言三代學名異而其所學同也。《禮記·王制》有鄉國東西上下等制，煩複不經。又如陳賈言周公使管叔監殷，管叔以殷畔，但言周公誤使耳。孔書《蔡仲之命》誤解《金縢》「我之弗辟」，謂周公辟管叔、囚蔡叔，後世遂訛傳周公殺兄。齊人伐燕本宣王事，燕昭王報讐伐齊則齊湣王時矣。司馬遷作《史記》，並以伐燕爲湣王事。又齊人取燕，孟子教以法文武、順民情。司馬遷作《燕世家》，遂云孟軻勸齊王伐燕，云「文武之時不可失」，其是非錯亂如此，烏足盡信乎？

孟子人品心術，正大光明。議論開口見心，更無回互詭譎之譚。行己與人，坦然寬平。雖嚬笑不苟，而亦無矯激違情。所謂「非先王之法言不言，非先王之法行不行」者也。

孟子步趨孔子，故《論語》意思深厚，七篇即其註疏。如告人君問政，孔子但舉其大端；孟子傾倒而出，制産、設教一一指掌，然亦只是教之、富之之家法而已。《論語》之言寬而有餘，七篇之言詳而惟允。

孟子學問政事，皆從心上發揮。論政惟是一念不忍，擴而充之，論學惟求放心，先立乎其大，更無枝葉之譚，亦無隱藏之秘。讀其書，如清風明月中行，神骨森爽。

學者學孔子，如泛滄海，不可以桴筏渡，不可以盃蠡測。學孟子坦易直方，無城府荆棘，不增不減，不剛不柔，淆之不濁，澄之不清，所謂泰山崩於前而色不變、麋鹿興於側而目不瞬者也。世儒謂孟子太露英氣，是以文章光燄卜度，非知孟子也。孟子一生學孔子，孔子教學者切切偲偲怡怡如，自家惟是温良恭儉讓，孟子亦謂君子睟然盎然。有道之士無剛直太露者，若孟子，但可謂之正大光明而已矣。

或曰：孟子欲效用於齊梁，而其所言惟仁義。當時富强成風，使齊梁之君不爲富强，其何以自免？嗟夫！此乃當世所以不能信用孟氏者也，七篇言之詳矣。夫成敗利鈍，小數也；善惡邪正，大分也；治亂安危，遠略也。七國不行仁義，旋踵而滅；秦不行仁義，再世而亡。漢高、文景行仁義而興，唐宋以下至于今，未有治世不行仁義，未有世亂不由于不仁不義者，千古如大路然。使齊梁之君能用其言，豈與七國俱亡乎？今有病羸者，或教之寡慾，此至理也，彼見爲迂闊，牽于酒色不能自斷，反疑人言之未必效，恣情縱慾遂至于死：是果言之不效耶，抑不用其言耶？仁義不可一日舍，猶水火菽粟，恒人日用不知耳。

從古未有天下之大可以人力得者。二帝三王之王也，因天命人心之自至耳。七國倚强力求爲帝王，其謀臣策士争以力相尚，皆未聞道也。夫道，濟世安民而已，能濟世安民之謂王。未聞求爲王而後濟世安民者也。孟子思以道濟天下，而世主自利之心甚。不得已而曰「行此則可王」，爲世主庸君言耳。

故南宮适謂「禹稷躬稼而有天下」，深得聖人難言之意，夫子所以亟稱之。孟子告齊梁本心如此。凡聖賢論治，論其理不論其事，論其久遠不論其旦夕，論其大經大法人人可行，不以私智小慧誤天下後世。知此，然後可與讀《孟子》。

孟子爲卿于齊，辭十萬之禄，其風格崚峻，如威鳳翔于千仞，可望不可扳。及其去齊，三宿而後出晝，渾厚惻怛又如此。讀其書、論其世，可想見其人。

魯男子絶不似柳下惠，是善學柳下惠者也；孟軻絶不似仲尼，是善學仲尼者也。凡善學者，不求其似。後儒學孟子，便思壁立萬仞、泰山巖巖，可謂善學孟子者乎？

世儒讀《孟子》，以不見諸侯、抗禮王公爲盛節，此未足以重孟子也。自昔韋布勢重，無如戰國時：七王紛争，遊士以機智相傾，如騶衍、淳于髡、蘇秦、張儀輩，皆利口變詐，傾危人國。所至王公，分庭抗禮，長跪請教，蓋畏之也。孟子自負名世，以道愛身，當此時不得不益自珍重。故雖受君之餽，而託于諸侯則不敢。君召不往，而以禮聘則必見；貨不苟取，而卻賜則謂不恭。如陳仲子之無君臣上下，則惡其矯廉；泄柳、申詳踰垣閉門，則病其已甚。平生所願學，惟孔子時中，是以守庶人之分，辭齊卿之禄。見可知幾，難進易退，誠不欲與雞鶩争食，而獨得明哲保身之道也。彼衍、儀輩，機變震主，積習成風。逮至秦政之季，火延崑岡，士無噍類，蓋積忿深而得禍烈也。是以君子道中庸而履謙卑，滿則受概，亢則召悔，讀《孟子》者所當深省也。

孟子器宇，正自寬平。言語行事，極近人情。不見諸侯，而齊、梁好士未嘗不往；仕不受禄，而宋、薛有處之餽，未嘗不受；道不苟合，而不爲小丈夫之悻怒，故去齊必三宿；廉不苟取，而不爲陳仲子之矯情，故交際亦不辭。匡章得罪于父，不以人言而不加禮貌；夷之受學于墨者，不以爲異端而吝其教誨。其告君也，園囿亦可，臺池、鳥獸亦可，好樂亦可，好色、好貨亦可，故曰人不足責，政不足諫，惟格君心之非而已。是故以臧倉之謗不遇于魯，而未嘗怨其沮己；以王驩之佞倖出弔于滕，而未嘗不與之朝莫。雖往返不言，而終不激小人之怒。嘗不悦于公行子之家，而從容片辭，嫌疑立解，宛然孔子待陽貨、公伯寮氣象。豈非願學之深，有得于温良恭儉讓之遺範者與？是故以伯夷爲隘，以柳下惠爲不恭，以仲尼爲不爲已甚。其所向慕可知，而世儒猶謂鋒芒太露，然則必如小人之無忌憚而後可者矣？

當世諸侯，惟梁、齊最盛。梁惠王席武侯之業，齊宣王承威王之緒，國富兵强，又能卑禮招賢，故孟子樂往。惠王晚年喪敗，不自悔禍，嗣君不肖，孟子遂去；齊宣王質美好士，故孟子居齊最久。母喪歸葬，喪畢復反，蓋有厚望于齊也，故曰「廣土衆民，君子欲之」。孔子當春秋時，不悦于齊、魯，而大國莫如楚，故徘徊于陳、蔡之間者十年，意在楚也。世儒顧謂孔子夷楚，謂孟子遊齊、梁，欲得志行乎中國，皆迂闊之譚也。

孔子在春秋時，人目爲東家丘。及門之士如陳亢，謂子貢賢于仲尼。戰國時百家鼎峙，六經未表章，而孟子卓然獨信，謂生民以來未有孔子，願學私淑，其識量度越人遠矣。

人性皆善，此理直截易簡，非如後儒遷就體面之説。其曰人皆有四端，皆可爲堯舜，孩提知愛知敬，聖人先得我心同然，此等議論，千古昭揭，如日月行天。

孟子言性善，原于孔子。孔子贊《易》曰「繼之者善，成之者性」，又曰「無思也，無爲也，寂然不動，感而遂通天下之故。非天下之至神，其孰能與于此」，此性善之淵源也。子思作《中庸》，曰「天命之謂性，率性之謂道」「喜怒哀樂未發謂之中，發而皆中節謂之和。中也者，天下之大本；和也者，天下之達道」，此子思之受指于夫子者也。孟子因夫子、子思之説，故曰「天下之言性則故而已，故者以利爲本」，「乃若其情，則可以爲善矣」。乃所爲善也，即「寂然不動，感而遂通」，大本達道之旨也。

養氣、知言、不動心之説，前此未發。「養氣」即《論語》「三戒」，「知言」即「不知言無以知人也」，「不動心」即「無可無不可」：大抵七篇之言，無一字不淵源孔子。孔子之道，得孟子大明。有孔子，則不可無孟子。

人性與天地萬物渾淪爲一，非析而二也。《大學》《中庸》二篇所言，約禮之學，非離禮單行也。孟子學本《中庸》，直指心性，爲後世理學嚆矢。當其時，百家簧鼓，六經榛蕪，欲正人心，不得不明示之的。孟子而後，六經尊嚴，大道廓如；盤錯既解，則當善刀而藏，以嘿識于無言。日月出矣，行猶秉燭，此理學諸儒所以偏執語上與世不入，非獨世人之咎也。

聖人大而化之，無行不與。當體是性，不須更言養性；隨處見心，不須更言存心。孟子諄諄然，與《論語》嘿識尚隔；但七篇無存心養性，亦只是一部爽快文字，與諸子何别？後世何緣得知孟子？

《論語》多言仁，孟子多言義。《論語》道廣而大，仁爲至；七篇法嚴而精，義爲至。惻隱之心，雖禽獸亦有；羞惡之心，惟聖賢能充，小大之分也。《論語》與羣賢論學，故包羅大；孟子爲世人勵廉恥，故切劘精。

荀卿謂人性本惡。夫孟子所謂性善者，雖惡亦善也。凡妄不自生，依真而起。人性之初，肫肫惻隱。一切殘忍刻薄，依惻隱之心逆流出。若性本無惻隱，如土木無情，又焉有殘忍刻薄之事？太虛無一物，然後萬物發揮。若人不失其太虛之初，則萬象總歸太虛。如鏡體本明，而後塵生；若鏡無明體，不明安從生此？可無疑于性善之説，而知荀卿之爲妄矣。佛教本夷狄，猶稱人性妙明，清净本來，與吾聖人未發之中、繼善成性之旨不違。荀況自謂知道，乃謂人性爲惡。是尚未及佛氏之彷彿，焉能窺孟氏之藩離？而肆言無忌，可謂不智矣。

史稱齊宣王好士。騶衍、淳于髡、田駢、接于、慎到、環淵之徒七十六人，并賜列第，爲上大夫，不治而議論。稷下學士，多至數百千人，孟子仕齊與之同時。道不同不相爲謀，而能含洪包荒又如此。今檢七篇，無一語及稷下諸人，即夫子不答南宫适之意。然好辯則距楊墨，亂德則惡鄉原。夫距楊墨，距其無君父者也；惡鄉原，惡其賊堯舜者也。君父之倫正，堯舜之道著，百家之口不辨自塞，故曰君子反經而已。經正則庶民興，庶民興斯無邪慝。世儒徒知孟子之雄辯，而未窺孟子之縝密，非精于學孔子者而若是乎？

天下善惡之途，由人心術分。人心之善，惟有仁義；人心之害，惟不仁不義。故墨翟一念爲人，必至無父；楊朱一念爲我，必至無君。凡人不仁義，皆生于心有所爲。故淳于髡謂「先名實者爲人，後名實者自爲」。稷下諸人，所見惟名與利，其爲人即墨，自爲即楊，其究至于捐仁義，背君父。故曰「天下之言，不歸楊則歸墨」「能言距楊墨者聖人之徒」，此也。七篇以正人心、距楊墨、明仁義爲本，此其日與稷下諸人辯而世儒未有能窺者，故七篇之書，未易讀也。

七篇大旨，不過人倫日用、孝弟言行之間，初無奇僻之譚。此孔氏正傳，《中庸》的旨。南宋程朱諸君，表章誦法，使後學知指歸，其功比于孟之于孔，亦天之所以報孟氏與？

七篇之言近而遠，淺而深，疏暢條達而詳允精密，不爲鉤深索隱，而肯綮盤錯，通會無迹。乍讀曉然明白，三復紬繹，有窮經之士終身誦之而未能領略者。信哉知言之聖，諸子未能彷彿其萬一也。《論語》章法簡短，故是後人記録；《孟子》文章長展，非他人可代，正是孟子手筆。蘇允明謂孟子之文不爲巉刻斬絶之言，而其雄不可犯；朱元晦謂七篇筆勢如鎔鑄，非綴緝可就。斯爲知言。

按《漢書·藝文志》「《孟子》十一篇」註云「七篇並外書四篇爲十一」。趙岐云：外書四篇，《善辯》《文説》《孝經》《爲政》。其文不能洪深，不與内篇相似。今外書無所考見，而荀子書引「孟子三見齊王不言事，曰『我先攻其邪心』」，楊子《法言》引孟子曰「有意而不至者有矣，未有無意而至者也」，劉向《説苑》引孟子曰「人皆知以食愈饑，莫知以學愈愚」等語，皆七篇中所無，儻即所謂外書者與？

秦漢而來推尊孟子莫如韓退之，以爲上接堯、舜、禹、湯、文、武、孔子之傳。知言哉！司馬遷以孟子與慎到、淳于髡、荀卿、墨翟諸人同傳，其敘孟子事寂寥數語，而以騶衍贅之。又云：「梁惠王欲攻趙，孟軻稱大王去邠。」今檢七篇，無梁伐趙之事；大王去邠，本告滕文公語，都非實録。司馬遷潦草鶻突，多類此。

《孟子》文字疏宕，然往往有不盡之意，不似他人疏宕意便盡。《論語》章章有餘味，爲其簡短也。如孟子「墨者夷之」等大篇，亦是《論語》之味。

《孟子》文字快利，其中有一字爲一句者。行雲流水讀過，人殊不覺。如「七八月之間，旱則苗槁矣」，「旱」字當自爲句；「知足以知聖人，汙不至阿其所好」，「汙」字當自爲句；「則怒，悻悻然見于其面，去則窮日之力而後宿」，「去」字當自爲句；「許子何不爲陶冶，舍皆取諸宮中而用之」，「舍」字當自爲句；「百官族人，可謂曰知」，「可」字當自爲句；「女子之嫁也，母命之，往送之門」，「往」字當自爲句；「是皆已甚，迫斯可以見矣」，「是」字、「迫」字當各自爲句；「凡有四端於我者，知皆擴而充之」，「知」字當自爲句；「使浚井，出從而揜之」，「出」字當自爲句；「迎之致敬以有禮，言將行其言也」，「言」字當自爲句；「逃楊必歸於儒，歸斯受之而已」，「歸」字當自爲句。

史稱孟子受業于子思之門人，而不言門人姓名，甚無據，只據七篇中義理文字多與子思《中庸》合。其言性命原本《中庸》，如「居下位不獲乎上」一章文字，義理全與《中庸》同。又《禮記·檀弓》載子思對魯繆公問「舊君反服」，與孟子對齊宣王「舊君有服」意同。而孟子又自謂未得爲孔子徒，私淑諸人，故或謂受業於子思之門人近似。王劭解《史記》以「人」字爲衍，趙岐註《孟子》及《孔叢子》書，遂謂孟子親受業於子思，非也。按孟子自言「由孔子而來，至於今百有餘歲，予未得爲孔子徒」，又言「魯繆公時，子思爲臣」。今按孔子生伯魚，伯魚生子思，而伯魚先孔子卒，則是子思猶及親事夫子，與夫子同時；後此百餘年，孟子長受業，安得子思尚在？夫子卒於魯哀公十六年，又十一年哀公卒、悼公立，三十七年元公立，二十一年繆公乃立，上距孔子没時已七十一年矣，而子思爲繆公臣，計其時年已老，故告繆公語多質直。蓋年高爲繆公所嚴事，故曰「繆公無人乎子思之側，則不能安子思」。《孟氏譜》謂孟子卒于周赧王二十六年，則是魯文公之六年也，上距魯繆公元年凡一百二十一年，去子思時遠矣，故謂親授業者誤。謂受業于門人者，緣飾于「私淑諸人」一語，亦誤也。説見《萬章篇》本文下。

孟子遺事

郝敬 編

孟子，名軻，字子輿，鄒人也。其先魯桓公子慶父，稱孟孫氏，不知幾傳而爲孟孫激公宜。娶仉掌氏女，賢而有身。夢神人乘雲龍自泰山來，集其宅而生孟子。三歲而父激公宜卒。其所居舍近墓旁，孟子爲兒戲效墓間事，踴躍築埋。母曰：「此非所以居子也。」徙舍市旁，又戲效商賈事。母曰：「又非所以居子也。」遂徙學宫旁，乃戲設俎豆，效揖讓進退。母曰：「可矣。」遂居焉。鄰有殺豚者，問母曰：「何爲？」母曰：「以啖汝。」既而悔之曰：「吾妊是子也，席不正不坐，割不正不食，以胎教也。今適有知而欺之，是教之不信也。」遂買東家豚肉食之。少而誦，母方織，誦輟然中止。母知其諠也，呼而問曰：「何爲中止？」對曰：「有所失。」母引刀自斷其所織，誡之曰：「子廢學，猶吾斷斯織矣。君子學以立名，問以廣知，是以居則安寧，動則遠害。今而廢之，是不免于厮役，而無以離于禍患也。何以異于織績而食，中道廢而不爲。寧能衣其夫子，長不乏食哉！」孟子懼，自是旦夕勤學不輟。其妻由氏女也。孟子將入室，其妻袒而在内。孟子不悦，去不入。妻見于姑曰：「妾聞夫婦之道，私室不與焉。今者妾竊惰在室，夫子見妾而艴然不悦，是客妾也。婦人之義，蓋不客宿。請歸吾父母。」於是母召孟子，謂之曰：「夫禮，將上堂，聲必揚，所以戒不備也；將入户，視必下，恐見人過也。今子不察乎禮而責于人，不亦遠乎？」孟子自責，留其妻。嘗自言曰：「人皆以食愈飢，莫知以學愈愚。

人知糞其田，莫知糞其心。糞田不過利苗得粟，糞心易行而得其所以欲。何謂易行？一性止淫。夫有意而不至者有矣，未有無意而至者也。」學既通，慨然有憂世之心。

時戰國紛爭，所用士如孫臏、吴起、蘇秦、張儀輩，專務攻戰聚斂，講于合從連衡之術。而處士如鄒衍、公孫龍、慎到、田駢、淳于髡之徒，争爲邪説，杳渺不經之譚，以悦人主，訹勢利。而孟子獨黯然脩仲尼之業，高尚其志，不肯輕見諸侯。至周顯王三十三年，魏惠王卑辭厚幣，聘四方賢者。孟子始由鄒往，告以仁義、王道、仁政、與民偕樂等語，惠王見爲迂闊而遠于事情。孟子遂去，歸鄒，不見諸侯者又數年。顯王三十七年，齊威王卒，子宣王立，喜文學士。士居稷下者七十六人，皆上大夫。列第康莊之衢，以示尊寵。顯王四十三年，孟子往齊。齊宣王素聞孟子名，私使人瞷之。還以爲上大夫，禄十萬鐘。孟子義不肯臣，辭禄。王命以爲師，而實不能受教也。孟子廣譬巽諭，有雪宫、明堂、大小囿、古今樂、仁智交鄰之對。居歲餘，道不行，孟子有憂色。母見而問曰：「子有憂色，何也？」對曰：「不敏。」異日又擁楹而歎，母又見而問曰：「鄉見子有憂色，曰不敏。今擁楹而歎，何也？」對曰：「軻聞之，君子稱身而就位，不爲苟得而受賞以貪榮禄。諸侯不聽，則不達其上。聽而不用，則不踐其朝。今道不用于齊，願行而母老，是以憂也。」母曰：「蓋婦人之禮，精五飯，羃酒漿，養舅姑，縫衣裳而已。故有閫門之脩，而無境外之志。《易》曰：『在中饋，無攸遂。』《詩》曰：『無非無儀，惟酒食是議。』以言婦人無擅制之義，而有三從之道也。故年少則從乎父母，出嫁則從乎夫，夫死則從乎子，禮也。今子成人也，而我老矣。子行乎子義，吾行乎吾禮，子何憂乎？」無何，母遽卒，孟子自齊歸葬于魯。齊王以上卿禮贈賻，孟子得厚葬母。既葬反齊，止于嬴，拜齊王棺中之賜，復歸于魯。終喪三年，魯平公欲見之。嬖人臧倉謂孟子葬母厚而葬父薄也，平公遂止不見。顯王末年，孟子居鄒。鄒穆公與魯鬨，有對穆公問有司語。季任以幣來交，曹君之弟欲假館受學，孟子辭。周慎靚王元年，魏惠王薨，子襄王立。明年，孟子適魏弔嗣君，見襄王無君人禮，復去適齊。齊宣王餽兼金百鎰，不受。託疾召孟子，孟子託疾辭不往。明日，弔于東郭氏，宿于景丑氏，有告景子語。周赧王元年，齊伐燕，取七十餘城。孟子止之，不聽。既而燕人畔，孟子遂致爲臣，歸。赧王二年，孟子適宋。滕文公方爲世子，適楚過宋而見孟子。孟子與之言性善，又與戴不勝、戴盈之、墨者夷之、宋牼、句踐等語，皆在篇中。時宋王偃無道，孟子遂去。適薛，有答陳臻受餽語，遂歸鄒。滕定公薨，文公嗣，使然友來問禮。逾年，孟子之滕，館于上宮。文公問爲國，問事齊、楚，問井田，有告陳相許行語。已，乃自滕歸鄒。道不行，將老，乃述孔子意，著書授門人。

及卒，而萬章之徒訂爲《孟子》七篇。司馬遷、《孔叢子》謂孟子受業于子思之門人，而七篇中略不少槩及。第曰：「乃所願則學孔子。予未得爲孔子徒，予私淑諸人也。」夫所謂諸人者，猶子貢「文武之道在人，夫子焉不學」云爾。訓詁偶差，遂至譌傳。説詳篇中。孟子壽八十有四，卒。墓在今山東滕縣東北三十里，四基山之陽。母墓在縣北二十里馬鞍山。妻由氏，生子睪，字仲子。受學于公孫丑，著《詩傳》，漢毛萇引用其説。或云子夏受《詩》，傳曾申，申傳魏人李克，克傳魯孟仲子，即孟子子也。孟子生年月日未詳。按《家譜》云孟子生于周定三十七年四月二日，即今之二月也；卒于赧王二十六年正月十五日，即今之十一月也。吾鄉陳士元云：按《史》，周定王在位二十八年崩，無三十七年。考之《長曆》，定王二十七年己亥至赧王二十年壬申，凡一百五十三年。疑定字是安字之訛。安王在位二十六年崩。自安王二十六年乙巳至赧王壬申，凡八十八年。《譜》謂孟子壽八十四歲。自赧王壬午逆推，當生于烈王四年己酉。然《年表》《綱目》《大事記》等書並謂孟子于顯王三十三年乙酉至魏，四十三年乙未爲齊上卿，四十四年丙申去齊復至魏。慎靚王二年壬寅去魏復適齊。赧王元年丁未致爲臣于齊，不復仕。若孟子果生于烈王己酉，至顯王乙酉應聘，至魏則年甫三十七，未老。而魏惠王以烈王辛亥嗣國，三十五年孟子始來，則王年已六七十歲，反稱三十七歲之孟子爲叟乎？疑孟子或生于安王初年，卒于赧王初年，近是。

孟子遺事終

孟子説解卷一

郝敬 解

梁惠王章句上

○孟子書成于没後，門人敘定之，故諸侯皆稱謚。

一

孟子見梁惠王，王曰：「叟不遠千里而來，亦將有以利吾國乎？」孟子對曰：「王何必曰利，亦有仁義而已矣。王曰『何以利吾國』，大夫曰『何以利吾家』，士庶人曰『何以利吾身』，上下交征利，而國危矣！萬乘之國，弑其君者，必千乘之家。千乘之國，弑其君者，必百乘之家。萬取千焉，千取百焉，不爲不多矣。苟爲後義而先利，不奪不饜。未有仁而遺其親者也，未有義而後其君者也。王亦曰仁義而已矣，何必曰利？」

戰國士尚游説，惟孟子自守不見諸侯。魏惠王末年敗于秦，遷國于梁。悔不用魏鞅，而厚幣召賢。

孟子自鄒往見之。或謂孟子先仕齊，後之梁，非也。七篇自有次第，而仁義尤爲群言之首也。孟子師孔子，其道在正人心、明人倫。人心莫良于仁義，人倫莫大于君親。人倫不明，人心不正，所以有五霸七國之亂，皆起于好利也。此章推言利之害，究禍亂之本，故爲七篇第一義。利者，人所以生。力本節用，自有大道。若專事封殖利于己，則必害于人。貪心熾則良心死，患貧寡而不均和，雖有粟，吾得而食諸？若能反其固有之良，無失其愛敬之本，循理守分，上下相安，親親長長而天下平，不言利而利普矣。孔子云「君子喻於義，小人喻於利」，其旨甚含蓄。至孟子，剖判利害如指掌。《論》《孟》之言，微顯淺深似此。七篇義理，盡從《論語》出，所以願學孔子也。

張敬夫曰：「有所爲而爲者，皆利也。」故淳于髡言：「先名實者爲人，後名實者自爲。」游士之術，不過此二端。爲人者利人，自爲者利己。利人者權謀之策，利己者富貴之資。爲人即兼愛之墨，自爲即爲我之楊。爲我無君而害義，爲人無親而害仁，皆始于爲利。故道莫先于仁義，仁義莫先于君親，明仁義莫先于距楊墨。仁義並行不悖，所以矯爲我爲人之偏而厚君親之大倫也，此章包括殆盡。

或曰：孟子不見諸侯，而見梁、齊之君，何也？世主有好賢之志而不見，與沮、溺、丈人何異？按《史》惠王三十五年，厚幣招賢，故孟子至梁。不見諸侯，謂不如游士干謁耳，故曰「迫，斯可以見」。陽貨先，孔子亦往見，此其願學也。世儒謂見梁、齊者，欲得志行乎中國，不見秦、楚者，爲不與夷狄，非也。秦、楚遠而梁、齊近，梁、齊之君猶知好賢，而秦、楚不好也。

惠王乍見孟子言利，其心侈，故孟子法言正之。再見孟子稱賢，其心愧，故孟子巽言誘之。

叟，猶父也，長老之稱。叟之言瘦也，老人癯瘠之狀。由鄒之梁，其道千里。不遠，不以爲遠也。利，富强也。仁義並言，彷佛忠恕真性不息之謂仁，率性咸宜之謂義，非二也。王曰、大夫曰、士庶人曰者，王倡言而臣民效之，各自爲謀也。上下交征，謂上謀利則取于下，下謀利則取于上也。萬乘之國，天子畿内。千乘之家，天子之卿也。千乘之國，諸侯之國。百乘之家，諸侯之大夫也。天子萬乘，而其卿千乘，故曰萬取千。諸侯千乘，而其大夫百乘，故曰千取百。臣皆取其君十分之一，故曰不爲不多。饜，足也。遺，忘也。後，棄也。王亦曰仁義而已者，勸王力行仁義，非但言之耳。

《司馬法》云：六尺爲步，步百爲畝，畝百爲夫，夫三爲屋，屋三爲井，井十爲通，通十爲成，成方十里；成十爲終，終十爲同，同方百里；同十爲封，封十爲畿，畿方千里。皆有税有賦，税以足食，賦以足兵。一同百里，提封萬井，賦車百乘，是爲百乘之家。一封三百一十六里，提封十萬井，賦車千乘，是爲千乘之國。天子畿内方千里，提封百萬井，賦車萬乘，是爲萬乘之國。此《司馬法》之説，與《周禮》相彷。按古封建之制，如孟子所言，萬取千，千取百。君十卿禄，卿禄四大夫。海内之地方千里者九，大國地方百里，次國七十里，小國五十里，其大略實録也。《司馬法》《周禮》等書，欲舉四海之地，尺尺寸寸，如布帛分割，湊合不差，無是理也。即如《周禮》，天子畿内六鄉、六遂，不過千里。内分爲縣、稍、都、鄙，舉三公、九卿、二十七大夫、八十一元士。王子、外戚封建賞賜，采地食邑，皆取給焉。其餘幾何？今言萬取千、千取百，亦不定畿内、畿外也。但君一臣十，名分理數大約如此耳。必云天子萬乘，天子之卿即千乘，諸侯千乘，諸侯之卿即百乘，而《禮》云天子卿凡九人，則九千乘，是十取其九矣；諸侯大國卿三人，則三百乘，是十取其三矣。其何地以給之？亦猶萬鍾、萬鎰之類，略言其多耳。訓詁之家執數取盈，終難通也。

魏之先，畢公高之後。有畢萬者，事晉獻公，邑于魏，遂氏焉。由畢萬五傳爲魏斯，與韓虔、趙籍分晉，爲諸侯，是爲魏文侯。文侯之子擊爲武侯。武侯生子罃，是爲梁惠王。梁即今河南開封府祥符縣，古之浚儀也，有古魏城。武侯以前都河西安邑。惠王以安邑近秦，數被侵伐，徙大梁，遂僭稱王。六雄僭王，自魏始也。惠王初年，敗韓、伐楚、伐宋，頗自矜大。末年困辱，卑禮延賢。故孟子自鄒適梁，時惠王三十五年也。明年惠王卒，子赫立，是爲襄王。○魏相公叔痤將死，薦中庶子魏鞅于惠王，王弗聽。鞅適秦，秦孝公用之。秦日以强，魏日以削。○《呂氏春秋》云：魏惠王用施惠爲政，五十戰而二十敗。圍邯鄲三年，弗能取。翟翦言而更其謀，社稷乃存。○《韓非》云：魏惠王謂卜皮曰：「子聞寡人之聲聞何如？」對曰：「聞王慈惠。」王欣然曰：「然則功且安至？」對曰：「至于亡。」王曰：「慈惠而亡何也？」對曰：「慈者不忍，惠者好予。不忍則不誅有過，好予則不待有功賞。有過不罪，無功受賞，亡不亦可乎？」

二

孟子見梁惠王，王立於沼（招上聲）**上，顧鴻雁麋**（迷）**鹿，曰：「賢者亦樂**（洛）**此乎？」孟子對曰：**

「賢者而後樂此；不賢者，雖有此不樂也。《詩》云：『經始靈臺，經之營之，庶民攻之，不日成之。經始勿亟棘，庶民子來。王在靈囿又；麀憂鹿攸伏。麀鹿濯濯，白鳥鶴鶴。王在靈沼，於烏牣仁去聲魚躍。』文王以民力爲臺爲沼，而民歡樂之，謂其臺曰靈臺，謂其沼曰靈沼；樂其有麋鹿魚鼈。古之人與民偕樂，故能樂也。《湯誓》曰：『時日害曷喪？予及女汝偕亡！』民欲與之偕亡，雖有臺池鳥獸，豈能獨樂哉？」

告庸君與告明主異。明主直言極諫，無憂不入。庸君善巧方便，先誘之使聽，而後得盡其直。惠王沼上之問，有媿心矣。孟子將順其志，謂賢者樂此，引文王爲徵，使怡然傾聽，然後舉夏桀亡國之事直之。緊關在「與民偕樂」一語，偕樂不在臺池鳥獸。臺池鳥獸，君之樂也。安居飽煖，民之樂也。君樂民亦樂，是爲偕樂。君樂民不樂，是爲獨樂。桀以獨樂亡，文王以偕樂興。明效大驗，宜審所從矣。

沼，池也。鴻，鴈之大者。麋，鹿之大者。經，度也。營，謀也。攻，治也。不日，無幾時也。經始勿亟，經營之始，文王令民緩役也。子來，如子趨父事也。靈，神靈也，褒美祝頌之辭。囿，域養禽獸之所。麀鹿，牝鹿也。攸伏，得所安静也。濯濯，肥貌。白鳥，鷺也。鶴鶴，《詩》作翯翯，白也。於，歎辭。牣，滿也。偕，俱也。《湯誓》，湯伐桀誓師之辭。時，是通。害，何通。喪，亡也。桀嘗言吾如日，日亡吾乃亡。日豈有亡？故民怨曰：此日何時亡？吾寧與俱亡。引《詩》言文王得民，所謂賢者樂此。引《湯誓》言夏桀失民，所謂不賢者有此不樂也。

《詩序》曰：「《靈臺》，民始附也。」按周自后稷迄公劉、大王、王季，積德千有餘年。而文王勤勞，日昃不暇食，視民如傷。至是有臺池之作，而曰「經始」，曰「經之營之」，猶有遲回之意焉。衆民子來，忽已告成，民亟于樂文王如此。文王憂勤之念少釋，故曰民始附。朱子謂文王作靈臺時，民歸已久。夫民歸周，雖不在作靈臺之日，而文王信民心之歸，自作靈臺始。凡《詩》之志，微婉類此。昔人説《孟子》，引杜甫詩爲証。文王爲臺池鳥獸，民樂，正是「丈人屋上烏，人好烏亦好」。夏桀瑶臺瓊室，民欲與偕亡。正是「君看牆頭桃李花，盡是行人眼中血」。凡詩可觀可興，類此。

靈臺舊址，在陝西西安府鄠縣。或謂臺以望祲氛察妖祥也。天子曰靈臺，諸侯曰觀臺。或謂大廟與明堂、靈臺、辟廱同地異名，此後儒附會之説。○鴻，鴈屬，猶鵠爲鶴屬也。或曰鴈色蒼，鴻色白。杜甫詩云：「故國霜前白鴈來。」鴈多群，鴻寡侶。鴻飛薄雲表，鴈飛不過高山，故楚衡山有回鴈峯。《埤雅》云：鴻鴈夜泊洲渚，令鴈奴圍而警察。秋自河北南來，瘦瘠能高飛。春自江南北還，體肥飛不能高。常銜蘆以防繒繳。《博物志》云：鴻鴈千歲胎産。○鹿喜山，麋喜澤。麋、湄通。《詩》云「在河之麋」，即湄也，水草之交曰湄。在澤者屬陰，故麋角遇冬至陽生而解，陰退之象也。在山者屬陽，故鹿角遇夏至陰生而解，陽退之象也。麋目下有二竅，夜能視。故《淮南子》云孕婦「見麋而子四目」。牡者有角，無上齒。牝者有上齒，無角。性警防，分背而食，食必相呼，防害也。群居則環其角向外。故麤字从衆鹿，象驚走之形。最大者曰麈，群鹿隨之。唯其所往，以麈尾旋轉爲向，故文从鹿从主。譚者揮之。或云鹿千年色蒼，又五百年色白，又五百年色玄。

三

梁惠王曰：「寡人之於國也，盡心焉耳矣。河內凶，則移其民於河東，移其粟於河內。河東凶亦然。察鄰國之政，無如寡人之用心者。鄰國之民不加少，寡人之民不加多，何也？」孟子對曰：「王好去聲戰，請以戰喻。填田然鼓之，兵刃去聲既接，棄甲曳異兵而走，或百步而後止，或五十步而後止。以五十步笑百步，則何如？」曰：「不可！直不百步耳，是亦走也。」曰：「王如知此，則無望民之多於鄰國也。不違農時，穀不可勝平聲食也。數促罟古不入洿汙池，魚鼈不可勝食也。斧斤以時入山林，材木不可勝用也。穀與魚鱉不可勝食，材木不可勝用，是使民養生喪平聲死無憾也。養生喪死無憾，王道之始也。五畝之宅，樹之以桑，五十者可以衣去聲帛矣。雞豚狗彘之畜旭，無失其時，七十者可以食肉矣。百畝之田，勿奪其時，數口之家可以無飢矣。謹庠序上聲之教，申之以孝悌之義，頒白者不負戴於道路矣。七十者衣帛食肉，黎民不飢不寒，然而不王去聲者，未之有也。狗彘食人食而不知檢，涂有餓莩瓢上聲而不知發。人死，則曰：『非我也，歲也。』是何異於刺戚人而殺之，曰：『非我也，兵也。』王無罪歲，斯天下之民至焉。」

梁惠王自言盡心民事，動稱凶歲。豈不凶之歲，無可盡之心乎？盡心救荒，而望民加多，豈仁政徒在移民與移粟乎？意欲歸咎歲凶，而平日虐政害民，厲禁奪民。興作不時，妨三農之業。漁佃網罟，窮水陸之供。宫室臺榭，崇土木之觀。山林澤藪，錙銖盡取，民不得沾秋毫之惠。雖有豐年，民不聊生，而況凶歲乎？古帝王盛世，非無水旱之災，而無凍餒之民。上有善政，而下多儲蓄也。穀、魚鼈、材木三事，皆天地自然之利，不費轉移；但休養生息，自然普足。一令之下，改弦易轍，則長養收成，便受實惠。此爲先務，故曰王道之始也。田里未制，先不違農時；畜産未定，先禁數罟入汙池；樹藝未興，先禁非時採伐。此與世主澤梁之禁異。雖上令之，而非上自利之，爲民而已。如此則民害頓除，民利自興，民生既遂，民情自定。乃立經制，分田里，教樹畜，興學校，而王道有終矣。「五畝之宅」四段，經制之大略。民生在衣食，王政在富教。人有宅，家有田，有蠶桑，有六畜，老有終，少有養，入則孝，出則悌。王者皞皞之民，不過如此。此道平直易簡，雖十管晏、百申商，未有易此不亂、率此不治者，王天下之本也。

王侯自稱寡，謙辭也。魏地亘三河：河内、河東、河西也。河自西北來，曲遶其南，而東流入于海。故河北爲河内。魏徙大梁，在河之東南，故名河東，而以故安邑爲河内也。移民，以就粟也；移粟，以就民之不能移者也。分外曰加。填、闐同，師衆填塞也。兵以鼓行，《詩》云：「伐鼓淵淵，振旅闐闐。」走，敗走也。直，猶但也。不違，不妨也。農時，耕耘收穫之時也。數罟，密網，小魚盡取者也。洿，窊下，水所聚也。斧斤，伐木之器。大曰斧，小曰斤。時，草木成材彫落之時。不勝，用有餘也。爲飲食宫室，以養生也。爲祭祀棺椁，以送死也。憾，恨也。五畝之宅，一夫數口之家所居也。二畝半在田，二畝半在邑。桑木，葉可飼蠶，樹之宅畔牆下也。織絲曰帛。五十始衰，非帛不煖。《王制》云：「五十異糧。」小豕曰豚。小犬曰狗。彘即豕也。無失時，勿失孕字之時，使生息也。七十愈衰，非肉味不甘。肉食可以扶衰病也。百畝之田，一夫所受以養數口者也。謹，慎重也。庠、序，學宫名。庠，養也，取養老之義。序，射也，取序賢之義。皆以明人倫，教孝悌也。申，謂重複丁寧也。頒、斑通。髪白黑半曰斑。背任物曰負，首任物曰戴。《禮》：道路斑白者不提挈。輕任並，重任分。不但子弟於父兄，行道之人皆然也。民俗敬老如此，尊君親上可知也。狗彘食人食，謂平時虐政暴殄也。檢，節制也。不知檢，謂取盡錙銖，用如泥沙也。漢元帝詔「太僕減穀食馬，水衡省肉食獸」，即檢意。平日暴征横斂，民無蓄儲，凶歲所以死亡也。塗，路也。餓莩，飢死者也。莩作殍，摽同，落也，謂殞屍道旁也。發，發倉廩賑貸也。民死于凶歲，苟無虐政，雖凶歲不能死。猶人死于兵刃，苟不操刃，雖兵不能殺。無罪歲，謂勿以民不加多歸罪歲凶，歸罪于虐政可也。

五十者衣帛，則未五十者衣布矣。七十者食肉，則未七十者食蔬矣。老幼異奉以明敬養，而教行乎其中矣。魚鼈不可勝食，天之生物無窮，老幼同可也。芻豢蠶桑，人力所致有限，非老者不得用也。民家非祭祀、燕享、養老，則不食肉。

《國語》云：「古者大寒降，土蟄發，水虞於是乎講罛孤罶柳，取名魚，登川禽，而嘗之寢廟，行諸國人，助宣氣也。鳥獸孕，水蟲成，獸虞於是乎禁罝羅，矠魚鼈以爲夏犒，助生阜也。鳥獸成，水蟲孕，水虞於是禁罝麗，設穽鄂，以實廟庖，畜功用也。且夫山不槎蘖，澤不伐夭，魚禁鯤鮞，獸長麑麌，鳥翼鷇卵，蟲舍蚳遲蝝沿，蕃庶物也。」○先王之法，不掩群而取䟈襖䠷滔，不涸澤而魚，不焚林而獵。豺未祭獸，罝罦浮不得通于野。獺未祭魚，網罟不得入于水。鷹隼未擊，羅網不得張于皐。草木未落，斤斧不得入于山林。昆蟲未蟄，不得以火田。育孕不殺，鷇卵不探。魚不長尺不得取，犬豕不期年不得食。○《漢志》：理民之道，地著爲本。井方一里爲九夫，八家共之。各授私田百畝，公田十畝，是爲八百八十畝，餘二十畝以爲廬舍。還廬樹桑，菜茹有畦。瓜瓠果蓏，殖于疆埸。在野曰廬，在邑曰里。禮書云一里八户，八家共一巷也。《周禮》有國宅，即城中之宅。或云天子宅千畝，諸侯宅百畝，大夫以下里舍九畝。○《農書》云：桑種不一。世所名者，荆與魯也。葉薄而尖，枝條堅勁者，荆桑也。葉厚而圓潤，枝葉豐腴者，魯桑也。荆桑根固心實，能久遠，宜爲樹。魯桑不能久遠，宜爲地桑。魯桑有厭條之法，傳轉無窮。荆桑以魯桑條接之。五月取桑椹著水中淹揉，淘取子陰乾，與黍同種俱生，穫黍存桑，一畝可食蠶三箔。○道，蹈也。路，露也。人所踐蹈而露見也。《爾雅》：「一達謂之道路，二達謂之岐旁，三達謂之劇旁，四達謂之衢，五達謂之康，六達謂之莊，七達謂之劇驂，八達謂之崇期，九達謂之逵。」《説文》作馗，似龜背，故謂馗。《王制》：道路男子由右，女子由左，車從中央。

四

梁惠王曰：「寡人願安承教！」孟子對曰：「殺人以梃與刃，有以異乎？」曰：「無以異也。」「以刃與政，有以異乎？」曰：「無以異也。」曰：「庖有肥肉，廄救有肥馬，民有飢色，野有餓莩，此率獸而食人也。獸相食，且人惡去聲之；爲民父母，行政不免於率獸而食人，惡烏在其爲民父母也？仲尼曰：『始作俑勇者，其無後乎！』爲其象人而用之也。如之何其使斯民飢而死也？」

承上章。惠王聞孟子言，有悔心受教，孟子教以先去虐政。虐政去，斯仁政行。虐政即前章云「狗彘食人」，狗彘食人即違農專利，横斂以供臺池鳥獸，使民不得養生喪死之類是也。引作俑者，動以不忍人之心也。虐政害民，所以不能行仁政，此世主膏肓之病。惠王願安承教，故孟子針其病根。但能除害，即是興利。省刑罰、薄税斂二者，仁政不過如是而已。《大學》平天下，惟所惡勿施。孟子以梃刃殺人爲喻，見不必外此別求仁政也。

安，順也。承，受也。殺人，因前章歲兵而衍其説。梃，杖也。杖殺人無異刃，虐政殺人又豈異刃乎？朘下之膏脂，以肥上之狗馬，豈非率禽獸以食人乎？「庖有」四句，形容虐政殺人之實。庖，廚也。廄，馬房也。獸相食，如虎狼搏食犬羊之類。俑，殉葬木偶人。有機關踊跳曰俑。無後，絶嗣也。

言爲不仁之事者，必殄其後。象、像同，似也。俑似生人而以從死，仁者尚惡之，況真率獸食人乎？使民飢而死，即率獸食人也。

古之葬者，束草爲芻靈，殊不象人。後世始刻木象人形曰俑。朱註謂芻靈略似人，非也。若芻靈似人，又何怪乎作俑者？《檀弓》云：孔子謂爲芻靈者善，謂爲俑者不仁，殆于用殉乎哉？言後世用生人殉葬，俑啟之也。《淮南子》云：紂爲象箸而箕子譏，魯以偶人葬而孔子歎，見所始知所終也。用人殉葬，在孔子前已有之。《史記》秦武公卒，從死者六十六人，至秦獻公而後除之。中間歷十八公，死用人不知其幾。穆公之葬，從者百七十七人，三良皆與，《詩》所爲賦《黄鳥》也。凡事由似即真，由微至泰。聖言因終追始，非爲見始知終也。用之猶言殺之。《春秋》書邾人執鄫子用之，《左傳》季平子伐莒獻俘，始用人于亳社，與此用同。孟子引之不爲殉葬之漸，爲用象人者不仁也。人而不仁，生氣已絶，故應無後。秦始皇葬，從死者數千人，二世而滅，是其驗也。〇韓愈謂俑當作踊，刖者所著，象人足，言刑繁踊貴也。李翱謂始爲肉刑者，聖人猶惡之。蓋據刵刑生解，牽强難從。愚謂俑當作偶。

五

梁惠王曰：「晉國，天下莫強焉，叟之所知也。及寡人之身，東敗於齊，長（上聲）子死焉；西喪（去聲）地於秦七百里；南辱於楚，寡人恥之，願比（秘）死者一洒（同洗）之，如之何則可？」孟子對曰：「地方百里而可以王去聲。王如施仁政於民，省生上聲刑罰，薄税斂去聲，深耕易去聲耨怒，壯者以暇日修其孝悌忠信，入以事其父兄，出以事其長上，可使制梃以撻秦、楚之堅甲利兵矣。彼奪其民時，使不得耕耨，以養其父母，父母凍餓，兄弟妻子離散。彼陷溺其民，王往而征之，夫誰與王敵？故曰：仁者無敵。王請無疑！」

惠王志在强兵報怨，孟子教以濟世安民。聖凡見處，天地懸隔。百里可王、梃撻甲兵、往征無敵等語，接引庸主，計功效還就而言。孟子本意，在省刑薄斂、使民孝悌忠信、親親長長而天下平。行仁自王，非爲求王而施仁也。古聖王得天下皆如此。齊梁之君亟於求王，動言功利。孟子亟於救民，動言仁義。制梃撻秦楚以下，酬雪恥之問。蓋當時諸侯强暴，民在水火。一有賢君，慨然發政施仁，改弦易轍，如出炎爐而沃之清泉，悦服可知。語云「衣冠珮玉可以化强暴，深居簡出可以卻猛獸，清心寡慾可以懷鬼神」，即此理。力行仁義不懈，自可以折衝而禦侮。無忌，梁公子耳，以區區之義獎率三軍，直擣函關，而秦人不敢東出，況以至仁伐至不仁乎？此章不言兵，而實爲即戎之本。七篇黜强戰，而仁義爲王者之師。戰國之亂，非偃武休戈可以坐定，明矣。而其所以爲丈人之貞者，在于人和。秦楚之强，非其人和也。刼于不仁，而未遇仁者之敵也。以至不仁遇至仁，如率子弟攻父母，父母折箠笞之，自然帖伏。制梃，甚言其壯，戰未有不用甲兵者。

梁號魏，稱晉者，魏之先本晉卿也，與韓趙共分晉，號三晉。天下莫强，指春秋曲沃之晉也。自文公始霸，十一世長于諸侯，故曰天下莫强。梁地居天下中，東齊西秦，南楚北趙。比，及也。死者，謂長子及諸將死于敵者。洒、洗通，洗滌其羞也。省刑薄斂，仁政之本也；深耕易耨，養民之本也；孝悌忠信，教民之本也，皆所謂仁政也。耕欲其深，則土氣厚；耘欲其易，則不傷苗。耨，耘也。易者，輕淺詳密之意，猶農書所謂象耕而鳥耘也。緩刑薄賦，則民得從容力本而有暇日，飽煖逸居而知向善。以至于入孝出弟，則人心和悦，親上死長，故曰可使制梃以撻秦楚之堅甲利兵。撻者，禦其來也。彼，謂秦楚輩。勿疑，勉王信從也。

梁惠王三十年伐趙，趙告急于齊。齊宣王使孫臏救趙。惠王使太子申及其將龐涓，與齊師戰于馬陵，敗績。齊殺龐涓，虜太子申，所謂「東敗于齊，長子死焉」者也。先是惠王十七年，爲秦敗于元里。斬首七千，取少梁。秦孝公使衞鞅伐魏，魏使公子卬禦之。鞅詐約會飲，伏甲虜公子卬，攻魏。魏割河西地予秦以和。魏遂去安邑，徙居大梁，所謂「西喪地于秦七百里」者也。楚懷王六年，使柱國昭陽將兵攻魏。破之于襄陵，得邑八，所謂「南辱於楚」者也。《戰國策》甘茂説秦王云：「梁君伐楚勝齊，制韓、趙之兵，驅十二諸侯朝天子于孟津。後子死，身布衣而拘于齊。」蘇秦説齊閔王云：魏王擁土千里，帶甲三十六萬，恃其强而攻邯鄲。從十二諸侯朝天子，以西謀秦。秦用商鞅計，以言佯尊而驕之。魏王乃廣宫室，制丹衣柱，建九斿從七星之旗，此天子之位也。於是齊楚怒伐魏，殺其太子，覆其十萬之軍。魏王大恐，跣行而東次于齊，然後天下乃捨之。當是時，秦王垂拱而取西河之外。此皆所謂「及寡人之身」者也。

六

孟子見梁襄王，出，語人曰：「望之不似人君，就之而不見所畏焉，卒促然問曰：『天下惡平聲乎定？』吾對曰：『定于一。』『孰能一之？』對曰：『不嗜殺人者能一之。』『孰能與之？』對曰：『天下莫不與也。王知夫苗乎！七八月之閒旱，則苗槁矣。天油然作雲，沛然下雨，則苗浡勃然興之矣。其如是，孰能禦之？今夫天下之人牧，未有不嗜殺人者也。如有不嗜殺人者，則天下之民，皆引領而望之矣。誠如是也，民歸之，由水之就下，沛然誰能禦之！』」

嗣君不足與有爲，孟子去梁決矣，故其出語人者如此。不嗜殺人，即不忍人之心。保民之本，孟子平生肝鬲之要，非但語梁襄王而已。嗜，好也。好殺人，言無悲酸痛楚之念也。一有悲酸痛楚之念，自不肯爲殘民之事。深言之，即是濟世安民；淺言之，惟是一念不喜殺人之心。孟子論王道，易簡明白如此，而世主不能信。至于縱横邪說，則奉如蓍蔡，豈非天乎？

襄王，惠王子，名赫。卒然，急遽貌。定，安也。一，一統也。孰能與，言各有分屬也。七、八月，夏時五、六月也。人牧，人君牧民也。油然，雲盛貌。引領，伸頸也。

先儒謂孟子言定于一者，知天下之勢必至于此也。自古封建法行。黃帝置大監，監于萬國；夏會諸侯于塗山，執玉帛者亦萬國；成湯受命，其存者三千餘國；武王時千八百國。孟子時，相雄長者七國。自萬國以至七國，吞併之積，豈一朝夕？勢既合，不可復分，終將併爲一，舉天下爲郡縣。至于秦漢，孟子之言驗矣。但秦嗜殺人，能一而不能定，至于漢乃定耳。○又云：戰國之後，始皇、項藉殺人多，天下愈亂。及漢高帝雖以兵取天下，而心不在殺，然後乃定，子孫享國二百餘年。王莽之亂，盜賊蜂起，光武復以不嗜殺人收之。及桓靈之禍，曹操、孫、劉皆有蓋世之略，而以喜怒殺人，故天下卒于三分。司馬父子力能一之，而殺心益熾，故既一，復散裂爲五胡，離爲南北。隋文帝能合矣，而好殺不已，至于子而敗。唐太宗不嗜殺人，天下乃定。其後五代之君，出于盜賊夷虜，屠戮生靈，如恐不及。數十年間五禪，不能有天下之半。及宋藝祖不嗜殺人，削平之功，比于漢唐。孟子之言，豈偶然而已？

七

齊宣王問曰：「齊桓、晉文之事，可得聞乎？」孟子對曰：「仲尼之徒，無道桓、文之事者，是以後世無傳焉。臣未之聞也。無以，則王去聲乎？」曰：「德何如則可以王矣？」曰：「保民而王，莫之能禦也。」曰：「若寡人者，可以保民乎哉？」曰：「可。」曰：「何由知吾可也？」曰：「臣聞之胡齕痕入聲曰：『王坐於堂上，有牽牛而過堂下者，王見之曰：牛何之？對曰：將以釁欣去聲鐘。王曰：舍上聲之！吾不忍其觳斛觫速，若無罪而就死地。對曰：然則廢釁鐘與？曰：何可廢也？以羊易之。』不識有諸？」曰：「有之。」曰：「是心足以王矣。百姓皆以王爲愛也，臣固知王之不忍也。」王曰：「然，誠有百姓者。齊國雖褊匾小，吾何愛一牛？即不忍其觳觫，若無罪而就死地，故以羊易之也。」曰：「王無異於百姓之以王爲愛也。以小易大，彼惡平聲知之？王若隱其無罪而就死地，則牛羊何擇焉？」王笑曰：「是誠何心哉！我非愛其財而易之以羊也，宜乎百姓之謂我愛也。」曰：「無傷也，是乃仁術也，見牛未見羊也。君子之於禽獸也，見其生不忍見其死，聞其聲不忍食其肉，是以君子遠庖廚除也。」王說悦，曰：「《詩》云：『他人有心，予忖村上聲度鐸之。』夫子之謂也。夫我乃行之，反而求之，不得吾心；夫子言之，於我心有戚戚焉。此心之所以合於王者，何也？」曰：「有復於王者，曰：『吾力足以舉百鈞，而不足以舉一羽；明足以察秋毫之末，而不見輿薪。』則王許之乎？」曰：「否。」「今恩足以及禽獸，而功不至於百姓者，獨何與？然則一羽之不舉，爲去聲不用力焉；輿薪之不見，爲不用明焉；百姓之不見保，爲不用恩焉。故王之不王，不爲也，非不能也。」曰：「不爲者與不能者之形，何以異？」曰：「挾太山以超北海，語人曰『我不能』，是誠不能也。

爲長上聲者折枝，語人曰『我不能』，是不爲也，非不能也。故王之不王，非挾太山以超北海之類也；王之不王，是折枝之類也。老吾老，以及人之老；幼吾幼，以及人之幼：天下可運於掌。《詩》云：『刑于寡妻，至于兄弟，以御于家邦。』言舉斯心加諸彼而已。故推恩足以保四海，不推恩無以保妻子。古之人所以大過人者，無他焉，善推其所爲而已矣。今恩足以及禽獸，而功不至於百姓者，獨何與平聲？權，然後知輕重；度，然後知長短。物皆然，心爲甚，王請度鐸之！抑王興甲兵，危士臣，構怨於諸侯，然後快於心與？」王曰：「否！吾何快於是，將以求吾所大欲也。」曰：「王之所大欲，可得聞與？」王笑而不言。曰：「爲肥甘不足於口與？輕暖不足於體與？抑爲采色不足視於目與？聲音不足聽於耳與？便平聲嬖秘不足使令於前與？王之諸臣，皆足以供之，而王豈爲是哉？」曰：「否！吾不爲是也。」曰：「然則王之所大欲可知已，欲辟闢土地，朝秦楚，莅中國而撫四夷也。以若所爲，求若所欲，猶緣木而求魚也。」王曰：「若是其甚與？」曰：「殆有甚焉！緣木求魚，雖不得魚，無後災。以若所爲，求若所欲，盡心力而爲之，後必有災。」曰：「可得聞與？」曰：「鄒人與楚人戰，則王以爲孰勝？」曰：「楚人勝。」曰：「然則小固不可以敵大，寡固不可以敵衆，弱固不可以敵彊。海内之地，方千里者九，齊集有其一。以一服八，何以異於鄒敵楚哉？蓋盍亦反其本矣。今王發政施仁，使天下仕者皆欲立於王之朝，耕者皆欲耕於王之野，商賈古皆欲藏於王之市，行旅皆欲出於王之塗，天下之欲疾其君者，皆欲赴愬訴於王。其若是，孰能禦之？」王曰：「吾惛，不能進於是矣。願夫子輔吾志，明以教我。我雖不敏，請嘗試之。」曰：「無恒產而有恒心者，惟士爲能；若民，則無恒產，因無恒心。苟無恒心，放辟邪侈，無不爲已。及陷於罪，然後從而刑之，是罔民也。焉有仁人在位，罔民而可爲也？是故明君制民之產，必使仰足以事父母，俯足以畜妻子，樂歲終身飽，凶年免於死亡，然後驅而之善，故民之從之也輕。今也制民之產，仰不足以事父母，俯不足以畜妻子，樂歲終身苦，凶年不免於死亡，此惟救死而恐不贍善，奚暇治禮義哉！王欲行之，則盍反其本矣！五畝之宅，樹以之桑，五十者可以衣帛矣。雞豚狗彘之畜，無失其時，七十者可以食肉矣。百畝之田，勿奪其時，八口之家可以無飢矣。謹庠序之教，申之以孝悌之義，頒白者不負戴於道路矣。老者衣帛食肉，黎民不飢不寒，然而不王者，未之有也。」

霸者志在功利，故興兵構怨、殘民毒衆。王者志在安民，而天下自歸。故王者不勞而王，霸者求富强不得而反害。此孟子惓惓開示時君之大端。齊王問桓、文之事，是興兵構怨本謀。孟子進以王道。

王道在保民，保民在不忍之一念。世主皆有此念，如齊王不忍殺釁鐘之牛而易之以羊是也。但乍見之惻隱，轉眼旋迷；平旦之幾希，梏亡反覆。故孟子詰其以羊易牛之心，使王自反。自反不得，因動以見牛未見羊之故。王始戚然，自覺其初心。既知不忍於一牛之心，即知不忍於百姓之心。今王於牛不忍，於百姓則忍。恩及禽獸，而功反不及百姓。如力能舉百鈞，而不能舉一羽；目能見秋毫，而不見輿薪。非真不能也，自棄不爲耳。蓋心與心相及，人與人相通。不忍于我之老幼，即不忍于人之老幼。舉此加彼，初無難事。今王倒行，不忍于牛，反忍于百姓。牛無罪脱之刀俎，百姓無罪納之鋒鏑，奚不自度乎？今兵連禍結，所殘殺者豈止一牛？而牛且戚戚，于人獨快心乎？王自謂不快此，而竟爲此者，何也？富强念亟，欲朝諸侯撫華夷，大得所欲也。然殺人以求之，豈有殘民而可以得天下者邪？天下强國甚多，以兵力相尚，一齊豈能敵衆齊？不惟不利，且招災。爲王計，不如反本不忍之心，是致王之本也。民方困于虐政，及是時舉斯心，善推所爲，使士農商旅離水火而措之安全，則保民而民歸往之，謂王矣。區區霸功，何足道哉！「王曰吾惛」以後，乃告以仁政。仁政在養民，養民在制産。民生遂則教化興，樂樂、利利、親親、長長而天下平。所謂保民而王，功加于百姓。是心足以王者，此也。

此章大略三難三解。始因齊王艷霸功而昏于富强，良心障蔽，孟子就利欲叢中提掇真心，分愛與不忍兩路發一難，使自信、自疑。王尋討真心不著，然後曉以見牛未見羊，透出不忍真心，此爲第一解。王心既覺，乃問所以合于王者。其要在推心，而王未能。孟子又舉恩及禽獸、功不至百姓發一難，使知仁民非難、愛物非易。于牛不忍，于民何忍？王能推心，不過舉此加彼，此爲第二解。然王雖識其真心而不能用，祇爲利欲牽掣。所以易而當爲者不爲，難而不當爲者反爲之。輕重長短，顛倒失序。故孟子又以權度發一難，請王自度。從諸妄想中紛紜馳逐，以至計阻情窮，乃教之反本行仁，終前是心足王之說，爲第三解。諺云：「一星之火，能燒萬仞之山。」只此一念不忍，便足王天下。今自有自瞞，如人懷千金之璧而稱貧乞丐，迷其固有。啟心沃心，非聖賢不能。稷下諸人，日譚天炙輠，望一霸功如登天。孟子拈取堂下見牛一事，運天下於掌上，宜其不解也。前二難二解，如禪家謂金鎞刮眼、寶筏渡迷。「制産」以下，始教之施行。如明醫治病，先搜病源、察脉理，然後授方。「恒産」以下，始授之方。授方易，察病難也。

齊桓、晉文土地甲兵之力，不强于七王。但桓文能約束同盟，而七王莫能相尚。桓、文摟諸侯相伐，楚、吴諸國承襲爲五霸。百餘年後，秦、楚、燕、趙、韓、魏效尤爲戰國，皆桓、文作俑也。仲尼脩《春秋》，黜五霸，視齊、晉皆亂國也，視桓、文皆亂諸侯也，殊無高誼顯績，故其徒無道桓、文之事者，「無傳」「未聞」「無以」，皆極鄙之之辭。

不忍釁鐘之牛，如胡齕所述。齊王久已忘卻，緣志在功利。過去一念，如石火電光。所謂平旦之氣，旦晝已梏亡。孟子從昏迷中拈出，如箇珠墮泥沙，重與淘洗。故云百姓皆以王爲愛，臣固知王之不忍也。愛者吝心，人欲之私。不忍者仁心，天理之公。固者，堅執審定之辭。猶恐王察識不精，詰以牛羊何擇，使自審當日全牛真心。直透出見生不忍見死、聞聲不忍食肉真消息，乃爲保民足王之根。如夢中人連聲喚，令全惺方與直説。一問王曰有，再問王曰然，三問王笑，四問王悦。破障除迷，非精義知言者不能。

「吾不忍其觳觫」是全章種子。以羊易之，是保護此種子，借此正好提掇王心。一條脉絡，直綰至「見其生不忍見其死」四語住，任教迷人亦惺。

是心足以王，意思渾淪，謂四海生民命脉都已包含在此。且未及推行，推行尚有次第。齊王恩及禽獸，而百姓不見保，正爲無次第。以不忍于牛者加于百姓，是倒行也。

無傷，謂無傷于全牛，非謂無傷于殺羊也。百姓謂牛羊何擇，譏王不忍之心未得周全。孟子謂雖易以羊，無傷于不忍之心。眼見者心不忍而舍之，即心已全。未見者心未萌，而以代牛，何得爲傷。祇據牛與羊論仁耳。朱註以釁鐘與全牛較，失之。此章論仁，非論禮也。不忍牛之心曲全處即是仁術，非謂有仁術而後仁無傷也。朱註云所以爲仁之術，未然。「君子之於禽獸」以下至「遠庖廚」五句，申釋見與未見之義。羊易牛所以無傷也，未可以遠庖廚當仁術。遠庖廚有心，仁術無心。天幾適湊，非可預設也。遠庖廚，形容未見而已。借羊未見者可相忘，形牛既見者不可忍。「見其生不忍見其死」四語，説透當日堂下光景。王心所以戚戚也，是「以」字，非謂君子將殺禽獸而遠庖廚。正爲不忍殺而遠之，遠之終未免殺，故不可以此術爲求仁。惟其不忍殺而遠，見仁自有術耳。何爲不忍殺而遠？如祭祀燕饗，則不得不殺。若近而見殺聞聲，又不能止，則傷仁。是以君子無如此不忍何，不容不遠者，遠不仁也，非爲此術可以行仁也。此惟于禽獸則然。若民吾同類，雖在萬里外，猶目前。容可以不忍見其死而遠諸？

見牛未見羊，神感神應，其間難容擬議。道書云：「機在目。」佛書云：「見見之時，見非是見。見猶離見，見不能及。」牛形一接于目，情即動于中。未見羊，目無所接，故泯然無記。見牛觳觫，不暇轉念，便教舍之。若轉念，便是廢釁鐘。未見羊，不暇起念，便教易以羊。若轉念，便是牛羊何擇。蓋見則心動，不見則心不動。以未見易見，以不動者順已動。動者不至阻逆，不動者不相陵奪。此際天機神巧，是曰術，非有心計較之權術也。未見羊，「未」字可味。未之見耳，見則併羊亦不忍矣。

齊王一點仁心，爲功利汩没。孟子再三提撕當日堂下見牛光景，宛如昨日。故悦而言曰「於我心有戚戚」，然其戚戚者止一牛。牛尚不忍，而民獨忍？此間有物作障，令近者反遠，易者反難。故孟子設爲用力不用力、用明不用明之譬，使王自審。「今恩及禽獸，功不至百姓者獨何與」二語，爲全章督脉，故重言以醒王。不忍一念，是保民根本。功利兩字，是鐵障遮蔽，不得疏通耳。

「老吾老，以及人之老」二語，言推恩有序。爲恩及禽獸、功不加百姓對治之藥。蓋不忍之發，始于心，先于親，及于人，而後被于物，即此便是善推。天下之人，不過老幼。人以及人，言語、性情、衣食、居處同也。自近及遠，推移甚便，非若禽獸異類，性情不相通。故仁民易而愛物難也。寡妻、兄弟，親也，即吾之老幼。家邦，遠也，即人之老幼。斯心，即不忍之心。加諸彼，包吾老幼、人老幼，而中有先後緩急。古人善推，由此及彼；今人不善推，故恩及禽獸、功不加百姓也。要之齊王亦非真愛物而不加百姓，言其有不忍牛之心而不能推耳。推則易，故曰足以保四海；不推則難，故曰無以保妻子。不忍于牛者，非便可以及民。謂因全牛而識其本心，循本以親親而仁民也。善推所爲，應上「是不爲也」

之「爲」。推恩非虚念，必有所施爲，如仁政、制産之類是也。及禽獸曰恩，加百姓曰功。功即爲也。通章自此以前，皆言是心足以王；自此後，皆言善推其所爲。

「今恩足以及禽獸」二語再言者，前承「有復於王者」，言易其所難而難其所易也。後承善推其所爲，言先其所後而後其所先也。前「獨何與」，怪其不用；後「獨何與」，啟以自度。

權度，言當以義理爲此心之主，勿爲利欲蠱惑，非謂王心即能爲權度也。齊王艷霸功、舍王道、愛禽獸、殘百姓，其見已偏。而良心發見處，權度自在，須將心度心。輕重長短不在物、不在心，而在心應物之際。心爲甚，言用心有輕重長短難齊，不可無權度甚于物也，即恩及禽獸、功不加于百姓之類。請度之，請自度其心也：用之于物，何其重且長；而用之于民，何其輕且短乎？顛倒錯亂如此，焉可不度！承上「獨何與」，此爲結語。其輕重長短，前「輿薪」「一羽」等譬之已詳。此在錯亂後，教王細自審量而已。「抑王興甲兵」以下，又承請度意，詰問所以功不加百姓之故。蓋其衆欲交攻，良心迷惑，所以倒行逆施，舍本趨末。故反覆盤詰之，而終乃教以反本也。興甲兵，危士臣，正是愛民輕且短、功不加于百姓處。大小之欲，便是病根障蔽。不忍之心，使推不出，皆由于此。

欲有大小，總一功利。土地闢，則秦楚畏服。秦楚朝，則諸侯皆朝，乃能臨莅中國而四夷可撫，惟帝王能然，齊王作大欲看，只是極富强耳。若由推恩保民得，便是王莫之禦；若由興兵構怨求，都是欲招災。災生于盡心力而爲，智窮力竭，則禍成矣。若反本善推，則不求自得。若興兵構怨，窮極不反，無利且有害。故一則云舉此加彼，天下運掌；一則云盡心力而爲，緣木求魚有後災，毒民害衆皆由此，而病根起于一念之迷，所以請王度之也。度則自知反本。兩言「反本」，據文勢，前言仁政爲得大欲之本，後言制産爲仁政之本，其實皆本諸不忍之心也，本由保民。齊王欲王而不保民，故再言反本以矯之。

齊宣王，姓田氏，名辟疆，齊威王子。齊桓、晉文之事，霸者功利之事也。仲尼之徒不道者，恥詐力也。無以，無所以告也。保民，猶安民，即後言仁政推恩、老幼得所也。胡齕，人姓名，齊臣也。王見之，乍見也。釁者，殺牲取血塗器也。凡以血祭曰釁，彌災釁也。新鑄鐘成，殺牛以釁之。觳觫，牛恐懼之狀。若無罪而就死地，即不忍觳觫之意。愛，吝也，猶爾愛其羊之愛。王曰然者，然其爲不忍也。誠有百姓者，謂真有以我爲愛牛之百姓也。即，猶就也。就其狀可憐，故以羊易之也。無異，猶無怪也。小，謂羊也。大，謂牛也。彼惡知之，謂百姓不知王不忍也。隱，痛也。何擇，謂羊與牛可憫同也。是誠何心哉者，疑辭，自反而忘其初心也。財，猶費也。言我若非惜牛之費，何故以羊小者易之。則全牛似非不忍，而羊易終未免傷仁也。無傷，言以羊易之無傷于仁也。仁術，行仁之巧者也。行仁本不用術，無心應妙，自成天巧，非有心附會之術也。蓋牛羊雖無擇，既見者機已動，未見者寂不覺。已動者既全吾仁，不覺者未攖吾念，所以曲全而成仁術也。君子於禽獸不見殺不聞聲，而遠庖廚，即此意也。聲，謂將死哀鳴之聲。戚戚，猶惻惻，即不忍之心也。復，猶白也。百鈞，三千斤也。秋毫，獸至秋毛毨，新生而末細，難見也。輿薪，以車載薪，大而易見也。許，猶可也。禽獸異類，其心難推；百姓同類，其恩易及。牛蒙恩而百姓反不見保，是舉重不能舉輕，見小不能見大也。挾，以腋夾持物也。超，躍而過也。枝、肢通，腰肢也。折腰長揖，見長者之禮也。老吾老，謂孝敬己之父兄。幼吾幼，謂慈愛己之子弟。及人，謂推之使人各遂其孝慈也。運於掌，言轉移甚易也。刑，正也，法也。寡妻，嫡妻也。嫡無二，故曰寡。御，治也。斯心，即不忍之心。彼，即老幼也。大過人，即功加百姓。大，有爲也。所爲，即不忍人之政也。再言曰「獨何與」，啟王自度也。權，稱錘也。度，丈尺也。心爲甚，言心之爲用，輕重長短，淆亂不齊，尤不可無權度也。請王自度，度民與物之輕重長短也。士臣，戰士諸臣。危，謂鋒鏑死亡。構，結也。快，與不忍相反。吾何快於是者，王心不忍之真也。是，指興兵構怨也。將以，以甲兵士臣也，求其所大欲，故不得舍其所不快也。肥甘，肥且甘，適口之至也。輕煖，煖而輕，適體之至也。便嬖，便習嬖幸之人。數者之欲，王左右諸臣皆足以供奉於王，言可無求也。諸臣之所能供者，言小也。以若所爲，以興兵構怨之爲也。求若所欲，求大欲也。緣木求魚，緣附林木尋魚也。木在山，魚在水，喻乖方也。鄒，古邾國。楚，古荆國。鄒小楚大。固者，本然之辭。方千里者九，即九州也。集，合也，截長補短之意。有其一，言齊有海内九千里之一也。蓋、盍通。反本，反求致王之本：以不忍之心，行不忍之政也。行貨曰商，居貨曰賈。行旅，行道衆人也。赴愬，奔赴告訴也。嘗，曾也，猶「嘗從事於斯」之嘗。試，猶習也。恒産，常生也。恒心，常性也。不飢寒，所以爲生；明人倫，所以爲性。豐歉常足，故曰恒産；良心常在，故曰恒心。罔，網羅，陷害也。今也制民之産，謂即所占之田，制爲聚斂之法也。贍，足也。

釁，一作衅。《樂記》云：武王克商，車甲衅而藏之，弗復用。蓋幽閉之，與《周禮》廞藏之廞意相通。凡廟器成，則殺牲血塗之，以弭災釁。弭釁而曰釁，猶治亂而曰亂也。血者，陰幽之物。殺生物取靈氣以通鬼神，借殺氣以禦妖祟。《禮・雜記》云：廟成則釁之，路寢成，考而不釁。釁者，交神明之道也。凡宗廟之器，其名者，則釁以豭豚。《周禮》：天府釁寶鎮寶器，大司馬釁軍器，小子釁邦器，龜人釁龜，羊人供羊牲以釁廟，雞人供雞牲以釁門及夾室。有司行事，君不親牲，厖而不必純，小禮耳，未聞用牛。用牛釁鐘，或後世之奢。百姓謂愛牛，或以此。○觳，與斛通。《考工記》：鬲實五觳，庾實二觳。又《旊人》：豆，實三而成觳。觳受斗二升。亦斛也。斛，量名，與觚通。觚，量酒器，有棱角者。故《莊子》云：「其道大觳。」《史記》云：「不觳于此。」皆尖削不圓滿意，故足尖曰觳。《士喪禮》：明衣裳長及觳。獸蹄尖亦曰觳。《儀禮・特牲饋食記》云：「佐食俎，觳折。」然則觳，牛蹄也。觫，牛角也。觫之言竦，角立之狀。殺牛必解其角蹄甲，入于官。《周禮・天官・獸人》：凡獸，皮毛筋角入于玉府。故以觳觫狀其畏懼也。

權，詳《論語》第二十篇。度者分寸尺丈引爲五度，各以十而登于引。《禮書》曰：布指知寸，布手知尺。《投壺記》曰：「籌，室中五扶，堂上七扶。」《公羊傳》曰：「膚寸而合。」鄭氏云：「鋪四指曰扶。一指按一寸。」何休云：「側手爲膚，按指爲寸。」扶即膚也。然則寸尺之度，取諸身也。《漢・律歷志》云：「一黍之廣爲分，十分爲寸，十寸爲尺。」然則尺寸之度又取諸物也，近取諸身，遠取諸物；則指尺與黍尺，一也。先儒以黍之巨者積而爲寸，于膚指不合，乃有指黍二尺之辨：圭璧之屬用指尺，冠冕尊彝之屬用黍尺。豈其然乎？《周禮・典瑞》：「璧羨以起度。」《考工記》：「璧羨度尺，好三寸以爲度。」一璧徑九寸，羨而長之，從十寸，廣八寸，同謂之度尺。然則周之法，十寸八寸，皆可爲尺也。○《白虎通》云：商之言商，商遠近，度有無，通四方之物也。賈之言固，固有其用物，待民來以求其利者也。行曰商，居曰賈。

孟子説解卷一終

孟子說解卷二

郝敬 解

梁惠王章句下

一

莊暴見孟子曰：「暴見現於王，王語暴以好樂，洛，下同。唯「鼓樂」如字暴未有以對也。」曰：「好樂何如？」孟子曰：「王之好樂甚，則齊國其庶幾乎！」他日，見於王曰：「王嘗語莊子以好樂，有諸？」王變乎色曰：「寡人非能好先王之樂也，直好世俗之樂耳。」曰：「王之好樂甚，則齊其庶幾乎！今之樂，由古之樂也。」曰：「可得聞與？」曰：「獨樂樂，與人樂樂，孰樂？」曰：「不若與人。」曰：「與少樂樂，與衆樂樂，孰樂？」曰：「不若與衆。」「臣請爲去聲王言樂：今王鼓樂如字於此，百姓聞王鐘鼓之聲，管籥藥之音，舉疾首蹙頞遏而相告曰：『吾王之好鼓樂，夫何使我至於此極也？父子不相見，兄弟妻子離散。』今王田獵於此，百姓聞王車馬之音，見羽旄之美，舉疾首蹙頞而相告曰：『吾王之好田獵，夫何使我至於此極也？父子不相見，兄弟妻子離散。』此無他，不與民同樂也。今王鼓樂如字於此，百姓聞王鐘鼓之聲，管籥之音，舉欣欣然有喜色而相告曰：『吾王庶幾無疾病與？何以能鼓樂也！』今王田獵於此，百姓聞王車馬之音，見羽旄之美，舉欣欣然有喜色而相告曰：『吾王庶幾無疾病與？何以能田獵也！』此無他，與民同樂也。今王與百姓同樂，則王去聲矣。」

從古英君誼辟，興道致治，豈有異術？一般天理人情。但古人能大公無我，好惡同民，故其功高業隆。齊王以好樂爲慙，以先王爲不可及，是未知王道本乎人情也。孟子教以與民同樂，即好色好貨之意，不惟無妨，且恐不甚。一人樂其樂，則不甚。全齊與天下人同樂，其樂方甚。一人樂，不過鐘鼓、管籥、田獵；全齊與天下人同樂，則鐘鼓、管籥、田獵不能徧，而仁政是也。鐘鼓、管籥亦可，田獵亦可，要在使百姓得所，則民樂而君樂。百姓不得所，君雖有鐘鼓、田獵，豈能獨樂哉！故不問先王世俗：但民心懽悦，世俗之樂亦先王也；民心嗟怨，先王之樂亦世俗也。《吕覽》曰：「溺者非不笑也，罪人非不歌也，狂者非不舞也。亂世之樂，有似於此。」○莊暴，齊臣。好樂，好行樂也，即鼓樂、田獵之類。未有以對，疑樂不可極也。庶幾，近于治也。王變色，疑好樂不可而自慙也。先王之樂，好善樂道也。世俗之樂，歌舞遊田也。今樂猶古，謂民情同好也。樂無古今，同民爲甚。故以「與人」

「與衆」，誘王公樂也。樂樂，猶言樂其樂。上「樂」謂好，下「樂」謂所樂之事也。鼓樂，猶言奏樂。樂以鼓爲節，故奏樂曰鼓也。鐘，金聲。鼓，革聲。管，似笛而短小。籥，似笛而三孔。皆竹聲也。單出曰聲，雜比曰音。疾首，頭痛也。蹙，縮也。頞，鼻梁也，人愁則蹙頞。極，窮也。無仁政，使民窮迫也。田獵，春蒐、夏苗、秋獮、冬狩也。野獸害田，搏取之故曰田。獵、躐通，追捕也。羽，鳥羽。旄，獸毛。皆旗竿之飾。疾病，猶言懊惱。無疾病，猶俗云快活，即好樂意。與民同樂，謂發政施仁，使民各得所欲也。

二

齊宣王問曰：「文王之囿又，方七十里，有諸？」孟子對曰：「於傳去聲有之。」曰：「若是其大乎？」曰：「民猶以爲小也。」曰：「寡人之囿，方四十里，民猶以爲大，何也？」曰：「文王之囿方七十里，芻初蕘饒者往焉，雉兔者往焉，與民同之。民以爲小，不亦宜乎？臣始至於境，問國之大禁，然後敢入。臣聞郊關之内，有囿方四十里，殺其麋鹿者如殺人之罪。則是方四十里爲阱净於國中。民以爲大，不亦宜乎？」

齊王好行樂，廣苑囿。孟子不欲直諍，而但就民情開導轉移，告庸君之法也。岐山百里之地，爲七十里之囿，文王未必有此，孟子亦不辨其無；但能與民同利，雖盡百里稱囿亦可也，何論七十里乎？

齊王之囿據國近地，方四十里，孟子亦不言其大。但厲禁妨民，雖盈尺地即陷穽，況四十里乎？國之利害，係乎民情。人主務以公利爲急，姑無論囿大小耳。

囿者，養育禽獸之所。植木曰苑，築土曰囿。傳，古聖賢相傳之書通稱也。芻，草也，以飼牲。蕘，薪也，以焚爨。雉，野雞也。芻蕘雉兔，民用所需。往，謂往取于七十里之囿也。文王囿在郊關外山澤間曠不耕不宅之處，通國取給，所以異也。《禮》：入國問禁。近國曰郊，四郊設關，以譏出入。齊囿在郊關內，占民田，奪民居。厲禁妨民，多誤犯者，故曰阱。阱，陷坑也。齊囿祇供君遊田，文囿以繁育草木禽獸，備公私之用。諸侯之國不過百里，文王七十里之囿，其在三分有二之後乎？囿，有也。山林澤藪，與民同利，以囿爲名，亦猶公劉好貨、大王好色之類。因事納誨，姑不必辨事有無也。七篇之義多此類。

雉，詳《論語》第十篇。〇兔吐而生子，故名兔。兔，吐也。兔爲月精，《楚辭》云：「顧兔在腹。」《曲禮》：「兔曰明視。」目不瞬而口缺，象月也。凡胎生者九竅，惟兔雌雄皆八竅。雌舐雄毫而孕，五月而吐子。俗視秋月明暗占兔多寡也。

三

齊宣王問曰：「交鄰國有道乎？」孟子對曰：「有。惟仁者爲能以大事小，是故湯事葛，文王事昆夷。惟智者爲能以小事大，故大王事獯鬻，句鉤踐上聲事吴。以大事小者，樂天者也；以小事大者，畏天者也。樂天者保天下，畏天者保其國。《詩》云：『畏天之威，于時保之。』」王曰：「大哉言矣！寡人有疾，寡人好勇。」對曰：「王請無好小勇。夫撫劍疾視曰：『彼惡烏敢當我哉！』此匹夫之勇，敵一人者也。王請大之！《詩》云：『王赫斯怒，爰整其旅，以遏徂莒舉，以篤周祜户上聲，以對于天下。』此文王之勇也。文王一怒而安天下之民。《書》曰：『天降下民，作之君，作之師，惟曰其助，上帝寵之。四方有罪無罪惟我在，天下曷敢有越厥志？』一人衡行於天下，武王恥之，此武王之勇也。而武王亦一怒而安天下之民。今王亦一怒而安天下之民，民惟恐王之不好勇也。」

齊王問交鄰，是盟會合從之説入其心耳。孟子因進以王道。仁、智、勇，天下之達德也。文、武，天下之顯王也。仁以容蓄乎天下，智以審察乎事幾，勇以戡定乎禍亂。三者具而諸侯懷德畏威矣，豈區區聘問之虚文乎？孟子先舉仁、智二端告之，正爲齊王所以交鄰國者，不過合從連衡之事。故以樂天保天下、畏天保國之道，易其血氣好戰之疾。及齊王以疾告，故迎機進以大勇。大勇即仁智之奮發者耳。有文武之勇，而不以興兵構怨，是爲仁智。有文武之仁智，而善養其勇，是爲大勇，其要在安民而已。孟子無一事不念及民，交鄰亦歸之安民也。

仁者，愛民之君。大，大國。小，小國。葛，國名，今河南歸德府寧陵縣是。湯事見《滕文公》下篇。

昆夷，西戎也。智者，識時務之主。大王，周古公亶父也。獯鬻，西戎別號。大王事見告滕文公章。句踐，越王名。伐吴，吴王夫差敗之，退保會稽，吴人圍之。句踐請爲臣，吴釋之，後遂滅吴。天者，自然之名。聖賢無我，動必順天。大小强弱，皆理數時勢自然，故曰天也。樂天者寬弘，無計較争競，四海恬熙，諸侯各保土宇，王者之事也，故容保天下。畏天者退讓循理，不敢挑釁速禍，康侯之事也，故能保守其國。《詩》，《周頌·我將》之篇。于時，猶於是。氣習偏曰疾。好勇故不能事大恤小。疾視，怒目也。撫劍，操刃也。匹夫，一夫也。《詩》，《大雅·皇矣》之篇。赫，盛貌。旅，師衆也。遏，止也。徂，往也。莒，地名，《詩》作「旅」。祜，福也。對，答也。《詩》言文王怒密人侵阮，乃整齊師旅，遏止密人于莒，以厚周家之福，以答天下之望。《書》，《孔書·泰誓》有此辭，小異。武王自言天立君師，惟其能輔助天道，故寵異之以爲四方之主。天下之人有罪無罪，皆我主之。越厥志，謂不循理也。一人，指紂也。衡、横通。此二句，孟子釋《書》意。

四

齊宣王見孟子於雪宮，王曰：「賢者亦有此樂洛乎？」孟子對曰：「有。人不得則非其上矣。不得而非其上者，非也。爲民上而不與民同樂者，亦非也。樂民之樂者，民亦樂其樂；憂民之憂者，民亦憂其憂。樂以天下，憂以天下，然而不王者，未之有也。昔者，齊景公問於晏子曰：『吾欲觀於轉附、朝（潮）儛，遵海而南，放（上聲）於琅（瑯）邪（琊），吾何修而可以比於先王觀也？』晏子對曰：『善哉問也！天子適諸侯曰巡狩，巡狩者，巡所守也。諸侯朝於天子曰述職，述職者，述所職也。無非事者，春省耕而補不足，秋省斂（去聲）而助不給。夏諺曰：吾王不遊，吾何以休？吾王不豫，吾何以助？一遊一豫，爲諸侯度。今也不然，師行而糧食，飢者弗食，勞者弗息，睊（眷）睊胥讒，民乃作慝。方命虐民，飲食若流；流連荒亡，爲諸侯憂。從流下而忘反謂之流，從流上而忘反謂之連，從獸無厭謂之荒，樂酒無厭謂之亡。先王無流連之樂，荒亡之行，惟君所行也。』景公説（悦），大戒於國，出舍於郊。於是始興發，補不足。召大師曰：『爲我作君臣相説之樂。』蓋《徵（止）招（韶）》《角招》是也。其詩曰：『畜（束）君何尤？』畜君者，好君也。」

人主深宮燕居，不知四方之疾苦。人臣起自草莽，與君同富貴，阿諛承順，誰肯以閭閻之疾苦告其君者？故雖有宮室遊觀之樂，唯二三臣共之，小民不蒙秋毫之庇。齊王延見孟子于雪宮，與同遊觀，自謂盛節。孟子以樂不及民，祇爲流連荒亡，非明良相悦之盛事，述先齊晏子告景公遊觀語規之，欲宣王勿以深宮燕閒忘小民之依也。樂民之樂，民之所好好之也。憂民之憂，民之所惡惡之也。樂以天下，憂以天下，四海休戚通爲一身，二帝三王之治不過此。今世主憂樂不與民通，憔悴之狀不接于目，忠諫之言不聞于耳，何以比于先王之觀？惟諫行言聽，君臣相悦，然後上下之情通。孟子不自言，而詳述晏子之言者：五霸七國之亂，皆由明王不作，諸侯放恣，國無善政，民不聊生同也。有先王之觀，諸侯奉法循理，自無流連荒亡之憂。晏子以此納誨，景公樂從，故孟子爲王誦之。直欲齊王脩政愛民，爲先王之觀也。

雪宮，别館名，苑囿遊觀之處。今青州府城内有雪宮故址。齊王引孟子同遊，因問賢士亦有此樂，若爲相悦而狎之之辭。孟子直對以有者，君與人同樂，則賢者亦皆有以自樂，非必雪宮也。人，兼民言也。非其上，非毁其君也。非也，謂非理也。下不安分，上不恤民，皆非理也。齊景公晚年荒淫，志在慢遊，晏子爲相，皆先齊君臣霸者之事。而所稱脩先王觀，有古之遺意焉。晏子能陳述以畜止君心，故孟子誦之，非以景公爲足法也。轉附、朝儛，齊近海山川之形勢。轉附，山形轉折附合也。朝儛，水勢朝向拜舞也，因以爲名。遵，循也。放，至也。琅邪，齊東濱海邑名。行事曰脩，職守補助之類。省民曰觀，適朝巡省之類。先王觀，先王省方觀民也。善哉，善其比先王也。巡，行也。狩，狩獵講武。天子巡行，所至朝會講武也。守，謂諸侯職守。無非事，謂天子諸侯無無事慢遊者。《春秋傳》云：天子非展義不巡守，非民事不舉，卿非君命不越竟。省，視也。省耕省斂，天子省畿内，諸侯省國中。耕不足，種具乏也；斂不給，收入薄也。夏諺，夏后氏民間俗語也。遊豫，即省行也。豫，樂也，樂然後遊，即吾王庶幾無疾病之意。後世謂天子所臨曰幸，即豫意。或云：春曰遊，秋曰豫。休，美也。王省視，則民蒙恩澤也。賑，助也。爲諸侯度，諸侯取法也。天子施恩於畿内，則諸侯亦補助於國中。

此以上，皆先王之觀也。今，謂春秋晏子時，天下無王也。二千五百人爲師。《春秋傳》曰：「君行師從。」諸侯盟會征伐，皆以師衆從行也。睊睊，側視也。胥讒，相謗也。慝，姦惡也。方命，違王章也，物方則不行。飲食若流，繁費暴殄也。爲諸侯憂，會盟奔走，小國困憊也。從流下，謂放舟順水而下。從流上，謂牽舟逆水而上，即《臯陶謨》云「罔水行舟」、《論語》云「奡盪舟」是也。從獸，于畋也。厭，足也。田野廢曰荒，朝政失曰亡。如轉附、朝儛，從禽也。遵海而南，放瑯琊，流連也。此以上皆當世諸侯之遊，無天子巡狩，故諸侯失職。先王之世，無流連之樂、荒亡之行者，明王豫遊，諸侯爲度也。惟君所行，承先王所無者而言。世無王章，諸侯放恣，故惟所行而無度，非請擇之謂也。大戒，徧告也。國外曰郊。郊近農，不敢安居，示省民也。興發，散也。發倉廩，散貧乏也。大師，樂官之長也。作，制作也。樂，即所作樂歌也。君臣，己與晏子也。樂有五音：一曰宮，爲君；二曰商，爲臣；三曰角，爲民；四曰徵，爲事；五曰羽，爲物。招、韶通，舜樂名。齊有韶，倣舊樂被以新聲也。作樂本爲君臣相悦，然不用宮商而用徵角者，君臣相悦本爲敬事恤民也。興發爲事，補不足爲民。昔舜作歌以敕天命，要于康庶事，制琴以歌南風，要于阜民財。故樂倣韶舞，而音用角徵也。又指而是之者，明其異于流連荒亡之樂也。詩，即大師所作樂歌也。畜、束通，止也，猶《易》大小畜之畜，禁止其君心之欲也。尤，怨也，不悦之意。人臣畜止其君，是君所尤也。然忠則必誨，何尤之有？故曰好君。好，即悦也。孟子釋詩意如此，見君臣所以相悦也。其詩不止此一語，但舉「何尤」，明相悦之意。比于虞庭喜起，而名其爲韶。○或謂齊王館孟子于雪宫，非也。齊王以孟子爲卿，有師命，虛名耳。孟子既不食其禄，亦必不居其館。萬章謂不託于諸侯，是不受館穀也，與稷下諸人異。至于將去而後請中國授室，則是前此未嘗受館也。若滕上宫，則明言館矣。

《虞書》：「五載一巡守，群后四朝。」《周禮·大行人》：六服因遠近爲疏數，侯服歲朝，甸服二歲，男三歲，采四歲，衛五歲，要六歲。而要服朝之歲，五服盡朝，則侯服更六朝，甸服更四朝，男、采各二朝矣。十有二年，王巡守。《王制》云：諸侯比年一小聘，三年一大聘，五年一朝，天子五年一巡守。或云虞夏五年一巡守，殷六年，周十二年。○五音始于宫，損益相生。以九九八十一絲合爲絃，絃大而聲濁，屬土，爲宫。宫亂則荒，其君驕。三分宫，損一爲六九五十四，生徵，屬火，爲事。徵亂則哀，其事懔。三分徵益一爲七十二，生商，屬金，爲臣。商亂則詖，其官壞。三分商損一生羽，屬水，爲物。羽亂則危，其財匱。三分羽益一爲六十四，生角，屬木，爲人。角亂則憂，其人怨。《風俗通》曰：「徵者，止也。物盛大繁祉也。五行爲火，五常爲禮，五事爲視，凡歸爲事。角者，觸也。物觸地而出，戴芒角也。五行爲木，五常爲仁，五事爲貌，凡歸爲民。」

五

齊宣王問曰：「人皆謂我毁明堂，毁諸，已乎？」孟子對曰：「夫明堂者，王者之堂也。王欲行王政，則勿毁之矣。」王曰：「王政可得聞與？」對曰：「昔者文王之治岐也，耕者九一，仕者世禄，關市譏而不征，澤梁無禁，罪人不孥奴。老而無妻曰鰥關，老而無夫曰寡，老而無子曰獨，幼而無父曰孤，此四者天下之窮民而無告者。文王發政施仁，必先斯四者。《詩》云：『哿可矣富人，哀此煢瓊獨。』」王曰：「善哉言乎！」曰：「王如善之，則何爲不行？」王曰：「寡人有疾，寡人好貨。」對曰：「昔者公劉好貨，《詩》云：『乃積乃倉，乃裹餱侯糧，于橐托于囊，思戢用光，弓矢斯張，干戈戚揚，爰方啟行。』故居者有積倉，行者有裹糧也，然後可以爰方啟行。王如好貨，與百姓同之，於王何有？」王曰：「寡人有疾，寡人好色。」對曰：「昔者大王好色，愛厥妃，《詩》云：『古公亶父，來朝走馬，率西水滸虎，至于岐下，爰及姜女，聿來胥宇。』當是時也，内無怨女，外無曠夫，王如好色，與百姓同之，於王何有？」

齊王欲毀明堂，有自王之志。孟子因教以行王道，蓋明堂本王者勤民、發政、施仁之所。九一以仁野人，世禄以仁君子，寬征榷以仁商旅，公山澤之利以厚民生，緩刑罰之條以恤有罪，則王政大綱舉矣。至於夫妻父子，人情最切。鰥寡孤獨，人情所苦。王道本乎人情，于此尤加之意，則美意良法備矣。即是與民同利，而財貨通于百姓。即是與民同情，而室家之願亦通于百姓。齊王以好貨、好色爲疾，是自謂不能行王政也。孟子舉公劉、大王之事申勸之，非有加于前言之外也。

明堂，天子巡狩至方嶽下朝諸侯之堂。東巡狩，則朝東諸侯于泰山下，有明堂在齊境内。向明曰明，堂之言當也，當正向陽也。或云明尊卑也。齊王欲毁之者，以諸侯不復朝會也。已，止也。已乎者，謂將復有王者起，自寓之意。岐，周之舊都也。九一，井田行助法也，詳《滕文公》上篇。世禄，功臣子孫，世世食禄也。關，四郊境上，各有門關也。市，國中商賈貿易之所也。譏，伺察姦宄也。不征，不取税也。澤，陂池也。梁，以石障水取魚也。孥，妻子也。戰國時，井田法壞，國無世臣，關市有征，澤梁有禁，罪人及其妻子，故孟子告之以此。鰥，大魚也，魚目不閉。無妻者愁悒不寐，鰥鰥然也。寡，倮也，倮然單獨也。孤，幼子呱然泣也。獨，隻也，無所依也。哿，可也。煢，困悴貌。好貨，故取民厚，好色，故用情偏，所以不能行王政也。與前言好勇、好世俗之樂，皆王自知之明，孟子所謂足用爲善者也。夫君好貨，則當念民貧乏；君好色，則當念民鰥寡。故孟子引公劉、大王之事通之。《詩》，《大雅·公劉》之篇。穀在場曰積。餱，乾糧也。小曰橐，大曰囊。戢，安也。國無蓄積，則民貧廢禮。蓄積富，則可以舉事興功，光顯其國家也。干，盾也，所以蔽石矢。戈，似戟而短，旁有刃如鉤。戚，斧也。揚，鉞也。爰，於也。方，始也。糧食既備，始啟行遷豳。公劉當夏末，避中國之亂，自邰遷西戎也。居，平居也。居家有蓄積，啟行有餱糧，謂公劉行仁政，百姓富足也。《詩》，《大雅·綿》之篇。太王即古公亶父，公劉之九世孫，祖紺之子，後追尊爲太王也。厥妃，即姜女也。來朝，明早也。走馬，避狄難也。來朝走馬，言急也。急難猶攜姜女，所以愛厥妃也。西水滸，西京漆沮之濱也。岐下，岐山之陽也。聿，語辭。胥，相也。宇，居也。相，視邑居也。女無嗟怨，皆有夫也。夫無空曠，皆有婦也。太王行仁政，使民室家相保也。

孟子陳王道于梁、齊之君，爲濟世安民也。戰國之亂極矣，苟有行仁之主，救斯民于水火，則有天下者，何必覩赧之王？雖梁、齊之君亦可也。故曰行王政，則無毁之矣，是以王與齊也。舜、禹之受禪，湯、武之征伐，意皆如此。孔子于公山弗狃之召，曰：「苟有用我，吾其爲東周乎？」言不必皆文、武也。世儒解《春秋》，動援尊周。嗚呼！尊周可矣；如周不可輔，其終使斯民塗炭乎？所以惓惓欲有爲于諸侯之國。然而王政必舉周者，追誦周所以王，見周所以亡也。其或繼周者，如周始造可也。文王以諸侯起，故以教諸侯焉。

按《考工記》：明堂之制，東西廣八丈一尺，南北深六丈三尺。陛高九級，室深、廣皆一丈八尺。前堂後室，猶常制也。《大戴記》云：明堂九室。每室四户八牖，共三十六户，七十二牖。以茅蓋屋，上圓下方。又云：堂高三尺，九室十二堂。其宫方三百步，在近郊三十里。《月令》：明堂按十二月，東爲青陽，南爲明堂，西爲總章，北爲玄堂，中央爲太室。四堂左右有个，共爲十二。按《大戴》多緯家之説，《月令》秦書不足據，《考工記》近之。〇岐，山名，在今鳳翔府岐山縣。山有兩岐，故名。〇孫奭據《周禮》司關、司市、澤虞、川衡、司厲之文，謂關市非無征，澤梁非無禁，罪人非不孥，文王權一時之宜，不得不然。此言非也。利惟公，刑惟輕，古帝王宜民之經也，豈權宜之術？後世取盡錙銖，皆《周禮》作俑。言利者藉爲口實，反以文王治岐之政爲權，倒見矣。

六

孟子謂齊宣王曰：「王之臣，有託其妻子於其友而之楚遊者，比[秘]其反也，則凍餒其妻子，則如之何？」王曰：「棄之。」曰：「士師不能治士，則如之何？」王曰：「已之。」曰：「四境之内不治，則如之何？」王顧左右而言他。

朋友不能終託，則不可與定交。官師不能帥屬，則不可以爲長。人主不能安民，則不可以爲君。顧左右而言他，王知自媿也，而惜乎不能改也。

棄，謂絶交。士師，獄官之長，其屬有鄉士、遂士、縣士輩。治者，課其功能，察其勤惰也。已，罷去也。顧盼左右，託言他事，皆慙阻之狀。

凡孟子告齊宣王諸章，蓋皆有師命以後納誨之言；而竟無一用，所以爲不好臣其所受教，孟子不受禄而去也。

七

孟子見齊宣王曰：「所謂故國者，非謂有喬木之謂也，有世臣之謂也。王無親臣矣！昔者所進，今日不知其亡也。」王曰：「吾何以識其不才而舍[上聲]之？」曰：「國君進賢，如不得已，將使卑踰尊，疏踰戚，可不慎與平聲！左右皆曰賢，未可也；諸大夫皆曰賢，未可也；國人皆曰賢，然後察之；見賢焉，然後用之。左右皆曰不可，勿聽；諸大夫皆曰不可，勿聽；國人皆曰不可，然後察之；見不可焉，然後去上聲之。左右皆曰可殺，勿聽；諸大夫皆曰可殺，勿聽；國人皆曰可殺，然後察之；見可殺焉，然後殺之。故曰國人殺之也。如此，然後可以爲民父母。」

爲政在人，古今治天下之要。堯得舜，舜得禹、皋陶而帝道興；文、武得周、召而王業定。自古未有明君無賢相而能致治，未有賢相不得君委重而能展布者。故孔子論政，尊賢敬大臣爲先。周公告魯公，不使大臣怨乎不以。大臣，即世臣也，有安國家定社稷之功，與國同休，謂之世臣。股肱心膂，委任副託，謂之親臣。今之親臣，即後之世臣也。齊庭諸臣無足爲心膂者，雖有耆舊子孫，浮沉利禄。齊王所以欲識其不才而舍之，孟子以用賢之道教之也。

故國，謂舊國歷世長遠者也。喬木，古樹也，人材長養之喻。建國久，則喬木、世臣皆所有。然祈天永命，在人不在木。語曰「十年之計樹木，百年之計樹人」，亦此意也。親臣，如湯於伊尹、桓公於管仲。當日有親臣，斯後日有世臣。齊無親臣，是無世臣也，何以保祚延禧、爲故國乎？昔進今亡，謂信任不專，去留無常也。亡，罷去也。不知其亡，謂進退頻數，不可勝記也。齊王謂所進者皆不才之人，故數進數去。今而後，若知其不才不用，所用必才，則無昔進今亡之悔矣。國君進賢，謂如王公之尊賢，舉而加諸上位，授之以政，望其爲世臣者也。如不得已，慎之至也。進賢非不得已之事，而知人爲難。崇高富貴，非可輕假。子孫黎民，利殆攸關。故進用一賢，常有如不得已之心，即下文審之衆、斷之獨也。卑疏，謂所進本側陋疏遠。今將使在上位，親信用事，則臣之尊者親者，不得不讓之。所謂踰也，如堯用舜、湯用伊尹、桓公用管仲，拔之微賤而顯庸眷注，舉廷臣無出其右者，此豈可以率意進之乎？蓋周道尊尊親親，比其敝也，世卿妨賢，士悒鬱無聊。至于戰國，相率爲遊説，以利害迫脅世主。世主誤用之，世官始輕，而士濫竽進矣。故春秋重世官，孔子歎犂牛之子，憂尊戚之壅蔽也。七國重遊士，孟子念喬木世臣，慮卑疏之濫叨也。如秦用商鞅，而紛更變置，大臣誅戮，骨肉疏絶，竟以滅亡，此進賢不慎之明效也。大抵王道用舍生殺，衡諸人情。古進賢必鄉舉里選，鄉大夫升之司徒，司徒升之學。大樂正告于王，升之司馬，謂之進士。司馬論進士之賢者告于王，王定其論，然後官之。任官然後爵之，位定然後禄之，此所謂審之左右、諸大夫、國人，君親見而後用之者也。如此則上無壅蔽而下無冒進。尊親皆賢，可以培養世臣。卑疏有序，不得挾術干主。進賢之道當如此。七王紛争，尊寵謀臣。如燕事騶衍、范睢干秦之類，皆所謂踰尊踰戚，非尋常臣其所教比也。左右近侍，窺瞰迎合，故不可聽。諸大夫猶或黨同伐異，竊位妨賢。國人衆好衆惡，然後加察。真見是非，然後斷于己。進退生殺皆用此道，所謂「如不得已也」。曰賢、曰不可、曰殺，善惡榮辱相去之遠，而以退人、殺人之心進賢，所謂「如不得已也」。古者刑不上大夫，大惡亦有殺之者，堯舜于四凶是也。有至明至公之心，則廢置生殺，無所不可。民之所好好之，民之所惡惡之，必如此而後爲民父母。曾是可以不慎乎？齊宣王父威王，以四境不治，殺阿大夫及左右素諛阿者，殺大夫辛牟，又殺其后，晚年招致騶忌、淳于髡、公孫閲之徒以險詐相傾。宣王繼立，田駢、接予、愼到輩皆列第爲上大夫，稷下士多至數十百人。故孟子言及左右諸大夫殺人之事以諷之。

八

齊宣王問曰：「湯放桀，武王伐紂，有諸？」孟子對曰：「於傳有之。」曰：「臣弑其君，可乎？」曰：「賊仁者謂之賊，賊義者謂之殘，殘賊之人，謂之一夫。聞誅一夫紂矣，未聞弑君也。」

賊，害也。殘，傷也。仁主于心，義見于事。賊仁者，内有害人之心。賊義者，外爲慘刻之事。一夫，猶言匹夫。仁義則天下歸之，謂之天子；不仁義則親戚畔之，謂之一夫。先王制禮，事君如事天，以君能仁義，與天同德也，故天下戴之亦如天。苟不仁不義，無以覆庇天下，天下並受其害，奈何責天下以君事之乎？故天子失仁義，則失天下，遇仁義者誅之，不爲弑君。然則仁義重矣哉！天下無名分，則亂賊接踵；無道德，則暴虐横行。天命與人事相倚重，總之仁義而已。必有行仁行義之真主，逢不仁義之亡王，然後以道德易名分。若君雖桀、紂不遇湯、武，聖雖湯、武不逢桀、紂，則名分未可動也。故仁義人倫之極，非有二也。

荀子曰：世俗之爲説者曰：桀、紂有天下，湯、武簒而奪之。是不然。湯、武非取天下也，天下歸之也。桀、紂非去天下也，天下去之也。天下歸之之謂王，天下去之之謂亡。故桀、紂無天下，而湯、武不弑君，由此效之也。○《史》：轅固生爲漢景帝時博士，與黄生争論于帝前。黄生曰：「湯、武非受命，乃弑君。」固生曰：「不然。桀、紂虐亂天下，民不爲之使而歸湯、武，湯、武不得已而立，非受命而何？」黄生曰：「冠雖敝，必加于首；履雖鮮，必加于足：上下之分也。君有失行，臣不能正言匡過以尊天子，反因過而誅之代立，非弑而何？」固生曰：「必若所云，高帝伐秦即天子位，非與？」於是景帝曰：「食肉不食馬肝，不爲不知味；言學無言湯、武受命，不爲愚。」遂罷。○宋高宗問尹焞曰：「紂亦君也，孟子何以謂之一夫？」焞對曰：「此非孟子之言，武王誓師之辭也：獨夫受，洪惟作威。」又問「君視臣如土芥，臣便視君如寇讎」。焞對曰：「此亦非孟子之言。《書》云：撫我則后，虐我則讎。」

九

孟子見齊宣王曰：「爲巨室，則必使工師求大木。工師得大木，則王喜，以爲能勝平聲其任也。匠人斲捉而小之，則王怒，以爲不勝其任矣。夫人幼而學之，壯而欲行之，王曰『姑舍女汝所學而從我』，則何如？今有璞玉於此，雖萬鎰，必使玉人雕琢之。至於治國家，則曰『姑舍女所學而從我』，則何以異於教玉人雕琢玉哉？」

用賢不如用木，是愛國不如愛玉也。兩設譬而意相承，故皆云「姑舍汝所學而從我」。任賢即是愛國，不任賢而從己，猶自琢玉而不使玉工也。琢玉使玉工爲愛玉也。治國不使賢，不愛國也。舍所學而從我，世主通病。欲富强而不捨，故仁義道德之言不用，浮慕其人而不用其道，是教賢士舍學從己也，不猶得大木而斲小之者乎？一玉值金萬兩，言貴也。雖甚愛之，不敢自彫琢，必付諸能者，不敢以己意教之。至于治國，乃教賢者舍所學從我。此何異於使玉人而已欲教之者哉？教之，謂授之法，即從我也。教與使異。使則委而聽之，教則以法校之。

巨室，大宮室。工師，掌工匠之官，猶後世將作、少府之類。匠人，木工也。勝任、不勝任，皆指木也。喻賢士所負者大，而王欲小用之也。夫人，指賢士。《禮》：人生十年曰幼，學。三十曰壯。所學，謂仁義也。從我，從功利也。則何如，怪之之辭。愛國不如愛玉，所以可怪也。璞玉，玉未彫琢者。數金以鎰，猶數米以溢。《禮》曰：朝一溢米。溢之言搤也，一手所握曰搤，鎰與搤通。一搤米，猶言一合也；一鎰金，猶言一兩也。舊謂二十四兩爲鎰。齊王餽孟子百鎰，未必若是其多。鎰殆二十四銖耳。

一〇

齊人伐燕，勝之。宣王問曰：「或謂寡人勿取，或謂寡人取之。以萬乘去聲之國伐萬乘之國，五旬而舉之，人力不至於此。不取必有天殃，取之何如？」孟子對曰：「取之而燕民悅，則取之。古之人有行之者，武王是也。取之而燕民不悅，則勿取。古之人有行之者，文王是也。以萬乘之國伐萬乘之國，簞丹食嗣壺漿，以迎王師，豈有它哉，避水火也。如水益深，如火益熱，亦運而已矣！」

孟子爲齊謀燕，爲滕謀齊楚，皆據理仗義，明白正大，無詐謀詭計，而成敗之數，歷如指掌，所以爲聖賢之大猷也。齊王之問，先言勿取，後言取者，意常在取也，故託諸天與。孟子教以天意在民，觀民情，質往事，折衷于文、武，即天意可知。先言取而後言勿取，先言武王而後言文王，意在勿取也。燕民不悅齊，是天意不在齊也。水深火熱，指齊勝燕之事。殺父兄、累妻子、毁宗廟、遷重器，所以大失燕民之望也。

破其軍師曰勝，兼其土地曰取。萬乘非諸侯之稱。燕、齊皆僭王，地皆千里，故皆曰萬乘也。五旬，五十日也。全勝曰舉。簞食，以竹器盛飯也。壺漿，以壺盛酒水也。運，轉也，言去燕之齊者，又轉而之他也。

燕，伯爵，姬姓，周大保召公奭之封國，今順天府大興、宛平縣等地，古幽州薊門也。春秋時，燕僻小而受制于齊。戰國時，與秦、楚、齊、趙、韓並稱王。燕王噲任其相子之，蘇代爲齊使于燕。燕王噲問曰：「齊王奚如？」對曰：「必不霸。」燕王曰：「何也？」對曰：「不信其臣。」於是王噲大信子之，子之厚貽蘇代，代說王噲以國讓子之。子之南面行王事，噲老，不聽政，國事皆決于子之。三年，國內大亂。燕太子平與將軍市被謀攻子之，不克。搆兵數月，死者數萬人。齊王使章子將五都之兵，因北地之衆伐燕。士卒不戰，城門不閉，遂大勝燕。

一一

齊人伐燕，取之。諸侯將謀救燕，宣王曰：「諸侯多謀伐寡人者，何以待之？」孟子對曰：「臣聞七十里爲政於天下者，湯是也。未聞以千里畏人者也。《書》曰：『湯一征，自葛始。』天下信之，東面而征，西夷怨；南面而征，北狄怨。曰：『奚爲後我？』民望之，若大旱之望雲霓倪也。歸市者不止，耕者不變，誅其君而弔其民，若時雨降。民大悅。《書》曰：『徯奚上聲我后，后來其蘇。』今燕虐其民，王往而征之，民以爲將拯己於水火之中也，簞食壺漿，以迎王師。若殺其父兄，係累雷其子弟，毀其宗廟，遷其重器，如之何其可也？天下固畏齊之彊也，今又倍地而不行仁政，是動天下之兵也。王速出令，反其旄去聲，耄同倪宜，止其重器，謀於燕衆，置君而後去之，則猶可及止也。」

宣王不用孟子之言，遂乘勝取燕，將滅召公之祀，收幽、薊千里之地，盡歸于齊。民心不悅，諸侯乘之，夫焉得不畏？蓋反本致王，則以成湯之七十里，可爲政天下。興兵構怨，則雖齊之千里，豈能以一敵八？畏固宜耳。然兵以貪殘而招，亦可以悔禍而解。諸侯執辭，謂齊不當取燕耳。若遂還其擄掠，立其君，反其侵地，諸侯何辭之有？釋此別求他策，則唯有戰。戰則所謂以鄒敵楚，後災立至。宣王所以聞孟子言，而卒未敢盡取燕也。然列城已下，擄掠未還。燕人立太子平，是爲昭王。後此二十餘年，燕伐齊，入臨淄，盡收其寶貨，復燕故地。樂毅《報燕惠王書》云：「珠玉財寶，車甲珍器，盡收入于燕。齊器設于寧臺，大呂陳于元英，故鼎反乎磨室。」嗟乎！至是而後思孟子之言，晚矣。樂毅既破齊，未幾，田單又破燕。所謂「亦運而已」者，如燭照矣。

聖賢當亂世，非不用兵，爲除暴安民也，非貪土地人民財貨也。齊王伐燕與湯伐葛，事事相反。七十里，周制伯國也。湯在夏爲伯爵。天下信之，信其志在救民也。西夷、北狄，禹貢九州，四面相距各五千里，外爲要荒夷狄之國。遠人望王師之至，恨不先己也。此以上，引《書》辭。霓，虹也。五六月間天雨，則虹見。歸市者，不止國中商賈列肆如常，耕者不變，郊外農夫耕耘如常。王師所過，民不知兵也。弔，慰恤也。徯，待也。后，君也。蘇，復生也。兩引《書》，皆逸《書》之文。孔《書》「仲虺」之篇有此辭，小異。「雲霓」以上，先引《書》而後自言。見湯師未至，民望之切也。「歸市」以下，先自言而後引《書》。見湯師既至，慰民之望也。係累，囚縶也。重器，燕宗廟之器，鐘鼎之屬，樂毅所謂故鼎之類。遷，移入齊也。倍地，併燕地千里也。不行仁，即殺父兄之類。動，猶招也。速出令，使諸侯聞之也。旄、耄同，老人也。倪，小兒也。《禮》：「八十、九十曰耄，七歲曰悼。

悼與耄，雖有罪不加刑。」齊皆係累之，當亟還也。謀于燕國衆人，擇所宜立也。置，建也。去，撤兵去燕也。止，止諸侯之兵也。

按：齊宣王承父威王之業，國富兵强。乘子噲之亂，欲滅燕。因孟子之言存燕，諸侯之師遂寢。燕昭王嗣立，發憤雪恥，師事郭隗，卑禮招賢，弔死問孤，與士卒同甘苦。謀之數十年，而後燕國富强。合秦、楚、三晉之兵，敗齊于濟上，湣王走死。是時宣王没久矣。《史記》于宣、湣二主世代年月失真，遂以齊伐燕取燕皆爲湣王事。解者承訛，以諸侯謀救燕，即是樂毅濟上之舉，謂孟子晚年再入齊事湣王，謬也。

霓，即虹也。依陰雲出，當日衝。無雲不見，大陰亦不見。朝日則見于西，夕日則見于東。《莊子》云：陽炙陰則成虹。《淮南子》云：「天二氣則成虹。」《月令》：「季春，虹始見。」陰陽不正之氣也。三月以前，陽氣正中，陰不能干。三月以後，陽過中，故陰氣亂之。雨落日偏，照則虹見。雙見，雌者霓，雄者虹。鮮曰雄，闇曰雌。或云赤曰虹，青白曰霓。

一二

鄒與魯鬨洪去聲，穆公問曰：「吾有司死者三十三人，而民莫之死也。誅之則不可勝誅，不誅則疾視其長上聲上之死而不救，如之何則可也？」孟子對曰：「凶年饑歲，君之民，老弱轉乎溝壑，壯者散而之四方者，幾上聲千人矣。而君之倉廩實，府庫充，有司莫以告，是上慢而殘下也。曾子曰：『戒之戒之！出乎爾者，反乎爾者也。』夫民今而後得反之也，君無尤焉？君行仁政，斯民親其上，死其長矣。」

臣死君事者三十三人，亦自難得，此民所以得不死也。鄒穆公恤其臣而歸罪于民，欲伸敗軍之法。孟子教以罪己行仁，固結民心而已。民心散而束之以刑法，徒府怨耳。鬩，鬬聲，諠鬧也。楊雄云：「一鬩之市。」不言戰而言鬩，國小兵寡也。有司，軍將也。死，死于敵也。民莫之死，不肯爲有司致死也。幾千人，總老弱壯者死亡之數，明不止三十三人，所謂出乎爾者也。藏穀曰倉，米曰廩，財曰府，器曰庫。上慢，謂有司怠緩不急民也。出乎爾，出令也，所謂言悖而出，亦悖而入也。反之，反有司也。民未知禮義，故論報施；民知禮義，而報施不足論矣。親上于平居，則死長于臨難，反疾視其長上言也。君身爲本，奉行在有司。君行仁，則有司自知愛民，而民亦愛有司。穆公不當尤民，但當尤有司；亦不當尤有司，但當自尤。有司不可不慎擇，而民不可與爲讐也。賈誼云：民至賤而不可簡，至愚而不可欺。自古至今，與民爲讎者，有遲有速，而民必勝之，即此意也。

鄒，古邾國。一作鄹，又作騶。曹姓，今山東兗州府鄒縣地是也。穆公，鄒君之賢者。○賈誼《新書》云：鄒穆公令食鳧鴈必以秕，於是倉無秕而以粟易秕于民。吏請即以粟食之，公曰：「汝知小計而不知大會。夫君者，民之父母也。取倉中粟移于民，非吾粟乎？鳥苟食鄒之秕，不害鄒之粟而已。粟之在倉，與其在民，于吾何擇？」鄒民聞之，皆知私積之與公家爲一體也。○劉向《新序》云：鄒穆公無淫僻之事，無驕逸之行。美女四八，以妻死事之孤。食不重味，衣不雜采。自刻以廣民，親賢以定國，親民如子。鄒國之治，路不拾遺，臣下順從。故魯、衞不能輕，齊、楚不能脅。穆公死，鄒之百姓若失慈父。〔一〕

一三

滕文公問曰：「滕，小國也。間於齊楚，事齊乎？事楚乎？」孟子對曰：「是謀非吾所能及也。無已，則有一焉：鑿斯池也，築斯城也，與民守之，效死而民弗去，則是可爲也。」

滕文公之問，無自强之志，而欲因人苟免，是戰國遊士之策，非聖賢狥理自盡之義。故孟子謂是謀非吾所及。吾所知者，盡能爲之力，守當爲之分。收拾民心，固守封疆。成敗利鈍，守正以俟之而已者也。

滕，侯爵。文王子錯叔繡，武王封之于滕，即今山東兖州府滕縣。七國時，楚地盡彭城，而齊自濟鄆以南至楚，則滕西南迫于楚，東北迫于齊，故曰間也。是謀，謂倚仗他人之謀，非自立之策。非吾所能及，猶言吾所不知也。無已，猶言不得已。與民守，言非君自爲計也。效死，謂君先致死。民

〔一〕「劉向新序云」以下一段内容不見於今通行本《新序》。

弗去，民亦爲君效死也，此惟恩信素結于民者能之。文公較利害于敵國，孟子決成敗于民心。民心爲國本，非謂齊、楚不當事。事大者，畏天者也。但不得民，則無自固之策。有親上死長之民，盡以小事大之禮，則國可保矣。

一四

滕文公問曰：「齊人將築薛，吾甚恐，如之何則可？」孟子對曰：「昔者大（泰）王居邠（與豳同），狄人侵之，去之岐山之下居焉。非擇而取之，不得已也。苟爲善，後世子孫必有王者矣。君子創（去聲）業垂統，爲可繼也；若夫成功，則天也。君如彼何哉？強（上聲）爲善而已矣。」

文公意甚恐，故孟子引大王之事慰之。順天循理之謂善。處危急之秋，唯有守正盡力，小心謹慎，爲所當爲，聽成敗于天；不必張皇苟且，妄圖徼倖。古聖賢處憂患，洪濟之道如此。此章之意，非定教滕遷國。遷將焉往？勢窮民不爲守，君不能死，則惟有去之，故借大王避狄勉使爲善。天下有不可忘之君，自有不能忘之民。古亦有寄公失國者，遠如夏少康之一旅，近如陳完之奔齊，而後嗣皆顯，大王避狄則其最著者矣。禍福相倚，命不于常。舜以匹夫所在成都，孔子以尼山布衣，三千七十士從之如雲，惟其爲善耳，而況夫有土之君乎？數窮理極，國破家亡，惟有善不可舍，天不可逃；脩其在己，聽其在天，如是而已矣。按孟子爲齊、梁謀，則興王如反手；爲滕謀，則寬譬慰藉，而不敢必。聖賢無迂闊之譚，見定而理明，確乎不易。雖處急難，從容暇豫，不爲徂詐之謀、徼倖之計。學者能體乎此，天下無難處之事矣。

薛，任姓，黄帝之苗裔，仲虺之後。今山東滕縣有古薛城，近滕。齊人將併薛，城之，故滕懼其及己也。郊、豳同，公劉舊邑，今陝西西安府邠州。自公劉至大王，居邠九世矣。狄人，即獯鬻也。岐山，在鳳翔府岐山縣。大王避狄，遷于岐山之陽，三傳至武王，遂有天下。曰非擇取，曰不得已，謂事勢窮迫，避難而然也。「苟爲善」以下據理論，勉慰文公也。必有王者，據大王言也。爲善有獲福之理，君子無徼福之心。苟有徼福之心，則有見危之恐，而爲善不彊。故君子但脩其在我而聽其在天。創業垂統，謂再造也，亦據大王遷岐事言。創，造也。業，基業，土地、人民也。統，世緒也。繼，子孫承守也。成功，興王也，彼指齊也。彊者，困窮堅貞，勉其無恐也。恐則氣沮而利害鼠首，于是乃有逆理違天之事。倉皇失措，非所以處憂患也。故國可亡，土地可舍，而爲善不可怠。語云「天道無親，常與善人」，何以恐哉？

郊本作豳，唐玄宗以字似幽，改从郊。後人抄録《孟子》因之。而《豳風》如故者，六經本漢石刻也。

一五

滕文公問曰：「滕，小國也。竭力以事大國，則不得免焉，如之何則可？」孟子對曰：

「昔者大王居邠，狄人侵之，事之以皮幣，不得免焉；事之以犬馬，不得免焉；事之以珠玉，不得免焉。乃屬（觸）其耆老而告之曰：『狄人之所欲者，吾土地也。吾聞之也，君子不以其所以養人者害人。二三子何患乎無君？我將去之。』去邠，踰梁山，邑于岐山之下居焉。邠人曰：『仁人也，不可失也。』從之者如歸市。或曰：『世守也，非身之所能爲也，效死勿去。』君請擇於斯二者。」

滕文公此問，其情愈迫。曰竭力，曰不得免，禍且及矣。避難與效死，兩途決然不易，始終所告不越此。聖賢論事，據理一定，則心不爲動，害不爲恐。衆人不見義理，僥倖苟且，機變多而錯亂愈甚，終無能逃于自然之數。所以聖賢處變，心逸日休，獲弘濟之益。衆人心勞日拙，卒無補于敗亡也。可以覘孟子知言養氣之學。

皮幣，以皮爲幣，如虎豹狐貉皮之類。幣，貨幣也。《周禮》行人職：合六幣，圭以馬，璋以皮，璧以帛，琮以錦，琥以繡，璜以黼。六物以合諸侯之好。屬，猶會也。耆老，國人年長者。養人，謂土地生物也。害人，謂爭地殺人也。二三子，指耆老及邠衆人。何患無君，言己將與同遷也。梁山，在今西安府乾州境。岐在邠東，岐山又在梁山東。仁人，據平日恩信，言爲民而棄土，亦仁人之事。歸市，人衆爭先也。或曰者，更一策也。世守，言土地先世垂創，子孫世守，非可自專，效死不可去也。效，猶致也。二者，謂一避一死也。人情避易而死難，孟子遷就文公，圖其易者，于大王事特詳。

若不能死，又不能去，有身爲虜耳。按《史》滕無世家，滅于何國不可考。據《國策》，宋偃王滅滕，是猶免于齊、楚也。然觀此章之問，勢已危急。文公自爲世子，聞性善之教，行三年之喪，問井地，行聖人之政，而卒不能保其國，蓋强弱勢也，存亡天也。聖賢之所能者人，所不能者天。孔子不能興魯，而況滕、薛乎？孟子所以謂成功則天，彊爲善而已者，千古名言。司馬遷作《伯夷傳》何曾解此？

一六

魯平公將出，嬖（秘）人臧倉者請曰：「他日君出，則必命有司所之；今乘輿（去聲）已駕矣，有司未知所之，敢請？」公曰：「將見孟子。」曰：「何哉！君所爲（去聲）輕身以先於匹夫者，以爲賢乎？禮義由賢者出，而孟子之後喪踰前喪。君無見焉。」公曰：「諾。」樂正子入見曰：「君奚爲不見孟軻也？」曰：「或告寡人曰：『孟子之後喪踰前喪』，是以不往見也。」曰：「何哉？君所謂踰者，前以士後以大夫，前以三鼎而後以五鼎與？」曰：「否！謂棺槨衣衾之美也。」曰：「非所謂踰也，貧富不同也。」樂正子見孟子曰：「克告於君，君爲（去聲）來見也。嬖人有臧倉者沮（上聲）君，君是以不果來也。」曰：「行或使之，止或尼（暱）之，行止非人所能也。吾之不遇魯侯，天也。臧氏之子焉能使予不遇哉？」

樂正子于孟子欲引而進之，臧倉欲推而遠之。一薦賢，一蔽賢，人品心術相去甚遠。而以君子樂天知命，視倉之讒與克之怨，皆過用其心者也。孟子本無心于樂克之薦，亦何憾于臧倉之沮？可以觀養氣不動心之學。

魯平公，名叔。嬖人，寵倖之賤人。臧倉，其姓名也。有司，掌君車者。乘輿，即君車。中節曰禮，合宜曰義。孟子父激公宜先喪，母仉掌氏後喪。踰，加厚也。言孟子厚母薄父也。樂正子，孟子弟子，名克，姓樂正，仕于魯。孟子嘗仕齊，爲客卿，故曰大夫。後篇云「自齊葬于魯，反于齊」是也。三鼎，士禮；五鼎，大夫禮。鼎以烹牲肉薦于俎也，喪奠亦用鼎。士祭以特牲，一豕一魚一腊爲三。大夫祭以少牢，一羊一豕一魚一腊一膚爲五。椁，外棺也。衾，被也。富謂爲大夫，貧謂爲士。孟子自謂無財不可以爲悦，有財不以儉其親，正謂此也。行，道行也。止，不行也。尼、泥同，塞也。或者，不測之辭。遇，合也。以行道言，非謂接見而已也。

《禮》：父尊而母親。《記》曰：知親而不知尊者，禽獸是也。惟禽獸知有母不知有父。聖人制禮，以别人道于禽獸。禮莫尊于父喪，服重父而殺母。故臧倉託薄父以毁孟子。後篇孟子歸葬于魯，答充虞路問，亦自明此意，與樂正子貧富之言正同。

孟子説解卷二終

孟子說解卷三

郝敬　解

公孫丑章句上

一

公孫丑問曰：「夫子當路於齊，管仲、晏子之功，可復許乎？」孟子曰：「子誠齊人也，知管仲、晏子而已矣。或問乎曾西曰：『吾子與子路孰賢？』曾西蹴（促）然曰：『吾先子之所畏也。』曰：『然則吾子與管仲孰賢？』曾西艴（弗，又音勃）然不悦曰：『爾何曾（層）比予於管仲？管仲得君，如彼其專也；行乎國政，如彼其久也；功烈，如彼其卑也。爾何曾比予於是？』」曰：「管仲，曾西之所不爲也，而子爲我願之乎？」曰：「管仲以其君霸，晏子以其君顯，管仲、晏子猶不足爲與？」曰：「以齊王（去聲），由（猶通）反手也。」曰：「若是，則弟子之惑滋甚。且以文王之德，百年而後崩，猶未洽於天下；武王、周公繼之，然後大行。今言王若易然句，則文王不足法與？」曰：「文王何可當也？由湯至於武丁，賢聖之君六七作，天下歸殷久矣，久則難變也。武丁朝諸侯，有天下，猶運之掌也。紂之去武丁未久也，其故家遺俗，流風善政，猶有存者。又有微子、微仲、王子比干、箕子、膠鬲隔，又音歷，皆賢人也。相與輔相之，故久而後失之也。尺地莫非其有也，一民莫非其臣也，然而文王猶由通方百里起，是以難也。齊人有言曰：『雖有智慧，不如乘勢；雖有鎡茲基，不如待時。』今時則易然也。夏后、殷、周之盛，地未有過千里者也，而齊有其地矣。雞鳴狗吠廢相聞，而達乎四境，而齊有其民矣。地不改辟闢矣，民不改聚矣，行仁政而王，莫之能禦也。且王者之不作，未有疏於此時者也；民之憔悴於虐政，未有甚於此時者也。飢者易爲食，渴者易爲飲。孔子曰：『德之流行，速於置郵尤而傳命。』當今之時，萬乘之國行仁政，民之悦之，猶解倒懸也。故事半古之人，功必倍之，惟此時爲然。」

孟子欲仕齊、梁，其意詳見于此章。管仲、晏子挾術不過功利，故其所建立不過小補。孟子負文、武、周公之道，得齊千里之國，乘亂極思治之民，反手致王，良非虛語。宜其卑霸功于不足道也。章內有乘勢待時語，解者將前後文義分配時、勢，太拘，總之時耳。今日齊所值之時較文王昔日之時甚易，而勢在其中矣。

公孫，姓。丑，名。孟子弟子。當路，居要地也。管仲，名夷吾，相齊桓公。晏子，名嬰，相齊景公。皆有功於齊先世者也。許，期也。曾西，曾申字，曾子之子。蹵然，不安貌。先子，曾子也。畏，敬也。艴然，怒色。何曾，猶言何乃。桓公倚管仲爲仲父，故曰得君專。相齊四十餘年，故曰久。不能行王道，僅以其君爲霸主，故曰功烈卑。顯，顯名也。齊景公時，晉衰齊强，故曰顯。由、猶通。由反手，言易也。滋，益也。惑，不信也。言文王聖人，王猶未易，而齊未易王也。何可當，言仁者無敵也。賢聖之君，兼湯、武丁，中間太甲、沃丁、大戊、祖乙、盤庚皆是也。雖紂父帝乙，亦賢君也。六七，言多也。作，起也。武丁至紂凡七傳。故家，舊臣之家。遺俗在王國，流風在四方，善政在朝廷，皆商先王所留也。微，國名。微子名啟，紂庶兄。微仲名衍，微子弟也。比、箕，皆地名。王子名干，封于比。箕子名胥餘，封于箕。皆紂諸父。膠鬲，紂時賢人，後爲文王臣。猶、由通，文王由百里興也。乘勢，乘富强之勢。鎡基，大鋤也。基，當作錤。待時，待耕耘之時。雞鳴狗吠相聞，謂民居稠密也。不改，不更也。辟、闢同，開拓也。地已廣矣，不須更闢，民已衆矣，不須更聚。德，以德行仁也。流行速，即老老幼幼，天下可運于掌之意。置郵，驛館也。傳命，傳官府文書。倒懸，懸之而以首居下，困苦之喻。事半古人，不必百年繼世也。功倍，王天下也。

舊註：子西，曾子孫。據稱先子，謂父也。曾子之子、曾元之弟，名申，字子西，一字子華。申，西方。華，西嶽。故楚鬭宜申、公子申，皆字子西。○霸與魄同，月始生曰霸，本讀入聲。五霸之霸當作「伯」，諸侯之長曰伯，伯率其所統諸侯曰霸，讀去聲。蓋後人以伯字相混，借霸作去聲。凡字正聲主靜，轉聲主動，推類甚多。○《廣雅》云：「郵，驛也。」置，亦驛也。《風俗通》云：「漢改郵爲置。」韻書云：馬傳曰置，步傳曰郵。《李陵傳》云「因騎置以聞」是也。朱註云：置，驛也。郵，馹日也。按驛字从馬，主騎，度遠近置馬也。馹字从日，主步，度遠近計日也。古軍情羽檄最急，日行四五百里。今置急遞鋪，設十二時日晷，驗時刻，晝夜百刻，每三刻行一鋪，凡十里，晝夜行三百里爲度。

二

公孫丑問曰：「夫子加齊之卿相去聲，得行道焉，雖由此霸王不異矣。如此則動心否乎？」孟子曰：「否，我四十不動心。」曰：「若是，則夫子過孟賁奔遠矣。」曰：「是不難，告子先我不動心。」曰：「不動心有道乎？」曰：「有。北宮黝酉之養勇也：不膚撓鬧，不目逃，思以一豪挫於人，若撻之於市朝；不受於褐寬博，亦不受於萬乘之君；視刺萬乘之君，若刺褐夫，無嚴諸侯；惡聲至，必反之。孟施舍之所養勇也，曰：『視不勝，猶勝也。量敵而後進，慮勝而後會，是畏三軍者也。舍豈能爲必勝哉？能無懼而已矣。』孟施舍似曾子，北宮黝似子夏。夫二子之勇，未知其孰賢，然而孟施舍守約也。

昔者曾子謂子襄曰：『子好勇乎？吾嘗聞大勇於夫子矣。自反而不縮，雖褐寬博，吾不惴（贅）焉；自反而縮，雖千萬人，吾往矣。』孟施舍之守氣，又不如曾子之守約也。」曰：「敢問夫子之不動心，與告子之不動心，可得聞與？」「告子曰：『不得於言，勿求於心；不得於心，勿求於氣。』不得於心，勿求於氣，可。不得於言，勿求於心，不可。夫志，氣之帥也。氣，體之充也。夫志至焉，氣次焉，故曰：『持其志，無暴其氣。』」「既曰志至焉，氣次焉，又曰持其志，無暴其氣者，何也？」曰：「志壹則動氣，氣壹則動志也。今夫蹶（厥）者、趨者，是氣也，而反動其心。」「敢問夫子惡（烏）乎長？」曰：「我知言，我善養吾浩然之氣。」「敢問何謂浩然之氣？」曰：「難言也。其爲氣也，至大至剛，以直養而無害，則塞乎天地之間。其爲氣也，配義與道。無是，餒（内上聲）也。是集義所生者，非義襲而取之也。行有不慊（恰）於心，則餒矣。我故曰告子未嘗知義，以其外之也。必有事焉而勿正（句）心，勿忘，勿助長也。無若宋人然：宋人有閔其苗之不長而揠（彎入聲）之者，芒芒然歸，謂其人曰：『今日病矣，予助苗長矣！』其子趨而往視之，苗則槁（稿）矣。天下之不助苗長者寡矣。以爲無益而舍之者，不耘苗者也；助之長者，揠苗者也。非徒無益，而又害之。」「何謂知言？」曰：「詖（秘）辭知其所蔽，淫辭知其所陷，邪辭知其所離，遁辭知其所窮。生於其心，害於其政；發於其政，害於其事：聖人復起，必從吾言矣。」「宰我、子貢善爲説辭，冉牛、閔子、顔淵善言德行去聲，孔子兼之，曰：『我於辭命，則不能也。』然則夫子既聖矣乎？」曰：「惡烏，是何言也！昔者子貢問於孔子曰：『夫子聖矣乎？』孔子曰：『聖則吾不能，我學不厭而教不倦也。』子貢曰：『學不厭，智也；教不倦，仁也。仁且智，夫子既聖矣。』夫聖，孔子不居，是何言也！」「昔者竊聞之：子夏、子游、子張，皆有聖人之一體；冉牛、閔子、顔淵，則具體而微。敢問所安。」曰：「姑舍上聲是。」曰：「伯夷、伊尹何如？」曰：「不同道。非其君不事，非其民不使，治則進，亂則退，伯夷也。何事非君，何使非民，治亦進，亂亦進，伊尹也。可以仕則仕，可以止則止，可以久則久，可以速則速，孔子也。皆古聖人也，吾未能有行焉。乃所願，則學孔子也。」「伯夷、伊尹於孔子，若是班乎？」曰：「否！自有生民以來，未有孔子也。」曰：「然則有同與？」曰：「有，得百里之地而君之，皆能以朝諸侯、有天下；行一不義，殺一不辜，而得天下，皆不爲也。是則同。」曰：「敢問其所以異？」曰：「宰我、子貢、有若，智足以知聖人句，汙不至阿其所好。宰我曰：『以予觀於夫子，賢於堯舜遠矣。』子貢曰：『見其禮而知其政，聞其樂而知其德，由百世之後，等百世之王，莫之能違也。自生民以來，未有夫子也。』有若曰：『豈惟民哉！麒麟之於走獸，鳳凰之於飛鳥，泰山之於丘垤迭，河海之於行潦老，類也。聖人之於民，亦類也。出於其類，拔乎其萃，自生民以來，未有盛於孔子也。』』」

大虛中惟氣，氣即是理。理氣凝而爲人，故曰人者天地之心而五行之端也。理氣非兩。《易》曰：一陰一陽之謂道。陰陽者，一氣闔闢之名。陰陽謂道，即氣是理也。天地間皆氣之盈滿，人爲氣中之一氣。氣之靈爲心，心之理爲性，其實一氣耳。離氣求性，淪爲空虛；離性求氣，散爲朽腐。故靈在氣生，氣散靈死，原非二物。耳目口鼻，即是仁義禮智。天地與人，人與天地，一氣相通，如魚水相依，道之大原也。人心清徹無累，德性常現，則元氣與天地同流。若心志昏昧，則血氣憑陵，橫溢妄作。故學問大源本，無過養心。心無物，其機惟氣。養氣非外求，其欛柄惟心。心正氣自定，氣定心自安，一原之理也。知言者，心静生明。義理不明，則氣不通暢。知言則精義入神，所謂吾斯能信也。道載于言，言發揮道。聖人傳心惟言，邪説害正亦惟言。告子無求于言，外義不集，所以氣餒。故發知言一段，其功效即在集義養氣内，非别一項也。

養氣，自夫子三戒發端。氣即血氣榮衛呼吸之屬，天地與人物之精爽，飛揚于大虛之内者，悉含藏于人心。人日用酬酢皆氣也。心無用，以氣爲用。心無體，氣即是體。除卻氣，無復有心性；除卻心性，無復有氣。氣是不得已而言，不言氣，無處見心，故養氣便是養心。蓋心之不寧，祇緣耳目口鼻。

視聽言動，思慮紛紜，若不于此收拾，更向何處捉摸？五官四肢，勿生妄緣，神氣清明，順理時行，即是集義。從容自得，心廣體胖，即是浩然，即是善養。

學以性善爲宗，以養氣爲入門，以不動心爲實地，以時中爲妙用。性者，心之神靈；心者，性之宅舍；氣者，性之運動。其實一性而已。人性本至善，其體常静。不静者氣也，故其要在養氣。性不可離氣，猶舟不可離水，君不可離民，將不可離卒也。御之失道，則覆舟者即水，危君者即民，亡將者即卒。水外無操舟之法，民外無爲君之法，卒外無爲將之法，氣外無養心之法。故不動心不言養心而言養氣，肯綮之要也。

大虚中惟氣，而理無形迹。人身亦惟氣，而性無形迹。性用事，和順從容，即氣是性。氣用事，狂躁馳騁，即性是氣。聖人非能離氣，而從容中道，即是善養。是故有運用之氣，有昏擾之氣。昏擾之氣銷，知止有定而爲賢。運用之氣化，心同大虚而爲聖。恒人昏迷放佚，性非不存，如盆水受風塵攪雜，失其澄清之體。聖人神明變化，氣非不用，如衡鑑無心，而輕重妍媸，因物應現。孔子仕、止、久、速惟時，便是無忘無助，性善本體，不動心真境。伯夷、伊尹習氣未化，心未免偏主，與聖人養氣不動心尚隔一程。

人身一片血肉，即是一片生理，原非可析爲二也。二即所謂志一氣一也。呼吸之氣，即是浩然之氣。世儒不肯著自己性命上承任，嫌呼吸之氣似養生家。聖賢何嘗禁人養生？養生便養德。卻分何等爲不離乎氣，何等爲不雜乎氣，支離甚矣。浩然之氣若異呼吸之氣，則蹶趨之氣，又是何等？《禮》云「知氣在上」，氣陽而神，故曰知也。言爲心聲，聲亦是氣，辭亦是氣，視聽言動莫非氣也。曾子所貴乎道者三，亦是養氣。單提養氣，更覺親切。教人養心，茫無栖泊，教人養氣，一呼吸便在。

公孫丑不動心之問甚善。宇宙一切事由心造。素無涵養，當幾揑抓，焉能幹辦得大事？自古定天下大業者，皆是有天下大材力者也。若富貴淫、威武屈，與粉飾鋪張、枝梧彌縫，皆謂之動心。孟子自謂以齊王猶反手，堯舜事業，亦是一點浮雲。《易》云「古之聰明睿知神武而不殺者」，《中庸》云「强哉矯」，此天下之大勇也，故章内借猛士形容。《詩》云：「德輶如毛，民鮮克舉。」孔子云：「勇者不懼。」仁者必有勇，君子無憂懼。舜、禹巍巍，有天下而不與，皆謂此也。章内「行有不慊於心則餒」一語，最明切。釋氏以大慈爲無畏，般若爲金剛，蹈襲此意。〇不動心是道脉。《大學》：定静安慮而後能得。夫子從心所欲不踰矩，其至者也。學術不同，真不動心者，循理自然，從學問志氣來；假者從血氣强梁來，乃有告子旁門矯强造作，如北宫黝、孟施舍强梁之習。子夏、曾子，學問中人，孟子以自寓也。將言願學孔子，故舉仲尼之徒發端。將言養氣，故先言勇，勇亦氣也。不動心，是仁者之勇。心不可見，借氣徵心。氣不可象，借勇明氣。凡聖賢皆以涵養成剛强，如武人暴戾，其究爲疲薾耳。

引北宫黝、孟施舍，因丑言孟賁而推類也。引子夏、曾子，因丑言夫子而自況也。以北宫黝比子夏，孟施舍比曾子，因丑言夫子過孟賁並形也。以勇士比先賢，以血氣形志氣也。語意層疊，由淺入深。使人懼己，不如己無懼人，此黝養勇不如舍也。以力强人，又不如以理自强，此舍之守不如曾子之守也。

黝强梁好勝，勇者常態，然終必遇敵。即所思與所視，猶未免量敵慮勝，一遇勁敵，勇未必全。故雖養勇，而無所以養也。孟施舍勇不如黝，而有所以養之者。別立張主，不主勝人，而主己無懼。主勝人者，不勝則氣沮。主無懼者，雖不勝而心常平等。故曰所養也，其守比于黝爲約，以其漸近于志也。舍似曾子，黝似子夏，二語可味。二賢恂雅，世無知其勇者。然學問涵養，有自勝之强，與夫子過孟賁意相應。不曰二賢似黝、舍，曰黝、舍似二賢，是推尊語，猶蓮花似六郎云爾。子夏學《詩》、學禮，文勝而反約之功疏。北宮黝侮人殺人，攻敵而自守之主亂，故子夏爲君子儒。小人儒，未免出入。而黝勝則伸，不勝則挫，終難自保，所以相似。曾子未必日省皆得，而自反則本立；孟施舍不必皆勝，而堅忍則氣定。黝主于人之畏己，舍主于己不畏人。子夏信聖人，曾子信自己。所以黝之勇，不如舍之勇，以血氣較血氣也。舍之約，又不如曾子之約，以血氣較志氣也。

士君子和順從容，而黝、舍麤暴武夫。引以相況，見溫栗之爲大勇也。其實黝何曾似得子夏，舍何曾似得曾子？似猶似是而非之似，學術有真假。告子不動心似孟子，將辨告子之似，先言黝、舍似二賢也。聖門惟二賢尤醇謹。大勇不主浮躁，而主貞静。天道翕聚，乃發生萬物。人心不定静，不能斡旋萬事。故言勇，不舉子路剛强與子貢、子張輩之英發，而特舉子夏、曾子，正惟其醇謹也。蓋氣之散也，升降飛揚，瀰漫宇宙。而斂之則虚極静篤，綿綿若存。聚則爲志，散則爲氣，一也。天下之至剛，即天下之至柔。至恢弘發越者，即其至精一要約者也。老氏云「專氣致柔」，能如嬰兒乎？嬰兒與黝、舍相違遠矣，而養氣莫善於嬰兒。故曰「弱其志，强其骨」，「虚其心，實其腹」，即守約持志之謂也。釋語云兵器滿載不如寸鐵殺人，蹈襲守約之意。

孟施舍與曾子，皆引其言。北宮黝、子夏不然者，孟施舍言必勝即兼黝之養，曾子言夫子之勇即該子夏也。曾子所述大勇，非據其事，約其理耳。若據不縮不往，未爲勇，且心苟不縮，何待臨敵自反？蓋理有屈伸，氣之盈縮因之。力由心生，氣隨志轉，此謂不殺之武、不怒之威。不在衆寡勝負之迹，而在方寸無累之天。俯仰無愧便是大勇。不縮固不往，縮亦何必定往；往固勇，不往何必非勇？縮與不縮，往與不往，總形容權度主張由我，所以爲約也。下文集義勿正勿忘助，仕止久速因時，此也。所以破孟施舍無懼之爲小勇，小勇硜硜，大勇圓通。硜硜强執不反，圓通應變無方。下文告子不如孟子，夷惠不如孔子，皆含藏于此。大抵守理者即懼亦勇，守氣者無懼亦怯。舍無懼而不量不慮，即方寸已費把持。曾子一任多寡强弱，成敗利鈍，無適無莫，從容順應，所以爲守約、爲大勇也。列禦寇謂含光丞影之劍，揮無不斷，而人罔覺，即此意。孟施舍所守是氣，曾子所守亦是氣；但舍守氣于氣，曾子守氣于志。志與氣，非二非一。氣由理生者，全轉爲志，故曰約，約者要也。氣不根志，則暴發無根，强制無懼，則但可爲守氣而不得爲守約。守氣者，努力堅忍。守約者，精一執中。守氣即是告子，守約孟子自寓。丑未達，故有下問。

告子亦是學問中人，但義理欠精融，涵養未豁達，而强執不動心。「不得於言」四語，其底本也。士君子窮理養心，見理不明，可否疑惑，心焉得不動？彼謂既不得于言之是非，而往來思惟于心，祇滋憧憧，即舍之而不復求通于心，乃所以安心也。士君子改過自訟，心有愧怍，正當引咎責躬，刻勵于耳目動作之間，求釋此心。彼謂心既不安，則氣已動。若更求氣，益動其心。即屏氣休息，而不復求于氣，亦所以安心也，此告子不動心之道也。夫不得于言而勿求于心，是不知言也。不得于心而勿求于氣，是不養氣也。道理既不明，臨事又不論縮不縮，徒强制其心，焉得不動？而孟子以爲勿求于氣可者，何也？就告子分上論之，蓋養氣先求諸心，如下文集義是也。彼既不求于心，心有不得，必然之理。若又求助于氣，是乃不縮亦往也，必有襲取暴戾之病。故既不得于心，姑聽其勿求于氣。即下文所謂無益而舍之者也，要非至當之論。若夫不得于言，勿求于心，正是不集義。以義爲外，根本先差，斷然不可。蓋告子以心與氣判内與外爲兩。惟知内護此心，不知志氣互根。志之作用即氣，氣之主張即志。持志養氣，養氣安心，相須而不離者也。

人生惟一片氣，氣中藏一點靈爲心。凡心之運皆氣，而心發于氣者莫如言。言者，志氣之合，是非之林，以息相吹者也。氣相求，聲相應，心相傳，疑相質，辨相攻，皆存乎言。志氣清明，義理昭著，則言順辭達，聲入心通。如虛谷傳響，洪鐘隨叩，是非燭照，鶴鳴子和，千里順應，又何有不得于心，强制而求諸氣者乎？告子于言不得，正宜慎思審問，以求辨惑；而彼勿求，則心常在茫昧之境。而又不循理善動，以養此氣，如是則外者蔽而不得入，内者閉而不得出，中間惟守一木强枯槁之心，與黝、舍輩剛愎傷勇何異？所以不待四十而先不動心之術也。

天下義理歸文字。不得于言，則于聖教古訓、名物事理都未通曉；而妄議天下事，如孟施舍不量敵而進、不慮勝而會，不反己縮未縮，即是勿求于心也。言與心猶二，心與氣惟一。心虛自無不得，不得皆由于氣失其養。告子心不得，便灰其心。如今趺坐習静者，怕見動作以醫心，是謂勿求于氣也。而一可一不可者，言之于心必須求，心以思爲官也。心之于氣不可求，氣以静爲神也。求心即是有事勿忘，求氣便是暴正助長。言亦是氣，集義養氣而知言即在中。告子不知志氣一源，有求有不求。孟子只一集義，心與氣與言皆貫矣。

言有二：有自言，有人言。自家説不通，他人説不解，總是道心糢糊，烏可勿求？不得于心求氣亦有二。動于慾不得，則求于耳目；動于理不得，則求于躬行。慾可勿求，理何可勿求？告子但護定此心，餘一切皆外。願外則思得，不得則生求。戒得則無求，無求無得則心空。故理之是非，内不關于心。心所向往，外不通于氣。悶然如壓草不生，縛樹不長，終無此理。心與境，理與事，志與氣，顯微無間者也。天下無心外之言，無氣外之心。得其要，惟養氣而不動心在其中。一集義而持志、養氣、知言兼舉矣，但舉一便兼三。告子隔内外爲二，言與心爲兩，心與氣又爲兩，所以失之。

告子自謂不得于心，勿求于氣，亦知暴氣助長爲不可矣。但心之不得，由不知言、不養氣所致。謂勿舍而不求，臨事欲不茫昧暴戾，何可得？孟子獨謂勿求于心不可者，是不集義而襲取之病根也。謂勿求于氣可者，主宰不定，原非氣能使之定。心自失養，而但求諸氣，恐有冥行妄作之弊，非謂養心不在養氣也。或曰：苟無不得而不求，不可乎？曰：亦不可。人未有生而盡知天下之理者，若皆自得于言而勿求于心，則學問可廢矣。人有此心，必有思慮。既有思慮，必資運動。若皆自得于心而勿求于氣，則形同枯木，人事斷滅矣。但天理人欲不同。忿慾之來，堅忍不動，如原思克伐，不行猶可。若善念方萌，施于四體，措諸天下，不求于氣，何由達外？告子絶外守内，不知仁義一原。其蔽不可言，其害亦不可言。不得于心，勿求于氣，是道家養生秘訣。氣爲本命，心動氣散，存神馭氣，謂性命雙脩。不得于言，勿求于心，是釋門斷惑秘訣。以言語爲機鋒，稍涉擬議，截爲葛藤，言下了當，即稱妙悟。故告子之學是二氏之祖。自云仁内義外，將天下事理斥爲陰塵，與心不相關。起心動念、由我主者爲仁内，時宜化裁、通于感者爲義外。仁内即六根，義外即六入，並詆爲賊性，烏能集義知言、養浩然之氣乎？

變心言志者，心渾然在中，無以見帥。志爲心所向往，如號令指麾，主帥乃見，氣乃從令。人體血肉頑聚，得氣充滿，生機盎然，乃與志通。體無氣，則如槁木。惟氣含靈，是曰知氣。氣散無知，雖令不從矣。故神動于方寸，而汗浹于毛孔。非體能靈，氣充之應也。志至，志所到處也。氣次，氣亦隨至也，猶即次之次。持志者，心所向往。神明自主，非禮勿動，即以帥氣也。如捩舵開舟，按轡馭馬，隨其動處防檢；静則不須言持矣。持志即主敬慎獨，便是集義有事，氣自無陵暴之失。工夫總歸持志，勿暴氣只申言，非與持志對也。暴氣事非一，大喜大怒，多言妄動，凡爲力所不勝之事皆是。而蹶趨其顯者，大抵主帥精明，卒徒自整肅。士卒失伍，皆由制馭乖方。故持志勿暴氣，一事非兩語。猶言直養而無害，有事勿正助云爾。

養生家云：神一去，便收來。神反胸中氣自回，即志至氣次也。今人思冰覺寒，思火覺熱；驚則汗出，哀則淚下。金丹舍利，蓬萊净土，皆緣想成，皆氣之隨志也。嵇康云：「服藥求汗，或有弗獲；而愧情一集，涣然流離。終朝未餐，則囂敖然思食；而曾子銜哀，七日不饑。夜分而坐，則低迷思寢；

内懷殷憂，則達旦不瞑。勁刷理髮，醇醴發顔，僅乃得之。壯士之怒，赫然殊觀，植髮衝冠。由此言之，精神之于形骸，猶國之有君也」。故曰：志，氣之帥。

自「志氣之帥」也至「反動其心」，皆明氣志相須，不動心在養氣之故。從來但言心與志，孟子言氣，既言志至氣次，已是合一；又言持志勿暴氣，則暴氣似賸語。丑之問，亦告子勿求于氣之意。孟子之答，重氣壹邊。志壹動氣，大分常理，人所易曉；氣壹動志，非常分，卻是常病，而人不察。志壹動氣，有善有惡。大人從其大，體德性用事，志勝也。氣壹動志，不善爲多。小人從其小體，氣勝也。耳目口鼻之于聲色臭味，四肢之于安逸，逐物緣引，放其心而不知求，皆氣之爲。故曰養心莫善於寡慾，慾動皆氣勝也，未有不馭氣而能養心者。道家以神爲馭，以氣爲馬。神馭氣，氣留形，即此意。蹶趨其易見者，旦晝所梏亡，何但蹶趨之動耳？此孟子養氣，發前聖所未發也。

知言，破告子不得於言。養氣，破告子勿求於氣。先知言而後養氣，精義乃養心之要也。大學知至而后意誠，知至意誠，則心廣體胖，脩齊治平，不勞而辦矣。知言、養氣其功非二。氣由義生，義由知集。言者義之所載而氣之所宣也。氣養到浩然處，呼吸與造化通。天命人性之理，深造自得。其于是非邪正、紛拏盤錯之介，洞晰毫芒。由其心胸廣大高明，理無不包，故其見無不徹。知言曰我，浩然曰吾，與前大勇自反守約應。○朱註云：「浩然，盛大流行之貌。」此光景，於俯仰舒泰處呈現，即性天之從容和順者也。難言，謂無形迹可指，而極真實。言之微渺而近於誇，所謂中人難語上也。人與天地，本同一氣。剛大塞天地，言乎其氣之體段也；配道義，無是餒，言乎其氣之根柢也。集義有事無忘助，言乎其直養之功效也。氣盈兩間，根本道義而含于人心。至大以包括言，大虛無盡，此氣無盡。至剛以發越言，造化不息，此氣不息。剛大者，氣之本來，天地人物同，而全體在人。人含氣爲心，心無私曰直。人心一毫邪枉，即剛大之體傷。人之生也直，乾坤易簡惟直，直者道義之本體。集義有事之真幾，直養則真性常存，動静不違，與天地相似。《易》曰：「成性存存，道義之門。」天地設位而易行乎其中，吾身之氣與天地通，天地之氣與吾身通。中和位育，脩己安人，上下同流，故曰「塞乎天地之間」。此浩然之氣，兼三才之體段也，而道義爲之主宰。義者，事物之宜，道者，公共之路，一也。在人曰義，以應務酬酢言也；在天地間曰道，以流行自然言也。先義而後道者，由人達天也。人心之氣，配義而成充塞。天地之氣，配道而成變化。天地之道浸，人心之義集，一也。配者，合而爲一之意。流行處爲氣，主宰處爲道義。無是，謂無道義也。五行即五常，陰陽即大極。無五常，是無五行；無大極，是無陰陽。人心若無義，則行尸走肉而志氣消矣。造化若無道，則時停物死而乾坤毁矣，故曰餒也。直養莫如行義，行義又非可假合，偶激而强配也。由平日持志帥氣，誠意謹獨，無爲其所不爲，無欲其所不欲。幽居隱微如此，大庭廣衆亦如此，顛沛造次亦如此，是謂集義。義集則志氣清明，心廣體胖，生惡可已，而浩然塞乎天地之間，此不動心之真境也。天機長裕，無毫髪慙阻，不假吹噓，自然鼓舞，故曰「所生」，非可掩襲行義之迹而虚張以取此氣象也。苟反諸心而素行，一有不慊，所稱配義者爲强配，所稱無是餒者，卒未嘗有，終餒焉耳。餒，不充塞也。魚爛自内而出曰餒。《春秋傳》曰：梁亡，魚爛而亡。言内潰也，故借爲氣不充之名。前餒，兼天地間言也。此餒，自人心言也。外行不義即中情不慊，義之根心可知。告子不知義而以義爲外，安望集義以慊心而生浩然之氣乎？所以舍知言養氣，一切勿求也。〔一〕養氣者宜何如？日用動静，必以養氣爲事，又不可專主氣。正，猶專也，如《老子》「專氣致柔」之專；猶政也，如《春秋傳》「今日之事我爲政」

〔一〕从「一切勿求也」之後开始，再向下數十六段，内閣文庫本與此本文字差異較大。今將内閣文庫本的相關内容附於下，供讀者參看。

附：集義直養者宜何如？惟此不爲不欲之心，常存匪懈。不問動静顯微，常若有所事焉者，即是持其志也。正，預期也。有事勿正心，所謂務民之義，先難後獲、先事後得者也。有正心，則有事不專，而持志不固。有爲而爲，義亦利也。故必去此正心，惟於所有事者勿忘，更不可於勿忘時，作意喜事，而暴戾助長。如此者謂集義，則心氣和平，素履無咎，成性存存，與天地相似，即是直養而無害。程伯子謂「静亦定，動亦定」，《易》謂「寂然不動，感而遂通天下之故」，下文云「仕止久速惟時」，此也。心境雙寂，事理如一，雖旋乾轉坤，不驚不亂，剛大充塞，焉往而不浩然！惟聖人從容中道，從心所欲不踰矩，方可語此。

集之言集聚也，又集之言輯和也。字本作雧，《説文》云：「群鳥集木上也。」多且和之意。寡少則不集，乖忤則不集。二意始備。集如累土，襲如加衣。集則内充，襲則外揜。集義者，義由衷出；義襲者，義自外來。集義處便氣生，非義集完然後氣陡生也。有事勿忘，即是持志。勿正勿助，即是勿暴氣。合之便是直養，義集便是氣浩然。工夫即本體，無許多條件。勿忘助，只形容直養無害，有忘助便是襲取。曰心、曰氣、曰義，三者一也。所行當理，心無愧怍，自然和順從容，中規中矩，便是勿忘勿助。朱子謂集義養氣之節度，此董仲舒所謂「正其誼，不謀其利，明其道，不計其功」。下學功夫，如夫子云「義以爲質，禮以行之，孫以出之，信以成之」，則氣配義行，方是勿忘助之境，而節度不足言也。

「必」字甚有力，即持志有事之主，義之裁、心之制也。有事雖兼無事，而義主變化，動邊居多。正心之弊，常在有事時。有事若無事，便是無正心。有意正心，則心動而氣亦動，告子勿求亦識此意。但告子於無事中無正心，則心灰；孟子於有事中勿正心，則心存。心灰則忘，而遇事不得不助長；心存則惺，而自無忘助之病。四語將「心」字安頓在中間，綰轂内外前後，正是居其所無爲以守至正之意。勿忘便是有事，勿助便是勿正。依此養心，便是養氣。依此制事，便是義集，而氣自浩然矣。

「勿正心」但作不期效解，未親切。《春秋公羊傳》云：「師出不正反，戰不正勝。」謂師出不可必期反，戰不可必期勝。本因襲孟子語，朱子遂解正作預期，然非正字本訓也。《大學》云「在正其心」，心虚自無不正，有意正心，心便不正。《大學》云：心有所，則不得其正。臨事但虚心順應，更勿作意求正，則心虚。虚則道自集，而内外合一，顯微無間。如明鏡照物，鏡不自照。集義如此，方是直養。若有正心，即是助長，即是襲取。下勿忘，申有事，勿助長，申勿正。審此四者，則心體廓然大公，與天地相似而氣自浩然矣。屈原曰：「道可受兮，不可傳，其小無内兮，其大無垠。毋滑而魂兮，彼將自然。壹氣孔神兮，於中夜存。虚夜以待之兮，無爲之先。庶類以成兮，此得之門。」亦此意也。

王陽明云：近世學者，言勿忘助功夫甚難。纔著意便助，纔不著意便忘。不知忘是忘個甚麽，助是助個甚麼。只一個必有事，時時集義，便是有事。若間斷，便是忘，即須勿忘。若欲速求效，便是助，即須勿助。功夫全在必有事上。勿忘助，就中提撕警覺而已。若功夫無間，即不須說勿忘。若未嘗欲速求效，即不須說勿助。今不向有事上用功，懸空守一個勿忘勿助，如鍋内不下米，畢竟煮出個甚麼？按此說雖似，然孟子言勿忘，專爲藥不持志之病，言勿正助，專爲藥暴氣之病，所以下文又引宋人爲徵。若專重有事，亦只是初地。到得勿忘勿助時，則工夫合本體，下學而上達。聖人無可無不可，君子而時中，一貫大道，中庸至德，意必固我四絶，行藏用舍無心，浩然之氣充塞乎天地矣。豈可以勿忘助專屬有事，作工夫解乎？

義本無必，集義行所無事；而云必有事者，人心被諸妄交攻，初地須猛勇，所謂持其志以帥其氣者也。既有事，又能勿正勿忘勿助，功深養熟，便是不動心實地。卿相大任，俱在有事中。無見小欲、速計功期效之念，俱是勿正。無泄泄怠緩之意，是無忘。無妄作自用，是無助長。所謂允執厥中，時措之宜，造次顛沛不違而得一以貞。泰山非大，秋毫非小，剛大塞乎天地，此也。王霸事業，視若浮雲，何足以攖純一之衷？宋人斗筲之材，螳螂之勇，故爲田父之喻。苗本生物，豈可拔之使長，故爲害苗之喻。天下之助苗長者，皆不集義而虛憍鋪張者也。勿益而舍，即告子勿求于氣。助之長者，事理不可而率意妄爲，豈但功業不建而名節掃地，甚者一朝之忿，亡身喪家，故爲苗槁之喻。大抵天下事以氣任，亦以氣敗。不言氣，則委靡頹懦而無節槩；言氣，則浮躁激昂而無涵養。此孟子養氣之論所以振功利之頹風，而舉北宮黝諸人以抑小丈夫之悻悻也。宋人，小丈夫也。以若人而當大任，譬以蚊負山，戰國處士之學皆是也。（附録終）

之政。有事於養氣，而氣爲政，是告子、黝、舍之養勇也，與二氏調息觀鼻，皆小道。惟志爲氣帥，持其志以帥其氣。心常存而不忘，則氣有主而不亂。時乎應務酬酢，未嘗離氣。迫而應，不得已而後起。仕止久速，自然順理條暢，慎勿助氣而强使之長也。蓋不爲不欲之良，無愧無怍之體，人所同有。其多行不義，躁妄馳騁，皆氣使之。養氣而又以氣爲政，是純任氣耳。心苟勿忘，如六轡在手，範我馳驅，隨事觀理，自然從容中道。苟道義未配而恃材使氣，是助長也。凡盈滿皆由氣，躐等陵節，惟心能裁。神常守舍，氣自舂容。心少遺忘，則無主妄作，非必分外添增始謂之助也。有事養氣，又勿此三弊，是爲集義，是爲直養，則心氣和平，素履无咎，成性存存，與天地相似：程伯子謂「静亦定，動亦定」。心境雙寂，事理一如，雖旋乾轉坤，不驚不亂，剛大充塞，焉往而不浩然！惟聖人從心所欲不踰矩，乃臻其極。

集，《説文》作雧，群鳥集木上，多而且和。兼二意，始與勿忘助意協。集如累土，襲如加衣。集由内充，襲由外揜。集義處便氣生，非義集完後氣陡生也。有事勿忘，即是持志。勿正勿助，即是勿暴氣。合之是直養，義集便氣浩然。工夫即本體，無許多節次條件。勿忘助，只形容集字直字，有忘助便是襲。心氣義，三即一。所行當理，心無愧怍，自然和順從容，中規中矩。子云「義以爲質，禮以行之，孫以出之」，即勿忘助真境。

養氣不正於氣，而正於心。所以告子「勿求於心」爲不可也。有事兼無事，而義主化裁，動邊居多。正助常在有事時，有事若無事，便是無正。告子勿求，亦識此意；但告子於無事中勿正，則心灰，孟子於有事中勿正，則心存。心灰則忘，而遇事不得不助長。心存則惺，而自無忘助之病。四語將「心」字在中間，縮轂内外前後，能居其所無爲以守至正之意。勿忘便是有事，勿助便是勿正。依此養心，即是養氣；依此制事，即是義集。志氣一原妙理與持志勿暴氣一章血脉肯綮在此。大抵氣與心與義，非二。心存氣象自雍容，心不在即鹵莽。心常存，便義集，義集便氣得養。心忘便氣長，氣長便恣睢暴戾。六國强戰之風，黝、舍傷勇之習所由來也。治勇莫如義，治氣莫如心，故孔子曰「君子義以爲上」。君子有勇而無義爲亂，小人有勇而無義爲盜，此聖門道脉。孟子願學，故發養氣。明養氣，故約集義。明集義，故約之心。義在心，故謂内，一也。三勿只調一集。集者，和順從容之名，暴氣對治之藥。解者謂今日行一義，明日行一義，義集然後氣生，謬也。

恒人氣習强梁，初地須迅猛，用大師乃克。「必」字甚努力，如信賞必罰之必。主帥果毅，乃能折衝。不必，不足以揉强。三勿，皆必字精神。勿者，旗也，志帥所持以指揮而卒徒所視以進止也。比及正忘助無時，亦復無必，亦復無勿。義以制事，比及正忘助無時，亦復無事。〇或以有事當集義，未確。事既義矣，何容三勿？必勿是三者乃合宜，心所以養氣而配義者也。此章專論養氣，則事非養氣而何？有事于養氣，而又不以氣爲正，何事爲正乎？故緊提一「心」字，謂正不在氣而在心。求慊于心，是養氣之要，即上文守氣不如守約之意。蓋氣原是黝、舍諸人本事，集義養浩然，是孟子存心之學借氣入。盈天地間皆氣，氣即理，養氣即學問實地。舍心求氣，氣便是强陽；即心養氣，氣即是道義。聖學大脉絡，毫釐之差，千里之謬。

有事而勿正，猶莊生所謂其釣也以不釣，謂以不養養也。《春秋公羊傳》：「師出不正反，戰不正勝。」謂師出不預期反，戰不預期勝也。朱子本此解「正」爲期效，其實養氣何至期效？本緣下文助長生解，助長實非扶助使長也。心忘任氣憑陵即是助，與揠苗小別。

先儒云：工夫只一個「必有事，勿忘助」，就中提撕。不向有事用功，懸空守勿忘助，如鍋内不下米，畢竟煮出個甚麼？按此説雖似，然言勿忘，爲藥不持志之病；言勿正助，爲藥暴氣之病，故引宋人爲喻。若專重有事，只是初地。必到勿忘勿助時節，工夫合本體，方是聖人無可無不可，豈專屬有事作工夫解邪？

勿忘勿助，解者從來未徹。夫氣與心，内外顯微之間耳。强制其心，即暴戾其氣。凡涉有心，皆爲助長。告子强制其心，雖勿求於氣，而自至於暴氣。苦操其心，以求不動，便是閔其苗不長而揠之者也。故不言操心而但言心勿忘。勿忘云者，存存惺惺之謂耳，但心常在而不汩於氣，則從其所適，順理優游，皆是神明妙用。如明鏡照物，鏡不自照。必若矜持以習，定反照以覓心，離事以索理，厭動以貪静，即是志壹而動氣，揠苗而害之也，皆未會勿忘之旨。

禪家以忘爲無記。苟心忘，則落無記；若强記，則又落助長。勿忘云者，不忘而忘，不記而記也。助長，如莊生所謂心有睫，禪語謂之頭上安頭。過用其心，非勿忘之心也。告子强制，是過用其心，所以有宋人之病，而爲北宫、孟施之養勇也。

體會得心勿忘，即便是發而皆中節之和，和即無往非中。儒者更教人觀未發之中，未發如何觀得？

觀即是已發，即是助長。助長則不中不和，即是揠苗，即是暴氣。

釋氏欲空諸所有，以爲明心，於世間名物安排不下，一切割棄以爲陰塵，而面壁觀想，自謂解脱，其實不勝艱難結約之苦，鹵莽滅裂，芒芒一宋人耳，與勿忘勿助迥隔。聖道語上而不離下，下即是上；語微而不離顯，顯即是微。人倫日用，平常易簡，動而不亂，賾而不惡，所以爲勿忘勿助、時中之妙用也。

或謂心勿忘工夫甚難，此誤以操心爲勿忘故也。心不可以操而望其常存，孔子曰「操則存，舍則亡」，言操之而暫存者，舍之而即亡。操未可常，存焉可保？故孟子但言養心、存心，不言操心。操心如縛樹壓草，使不發生。如原思克伐怨慾不行，聖人猶以爲難。依此用心，矜持躐等，即是助長。如佛氏斷緣息想，與事物爲讎，刻厲以求不動，真所謂揠苗而助之者矣。我自有心，在我自家腔子内，何必如追放豚，入笠而又招之？只如明鏡在臺，無心應現，何憚屢照。隨事順理，因時制宜，視聽言動以禮，大小衆寡無慢，居處恭，執事敬，與人忠，雖之夷狄可也，便是心勿忘。豈必如世儒静坐體認天理，養出端倪，如禪子手珠持偈念佛，然後謂之勿忘乎？如此强求，焉得不難。

或曰：「學問之道無他，求其放心而已」，求放即操，與勿忘何别？曰：求放心，乃所以爲勿忘也。告子惟恐忘，故一切勿求，所以爲正助也。此間大有逕庭。人心神妙不測，故能爲萬化之宰，焉能把持使終不出？故學問之道，放其心而知求。告子不動心，但操其心而使不放。枯槁斷滅，萬事墮壞，何以爲學問？

有事勿正，勿忘勿助，此時中命脉。孟子願學孔子，喫緊在此。朱子但作事事合義解，謂集義之節度未融。二氏所以叛道，祇爲助長，故素隱行怪，偏詖而不可用。惟仲尼不爲已甚，所以盡時中之道也。

有事而不正所事，則無時無處非事也。不言操心而但言心勿忘，則不忘而心若忘之也。人倫日用間，隨處有事，即是心勿忘。有事而又不正所事，即是勿忘而又不助長也。

集義養氣，不是專求氣壯。言集義，只爲暴氣對治方，義所以化氣也。陵厲爲暴，和順爲集。任氣爲暴，循理爲集。掩取爲暴，真積爲集。此義與氣之分也。是故順理從容，則爲君子；任氣暴戾，則爲凶士，非徒欲理直氣壯耳。豈理直者而遂可悻悻自用乎？

人心昏迷放佚，祇爲無事，故必有事而後可以存心。孔子言敏於事，即是學而時習之；孟子言必有事，即是養氣，一也。有事又勿正，所謂行所無事也。勿忘又勿助，所謂無行不與也。善習静者，就動處習。灰心静坐便是二氏，未有死其心爲養心者。心何嘗死得？

卿相不任氣，是勿正；不怠荒，是勿忘；不欲速，是勿助長。斗筲不可大任，故爲田父之喻。苗本生物，豈可拔之使長？故爲害苗之喻。天下之助苗長者，皆不集義而虚憍鋪張者也。勿益而舍，即告子「勿求于氣」。助之長者，事理不可而率意妄爲。豈但功業不建而名節掃地，甚者一朝之忿，亡身喪家，故爲苗槁之喻。大抵天下事以氣任，亦以氣敗。不言氣，則委靡頽懦而無節槩；言氣，則浮躁激昂而無涵養。此有事而又勿正，所以振功利之頽風，而舉北宫黝諸人以抑小丈夫之悻悻也。宋人，小丈夫也。以若人而當大任，譬以蚊負山，戰國處士之學皆是也。告子，宋人也。

耘苗之譬甚切。耘雖芟刈藴崇，加之水火焉，要于護其根而已。故不見助而日長，揠則傷其根矣。

《詩》云：「綿綿其穮。」綿綿者，詳審細密，與行義相似，正是勿忘勿助之意。

集義直養到浩然處，則心體净潔，神明焕發。自然極，深研極，人情物理事變時宜，無不通透。尊德性之君子，自然道問學，是非了然于胸，擘畫如指諸掌，口無擇言，聽無逆耳，言出成金石，謀從如影響，是謂知言。然不曰道德而曰言者，道德宣于言，而害道亂德莫如言。戰國處士横議，道術裂，人心壞，世亂紛紜，皆起于言。知言即知道德也。言之發端甚微，而末流循習甚遠。如墨子初言兼愛，其流至于無父；楊子初言爲我，其流至于無君。毫釐之差，謬以千里。各因所言，識其端而窮其委。人心世道之機，興衰補救之宜，洞如觀火。握之有成筭，行之有定理，故能不動心。凡七篇之書，皆是所知之言也。

詖、淫、邪、遁，四者皆言也；蔽、陷、離、窮，四者皆心也，而淺深有序。言起于詖，甚于淫，成于邪，而極于遁。由其心始于蔽，深于陷，叛于離，而終于窮也。四心各異，如楊詖有楊之蔽，墨詖有墨之蔽，諸子百家各有其詖。餘三皆然。始心遮蔽，止見其半，故其辭偏陂不全。所趨既偏，浸以放濫，肆言不顧而爲淫，由其心之蔽日深而至于陷也。陷則顯與正叛而爲離，不復可合矣，故其辭遠于正而成邪。邪則如逋賊亡命，惟恐見執，由其心窮困流落，無所依歸。違理悖正，其究未有不窮者矣。生心，即蔽陷離窮也。不得于心，不能集義直養，必有四者之病。有此心，則行此政；行此政，則天下國家之事敗。學術一差，經制乖方，世道民生受其殃。從古掀天揭地之功，皆成于一念之正；而敗國亡家之禍，皆誤于一念之邪。恒人睹其明，不見其隱。君子陳其説，即究其端，舉利害之跡，索之幾微，又發幾微之藏，斷之一言。非天下之至精，其孰能與于斯？四知皆知人之言，而所自言亦可知，惟集義勿忘勿助者能之。《中庸》所謂「誠則明」，《大學》安而能慮者，此也。言至于聖人不能易，方爲真知言。自此終篇，歷舉群賢列聖，述其所言，歸重于孔子，即知言之實也。

公孫丑引宰我、子貢、冉閔爲問，皆承知言爲言語，非以養氣配德行也。宰我、子貢善説辭，善應對之辭，即辭命也。冉閔、顔子善言德行，善言心德之見于躬行者也。説辭與德行，兩者皆言。孔子兼之，兼兩善之言也。辭命即善説辭，不惟道德之言不敢任，即説辭亦自謂不能也。今孟子自謂知言，正是道德之言，不但辭命耳。任孔子之所不敢任，故曰既聖。

學不厭者，義理融洽，所以爲智。教不倦者，道通物我，所以爲仁。即不厭不倦，而信其智仁，非由不厭倦而造于智仁也。智與知言一脉，仁與養氣一脉。孟子雖不敢居聖，而學問源流，隱然可見，實亦聖人矣。

游、夏輩得聖人之一體，冉、閔、顔子全體皆具，但不能光大，故曰微。如草木初生，枝葉皆就，但未有蔽芾之蔭、參天拂雲之盛耳。若聖人則美而大，大而化。夫子稱堯惟曰大，達巷黨人稱夫子亦惟曰大。全體而不能大，終是規規然。如後世名真儒者，皆是也。安者，止于是之意。姑舍是者，欲進取也。古人立志，自不肯以第一著讓人。諸賢與孟子，未敢擬優劣。但觀孟子議論正大，學術精微，發諸賢所未發。夫子没而其道益光，游、夏諸賢無功，而孟氏之功也。夫子既賢于堯、舜，則孟子不得不賢于游、夏諸子，此自任之意也。不同道者，大小偏全之殊。伯夷之清，伊尹之任，皆有意偏主。

孔子仕止久速無心，即勿忘勿助，浩然充塞天地之軌範，非獨用舍耳。太和元氣，與天載無聲臭同，不可知之神，元氣之祖，群言之宗也。戰國時邪説横行，孟子獨能篤信，推尊孔子于群聖之上。宰我、子貢以弟子尊師猶易，而孟子未得爲徒，能斷然不疑，益信知言之學得于六籍者深也。

君百里之地，朝諸侯有天下，則卿相不足道矣。行一不義，殺一不辜，得天下不爲，不慊于心也，與直養無害應。從古聖人震世功業，皆從心生。自反而縮，守約之大勇，千古列聖同也。同此則爲聖賢，異此則爲邪説。於此不同，不得爲聖人矣。以百里行仁義有天下，正是堯、舜所以爲賢。百王之德政，生民以來所常有，夷、惠所皆能者也。至于不階尺土一民，師表萬世，堯、舜不得，不能自爲祖述，百王不得，不能自爲憲章。則孔子之功德，生民以來所未嘗有也。

加，加諸上位也。霸王，戰國時語，以霸爲王也。不異，猶言尋常也。動心，謂責任重大，心懷疑懼也。《禮》四十曰强而仕，孔子四十不惑。孟賁，古勇士。勇而善奔曰賁。其姓同，因借以贊孟子强立過人也。是不難，謂但以不動心爲主，非難事也。告子，趙氏謂即浩生不害，未詳。北宫，姓。黝，名。亦勇士也。養勇，養其勇耳，純氣爲主也。膚，體也。撓，屈也。目逃，目迴視也。其體挺直不撓屈，其目疾視不轉動，皆强梁之狀。一毫，言少也。挫，折辱。撻，鞭扑也。市朝，人衆之地。不受，不受挫也。褐、毼通，毛布，賤者之服。寬博，寬大之衣，儒服也。壯士則短衣。褐寬博，言賤且懦也。萬乘之君，天子也。無嚴，不畏憚也。天子且刺，況諸侯乎?惡聲，怒言也。反，報也，總承天子諸侯褐夫而言。惡聲必報，不待挫也。孟施舍，亦勇士姓名。所養勇，有所以養其勇者。不純主氣，漸近志也。不勝猶勝，豫定之辭。量敵後進，料其可敵而後往也。慮勝後會，謀其必勝而後戰也。畏三軍，畏爲將也，此誚敵之語。下乃明己之不然也。能無懼，即視不勝猶勝也。猶諺云縱輸還贏他一著，故謂之所養也。子襄，曾子弟子。夫子，孔子也。縮，直也。衣直縫曰縮，《檀弓》云「冠縮縫」是也。惴，懼也。吾不惴，言不得不懼也。約，要也，反己爲要也。不得于言，有疑惑也。勿求于心，不思索也。不得於心，内省疚也。勿求于氣，不動作也。氣者，運動呼吸之屬。志，心所之也。帥，主也。充，偏滿也。至，到也。次，隨也。持，存養也。無暴，中和也。壹，偏勝也。蹶，顛仆也。趨，疾行也。浩然，盛大流行之狀。直養，即無暴也。心廣體胖，志氣和平，是曰直養。有慾則不剛，而暴戾妄作，傷生伐性，故曰害也。配，合也。宜曰義，行曰道。無，無道義也。餒，困也。無道義，則氣不暢，故曰餒。和聚曰集，掩蓋曰襲，長裕曰生，牽帥曰取。所行合義，則内不疚而氣自暢。素行不義，一旦掩取，則中割强而氣不舒矣。慊，快足也。告子以義爲外，則不知集義以求慊于心，未免襲取之敝。無正，謂不專主也。〔一〕忘，昏惰也。助長，急遽也。三者皆不能養氣之病。宋人，宋國之人。閔，憂也。苗本生物，故以喻直養。揠、穵同，掘起也。芒芒，無知貌。趨視，言苗稿之速也。知言，因言知其本末也。詖，偏也。蔽，遮也。淫，放也。陷，没也。邪，不正也。離，叛也。遁，匿也。窮，困極也。生於其心，謂心有蔽陷離窮也。因言以知其心之病，又知其行政之害，

〔一〕此句内閣文庫本作「正心，有心求正也」。

又知其流禍天下國家之遠。聞其議論，得其心曲，諒其設施，洞極其敝之所終，所謂知言也。善爲説辭，善應對也。善言德行，善發揮心德之行也。孔子兼之，兼兩言也。辭命，以辭相命也。《周禮》大祝六辭，二曰命，《論語》爲命是也。學不厭，見道深也，故曰智。教不倦，愛人公也，故曰仁。有聖人之一體，得聖人之一節也。具體而微，全體皆得，但未光大也。問所安，問孟子所處也。伯夷、伊尹，詳見《論語》。不同道，二子各執一道也。止，不仕也。久，不速也。朝諸侯有天下，言其德皆足以王也。行一不義，殺一無罪，皆自反不縮之事。仁義者，立人之道，直養之本。浩然之氣所以塞天地，聖人所以爲聖人者，惟此，故曰同也。汙，猶下也。三子皆高明之士，縱下亦不至阿諛所私，明其言可信也。賢于堯舜，有垂教萬世之功也。先王制禮以立政，作樂以昭德。《禮器》云：「觀其禮樂，而治亂可知也。」孔子曰：「禮云禮云，玉帛云乎？樂云樂云，鐘鼓云乎？」帝王有制作，君子有言動，皆禮樂也，皆可以觀也。等，品級也。豈惟民，謂不惟人有同類也。土高曰丘，小丘曰垤。行潦，道旁積水也。類，同類也。拔，舉也。萃、最同。〔一〕

三

孟子曰：「以力假仁者霸，霸必有大國。以德行仁者王，王不待大，湯以七十里，

〔一〕此句内閣文庫本作「萃，聚也」。

文王以百里。以力服人者，非心服也，力不贍也。以德服人者，中心悦而誠服也。如七十子之服孔子也。《詩》云：『自西自東，自南自北，無思不服。』此之謂也。」

强梁者不得其死，好勝者必遇其敵，力何足恃乎？聖賢作用，本乎人情。好民所好，惡民所惡，得民心而已。强陵弱，衆暴寡，力可以爲而不爲。湯文之事功，孔孟之道德，皆本乎人心。故曰人情者，聖王之田也。

以力，謂倚仗富强。仁，如鋤强扶弱之類。心本非仁，詐爲行仁之事，如五霸是也。霸，詳管晏章。德，謂道得于己。以所得者見諸行事，如成湯不邇不殖，彰信兆民，武王亶聰明作元后，而後弔民伐罪也。無思不服，無人不心服也。士君子能以德行仁，在上即湯文，在下即孔子。在邦無怨，在家無怨。故仁爲尊爵，爲安宅也。

四

孟子曰：「仁則榮，不仁則辱。今惡辱而居不仁，是猶惡濕而居下也。如恶之，莫如貴德而尊士，賢者在位，能者在職，國家閒暇，及是時明其政刑，雖大國必畏之矣。《詩》云：『迨天之未陰雨，徹彼桑土，綢稠繆謬平聲牖有户。今此下民，或敢侮予。』孔子曰：『爲此詩者，其知道乎？能治平聲其國家，誰敢侮之？』今國家閒暇，及是時，般盤樂洛怠敖，是自求禍也。禍福無不自己求之者。《詩》云：『永言配命，自求多福。』《太甲》曰：『天作孽，猶可違；自作孽，不可活。』此之謂也。」

世主皆知好榮惡辱，而不知求榮免辱。其本在豫，豫莫如仁。爲仁先明政刑，明政刑先用賢才。苟無事而懷宴安，用小人，則虐政横行，刑罰不中，憂辱死亡之道也。禍患未至，分陰可惜。時可爲而不爲，至于欲爲而無時，何嗟及矣。

惡辱，謂求興王而免敗亡也。貴德則賤功利，尊士則不用小人。賢有德，才有能。位以長民，職以治事。閒暇，平時也。及是時，所謂吉人爲善，惟日不足。凶人爲善，亦惟日不足也。明政刑，即省刑薄斂，非加綜覈之謂。《詩》，《豳風·鴟鴞》之篇。徹，取也。桑土，桑根皮也。綢繆，纏束也。牖，户巢之出入處。般，遊貌。敖，惰也。般樂則忘政刑，怠敖則不任賢才。《詩》，《大雅·文王》篇。永言，長言也。口長言，則心不忘矣。配命，合天理也。《太甲》，逸《書》篇名。今孔《書》有此辭。孽、蘖同，禍萌也。旁生曰孽，木斬而復生也，故罪人謂孽。違，去也。天作孽，如商高宗雉雊鼎耳，宋景公熒惑守心之類，皆可脩德禳除者也。

五

孟子曰：「尊賢使能，俊傑在位，則天下之士，皆悦而願立於其朝（潮）矣。市廛而不征，法而不廛，則天下之商，皆悦而願藏於其市矣。關譏而不征，則天下之旅，皆悦而願出於其路矣。耕者助而不税，則天下之農，皆悦而願耕於其野矣。廛無夫里之布，則天下之民，皆悦而願爲之氓萌矣。信能行此五者，則鄰國之民，仰之若父母矣。率其子弟，攻其父母，自有生民以來，未有能濟者也。如此，則無敵於天下。無敵於天下者，天吏也。然而不王者，未之有也。」

王道無異術，惟除害安民耳。害除則利興，虐政除則仁政興。王者作用，明白正大，歷歷可舉。當時諸侯視爲難事，蓋功利成風。苟不用游説之士，不剥取小民，則計無復之矣。是以邪説暴行，牢不可破。天下噭噭，如在水火。若數者真能力行，即是不世出之主。不崇朝而措百姓于衽席，天下向風。故曰得天下有道，得其民而已。得其民有道，得其心而已。

俊，秀爽也。傑，特出也。或云過千人曰俊，倍萬人曰傑。市，國中交易之處。凡國中舍地皆曰廛。市中之廛，以居商賈也。授之居曰廛。不征，不税其貨也。法，市官之法，如平物價、禁詐僞之類。詳見《周禮》司市等職。不廛，不取其所居地税也。古者四郊四境，皆設門關，譏出入以防姦宄。後世因之，征商旅也。助，井田之法。八家助耕公田，不税私田也。氓，民之無田者，新附之衆也。廛，國中之民居也。夫，謂一夫，家長也。里，即居也。布，泉也，謂一夫國中所居之地泉也。先王之世，秋毫無所取于民。雖百畝之田，但借其力以助耕而不税。況正供之外，肯苟取乎？故關市與國中民居，皆無税也。衰世關有征，即今之鈔關也。市有征，即今之税課也。夫里有征，即今之門攤也。先王之世皆無也。吏，使也。奉使曰吏奉，行君命曰君吏，奉行天命曰天吏。

廛者，城居之通名。市廛，即今浮鋪無定主者，賃居則官收其税亦曰廛。古者國中前爲朝，後爲市。市廛以居商賈，公朝左右以居民，亦曰廛，即夫里之廛也。廛者，纏也。繞匝曰纏。城中地狹，猶言環堵也。日月所次舍亦曰躔，言無常主也。《周禮·載師》：「以廛里任國中之地」。邑居曰里，二十五家也。《論語》：「里仁爲美。」古者一夫宅五畝，其半在邑，謂之夫里，一夫所居也。當世市廛有税，民居地亦有税。市廛之廛，授商賈之居也。不廛之廛，不税其地錢也。廛無夫里之廛，邑中民居也。不征所居之布，謂免其門攤錢也。布，即泉，與錢同。○氓、甿同。字从亡，民之流亡來歸者。《周禮·遂人》：「以田里安甿。」若是土著之民自有田，何必以田安之？

六

孟子曰：「人皆有不忍人之心。先王有不忍人之心，斯有不忍人之政矣；以不忍人之心，行不忍人之政，治天下可運之掌上。所以謂人皆有不忍人之心者，今人乍見孺子將入於井，皆有怵出惕惻册隱之心，非所以内納交於孺子之父母也，非所以要平聲譽於鄉黨朋友也，非惡去聲其聲而然也。由是觀之：無惻隱之心，非人也；無羞惡之心，非人也；

無辭讓之心，非人也；無是非之心，非人也。惻隱之心，仁之端也。羞惡之心，義之端也。辭讓之心，禮之端也。是非之心，智之端也。人之有是四端也，猶其有四體也；有是四端而自謂不能者，自賊者也。謂其君不能者，賊其君者也。凡有四端於我者，知皆擴(廓)而充之矣，若火之始然，泉之始達。苟能充之，足以保四海；苟不充之，不足以事父母。」

此章教世主擴充良心以發政施仁，即教齊王推恩保民之意。惟是一念不忍人之心，知得充得，則惻隱羞惡辭讓是非皆備。而以行政，何治不成。但爲功利錮蔽，雖有萌蘖不自知。不能擴充，始視先王爲絶德殊勳，而要之先王亦惟不失此心。世主敗亡接踵，不足以事父母。當初亦是可爲先王者，自錯過耳。此章論四端，與答公都子論性四德略異。彼即外見内，因情顯性。此自内及外，由心達事。彼以四端遡其始，此由四端究其終也。不忍之心，生生之心也，真懇勃發而不可忍。天地之大德曰生，聖人好生，人物同得此生。而在物爲生氣，在人爲良心。生則惡可已，是謂不忍。不忍于人，則爲惻隱。不忍于事，則爲羞惡，爲辭讓，爲是非。而惻隱最痛切，所以仁爲德之元、善之長也。仁者，人也。人與人同體，故不忍于人最切。發于心，顯于事，達于天下。百行萬善，皆生于不忍人之心。如天地有四時，風雨雷霆，無非爲生物也。秋冬收藏，亦爲生長也。所以天地惟元陽一氣，陰即陽之静虚者耳。四端惟一不忍，羞惡辭讓是非，皆苞孕惻隱内。同流並行，以爲不忍人之政，成運掌之治，不可缺一者也。惻隱以育民生，羞惡以正民行，辭讓以善民俗，是非以辨民僞。故曰凡有四端于我者，知皆擴而充之，足以保四海也。

不忍即惻隱，然不云惻隱而云不忍者，所以並冒四端也。無生之謂忍，生生之謂不忍。無生爲肅殺，無物不消。生生爲苞孕，無物不長。若單言惻隱，則偏爲慈愛。言不忍者，以明是心不生而生，生而無生。包四端萬善，非姑息慈悲而已者也。

凡人心之靈，有感斯通。物來順應，生生不息，皆名不忍，不但乍見孺子入井而怵惕耳。見孺子入井怵惕，只是不忍于人，故爲惻隱。至于不善之感，而羞惡不可忍。交際感，而辭讓不可忍。邪正感，而是非不可忍。皆天靈神知，所謂火然泉達，生生不已，總謂不忍之心。人所以靈于萬物，皆可以爲堯、舜者，此也。若感之不通，觸之不覺，塊然行尸走肉，則痿痺麻木，謂之不仁，故曰非人也。堯、舜盛德大業，不過仁義禮知四德。而不忍之發爲惻隱，便是仁足以容之端也。發爲羞惡，便是義足以執之端也。發爲辭讓，便是禮足以敬之端也。發爲是非，便是智足以别之端也。造始曰端，萌于方寸而顯于施爲，以至達于四海。内外合一，顯微無間，方爲仁義。禮智之全德，聖人之能事畢也。惻隱四者，初呈一隅。擴而充之，全體大用皆備，則存乎人。故此四端，與言性善殊。此順推良心之不忍以放于遠，彼逆推人性之本善以反于初。此云無則非人，言忍也。彼云人皆有之，言善也。彼直言德，以指其本體。此但言端，以顯其作用。故承之曰有是四端，猶有是四體。言四端之能運治，猶手足之能行持，缺一不能也。

見孺子入井怵惕惻隱，即已拯救，非空念也。顯微無間，其應神速。所謂火始然，泉始達，莫知其所以然而然。過此以往，初念不迷。時時事事如此，便與先王同，便是苟能充之。先王惟此念不昧，所以有心斯有政，功加于四海。桀、紂、盜蹠，乍見時亦驚悼，轉念便要譽納交。種種迷惑，一星天理，不知何在。殘民害衆，無不爲矣。故良心以知爲主，最初一念即是知。如子事父母，良心偶覺。捐糜亦易，所謂火然泉達也。苟不迷此心，大舜、曾參何難？未幾妻子貨利迷心，乃有不顧父母之養，爲諸不孝之事者，故曰不充不足以事父母。○知，即是不忍之心本來面目。若不知便忍，不忍即知，非二也。無四端非人，正爲不知。不知則良心死，故曰非人也。知則有感必通，常知則常惻隱。羞惡辭讓是非，不可瞞迷。火終不熄，泉終不涸，即是擴而充之。若不知，即斷滅，非先知而後擴充也。擴者，拓而開之也。充者，積而滿之也。私欲之可以昏吾知者，不止納交、要譽、惡聲三事，攻取百途。緣引交則真心喪，而好惡與人遠矣。苟能收其放心，神明常惺，即滿腔皆惻隱，活活潑潑、感而遂通。參前倚衡，蠻貊可行，乃爲知皆擴而充之。先王有是心，斯有是政，其道不過如此。或曰：此智與是非之知何别？曰：擴充之知，言其本覺全體也。是非之知，言其發見一端也。猶仁統四端，亦自爲一端，實非二也。

「非所以納交」三句，即羞惡辭讓是非之心，與惻隱一齊呈露，故下文以四端並承。分看，于不內交見羞惡，不要譽見辭讓，惡聲見是非。合看，都無許多機詐即羞惡，無許多奔競即辭讓，無許多曖昧即是非。大凡一端動即四端應，一仁立即萬善從。如人一身，四體相待爲一體。運掌之治，非可姑息一念獨行也。天理周流，變化時措。左右逢源，而後治功成，故有四體之喻。常人昏昧放佚，雖有萌蘖之生，梏之反覆，存焉者寡。苟志氣清明，則源頭活潑，衆善輻湊。擴而充之，誰能禦之？皆知之力也。「若火」二句，申言知皆擴充之狀。所謂乍見之惻隱四端，自其始言也。苟能充之，足以保四海，又極其終言也。其始人皆可充，其終人或不能充。火始然熒熒一星，能充即燎原矣。泉始達，涓涓一滴，能充即放海矣。非有二充也。

含容曰忍。不忍，迫切不可忍也。人爲同類，痛癢相關。不忍之發，于人尤切。不忍人之心，即不嗜殺人之心也。四端皆一不忍之心，而不忍人之心爲惻隱。至誠肫懇，四端由此出。昔程伯子謂謝顯道玩物喪志，謝汗出面赤。程曰：「此是惻隱之心。」先王有是心，斯有是政。即所謂火然泉達，知皆擴充，以達于四海者也。乍見，卒然遇見，無心之頃也。孺子，稚子，無知者也。怵惕，驚貌。惻，傷之切也。隱，痛之深也。皆有是心，則其趨而往救可知。納交三者，言倉卒順應，其心至公，無暇計較安排。即下文云火始然，泉始達，自然而不可忍者也。内與納同，納交猶言結好。救此孺子，則其父母必德之也。要譽，求名也。救此孺子，則鄉黨朋友必稱之也。惡聲，惡不仁之名。目擊此孺子不救，則人必惡其不仁也。然乍見時，何暇計此。良心自然，所謂人皆有也。此雖聖人大公順應，從容中道，不能有加。但聖人日新不已，衆人石火電光，所以須知而能擴充也。羞，恥己也。惡，憎人也。辭，辭諸己也。讓，推與人也。是，知善也。非，知不善也。端，始造也，對及其至而言也。四端能運治，保四海，猶手足四體，能行持，即所謂才也。四端不能擴充，由心昏迷錮蔽。非才之罪，人自賊害也。知，覺也。不迷曰知。善念常惺，達于事爲，所謂成性存存，道義之門。舉此加彼，澤被四海，即運掌之治也。擴，開也。充，滿也。始然始達，即乍見之初，所謂端也。言始者，不忘其初也。苟能充之，要其終而言，非充而又充也。不能充，謂良心暫開旋閉也。不足以事父母，閉塞之甚，即至近不能達也。

七

孟子曰：「矢人豈不仁於函人哉？矢人惟恐不傷人，函人惟恐傷人。巫匠亦然，故術不可不慎也。孔子曰：『里仁爲美，擇不處上聲仁，焉得智？』夫仁，天之尊爵也，人之安宅也。莫之御而不仁，是不智也。不仁不智，無禮無義，人役也。人役而恥爲役，由猶通弓人而恥爲弓，矢人而恥爲矢也。如恥之，莫如爲仁。仁者如射：射者正己而後發，發而不中，不怨勝己者，反求諸己而已矣。」

此即前篇仁則榮不仁則辱之意。七王殘民好殺，以求尊榮。而亂亡接踵，其求榮免恥之計左也。未有脩德行仁之主，温良樂易，親賢愛人，而不爲天下歸，享尊榮之福者。《詩》云：「豈弟君子，求福不回。」世主迷于策士之術，故孟子教以擇術無過於仁。仁即惟恐傷人，上章所謂不忍人之心也。能察識擴充，即先王運掌之治，是曰安宅尊爵。世主好戰亟功，恣己殘民。斬絶一體命脉，故不仁。昏昧錮蔽，故不智。攘奪爭忿，故無禮。寡廉鮮恥，故不義。如此則身居下流，天下之惡皆歸，是爲人役。即使席卷併吞，而元氣已盡。如羸人服燥劑，雖驕陽促壯，而精神竭乏。如七王秦帝，國破身亡，妻子爲虜。人役之恥，又何加焉。則蘇秦、張儀、吴起、孫臏、商鞅、范雎諸小人之術誤之，而其君亦擇術不慎，以至于斯。凡此小人，皆不知正己反求之學，捐根本而務枝葉，舍仁義道德而馳騖于功利，欺人害人以求取勝，所以怨勝己而愈失之也。故明主觀于射而有正己反求之術。其身正而天下歸之，未可憧憧於紛争之場也。

仁者生生之心，天地之大德曰生。而人得以生，寵綏獨隆，非人爵可比。得此則首出庶物，爲聖爲賢。失此則爲盜蹠，禽獸不遠。故曰天之尊爵與人役反，安宅與擇術應。能居仁，則寬裕温柔，足以有容。安土素位，無愧怍憂懼。能静能壽，召和致祥。所謂萬物一體，天下同歸，永無憂辱死亡之患，故曰安宅仁統四德。而人之不仁，由于是非不明，羞惡不奮。故教之擇術以破愚，教之有恥以振懦。知仁勇三者，天下之達德也。擇術則近乎智，有恥則近乎勇。能知勇則力行近乎仁矣，即中庸之意。

矢人，造矢者。函人，造甲者。矢利則能殺人，甲堅則能衛人。巫者祝鬼神，常祈人生。匠者作棺椁，常利人死。所業既定，立心遂差。里，居也。二十五家爲里。人役，猶言禽獸盜蹠也。良心死，天理絶，衆惡歸，所謂下流也。弓人恥爲弓，矢人恥爲矢，言以不仁爲人役，不得免也。正己反求，謂脩德行仁。如治人不親，反其仁之類。〇《周禮》有弓人、矢人，皆以工爲役者。亦有函人、匠人，男巫、女巫。獨言恥爲弓矢，本其術傷人者言也。《夏官》司弓矢職下大夫二人，其屬有繕人、槀人，皆中下士。弓有六：王弓、弧弓、夾弓、庾弓、唐弓、大弓，各爲三等。矢有八：枉矢、絜矢、殺矢、矰矢、鍭矢、茀矢、恒矢、庳矢，亦各爲三等。春獻素，秋獻成，槀人書其等以饗工。試其弓弩，以下上其食，而誅賞之，皆所以役之也。

八

孟子曰：「子路人告之以有過則喜，禹聞善言則拜。大舜有大焉，善與人同，舍上聲己從人，樂洛取於人以爲善。自耕稼陶漁以至爲帝，無非取於人者。取諸人以爲善，是與人爲善者也。故君子莫大乎與人爲善。」

士君子爲學，患心不虚。不虚，則不能好善。即使好善，祇人我形迹間裒益，所得其幾。善者天下公理，原無窮盡。真好善則心同大虚，惟見善不見人我。我一耳一目，善行善言，散見天下無窮人能我不能，人之善即同我。我能人不能，我之善即同人。故在我者舍之以從人而在人者取之以爲我。上自明良師錫，岳牧疇咨，下至深山野人，江河沛流。大舜所以稱濬哲，聰明四達，致治風動，無非取於人者也。夫所謂取者，非取而無與也。取而無與，是徒知有取。所謂取諸人者，非徒取諸人也。徒取諸人，是無與於人。大舜之取諸人以爲善，是與人同爲善者也。好問好察，盡天下之善合之己；執中用中，以天下之善還天下。四方從欲，遷善敏德而不知。上以是風，下以是象。所謂脩己以安百姓，人人親親長長而天下平，大順大化，故曰莫大乎與人爲善。大舜有大焉，以此，非大于禹與子路之謂也。

有過，謂子路自有過。善言，謂人之言善。善美于過，故拜甚于喜。舍己，謂不自用。非有，不善可舍也。耕稼陶漁，窮時也。爲帝，達時也。好善無窮達也。取人是與人，即《論語》子夏云「舜舉臯陶，不仁者遠」之意。

《管子》云：「舜耕歷山，陶河濱，漁雷澤。不取其利，以教百姓，百姓利之。此所謂以所不利利人者也。」《韓非》云：「歷山之農者侵畔，舜往耕焉，期年甽畝正。河濱之漁者争坻，舜往漁焉，期年而讓長。東夷之陶者器苦窳宇，舜往陶焉，期年而器牢。」《淮南子》云：「舜耕于歷山，期年而田者争處墝埆，以封壤肥饒相讓；釣于河濱，期年而漁者争處湍瀨，以曲隈深潭相予。當此之時，口不設言，手不指麾。執玄德于心，而化馳若神。」

九

孟子曰：「伯夷非其君不事，非其友不友；不立於惡人之朝，不與惡人言。立於惡人之朝，與惡人言，如以朝衣朝冠坐於塗炭。推惡去聲惡之心，思與鄉人立，其冠不正，望望然去之，若將浼每焉。是故諸侯雖有善其辭命而至者，不受也。不受也者，是亦不屑就已。柳下惠不羞汙君，不卑小官。進不隱賢，必以其道，遺佚而不怨，厄窮而不憫。故曰：『爾爲爾，我爲我，雖袒旦裼夕裸羅上聲裎程於我側，爾焉能浼我哉！』故由由然與

之偕而不自失焉，援而止之而止。援而止之而止者，是亦不屑去已。」孟子曰：「伯夷隘，柳下惠不恭。隘與不恭，君子不由也。」

處世自有中行。不善不入，而亦有包荒之量。無道不校，而亦有不屑之教。若拒之使不可近，則隘矣。玩之爲不足數，則不恭矣。不爲隘，故欲同天下于善。不爲不恭，故不忍棄天下于惡。

惡人，即非君非友也。立其朝且不屑，而況肯事之？與之言且不屑，而況肯友之？古者禮衣裳皆稱朝服。塗，泥也。炭，墨也。推，推原伯夷之心也。思，伯夷自思也。鄉人，鄉里庸人，非甚不肖者。冠不正，小失禮，非惡也。望望，遠去貌。浼，汙也。諸侯，謂商末之諸侯，尊貴人也。善辭命，恭敬聘問也。不受，不受其辭命也。不屑，輕忽意。不就，不往也。柳下惠，姓展，名禽，字季。居柳下，謚曰惠。詳《論語》。不羞汙君，非君亦事也。不卑小官，小官亦仕也。進不隱賢，必以道，仕則不隱晦其才，必盡其道，言不自靳惜也。遺佚，放棄也。爾爲爾，我爲我，界限分明，甚言不相關，亦即所謂不易介也。露肉曰袒，單衣曰裼。裸裎，赤體也。皆無禮之狀。浼，汙也。言人之不善，無與于己也。由由，順適也。不自失，正己也。援，扳也。止，留也。不屑去，不足棄也。隘，迫狹也。不恭，簡玩也。柳下惠似寬，而輕世傲物，所謂南方之强也。不由，不同道也。道者，中而已矣。

形容二子行事，有加無已。不立甚于不事，不言甚于不反。鄉人之冠不正，未至于惡而亦去。諸侯之善辭，未爲失禮，而亦不受。如此，則視天下無一人可與者，不亦隘而寡容乎？伯夷欲爲清，非爲隘也。然不至於隘，則清不極。極清，欲勿爲隘，不可得矣。此亦一偏，而君子不由也。不隱賢必以道，甚于不羞不卑。遺佚阨窮，則並汙君小官，進亦不得矣。袒裼裸裎，辱尤甚遺佚阨窮。由由與偕，又寬于不怨不憫。援止而止，又甚于與偕。至此，則視天下無一人足較者，不亦玩而不恭乎？柳下惠欲爲和，非爲不恭也。然非不恭，則和不極。極和，欲勿爲不恭不可得矣。此亦一偏，而君子不由也。大抵行造其極，雖一偏亦不得不謂聖。既偏，雖至于聖，亦不能無所蔽。二子雖絶德爲百世師，而君子不由者，所願學孔子也。故孟子當亂世，有志安民，而亦不苟合，不見諸侯，而亦非忘世。伯夷惟隘，故不食周粟。柳下惠不恭，故三黜不去。君子所就三，所去三。非君不仕，而終不屑就，是一于去也。汙君不羞，而終不屑去，是一于就也。道惡于執一？可以去則去，可以就則就，然後君子。

伯夷當紂之世隱居不仕，紂本惡人也。其去北海而歸周，猶曰去其鄉人耳。及適周遇文王而亦不仕，遇武王而終不食禄死，所以爲隘。柳下惠處春秋亂國而不去父母之邦，爲天下無邦，不可勝去也。天下無君，不可勝羞也。天下其誰非浼己者，誰偕而後可？是故鄰女亦可留，而不以爲嫌也；其弟爲大盜，而不以爲憂也。謂之不恭，又何辭焉？

孟子説解卷三終

孟子説解卷四

公孫丑章句下

郝敬 解

一

孟子曰：「天時不如地利，地利不如人和。三里之城，七里之郭，環而攻之而不勝。夫環而攻之，必有得天時者矣；然而不勝者，是天時不如地利也。城非不高也，池非不深也，兵革非不堅利也，米粟非不多也，委而去之，是地利不如人和也。故曰域民不以封疆之界，固國不以山溪之險，威天下不以兵革之利。得道者多助，失道者寡助。寡助之至，親戚畔之；多助之至，天下順之。以天下之所順，攻親戚之所畔，故君子有不戰，戰必勝矣。」

此章猶王好戰請以戰喻之意，非專論戰也。湯武未嘗不征伐，而以得人心爲本。人心不和，雖有富强之業，土崩瓦解。高城深池，堅甲利兵，何濟于敗亡乎？故曰以下，即仁者無敵，挺撻秦楚之意，申明不如人和也。

兵家有天陣、地陣、人陣，故借三者立名。天時，謂吉日良時，如五行生旺之類。地利，謂地形便利，據高乘險之類。人和，謂上下親睦，三軍同心也。三里、七里，言小而易攻也。環，圍也。圍攻不勝則必久，久則必遇天時矣。委而去之，言人心不和，不肯爲守也。域，限也。道，謂仁義也。

天時，謂子丑寅卯辰巳午未申酉戌亥，爲十二支。甲乙丙丁戊己庚辛壬癸，爲十干。支干合，以配時日也。金木水火土爲五氣。木王東方，甲乙寅卯辰。火王南方，丙丁巳午未。土王中央，戊己，而寄于辰未戌丑之四季。金王西方，庚辛申酉戌。水王北方，壬癸亥子丑。木火土金水，水又木，此相生之序也。木土水火金，金又木，此相尅之序也。當事者爲王，王生者爲相。已退者爲虛，虛久者爲孤。孤虛，即休囚也。如春木王火相，水虛金孤。夏火王土相，木虛水孤。餘倣此。皆緯稗之説，雜而多端，要之不越五行生尅而已。兵家有天陣，緣于《易·師》之「初六，師出以律」。本謂出師在人心，和協有律呂之象。而《周禮》附會之，謂大史抱天時，大師執同律以聽軍聲。後世史官附會爲《律書》，云六律爲萬事根本，兵械尤重，望敵知吉凶，聞聲效勝負。於是察七緯之情，聽八風之動，鑒五雲之候，謂之天時。《孫子》云「天者，陰陽寒暑時制」，此也。〇《孫子》曰：地者，遠近、險易、廣狹、生死也。註云：知遠近，則能爲迂直之計。知險易，則能審步騎之利。知廣狹，則能度衆寡之用。知生死，則能識勝敗之勢。《淮南子》云：硤路津關，大山名塞，龍蛇蟠結，卻笠居，羊腸道，發笱門，一人守隘，千人弗能過，此謂地勢。又曰：相地形，處次舍，治壁壘，定煙斥，居高陵，此善爲地形也。

○唐高宗臨問諸州舉人曰：兵書有天陣、地陣、人陣，何也？員半千對曰：天陣，星宿孤虛；地陣，山川向背；人陣，偏伍彌縫。臣愚謂不然。師出以義，有若時雨得天之時，此天陣也。兵在足食，且耕且戰，得地之利，此地陣也。善用兵者，使三軍之士如父子兄弟，得人之和，此人陣也。○杜牧注《孫子》云：陰陽者，五行刑德向背之類。巫咸、甘氏、石氏、唐蒙、史墨、梓慎、裨竈之徒，皆有著述。察其旨，皆歸本人事。如秦累世戰勝，竟滅六國。豈天運二百年間常在乾方，福德常居鶉首乎？不曰穆公已還，卑身趨士，務耕戰，明法令而致之乎？周武王伐紂，師次于氾水共頭山，風雨疾雷，鼓旗毀折，王之驂乘惶懼。筮不吉，請還。大公曰：「天道鬼神，不見不聞，愚者拘之。若乃好賢任能，舉事得時，此不看時日而利，不假卜筮而吉，不禱祠而福從。今紂剖比干，囚箕子，以飛廉爲政。伐之何爲不可？朽草枯骨，安可知乎？」焚龜折蓍，率衆先渡，遂滅紂。宋高祖圍慕容超于廣固，將攻城，諸將曰：「今日往亡，兵家所忌。」高祖曰：「我往彼亡，吉孰大焉。」遂克廣固。後魏大祖武帝討慕容麟，甲子晦日進軍。大史令曰：「紂以甲子亡。」帝曰：「武王不以甲子日勝乎？」遂戰，破之。魏世祖征夏赫連昌于統萬城，師次城下。昌鼓噪而前，會有風雨從賊後來。大史進曰：「天不助人，且避之。」崔浩曰：「千里伐人，制勝一日，豈得變易？天道在人，豈有常也。」進戰破之。○《鹽鐵論》云：吴有三江五湖之難而兼于越，楚有方城、漢水之固而滅于秦，秦有隴阺、崤塞而亡于諸侯，晉有河華之勝而奪于六卿，齊有泰山、渤海而負于田常，桀紂有天下併于豐亳，秦王以六合困于陳涉。非地不利，無術以守之也。楚鄭之棠谿、墨陽，非不利也；犀軸、兕甲，非不堅也。然而不能存者，利不足恃也。

所謂金城者，非謂築壤而高土，鑿地而深池。所謂利兵者，非吴越之鋋、干將之劍也。今不建不可攻之城，不可當之兵，而欲任匹夫之役，行三尺之刃，亦細矣。○昔之言險者，關中左殽函、右隴蜀，爲四塞之固。東向制諸侯，如建瓴水。楚漢以後争天下者，輒長驅而西，入關如履平地。巴蜀劍門稱鳥道，而晉鄧艾之兵從陰平趣涪，遂亡後主。張衡《東都賦》云「守位以仁，不恃隘害。苟民志之不諒，何云巖險與襟帶？秦負阻于二關，卒開項而受沛」，此之謂也。《淮南子》云：「得道之兵，車不發軔，騎不被鞍，鼓不振塵，族不解卷，甲不離矢，刃不嘗血，朝不易位，賈不去肆，農不離野。招義而責之，大國必朝，小城必下。因民之欲，乘民之力，而爲去殘除賊。」人和之謂也，即《易》之言「師出以律」。律者，和也。凡軍門曰和，亦謂師克在和也。《詩》曰：「濟濟多士，克廣德心。」亦頌其和也。孟子之説，蓋出于此。

二

孟子將朝王，王使人來曰：「寡人如就見者也，有寒疾，不可以風，朝（昭）將視朝（潮），不識可使寡人得見乎？」對曰：「不幸而有疾，不能造朝。」明日，出弔於東郭氏。公孫丑曰：「昔者辭以病，今日弔，或者不可乎？」曰：「昔者疾，今日愈，如之何不弔？」王使人問疾，醫來，孟仲子對曰：「昔者有王命，有采薪之憂，不能造朝；今病小愈，趨造於朝；我不識能至否乎？」使數人要平聲於路曰：「請必無歸而造於朝。」不得已，而之景丑氏宿焉。景子曰：「內則父子，外則君臣，人之大倫也。父子主恩，君臣主敬，丑見王之敬子也，未見所以敬王也。」曰：「惡烏！是何言也！齊人無以仁義與王言者，豈以仁義爲不美也？其心曰『是何足與言仁義也』句云爾，則不敬莫大乎是。我非堯舜之道，不敢以陳於王前，故齊人莫如我敬王也。」景子曰：「否！非此之謂也。《禮》曰：『父召無諾，君命召不俟駕。』固將朝也，聞王命而遂不果，宜與夫禮若不相似然。」曰：「豈謂是與平聲？曾子曰：『晉楚之富，不可及也。彼以其富，我以吾仁；彼以其爵，我以吾義，吾何慊歉乎哉？』夫豈不義而曾子言之，是或一道也。天下有達尊三：爵一，齒一，德一。朝廷莫如爵，鄉黨莫如齒，輔世長上聲民莫如德。惡烏得有其一，以慢其二哉？故將大有爲之君，必有所不召之臣，欲有謀焉則就之，其尊德樂洛道，不如是不足以有爲也。故湯之於伊尹，學焉而後臣之，故不勞而王。桓公之於管仲，學焉而後臣之，故不勞而霸。今天下地醜德齊，莫能相尚，無他，好去聲臣其所教，而不好臣其所受教。湯之於伊尹，桓公之於管仲，則不敢召；管仲且猶不可召，而況不爲管仲者乎？」

孟子爲道自重之意，備見于此章。是時齊王以孟子爲卿，有師命，非臣比也。朱子謂「賓師不以趨走承順爲恭」，未盡其心曲。孟子心曲，盡于「大有爲之君，必有所不召之臣」二語。所以自重，欲齊王大有爲耳。蓋吾道不尊，則人不信從。人主不能自屈，則受教不篤。戰國策士言功利，世主知功利不知仁義。孟子抱仁義之略，不得不自重。當是時齊王養士稷下，騶衍、淳于髡、田駢、慎到之徒，皆列上大夫，而以奔走爲恭。孟子愈不得不自重，故不爲臣，不受禄，不往召。處邪世不如此，不足以立道德之表，發賢主之謙光，而成大有爲之君也。古帝王惟舜承堯，禹承舜，繼治道同，不須有爲。武王父子兄弟聖賢，家學相承，可無須學焉之臣。如成湯造攻自亳，伊尹以匹夫三聘發跡，遭遇之隆，千古無兩，故號阿衡。阿，倚也。衡，平也。倚任取平，尊信之至。太公遇武王，亦尊爲尚父。然其道尚功，與孟氏略異，故不及。而下及管仲，何也？管仲以其君霸，桓公且師事爲仲父，無異湯於尹。此齊先臣，王所習聞也，故借以況王公之尊賢。而苟齊王以桓公事管仲之禮事孟子，尊德樂道，則所就豈直霸功而已哉！是以不肯爲可召之臣者，望王誠厚也。

孟子爲卿於齊而不受禄，王有師命，與爲臣異。有時乎造朝，而王不當召。有問則當就，有疾不能就則當俟他日，如此乃爲好臣所受教。今不就而召，臨朝而見，是臣其所教也。故孟子將朝而聞召中止，以疾辭王。稱疾不來，孟子亦稱疾不往，猶孔子瞷亡之意。弔東郭，宿景丑，猶孔子取瑟而歌之意。使孟子託疾，王即就見，則東郭之行可得已也。而王使人問疾，醫來，是王尚未悟也。使孟仲子直以出弔告其使，則景丑之宿亦可得已也。而云疾愈造朝，是終無以悟王也。故不得已而宿于景丑氏，以致其意于王。使王知有不召之臣，爲大有爲之君耳。景丑云不敬王者，明指不應召。而孟子若爲不知，但稱堯舜之道，以見師臣者帝，望王如王公之尊賢也。不敢者，敬之之辭。此言不敢陳者，不召之臣所以敬君也。後言不敢召者，大有爲之君所以敬臣也。此君臣主敬，異于景子所云也。景子引禮言應召，是好臣所教之事，爲君臣主敬之意。孟子引曾子言仁義，是學焉受教之事，爲堯舜敬王之意。故禮所言一道，曾子所言又一道也。三達尊，因曾子云吾何慊推廣之，承秦楚彼我泛論，非明以自任也。彼一富，我一仁；彼一貴，我一義。彼我分數正敵，我何歉于彼？況彼直爵一，我兼齒、德二。彼之分數反歉于我，我敬彼而彼乃慢我乎？朝廷論爵，固齒屈。鄉黨論齒，則爵亦屈。君尊于朝，齒亦尊于鄉。天下共知有朝廷，亦共知有鄉黨，足相敵也。至于仁義之道得諸己，勿論在朝在野，在鄉在國，由天子達於庶人，由身及於天下，天爵良貴，舉無得而踰焉。君子脩此，世資以爲輔，民宗以爲長，而爵與齒皆出其下。秦楚即以爵敵吾齒，將何以敵吾德乎？所以有德之士，君當學焉受教，就見而不敢召。乃可與謀輔世長民之事，成大有爲之君也。獨舉湯、伊尹者，伊尹樂堯舜之道，使君爲堯舜之君，正乃非堯舜之道不陳者也。不勞而王，言明良相得，心一道同，諫行言聽，所謂聖主得賢臣，如鴻毛遇順風，於王何有？湯所以七十里爲政於天下，桓公所以九合一匡，異于地醜德齊者，皆師臣之力也。

如就見，謂擬欲就孟子見之也。如，猶擬也，事與願違之辭。或曰：如，往也。猶《春秋》如齊如晉之如。不可以風，畏風寒也。朝將視朝，來早臨朝也。造，至也。東郭氏，齊大夫家。孟仲子，孟子之子，名睪。詳見《孟子遺事》。采薪之憂，言病不能採薪，謙辭也。《曲禮》：有疾，辭曰某有負薪之憂。景丑，亦齊大夫。非此之謂，言非仁義不與王言之謂也。《禮》云：父召，唯而不諾。

諸者，應之徐。唯者，應之疾。宜與夫禮，猶言似與夫禮也。宜，疑辭。猶宜若小然、宜若無罪之宜。豈謂是與，言已聞命不果，非如禮所言之謂，別有故也。仁長善，故敵富；義高潔，故敵爵。慊，恨也。是豈不義，應上不敬非禮，爲不義也。是或一道，應豈謂是與？出于禮所言之外也。三達尊，推廣曾子之意申言之。達，通也，通天下古今共尊也。齒，年序也。人生與齒俱生俱彫，故謂年爲齒。輔世，維持世道也。長民，表帥衆民也。德，即仁義有諸己也。斯世斯民，無仁義爲輔翼長養，則世道壞，人類滅矣。君子所以居仁由義，入孝出弟，守先王之道，以待後之學者。邪世不能亂，即輔長之謂也。有其一，君有爵也。慢其二，不敬齒德也。將大有爲，待賢臣大有作爲也。所不召，有所以不敢召之道德也。得道曰德，行德曰道。尊，不敢褻也。樂，不厭煩，不苦難也。學，師事也。臣，委任也。後，猶敬事後食之後。言臣非所先，必先承教，後任用也。不勞者，君臣相得，言聽計從，逸而有成也。醜，疇通，類也。地醜，國敵也。德齊，政同也。尚，過也。好臣所教，喜任用所役使之人也。所受教，即所謂師命也。不好臣，謂有虛名而無實意，即不就見而召之類。湯於伊尹，桓公於管仲，以爲師，則虛心受教，不敢召矣。結上文言大有爲之君，則有受教不召之臣，所以不勞而王，遠過地醜德齊者也。管仲雖非伊尹比，然桓公亦不召師。方今有臣過于管仲者，而諷宣王不能爲桓公耳。〇大抵君尊臣卑，大分定矣。然卑而不伸，則無以達上。尊而不詘，則無以逮下。上下不交，則泰道不成，功業不就。故《學記》曰：「君之所不臣於其臣者二：當其爲尸，則不臣也；當其爲師，則不臣也。大學之禮，雖詔于天子，無北面，所以尊師也。」郭隗告燕昭王曰：「帝者與師處，王者與友處，伯者與臣處，亡國者與役處。詘指而事之，北面而受學，則百己者至。先趨而後息，先問而後默，則什己者至。人趨則若己者至。憑几據杖，眄視指使，則厮役之人至。若恣睢奮擊，呴籍叱咄，則徒隸之人至。此古服道致士之法也。」

三

陳臻問曰：「前日於齊，王餽兼金一百而不受；於宋，餽七十鎰而受；於薛，餽五十鎰而受。前日之不受是，則今日之受非也。今日之受是，則前日之不受非也。夫子必居一於此矣。」孟子曰：「皆是也。當在宋也，予將有遠行，行者必以贐秦去聲，辭曰『餽贐』，予何爲不受？當在薛也，予有戒心，辭曰『聞戒』，故爲兵餽之，予何爲不受？若於齊，則未有處也。無處而餽之，是貨之也。焉有君子而可以貨取乎？」

陳臻之問，意重不取。謂辭齊之兼金，誠是也；受宋薛之餽，無乃非乎？孟子之意，謂有處，受之未爲不可；無處，自當辭。

受餽不重有辭，而重有處。惟我有處，然後人餽有辭。齊王之餽，非無辭也，孟子實無處也。無處，則其辭不過以相贈耳，是以貨餽也。受之，是受貨也。取，即受也，如齊取燕之取。以禮曰受，以財曰取。

君子於財，必有所用之。無所用，則居貨而已。《史》云：奇貨可居。金玉曰貨，字从貝，化聲。《書》云：貿遷有無化居。《周禮》云：商賈阜通貨賄。取而無處，徒積阿堵無用之物，以爲貨耳。非君子之事，故不取也。舊解云：齊王以貨取孟子，説者謂如網取魚、阱取獸之取。夫交際恭也，何至比網罟陷阱，意刻而險？本謂有用則可受，無用則不可以財貨濫取，語明白而意平恕。

兼金，謂銀也。金有五，而銀直倍于銅鐵，故曰兼金。一百，即百鎰也。鎰，即兩也。或云：二十四兩爲一金，曰鎰。然則齊一餽二千四百兩。薛小國，一餽五百二十兩，豈其然乎？詳巨室章。前日之不受是，百鎰太多也。今日之受非，七十五十亦非少也。今日之受是，尊者之賜也。前日之不受非，尤尊者也。贈行曰贐。戒心，戒備不虞之心。無處，無事也。以貨取，以利受也。《書》云「淮海惟揚州，厥貢惟金三品」，謂金銀銅也。《管子》云：「先王託用于其重，以珠玉爲上幣，黄金爲中幣，刀布爲下幣。」《爾雅》：「黄金謂璗蕩，美者謂鏐留。白金謂銀，美者謂鐐遼。」或云：秦以一鎰爲一金，而重一斤。漢以一斤爲一金。黄金一斤，直錢萬。朱提銀八兩爲一流，直錢一千五百八十；他銀一流，直錢千：古錢貴而金銀多也。

四

孟子之平陸，謂其大夫曰：「子之持戟之士，一日而三失伍，則去上聲之否乎？」曰：「不待三。」「然則子之失伍也亦多矣：凶年饑歲，子之民，老羸雷轉於溝壑，壯者散而之四方者，幾千人矣。」曰：「此非距心之所得爲也。」曰：「今有受人之牛羊而爲之牧之者，則必爲之求牧與芻矣。求牧與芻而不得，則反諸其人乎？抑亦立而視其死與？」曰：「此則距心之罪也。」他日見於王曰：「王之爲都者，臣知五人焉。知其罪者惟孔距心。」爲王誦之。王曰：「此則寡人之罪也。」

此章與王之臣託其妻子於友章義同。歸責于齊王，非專責孔距心耳。天生斯民，立之司牧。君能養民，而後無忝于君。臣受君職，爲君養其民，而後無忝于臣。然未有有明君，無良臣者。君能行仁，則臣不敢不盡職，失職則有誅。今使其臣欲盡職而不得，爲君之謂何矣。孟子誦距心于王，不徒以距心知罪，欲以非距心所得爲一語達王。見民失養，臣失職，由王失政也。所謂狗彘食人而不知檢，塗有餓莩而不知發。不能休養于平日，又不能賑救于凶年。謂非距心所得爲，是誠非距心所得爲也。不惟立視牛羊者之罪，亦不與芻牧者之罪也，所以爲王誦之。借士失伍，以律大夫失職。又借大夫失職，以律君失政也。

平陸，齊屬邑。大夫，邑大夫也。諸侯稱王，故邑宰皆稱大夫。平陸大夫，即孔距心也。戟，刃之有枝者。持戟之士，爲大夫守衛者也。伍，班次也。失伍，不在班也。去之，罷去也。大夫失職，猶士失伍也。凶年饑歲，據民死亡之日言也，非謂大夫盡職專在凶歲，由平日失養使然也。羸，瘦貌。

轉，流徙也。距心，大夫自名也。非所得爲，政由王也。牧之，養之也。牧，水草之地。郊外隰皋丘陵，皆可爲牧也。芻，草也。牧與芻，謂牧地所生之草。求，向牛羊主者求也。立而視，猶坐視也。言既不得牧，又不以牛羊還主，立視饑死，責距心不得盡職不去也。邊邑曰都，《周禮》有甸、稍、縣、都。環王城外二百里曰甸，三百里曰稍，四百里曰縣，五百里曰都。誦，猶誦《詩》之誦，從容言之也。《說文》：羸，瘦也。从羊，羸聲。六畜中駿馬多瘦，牛亦瘦。狗亦細形，雞瘦亦不至劣，惟羊瘦則羸也。通作纍。《玉藻》云「喪容纍纍」，憊貌。

五

孟子謂蚳(遲)鼃(蛙)曰：「子之辭靈丘而請士師，似也。爲(去聲)其可以言也。今既數月矣，未可以言與(平聲)？」蚳鼃諫於王而不用，致爲臣而去。齊人曰：「所以爲(去聲)蚳鼃則善矣，所以自爲(去聲)則吾不知也。」公都子以告。曰：「吾聞之也：有官守者，不得其職則去。有言責者，不得其言則去。我無官守，我無言責也，則吾進退，豈不綽綽(濯)然有餘裕哉？」

蚳鼃才技，止足效一官。既就列，則當陳力。不可，則當止，更無他辭可託。孟子自負五百名世，不屑一官之守、一言之責。故曰大有爲之君，必有所不召之臣，師也，父兄也，未可與蚳鼃同日語也。齊人借蚳鼃以嘲孟子。孟子肝膈難盡言，姑就不爲臣解之。若問何以不爲臣，孟子自有説。吾進退者，己之進退。關天下輕重，與衆人之進退異也。綽綽有餘，正學孔子時中。卒亦去耳，但較爲臣者稍得自由。孔子亦未嘗三年淹，非任意遷延之謂也。

蚳鼃，齊臣。靈丘，齊下邑。士師，獄官之長。似，猶是也。言，諫諍也。齊人譏孟子言不用而不去，與教蚳鼃異也。官守，以官爲守。言責，以言爲責。綽綽，寬貌。裕，亦寬也。古者謨明弼諧，凡近臣皆得以所職盡言。《禮》曰：人臣遠而諫，則諂也。近而不諫，則尸利也。惟封疆之臣，有土地人民之寄，則爲官守。凡朝廷之臣，爲耳目心膂之託，皆有言責。故蚳鼃辭遠邑而請士師，辭官守而就言責也。後世拾遺補缺之設，言始有專官，非古矣。

六

孟子爲卿於齊，出弔於滕，王使蓋（各）大夫王驩爲輔行。王驩朝暮見（去聲），反齊滕之路，未嘗與之言行事也。公孫丑曰：「齊卿之位，不爲小矣。齊滕之路，不爲近矣。反之而未嘗與言行事，何也？」曰：「夫既或治之，予何言哉？」

齊王使親倖貴臣陪孟子遠行，示優崇也，然殊非孟子意。君子甚自愛，而王驩以王命朝夕親就。

孟子泛然相與，終不言及行弔之事，若初不爲己來者。齊滕往反，少則旬日，多則彌月。當時若處之大倨，小人必生恚忿。既與周旋，安得不鄭重來意？此等處，極未容易。既不與作緣，又不使怨恨，非聖賢無此力量。觀其答公孫丑之言曰「夫既或治之，予何言哉」，渾然不露圭角，便是善學孔子。與公行子家解釋簡驩語意同。或謂孟子有英氣，非知孟子者。

爲卿，爲客卿，仕未受禄也。出弔，往弔喪也。蓋，齊邑名。王驩，齊大夫，宣王倖臣，食邑于蓋。爲輔行，爲介也。朝暮見，每日相接也。行事，即弔事也。齊卿之位，王驩位上大夫也。夫，指有司也，如《聘禮》士介賈人之屬。既或治之，言儀文禮物有治之者在，可勿俟言也。孟子本不欲與權倖狎，此託辭耳。

《禮》：弔喪有含有襚有賵，致命畢乃哭臨，主賓拾踊成禮。詳《雜記》。凡弔，弔生者也。《曲禮》云：知生者弔。《聘禮》：卿爲使臣，則大夫爲上介，士爲衆介。小國有事于大國，則使卿行，大夫爲介。宣王之世齊强，而滕其所役使者耳。滕有喪，齊未必弔，弔未必使卿。孟子于齊王召見且不屈，況肯爲出使于小國乎？蓋孟子自弔，而是時齊方欲併滕，故以私人同行，或有所窺瞰而然。丑欲孟子與言行事，亦欲爲滕調和耳。顧君子忠厚正直，豈肯與權倖私？而滕之得免于齊者，豈亦以孟子之故與？讀者于此等處，見聖賢人品高，心術厚，力量大。

七

孟子自齊葬於魯，反於齊，止於嬴。充虞請曰：「前日不知虞之不肖，使虞敦匠句，事嚴，虞不敢請。今願竊有請也，木若以美然。」曰：「古者棺椁無度，中古棺七寸，椁稱去聲之，自天子達於庶人；非直爲觀美也，然後盡於人心。不得不可以爲悦，無財不可以爲悦，得之爲有財，古之人皆用之，吾何爲獨不然？且比秘化者，無使土親膚，於人心獨無恔效乎？吾聞之也：君子不以天下儉其親。」

充虞之問，不爲無意。死者歸于朽耳，雖石棺與衣薪何異？而必用佳木，豈其未能免俗，以爲觀美與？無益之費可惜，有墨道意。孟子指孝子之心示之，曰非直爲觀美也。必如是然後盡於心，然後悦，然後於心快。君子每事崇儉，爲親則不惜費。無禮固不敢恃財，無財亦不得行禮。若有禮有財，而儉于親葬，非人情不可用。按孟子幼而喪父，貧無以爲禮。及仕爲齊卿，喪母厚。當世謂後葬踰前葬，充虞之徒猶疑之，蓋《禮》母喪殺于父。父既薄，則母不宜厚，拘士之見也，故孟子發得爲有財之義。樂正子謂前以士，後以大夫，貧富不同，本此。

孟子魯人，故葬歸于魯。反齊，拜王賜也。嬴，齊南邑。充虞，孟子弟子。敦，守治也。匠，木工，治棺椁者也。事，喪事也。嚴，急也。請，問也。以、已通，甚也。然，疑辭。古，謂太古始爲葬埋之時。無度，無定制也。中古，後聖制禮之時。椁，外棺，障土者也。稱之，厚與棺等也。堅厚久遠，故盡人心。不得，謂禮制不得爲也。悦，稱意也。無財，貧也。比，及也。化，死也。自有入無曰化，《莊子》云無怛化。親，近也。木薄則土親近肌膚，死者終未免銷化。今肌膚未及于化，無使土近之，事死如生之至情也。恔，快也。過此以往，變化常理也，自盡其心耳。不以天下儉其親，謂不爲世上惜物而薄葬吾親，此得之爲有財者也。

或問：孟子歸葬于魯，時未幾也。充虞治木，言前日耳。輒反于齊，豈不終喪而遂復爲齊卿乎？按《喪禮》三日成服，杖，拜君命及衆賓，不拜棺中之賜。禮凡尊者有賜，則明日往拜。喪則孝子不忍遽死其親，故贈襚之賜，拜于葬後。孟子奉母仕于齊，母卒，王以卿禮含襚。及歸魯，三月而葬。反於齊，拜君賜也。其止於嬴何也？《禮》：衰絰不入公門。大夫去國，踰竟爲壇位，鄉國而哭，此喪禮也。故自魯越國至齊境上，爲壇位，成禮于嬴，畢，將遂反也。解者不悉，謂孟子勸人行三年喪，而身違之。又罪萬章之徒，脩文不善，可謂逐臭李白，左袒臧倉者矣。

《孟母墓碑記》云：在鄒縣北二十里，馬山之陽，馬鬣其封，隆然岡阜。

八

沈同以其私問曰：「燕可伐與？」孟子曰：「可。子噲不得與人燕，子之不得受燕於子噲。有仕於此，而子悦之，不告於王而私與之吾子之禄爵，夫士也亦無王命而私受之於子，則可乎？何以異於是！」齊人伐燕。或問曰：「勸齊伐燕，有諸？」曰：「未也。沈同問燕可伐與，吾應之曰可，彼然而伐之也。彼如曰：孰可以伐之？則將應之曰：爲天吏則可以伐之。今有殺人者，或問之曰：人可殺與？則將應之曰可。彼如曰：孰可以殺之？則將應之曰：爲士師則可以殺之。今以燕伐燕，何爲勸之哉！」

天命天討，唯奉天者得行之，而其本歸于德。有堯舜之德，然後可以禪受。有湯武之德，然後可以征伐。子噲子之非禪受之君，齊王亦非征伐之主。孟子所以不謂燕不當伐，亦不教齊王伐之也。沈同，齊臣。以其私問，以己意問也。如以王命問，孟子必詳告之矣。子噲，燕君，名噲。子之，齊人，仕爲燕相。蘇代爲齊説燕王噲曰：「人謂堯賢者，以其讓天下于許由也。許由不受，有讓天下之名，而實不失天下。今王以國讓子之，子之必不敢受，是王與堯同行也。」子噲遂以國屬子之。詳《梁惠王》下篇。子，指沈同。奉行天命曰天吏，天命在民心。殺父兄，累妻子，燕民不悦，則是齊本非天吏也。殺人，刑殺罪人也。士師，掌刑殺之官也。

堯舜官天下，公也。三王家天下，亦非私也。王者功德在百世，其子孫百世爲王，天道也，民心也。父子繼體，生民以來未之有改，故曰非私也。堯舜不以天下與子，遇舜禹也。無舜禹而棄其子，非舜禹而奪人之子之天下，皆私也。故曰以天下與人易，爲天下得人難。燕噲之事，其明鏡矣。噲以此市其公，孟子以此討其私。公則禔福，私則階禍。

司馬遷作《燕世家》，謂孟子勸齊湣王伐燕，本此章之文。世儒因謂孟子先仕宣王，後仕湣王，以此章伐燕爲湣王事，以《梁惠王》下篇伐燕爲宣王事。以《孟子》作于宣王薨後，故稱謚，湣王尚在，故稱王。又據《世家》以燕易王初年，齊宣王因燕喪伐取十城，即《梁惠王》下篇取燕之事，非也。宣王伐燕取十城，蘇秦説齊已還之矣。諸侯何以又欲謀齊？宣王自謂萬乘之國伐萬乘之國，五旬而舉之。正謂舉燕之七十餘城，故孟子謂齊倍地而不行仁政。天下畏齊之强，若止十城，何遂動天下兵？又以此篇之王爲湣王。然則孟子終宣王世未去齊，至湣王朝乃致爲臣，則王不當云前日願見而不可得，孟子亦不宜云千里而見王。前日千里，明指初自梁來謁宣王也。史稱宣王喜文好士，稷下列第養士千人，故聞孟子去而就見，語時子中國留養。情辭風旨，誠足用爲善之君。孟子所爲不忍遽去，而三宿出晝者也。若湣王驕奢，亡國逋逃主，身死于淖齒之手，孟子以五百興王，安齊安天下望之，豈其紕繆失人若此乎？

九

燕人畔，王曰：「吾甚慚於孟子。」陳賈曰：「王無患焉。王自以爲與周公，孰仁且智？」王曰：「惡烏！是何言也？」曰：「周公使管叔監平聲殷，管叔以殷畔。知而使之，是不仁也。不知而使之，是不智也。仁智，周公未之盡也，而況於王乎？賈請見而解之。」見孟子，問曰：「周公何人也？」曰：「古聖人也。」曰：「使管叔監殷，管叔以殷畔也，有諸？」曰：「然。」曰：「周公知其將畔而使之與？」曰：「不知也。」「然則聖人且有過與？」曰：「周公弟也，管叔兄也，周公之過，不亦宜乎？且古之君子，過則改之；今之君子，過則順之。古之君子，其過也如日月之食，民皆見之，及其更也，民皆仰之；今之君子，豈徒順之，又從爲之辭。」

初，齊宣王問孟子取燕，孟子教以民情不悅則無取。諸侯果謀救燕，燕民畔。齊宣王慙悔，所以終不敢盡取燕，而諸侯之謀中止也。陳賈矯誣周公，爲王掩飾。不思周公以天理人情愛兄，而偶至于過。齊王貪土地財貨，自詒伊戚，何可相比？「古之君子」以下，言陳賈當勸君改過，不當爲君文過。今之大夫，今之諸侯之罪人，此也。向使齊王信陳賈之諛，終于取燕，則諸侯之師，不待昭王發憤，而湣王之禍，已及宣王之季矣。當是時，七十餘城雖未盡歸燕，而齊師已去燕。燕雖殘破，猶可爲國，昭王所以得中興也。是孟子一言，存召公之祀，緩諸侯之兵。而宣王悔過，足用爲善。孟子所以雖去齊，猶惓惓也。及宣王薨，燕竟以諸侯報齊。湣王走死，孟子於是爲蚤見矣。

初，齊伐燕，勝之，宣王欲遂滅燕。孟子止之，而王未即聽，燕人乃畔。畔，不附也。所取燕七十餘城之人，心思故主也，此正諸侯謀齊之日。宣王悔不用孟子言，所以終不敢盡取燕也。陳賈，齊大夫。管叔，名鮮，武王弟，周公兄，食邑于管。監，視也。周公相武王誅紂，立其子武庚于殷，使管叔監之。武王崩，成王幼，周公爲相。管叔流言毀公，云將不利于王。王疑，公避去，居東土二年，管叔以武庚叛。成王與二公在內，謀執管叔殺之，周公不知也。事詳《周書·金縢》《大誥》等篇。聖人且有過，謂周公誤使管叔，無先見之明也。蓋管叔雖非公殺之，而管叔所以監殷，則周公使之也。陳賈援此解齊王取燕致畔，其誤同。孟子言周公以弟信任兄，宜其意料不及。齊王明知燕民不悅，貪暴取禍，豈可相比。君子，諷齊王也。古之君子，謂古之明君賢臣，有過則相與勸改也。順，從臾也。「日月之食」四句，本子貢語，解見《論語》。孟子引以贊周公也。更，重新也，與改異。聖人無過可改，人見人仰，即上文不亦宜乎之意，見古人不文過。《詩·唐棣》《書·大誥》《康誥》，萬世仰見聖人無私之心。若順，則過遂成矣，指取燕不肯反耄倪置君等事。陳賈不能匡救，是順之也。辭，解說也。

按周公無殺兄之事。殺管叔者，成王與二公也。《書·金縢》《大誥》、《詩·豳風》《小雅》具在，足徵也。其說起于孔書《蔡仲之命》，非古也。耳食相傳，以爲常談。魯成季殺兄叔牙，而推爲世勳。晉叔向殺兄叔魚，而許爲遺直。唐大宗殺兄建成元吉，號爲英主。小人從臾，骨肉相殘，咸曰大義滅親，自周公始。夫苟滅親矣，何大義之有？汙衊先聖，爲千古兇殘口實，誰作之俑哉！《詩》云「投畀豺虎，豺虎不食」，此之謂也。六經而下，惟孟子近古。使周公果殺兄，陳賈方媒孽公，豈得不盡言？孟子云：周公弟也，管叔兄也。謂公疑且不忍也，而況于殺之？使公殺兄，而孟子爲此語，益重公之過矣，烏得謂宜？荀卿稍後孟子，其書亦謂周公殺管叔。皆戰國處士横議，如舜囚堯，禹幽舜，啓殺益之類。而荀卿謂性惡，故侮聖人，不足信也。或問朱子云：周公殺管叔時，可調護莫殺否？朱子云：他已叛，只得殺，如何調護得？愚謂公若在，豈有不調護之理！即不得肆赦，亦待以不死。觀《康誥》戒率殺，《無逸》戒譸張殺人，不寬綽厥心。《大誥》云：若兄考有友伐厥子，民養其勸弗救？《詩》云：「死喪之威，兄弟孔懷。原隰裒矣，兄弟求矣。」公蓋垂涕泣而道之，自恨不能救兄之意。昭然簡册，奈何聾瞽不見不聞乎？

一〇

孟子致爲臣而歸。王就見孟子曰：「前日願見而不可得，得侍同朝潮，甚喜。今又棄寡人而歸，不識可以繼此而得見乎？」對曰：「不敢請耳，固所願也。」他日，王謂時子曰：「我欲中國而授孟子室，養弟子以萬鍾，使諸大夫國人皆有所矜式。子盍爲我言之？」時子因陳子而以告孟子。陳子以時子之言告孟子，孟子曰：「然，夫時子惡知其不可也？如使予欲富，辭十萬而受萬，是爲欲富乎？季孫曰：『異哉！子叔句。疑使己爲政不用句，則亦已矣，又使其子弟爲卿向。』人亦孰不欲富貴，而獨於富貴之中有私龍壟斷短焉。古之爲市也，以其所有易其所無者，有司者治之耳。有賤丈夫焉，必求龍斷而登之，以左右望而罔市利，人皆以爲賤，故從而征之。征商自此賤丈夫始矣。」

孟子仕齊之心，詳見《公孫丑》當路章。齊宣王天資朴直好士，故孟子思從容誨化，相與有爲。而王終不能用堯舜湯武之言，改其興兵搆怨之習。伐燕之舉，燕人已畔。邪臣方巧言蔽主，歸咎于孟子之勸齊，孟子所以致爲臣而去也。齊王就見孟子，辭雖欵曲，然非有《詩》人《白駒》縶維之意，《遵大路》執手之情，輒云繼此得見，則已信其必去矣。其告時子，亦無改圖脩省之志，徒欲使諸大夫國人矜式。若謂孟子但可矜式，而不可實用也。動稱萬鍾，萬鍾不辨禮義而受，正犯其所不屑，故發欲富龍斷之説。小人志在富貴，可以利禄縻。君子志在行道，卿禄十萬不受。欲王學焉受教，而以不用去，又以萬鍾留，辭多受寡，雖求富亦不爲此矣。王欲養弟子，故託弟子以告。苟孟子因弟子留，是使子弟爲鄉導也。昔者魯季氏、叔氏皆求貴貴者，而季孫之譏叔孫曰：異哉子叔，既疑君使己爲政，不見信用，則亦已矣。又使其子弟于君側爲鄉導，是欲富貴無已也，何異于賤丈夫龍斷罔利者之所爲乎？使孟子爲弟子而留，是又一子叔耳。王誠欲留孟子，但舉前日所陳於王前者，沛然施行。興兵搆怨之事，翻然改步，則庶乎去志可回矣。

致，猶還也，還其爵於君也。前日，指孟子未來齊之先。請，干謁也。願，願見也。時子，齊臣。中國，國中也。六石四斗曰鍾。矜，敬也。式，法也。陳子，即陳臻，孟子弟子。十萬，卿禄之數。季孫子叔，皆魯桓公之後。異哉，怪歎辭。疑，猶恐也。不用，魯君不信任也。卿，通作鄉，與嚮同。猶鄉原之鄉，爲嚮道先容也。私，猶專也。龍作壟，長丘如防也。絶路曰斷。爲私壟斷絶行貨，不令他往。而登其上以望來者，如今牙儈接商之類，極言其貪也。交易曰市。有司，市官也，《周禮·地官》

司市等職是也。治之，治以市官之法也。賤丈夫，專利之小人也。斷而登之，斷絶去路，登壟以望也。左右，探望之狀。賤，鄙其貪也。征，徵其貨也。

按《春秋傳》：十釜爲鍾。鍾，六石四斗也。萬鍾，則六萬四千石。十萬鍾，則六十四萬石，齊禄未必多至此。古所謂鍾，猶今言升斗。後儒訓詁，拘泥取足。詳見《論語》子華使齊章。

卿之言鄉也，貴近向君也。古鄉、向通用。《周禮》：天子六卿治六鄉。故卿字从皀，音香，本作萫，从黍，與薌同。《曲禮》「黍曰薌合」是也。古人於所親愛輒稱卿，取芳香意。今梨園曲稱女子爲芳卿，猶言芳薌也。

一一

孟子去齊，宿於晝獲，有欲爲去聲王留行者。坐而言，不應，隱几而卧。客不悦曰：「弟子齊齋宿夙而後敢言，夫子卧而不聽，請勿復敢見矣！」曰：「坐，我明語子：昔者魯繆穆公無人乎子思之側，則不能安子思；泄柳、申詳無人乎繆公之側，則不能安其身。子爲去聲長上聲者慮而不及子思，子絶長者乎，長者絶子乎？」

留行者，亦是有心人。非必扳轅投轄，但以言語慰止，所謂坐而言也。卧而不應，亦非惡之。孟子之去，良非得已。觀後章告尹士，欲留亦是本心。客當時所言，想亦無不是。而孟子未即答，故其人以爲待己倨，不悦。而孟子衷曲難言，借子思繆公事影譬。謂王未使爾來，爾又不能勸王。徒然留我，曾不爲我忖量，反嗔我臥而不應乎？

晝，齊西南近邑，地有澅水，漢有澅清侯是也。有爲王留行者，王不留，而有人爲王留之也。坐而言，其人自言也。不應，孟子不答也。隱、穩通，或作㥯，依也。几，坐具，所以憑。齊宿，齋戒越宿，言敬也。請勿復敢見者，起而告退之辭。泄柳、申詳，二人名。魯穆公嘗使人留子思，故子思留。有人于繆公前留泄柳、申詳，故泄柳、申詳亦留。今留行者皆不然，何以留孟子乎？絶者，不相關之意。隱几不應，是絶其人也。無因强通，是絶長者也。〇後章尹士勸孟子行，此章其人欲孟子留。兩人皆有見，勸留者有好賢之意，勸去者有憤時之心。

魯繆公，元公子，名顯。古繆、穆字通。魯穆公、秦穆公、漢穆生，俱作「繆」。《謚法》：中情見貌曰穆，名與實爽曰繆。意正相反，説者謂借字不借義。按魯穆公好賢而不用子思，秦穆公殺相良而思一个臣。所謂中情見貌者，正是名與實爽者也，所以爲繆，何謂不借義？按《孔叢子》云：穆公欲相子思，子思不願，將去。公曰：「天下之君亦猶寡人，去將安之？」子思曰：「蓋聞君子猶鳥也，疑之則舉。今君既疑矣，又以己限天下之君臣，竊謂言之過也。」又：穆公謂子思曰：「子之書所記夫子之言，或者以謂子之辭。」子思曰：「臣所記臣祖之言，或親聞之者，有聞之于人者，雖非正其辭，然猶不失其言焉。且疑者何？」公曰：「於事無非。」子思曰：「無非所以得臣祖之意也。就如君言，以爲臣之辭。臣之辭無非，則亦所宜貴矣，又何疑焉？」又《檀弓》：天旱，穆公欲暴尫巫。然則穆公之爲穆，不爲不繆矣，安得謂之不借義？

子思，名伋，孔子孫，孔鯉子。逮事孔子，而受業于曾子。年十六過宋，宋大夫樂朔與之論《書》，不合。曰：「孺子辱吾。」使人圍而攻之，宋君救而免。子思曰：「文王於羑里作《周易》，祖君屈於陳蔡作《春秋》。吾困于宋，可無作乎？」於是撰《中庸》之書四十九篇。魯繆公嘗欲用以爲相，曰：「爲相而不得行其道，相之恥也。」不受，去適衛。緼袍無裏，三旬九食。田子方聞之，遺以狐白之裘，恐其不受。曰：「吾假人遂忘之，吾與人如棄之。」子思辭，曰：「吾不忍以身爲溝壑。」已而反魯，教授徒數百人。生子白，字子上。○泄柳，魯繆公時賢人。申詳，鄭玄謂爲子張子。申詳音與顓孫聲相近，難據。

一二

孟子去齊，尹士語人曰：「不識王之不可以爲湯武，則是不明也。識其不可，然且至，則是干澤也。千里而見王，不遇故去，三宿而後出晝，是何濡如滯也！士則茲不悅。」高子以告。曰：「夫尹士惡烏知予哉？千里而見王，是予所欲也。不遇故去，豈予所欲哉？予不得已也。予三宿而出晝，於予心猶以爲速，王庶幾改之。王如改諸，則必反予。夫出晝而王不予追也，予然後浩然有歸志。予雖然，豈舍王哉？王由猶同足用爲善；王如用予，則豈徒齊民安，天下之民舉安。王庶幾改之，予日望之。予豈若是小丈夫然哉！諫於其君而不受則怒，悻悻形上聲然見現於其面，去則窮日之力而後宿哉！」尹士聞之曰：「士誠小人也！」

齊王不用孟子之事，俱見前篇。如保民之術，治岐之政，無一見諸施行。用人則好臣所教，如王驩、陳賈便嬖之輩。養賢不過國中館穀，如稷門虛禮。初，孟子望王爲堯舜湯武，而王盤樂怠傲久而不變。至于取無一事，尤不改興兵搆怨之習。燕人已叛，而邪臣猶爲文飾。孟子知齊禍始此矣，故致臣去。王能改圖，援止猶可。而王不悟，于是長往，而猶不絕去後之望。愛君憂國，忠厚惻怛之意，藹然仲尼家法也。尹士不悦，良爲孟子增氣，有沮溺荷蕢之風。其言三端，重濡滯一端，故云兹不悦。前二端，一不明，一干澤，已爲孟子解釋。千里見王，望之厚，難責以不明，不遇故去。若干澤豈肯去，此心迹易明，惟有三宿出晝難解。君子見幾而作，不俟終日，何其戀戀如此？蓋有見于接淅之速，而不察其遲遲之心。齊雖非父母之邦，而君有爲善之資。故孟子亦就濡遲一邊，分疏己意。

尹士，齊人。孟子仕齊，喪母歸魯，終喪，復之齊。與齊王相習久，故尹士譏孟子不明也，然且至還就顧望也。干，求也。澤，恩寵也。千里見王，言來之決也。三宿而後出晝，言去之緩也。濡滯，緩意。兹不悦，指濡滯也。高子，孟子弟子。由、猶同。發政施仁，勿興兵搆怨，則齊與天下之民俱安。

指伐燕之事也。悻悻，怒意。窮日之力，自朝至夕也。

孟子去齊，在宣王伐燕後。湣王之禍，實兆于此。湣王死而齊遂不振，孟子之見幾早矣。然宣王猶能恕悔，不盡取燕，所以禍不及身。孟子謂王猶足用爲善，用予則齊民安，正謂此也。

《禮緯》云：三諫待放。所以言放者，臣爲君諱，若言有罪放之也。待放，冀君用其言耳。臣待于郊，示不欲去也。其禄三，二收之，一留與妻子，使終宗廟。賜之環則反，賜之玦則去，明君子有恥也。孟子三宿出晝，亦古人待放之意。

此高子，與言《小弁》之高叟爲兩人。此孟子門人，嘗與論山徑者也。《小弁》之高子，即《詩·周頌·絲衣》序所引言靈星之尸者，子夏之門人也。説詳《告子》下篇。

一三

孟子去齊，充虞路問曰：「夫子若有不豫色然。前日虞聞諸夫子曰：『君子不怨天，不尤人。』」曰：「彼一時，此一時也。五百年必有王者興，其間必有名世者。由周而來，七百有餘歲矣，以其數則過矣，以其時考之則可矣。夫天未欲平治天下也。如欲平治天下，當今之世，舍我其誰也？吾何爲不豫哉！」

君子誠不怨天，不尤人。至于天喪人窮，而漫不關心，則是置斯世斯民于度外矣。疾痛在躬，安能恝然而已乎？平日樂道，臨時未免憂道。平日樂天，臨事未免畏天。故曰彼一時，此一時。年數不過五百，今且七百，天下皇皇翹首望明主之出。而世方鶩于功利，仁義道德屏不得試。禍亂紛紛，息肩之期尚遠。生民倒懸，閔然如痌瘝在身，所以不能無不豫也。儻天欲平治天下，有王者作，我自爲名世，何爲不豫乎？有名世而不得一當王者，所以不豫耳。

路問，路中問也。豫，悦也。不怨不尤，引所聞以寬孟子之憂，非爲質疑也。名世，謂道德事功，著名當世，如臯夔伊周是也。數過時可，見汲汲有爲之意。吾何爲不豫哉者，言必如是而始豫也。

一四

孟子去齊居休，公孫丑問曰：「仕而不受禄，古之道乎？」曰：「非也。於崇，吾得見王，退而有去志，不欲變，故不受也。繼而有師命，不可以請，久於齊，非我志也。」

休、崇，皆地名。士既委質爲臣，然後食人之禄。孟子在戰國，自負甚重，未肯輕爲人臣。故不肯苟受禄，即下篇所謂不託於諸侯也。稷下諸人，不事事而貪叨養豢，即前章所謂欲富者。齊王欲禄孟子，必學焉後臣，諫行言聽然後可。否，則君子豈受其餌，所以與稷下諸人異也。見王退而有去志，知終非大有爲之主也。欲去而又受禄，受禄而不終留，皆嫌于變，故不受也。繼而齊王以客卿待孟子，有師事之命。即史所謂不治而議論，亦虚拘之禮也。然禮貌未衰且未可請去，久留于齊以此。即前章我無官守言責，進退有餘裕者也。朱註謂國被兵，非也。孟子以伐燕去，正爲興兵耳。

自致爲臣以下數章有次第。始致臣而去，王知所以留，猶可無去。萬鍾大非孟子意，遂行。三宿于晝，猶望王追而王不追。故客有爲王留者，又有疑孟子不速去者，不知孟子去非得已。在路與充虞言憂世之情，既去居休，與公孫丑論始終去就之道。惟不苟禄，不爲臣，所以行止自如。雖有十萬萬鍾，何足以縻之？齊地十二，古稱東秦。當世七國易王者，西有秦，東有齊，中原有魏。孟子産于東土，故惓惓齊梁。而梁惠王晚年摧頽，所注意惟齊。故居梁日少，居齊日多。齊不受禄，梁可知矣。仕而不受禄，千古惟孟氏一人。伯夷之清，不足言矣。

孟子説解卷四終

孟子說解卷五

郝敬　解

滕文公章句上

一

滕文公爲世子，將之楚，過宋而見孟子。孟子道性善，言必稱堯舜。世子自楚反，復見孟子。孟子曰：「世子疑吾言乎？夫道一而已矣。成覸諫謂齊景公曰：『彼丈夫也，我丈夫也，吾何畏彼哉？』顏淵曰：『舜何人也？予何人也？』有爲者亦若是。公明儀曰：『文王我師也，周公豈欺我哉！』今滕絶長補短，將五十里也，猶可以爲善國。《書》曰：『若藥不瞑面眩縣，厥疾不瘳抽。』」

道性善，非空言也。欲世子知皆擴而充之，脩德行道而爲聖賢，濟世安民而爲明主也。世子儲養方新，宗社生民待以爲君。故以性善導之，而啟口必稱堯舜者，見人皆可以爲堯舜也。性統天下之善，善原天下之一，堯舜亦不過先得之耳。世子喜聞善言，故自楚反復來見，非必懷疑。而孟子因其再見，申致前説，以丁寧之也。道一者，聖凡一性也，性一善也。歷舉成覸諸人之言，激勵世子，使法堯舜。以不忍人之心，行不忍人之政。苟有志濟民，即五六十里之國，亦可以試。其如天好生之仁，不論聖凡古今，不拘家國天下，人無衆寡，勢無小大，存乎爲之而已，所以爲道一也。

性善無形迹，堯舜德業即是影像。人性至善，堯舜惟止于至善。人皆可以爲堯舜，故曰道一也。成覸三子所以勇于自負者，亦有見于人性本源也，此世道窾繫。下章喪禮井田學校，皆由此出。洗滌源頭，即是良藥。蓋人心世道壞，祇因不肯爲堯舜。以堯舜爲絶德，祇因不求諸性。習染沉痼，無苦口之藥，不得收回生之功。故引《書》言瞑眩而後疾瘳，早已爲世子慮矣。下章父兄百官阻其行禮，許行陳相害其仁政。孟子於喪禮曰是在世子，於井田曰子力行之，皆瞑眩之意。言性善而終于爲國，正是顯微一原之道。子思《中庸》之旨，非偏上空虛之譚也。

文公，定公子也。世子，太子也。古世與太通。楚宋，二國，詳《論語》。時孟子寓宋，滕適楚路經宋，故世子就見。道，言也。性，生理也。善，純良也。稱，舉也。每論事必舉堯舜，見聖人與人同，所以爲性善也。道一，謂性善同也。成覸，人姓名。彼，指聖賢。丈夫，猶言大人。積尺爲丈，男子之稱。公明，姓。儀，名。魯賢人。文王我師，周公嘗有是語。然在周公易，而在衆人難。公明儀能篤信，所以爲賢也。善國，國有善政善教也。《書》，佚《書》。今孔書《説命》有此語。瞑眩，飲藥昏憒之狀。瘳，愈也。良藥苦口利于病也。○朱子云：近看孟子道性善稱堯舜，此第一義信得及，直下便是聖賢，無一毫人欲做得病痛。恐人信不及，故説第二節工夫。引成覸顔淵公明儀，教人勇猛發憤。日用間不得存留一毫人欲之私，此外更無别法。按朱子此言，與解《大學》格致入門之説殊。王陽明謂之晚年定論，其實日用即第一義。言第一第二，亦與孟子道一之旨戾。

道一，即性善也。惟一無對，所謂元善之長，即繼之成性者也。萬有同根，是謂至善，不與惡作對。與惡作對，乃所謂道二，仁與不仁者也。佛氏云萬法歸一，蹈襲此義。但聖賢言一，即萬爲一，自然而非混同。佛老言一，執一廢萬，離漸以求頓悟。故佛老以絶學無爲爲見性，聖賢以盡人盡物爲盡性，以明德親民爲至善。故聖人言下學而上達，二氏專言上達。至以勤脩福利，布施因果爲善，則愈荒陋而不可用矣。

二

滕定公薨，世子謂然友曰：「昔者孟子嘗與我言於宋，於心終不忘。今也不幸，至於大故，吾欲使子問於孟子，然後行事。」然友之鄒，問於孟子。孟子曰：「不亦善乎！親喪固所自盡也。曾子曰：『生事之以禮，死葬之以禮，祭之以禮，可謂孝矣。』諸侯之禮，吾未之學也。雖然，吾嘗聞之矣：三年之喪，齊咨疏之服，飦饘粥之食，自天子達於庶人，三代共之。」然友反命，定爲三年之喪。父兄百官皆不欲，曰：「吾宗國魯先君莫之行，吾先君亦莫之行也。至於子之身而反之，不可。且志曰：『喪祭從先祖。』」曰：「吾有所受之也。」謂然友曰：「吾他日未嘗學問，好馳馬試劍；今也父兄百官不我足也，恐其不能盡於大事，子爲我問孟子。」然友復之鄒，問孟子，孟子曰：「然，不可以他求者也。孔子曰：『君薨，聽於冢宰。』歠（啜）粥，面深墨，即位而哭，百官有司莫敢不哀，先之也。上有好者，下必有甚焉者矣。君子之德，風也。小人之德，草也。草上之風必偃。是在世子。」然友反命，世子曰：「然，是誠在我。」五月居廬，未有命戒。百官族人可（句），謂曰知。及至葬，四方來觀之，顏色之戚，哭泣之哀，弔者大悦。

此章即性善道一，堯舜可爲之實。世子遭大喪，念道一之言，勤之鄒之問。蓋自春秋諸侯居喪，親迎盟會征伐，越紼而行事，喪紀廢壞已久。堯舜之道，孝弟而已。此爲仁初幾，保民運治，移風易俗之本。滕世子悟性善，篤志力行。孟子極力主張，排父兄百官之議。使身先風下，人心感化，臣民胥悦。性善堯舜可爲，玆非明徵與?使於井田學校之政，皆篤志力行，不爲邪説所搖，則滕其庶幾矣。又使齊梁之君，皆能篤信如滕世子，於王何有乎？

滕定公，滕文公父也。然友，文公傅也。世子，即文公也。言于宋，即性善、堯舜之言也。心終不忘，性善有會于心也。良心之動，于親喪最切。行事，行喪禮也。不亦善乎者，歎世子受教，良心不泯也。自盡，自然盡心，非由强也。時喪禮久廢，善世子能循禮自盡爲孝子也。生事以禮，如冬温夏清，昏定晨省之類。死葬以禮，如擗踴哭泣，哀以送之，卜其宅兆而安厝之之類。祭之以禮，如春秋祭祀，以時思之，陳簠簋而薦獻之之類。三年之喪，喪服經三年，二十七月而除也。衣下邊曰齊，一作齋。凡衣裳皆有齊，喪服爲父斬，爲母緝，皆齊也。疏，麤麻布也。飦、饘同，糜粥也。《禮》：親喪三日，孝子始食粥。既葬疏食，自天子達于庶人，貴賤一也。三代共之，古今一也。定爲三年之喪，受孟子之教也。父兄，謂同姓諸臣。魯與滕皆出自文王。魯周公後，滕叔繡後。而周公爲長，故宗魯，謂之宗國也。春秋五霸，盟會征伐無常，故諸侯親喪不得終三年。又如魯文公禫未除而議婚，宣公喪未期而逆女，皆衰世之事。而滕父兄百官引以爲常，疑三年難行，故曰不可也。志，記也，記先代行事。《周禮》小史「掌邦國之志」是也。曰，世子言也。吾，世子自謂也。有所受之，受于孟子也。知父兄百官不足，而緣昔在宋之言，及今然友之問，折衷於大賢，定爲三年之喪，故曰有所受之。使然友再問者，憂父兄百官阻格，而求畫一之策，非復問三年行止也。恐不能盡，恐群情不附，不成禮也。大事，即親喪之事。世子之意求諸人，不知人性同善，而表帥在上。仁孝之心，有感必通。嗣君致其哀痛，則梗化之輩消，故曰不可以他求，言當求諸己也。歠，飲也。墨，黑色。深，甚也。《禮》：居喪無容，面垢色黑。傳曰：肉食者無墨，居喪不肉食，故墨也。即位，就嗣君孝子之位也。有司，執喪事諸臣也。先之，謂嗣君先諸臣盡哀也。偃，仰承也。廬，倚木于殯宮門外爲廬，嗣君新喪所居也。諸侯殯五月而後葬。未有命戒，不出號令也。《禮·大喪記》云「父母喪，居倚廬，非喪事不言」，即所謂亮陰也。族人，即百官之同姓者。向言不可，今皆以爲可也。謂曰知，謂世子知禮也。四方來觀，諸侯之使來會葬者也。顔色戚，哭泣哀，謂世子也。弔者大悦，悦其孝也。弔者哀而能悦，所謂下必有甚者也。

世子行三年之喪，已決於初問。其再問，惟憂父兄百官不同心。故孟子先告以上下通行之禮，後教世子自盡其哀。人性五常備，而惻隱最先。仁體萬物，而親喪尤切。立人之本，無感不通也。《禮》：父母之喪居倚廬，寢苫枕塊，哭泣不絶聲。歠粥，朝一溢厄米，夕一溢米。寢不脱絰帶。既虞，翦屏柱楣，寢有席，食蔬食水飲。朝一哭，夕一哭。既練，舍外寢，始食菜果，飯素食，哭無時。倚廬立于既殯，毁于既練。天子殯七月而葬，諸侯五月，大夫三月，士期月。餘詳《論語》。○按《儀禮》十七篇，唯喪最詳。孟子告滕世子，未嘗一舉之。可知聖人制禮立其經，君子學禮識其大。人性皆善，堯舜可爲。大本既立，酌人情，因世變。雖先王未之有者，皆可以義起也，是故孔孟之言禮一也。曰義以爲質，禮以行之。非禮之禮，大人弗爲。三年之喪，齊疏食粥哀戚之外，其他變通損益在人。苟合乎義，勿拂乎經，即諸人心而安，皆先王之禮也。漢文帝賢主也，遺詔吏民除三年喪，以月易日，死者謙讓，以便生者，是一道也。景帝遂冒用其文，自短其喪。嗣君失禮，奚獨罪先帝乎？晉武帝既葬除服，而疏食哀毁如故。羊祜欲贊成之，而傅玄謂天下既除，主上不除，是但有父子，無君臣，卒不行。腐儒迂僻如此，烏足與言禮義乎？

三

滕文公問爲國，孟子曰：「民事不可緩也。《詩》曰：『晝爾于茅，宵爾索綯（陶），亟其乘屋，其始播百穀。』民之爲道也，有恒產者有恒心，無恒產者無恒心；苟無恒心，放僻邪侈，無不爲己。及陷乎罪，然後從而刑之，是罔民也。焉有仁人在位，罔民而可爲也！是故賢君必恭儉禮下，取於民有制。陽虎曰：『爲富不仁矣，爲仁不富矣。』夏後氏五十而貢，殷人七十而助，周人百畝而徹，其實皆什一也。徹者，徹也，助者，藉（借）也。龍子曰：『治地莫善於助，莫不善於貢。貢者，校數歲之中以爲常，樂（洛）歲粒米狼戾（利），多取之而不爲虐，則寡取之；凶年糞其田而不足，則必取盈焉。』爲民父母，使民盻盻（係）然，將終歲勤動不得以養（去聲）其父母，又稱貸而益之，使老稚轉乎溝壑，惡（烏）在其爲民父母也？夫世祿，滕固行之矣。《詩》云：『雨我公田，遂及我私。』惟助爲有公田。由此觀之，雖周亦助也。設爲庠序學校以教之。庠者，養也，校者，教也，序者，射也。夏曰校，殷曰序，周曰庠，學則三代共之，皆所以明人倫也。人倫明於上，小民親於下。有王者起，必來取法，是爲王者師也。《詩》云：『周雖舊邦，其命惟新。』文王之謂也。

子力行之，亦以新子之國。」使畢戰問井地。孟子曰：「子之君將行仁政，選擇而使子，子必勉之！夫仁政必自經界始。經界不正，井地不均，穀祿不平。是故暴君汙吏，必慢其經界。經界既正，分田制祿，可坐而定也。夫滕壤地褊小，將爲君子焉，將爲野人焉；無君子莫治野人，無野人莫養君子。請野九一而助，國中什一使自賦，卿以下必有圭田，圭田五十畝，餘夫二十五畝。死徙無出鄉，鄉田同井，出入相友，守望相助，疾病相扶持，則百姓親睦。方里而井，井九百畝，其中爲公田，八家皆私百畝，同養公田，公事畢，然後敢治私事，所以別野人也。此其大略也。若夫潤澤之，則在君與子矣。」

世間惟有民生。民生安，則天下定。天立司牧爲民耳，聖賢經世爲民耳。世主居高忘卑，故孟子一言醒天下萬世爲人君者，曰：民事不可緩也。戰國之民，苦于横斂，故詳言分田制祿。分田爲小人，制祿爲君子，而意重在小人。小人安，則君子攸賴。小人失養，由于取民無制。取民無制，由于貢法濫行。粟米布縷，一切取諸民。馴至征求無常，侵牟無已。必行助法置公田，使上下公私各有定制。君子之養，惟取諸公田。隨豐歉多寡，以公田之入，待公家之用，秋毫無所須于民。然後可杜浸漁之端，塞貪暴之路。此三代已行之良法，今日之急務也。蓋井田之來遠矣，夏后氏每夫一區田五十畝，而納五畝之税於公，是全貢自民也，謂之貢。殷人每夫一區七十畝，中爲公田。公家自收其入，無所預于民，但借八家之力助耕，謂之助。周人于平地可井者，用殷法，于迫隘地不可井者，用夏法。照數每夫田百畝，耕則八家通力合作，收則公私計畝均分，謂之徹。徹者，通也。遠邇通融，豐儉一體，上下無偏枯之患。有若所謂「百姓足，君孰與不足；百姓不足，君孰與足」，即通之義，其實皆助也。地不可井，依助成賦，以通助之權也。及周衰徹法壞，而取民專以貢。如龍子所云者，非夏后氏之舊矣。假貢之名，壞助與徹之實，而民始不堪。然阡陌未盡壞，疆理猶可尋。孟子所以勸滕井田行助，其實即周之徹。不言徹者，徹壞由井地不均。貢而不助，故言助，意主井也。下文請野九一而助，國中什一使自賦，其爲徹法甚明。世禄以養君子，由公田出。助既不行而有世禄，是皆取諸民，而賦愈重矣。故有世禄，尤不可無助。觀周《詩》歌公田，周亦井，徹亦助，愈明也。既用三代養民之法，即可以興三代教民之化，蓋井田與學校相因。井田設，則民情聯屬，比屋有均和之風。如下文同井親睦，逸居而教從善自輕，恒産所以必不可無，助法所以當行也。

古者六尺爲步。寬一步，長百步，爲畝。畝百爲夫。三夫長三百步爲里，四方皆三百步爲方一里。中畫爲井，界爲九區，區百畝。此法非自殷人始也，唐虞以前，黄帝立步制畝，經土設井。因井制兵，兵法八陣，皆從井出。韋昭云「黄帝八家爲井，井開四道而八宅」是也。至禹盡力溝洫，濬畎畝距川，而井制大備。三代地皆井，税皆什一。而畝有五十、七十、百畝不同者，非代易經界也，以尺步有大小也。《王制》云：古者以周尺八尺爲步，今以周尺六尺四寸爲步。古者百畝，當今東田百五十六畝二十五步一寸六分有奇。則是周尺小于殷尺，殷尺又小于夏。夏五十畝，可當殷七十畝。殷七十畝，可當周百畝。地不增而步縮，則畝羸，非夏之貢無井也。朱子疑溝澮難改，謂孟子未親見，傳聞難信，非也。

時阡陌未開，何爲未見？

朱子解庠序校爲鄉學，學爲國學。果爾，養老習射校士皆于鄉，而國學安所用之？鄭玄解《禮》，謂周兼立三代之學，謬也。庠序校便是學，養老習射校士，總之皆學，以明人倫而已矣。三代學宫雖異名，教學無二道。故曰學則三代共之，非分鄉國之謂也。明人倫，即是三代所共之學。學校二字恒稱。庠序學校，在國中爲國學，在郊遂爲鄉學。在王畿爲國學，在侯國爲鄉學。如必分而言之，是夏但教而不射，殷但射而不養，周但養而不教不射。鄉學教養習射，而國學獨泛然無所事乎？養以養育賢才爲義。三老五更之説，不見于《詩》《書》。戴《記》有之，難據也。《學記》云「家有塾，黨有庠，術有序，國有學」，亦謂隨處設學耳。豈黨獨設周學，而街術獨設殷學乎？未可通矣。

世禄，周制也。公田，殷法也。然世禄則必授之田，使世守爲食邑，即是公田。周惟有公田，故有世禄。滕行世禄而不助，則無公田，世禄安所取給？亦横斂之民耳。故引《詩》言周亦助，見君子之養取諸公田，三代同也。〇畢戰問井地，首教以正經界者。賦法壞，由公私不明也。假公剥私，故民受病。行井地本爲制公田以紓民困，若又苟且糢糊，界限不正，則舊敝復滋。所以前教文公急民事在行助法，後教畢戰行井地在正經界，務使公私有定限，不得侵牟小民，此孟子惓惓救時之意。所謂耕者助而不税，則天下之農皆悦而願耕於其野者，此也。請野九一而助，謂井地分公田，四境皆然。國中什一使自賦，則百之一耳，即周人之徹也，徹以助爲主。國中自賦，以濟助之不及。國中多城池園囿，壇舍林麓，不可爲井。但依助法授田，使民自賦。若國中地寬平可井者，實亦未嘗不井也。若野外地險隘佤邪不可井者，實亦未嘗不使自賦也，此即所謂潤澤之意。九一以井田之區數論，什一以收入之分數論。九一者，九區中一區爲公田。什一者，什分中一分爲公賦。君子之禄，公家之費，皆自公田公賦出。更不外取諸民，而民庶幾休息矣。使自賦，使民自輸税，對助而不税者言。助則官自收公田之入，而民無賦。不助，則使自賦于公而什取其一。比于助分數更減者，野在四郊外，費轉輸。助借其力，則九一不爲勞。賦分其有，即什一已爲多。故先王之賦，無復有過十一者矣。圭田餘夫之田，或取諸九一什一之中，或取諸九一什一之外，亦無明法。但云五十畝，二十五畝，是皆自井地一區百畝中出也。百畝兩之，則五十畝也。四之，則二十五畝也，略言其田與數如此。所當潤澤者，皆此類。死徙無出鄉，同井親睦，皆行助之效也。先公後私，助法之美意也。

野九一，國中什一，非以遠近對舉也。九一言其區，什一言其税。本欲助而不税，所以使民自賦，亦爲濟助之不通耳。國中句不重賦，重什一，言不得已使之自賦，止于什一，堯舜以來中制也。萬取千，千取百。上取下，下取上，皆不違此。所謂欲重之於堯舜之道者，桀也，欲輕之於堯舜之道者，貉也。先王無什一以外之賦，非國中一賦，野外又一賦也。此二語爲行井地之要，先王所爲潤色之意。《周禮》小司徒掌近郊六鄉之地，經土地而井牧其田野。九夫爲井，四井爲邑，四邑爲丘，四丘爲甸，四甸爲縣，四縣爲都。此六鄉之法，即孟子所謂國中也。而亦併言井，則是國中未嘗不井也。又遂人掌遠郊六遂之地，云凡治野，夫間有遂，遂上有徑，十夫有溝，溝上有畛。百夫有洫，洫上有涂。千夫有澮，澮上有道。萬夫有川，川上有路，以達于畿。此六遂之法，即孟子所謂野也。而亦言溝洫，溝洫即井也。《小司徒》

言田不言溝洫，于《遂人》詳之，以國中不備溝洫也。《遂人》言溝洫，不言井田，于《小司徒》詳之，以溝洫即井田也。鄭康成謂《小司徒》之井爲都鄙用助，謂《遂人》之溝洫爲鄉遂用貢。而以《考工記》匠人之溝洫爲《小司徒》之井，與《遂人》異。朱子因之，謂十夫與八家終不可合，拘泥多端。按《周禮》已難盡信，而又加牽鑿之説，愈不足究。唯孟子之言爲正。

四海九州之地，古今同也，三代豈能易之？皆本王都立法，變通推廣。殷都中原，地平衍可井，故先助。若四方地不可井，雖殷亦豈得不使民自賦乎？夏都安邑，即今山西平陽。周都岐豐，即今陝西西安。地兼險夷，故或貢或徹。至于平地可井，何嘗不助？貢以權助，通變隨時，三代皆然。非助定在野外，賦定在國中也。滕地五十里，即今山東滕縣。四野平壤，惟有國中城郭小礙。至于齊地，亦教以九一，文王治岐亦九一。周齊之地皆兼險夷，故行助須變通。潤澤兩字，非獨爲滕，實乃萬世法古之要。故治地無如周之徹爲通矣。《易》曰：往來不窮之謂通。通即潤澤也。通于徹，則井地萬世可行，深山窮谷亦可行。如鄭康成輩膠固之説，雖中原亦未可行也。

此章爲人君言，意重在小人。下許行章，爲小人言，意重在君子。道本相須，立言各有所主。

民事，謂制産授田之事。緩，猶慢也。《詩》，《豳風·七月》之篇，引以見民事之當急也。晝，日也。于，往也。于茅，往取茅草也。宵，夜也。索，繩也。綯，絞也。取茅以葺屋，絞繩以束茅。亟，急也。乘，升也。升屋，補葺之也。急升其屋脩治，恐農事將始，不暇及屋也。言民治生之勤如此，長民者所以不可緩之也。恒産，常生之業也。恒心，常有之性也。罔，陷也。退讓曰恭，撙節曰儉。禮下，守禮謙下，不驕亢也，即匹夫勝予之意。如此則取民自有制，無厚斂求富之事矣。陽虎，即陽貨，魯季氏之叛臣。不恭不儉，爲富不仁，引以示戒也。夏受禪，故稱后。后，君也。分族曰氏。殷周征伐故稱人，相敵曰人也。五十，謂一夫授田五十畝。下供上曰貢。五十畝供五畝之税也。殷人始爲井地，一夫授田七十畝，不責供税，但使出力助耕公田。周人用殷之助，而於地不可井者以貢通之，使遠近上下一體曰徹。徹，通也。三代制賦之名異，而計賦之實同，故曰皆什一也。藉與借同，借民力也。龍子，古賢人。莫不善于貢者，後世之貢，非禹之初也。禹貢之初，無有不善。衰世濫取溢額，託名爲貢。如龍子所言，孟子引以見當時諸侯聚斂，由助法不行，公私不明。所謂暴君汙吏慢其經界者也。校數歲之中以爲常，謂酌量豐歉之間，永爲定數也。狼戾猶狼藉，放散之貌。糞田不足，謂收入之薄，不足償壅田之費也。取盈，取滿常數也。盻盻，恨視也。勤動，勞苦也。稱，告也。貸，借也。益之，補足取盈之數也。世禄，功臣子孫，世以禄養之者也。世禄必自公田出，惟助有公田。無公田而行世禄，則有加賦于民耳，皆當時所謂貢也。周自文王耕者九一，故仕者世禄，二法相表裏。昭代已行，不獨殷也。觀《小雅·大田》之詩，則知周之徹，亦即殷之助也。庠序學校，皆古之學宫名，教士之所也。助法行，學校可興，所謂有恒産有恒心也。庠言養者，養士育材也。校言教者，較量進益也。序言射者，射禮揖讓有次序也。三代之學名雖異，而所學之事一。一者何也?明倫也。養教射，皆申之以孝悌之義也。人倫明於上，小民親於下，言助行民富而可教也。王者取法，謂井田爲王道也。新子之國，良法久廢，今更新也。國新，則天命亦新也。畢戰，滕臣也。使，文公使也。經界，經理其疆界，即井田之溝塗也。經界亡，則井田廢、徹法壞而公私無制，民所以受暴君汙吏之害也。分田，分私田以授野人。制禄，制公田以養君子，使公私不相侵也。請，勸諭之辭。野，謂四郊外，達于四境也。九一，九區爲私，一區爲公也。助，行助法也。國中，謂四郊内。近城郭，民居稠密，地不可井，則什一而税。使民各自耕種，輸税于公，以輔助之不通，即徹也。卿以下，大夫士也。圭田，祭田也。圭與蠲通，潔也，蠲潔以祭也。《士虞禮》饗辭曰「圭爲而哀薦之」是也。五十畝，一區百畝之半也。餘夫者，家長爲一夫，及父母妻子五口或八口，若有弟未授田，是餘夫也。二十五畝，一區四分之一也。死，葬地也。徙，受田易居也。鄉，猶方也，言皆不出此一方也。《周禮》萬二千五百家爲鄉，鄉田同井，謂一鄉之田，共井之家也。友，伴侣也。守，防護也。望，探候也。百姓親睦，行助之益也。方里而井，井地之式也，所以别野人，明事上之義也。略，如略地之略，邊界也。大略，謂有邊而未盡中也。潤澤，温潤滑澤，言不膠固以便民也。舊敝更新，亦潤澤也。

孟子勸時君行井田之意，盡于取民有制一語。其告畢戰井地，盡于仁政自經界一語。蓋有公田，然後可無取于民。公私界定，然後官不得侵民。此惓惓之意，乃若古人爲井田。本欲以天下田，均天下之民，使貧富適中。一里一井則地易覈，一區百畝則田易分，中公外私則賦易定，至便也。雖然，壯而授田，老而還官，死徙無常，消長不一，收授之際，亦甚煩瑣。大抵民不得自有其田，官制其予奪。猶今富家以田佃人，變置予奪悉由主者。天子以一人理天下，其勢難周。惟上古封建，離九州爲萬國，小者不過數里。三代以還至周，猶千八百國。大者不過百里，開方不過田萬井。其次六七十里、五六十里，開方不過五六千井。地不多而夫家有限，君臣相與世守之。形勢險易，阡陌向背，道里遠近，皆所熟習。歲入之豐歉，人民之移徙，老少之存亡，版圖易覈，而奸蔽無所容。故古國小，而法行易也。至周已繁矣，兼爲十二，又合爲七。度地數千里，料民動數百萬。欲綜覈無遺，不亦難乎？惟滕地五十里，四境無山川之礙，可以一試先王之法，爲諸侯先，故曰爲王者師。若齊楚大國，非卓然有禹湯文武之君，不能行此。而當時去古未遠，先王疆理之蹟在。迨秦罷侯置守，阡陌盡開，舊制盡没。而欲責郡邑守令，奪民見在之田，行久曠之法，雖孟子復生，無如之何矣。今沿襲世遠，無田者日多，貧富相懸。欲計口分田，反古愈難。必不得已，如先正所議限名田法，或可少救偏枯之萬一，是在爲政者潤澤之而已矣。

四

有爲神農之言者許行，自楚之滕，踵門而告文公曰：「遠方之人，聞君行仁政，願受一廛而爲氓（萌）。」文公與之處。其徒數十人，皆衣褐，捆屨（据）織席以爲食。陳良之徒陳相，與其弟辛，負耒（類）耜（似）而自宋之滕，曰：「聞君行聖人之政，是亦聖人也。願爲聖人氓。」陳相見許行而大悦，盡棄其學而學焉。陳相見孟子，道許行之言曰：「滕君則誠賢君也。雖然，未聞道也。賢者與民並耕而食，饔飧（孫）而治。今也滕有倉廩府庫，則是厲民而以自養也，惡得賢？」孟子曰：「許子必種粟而後食乎？」曰：「然。」「許子必織布而後衣乎？」曰：「否，許子衣褐。」「許子冠乎？」曰：「冠。」曰：「奚冠？」曰：「冠素。」曰：「自織之與？」曰：「否。以粟易之。」曰：「許子奚爲不自織？」曰：「害於耕。」曰：「許子以釜甑爨，以鐵耕乎？」曰：「然。」「自爲之與？」曰：「否。以粟易之。」「以粟易械器者，不爲厲陶冶；陶冶亦以其械器易粟者，豈爲厲農夫哉？且許子何不爲陶冶句，舍皆取諸其宮中而用之，何爲紛紛然與百工交易，何許子之不憚煩？」曰：「百工之事，固不可耕且爲也。」「然則治天下獨可耕且爲與？有大人之事，有小人之事。且一人之身而百工之所爲備，如必自爲而後用之，是率天下而路也。故曰或勞心，或勞力。勞心者治人，勞力者治於人；治於人者食人，治人者食於人：天下之通義也。當堯之時，天下猶未平，洪水橫流，氾泛濫於天下，草木暢茂，禽獸繁殖，五穀不登，禽獸逼人，獸蹄鳥迹之道交於中國。堯獨憂之，舉舜而敷治焉。舜使益掌火，益烈山澤而焚之，禽獸逃匿。禹疏九河，瀹濟上聲、漯貪入聲而注諸海，決汝、漢，排淮、泗，而注之江，然後中國可得而食也。當是時也，禹八年於外，三過其門而不入，雖欲耕得乎？后稷教民稼穡，樹藝五穀，五穀熟而民人育。人之有道也，飽食煖衣，逸居而無教，則近於禽獸。聖人有又憂之，使契薛爲司徒，教以人倫：父子有親，君臣有義，夫婦有別，長幼有序，朋友有信。放勳日勞去聲之來去聲之，匡之直之，輔之翼之，使自得之，又從而振德之。聖人之憂民如此，而暇耕乎？堯以不得舜爲己憂，舜以不得禹、皋陶爲己憂。夫以百畝之不易爲己憂者，農夫也。分人以財謂之惠，教人以善謂之忠，爲天下得人者謂之仁。是故以天下與人易，爲天下得人難。孔子曰：『大哉堯之爲君！惟天爲大，惟堯則之，蕩蕩乎民無能名焉！君哉舜也！巍巍乎！有天下而不與焉。』堯舜之治天下，豈無所用其心哉？亦不用於耕耳。」吾聞用夏變夷者，未聞變於夷者也。陳良，楚産也。悦周公、仲尼之道，北學於中國。北方之學者，未能或之先也。彼所謂豪傑之士也。子之兄弟事之數十年，師死而遂倍之。昔者孔子没，三年之外，門人治任將歸，入揖於子貢，相嚮而哭，皆失聲，然後歸。子貢反，築室於場，獨居三年，然後歸。他日，子夏、子張、子游以有若似聖人，欲以所事孔子事之，彊曾子，曾子曰：『不可，江漢以濯之，秋陽以暴僕之，皜皜槁乎不可尚已！』今也南蠻鴃決舌之人，非先王之道，子倍子之師而學之，亦異於曾子矣。吾聞出於幽谷，遷于喬木者；未聞下喬木而入於幽谷者。《魯頌》曰：『戎狄是膺，荆、舒是懲。』周公方且膺之，子是之學，亦爲不善變矣！」「從許子之道，則市賈不貳，國中無僞。雖使五尺之童適市，莫之或欺。布帛長短同，則賈（價）相若；麻縷絲絮輕重同，則賈相若；五穀多寡同，則賈相若；屨大小同，則賈相若。」曰：「夫物之不齊，物之情也。或相倍蓰（洗），或相什佰，或相千萬。子比而同之，是亂天下也。巨屨小屨同賈，人豈爲之哉？從許子之道，相率而爲僞者也，惡能治國家？」

戰國之君，貪暴虐民。故孟子教滕君置公田，勿侵牟小民。而許行矯世過情，謂並公田亦不可有，人君當自食其力，與民並耕。果若此，則舉世盡化爲農夫，上下貴賤混沌不分。所以遠託洪荒，而爲神農氏之言也。猶棘子成「君子質而已」，莊周掊斗折衡之意。欲使其民如野鹿摽枝，無論三代，即唐虞亦爲德衰矣。則是君可不必堯舜，臣可不必禹稷，教可不必周孔。洪水不平，而人類無異禽獸。五教不敷，而中國無異蠻貊。滑滑汶汶，一切叛散，無復名法、規矩、權衡、度量之差，有是人情物理乎？故孟子舉帝王用賢圖治，設官分職，開物成務，及周公、孔子化民成俗之道，見中國所以異夷狄者，皆賴君子之功也。從古中天之治，自堯舜開。孔子删書始唐虞，舍唐虞譚神農，無稽之言也。世教大規模，在或勞心七語，堯舜亦惟依此行。通章語分三項：一是闢許行並耕，一是責陳相學許行，一是闢許行同市價。並耕之説，自迂僻難通。但不窮其辯，不足以服其心，而破好信者之惑。欲辯治不能兼耕，借農不能兼工比。種粟而食，是許行本業。而問其衣冠器用之所從來，皆取諸工，則是農與工已不能相兼，況以一人憂勞天下，而又責以躬耕乎？農以粟濟工，工以器濟農，既不得爲相厲，況小人以養易治，君子以治易養，豈得爲厲民乎？堯舜以下，敘古君相憂勞天下之功。世道所以治平，人民所以乂安，皆勞于用心而逸於得人，非胼手胝足之謂也。明主得良臣然後庶績咸熙，仁覆天下，大人之事也。故夫堯舜禹之爲君，稷契臯陶之爲臣，千古明良之盛會。治水播穀天地平成，千古聖神之大功德。父子君臣，夫婦兄弟朋友，千古人道之大綱常。孔門師弟，千古禮義之大宗主。盛德大業，備矣。雖神農之道，何以加諸？〇用夏變夷以下，闢陳相學許行之非。言夷夏，見並耕而治者，惟夷狄無君臣上下則可，非諸夏周孔之教也。諸賢事孔子，生死不二。子夏、子張、子游事有若，是思慕無聊。以有若行仁本孝弟，言論似夫子，欲奉以衍聖教之傳。若家之有宗子云爾，非必即以爲師也。意欲慰生者之情，而反以褻聖道之尊。蓋聖人至德無以復加，不可以尋常比擬。江漢以濯言極净也，秋陽以暴言極乾也，即諺云乾净之意。形容聖德光明皦潔純粹貞白，無纖毫緇垢沾染。皜皜，潔白貌，即承濯暴言。皜、縞通，帛之湅曬極净者。聖人心跡雙清，意必固我盡絶，仕止久速無礙。虚白澄鮮，晶皭無滓，所謂盛德至善之體段如此也。或謂單指聖心。聖人之心内外顯微，事理無間。偏言心，是禪寂也。曾子之言，尊師篤信，非專爲抑有若耳。

從許子之道至屨賈相若，陳相再誦許行之道，有淳古之風，終以爲可行。蓋世情煩紊，莫如朝市。君民一體，則朝廷名法可省。物價齊同，則市井詐僞可革。並耕之説即不用于朝廷，而同價之法胡不行于市井？不知大道雖不二，而萬情自有分，所貴無僞者。類萬物之情，使各得其理，乃爲自然。若一切混亂，割强求同，反教天下以欺也。故聖教以一貫萬，則萬原于一。邪説滅萬歸一，則執一廢萬，烏可不辨也？

許行並耕之説，有似墨翟。勞碌辛苦，勤四體以爲天下，其利幾何？所謂分財教善，惠薄而忠小。故孟子以爲天下得人爲仁破之，言堯舜以天下爲己憂。見聖人任天下之重，痌瘝在身。故求賢共理，此仁之大者也。許行以治人者食于人爲厲民，則是以堯舜之憂天下得人爲不仁矣。欲人主並耕而治，是不以天下爲憂，而人但各憂其養，世道將何賴乎？屢言以爲己憂，言不以累天下，正破相兼之意。堯舜以一人獨任天下，天下奈何不竭力耕田養之？百畝不易，此其憂甚小，且不能兼工，乃責憂天下者兼耕乎？

堯稱大哉，蕩蕩，舜稱巍巍；堯稱天，舜稱君。天道廣運，一氣資始，苞孕無外，故曰蕩蕩。君道承天贊化，積功累行，故曰巍巍。堯以天下與舜，正是爲天下得人，所以堯仁如天，獨稱蕩蕩也。

南蠻附楚，故楚稱蠻荆。然戎附齊魯、狄附晉，不以累齊魯晉，何也？戎狄不盡屬齊魯晉也。惟楚地廣，併包諸蠻，諸蠻屬焉。自大江以南，幅員半天下。南蠻與中原隔，倚楚爲障蔽。亂則先叛，治則後附。故稱楚曰蠻荆，非謂荆本蠻也。汝淮江漢，二南首善。若盡斥爲蠻荒，則九州幾缺其三，而中原無南土矣。《春秋》何嘗有此例，皆諸傳之臆説也。其所稱鴃舌，今之閩廣間，人語似鳥音，距鄢郢江漢數千里而遥。荆舒，即今江北廬州府舒城縣等地，中華之膏腴也。與《詩》《書》所稱淮徐，本皆華壤。而周京偏西，去東南遠，故並指爲夷。而許行自楚來，其言並耕無君臣，故孟子借蠻俗攻之，豈謂凡楚産者盡蠻語乎？後世援此爲春秋夷楚之例，其固陋可哂也。

有爲，有人造作也。神農，古炎帝神農氏。《易》云「始爲耒耜，教民耕耨。日中爲市，教民交易」者也。言，言其道也。許行，人姓名。踵，步行也。門，滕國門也。廛，居也。氓、民同。褐，毛布，賤者之服。捆，叩也。以蔛麻編屨叩之使堅也。織席，織蒲葦爲席，賣以爲食也。自爲而後用，即所爲神農之道也。陳良，楚賢人也。耒，以曲木爲之，即今犂轅也。耒下鋭木曰耜，以貫鐵，起土者也。陳相兄弟皆業農，故聞許行之言，棄所學陳良之道，而學爲神農之言也。並耕而食，與民同耕各食也。朝食曰饔，夕食曰飧。言賢君自具食，兼治民事，太古淳樸之道當如此。儲穀曰倉，藏米曰廩。厲，病也，病民以奉上也。「許子必種粟」以下八問，詰許行爲農不能兼工，見爲治者不能兼耕也。素，生絹也。織麻曰布，織毛曰褐，織絲曰素。自織，謂織褐爲衣，織素爲冠也。釜以煮，甑以炊，皆瓦器。然火曰爨。鐵即耜及錢鎛之屬，皆耕器也。自爲，謂自陶以爲釜甑，自冶以爲鐵也。燒土曰陶，鑄金曰冶。械者，器之總名。農不暇爲工，而以粟易器，陶冶不暇爲耕，而以器易粟，相濟非相病也。君子不暇耕，而以治受養，野人不暇治，而以耕待治，其理同也。許子謂爲君者可以兼耕，則是已爲農，亦可以兼陶冶也。舍、釋通，止也。言當自爲陶冶，釋交易之煩，而取諸己室之中，甚便也。宮，室也。路，奔走也。勞心，憂天下也。勞力，耕作也。治人，君子也。治於人，野人也。食人，供上也。食於人，受民之養也。古今首治莫如堯，堯時天下猶未平。則前此神農之世，益可知也。洪水，大水也。横流，不由道也。氾濫，横流貌。繁，多也。殖，生也。登，登場也。偪，侵害也。道，路也。交，縱横也。堯獨憂之，無兼任也。敷，布也。益，人名，舜命作虞者。掌火，爲火正也。《周禮》有司爟貫，即掌火之官。烈，焚貌。蓋草木因水暢茂，禽獸因草木繁生，五穀因草木鳥獸不得登，故人民稀少。獸蹄鳥跡交于中國，皆洪水所致也。道路堙塞，益焚山澤以通道路，敺鳥獸以便循行，然後禹施疏瀹也。敘列聖經營次第，井然有條，以見許行之説鹵莽鶻突而不可用也。疏，分也。九河，黄河入海之支派，禹疏之以殺横流之勢者。今皆不可考。大抵河有九河，猶江有九江。古者數多輒稱九，後世附會爲名，難盡據也。瀹亦疏意。濟、漯，二水名。注，下流貌。決、排，皆去壅塞也。汝、漢、淮、泗、江，五水名。今惟漢水注于江，汝、泗入于淮，淮入于海，無注江之道。在氾濫時四水皆與江合，而今異矣。按《尚書》禹治水「作十有三載乃同」，今曰八年，以未入家門者言也。水土平，乃可稼穡。后稷，掌稼政之官。棄，人名也。樹，植也。藝，治也。五穀，稻黍稷麥菽也。民之有道，即民之秉彝也。聖人，舜也。有憂，又憂也。古字有與又通。言始憂民無養，今又憂無教也。契，人名。司徒，官名。有親有義等，皆教之使有也。放勳，堯名。勞來，勸善也。慰其勞曰勞，誘之來曰來。匡直，懲惡也。正邪曰匡，矯枉曰直。輔翼，勸善也。扶立曰輔，助行曰翼。使自得，俟其從容開悟，不督促也。振，作也。猶《儀禮》振祭振巾之振。抖擻，使新也。德，得也。振作其德，使勿遺忘也。或云：德，惠也，加惠學者也。皆堯命契之辭。堯舜禹皋陶，皆勞心治人者也。憂，即勞心也。再言以爲己憂，不以累天下，勞心者自任之也。惠之所分者少，忠之所誨者有限，仁則惠博而教廣也。引孔子贊堯舜之言，解見《論語》。夏，大也，華也，中國之稱。夷，逸也，無禮之名。許行言並耕，無上下貴賤，蠻夷之教也。變於夷，爲夷所變也。産，生也。先，猶勝也。彼，指陳良也。豪傑，才德出衆之稱。

才過百人曰豪，過萬人曰傑。倍、背同。背陳良，向許行也。任，擔也。治任，治行李也。失聲，悲啼失音也。場，塚間祭奠之壇場也。有若言貌似夫子，三子欲以之續夫子，猶今書院立會長之類。江漢水大，濯極浄也。周以五六月爲秋，陽光燥烈。金遇火伏，曝之極乾也。皜皜，潔白貌。凡漂帛者，濯之又暴之，則潔白矣。尚，加也，言精粹無以復加也。蠻，慢也，無禮法也。南蠻，南方之蠻種類非一，今辰沅溪峒諸蠻，以及閩廣古百越地，皆蠻鄉也。鴃、鶪通，鳥名，其音鶪鶪然也。閩粵之人，舌音似之。幽谷，深崖也。喬木，高樹也。膺，當也，猶擊也。懲，止也。此《詩》頌魯僖公從齊桓公伐楚之事，而云周公者，魯祖本周公也。從許子之道，陳相述許行所爲神農之道，教民日中爲市也。交易曰市。賈、價同，物值也。不貳，言混同無相欺也。古者人生二歲半爲一尺。五尺，十二歲以上也。織絲曰帛。長短，丈尺也。麻，枲麻也。縷，麻之已績未織者。蠶吐曰絲，一蠶爲忽，十忽爲絲，練繭爲綿。敗綿曰絮。斤兩曰輕重。斗斛曰多寡。尺寸曰大小。價相若，即不貳也。物不齊，美惡精粗異也。情，猶狀也，實也。凡物加一曰倍，五倍曰蓰，十倍曰什。伯、百同。伯千萬，皆倍數也。物有精粗，猶其有大小。設使大屨之價與小屨同，人豈肯爲大者哉？

《易大傳》曰：包犧氏没，神農氏作。斲木爲耜，揉木爲耒。耒耜之利，以教天下，蓋取諸益。日中爲市，致天下之民，聚天下之貨，交易而退，各得其所，蓋取諸噬嗑。此許行所以託爲並耕市價之説也。○神農嘗百草，知平毒寒温之性，臭味所主。教民食五穀，始造田器，謂之田祖。始爲稼穡，又謂之先嗇。神其農業，又謂之神農。起自列山，又謂之列山氏。列亦作厲。○益，伯益。或云即柏翳，皐陶子也，一名大費。《秦紀》云：秦之先，帝顓頊之苗裔孫曰女脩，女脩織，玄鳥隕卵，女脩吞之，生子大業。大業取少典子曰女華，生大費。與禹平水，佐舜調馴鳥獸，賜姓嬴氏。或云柏翳少昊之後，皐陶之子，嬴姓之祖。而伯益則帝高陽氏之第三子，字隤頽敳戴平聲。蓋二人也，皆佐禹治水。○《殷本紀》云：契母曰簡狄，有娀氏女，爲帝嚳次妃。三人行浴，見玄鳥墮其卵。簡狄取吞之，因孕，生契。長爲堯司徒，封于商，賜姓子氏。○堯、舜、禹、稷，詳《論語》。

屨，拘也，以拘足。一名舃，一名鞋，一名屣，一名鞮，一名屩却。以草爲曰屝費非通，又名不借。言賤易爲，不假借也。○朝曰饔，盛食也。夕曰飧，水澆飯也。飧字从夕。古人大饗必以朝，客至必以夕。餽飧即今下馬飯。《聘禮》：賓始至餽飧，明日餽饔。○九河，《爾雅》：一曰徒駭，言功大衆駭難成也；二曰大史，禹大使其衆治之也；三曰馬頰，河勢上廣下狹，形如馬頰也；四曰覆釜，河中多沙渚，形如覆釜也；五曰胡蘇，胡，下也，蘇，流也，水散流胡蘇然也；六曰簡，水流易也；七曰絜，約束也；八曰鉤盤，水流迴曲也；九曰鬲津，河狹小，可鬲岸爲津也。或云：簡絜本一河。少一者，並大河經流爲九。或云：九河故道，齊桓公塞之也。河源，詳《論語》第十八篇。○濟水，出今山西平陽府絳州垣曲縣之王屋山。既見而伏流地下，至懷慶府濟源縣復出。東西有二源合流，至温縣入河而南。溢爲滎澤，以其源出河北，流過河南，故曰濟也。○漯，《漢志》作濕，出東郡東武陽，即今山東東昌府清平縣，至濟南府濱州入海。○汝水，在今河南汝州，東流入淮。○漢水，出今陝西漢中府寧羌州。有二源，初出爲漾，合潛沔爲漢。東流至湖廣漢陽府大別山入江，今之漢口也。○淮水，出今河南南陽府唐縣桐柏山，東流與汝泗合，至廣陵入海。○泗水，出今山東兗州府泗水縣陪尾山，源有四泉，故名泗，南流入淮。○江水，出今四川成都府茂州之岷山，東流二千里，至夷陵入楚爲西陵，其別支爲沱。南出爲東陵沅澧諸水，散爲九江。至彭蠡會而北出，與西陵江水合，東流入海。○鴃，一名伯勞，一名博勞，一名伯趙，疾刺曰趙，以善博擊名也。色黑，似鸜鵒而尾長，俗名嫁郎。四五月間夜半鳴達旦，感陰氣嚴肅之鳥也。《釋鳥》云：「鶪鴃醜，其飛也翪。」言飛不能翱翔，竦翅上下而已。或云：鵙善制蛇。鵙鳴，則蛇盤不動。鶪鳴，則蝟反不行。

五

墨者夷之，因徐辟璧而求見孟子。孟子曰：「吾固願見，今吾尚病，病愈，我且往見。」夷子不來。他日，又求見孟子。孟子曰：「吾今則可以見矣。不直則道不見現，我且直之。吾聞夷子墨者，墨之治喪也，以薄爲其道也。夷子思以易天下，豈以爲非是而不貴也？然而夷子葬其親厚，則是以所賤事親也。」徐子以告夷子，夷子曰：「儒者之道，『古之人若保赤子』，此言何謂也？之則以爲愛無差雌等，施由親始。」徐子以告孟子，孟子曰：「夫夷子信以爲人之親其兄之子爲若親其鄰之赤子乎？彼有取爾也：赤子匍匐將入井，非赤子之罪也。且天之生物也，使之一本，而夷子二本故也。蓋上世嘗有不葬其親者，其親死，則舉而委之於壑。他日過之，狐狸離食之，蠅蚋汭姑嘬蕞之，其顙有泚妻上聲，睨而不視。夫泚也，非爲去聲人泚，中心達於面目。蓋歸反虆雷梩理而掩之，掩之誠是也，則孝子仁人之掩其親，亦必有道矣。」徐子以告夷子。夷子憮武然爲閒，曰：「命之矣。」

墨翟之道，勤苦纖嗇。生薄養，死薄葬。刻削大甚，遂使至親同路人。學術不正所漸，非必以薄葬其親爲教也。立愛惟親，人之良心。墨子脩道不仁，而夷之良心未死。雖學于墨，而葬其親厚。其求見孟子，必有甚不安于心者。孟子迎其向慕之幾，先正其心。即《易·蒙》之初六「利用刑人」及其桎梏未脱而解釋之易也。然恐信道不篤，習非遂迷，不肯輸誠服誨。先戒以直，將以真心叩之，望夷子以真心對己也。蓋夷子不肯薄葬其親，此真心也。不合始誤學墨，恐自是其所學，乃設貴賤是非兩難。云墨道既貴薄爲是，則必賤厚爲非。夷子學其貴且是者教天下，而用其賤且非者待親。所學非所行，所行非所學，何爲其然也？此欲挑其真心，而夷子果枝梧不直。欲以薄爲是，不合不薄其親。欲以厚爲是，又不合以薄教天下。於是强引《康誥》云保民如保赤子，謂儒者亦愛無差等，何獨墨也。但愛始於親，所以厚葬。其辭甚遁，而云施由親始。心自難欺，但未肯直情輸服，故孟子遂直之。曰夷子豈誠不解「若保赤子」之語，謂人愛兄子無異愛鄰家子乎？彼非不知也，有所回護，强取自文耳。夫小民無知犯法，如赤子無知入井。爲民父母憐之，所以謂如保赤子。而夷子之兼愛，豈謂是與？且天之生物，生生者爲本。人本乎親，木本乎根。枝葉雖分，根本惟一。人生無二親，立愛豈有二本？今夷子必本二，故愛無差等。乃取儒者之道自文，適迷其立愛之真心矣。此厚葬其親者，正乃不學不慮，天生物之心。仁孝之良，喪禮之源也，未有此禮已有此心。上古洪荒之世，禮教未興，民無棺椁，人死則委溝壑，親喪亦然。暴露之慘，人子觸目警心，自能設法掩藏。當是時，顓蒙未開，有孰貴孰賤，孰是孰非，以教道禁諭之？皆由仁孝真心，自不容已。夷子學墨而厚葬其親，即是心也。所以不得罪于仁人君子，正賴有此，而何必爲之辭。故曰直則道見，我且直之，此也。

夷之茍以是心至，斯受之可矣。孟子不即與見者，未信其心也。既稱病，又云病愈且往見者，示接引之勤也。云夷子不來者，恐求教之心不篤，則將不復來矣。〇仁孝之心，不獨夷子一人有之，凡爲楊墨者皆有之。墨者厚葬其親，亦不必夷子一人爲然，凡墨爲人子者皆然。雖有盜蹠禽獸，亦知愛其所生，故曰「人未有自致者，必也親喪乎」。親喪固所自盡也。孟子未及見夷之即詰其厚葬，非目擊其事，想必然耳。夷之真心不容隱，故自慙所學，而援儒者遮飾。孟子洞晰其病源，刳腸剔胃，遂使沉痼立起。「夷子信以爲人之親其兄之子，爲若親其鄰之赤子乎？彼有取爾也」三語，發其遮飾之隱；「赤子匍匐將入井，非赤子之罪」二語，分疏儒道，塞其逃遁之路。「且天之生物，使之一本，而夷子二本故也」三語，直攻其兼愛之非。蓋上世以下，乃剖判真心，指點歸路，夷之所以翻然悔也。解者以「彼有取爾」三語訓釋《康誥》，《康誥》自明，夷子已知，無勞訓釋。小民無知犯罪可憐，古人所以憐之。辯明儒道非兼愛，夷子不得妄引也。斷絶去路，非徒釋上文耳。幼學曰儒，文弱之名。

大道不以儒自列，故夷之以推孟子。孟子只以一人字代之。

欲息邪説，先正其心。欲正其心，須露肝腸。若强辯飾非，何由折衷，無貴爲就正矣。邪説遇正人逃遁，自是常態。然有志來學，即當傾赤相示，故先期以直。未發言而孟子已見其病源，如神醫見病人五臟。將施滌腸法，先慰藉如此。我且直之，謂己先直，導夷子使直也。根心曰直。夷子取《康誥》自文，正是不直。孟子謂夷子信以爲人親兄子猶鄰子，彼有取爾，如見肺肝，正發其不直之隱。蓋上世以下一段，説得真心戚戚。夷之所以更不容隱而勃然受命，故是相直之效。孔子教林放禮之本，云喪與其易也寧戚。孟子開示夷之，全用此意。從喪禮起處，指點其厚葬本心，乃所以爲直也。

墨者，學墨翟之道者。夷之，人姓名。因，託也，託爲先容也。禮，見先生必以介，不敢徑質，故曰士無介不見。徐辟，孟子弟子。孟子辭以病，恐求見非誠也。夷子不來，亦孟子語。他日，後日也。又求見，又因徐辟也。孟子亦借徐辟與之語，使之相商也。道不見，謂是非不明也。易天下，變易風俗也。若保赤子，《周書·康誥》之辭，言保民如保赤子也。此言何謂？疑亦兼愛也。人，衆人也，人同此心。不言儒者，不以儒自列也。鄰子視天下人子稍近也，兄子視己子又稍疏也，正是差等意。彼，指夷子也。對徐子稱彼，猶上章對陳相稱良云「彼所謂豪傑」之「彼」也。取者，牽帥之意，猶前篇「義襲而取」之取也。匍匐，小兒行也。匍，捕也。匐，伏也。如捕索物，伏地行也。生物一本，謂萬物皆由一體而分。有血氣者，本乎父母。無血氣者，本乎根荄。人無兩父母，如樹木無兩根。此理自然，而云使者，若或使之也。二本，猶言兩父。上世，猶言太古。蓋者，傳聞之辭。《易》云：古之葬者，厚衣以薪，葬之中野，不封不樹。云嘗有者，對後世言也。後世人死無不葬者。上世嘗有不葬，禮未興也。委，棄也。壑，山谷也。過之，死者之子過也。狐似狗而黄，狸似貓而斑。蠅，蒼蠅。蚋，小蚊。姑，猶且也。聚食曰嘬。其，指孝子。顙，額也。泚，汗出貌。人心惕則汗出。睨，邪視也。不視，謂不忍端視也。爲人，猶前篇云納交要譽惡聲之類。苟爲人則不由中，不由中則無泚顙，故曰非爲人泚，惟中心不忍，故達于面目。不慮不學之良，即生物一本之性，喪禮所由生也。夫子云與其易也寧戚，喪禮之本也。夷子厚葬其親，即是心爲之也。虆，蓬虆，笠也。梩，擔杖也。説詳後。反，反屍所也。以梩抗其虆，而掩蓋其屍。後世葬禮有抗席，本此。掩，藏也。《禮》云：葬者，藏也，使人不見也。誠是者，是天生物之心也。孝子仁人之掩其親，謂厚葬也。必有道，謂良心自然也。憮然，悵然自失也。爲閒，少頃也。命，猶教也。之，夷子名也。孟子感動夷之，全在上世不葬其親一段觸發其良心。所謂頂門著針，麻木之人亦知痛癢矣。

陳相並耕，不知有君。夷之兼愛，不知有親。然即其所言，良心未死，是非之心自明。人性皆善，豈不信乎？

《墨子》曰：古者堯北教八狄，道死邛邛之山。衣衾三領，滿阬無封。已葬，牛馬乘之。舜西教八戎，道死南紀之市。既葬，市人乘之。禹東教於越，葬會稽之山，桐棺三寸，皆下不及泉，上不通臭。三王豈財不足哉？爲葬埋之法也。又曰：子墨子制爲葬埋之法：棺三寸，足以朽骨。衣三領，足以朽肉。掘地之深，下無菹漏，氣無發洩于上，壟足以期其所，則止矣。〇《莊子》云：墨子作爲非樂，命之節用，毁古之禮樂。生不歌，死不服，桐棺三寸而無椁，以爲法式。《韓子》云：墨者之葬也，冬日冬服，夏日夏服，桐棺三寸，喪三月。

虆梩，趙岐云：籠臿也。朱註云：虆，土籠；梩，土轝。按《詩·葛藟》之藟與虆同。本草覆盆，謂之蓬虆。《史記》老子云不得時，蓬累而行，累、虆同，謂戴笠行也，取覆盆義以名也。今人呼斗笠爲斗蓬，本此。字書梩爲臿，即今之鍬也。《司馬法》「輜輦載一斧，一斤，一鑿，一梩，一鋤，二版，二築」，故以梩爲鍬。按鍬本金，文从木不類，或云杵也。按築已是杵，梩爲擔任之具，今扁杖擔荷薪水及行李者。字與梠通。《説文》：梠，楣也。梅端連綿木，横施簷際如眉，杖横擔故謂梩。行李之李亦作理，與梩通。又膂力之膂亦作呂，與梠通。故杖曰梩，俗謂跛而杖者曰拐李。《漢書》云「其計晝無俚之至」，《詩》曰「云如何里」，皆倚杖意。反虆梩，謂歸取笠與杖。以杖横壑上，笠加杖上，覆尸使勿暴露。時不知埋葬，本良心義起爲之。後聖緣此制葬禮，壙上加抗木，木上加席，乃覆土。此以梩當抗木，虆當席。良知妙合，葬埋所由起也。要之上世無棺椁，安得有杖笠？蓋借義形容其彷彿耳。大古蓬爲笠，梩爲杖。

孟子説解卷五終

孟子説解卷六

郝敬　解

滕文公章句下

一

陳代曰：「不見諸侯，宜若小然。今一見之，大則以王去聲，小則以霸。且志曰：『枉尺而直尋』，宜若可爲也。」孟子曰：「昔齊景公田，招虞人以旌，不至，將殺之。志士不忘在溝壑，勇士不忘喪其元，孔子奚取焉？取非其招不往也。如不待其招而往，何哉？且夫枉尺而直尋者，以利言也。如以利，則枉尋直尺而利，亦可爲與平聲？昔者趙簡子使王良與嬖秘奚乘去聲，終日而不獲一禽。嬖奚反命曰：『天下之賤工也。』或以告王良。良曰：『請復之。』彊上聲而後可，一朝而獲十禽。嬖奚反命曰：『天下之良工也。』簡子曰：

『我使掌與女乘上聲。』謂王良，良不可。曰：『吾爲去聲之範我馳驅，終日不獲一；爲之詭遇，一朝而獲十。《詩》云：「不失其馳，舍上聲矢如破。」我不貫與小人乘，請辭。』御者且羞與射者比避，比而得禽獸，雖若丘陵，弗爲也。如枉道而從彼，何也？且子過矣！枉己者，未有能直人者也。」

孔子生平，無不可見之人。蓋聖人如天地覆載，不分險夷，如日月照臨，不分隱見。其次則如山嶽不高，不足以生物，如江河不深，不足以納百川，分量異也。春秋時，處士未至横議，諸侯猶知禮義之爲美。及七王驕侈，遊士乞播，名教掃地。守先王之道者，不重自標持，世道人心復何所賴？孟子所以願學孔子，而不肯輕見諸侯也。陳代欲孟子行道濟世，遷就小詘可以大伸。守微檢而喪霸王之業，非計也。故較直枉之多寡，不知君子正己率物，惟其義耳。義至精嚴，無可遷就，豈論尋尺。一涉于利，秋毫必取，錙銖必收。尋亦利，尺亦利。枉尺直尋可，枉尋直尺，獨不可乎？大抵公私邪正，如冰炭不侔。義則全直，利則全枉。枉則狥人，直則正己。正己乃能直人，狥人並至失己。此人品事業攸關，纖細不慎，萬事瓦解，烏可苟且模棱爲也？小如執御，詭遇從射，何難獲禽，斯亦可謂枉少直多矣。然而禽無正獲，邀取殺降，射固拙矣，御亦失之。况君子欲正天下，負霸王之略，而枉道求合，則人己並喪。蓋己猶尺也，人猶長短也。己猶權也，人猶輕重也。權度不正，則輕重長短皆差。豈枉尺者，更有直尋之理乎？未見有失身之士，能成霸王之業者也。

陳代，孟子弟子。不見諸侯，不干謁也。宜若，猶言恰似也。小，小節也。然者，擬議之辭。大王小霸，皆得君之效也。志，傳記也。十寸曰尺，八尺曰尋。枉尺直尋，言小屈大伸也。《易》云：尺蠖之屈，以求伸也。田，獵獸也。禽獸害田，追獵而取之也。虞人，主苑囿之吏。竿首注鳥羽曰旌。古者君召，必以物爲信。招士以旌，招虞人以皮冠。虞人不見皮冠，故不至。古田獵講武，軍法不用命者誅，故將殺之。虞人知拒命必死，而非其招不往者，守法以匡君也。充是心也，即行一不義，得天下不爲之心，故夫子美之。志士固窮，死于溝壑，則窮至矣。勇士不畏死而喪元首。元，即首也。不忘者，常存此念，非必欲如此也。此志立，則天下無難爲之事矣。二句皆孔子語。非其招而往，是枉己也。不招自往，枉尤甚焉。諸侯不聘而自往見，是不待召也。趙簡子，名鞅，晉權臣。王良，人姓名，善御者也。嬖奚，簡子倖臣。乘，駕也。王良爲御終日，而嬖奚射不獲一禽，故奚委罪于良之不善御也。賤工，猶言拙役也。請復，王良請再與嬖奚乘也。嬖奚不肯，王良强之而後肯也。一朝獲十，得禽多也。朝，早也。掌，主也。與，爲也，將使王良主爲嬖奚乘也。範，法也，五御之法也。詭遇，詭曲其正法，與禽獸遇也。詭遇求獲非正道，故曰小人。《詩》，《小雅·車攻》之篇。言御者自守其御馬之法，射者發無不中，乃爲得正，此君子之射也。貫，習也，言己不習爲詭遇也。比，附也，猶小人比而不周之比。詭遇使獲，是與射者比也。若丘陵，謂獲多而積之崇也。土高曰丘，大阜曰陵。枉道，謂屈己也。過，猶誤也。己正然後可正人。

《左傳》：齊侯田于沛，招虞人以弓。不進，公使人執之。辭曰：「昔我先君之田也，旃以招大夫，弓以招士，皮冠以招虞人。臣不見皮冠，故不敢進。」乃舍之。孔子曰：「守道不如守官，君子韙之。」與今文異。

御法：凡田車逐逸禽，自左後射之，討其去也。矢中後左脅，貫前右肩，穿心死速者，爲上殺。貫前右耳本，遠于心，死緩者，爲中殺。射左髀，貫右脅，死遲者，爲下殺。其餘從旁橫射，及獸來射中面者，皆不取。所謂詭遇而獲，非射御之正法也。

趙鞅，《春秋》所書晉之叛臣。其孫趙藉，與韓魏共分晉國。遷史津津喜稱之，云簡子嘗夢上帝，遇神人，致帝命。事甚怪誕。又稱其知人納諫，然皆權門私人，非有奉公憂國，以人事君之義。嘗欲害孔子，召之。孔子往，臨河，聞其殺竇鳴犢、舜華而返，作《陬鄉操》。其人殆桓魋、盜跖之流耳。

王良，字子期。亦晉大夫，善御。九方歅之子，一名郵無卹，又名郵無正，又名郵良。或云：即古伯樂也，一名孫陽。王褒云：「王良執靶，韓哀附輿。縱騁馳騖，忽如景靡。過都越國，蹶如歷塊。追奔電，逐遺風。周流八極，萬里一息。何其遼哉！人馬相得也。」《史記·天官書》云：「漢中四星曰天駟，旁一星曰王良。王良策馬，車騎滿野。」豈王良未死，天文向無此星邪？其誕如此。

二

景春曰：「公孫衍、張儀，豈不誠大丈夫哉！一怒而諸侯懼，安居而天下熄。」孟子曰：

「是焉得爲大丈夫乎？子未學禮乎？丈夫之冠去聲也，父命之。女子之嫁也，母命之，往送之門，戒之曰：『往之女汝家，必敬必戒，無違夫子。』以順爲正者，妾婦之道也。居天下之廣居，立天下之正位，行天下之大道，得志與民由之，不得志獨行其道。富貴不能淫，貧賤不能移，威武不能屈，此之謂大丈夫。」

王道降而功利興，遊士挾從衡之術，交構世主。人見其機械變詐，以爲大丈夫。自聖賢視之，正是小人。覘人眉宇，迎合意旨，如妾婦從人者耳。謂爲丈夫不可，況乃大乎？天下惟道大德大，孰不爲居。而仁者萬物一體，八荒我闥，慈愛徧覆，自州里鄉黨至四海九州，舉在包容内，更無藩籬爾我之隔。是曰居天下之廣居，孰不爲位？惟守禮者，秉正執中，起居合法度，周旋中規矩，足以師表來學，爲世具瞻，是曰立天下之正位，孰不爲道？惟由義者進退行止，坦夷通達，蕩蕩平平，從容于無礙之途。爲君子履，爲小人視，是曰行天下之大道。志合，則行道濟世。志不合，必不枉己狗人。素富貴，行乎富貴，不能淫也。素貧賤，行乎貧賤，不能移也。素患難，行乎患難，不能屈也。如此，則無入而不自得。浩然于天地之間，常伸于萬物之表，此之謂大丈夫。彼衍、儀殘險小人，烏足與此？

景春，人姓名。公孫衍、張儀二人，皆游説士。丈夫，男子也。大，謂氣勢陵人也。怒，謂與諸侯有怨，陳説利害，使相攻伐，故諸侯懼。彼若肯安居，則天下皆休息。天下不熄，由彼一怒，乃所以爲大丈夫也。男子有冠禮，女子有昏禮。引冠昏之禮，明丈夫子之別于女子子也。往，即嫁也。送之門，謂母送女至大門也。汝家，夫家也，女以夫爲家。夫子，即夫也。順，柔從也。存心曰居，脩身曰立，作事曰行。萬物皆備曰廣居，非禮不動曰正位，行不由徑曰大道。立曰位，坐曰席。古者行禮之位皆立也。三者兼窮達，包生平而言，皆謂之志。三者志得行，則功業被乎生民。志與時違，則獨行其道，終不肯阿順苟合也。重不得志邊，得不得惟視志。或與或獨，卷舒由己，豈若妾婦無專制者乎？淫者蕩其心，移者變其守，屈者挫其志。

《記》云：冠禮之始也，筮日筮賓，以敬冠事也。適子冠于阼階，明代父之義也。醮于客位，冠三加彌尊，加有成也。始加緇布冠，再加皮弁，三加爵弁。爵弁，士之貴服也。大夫無冠禮。古者二十而冠，五十而後爲大夫，大夫冠皆以士禮也。諸侯冠禮四加。《左傳》云：公冠，用祼享之禮行之，金石之樂節之。其四加，則玄冕也。然則天子五加，則袞冕也。冠而賓字之，成人而敬其名也。見于母，母拜之。見于兄弟，兄弟拜之。成人而與之爲禮也。玄冠玄端，奠摯于君。遂以摯見于鄉大夫，鄉先生以成人見也。成人者，將責以成人之禮也。將責以爲人子，爲人弟，爲人臣，爲人少者之禮行焉，可不重與？○《士昏禮》：父送女，命之曰：「戒之敬之，夙夜勿違命。」母施衿結帨，曰：「勉之敬之，夙夜勿違宫事。」庶母及門内，施鞶，申之以父母之命。命之曰：「敬恭聽宗爾父母之言，夙夜勿愆，視諸衿鞶。」○《喪服傳》云：婦人有三從之義，無專用之道。故未嫁從父，既嫁從夫，夫死從子。父者，子之天也。夫者，妻之天也。《易》曰：在中饋，勿攸遂。《詩》曰：無非無儀，無父母遺罹。孟母云：婦人之禮，精五飯，冪酒漿，養舅姑，縫衣裳而已矣。《内則》云：「父母舅姑之命，勿逆勿怠。若飲食之，雖不耆，必嘗而待。加之衣服，雖不欲，必服而待。加之事，人代之，己雖弗欲，姑與之，而姑使之，而後復之。」婦將有事，必請于舅姑。語云：婦如影響，焉不可賞。貴其順也。

《史·列傳》云：犀首，魏之陰晉人也，名衍，姓公孫，與張儀不善。儀死，犀首相秦，佩五國相印，爲約長。○張儀者，魏人。始嘗與蘇秦俱事鬼谷子學術，蘇秦自以爲不及張儀。張儀已學，游説諸侯。從楚相飲，楚相亡璧，疑張儀，掠笞數百不服。其妻怨之，儀曰：「視吾舌尚在否？」妻笑曰：「在也。」儀曰：「足矣。」○司馬遷曰：三晉多權變之士。言從衡彊秦者，大抵皆三晉之人。夫張儀行事，甚于蘇秦。然世惡蘇秦者，以其先死，而儀振暴其短，以扶其説，成其衡道。要之此兩人者，真傾危之士哉！荀卿所謂百姓不親，諸侯不信，而巧敏佞説，取寵乎上，是態臣者也。

三

周霄問曰：「古之君子仕乎？」孟子曰：「仕。傳去聲曰：『孔子三月無君，則皇皇如也。出疆必載質。』公明儀曰：『古之人，三月無君則弔。』」「三月無君則弔，不以急乎？」曰：「士之失位也，猶諸侯之失國家也。《禮》曰：『諸侯耕助，以供粢盛。夫人蠶繅騷，以爲衣服。犧牲不成，粢盛不潔，衣服不備，不敢以祭。惟士無田，則亦不祭。』

牲殺器皿茗衣服不備，不敢以祭，則不敢以宴，亦不足弔乎？」「出疆必載質，何也？」曰：「士之仕也，猶農夫之耕也。農夫豈爲出疆舍上聲其耒耜哉？」曰：「晉國亦仕國也，未嘗聞仕如此其急。仕如此其急也，君子之難仕何也？」曰：「丈夫生而願爲之有室，女子生而願爲之有家，父母之心，人皆有之。不待父母之命，媒妁之言，鉆穴隙相窺，踰墻相從，則父母國人皆賤之。古之人未嘗不欲仕也，又惡去聲不由其道；不由其道而往者，與鉆穴隙之類也。」

周霄疑孟子不見諸侯爲不欲仕，不知君子志存濟世，焉能不仕？引公明儀三月無君則弔，以證孔子三月無君則皇皇之意。周霄問三月無君，何以遽至于弔，孟子引祀先之禮明之。蓋禮三月一祭，祭必以田。三月不仕，則無田而廢一祭，違仁孝之情，曠祀先之禮，以斯足弔。亦非謂無君皇皇者，祗爲欲祭得田耳。君子仕，欲行道，本不爲祭。諸侯失國，變之大者。而士失位亦如之，故足弔也。農夫耕田，事之急者。而士之仕亦如之，故急也。此章由前之言君子爲道而仕之心，何其懇切。由後之言君子爲道不苟仕之心，又何其堅定。故曰古之人未嘗不欲仕，又惡不由其道。二語括盡一章之義。

周霄，魏人。皇皇，不安貌。出疆，失位去國也，載束裝也。質、贄同。古者相見必執物，士質則雉也。無君，謂仕而失位者也。問喪曰弔。以、已通，太也。以急，太急也。此周霄問也。國家，諸侯以國爲家也。助，藉田也。諸侯躬耕，藉民力助之也。飯曰粢，在器曰盛。蠶，謂養蠶。夫人，諸侯妻也。繅，謂以湯沃繭抽絲也。祭牲色純曰犧。田，祭田也。卿以下有圭田。無田禄，則無以供祭祀，故無牲無器無衣服也。牲必特殺，故曰牲殺。器有蓋曰皿，鼎簋之屬也。諸侯有國，則有藉田，有世婦。失國無助可耕，則無犧牲粢盛，無世婦之蠶，則無衣服。士有位則有圭田，失位無田，則無以備粢盛器服也。《禮》：四時三月一祭，祭則用生者之禄。《玉藻》云：士有田則祭，無田則薦。《曲禮》云：「無田禄者不設祭器。」又云：「大夫、士去國，祭器不踰境。大夫寓祭器于大夫，士寓祭器于士。」皆爲不祭也。宴，樂也，通作燕。既祭則燕飲賓客父兄爲樂。凡祭而燕，皆吉禮也。不祭不宴，則主人憂居愁處，親知者相爲慰弔，可也。晉國，即魏國。妁，即媒也。《曲禮》云：「男女非有行媒不相知名。」《周禮》有媒氏，男二十娶，女二十嫁。穴，孔也。

《曲禮》：有喪，知生者弔。凡弔皆喪禮也。子亡親曰喪，臣失君亦曰喪。《檀弓》云：「喪欲速貧。」《論語》云：「二三子何患於喪？」重耳失國，自稱喪人。喪亡，凶事也，故不祭不宴。《禮》：大夫去國，爲壇位，鄉國而哭。素衣素裳，徹緣，婦人不當御，三月而後復。皆喪禮也。

《儀禮》：士相見贄，冬用雉，夏用腒。腒即雉之乾者。《曲禮》云：卿羔，大夫鴈，士以雉，庶人之贄匹鴨，童子委贄而退。野外軍中無贄，用纓拾可也。又曰：無辭不相接也，無禮不相見也，欲民之無相瀆也。故貴至邦君，賤至庶人以至婦人童子，相見不依贄，不足以爲禮。贄不稱德，不足以爲義。玉帛禽鳥，榛栗棗脩，所以異也。天子用鬯，公侯用玉，卿用羔，大夫用鴈。天子無客，贄鬯，交于神明也。鬯者，百草之芳氣，通暢于天地也。諸侯以圭玉象德，有瑕于中，必見于外也。卿以羔羊，性牽之不前，卿近君難進也。大夫以鴈，羽儀有序也。士以雉，不可食誘籠狎而服也。庶人以鶩目，無他心也。《禮》：士於士，無辭贄而有還贄。大夫於士，無還贄，終辭贄。君於臣，則受之於外臣，則使擯還之。大夫於嘗爲臣者亦然。士贄授受于庭，貴者授受于堂。大夫於君，婿於舅，則奠贄。士嘗臣於大夫，亦奠贄。童子於所奠則委贄。○古者帝藉千畝。《祭法》云：諸侯耕于南郊，以供粢盛。夫人蠶于北郊，以供冕服。《月令》：孟春天子以元日祈穀于上帝，乃擇元辰，天子親載耒耜，措之于參保介之御間，帥三公九卿諸侯大夫，躬耕帝藉。天子三推，三公五推，卿諸侯九推。庶人終畝，播植九穀，收穫于神倉，以奉天地宗廟群神之祀。以爲粢盛，以其藁飼犧牲。○《周禮》內宰職：中春，詔后帥內外命婦，始蠶于北郊，以爲祭服。歲終會其內人之稍食，稽其功事。佐后而受獻功者，比其小大與麤良而賞罰之。《月令》：季春后妃齋戒，東鄉躬桑。禁婦女毋觀，省婦使以勸蠶事。蠶事既登，分繭稱絲效功，以共郊廟之服。孟夏，蠶事畢，后妃獻繭。乃收繭稅，以桑爲均，貴賤長幼如一，以給郊廟之服。是月也，命婦官染綵黼黻文章，必以法，毋或差忒。黑黃蒼赤，莫不質良，毋敢詐僞，以給郊廟祭祀之服。○仲秋之月，命宰祝循行犧牲。視全具，按芻豢，瞻肥瘠，察物色。必比類，量大小。視長短皆中度，五者備當，上帝其饗。季冬，命大史次諸侯之列，賦之犧牲，以供昊天上帝社稷之饗。乃命同姓之邦，共寢廟之芻豢。命宰歷卿大夫，至于庶民土田之數，而賦犧牲，以共山林名川之祀。○《周禮》小宰：「毛六牲，辨其名物而頒之于五官，使共奉之。辨六齍之名物與其用，使六宮之人共奉之。辨六彝之名物，以待果灌將。辨六尊之名物，以待祭祀。」毛，謂擇毛色之純者也。

六牲，馬牛羊犬豕雞也。六齍，黍稷稻粱麥菽也。六彝，雞、鳥、斝、黄、虎、蜼之彝，盛鬱鬯以祼者也。六尊，犧、象、壺、著、大、山之尊，盛醴酒以獻者也。〇《周禮·司服》：王祀昊天上帝，則服大裘而冕。祀五帝，亦如之。享先王則衮冕，享先公則鷩冕。祀四望山川，則毳冕。祭社稷五祀，則希冕。祭群小祀，則玄冕。

四

彭更問曰：「後車數十乘，從去聲者數百人，以傳去聲食於諸侯，不以泰乎？」孟子曰：「非其道，則一簞丹食嗣不可受於人；如其道，則舜受堯之天下，不以爲泰。子以爲泰乎？」曰：「否。士無事而食，不可也。」曰：「子不通功易事，以羨衍補不足，則農有餘粟，女有餘布；子如通之，則梓匠輪輿，皆得食於子。於此有人焉，入則孝，出則悌，守先王之道，以待後之學者，而不得食於子。子何尊梓匠輪輿而輕爲仁義者哉？」曰：「梓匠輪輿，其志將以求食也。君子之爲道也，其志亦將以求食與平聲？」曰：「子何以其志爲哉？其有功於子，可食嗣而食之矣。且子食志乎，食功乎？」曰：「食志。」曰：「有人於此，毀瓦畫墁鏝，其志將以求食也，則子食之乎？」曰：「否。」曰：「然則子非食志也，食功也。」

彭更之問，亦一説也。君子脩道不謀食，以士自處論也。孟子謂養士朝廷之大典，天禄不以養賢而誰養？天下當食者，無如守道之君子。此以上之養士論也。章内叙功辨志，各就所疑者論之。彭更疑士無功，傳食爲泰。孟子謂士有大功，傳食非泰。更謂士雖有功，不可有志求食。孟子謂士雖無志求食，人不可忘士之功。士守正行道，而使之饑餓困窮。彼小人希世取寵，無異傭作，而授餐致養。豈非梓匠輪輿重，而爲仁義者輕乎？各就所問，不察士之功，姑與論功耳。要之士必能繼往開來，距邪衞正。如吾孟氏者，幾人如是而後食，則士林之毁瓦畫墁者，亦不少矣。須識立言之意，重在守道之士。士苟無功于道，誠不如梓匠輪輿，而可濫叨人升斗乎？

彭更，孟子弟子。傳，乘傳，即今馳驛也。食，謂所過之國續食也。泰，甚也，猶言過分也。成曰功，爲曰事。通功易事，以功相通，交易其事也。羨，餘也。如農餘粟不足于器，工餘器不足于粟。彼此相通交易，各以其所餘補其所不足也。有餘，謂積蓄無用也。《周禮》「攻木之工七」，梓匠輪輿其四也。梓人，爲飲器射侯筍虡之屬。匠人，爲國邑宫室溝洫之屬。輪人，爲車蓋車輪。輿人，爲車輿。輿，車箱也。先王之道，仁義是也。守，保任也。孝弟，人倫之先務，仁義之實也。道所以通天下，俟萬世而不惑者，惟倫常爲彝則也。戰國處士横議，詐力相尚，滅視君親。而孟子守堯舜之道，稱述仁義，以繼往聖開來學，厥功茂矣。雖堯授舜之天下，其道不過此。傳食諸侯，夫豈爲泰？毁瓦，謂覆蓋宫室，毁壞其瓦。畫墁，謂塗飾牆壁，畫裂其墁。墁，塗飾也。

五

萬章問曰：「宋，小國也。今將行王政，齊楚惡而伐之，則如之何？」孟子曰：「湯居亳旁入聲，與葛爲鄰。葛伯放而不祀，湯使人問之曰：『何爲不祀？』曰：『無以供犧牲也。』湯使遺之牛羊，葛伯食之，又不以祀。湯又使人問之曰：『何爲不祀？』曰：『無以供粢盛成也。』湯使亳衆往爲去聲之耕，老弱饋食。葛伯率其民，要平聲其有酒食黍稻者奪之，不授者殺之。有童子以黍肉餉去聲，殺而奪之。《書》曰：『葛伯仇餉。』此之謂也。爲其殺是童子而征之，四海之内皆曰：『非富天下也，爲匹夫匹婦復讎也。』『湯始征，自葛載』，十一征而無敵於天下。東面而征，西夷怨；南面而征北狄怨，曰：『奚爲後我？』民之望之，若大旱之望雨也。歸市者弗止，芸者不變，誅其君，弔其民，如時雨降，民大悦。《書》曰：『徯奚上聲我后，后來其無罰。』『有攸不爲臣，東征，綏厥士女，篚厥玄黄，紹我周王見休，惟臣附于大邑周。』其君子實玄黄于篚以迎其君子，其小人簞食壺漿以迎其小人。救民於水火之中，取其殘而已矣。《太誓》曰：『我武惟揚，侵于之疆，則取于殘，殺伐用張，于湯有光。』不行王政云爾。苟行王政，四海之内皆舉首而望之，欲以爲君。齊楚雖大，何畏焉？」

昔孔子論政曰足兵。《易・師》之彖曰：師，貞吉，能以衆正，可以正矣。剛中而應，行險而順，以此毒天下而民從之。由此言之，雖羲文周孔未嘗去兵，而湯武其著者。湯之征葛，無利天下之心。武王伐商，無害天下之心。以德行仁，伐暴安民，乃可用師。宋王偃欲霸諸侯，滅滕伐薛，敗齊楚魏之兵。當時謂爲行王政，是以强戰爲王政也，尚不知王政爲何物。故孟子舉湯武之事。惟有寬仁之湯，而遇葛伯不孝不仁之敵，又先之以教誨撫字，至再至三不得已而後興師。民所以惟恐湯不至，引領而望之以爲君也。武王于紂，亦猶湯之于葛。救民取殘，奉天伐暴，是謂王政。而宋其能然乎？不量力，不度德，求逞于諸侯，好勝者遇敵，是以齊楚惡而伐之也。苟能爲湯武，其何有于齊楚？今不罪宋不能行王政，而反謂行王政見惡于齊楚，豈不悖哉！○或云：葛伯殺商一童子，與十一國何預？況並累夏桀乎？夫一童子之仇，無幾也。天下匹夫匹婦之讎何限？湯爲一葛，剪及衆葛。天下爲復一童子之讎，而諒伐夏之爲匹夫匹婦除殘賊也。殺餉者葛也，是童子之仇也。陷民於水火者桀也，是匹夫匹婦之讎也。童子之仇，匹夫匹婦之讎，皆湯之讎也。《詩》云：「韋顧既伐，昆吾夏桀。」此十一國，皆與桀同仇匹夫匹婦者也。葛伯伏誅矣，彼十一國與桀，庸可免乎？

亳，湯都。葛，國名，伯爵。放而不祀，放縱無道，又不祀先祖也。餉，饋食也。葛伯仇餉，孔書《仲虺之誥》有此語。匹夫匹婦，小民之稱。載，始也。十一征，湯所征凡十一國。《書》辭解見《梁惠王》下篇。無罰，宥罪也。「有攸不爲臣」以下，今孔書《武成》有此文，小異。爲臣，爲周臣也。惟臣，思念臣服也。綏，安也。厥，其也。士女，商民也。篚，竹器之方者，以盛幣帛也。玄黄，幣帛之色，或玄或黄也。紹，迎也。見休，見武王爲休美也。大邑，猶言上國也。君子謂士大夫，小人謂衆民，言商人各以其類迎周人也。殘，害也。《太誓》，逸《書》篇名。孔書有此，辭小異。揚，奮也。于，往也。疆，商境也。張，大也。于湯有光，言武王誅紂取殘，益知湯非利天下，其心光顯也。武亶湯後，謂爲光湯，聖人之心至公也。

《史·世家》宋公剔成四十一年，其弟偃逐剔成而自立。十一年僭稱王，東敗齊，取五城。南敗楚，取地三百里。西敗魏軍，乃與齊魏爲敵。淫于酒婦人，群臣諫者，輒射之。於是諸侯皆曰：「桀宋，復爲紂所爲，不可不誅。」齊魏楚共伐之，殺王偃，遂滅宋，三分其地。《楚辭》東方朔《七諫》云「偃王行其仁義，荆文寤而徐亡」，即萬章之見也。○《戰國策》云：宋王偃時，有雀生鶀欺，鵂鶹于城之陬，使史占之。曰：「小而生巨，必霸天下。」王喜。於是滅滕伐薛，取淮北地。愈自信，欲霸之速成。射天笞地，斬社稷而焚滅之，曰威服天下鬼神。罵國老諫臣，爲無顔之冠不覆額以示勇。剖傴之背，鍥朝涉之脛，而國人大駭。齊聞而伐之，民散，城不守。王乃逃倪侯之館，遂得而死。○《吕氏春秋》云：齊攻宋。宋王使人候之，還曰：「齊寇近矣。」宋王殺候者。又使往報如前，王又殺之。如此者三，後又使人往。使者遇其兄告曰：「君使視齊寇，不意其近而國人恐若此。鄉之視者，皆以報而死。今報其情死，不報其情又恐死，將若何？」其兄曰：「如報其情，且先夫死者死，先夫亡者亡。」於是報于王曰：「殊不知寇所在。」國人甚安，王大喜，賜之金。齊兵遂至，滅宋，殺王偃。○按宋之先，微子之封國也。初微子之去殷歸周也，當時或頗不滿于士論。自夫子發三仁之説，而後百世之疑解。成王誅武庚，封微子爲殷嗣，天子客焉。禮樂儗于王者，是啓後世好大之端也。及周衰，五霸迭興，宋小而襄公圖霸。曹南之會，用鄫子爲牲，諸侯惡之。卒窘僇于楚以死。魯定公元年，諸侯有事于周。獨宋人不肯受功，曰：「滕薛吾役也。」晉人遂執宋使。其先世好上陵人取禍，蓋有自來也夫。比及君偃，猖狂尤甚。挑釁齊楚，身死國先諸侯亡。嗚呼！其亦可爲好大不量力者之覆車矣。故孟子於上篇之終，詳著其事，爲七國將亡之嚆矢。○《水經注》：湯都在河南偃師城西。皇甫謐以爲失實。湯地七十里，葛又伯國，封域有限。而寧陵去偃師八百里，不得童子餽餉爲耕。今梁園有二亳，南亳在穀熟，北亳在蒙，非偃師也。按梁園，漢梁孝王菟園也。蒙城，莊周本邑，在今歸德府城外。或云：今商丘縣即亳，寧陵縣即葛，有葛城故址。或云：今陝西商州，古商都也。山西平陽府垣曲縣亦有亳城，即湯伐桀誓師處。亦有葛城，即湯始征處。

篚，竹箱。盛幣帛器皿食品之屬。《儀禮》：罍洗之西皆有篚，以盛爵觶。織竹爲之，字从匚，音方，象形也。非聲，象織文均也。《禮》云「匪頒均頒」也，《詩》云「有匪有文」也。

六

孟子謂戴不勝曰：「子欲子之王之善與？我明告子：有楚大夫於此，欲其子之齊語也，則使齊人傅諸，使楚人傅諸？」曰：「使齊人傅之。」曰：「一齊人傅之，眾楚人咻（休）之，雖日撻而求其齊也，不可得矣。引而置之莊、嶽之間數年，雖日撻而求其楚，亦不可得矣。子謂薛居州善士也，使之居於王所。在於王所者，長幼卑尊皆薛居州也，王誰與爲不善？在王所者，長幼卑尊皆非薛居州也，王誰與爲善？一薛居州，獨如宋王何？」

此章皆咎往之辭。宋偃暴戾恣睢，亡國之主也。素無忠良之輔，群小從臾，以陷于大惡，非一朝夕之故矣。《詩》云：「夫也不良，國人知之。知而不已，誰昔然矣。」敗于積累，而欲救于一旦，雖有善者無如之何。戴不勝薦薛居州於王所，一暴之温，何能廻十寒之慘？大厦將顛，豈獨木能支，非賢者無益于人國也。故孟子追其始而論，以爲世永鑑。宋國褊小，君不務脩德，與齊楚争衡。所謂小國師大國而恥受命，猶弟子而恥受命於先師。故借學齊楚語爲譬，非用夏變夷之謂也。小人衆而君子獨，在《易·剥》之上六曰：碩果不實，君子得輿，小人剥廬。歲寒百卉俱腓，孤幹獨秀，何救已彫？善正君者，擇人慎始，斯無剥廬之患矣。未幾齊楚滅宋，瓜分其地，所謂無如宋王何者也。

戴不勝，宋臣。傅，教也。楚地多蠻語，所謂鴃舌也。齊俗舒緩，語音調和。咻，與囂通，衆喧也。撻，扑責也。莊嶽，齊街里名。薛居州，宋臣姓名。

七

公孫丑問曰：「不見諸侯何義？」孟子曰：「古者不爲臣，不見。段干木踰垣而辟去聲之，泄柳閉門而不内納同，是皆已甚句迫句，斯可以見矣。陽貨欲見孔子而惡無禮，大夫有賜於士，不得受於其家，則往拜其門。陽貨矙勘孔子之亡也而饋孔子蒸豚，孔子亦矙其亡也而往拜之。當是時，陽貨先，豈得不見？曾子曰：『脅肩諂笑，病于夏畦奚。』子路曰：『未同而言，觀其色赧赧嬾然，非由之所知也。』由是觀之，則君子之所養，可知已矣。」

士欲行道濟世，不能無勢獨運，何苦不見諸侯？蓋人求于我則重，我求于人則輕，士未有自輕而能取重于君。善成天下之事者，故機在始進。既爲臣，是君之身也，不敢不見。未爲臣，是道之身也，不敢苟見。夫行道豈不欲見君？然必君欲見之乃可。若段干木、泄柳，君求見而士不見，亦已甚矣。人主意誠禮恭，求見迫切，何不可之有？今之諸侯，固未有如魯魏之君者，而乃責士不見可乎？孔子不爲已甚，而亦不肯見陽貨，亦爲陽貨不能求見。饋亡以致之，故孔子亦拜亡以報之。當時若陽貨以求見之禮先加，孔子亦豈得不往見之？今諸侯驕蹇慢士，士俛首干謁。如人足恭諂笑，勞心費力，病于夏畦。此卑諂之徒，見惡于曾子者也。又如人未同己，强與之言，其人不答，自生慙色。此冒昧之徒，見怪于子路者也。由前而觀，踰垣閉門則已甚，君子不爲。由後而觀，諂笑未同則已卑，君子不屑。惟聖人能不矯情絶物，亦不苟且阿世。報施稱情，往來當禮，則君子之所涵養者，可權其宜而知之矣。〇此章孟子自明出處願學孔子之意。孔子在春秋，存心天下而終不苟仕。孟子在戰國，亦存心天下而不見諸侯。然孔子不以不見諸侯稱，何也？春秋士不爲臣，則少有見諸侯者，非獨孔子。孔子所見七十二諸侯，皆諸侯求見之也。七王驕恣，遊士干謁成風。孟子以道自守，非故抗之，不得已耳。蓋士欲行義，必先獲上有下賢之君。而士不見，是無心于世。如閉門踰垣之爲，則倨矣。但君不欲見，而邪媚求合，如諂笑未同而言，則辱矣。二者品雖不同，要之皆失中，皆不可。稱養，其惟孔子乎？陽貨家大夫耳，貴不敵魯魏之君，非有養賢軾廬之高誼。蒸豚小物，瞯亡詭術。孔子從容順應，往來施報。不倨不諂，審己量人，所以爲中庸。孟子雖不見諸侯，而齊梁召士，不遠千里。雖不受齊禄，而三宿出晝，猶以爲速。辭齊之兼金，而滕薛之餽，有處亦受。貴倖如王驩，不假一言。而麤鄙如曹交，亦未嘗無誨。距楊墨，放淫辭。而稷下諸人，譚天炙輠，卒不與爭。富貴利達，鄙爲乞墦。而三月不仕，自謂皇皇。視伯夷爲隘，柳下惠爲不恭。而仕止久速，惟學孔子。所就三，所去三。而執一無權，則戒曰子莫。此所以雖處亂世而不汙，包承而不亂群。與人不惡，而匪人不能傷，可謂善學孔子者矣。解者讀其文字，不詳其義理。聞其浩然，不察其心曲。或謂有英氣，或謂露圭角，或謂壁立萬仞，泰山巖巖，知孟子之皮膚耳。故此章解者主于不見，其實孟子之意正主于見。嘗自言曰不敢請耳，固所願也。其不見也，不得已也。孔子云：沽之哉！我待價者。使諸侯有如堯之館甥，湯之聘尹，孟子倒屣而往，不俟駕行矣，何不見之有？嗟乎人之不肖，無如楊虎；士之聖明，何加于孔子！而相與通往來，稱施報，鳥獸不可與同群，非斯人之徒而誰與？聖賢處衰世，委蛇之情惻然。謂執不見爲高節，豈聖賢之心，故曰君子之所養可知。必如解者之見，段干、泄柳太過，孔子亦未盡，曾子、子路乃能盡之。以此觀養，立而未權。以養氣則爲告子，養廉則爲陳仲，豈君子之養乎？君子之所養奈何？曰中而已。

中者，圓神也。生生之謂養，硜硜之謂棄。卑諂者固不足言，已甚者胸中無生機，枯槁棄物。惟聖學無忘無助，天機活潑，進退有餘裕。是以横如楊虎，亂如南子，彼注其耳目，聖人皆孩之。無可無不可，所以爲君子之養。此際難言，第曰可知，欲人自得云爾。

不爲臣，謂士爲庶人者也。分卑，則不敢援上。道重，則不肯枉己。然士不可見君，君未嘗不可見士。段干，姓。木，名。魏文侯時人。泄柳，魯繆公時人。文侯繆公求見此二人，二人不肯見之。踰，過也。垣，牆也。辟、避同，逃也。内、納同。是，指二子也。已甚，太過也。迫，求見切也。陽貨，魯季氏家臣，僭爲大夫者也。大夫分尊，以物賜士，士即其家拜受。如士出未得拜受，歸則往大夫門拜，禮也。陽貨欲致孔子來見己，窺孔子出，而以蒸豚饋之。瞯，窺也。亡，出外也。蒸，《儀禮》作脀，升也。豚肉既熟，升于俎者也。小豕曰豚。曾子誠確，子路剛强，皆士之自守者。脅肩，以脅爲肩，縮首竦體之狀。諂笑，諂媚强笑也。病，猶勞也。夏，夏月也。畦，區畛也。蔬菜行列曰畦。言貴豪氣焰炙人，無異炎暑。小人隱忍趨附，如夏月治畦者。揮汗塗手足，壅糞壤，焦肌膚，忍不爲勞，博一菹之味而已也。未同而言，貴人色未及己，而强與之言也。赧赧，面慙發赤貌。由，子路自名也。非所知，怪恨之辭。由是觀之，總上文所引三項並觀也。君子，指孔子，自寓願學之意。所養，即不見諸侯之意。可知者，比類斟酌之辭，欲人自裁其當也。

《説苑》：魏文侯見段干木，立倦而不敢息。見翟黄，踞堂而與之言。翟黄不悦。文侯曰：「段干木，吾官之不肯，禄之不受。今汝欲官則相至，欲禄則上卿。既受吾賞又責吾禮，毋乃難乎？」〇《高士傳》云：

段干木，晉人。少貧賤，治清節，遊西河師事卜子夏。居於魏，守道不事。魏文侯客之，過其廬必軾。其僕曰：「干木布衣，君軾其廬，不已甚乎？」文侯曰：「賢者也。不移勢利，懷君子之道，隱處窮巷，聲馳千里。吾敢不軾乎？」文侯名過齊桓公，由能尊段干木、敬卜子夏、友田子方也。○泄柳，見《公孫丑》下篇。

八

戴盈之曰：「什一，去上聲關市之征。今茲未能，請輕之，以待來年然後已，何如？」孟子曰：「今有人日攘其鄰之雞者，或告之曰：『是非君子之道。』曰：『請損之，月攘一雞，以待來年然後已。』如知其非義，斯速已矣，何待來年？」

凡事是非兩可，則不宜造次。若事理洞然無疑，亦復何待？什一而税，此先王中制也。關市之征，時政大害也。民窮財盡，拯焚救溺，如恐不及。戴盈之知厚斂關征之非，而待來年後已。孟子以攘雞之事，贊其速改。若狐疑不決，遷就苟延，害日深而亂已成。天下之事，率誤于此。宋國將亡，其臣猶怠惰苟安，所以亡愈促而不可救也。當世梁齊滕宋之君，皆有意行孟子之言，而皆遲疑媮惰，故皆底于亡。孟子上篇終宋事，以爲世主貪殘亡厭，長惡不悛之戒。

戴盈之，宋大夫。什一，即徹法也。關市，征商也。輕，減也。已，止也。攘，取也。損，亦減也。

九

公都子曰：「外人皆稱夫子好辯，敢問何也？」孟子曰：「予豈好辯哉？予不得已也。天下之生久矣，一治一亂。當堯之時，水逆行，氾泛濫於中國，蛇龍居之，民無所定，下者爲巢，上者爲營窟。《書》曰：『洚絳水警余』。洚水者，洪水也。使禹治之，禹掘地而注之海，驅蛇龍而放之菹葅，水由地中行，江淮河漢是也。險阻既遠，鳥獸之害人者消，然後人得平土而居之。堯舜既沒，聖人之道衰，暴君代作，壞宮室以爲汙烏池，民無所安息；棄田以爲園囿，使民不得衣食；邪説暴行又作，園囿汙池沛澤多而禽獸至。及紂之身，天下又大亂。周公相武王，誅紂伐奄，三年討其君，驅飛廉於海隅而戮之，滅國者五十，驅虎豹犀象而遠之，天下大悦。《書》曰：『丕顯哉！文王謨。丕承哉！武王烈。佑啟我後人，咸以正無缺。』世衰道微，邪説暴行有又作，臣弑其君者有之，子弑其父者有之。孔子懼，作《春秋》。《春秋》，天子之事也。是故孔子曰：『知我者，其惟《春秋》乎！罪我者其惟《春秋》乎！』聖王不作，諸侯放恣，處士橫議，楊朱墨翟笛之言盈天下，天下之言，不歸楊則歸墨。楊氏爲我，是無君也。墨氏兼愛，是無父也。無父無君，是禽獸也。

公明儀曰：『庖有肥肉，廄有肥馬，民有飢色，野有餓莩，此率獸而食人也。』楊墨之道不息，孔子之道不著，是邪説誣民，充塞仁義也。仁義充塞，則率獸食人，人將相食。吾爲此懼，閑先聖之道，距楊墨，放淫辭，邪説者不得作。作於其心，害於其事；作於其事，害於其政。聖人復起，不易吾言矣。昔者禹抑洪水而天下平，周公兼夷狄、驅猛獸而百姓寧，孔子成《春秋》而亂臣賊子懼。《詩》云：『戎狄是膺，荆舒是懲，則莫我敢承。』無父無君，是周公所膺也。我亦欲正人心，息邪説，距詖秘行，放淫辭，以承三聖者，豈好辯哉？予不得已也。能言距楊、墨者，聖人之徒也。」

此章遠引堯舜，近舉文武周公，而歸之孔子，相承之道脉也。唐虞之事，莫大于洪水。三代之事，莫大于征伐。春秋戰國之事，莫大于邪説。三事槩古今亂蹟。自唐暨周，千有餘年。世亂幾更，皆賴聖君賢相，撥亂致治。降自春秋，上之人無復有如禹與周公者。而孔子以匹夫主持世教，迄今又百有餘歲矣。邪説日多，世亂日甚。願學孔子者，安得不任其責？蓋人所以異于禽獸，惟有仁義。知愛敬，明君臣父子也。守此則治，易此則亂。人皆知生民之害無如洪水猛獸。不知邪説害仁義將使人類盡猛獸，世道皆洪水也。惟有聖人在上，拯溺亨屯，則經理易。聖遠教衰，邪説横行。君子不在位，徒以口舌稱仁義，明孝弟，以守先王之道。其功比于排洪水，驅猛獸。艱難弘鉅，寧詎相遠哉！蓋天菑之害有極，人心之害無常。天下有無洪水猛獸之世，而不無邪説暴行之憂。故仁義之功，與生民相終始也。堯舜以後，桀紂以前非有洪水，而已有邪説。周公以降，東遷以後，並猛獸無之，而邪説暴行尤甚。此二帝三王，所以開仁義之統。孔子《春秋》之功，與唐虞三代並。而孟子七篇之言，繼《春秋》再作也。蓋聖人在上，以天位爲大寶，其道顯。聖人在下，以脩辭爲居業，其道微。道微則言不得顯，是以《春秋》不能必天下人知我，亦不敢辭天下人罪我。義直而言遜，志切而語寛。知我者固不察其隱，而罪我者亦不見其端。聖人所以藏身之固而救世之權也。莊周云「《春秋》經世，議而不辯」，殆于知孔子者。若《孟子》七篇，則辯矣。然亦有不辯也者，所以希《春秋》也。自謂距楊墨，而楊朱、墨翟死久矣。七篇中與楊墨辯者，無幾焉。蓋七國之亂，非盡楊朱、墨翟也，遊説縱横之徒爲害也。舍遊説縱横不辯，而辯區區之楊墨，何也？攻不仁不義之流，而指害仁害義之端也。世道惟人與我，聖人忘人忘我，無所爲而爲。二子一執爲我，一執兼愛。爲我害仁，兼愛害義。害仁者自至于無父，害義者自至于無君。二子未嘗不言仁義，而天下之不仁義者必歸焉。雖未嘗教天下無君父，而天下之無君父者必歸焉。如淳于髡非楊非墨，而其言曰「先名實者爲人」，此墨之言也；「後名實者自爲」，此楊之言也。凡富貴利達之謀，縱横强戰之事，以至賊父弑君者，莫不生于爲我，而逞于爲人。故夫楊墨之害道，非必楊朱、墨翟二人害之，天下歸楊墨者共害之也。天下歸楊墨者，非以其道歸之，各以其邪淫之言歸之也。如騶衍、淳于髡輩之便佞，蘇秦、張儀輩之危險，孫臏、吴起輩之戰陳，莊周、惠施輩之悠謬，韓非、申不害之慘刻，鬼谷、公孫龍之怪誕，荀卿、吕不韋之學術。龐雜紛拏，蛙鳴蟬噪，竽濫而不可勝聽。原其心，同出于不仁義。究其端，皆起于爲人我。而極其禍，同抵于無父君，則同謂之歸楊墨而已。

故曰天下之言不歸楊，則歸墨。楊墨之道不息，孔子之道不著，此也。七篇申言性善堯舜之旨，入孝出弟之實，安宅廣居之喻，惻隱羞惡之端，發政施仁之略，養氣知言之學。此孰非與楊墨辯者？何但與夷之言厚葬，與子莫言執中，而乃謂之距楊墨乎哉！或疑孟子與稷下諸人同朝，而言不少槩及焉。不知孟子日討諸人而訓之，而世人不覺耳。蓋仁義之説伸，則孝弟之行立，天下曉然知不學不慮之良，立愛立敬之本。雖有邪説暴行，牛羊牧而斧斤戕。民彝物則，皎如日星。經正民興，斯無邪慝矣。孔子之道著，則楊墨之道息。楊墨道息，則百家之難解。豈必與小人争齒牙之利，犯世主之諱，然後謂之辯乎？嗟夫！此其所以爲私淑《春秋》也。與楊墨辯而人不覺，與秦儀稷下諸人辯而人尤不覺。七篇之義蓋如此，又況孔子之《春秋》乎？夫聖賢居業之辭微，衞道之心苦。故孔子嘆莫我知，孟子稱不得已。孔子而使人知，則《春秋》廢。孟子而使人知，則七篇毁。災必逮夫身，故曰罪我也。何怪乎後世詆《春秋》爲朝報，毁孟子如王充、李白諸人者。信乎窮經未易，而聞道難也。

孔子六經之功，賢于堯舜，而獨舉《春秋》，何也？惟《春秋》爲撥亂之書也。《易》《詩》《書》《禮》爲賢人君子作，而《春秋》爲亂臣賊子作也。故聖帝明王，不繫于《春秋》；賢人君子，不挂于《春秋》；嘉言善行，不録于《春秋》；豐功顯績，不著于《春秋》。《春秋》無功而有過，有善惡而無毁譽，有是非而無褒貶，有筆削而無凡例。未嘗有意書名書氏書爵書人，未嘗有意加一字損一字。未嘗命德，何謂華衮？未嘗討罪，何謂斧鉞？未嘗爲政，何謂素王素臣？未嘗獎人，何謂獎五霸？未嘗予人，何謂予齊晉？未嘗黜人，何謂黜秦楚吴越？未嘗深文巧比，何謂刑書？其辭明白，其理平直，其意委婉，其量含弘。無偏無黨，直道而行而已矣。然則何以謂爲天子之事？曰：是書所言，非魯事也，非諸侯事也，是天下之事也。蓋五霸之亂，由于無天子。天子爲禮教宗，而《春秋》尊天子，正名分，是禮教之事也。天子爲征伐主，而《春秋》記强戰，是征伐之事也。君在臣名，故大夫有名者，而諸侯亦名，非天子不名諸侯也。國各有史，《春秋》魯史書魯事，而他國事亦書，非天子不兼列國也。君舉必書，故魯君在書，魯君不在，諸侯在亦書，非天子不兼諸侯也。天下有道，則禮樂征伐自天子出。天下無道，則禮樂征伐自諸侯出，甚自大夫出，又甚自陪臣出。《春秋》記大事所在，以待天子出者也。有亂當討未討，《春秋》記亂臣，以待天子出而討之也。有賊當誅未誅，《春秋》記賊子，以待天子出而誅之也。史記言記動，世無良史，爲天子代書，記以待天子出而省視之也。凡此皆《春秋》所爲天子之事者，然則何不即爲天子作史，而脩魯史何也？曰：魯，周公之後也，文王之昭也。昔者成王嘗賜魯公以天子禮樂，後世踵之。郊天禘祖，歌雍舞八佾，立武宫，起廟樂，皆齊晉諸國所未嘗有者，而周公之子孫皆已用之，國史皆已書之。我以魯民，脩飾魯史，申明周公之法度而已，何知其他。故曰吾之於人也，誰毁誰譽。斯民也，三代所以直道而行也。知此義者，謂之知我。而亂臣賊子，亦緣是以不能彌縫其奸，安得無罪我者乎？解者曰知我者，謂春秋遏人欲于横流，存天理于既滅，是也。又曰罪我者，謂孔子無位，而託二百四十二年南面之權，非也。使孔子無位而竊南面之權，如所謂命德討罪，華衮鈇鉞，素王刑書云者，而以遏人欲存天理，何異于竊簡牘而寫法律也。親爲亂賊以討亂賊，世儒之誣《春秋》久矣，予于《春秋》蓋詳之。或曰：不爲天子之事，何以使亂臣賊子懼？曰：

春秋所以使人懼者，非刑書鈇鉞也。有嚴于刑書、威于鈇鉞者，是不可枉之直道，三代之民心同焉者也。故曰人之生也直，怵惕惻隱，人皆有之。羞惡是非，人皆有之。親親仁也，敬長義也。無他，達之天下也。聖人人倫之至，先得人心之所同者耳。臣弑其君，子弑其父，聖人所懼，天下其誰不知懼？《春秋》書弑君三十六，以告諸天下後世。人有目，胸有心。跖之心，無異堯舜。亂臣賊子之懼，無異于孔子、孟子。孔孟之懼，即堯舜之警予。道脉心傳，治亂窾係，千古綿綿，惟此一脉，孟子所以汲汲于正人心也。苟人心不懼，雖刑書鈇鉞何爲？徒挾天子事以震懾天下，鄙哉硜硜世儒之言《春秋》也！

天生聖賢，爲裁成輔相也。世道有缺陷，賴聖賢脩補。遭際不同，隨時救濟，其功則一。雖云一治一亂，而古治日多，亂日少。今治日少，亂日多。故求古之治易，救今之亂難。太古天勝人，聖人繼天立極，行所無事，而其功倍。中古人勝天，聖人后天奉時，撥亂致治，功高而其力勤。衰世天人離，人心貪亂，天未厭亂。聖人無所見功，而其心苦，此孔孟所以懼也。洪荒之亂，匪由人作，天寔爲之。雖有巧言讒説，聖主當陽，何畏孔壬，故治易。三代以還，亂由人作。君既暴矣，邪説乘之。然有聖人在位，除暴安民，即邪説亦不得逞，乍亂還定。至于春秋，明王不興，五霸猖獗，假仁義爲亂賊。聖人不得位，而徒賴經術扶名教，故其用力難。亂雖未平，而以有聖人在，三千七十士滿域中，明《詩》《書》而説禮樂，邪説蟄伏不敢動。及乎仲尼没百有餘年，戰國塵飛，遊説起，百家乘風簧鼓。其言《詩》《書》也，非《詩》《書》。其言禮樂也，非禮樂。其言仁義也，非仁義。楊朱、墨翟，其最著者。不惟二帝三王之治，杳不可即，而六經五常之道，鞠爲茂草矣。學仲尼者，計無復之。惟有與之辯，距之放之，衛先聖之道，正人心而已矣。人心者，天下古今不泯之真。堯舜禹湯、文武周公、孔子相傳，惟此一脉。是仁義所託也，世道治亂之樞也，舍此更何置力焉。

章内敘一治一亂，意重在亂邊。由堯舜至周公，其間治亂亦非一。周公至孔子，又至孟子，亂終未得治。故孔子歎明王不作，孟子憂五百過期。而朱註謂《春秋》爲一治，距楊墨爲一治，未也。《春秋》亦無救于五霸，七篇亦無救于七王。其功在後世，而當世沉迷且未醒也。故天生聖賢同，其幸則爲二帝三王，不幸則爲孔子、孟軻。爲帝王易，而爲孔孟難。所以千古斯文，與治同功，不必以顯微論優劣也。

天下之生，謂天下之生民也。一治一亂，槩言古今天運有否泰，人事有得失，往來相循，理數之常也。帝治始堯，故首言堯。下，卑洿也。巢，架木如鳥巢也。上，高原也。營，治也。窟，土室也。洚水警余，逸《書》之辭，今孔書《大禹謨》有之，舜言也。洪，大也。洚言絳，猶洪言紅，古字通用，水横流之色也。警，戒也。子，舜自謂也。時堯老，而舜攝。使禹，舜使也。掘地，即《禹貢》導山導水也。此二句，約言禹治水之要，行所無事者也。水本歸海，失道則逆行。蛇龍本依菹，居中國則害人。然必洪水平，而後蛇龍可遠也。水由地中行，即由所掘之地中，兩岸之間也。水就道，則不汎濫。澤生草曰菹。江淮河漢四水，詳見許行章。四水安流，即當日禹掘地之故蹟也。堯舜禹之後暴君非一，如有窮、后羿與夏桀輩，皆是也。邪説，非仁義之言也。暴行，不仁義之事也。仁義爲古今治亂之樞，故屢言邪説暴行，以見亂所由起。人心之害，古今同也。暴君代作，皆有園囿汙池沛澤。及紂之身，舉其甚者也。樹果蔬曰園，養禽獸曰囿。汙池，洿下成池。沛澤，水草所生。鑿地曰池，水聚曰澤。澤生草木曰沛。《左傳》：景公田于沛。奄，東海之國，助紂子武庚叛者也。三年，即《詩》云「東山三年」。《書·多方》云「王來自奄」，即此舉也。其君，奄君也。誅紂，相武王也。伐奄，相成王也。飛廉，紂臣，有材力，善走。五十國，皆東方近海之國。虎豹犀象，紂時園囿之猛獸也。丕顯哉六語，今孔書《君牙》篇有之。謨，謀也。丕，大也。承，纘緒也。烈，功也。佑，助也。啓，開也。正，得所也。無缺，完備也。後人，子孫也。引《書》贊文武，見周公輔相之功也。世衰道微，謂春秋時也。《春秋》本魯史之名。孔子作，謂筆削之以著亂跡。明王法，故曰天子之事也。知我者，諒其心也。罪我者，惡其直也。聖王不作，戰國時也。處士，猶居士，布衣游說之徒皆是，莫多于七國之世，非定指楊墨也。橫議，不循理之論，即邪說淫辭也。楊子名朱，墨子名翟。盈，天下不必皆楊墨，而其言皆楊墨之屬。歸，猶屬也。楊朱以孤潔爲義，主于適己，故曰爲我。墨翟以勤勞爲仁，主于爲人，故曰兼愛。爲我則背公，故曰無君。兼愛則忘本，故曰無父。無君則不義，無父則不仁。不仁不義，故曰禽獸。其流弊一至于此，而二子方自以爲仁義。故凡不仁義者，皆託而歸之也。引公明儀之言，厚斂者率禽獸以食人，不仁義者，殆有甚焉。蓋人心既壞，亂賊接踵。殺人强戰，此謂人自相食，皆邪說橫議，不仁義無君父所致也。閑，衞護也。距、拒同。放，屏去也。淫，放蕩也。作，起也。作於其心，萌不仁不義之心也。見諸施行曰事，布之天下國家曰政。聖人，謂堯舜以下諸聖人。此與知言略異，此乃防維杜漸，距之放之，使勿作也。雖堯舜周公在今日，所重亦唯此。抑，消除也。

兼，即滅也。驅，逐也。周公所兼之夷狄，即東海奄徐諸國也。所驅虎豹犀象，是紂園囿沛澤之猛獸也。《詩》，《魯頌・閟宮》之篇，解見許行章。非周公之事，而魯本周公之國，故以屬周公。據上文堯舜既没，聖人道衰，邪説暴行又作。今日之楊墨，亦即上世之夷狄也。故曰無父無君，周公所膺，言己亦欲如周公也。膺，當也，敵也。邪，不正也。不仁不義，即邪也。詖，僻也。僻于爲我以後君，僻于爲人以遺親也。淫，放也。由爲我放而至于無君，由兼愛放而至于無父也。欲正人心，先息邪説。欲距詖行，先放淫辭。明所以不得不辯之意也。能言，能發明仁義之言也。正道明，則邪慝自詘。聖人之徒，屬望同志者，勿獨使一人稱好辯也。大抵帝王事功，聖賢道德，唯有仁義。仁義在心爲忠孝，此治亂之樞也。聖賢所置力，唯此。前言井田學校，發政施仁，皆緒餘也。

楊朱，字子居，戰國時人。後于墨翟，故其説大抵反墨。《列子・楊朱篇》張湛注云：生者一氣之暫聚，一物之暫靈。暫聚者終散，暫靈者歸虚。而好逸惡勞，物之常性。以仁義爲關鍵，用禮教爲衿帶。自枯槁于當年，求餘名于後世，是不達乎生生之極也。此楊朱爲我之大旨也。朱之言曰：古人知生之暫來，知死之暫往。故從心而動，不違自然。所好當身之娱，非所去也，故不爲名所勸。從性而游，不逆萬物。所好死後之名，非所取也，故不爲刑所及。又曰：善治外者，物未必治，而身交苦。善治内者，物未必亂，而性交逸。又曰：有生之最靈者，人也。資物以爲養，任知而不恃力。故智之所貴，存我爲貴。力之所賤，侵物爲賤。

墨翟，宋人，仕宋爲大夫，著書十篇。其言曰：聖人以治天下爲事者也，不知亂之所自起則不能治。亂何自起？起不相愛。子自愛，不愛父，故虧父而自利。弟自愛，不愛兄，故虧兄而自利。臣自愛，不愛君，故虧君而自利。此所謂亂也。雖父之不慈子，兄之不慈弟，君之不慈臣，亦然。此亦天下之所謂至亂也，雖至天下之爲盗賊者亦然。盗愛其室，不愛其異室，故竊異室以利其室。賊亦愛其身，不愛人，故賊人以利其身。雖至大夫之相亂家，諸侯之相攻國者亦然。大夫各愛家，不愛異家，故亂異家以利家。諸侯各愛其國，不愛異國，故攻異國以利其國。天下之亂物，具此而已矣。察此何自起？皆起不相愛。若使天下兼相愛，國與國不相攻，家與家不相亂，盗賊無有，君臣父子皆能孝慈，若此則天下治。故聖人以天下爲事者，惡得不禁惡而勸愛。○按楊朱、墨翟二子，非身爲無父無君也。學術不端，流敝遂至此，而孟子窮致其討。況今天下之言，不歸佛則歸老。先儒謂佛老之害，甚于楊墨。而今佛氏之害，尤甚于老。其言本侏㒧，而中國儒者，竊先聖文字義理，爲之脩飾附會，使災剥肌膚，病入膏肓。朱子謂彌近理而大亂真者，大抵皆中國儒者之言。自佛教入中國後，南北分宗，始有明心見性之説，非西竺之舊也。顧其行事，蔑人倫，棄君親，毁形體，絶宗嗣。無君無父之尤，何但楊墨耳。削籍亡命，叢林即逋逃之藪。游手乞食，募化乃奸盗之門。使愚俗惑于因果，焚脩破産，假託善信，男女無别。此平世之洪水，人類之虎犀。韓愈氏所以欲人其人，火其書也。今乃有寄跡儒林，盥手誦佛經，而老死不見六籍者，嗟乎！亦聖人之徒也與哉！

飛廉，顓頊之苗裔。《史記》云：中潏生蜚廉，蜚廉生惡來。父子俱以材力事殷紂。○奄國，鄭玄云在淮夷之北。○《爾雅》云：蛇屬紆行，行以腹也。《埤雅》云：蛇以眼聽。種類甚多，有小僅如指者，有長十許丈，徑二三圍，能吞鹿者。有兩首者，有人面者。最大曰蟒，能飛曰螣，龍屬也。最毒曰虺、曰蝮。○龍，鱗蟲之長，四靈之一。能幽能明，能大能小，春躍秋潛。鹿角，駝首，鬼眼，蛇項，蜃腹，魚鱗，鷹爪，虎掌，牛耳。或云：龍無耳，聽以角。目能百里見纖芥，而不見石。如人不見風，魚不見水，鬼不見地，羊不見雨，狗不見雪也。頭上有物如博山形，名曰尺木。無尺木，不能升天。性至寒，喜陽，故《易》以象乾。陰極乘陽，互根之象也。○犀，即兕之牡者，詳見《論語》季氏篇。○象，南方大獸也。《異物志》云：象之爲獸，形體特詭，身倍數牛。目不踰豕，鼻爲口役，望頭若尾。《交州記》云：象長鼻牙，望前如後。三年一乳，肉兼十牛，命在其鼻，所食物皆以鼻取。蓋獸之象，以鼻致用而不以口。天之象，以氣致用而不以言。故天象與獸象同字。服馴巨象，以小斧刃斲之，其金瘡見星月即合。又若與垂象冥應，其理不可曉。舊説象所在，其土必豐。九真日南最多，有白者、青者。性嗜酒，善浮水。體具十二肉，惟鼻是其本肉。膽不附肝，隨月轉在諸肉。假令正月建寅，膽在其虎之類。鼻頭有小爪，能拾鍼。或云：膽隨四時。春在前左，夏在前右，秋在後左，冬在後右。其牙生花，必因雷聲。或云：雷震，則其牙倉卒似花暴出，逡巡隱没。

一〇

匡章曰：「陳仲子豈不誠廉士哉！居於（烏）陵，三日不食，耳無聞，目無見也。井上有李，螬食實者過半矣，匍匐往，將食之，三咽宴然後耳有聞，目有見。」孟子曰：「於齊國之士，吾必以仲子爲巨擘伯焉。雖然，仲子惡能廉？充仲子之操，則蚓而後可者也。夫蚓，上食槁壤，下飲黄泉。仲子所居之室，伯夷之所築與平聲？抑亦盜跖炙之所築與？所食之粟，伯夷之所樹與？抑亦盜跖之所樹與？是未可知也。」曰：「是何傷哉！彼身織屨句，妻辟壁纑盧，以易之也。」曰：「仲子，齊之世家也。兄戴，蓋閣禄萬鍾。以兄之禄爲不義之禄而不食也，以兄之室爲不義之室而不居也，避兄離母，處於於烏陵。他日歸，則有饋其兄生鵝者，己頻顣促曰：『惡用是鶃鶃逆者爲哉？』他日，其母殺是鵝也，與之食之。其兄自外至，曰：『是鶃鶃之肉也。』出而哇蛙之。以母則不食，以妻則食之；以兄之室則弗居，以於陵則居之：是尚爲能充其類也乎？若仲子者，蚓而後充其操者也。」

聖道中庸，不越人倫日用。戰國處士爲邪説詖行，矯情干譽。正學幾絶，孟子引如綫之緒恢而張之，不得不辯。其大旨惟天理人情，愛親敬兄。仁義之實，非有隱怪之譚，如狙丘稷下輩也。此章以陳仲子繼好辯之後，皆以閑先聖中庸之道。仲子知有己，而不知有父母兄弟，即無父無君之徒。而人皆信之，孟子辯其否，即正人心、距楊墨之意。與前答公孫丑不見諸侯，參伍而觀，皆孔子時中之家法也。

通章未暇論正理。如以正理論之，廉者可以取、可以無取而已。非其道一介不取，如其道，雖孔子不辭交際。而陳仲子獨以不取爲廉，以窮餓爲操，以絶人爲類。窮餓難久，絶人無群，枯槁斷滅，非可以變通擴充之道也。即仲子能作之，不能成之，偶爲之，不能終之。蓋既以不食爲廉，則當一切不食。既以不居爲廉，則當一切不居。如蚓之居，蚓之食，與世無干，方爲能充其操。而今居猶室也，食猶粟也，是終與世有涉也，豈能脱然于清濁之途乎？盗跖伯夷，就仲子所見論之，若聖道中庸，取舍惟義。固不敢輕以盗跖待天下，亦何必盡以伯夷責天下。而仲子不食不居，是視一切食貨貲財，皆盗跖矣。天下伯夷有幾，而仲子未免于取，安知所取者之皆出自伯夷乎？故曰未可知也。匡章云何傷者，謂以力得食，何必苛求所由來。其言誠是，然非所論于仲子。仲子視天下，無非盗跖也者。兄食卿禄，以爲不義而不食，是視君禄亦跖也。以兄室爲不義不居，是視兄居亦跖也。而居于於陵，是獨以於陵爲伯夷也。見饋兄生鵝者而頻顣，是交際亦跖也。其母食之，其兄一言而哇之，是母所食亦跖也。夫人倫相與之類，豈復有義于母子兄弟，同居共食者乎？而仲子皆以爲不義，比類而觀，則妻所易之食，與於陵所築之居，何獨非跖之類？而食之居之，獨何心乎？跖其母，不跖其妻，是不食母之類，終未充也，烏能全其不食之操？跖其兄室，不跖其於陵，是不居兄室之類，終未充也，烏能全其不居之操？而匡章謂無傷，惡在其能無傷也。嗟夫！使仲子去其母兄又去其妻，則絶類矣。絶類則誰群？自知不可，而奈何仲子好爲此必不可之事也。使仲子不食其母，又不食其妻，不居兄室，又不居於陵，是終無食無家矣，何以爲人？決知不能，而奈何仲子自爲此決不能之事也。引其類，終未離乎盗跖；究其操，終未全乎伯夷。故曰道不遠人。若仲子者，蚓而後充其操者也，操與守殊，須辨。

於陵，齊地。三日不食，貧甚也。井上，道間也。古者地皆井，路在井間，井上種樹。《周禮》野廬氏云「宿息井樹」是也。李，李樹也。道旁之李，人所不食。故其實有在樹爲蟲所食者，棄物也。螬，蟲也。實，李子也。螬食之李，不完者也。匍匐，困憊不能行也。將，探取也。取之而得螬食之實，目不見也。三咽，食不下之狀。耳有聞，目有見，復蘇也。巨擘，手大指也。以爲巨擘，猶今人言屈指第一也。士而如巨擘，非其至者。于齊士中爲巨擘，尤非其至者。齊俗貪饕，仲子苦節，故在齊人中則爲第一也。惡能廉，廉者有分辨，非絶物也。强持曰操，仲子勿取以爲操也。蚓，丘蚓。槁壤，乾土也。黄泉，濁水也。上下，蚓所居也。槁壤黄泉，蚓所食也。如蚓，則真無取也。今仲子所居猶室，所食猶粟，是未能無取也。伯夷，言其義也。跖，大盗名，言其不義也。築，築垣爲室也。樹，種植也。未可知，難辨從來義否也。曰，匡章言也。何傷，言雖夷跖未知，無害于可食也。辟，分也。纑、縷通，分析其麻爲縷也。易，易粟也。以力易食，何必盡問所從來。解釋孟子是未可知之難，其説雖是，但自仲子視天下，則無人非跖也。雖妻所易之粟，烏得謂無傷乎？世家，世卿之家。戴，兄名，即爲齊卿者也。蓋，食邑名也。禄，即卿禄。萬鍾猶萬斗，蓋千石之類。如以十釜一鍾計，則六萬四千石矣。他日歸，自於陵歸母家也。生鵝，鵝之未殺者。己，指仲子也。頻顣，不悦貌。烏用，言不可受也。鶃鶃，鵝聲。他日，又他日也。哇，吐也。類，謂推不食不居之類。○蘇子由曰：君子之行，爲可充也，爲可繼也，然後行有類。若仲子，將何以繼之？故曰非禦而謂之禦，充類至義之盡也。君子充其類而極其義，則仲子之兄猶盗也。仲子之兄猶盗，則天下之人皆猶盗也。以天下之人皆猶盗而無所答，則誰與立乎天下？故君子不受于盜，而猶盜者有所不問，而後可以立。故曰若仲子者，蚓而後能充其操者也。

匡章，孟子弟子，齊人。按《戰國策》：秦攻齊，齊威王使章子將而應之，與秦交和而舍。使者數相往來候者，言章子降秦而此者三，王曰：「此不叛寡人明矣。」頃間言齊兵大勝。左右請曰：「何以知之？」王曰：「章子之母啓得罪于其父，其父殺而埋之馬棧之下。吾使章子將也，勉之曰：『全兵而還，必更葬將軍之母。』對曰：『臣非不能更葬先妾也。臣之母啓，得罪臣之父，臣之父未教而死。夫不得父之教而更葬，是欺死父也。』夫爲人子而不欺死父，豈爲人臣而欺生君哉！」按章子此言過也。君與父，分敵耳。以子更葬失所之母，而以君命行之，不亦可乎？而不爲變通，通國謂之不孝，其以此與？其得罪于父也，出妻屏子，終身不養。行事頗類陳仲子，是以亟稱陳仲子爲廉士。而孟子謂陳仲子避兄離母，不與其廉，正以矯章子也。

《高士傳》云：陳仲子，字子終。夫妻爲人灌園，楚王遣使以金百鎰聘爲相，不往。〇《國策》云：齊王使使問趙威后。威后謂使者曰：「於陵子仲尚存乎？是其爲人也，上不臣於王，下不治其家，中不索交諸侯。此率民而出於無用者，何爲至今不殺乎？」鮑彪注：此於陵子仲自爲一人。若孟子所稱，已是七八十年矣。〇《韓非子》云：齊有居士田仲者，宋人屈穀見之曰：「君聞先生不仰人而食。今穀有樹瓠之道，堅如石，厚而無竅，獻之。」仲曰：「瓠所貴者，謂可以盛也。厚而無竅，則不可剖以盛物而任重。堅如石，則不可以剖而以斟。吾無以瓠爲也。」曰：「然。穀將以欲棄之。今仲不仰人而食，亦無益人之國，亦堅瓠之類也。」

古者路在井間，故謂路爲井上。《周禮》所謂澮上之道、川上之路也。五祀祭行，亦謂祭井。川澮即汲水之所。冬月水王，故祭行。井即行也。○李樹多子，故文从木，子聲。《爾雅》：休，無實李。注云：一名趙李也。座，接慮李。注云：麥李也。駁，赤李。注云：子赤也。古李與理通。皐陶爲堯大理，後爲理氏。紂時有逃難食李得全者，遂改爲李。《管子》書大理皆作李，《左氏》有行李，與行理並用。仲子食李，亦取逃難，以理食之義。○螬，即《詩》云蝤蠐也。大者如足大指，以背行，駛千足。○蚯蚓，土精也。無心之蟲，與阜螽交。一名朐肕，一名曲蟺。長吟土中，江東人謂之歌女。或云：鳴者螻蟈也。《月令》：螻蟈鳴，蚯蚓出。蚯蚓與螻蟈同處。螻蟈，土狗也，亦名螻蛄。○鵝，家鴈也。行舒徐，有行列。《禮》云：行如舒鴈。古者兵法有鵝鸛之陳。鶂聲與鵝近，猶常儀之于常娥，與《詩》旨鷊之鷊，《春秋》六鷁之鷁，聲皆相近。

按孟子生平履歷次第，具見上篇。下篇載其嘉言懿訓，而前後義理，亦有次第，讀者詳之。

孟子說解卷六終

孟子説解卷七

郝敬 解

離婁章句上

一

孟子曰：「離婁之明，公輸子之巧，不以規矩，不能成方員圓；師曠之聰，不以六律，不能正五音；堯舜之道，不以仁政，不能平治天下。今有仁心仁聞去聲，而民不被其澤，不可法於後世者，不行先王之道也。故曰：徒善不足以爲政，徒法不能以自行。《詩》云：『不愆不忘，率由舊章。』遵先王之法而過者，未之有也。聖人既竭目力焉，繼之以規矩準繩句，以爲方員平直，不可勝平聲用也。既竭耳力焉，繼之以六律句，正五音不可勝用也。既竭心思焉，繼之以不忍人之政，而仁覆去聲天下矣。故曰：爲高必因丘陵，爲下必因川澤。

爲政不因先王之道，可謂智乎？是以惟仁者宜在高位；不仁而在高位，是播其惡於衆也。上無道揆葵上聲也，下無法守也，朝潮不信道，工不信度，君子犯義，小人犯刑，國之所存者，幸也。故曰城郭不完，兵甲不多，非國之災也。田野不辟，貨財不聚，非國之害也。上無禮，下無學，賊民興，喪無日矣！《詩》云：『天之方蹶貴，無然泄泄裔。』泄泄，猶沓沓踏也。事君無義，進退無禮，言則非先王之道者，猶沓沓也。故曰：責難於君謂之恭，陳善閉邪謂之敬，吾君不能謂之賊。」

庸君世主，皆有不忍人之心，但不能推心行政，無改于强戰聚斂之事。惟先王有不忍人之心，斯有不忍人之政。典刑俱在，舊章可循。世主不能率由，而其臣不能輔導，故仁心不達，天下無善治也。蓋心不能自推，所以及民唯政。政者，繼心思之規矩準繩也。無規矩準繩，則耳目窮。雖公輸師曠，不能成器與樂。無仁政，則心思窮。雖聖帝明王，不能平治天下。因心以運政，因政以推心，因仁心仁政以求治，如爲高之因丘陵，爲下之因川澤，至便也。失此不爲，是天下之至愚也。惟仁者在高位，則以心行政。皇極建于上，而表正影端，明良響合，衆正輔而百度貞，天下荷仁覆之賜矣。若不仁之主，功利汩其志，聲色貨利迷其心。夫讒諂面諛之人至，掊克聚斂之政行。綱紀不振，風俗敗壞。君臣寮宷，怠惰媮安，腹心昏憒，而手足痿痺隨之。君既亡矣，臣豈獨存？由未講于事君之道耳。故章末專責之。

上篇論政多主心，如告梁齊之君之類。此章論推心主政，故以冠篇。人主迷失本心，與之言心。

心不能推，與之言政。無論其心不善，即善矣，而空虛無實，乃山林枯槁之習，豈可與言經濟。此堯舜以來中庸之教所以異于素隱者也。規矩六律仁政，即聰明心思所在。文章即性與天道，治學無二理也。何代無法，後世人主，法如秋荼。惟先王聰明睿智，創業垂統。其于人情世故，知之精，閱之熟。經綸制作，宜民宜人，與後世主生長深宫，舞智自聖者不同。故法無如先王善矣。「聖人既竭」三段，申上文「不以規矩」三段，言法苟不繼，雖善易竭。聖人不能，況世主乎？繼之，繼竭也，竭則須繼。不繼，即所謂徒善不足。繼有二：一者，耳目得規矩六律，則聰明有所依憑，而精密不爽，此當聖人之身不勝用也；二者，聖人不世出，有規矩六律與仁政在，即是聖人長在，此天下後世不勝用也。稍重聖人之身邊，申言堯舜必以仁政之意。仁政自聖人心思流出，天下由政蒙聖人之澤，即是在聖人度内，所謂天下歸仁也。故曰仁覆天下，非政曷能及此？

孟子論治必稱先王。及考篇中所舉先王之政，惟井田學校數事，曰：此其大略也。問班爵禄，曰：其詳不可得聞。問禮，曰：諸侯之禮未之學。可知孟子法先王，非拘拘陳迹也，其要在于以仁義易功利，救民于水火之中而已矣。

離婁，視分明也。公輸子，魯之巧匠。規所以爲圓，矩所以爲方。師曠，晉樂師，名曠。善聽曰聰。律，法也。作樂之法，陽曰律。六，謂黄鐘、大蔟湊、姑洗先上聲、蕤芮平聲賓、夷則、無射亦也。陰曰吕。吕，助也，助陽也。亦六，謂大吕、夾鐘、仲吕、林鐘、南吕、應鐘也。獨言律，從陽也。陰陽各以其法爲管十二，大小參差吹之，求五音之高下，以按十二月。五音，謂宫商角徵羽，以合五氣。堯舜之道，統德業言也。仁政，謂治天下之法，施仁恩於民，如上篇所告梁齊諸君者，皆是也。仁聞，以仁見稱也。仁者澤民，必可法於後世。如堯舜乃爲至仁，非政不及此也。先王之道，正其爲法于後世者也。善，即仁也。法，即政也。徒，空也。不足，不充滿也。不能，無根蒂也。《詩》，《大雅·假樂》之篇。愆，過也。忘，遺失也。舊章，先王已行之政也。竭，盡也。聖人聰明睿智，觸處自盡，非有所勉也。繼，隨所自盡處合法度，非待竭絶而後繼也。耳目心思所及有限，法度承接然後施被者廣也。準所以爲平，繩所以爲直。規矩六律，皆作自聖人，故以例仁政。耳目曰力，耳目有形也。心曰思，心官則思也。竭心思，盡其心而思所以仁天下之道也。仁者，謂以仁心行仁政者，如堯舜聖人是也。播，布散也。居高臨下，則所及遠，故曰播。上無道揆以下，皆播惡之事，由于不法先王也。衆，指臣民在下位者。上，謂君在高位者。道，即仁也。揆，度也。行曰道，愛曰仁，宜曰義，理曰禮，平曰法，均曰度，一也。道揆，謂以道理爲權衡，即先王之法也。有道之君爲百揆之主，法即揆也。君立法，臣守法。君不能揆，則下無所守。朝謂朝廷，工謂百官。寅亮天功，故曰工。信，依憑也。上無道揆，故朝不信道。下無法守，故工不信度，皆謂不法先王也。義以防君子，刑以禁小人。犯，觸也。《詩》，《大雅·板》之篇。蹶，動而不安也。泄泄，猶媟媟，怠緩貌。沓沓，行不進貌。進退，猶出入也。言，謟諛之言也。非，詆毁也。先王之道，即禮義也。責難于君，反上泄泄沓沓，以其不知爲君之難也。知其難，則匹夫若勝予。責其君以恭，即謂之恭君矣。君不知難，由其心邪也。善，即堯舜之道。善道陳于前，則邪念自止。教其君以敬，即謂之敬君矣。貌曰恭，心曰敬。恭尊而隆，敬恪而謹也。賊，害也。通章四段，每段以「故曰」結之。此「故曰」結「天之方蹶」以下一段。恭敬承勿泄泄，而重其責于臣也。

凡物莫不有聲。《記》曰：「聲成文謂之音。」音者，聲之和也。不按以律，則高下散越，乖戾而不和。律者，樂之器數。器與數合爲律。陽曰律，陰曰吕。吕，侣也，侣乎陽也。陽數成于三，盛于九。數有損益進退，而後音有高下清濁。損益進退，以三爲差。其法截竹爲十二管，以象天運十二。長短相乘，比而吹之。管長而聲壯者爲陽，短而聲弱者爲陰。九寸之管，中空爲九分，是爲黄鐘。黄鐘三分損一爲六寸，下生林鐘。又三分林鐘益一爲八寸，上生大蔟。三分大蔟損一爲五寸有奇，下生南吕。三分南吕益一爲七寸有奇，上生姑洗。又三分姑洗損一爲四寸有奇，下生應鐘。三分應鐘益一爲六寸有奇，上生蕤賓。三分蕤賓益一爲八寸有奇，上生大吕。三分大吕損一爲五寸有奇，下生夷則。又三分夷則益一爲七寸有奇，上生夾鐘。又三分夾鐘損一爲四寸有奇，下生無射。又三分無射益一爲六寸有奇，上生中吕。是爲律吕十二，以配十二月。自黄鐘九寸，至應鐘四寸有奇以爲序，一陰一陽相間。值奇數之月者爲陽律，值偶數之月者爲陰吕。陽生于十一月，起黄鐘，以次及大蔟、姑洗、蕤賓、夷則、無射，挨配十一、正、三、五、七、九月，爲陽六律。自十二月起大吕，以次及夾鐘、仲吕、林鐘、南吕、應鐘，挨配二、四、六、八、十月，爲陰六吕。截竹以求聲，按數以置管。管之參差有等，而聲之高下相應。《律吕書》按法規而爲圖，以十二律配合十二月辰。自子午以東，黄鐘至蕤賓爲上。自子午以西，林鐘至應鐘爲下。每隔八位相生，上生者爲陽，下生者爲陰。六律者，聲也。單吹爲聲，故求聲以管。五音者，樂也。聲比成音，故審音以絃。絃亦用黄鐘之數三分損益。九九八十一絲，合爲一絃。大而音濁，是爲宫，土音也。又以宫三分損一，六九爲五十四絲生徵。徵，火音也。徵三分益一，爲七十二生商。商，金音也。商三分損一，爲四十八生羽。羽，水音也。羽三分益一，爲六十四生角。角，木音也。角三分損一，不盡一算，其數不行，故音止五。

離婁，視明者之通稱。賈誼《懷沙》辭云：「離婁微睇兮，瞽以爲無明。」離爲火，南方爲離，向明也。莊生云：使離朱索之不得。朱，火色，爲明，故離爲朱方。婁與録、陸、睩、矑義皆通。《詩》曰：「五楘梁輈。」毛傳云：楘，歷録也。疏云：文章歷録然。《楚辭》云：「長余佩之陸離。」注云：陸離，參差分明，猶歷録也。《九辨》云：「蛾眉曼睩，目騰光些。」睩，猶婁也。楊雄賦：玉女無所眺其清矑。矑，目瞳子，猶婁也。古字通用類此。或者謂離婁人名，又謂孟子弟子，謬也。○公輸，名般，一作班，字若。《禮・檀弓》云：季康子母喪，請以機封者也。或云：魯昭公子也。嘗爲楚設機以攻宋。九攻，墨翟九卻之。削木爲鵲，飛之三日不下。○師曠，字子野，爲晉樂師。楚公子午伐鄭。師曠曰：「不害。吾驟歌北風，又歌南風。南風不競，多死聲，楚必無功。」既而楚師多凍死者。○衞靈公將如晉，次濮上，聞琴聲甚哀。使師涓以琴寫之，爲新聲。至晉，爲平公奏之。師曠撫其手止之，曰：「此亡國之音也。昔師延爲紂作靡靡之樂，後自沉于濮水上。聞此聲，其必濮上乎？」平公悦新聲，師曠曰：「公室其將卑乎？」自是晉政在大夫。○《韓非子》云：平公問師曠曰：「清商固最悲乎？」師曠曰：「不如清徵。」公曰：「可得聞乎？」師曠曰：「不可。古之聽清徵者，皆有德義之君。吾君德薄，不足以聽之。」平公曰：「願試聽之。」師曠援琴而鼓。有玄鶴二八，道南方來，集於郎門之垝，延頸而鳴，舒翼而舞。音中宮商，聲聞于天。平公大悅，坐者皆喜。平公提觴而起，爲師曠壽，反而問曰：「音莫悲于清徵乎？」師曠曰：「不如清角。」平公曰：「清角可得而聞乎？」師曠曰：「不可。昔者黃帝合鬼神于泰山之上，作爲清角。今主君德薄，聽之將恐有敗。」平公曰：「寡人老矣，所好者音也，願遂聽之。」師曠不得已而鼓之。一奏有玄雲從西北起，風雨至，裂帷幕，破俎豆，隳廊瓦。坐者散走，平公恐懼，伏于廊室之間。晉國大旱，赤地三年，平公之身癃病。或謂師曠能聽蚊行蟻步，大抵多後世附會之說。

二

孟子曰：「規矩，方員之至也。聖人，人倫之至也。欲爲君盡君道，欲爲臣盡臣道，二者皆法堯舜而已矣。不以舜之所以事堯事君，不敬其君者也。不以堯之所以治民治民，賊其民者也。孔子曰：『道二，仁與不仁而已矣。』暴其民句，甚則身弑國亡，不甚則身危國削。名之曰幽厲，雖孝子慈孫，百世不能改也。『《詩》云：『殷鑒不遠，在夏后之世。』此之謂也。」

此與前章意同。言爲君臣者，相與仁其民而已矣。天立君，君擇臣。凡爲民也，能仁民，即是盡君臣之道。能盡君臣之道，即是盡倫。仁爲保民之本，堯舜所以事君治民者，至矣盡矣，莫非仁也。無一爲君者，自仁其民。敬君之事者，亦仁其君之民。無一念一事不爲民者，舜之所以事堯，仁也。無一夫不被其澤者，堯之所以治民，亦仁也。仁者通天下爲一身，一毫有歉即是未仁。故仁爲君臣規矩，其道本一。由堯至于幽厲，不忍人之心同。而克念罔念，聖狂遂分爲二。然則爲君臣者，當法人倫之至，以求道一之歸。少有虧缺，即入不仁。語云：取法乎上，僅得乎中。取法乎中，必淪爲下。不以堯舜爲法，必與幽厲同歸。未有不爲仁，而又能免于不仁者也。

規矩盡所以爲方員之法，聖人盡所以爲君臣之道。無以復加，故曰至也。臣以事君爲道，君以治民爲道。法堯舜者，法其仁，非擬其迹也。不法堯舜，君臣之道便有未盡。而已矣者，極盡之辭。堯之所以治民，舜之所以事堯，皆以仁也。舜相堯二十八載，命官巡狩，皆所以事堯者。堯爲天下得人，成功文章，巍乎焕乎，皆所以治其民者。於變時雍，協和風動，仁覆天下，故曰盡道。道至于盡，更不容有二。引孔子之言，分前後爲二端。前言堯舜仁民之至，後言幽厲賊民之至。堯舜爲萬世法，幽厲爲萬世鑒，此之謂道二。出此則入彼，所以仁爲君臣規矩，不可踰也。能爲堯舜則道一，不能爲堯舜則道二矣。名，謚也。《謚法》：壅遏不通曰幽，殺戮無辜曰厲。周厲王，名胡，夷王子也。周人逐之，死于彘。幽王，名宫涅，宣王子，厲王孫。犬戎殺之于驪山下，西周遂亡。孝子慈孫百世不改，言恥不可雪。遠，臭之遠也。《詩》，《大雅·蕩》之篇。鑒，鏡也，因敗亡以自照也。殷謂紂，夏謂桀。紂不能鑒桀，幽厲又不能鑒桀紂，所以偕亡也。

三

孟子曰：「三代之得天下也以仁，其失天下也以不仁，國之所以廢興存亡者亦然。天子不仁，不保四海；諸侯不仁，不保社稷；卿大夫不仁，不保宗廟；士庶人不仁，不保四體。今惡死亡而樂不仁，是猶惡醉而强酒。」

此因上章桀紂幽厲，而引三代失天下爲言。仁，人心也。仁者以不忍人之心，行不忍人之政，聯天下國家爲一體曰仁。二帝三王所以得天下，仁也。桀紂幽厲所以失天下，不仁也。禹湯文武美行百千，總歸于仁。桀紂幽厲罪狀百千，總歸不仁。蓋仁則通天下爲身，而以興以存。不仁則頑痿不屬，而以廢以亡。仁與不仁，關廢興存亡之機。自古及今，天子至庶人，未有能違者。今天下無王，諸侯各國其國，皆知求興求存，惡廢惡亡，而無肯爲仁者。豈三代不易之道，今能易之乎？豈天子獨然，諸侯獨不然乎？國之廢興存亡一語，主當時諸侯言。卿大夫士庶人，極言不仁無一免者。此後四章，意甚貫穿，由身以及家國天下也。

四

孟子曰：「愛人不親反其仁，治人不治反其智，禮人不答反其敬，行有不得者，皆反求諸己，其身正而天下歸之。《詩》云：『永言配命，自求多福。』」

承上章言脩身爲本。仁智禮三者，君子所以脩身也。仁以愛人，智以治人，禮以敬人。如此則蒙其仁者必親，服其智者必治，感其敬者必答。行無不得則安富尊榮，天下歸而多福至，王道行矣。可見爲治之本在脩身。反求諸身，德盛而化自神。不宜馳騁功利，與天下争强弱。舍己而責人，則求福而得禍矣。

行有不得，謂家國天下有不親不治不答者，皆反求其仁智禮也。君子常見己之非，不見人之不是，則身無不脩，而人自無不服矣。《詩》，《大雅·文王》之篇。人能長言合天理，則百福由己求，此脩身自然之效也。

五

孟子曰：「人有恒言，皆曰天下國家。天下之本在國，國之本在家，家之本在身。」

此承上章身正天下歸，而歎人不知本也。人，謂當時遊説輩。恒言，常譚也。言天下國家，求諸人耳。廣論浮議，而不知反其本也。天下，天子所主也。國，諸侯之國也。家，卿大夫勳舊貴戚之家也。天子不得賢諸侯，無以治天下。諸侯不得賢卿大夫，無以治其國，皆謂之本。而欲治其家者，又以脩身爲本。《詩》云「大邦維屏」，天下之本也。「大宗維翰，宗子維城」，國之本也。「懷德維寧」，家之本也。據前後章次第，家即巨室，猶《詩》云「凡周之士」是也。故微子去而殷亡，二老歸而周興。君身不脩，則親戚叛之。故曰所謂故國者，有世臣之謂也。下章即以巨室承之，與《大學》之旨略異。

六

孟子曰：「爲政不難，不得罪於巨室。巨室之所慕，一國慕之；一國之所慕，天下慕之；故沛然德教溢乎四海。」

天子所與共天下者，惟賢公卿。戰國時諸侯驕恣，犬馬土芥其臣。惟知臣不可得罪於君，不知君尤不可得罪于臣。臣得罪于君，災止其身。君得罪于臣，所繫遠矣。故發巨室之論，承上章家之本在身而言。爲政在人，取人以身，身脩則不得罪于巨室。國之本在家，巨室慕則國人皆慕。天下之本在國，國人慕則天下人皆慕。至于天下慕，而德教四達矣。《洪範》所謂「汝從則卿士大夫從、庶民從」也。上章由天下而反約其本于身，此章由身而推極于天下。不得罪，即仁智禮交脩也。耆舊悦其德，强宗服其教。非巨室不罪我，我身脩自無可罪也。蓋人主挾勢自用，苟無法家拂士，將無所不至。古貴戚之卿，君有大過則諫，反覆之而不聽則易位。明主有不敢得罪于公卿大夫之心，自能温恭禮下，親賢愛民。公卿大夫悦服，而國人仰戴明主矣。夫君令臣共者，常也。而曰君不得罪于臣，即《書》「成王畏相」、《詩》「下民有嚴」之義。殷以三仁去而亡，周以二老來而興。故明主不患臣得罪于己，惟恐己得罪于臣。是以即行有不得，反求諸己之心。不惟世篤忠貞，如十亂四友不可得罪。即跋扈强梗如魯三家晉六卿輩，亦其君德不脩，自貽伊戚也。是以湯武罪己，其興也勃焉，故曰家之本在身。爲政不難，惟知本也。〇巨室，大家也，不得罪，謂身脩而行無不得也。慕，想望也。國，畿内也。德，躬行也。教，章程也。德教，即政也。慕在平日，由于德感，而教施于慕後，故沛然四達也。溢，充滿也。慕者，人心所同然也。巨室者，國人之表。國人者，天下人之式也。心以及心，自上而下，自近而遠。如水流濕，火就燥，所以不難也。

七

孟子曰：「天下有道，小德役大德，小賢役大賢；天下無道，小役大，弱役强：斯二者，天也。順天者存，逆天者亡。齊景公曰：『既不能令，又不受命，是絶物也。』涕出而女去聲於吴。今也小國師大國而恥受命焉，是猶弟子而恥受命於先師也。如恥之，莫若師文王。師文王，大國五年，小國七年，必爲政於天下矣。《詩》云：『商之孫子，其麗不億，上帝既命，侯于周服。侯服于周，天命靡常，殷士膚敏，祼灌將于京。』孔子曰：『仁，不可爲衆也。夫國君好仁，天下無敵。』今也欲無敵於天下而不以仁，是猶執熱而不以濯也。

《詩》云：『誰能執熱，逝不以濯。』」

聖賢處世，天命人事並行不悖。盡人以回天，存乎自强。天下有一定不可違之理數，一定不可易之時勢。凡非人力所能爲者，皆謂之天。明王不作，諸侯放恣，恃强大而陵弱小。弱小爲之役，此理數時勢必不可違。亦猶治世以三德事五德，以五德事九德，不得不然。齊景公隱忍事吴，揮涕以女之，正爲此耳。然徒知恥爲人役，不求免役之道，役豈能免？昔文王處無道之天，如羑里之囚，商紂之强大何加焉。文王雖弱小，而能脩德行仁，竟爲政于天下。所謂大德大賢，有道之主，天下誰能役之？今諸侯遇强大之敵，蒙人役之恥。不師文王，求無爲役，不可得已。故無道之天，正奮勵之日。包羞忍恥，實自强之機。處屈辱而不知奮，尚足與圖存哉，故曰知恥近乎勇。古英雄所以轉弱而爲强，皆是物也。

德謂道有諸己，賢謂德過人。小謂一善，大謂全美。役謂服事。小役大，以土地相兼也。弱役强，以兵力相脅也。天者，自然之名。齊景公，名杵臼，諡曰景。令，出令使人也，受命聽人令也。絶，物與物睽絶也。涕，淚也。涕出，恥之也。女，以女與之也。時吴王夫差强，齊景公忍恥受命，所謂順天也。小國師大國，謂效强大所爲，不務賢德也。恥受命，羞爲大國役也。弟子恥受命先師，言必不免也。師文王，謂脩德尚賢，行仁政也。五年七年，各因所乘之勢約言之。天地之數會于五。《春秋傳》云：「天以七紀。」二十八宿，四方各七也。故五七爲有道之符。此承小國恥受命，而兼言大國者。大國雖强，無賢德，不能爲政于天下同也。《詩》，《大雅·文王》之篇，詠文王之事也。麗，附也。自相附麗，所謂其會如林者也。或曰：麗，數也。十萬曰億。不億，猶言無萬數也。侯，惟也。服，從也。殷士，殷臣子也。膚，美也。敏，速也，言儀容美而趨事疾也。祼將，奉酒助祭也。祼，獻也。將，奉也。祼、灌通，以酒灌地求神也。京，周京也。如微子來見祖廟之類。不可爲衆，言不可以衆力敵也。執熱，手持熱物，譬强大不可犯也。濯，以水濯手，譬仁能馴暴也。執熱不濯，必有焦爛之患。喻不脩德，必受强大之辱也。《詩》，《大雅·桑柔》之篇。逝，語辭。

按唐虞夏商之爲天子也，無金城千里之都。王畿隨宜遷徙，九州六服皆以分建諸侯。天子土地甲兵，無以甚踰于列辟，而天下歡然戴爲共主。慶賞黜陟，唯命是共，真所謂以德役者矣。秦漢而後，人主以四海爲家。尊君而卑臣，居重以馭輕。禁網愈密，防衛愈固。把持讋伏，然後强梁者不敢逞。此世運使然。雖有明主，而遭值季世，欲寢兵措刑，指撝而定天下，日再中矣，故曰天也。

八

孟子曰：「不仁者可與言哉？安其危而利其菑，樂其所以亡者。不仁而可與言，則何亡國敗家之有？有孺子歌曰：『滄浪之水清兮，可以濯我纓！滄浪之水濁兮，可以濯我足！』孔子曰：『小子聽之，清斯濯纓，濁斯濯足矣。自取之也。』夫人必自侮，然後人侮之；家必自毁，而後人毁之；國必自伐，而後人伐之。《太甲》曰：『天作孽，猶可違；自作孽，不可活。』此之謂也。」

天下治亂興亡，始自君心。一念覺悟，即是可救之藥。不然，雖忠良盈庭，劈畫指掌，而沉醉不醒，可若之何？故天下無不可回之亂，無不可釋之辱。惟不仁之人陷溺錮蔽，忠言不悟，坐至死亡，皆其自取。彼以危爲安，以災爲利，顛倒迷惑。然而清濁貴賤，天道人事，曉然分明，不可逃也。安其危，則危至矣。利其災，則災至矣。樂其所以亡，則亡至矣。誰非自取乎？明知自蹈，忠言不聽，故曰自取。不仁者試思焉。

孺子無知，歌出無心，見水自取。滄浪，楚水，漾漢下流也。纓，冠繫也。纓貴而足賤，水清貴而濁賤。小子，門人也。身不脩，是自侮也。家不齊，是自毁也。國不治，是自伐也。《太甲》，逸《書》篇名，今孔書有之。孽，禍萌也。詳《盡心》上篇。

九

孟子曰：「桀紂之失天下也，失其民也。失其民者，失其心也。得天下有道，得其民，斯得天下矣。得其民有道，得其心，斯得民矣。得其心有道，所欲與之聚之，所惡勿施爾也。民之歸仁也，猶水之就下，獸之走壙也。故爲淵敺魚者，獺也。爲叢敺爵者，鸇也。爲湯武敺民者，桀與紂也。今天下之君有好仁者，則諸侯皆爲之敺同驅矣。雖欲無王，不可得矣。今之欲王者，猶七年之病求三年之艾也。苟爲不畜，終身不得。苟不志於仁，終身憂辱，以陷於死亡。《詩》云：『其何能淑，載胥及溺，』此之謂也。」

自離婁以下諸章，言仁當爲，而未指爲仁之事。此章推及民心欲惡，即《大學》絜矩治國平天下之道，即仁也。孔子論仁亦惟好惡。好惡者，人情之公同。其好惡者，行仁之本。世主殘民自逞，民心不遂，如在倒懸。棄危而解，其機甚便。顧今諸侯，孰有能翻然改圖，與民同好惡者乎？當今之時，欲行仁亦晚矣。要在及時勇決。如久病將死，來日苦短，孳孳汲汲，蓄三年之艾，救七年之病，惟恐不及，而後庶幾。若悠優怠緩，其何能濟？

民心所欲，如省刑薄税之類。所惡，如殺人横斂之類。聚則所願無不得，勿施則所惡不加身。不施其所惡，乃能聚其所欲。爾也，猶言云爾，得民心之道，不過如此也。壙，穴也，獸所居也。水趨下，獸歸穴，性也。爲淵敺，謂逐魚使歸淵也。獺，食魚之獸。爵，小鳥。鸇，食爵之鳥。艾，藥草，可然火以灼病。陳久益善，故需三年也。七年之病，喻至不仁也。悔積日之桀紂，一朝欲爲湯武也。《詩》，《大雅·桑柔》之篇。淑，清淳也。載，則也。胥，相也。溺，沉没也。引以明不仁死亡之意。《謚法》：賊人多殺曰桀，殘義損善曰紂。桀，磔也。《周禮》謂之疈辜，殺牲而支解之也。文从舛在木上，言凶暴如磔也。紂，馬鞘也。詳《論語》第十九篇。

獺似猫，形扁，一名猵，通作獱。《爾雅》註：猨鳴而獺候之。《莊子》云：「猨，猵狙以爲雌。」束皙云：猨以獺爲婦也。〇黑色微赤者謂之爵，即燕雀之色，故燕謂玄鳥。爵與雀通，小鳥曰雀。雀依人，故謂賓雀，似客依主也。今燕雀、瓦雀之類。或曰爵者，盡也，足也。以其小而聲節節足足然，故名。飲器一升爲爵，二升爲觚，三升爲觶，四升爲角，五升爲散，以至于斗，至于壺，至于石。由爵漸加，故官級曰爵。雀食粟，故禄因于爵。《王制》云：任官然後爵，位定然後禄。以爵受禄，取有節知足之意。〇鸇，鷂也，鷹屬。《爾雅》云：晨風，鸇也。注云：鷂屬，即化睢鳩者。《月令》：二月鷹化爲鳩，五月鳩復化爲鷹。鳩即布穀。《列子》云：鷂化爲鸇，鸇化爲布穀。布穀久復化爲鷂。

艾，一名冰臺。削冰圓，向日，取艾承其影得火，故名也。艾，刈也。刈取之，故字从乂。乂，治也，以治疾得名。《詩》云：「或肅或艾。」又長久之名，取陳久則善也。故五十曰艾。艾以陳久爲佳，女以新少爲美，故幼婦曰少艾。

一〇

孟子曰：「自暴者，不可與有言也。自棄者，不可與有爲也。言非禮義，謂之自暴也。吾身不能居仁由義，謂之自棄也。仁，人之安宅也。義，人之正路也。曠安宅而弗居，舍正路而不由，哀哉！」

承上章言仁。以同民心，則爲好惡。在君身，則爲禮義。安宅正路，豈其不美？而不仁者自戕賊，是謂自暴。民之秉彝，豈其獨無？而不仁者自抛擲，是謂自棄。戕賊者非毁禮義，抛擲者委于不能，非毁者不可與言，勿論矣。抛擲者，明知仁義之美爲已有，而甘自棄，亦可哀矣。故君子絶望于自暴者，而痛惜夫自棄者。

自暴自棄，非天暴棄之，非人暴棄之。天與之，人同之，彼自害自廢耳。私欲横行，天理滅絶，故曰暴。宴安怠惰，策勵不起，故曰廢。不可與者，絶之之辭。不可與言者，言則非之。非，猶毁也。禮義，猶言道理，即仁義也。不曰仁義而曰禮義者，爲不可與言道理云爾。自棄者與之言，亦知仁義之美，但自謂不能居，不能行也。良心一也，以存諸中，含洪廣大謂仁。以見諸事，條理精密謂義。仁則無累，隨處安舒。爲己公而爲人恕，是謂安宅。義則順理，時行時止。履道坦坦，邪徑不由，是謂正路。曠，空也。哀哉，歎人自棄也。

前章皆言仁，此章兼義。安宅正路，皆本人君身心言之。下章推至親長孝弟，居下位章又推明善誠身。天道人道，誠能動物，則爲仁無餘術矣。諸章由淺入深，論仁之序也。

一一

孟子曰：「道在爾而求諸遠，事在易而求諸難。人人親其親，長其長，而天下平。」

承上仁義爲安宅正路，即平常易簡之理。暴棄者舍而他求，豈知道不外仁義，仁義不外孝弟，但親親長長即平天下之道。人人有之，人人能之，故曰堯舜之道，孝弟而已，豈必求諸遠且難乎？遠且難，即不謂安宅正路矣。

道體無爲，爲道曰事。邇而遠，易而難，即下學而上達之意。戰國處士横議，楊墨功利之説，皆遠且難者。道術不明，人心傾險，世路崎嶇，所以大亂。語云：天下本無事，庸人擾之。其要惟在反經，正人心，明禮敦讓，則世路自平。在士君子，脩德學道依乎中庸。入孝出弟，行庸德，謹庸言，自然物我偕適，大道爲公，家邦無怨矣。

一二

孟子曰：「居下位而不獲於上，民不可得而治也。獲於上有道，不信於友，弗獲於上矣。信於友有道，事親弗悦，弗信於友矣。悦親有道，反身不誠，不悦於親矣。誠身有道，不明乎善，不誠乎身矣。是故誠者，天之道也。思誠者，人之道也。至誠而不動者，未之有也。不誠，未有能動者也。」

承上章親長平天下，而推本于誠。凡奉上使下，事親交友，處内外人已親疏，莫不各有當然之道。體信達順，不可襲取也。前三事不言誠，而有道即是存誠。獲上不以容悦，而以信友即事君之誠。信友不以苟合而以孝親，即信友之誠。誠身不以身，而以明善即誠之。精融透徹，無一私之蔽者，乃爲至誠，乃能動物。物即君民親友，誠即忠孝仁信之實心。此理成于性即善。實有諸己即誠，命于天即天道。思者，心之官。思則明，明則無遮蔽，善復而天全矣。仁孝忠信之理，誠有諸身。以之事上則獲，臨民則治，交友則信，事親則悦。蓋誠本天命人心，同然默契，故無不可感動之物。此章之言，與《中庸》合。世儒謂孟子學于子思，蓋此類。

一三

孟子曰：「伯夷辟去聲紂，居北海之濱，聞文王作興，曰：『盍歸乎來，吾聞西伯善養老者。』太公辟紂，居東海之濱，聞文王作興，曰：『盍歸乎來，吾聞西伯善養老者。』二老者，天下之大老也。而歸之，是天下之父歸之也。天下之父歸之，其子焉往？諸侯有行文王之政者，七年之内，必爲政於天下矣。」

承上章至誠動物悦親信友而言。以仁心行仁政如文王者，自能風動四海，聯屬豪傑之心，所謂巨室慕之，國人天下皆慕之矣。文王本豈弟如傷、仁敬孝慈之德行治岐之政。一世之民舉蒙其養，不獨老者耳。但伯夷太公以老來歸，故以養老稱。既收天下之人望，遂繫天下之人心，所以爲政於天下也。伯夷讓國，高尚之老也。太公造周，定策之老也。高尚者來，則風教振。定策者來，則功業張。民心所以向化，周道所以日隆。自非至誠感動，何以得此？今天下豈無大老？諸侯德政不脩，望望然去之矣。

文王之政，如明堂章所言文王之治岐是也。其曰老而無妻，老而無夫，老而無子，發政施仁，必先無告，省刑薄斂，使匹夫匹婦，仰足以事。又申之以孝悌之義，所謂老吾老及人之老。皆是養老之政，伯夷太公稱文王者此也。孟子嘗自釋曰：所謂西伯善養老者，制其田里，教之樹畜，導其妻子，使養其老。文王之民，無凍餒之老者，此之謂也。而先儒解經，附合《詩·大雅·行葦》「酌以大斗，以祈黄耇」之文，因緣孟子「庠者養也」與「西伯善養老」之説，作爲《王制》，云：四代養老，有上庠、下庠，國老、庶老，東序、西序，左學、右學，東膠、西膠。《祭義》又有三老、五更等名，至東漢時舉行，天子袒而割牲，執醬而饋，執爵而酳，執簡受言。謂古養老之禮如是，果有之亦末耳。非發政施仁，使民安生樂業，親上事長之實事也。伯夷太公，豈徒爲文王能割牲饋己，執爵酳己而來與？孟子此篇，大抵勸諸侯脩德行仁。逐章有次第，而此因于前章至誠能動，脩德行仁，自動豪傑之思，即不得罪于巨室，天下慕之之意也。當時游士如騶衍、淳于髡輩，皆老奸巨滑，所至世主擁篲先驅。孟氏達尊元老，諫不行，言不聽，安望天下之民歸之也，故下章以聚斂强戰輩繼之。

作興，謂振作起興，即《詩》云「文王蹶厥生」之意。言西伯發政施仁，風聲振起也。老者，自寓之辭。大老，謂齒德聞望重于天下也。天下之父，謂爲人情所係屬也。七年，約其時數，解見前。

伯夷歸周，竟不食而餓死。太公歸周，相武王定天下。孟子並舉，且先伯夷，不以功名先節誼也。人知太公興周，而不知伯夷有大造于周。伯夷與文王同心，而太公與武王爲烈。

伯夷，孤竹國君之子。孤竹地在遼西，故云居北海之濱。説詳《論語》。○太公，東海人，名尚，字牙，或云名望。古炎帝之後爲四岳，佐禹治水有功，錫姓曰姜，氏曰呂。至呂尚避紂奔周，釣于渭濱。文王將田，卜曰：「將大得。非龍非螭，非虎非羆。兆得公侯，天遺汝師。」卒遇太公于磻溪，坐茅以漁。文王與語而悦之，曰：「自吾先公，云當有聖人適周，周以興，子真是邪？吾太公望子久矣。」載與俱歸，遂號太公望。○《秦策》：姚賈對秦王曰：「太公望，齊之逐夫，朝歌之廢屠也，文王用之而王。」《楚辭·天問》：師望在肆昌何志？鼓刀揚聲后何喜？王逸云：呂望鼓刀在肆，文王親往問之。對曰：「下屠屠牛，上屠屠國。」文王載以歸。相武王伐紂，尊爲尚父，受封于齊。

一四

孟子曰：「求也爲季氏宰，無能改於其德，而賦粟倍他日。孔子曰：『求非我徒也，小子鳴鼓而攻之可也。』由此觀之，君不行仁政而富之，皆棄於孔子者也。況於爲去聲之强戰。争地以戰，殺人盈野；争城以戰，殺人盈城：此所謂率土地而食人肉，罪不容於死。故善戰者服上刑，連諸侯者次之，辟同闢草萊、任土地者次之。」

《離婁》以下數章，歷戒世主勿爲不仁，而未明指不仁之事。七國紛争，兵連禍結。民命所以死亡，天下所以大亂，皆由於强戰。本賊臣導之，故並著其罪。

求，冉有名，孔子弟子，爲季康子宰。改於其德，言不能變季氏，使脩德也。德，猶行也。賦粟，税民田也。倍他日，加多于昔也。小子，門人也。鳴鼓而攻，聲其罪而責之也。富之者奪民財，强戰者殘民命。以土地殺人，猶率土地食人肉也。罪不容死，言死猶不足贖罪也。善戰、連諸侯、辟土地三者，皆當時所謂良臣也。服，被也。上刑，大辟也。連諸侯，合從也。辟，開也。萊，荒地也。任，責也，責以地税也。連諸侯者約强戰之黨，任土地者備强戰之資。雖未提兵操刃，亦强戰之流，故罪即次之。次猶比也，猶志至氣次之次，非輕之也，其罪等耳。

一五

孟子曰：「存乎人者，莫良於眸牟子，眸子不能掩其惡。胸中正，則眸子瞭了焉。胸中不正，則眸子眊帽焉。聽其言也，觀其眸子，人焉廋哉？」

此章之旨不主觀人。觀人而但求諸眸子，則疏矣。本謂人心邪正，有諸中必形諸外。精神發越，眉宇之間，氣象自難掩。即根心生色，不言而喻之意。莫見乎隱，莫顯乎微。故君子必慎其獨，此也。小人見君子，揜其不善，而著其善。厚貌深情，彌縫周匝。利口便言，誰肯抒吐。然而瞻視顧盼之間，神明相接，自爾難掩。蓋人之精神，浮游百體，百體皆可徵心。如口耳四肢之類，猶假脩飾，脩飾則不稱良。良，自然也。内與心接，外與人接。色授神往，獻造倏忽，無暇安排，易簡直達，未有如眸子者，故曰良也。醫書云：五藏六府之氣，上注于目。目者，榮衛魂魄之所營，神氣之所生。故目者，心使也。目爲心候，應心而發，心正則視正，心邪則視邪。君子瞻視安祥，器宇清明。小人精爽煙浮，神氣曖昧。故克己四勿，視爲先。人能操心反視，神明内照，非禮勿視，則胸中正，眸子自瞭，非獨以觀人而謂之良也。道書云：機在目。弩動在機，心動在目。機静則弩不發，目定則心不移。故脩煉之家，黄庭百神、月輪黍橘之類，皆目光内注。目所注，則精神氣皆會。所以爲人身之善物，操心之靈樞也。

存，在也，在人身兼衆體也。眸子，目中瞳子。瞳，小也。胸中正，心無隱慝也。瞭，明也。胸中不正，包藏隱惡也。眊，昏也。明與昏，皆本其人自視也。聽言觀眸子，自君子觀聽也，心正則視端，心不正則視亂。口言而目視，則心自不可匿。聽言而觀眸子，則邪正立睹矣。廋，匿也。重在觀眸子，人皆以巧言欺世，而色莊者徵于目。《詩》云「有靦面目，視人罔極」，眸子之謂也。自視者明，明不自見謂之瞽。

一六

孟子曰：「恭者不侮人，儉者不奪人。侮奪人之君，惟恐不順焉，惡平聲得爲恭儉？恭儉豈可以聲音笑貌爲哉？」

此爲世主侮奪人而發。凡天下驕奢貪婪之主，必假爲恭儉之迹，以文其失。然宅心行事，烏可假也？夫所謂恭者，其心真見天下無一人可慢。雖匹夫勝予，誰敢侮之，此方爲真恭。所謂儉者，其心真見天下之財，非吾所有，一毫莫取，此方爲真儉。若夫侮人奪人之君，强梁好勝，惟恐勝己者不順其侮。嗜利苟得，惟恐有財者不順其奪。恣己縱慾，輕世傲物。何等肺腸，而乃要譚恭儉，如鸞鳳鴟鴞之不相似也。氣盈而矯爲謙，及其臨下，鮮不侮矣。志貪而矯爲廉，及其見利，鮮不奪矣。豈可以聲音笑貌僞爲之？今欲爲恭儉，請自不侮人、不奪人始。

惟恐不順，是貪傲人心髓，説盡當世諸侯侮奪人情狀。以兵加人，便欲人降己。利人土地，便欲人與己。此最是惡心腸，更不管他人，惟要自己稱意，所以爲不恭儉也。聲音笑貌爲者，色取而行違也。

一七

淳于髡坤曰：「男女授受不親，禮與平聲？」孟子曰：「禮也。」曰：「嫂溺，則援之以手乎？」曰：「嫂溺不援，是豺狼也。男女授受不親，禮也。嫂溺援之以手者，權也。」曰：「今天下溺矣！夫子之不援，何也？」曰：「天下溺，援之以道；嫂溺，援之以手。子欲手援天下乎？」

孟子制行端愨，動必以禮。游士見爲拘拘然，無適于用，故語次含譏誚。孟子平心據理答之，不逆不億，虛舟應物，讀者須察。今天下溺，夫子不援。意譏孟子迂闊，未必能濟世。彷彿沮溺滔滔，皆是誰與易之意。言舉世胥溺，雖從權，豈可勝援。諷孟子所以不援，有短于禮與權之外者。髡本滑稽小人，狎侮君子，非真勸以行權濟世。如陳代公孫丑不見諸侯之問也，孟子不屑與深譚，漫應之云爾。其以嫂溺發問，與引杞梁妻意同。利口諧謔，並記之篇中。見聖賢處邪世待小人，矜而不争，群而不亂，危行言孫如此。

權與禮非二也，權即禮之變通活潑處，若相反而實相須。無權不可行禮，無禮不可用權。禮之用和爲貴，權斯和矣。援天下之道，不外禮與權。小人難與言，姑就所問答之，不屑之教誨也。《曲禮》云：男女不親授受，嫂叔不通問。《内則》云：男女非祭喪不相授器。其相授，則以篚。無篚，則皆坐奠之，而後取之。○《淮南子》云：君臣之接，屈膝卑拜，以相尊禮也。至其迫于患也，則舉足蹵其體，天下莫能非也。是故患之所在，禮不足以難之。孝子之事親，和顔卑體，奉帶運履。至其溺也，則捽其髮而拯。非敢驕侮，以救其死也。救溺則捽父，祝則名君。勢不得不然，此權之所由設也。

淳于，姓。髡，名。齊之贅婿也。長不滿七尺，滑稽多辯，善爲隱語，承意觀色，齊人謂之炙輠。齊宣王好士，養之稷門之下。與鄒衍輩七十餘人列第康莊之衢、高門大屋尊寵之。

豺，似狗，長尾。豺，柴也。俗云瘦似豺，以形細瘦名也。狼似狗，鋭頭，豺屬。二物多智，故字从才、从良。《詩》以狼跋比聖人遭變，此也。狼穴多藉草，故穢亂曰狼藉。狼前足短，行常並兩，失一則無助，故事乖曰狼狽。或曰狼一足者爲狽，附狼行，失狼則顛。狼膏可備珍羞，狼糞煙直上，烽燧用之。

一八

公孫丑曰：「君子之不教子，何也？」孟子曰：「勢不行也。教者必以正。以正不行，繼之以怒；繼之以怒，則反夷矣。『夫子教我以正，夫子未出於正也』，則是父子相夷也。父子相夷，則惡矣。古者易子而教之，父子之間不責善。責善則離，離則不祥莫大焉！」

賢父之於子，養之而已。故曰中也養不中，材也養不材。君子以善養人。養者，熏育之意。教者，計較之方，所謂責善也。子不肖而父督責，過則必有相夷不祥之惡。若賢子弟，自不妨于親教。周公教伯禽，仲尼教伯魚，未嘗易也。若丹朱之傲，商均之慢，聖人無如何，則託之師保耳。師保之訓不行，則委曲安全之耳。遇不肖之子，無不祥之惡，斯慈父之用心矣。雖然，爲人子而使其父不肯責善，尚可以爲子乎？是故責善則離之説，以告人父，而非以訓子。猶國人犬馬之説，以告人君，而非以率臣。故曰言非一端而已，各有所合也。自此至人不足適三章，父子君臣相與之道。仁至義盡，參伍而觀，則得矣。

君子不教子，君子不親教其子也。夷，傷也。反夷，言本愛之，反傷之也。惡，乖戾也。易子而教，與人交易其子而教也。

一九

孟子曰：「事孰爲大？事親爲大。守孰爲大？守身爲大。不失其身而能事其親者，吾聞之矣；失其身而能事其親者，吾未之聞也。孰不爲事？事親，事之本也。孰不爲守？守身，守之本也。曾子養曾晳，必有酒肉，將徹，必請所與，問有餘，必曰有。曾晳死，曾元養曾子，必有酒肉，將徹，不請所與，問有餘，曰亡（無）矣，將以復進也。此所謂養口體者也。若曾子，則可謂養志也。事親若曾子者可也。」

此章專爲事親而發。事親即教，守身即仁，惟仁人能爲孝子也。承奉曰事，存主曰守。守身事親，即悅親有道，反身不誠，不悅乎親之意。身與親一本，而志相通。未有放佚之人，能曲體親心，脩身立行，以善事其親者。能守身，則循理謹慎，無放佚之非，可以保身。誠篤專一，無詐僞之習，可以盡孝。聖門守身推曾子，忠信自省，弘毅任重。故戰兢自保，視于無形，聽于無聲。一出言不敢忘親，一舉足不敢忘親。身體髮膚不敢毀傷，所以不失其身而能事其親也。左右就養無方，承歡順志有出于尋常酒食之外者。故徹必請命，問必對有。曲探于未萌，承順于已發。至誠肫懇，非忠信純篤自守者而能之乎？以此養親，是曰養志。聖門言孝歸曾子，夫子作《孝經》授之，莫非守身事親之義也。

孝本庸行，尋常奉養，自不離飲食。虞舜大孝，惟養以天下。事親舍奉養，無復他矣。《記》云：「孝子不過乎物。」酒肉飲食，甘旨之奉，孝之物也。聖賢所謂孝，不過世俗所謂不孝者，能自盡耳。但世俗以飲食爲飲食，則所養止口體。曾子以飲食爲親愛，所養在心志。世俗以親事親，衹見彌文。曾子以身事親，乃究根本。蓋至孝不越人情，人情即是天理。舍酒肉言孝，非人情也。執餘食盡孝，非天理也。曾晳賢父，其志豈盡于所與問餘？曾參孝子，其養志亦豈盡于請與對有乎？即飲食承順如此，而平日守身事親，左右無方。致其底豫者，何所不用。自非守身，曷以有此？故曰事親事之本，守身守之本也。

人有此身，即不能無事。有事，則不可無守。故首言事守之大，見親與身之重也。再言事守之本，申明守尤事之要也。萬事皆因有身，而身由親出。知身爲重，則不忘身所自出。故曰思脩身，不可以不事親也。失其身，謂忘身也。忘身者必忘親，辱身者必辱親。故事親爲事之本者，以身所從出。而守身爲守之本者，以孝所由立也。惟曾子能自守，故惟曾子能事親。曾子，即曾參，曾晳子也。曾元，曾子子也。酒肉之養，孝之常也。徹，食畢徹饌也。請所與，問親意所欲與者，與之非問與不與也。問餘必對有，恐違親意也。委曲將順，故曰養志。復進，復以供也。《文王世子》云：末有原，亦謂不再進也。事親若曾子，教人法之也。可，猶是也。可其爲人子，非可曾子也。人苟事親若曾子，亦不可及矣。而但云可者，何也？《禮》云：「孝子不過乎物。」身者，父母之身也。孝雖竭力，非有加于身之外也。猶臣之事君，功業蓋世，亦賴君之福，非臣自爲也。故孟子謂事親若曾子可矣，韓子謂事君若周公可矣。此章論子之事父貴養志，下章論臣之事君貴格心，大抵皆以不失其身爲本也。

《禮記·哀公問》：孔子曰：「君子無不敬也，敬身爲大。身也者，親之枝也，敢不敬與？不敬其身，是傷其親。傷其親，是傷其本。傷其本，枝從而亡。」○公明儀問于曾子曰：「夫子可以爲孝乎？」曾子曰：「是何言與！君子所謂孝，先意承志，諭親于道。參直養者也，安能爲孝！」○《淮南子》云：「曾參之養親也，若事嚴主烈君。」○《説苑》云：曾參芸瓜，誤傷其根。曾晳援大杖擊之，仆地有間乃蘇。起曰：「大人得無傷乎？」退屏鼓琴而歌，令知其平也。魯人賢曾子。夫子曰：「參來，汝不聞舜爲人子乎？小箠則待，大杖則逃。索而使之，未嘗不在側。索而殺之，未嘗可得。今汝委身以待暴怒，拱立不去，非王者之民。其罪何如？」

曾子有二子，曾元、曾申也。《檀弓》：曾子寢疾。曾元、曾申坐于足。劉向《説苑》云：曾子有疾，曾元抱首，曾華抱足。《韓詩外傳》：曾參喪妻不更娶，人問其故。曾子曰：「以華、元善人也。」

按曾華即曾申。申字華，亦字西。申，西方。華，西岳也。

二〇

孟子曰：「人不足與適責也，政不足與間諫也，惟大人爲能格君心之非。君仁莫不仁，君義莫不義，君正莫不正，一正君而國定矣。」

此章論大臣致主之道。所責于臣者，似易而實難。所望于君者，似難而實恕。見忠臣尊君敬君之至，尤見仁人愛君體君之深。適與讁通，責也。間與諫通，正言間阻之也。君心本未得養，而徒犯諍于口舌之間，祇覺臣是而君非，君亦祇覺苦難而無措。故用人亦不足責，行政亦不足間，此元老大人之用心也。大人所以善成其君者，不在枝葉而在根本。君心萬化之原，大人養厚而見大。務本而知幾，不以覼縷爲忠悃，不以形迹爲顯道。朝夕啟沃，惟務端君心之趨向。言論風旨，惟在防君心之邪僻。非不讁也，而所讁在君心。非不諫也，而所諫在君心。格，正也。如孟子與梁王言不嗜殺人，與齊王言不忍之心、仁義孝弟之説，皆灌溉其根而疏濬其源。非實有居仁由義、知言養氣、學堯舜周孔之道者，不能也，故曰惟大人。君仁莫不仁以下，申明所以格君心之意。本端則末自從，源清則流自潔。大人正君，其道如此。然而遇不遇存乎其時，大人所能者道，所不能者遇。遇則爲伊尹、周公，而格心之功成。不遇則爲孔子、孟軻，而言不行，諫不聽。分疏情隔，將奈何哉？惟論忠臣所以事君者如此，亦猶前章孝子養志，其要在守身而已。

二一

孟子曰：「有不虞之譽，有求全之毀。」

是非有真，毀譽無真。毀譽已不足信，而又有無心得譽、求全得毀者，愈不足信。世衰道微，公論不明，物議倒置，往往如此。有者，不盡然之辭。虞，猶度也。名過實曰譽，敗人善曰毀。譽不足喜，故不如自知之爲真。毀不足憂，故不如自訟之爲詳。

二二

孟子曰：「人之易其言也，無責耳矣。」

言最是易失之物，口最是難閉之關。不懲創，則不知戒。無涵養，則不能訒。不顧逮，則不知恥。矢口驟發，誰捫其舌？快意揚己，誰證其欺？身不在局内而空譚，事不慮克終而謾説。喜則溢美，怒則溢惡。言之容易，夫復何怪？無責，猶無怪也。

二三

孟子曰：「人之患在好爲人師。」

好爲人師，人不師己，而自好爲之也。凡分之尊者，若君若親若長，人好爲之，猶可得也。唯師以道尊，好爲之則不可。從古不君而爲人師者，唯一孔子。孔子辭之而不得，非好之也。伯夷、柳下惠，孟子以百世師歸之。又曰姑舍是，如之何碌碌庸人，敢輕言爲人師乎？不自量而好爲之，於是有强不知以誤愚蒙者。於是有標異説、倡左道、煽惑人心者，於是有樹徒植黨、議古非今、招凶禍者。好爲人君，好爲人親，好爲人長，其患小。好爲人師，關係世教風俗，其患深且大。

好爲人師，由于不好學。教學相資也，聖人教便是學。言誨人，必先言學。學不厭，教乃不倦。温故知新，乃可爲師。今好爲人師，必自足己是，而廢學矣。後世儒者動則爲人師，所以千古無真學。孔子惟好學，所以爲千古師。

二四

樂正子從於子敖之齊。樂正子見孟子。孟子曰：「子亦來見我乎？」曰：「先生何爲出此言也？」曰：「子來幾日矣？」曰：「昔者。」曰：「昔者，則我出此言也，不亦宜乎？」曰：「舍館未定。」曰：「子聞之也，舍館定然後求見長者乎？」曰：「克有罪。」

孟子之責樂克，爲其從子敖也。然不欲直斥，而但云亦來見我。樂克不悟而更問，孟子亦不顯言，但詰其來齊之久。至責其不早見長者，始覺所指有在，乃翻然悔，知罪之在失從也。孟子責人渾厚，發言周慎若此，何謂英氣壁立？

樂正子之齊，本爲見孟子。故責以見長後于舍館。按《聘禮》，賓至先造朝，然後適館，示專也。弟子求師學道，禮亦宜然。若爲他事來，不從王驩行，或亦不以舍館罪之。

子敖，王驩字。樂正子，魯人。子敖適魯反，樂正子因之至齊。時孟子在齊，正子本爲孟子來也。昔者，前日也。古昔、夕通。隔宿以前皆曰昔。不亦宜乎者，言至齊久而不來，意其不復來矣，故出此言爲宜也。舍，止也。客居曰館。

二五

孟子謂樂正子曰：「子之從於子敖來，徒餔啜也。我不意子學古之道而以餔啜也。」

承上章。孟子猶恐樂克不喻己意，疑得罪止于見遲，故明言儆之學，古以餔啜，正是前問亦來見本意。徒，但也。以餔啜，資其路費餱糧也。餔，食也。啜，飲也。越國從師，本爲求教，故曰學古之道。學古道者，富貴不能移，豈以餔啜喪守？孟子麾禄十萬不受，故曰在我者皆古之制也。孔子云：因不失其親，亦可宗也。昔人謂小人不可與作緣，豈可因餔啜細事，苟于所從乎？

二六

孟子曰：「不孝有三，無後爲大。舜不告而娶，爲去聲無後也，君子以爲猶告也。」

古人所稱三不孝，皆從常理外權其變。孟子又就三不孝中權其重者，不專爲贊舜引舜証之耳。順親常理，若阿意曲從，反陷親于不義。無道不仕常理，若家貧親老不仕，反是不顧親之養。告而後娶，常理，若告不得娶，反絶親之祀。三者皆通于處變，而重于立孝。然順親之過，缺親之養者較輕，斬親之祀者尤重。舜嘗不告而娶，君子謂之猶告，正爲無後大也。按古禮謂不娶無子者，亦或有他故，非必皆因親不可告。而舜三十鰥居，則以父母頑嚚，不可告也。然使大孝不如舜，頑嚚不如瞽瞍，無天子之命，非神堯之女，則不告而娶亦未可。非專舉聖人不幸之事爲可法也，本意重無後爲大。二氏之徒，以無家爲出世，覆宗絶祀，所以爲名教之罪人矣。

二七

孟子曰：「仁之實，事親是也。義之實，從兄是也。智之實，知斯二者弗去是也。禮之實，節文斯二者是也。樂之實，樂洛斯二者，樂洛則生矣，生則惡平聲可已也。惡可已，則不知足之蹈之，手之舞之。」

七篇以性善爲宗，以仁義爲用，以孝弟爲實。道莫大于仁義，心莫良于孝弟。親親仁也，敬長義也。良知良能，達諸天下，即是協和風動之本。學者不可一日離仁義，安可一日離孝弟？仁義之真精，既不外孝弟，天下之道，又孰有外于孝弟者乎？道明于智，智者知也。智之實，亦惟于事親從兄之間，行著習察。曉然見孩提真性，守而勿失，是天明之智也。道立于禮，禮者履也。禮之實，亦惟于事親從兄之間，有品節儀文。心無窮，而節之以有限之分，意質直，而行之以委曲之文，是中正之禮也。道成于樂，樂者樂也。樂之實，亦惟于事親從兄之間，心安意肯而樂，則遇親自生愛，遇兄自生敬。和順從容，天機長裕。不容不樂，不容不生，所謂惡可已也。仁讓烝烝，習慣性成。舉此加彼，以至鄉黨州里，邦國天下。仁民愛物，一體無礙，有手舞足蹈而不知者。此無聲之樂，大和洋溢。親親長長而天下平，亦惟滿其孩提愛敬之一念耳。故孝弟者，實也。大人者，不失其赤子之心者也。得其實而培養之，枝葉榮華，次第森發矣[一]。

仁義，合内外顯微全體而言。所謂雍熙協和，堯舜之道者也。其真精保合處曰實，惟是人心一點事親從兄之良。不學不慮，爲仁義種子，如果實之實。五實只是一實，後三實字，應前兩實字。一粒種，

[一]「次第森發矣」，内閣文庫本爲「次第森發，略與《論語》與《詩》立禮成樂相似」。

包千枝萬葉。應氣發生，充周無窮。智禮樂三者，播種耘耔，苗秀成熟之次第也。孝弟靈覺處見智，智如甲坼萌芽。實踐處見禮，禮如枝條敷榮。自然純熟處見樂，樂如生意血脉，貫徹始終。實不生不達，智禮無樂不成。自萌蘖發生，至喬林蔽芾，干霄拂雲。仁至義精，由仁義行，非行仁義，故曰樂也。足蹈手舞，作樂之容也。《樂記》有此語，因以言樂。仁義之化境，不可知之神也。

此章言學問根本次第，簡易直捷。惟孝弟一念，擴而充之。至義精仁熟，道德事功，一以貫之。故曰堯舜之道，孝弟而已矣。《論語》首舉孝弟爲爲仁之本。七篇之義，歸于仁義。無父無君者，距而放之。自謂守先王之道，以待後學，不過入孝出弟。而佛老之學背此兩者，故不可與入于堯舜之道。此中庸之教仲尼之家法，世道人心所倚賴也。知曰弗去，即《中庸》誠明合一之旨。知不能行，不爲真知，良知便是良能。此章之義，本體即工夫，工夫合本體。非如後世以致知爲入門，先知後行之説也。先知後行，舍本體而别求工夫。與告子義外之學，相去幾何？

二八

孟子曰：「天下大悦而將歸己，視天下悦而歸己猶草芥也，惟舜爲然。不得乎親，不可以爲人。不順乎親，不可以爲子。舜盡事親之道而瞽瞍厎豫，瞽瞍厎豫而天下化，瞽瞍厎豫而天下之爲父子者定，此之謂大孝。」

大舜純孝之心，在不得乎親四語。惟其心視天下無不是之父母，雖至浚井焚廩，亦見爲己罪。自怨自艾，無可解憂。故當其時，雖人心欣欣然以天下之大，舉而歸之，舜以爲父母未悦，焉用此。人而不得父母，無以爲人，禽獸耳。子而不順父母，無以爲子，路人耳。不失曰得，不逆曰順。無論不得謂何，但不得，即我非人。無論不順謂何，但不順，即我非子。操此心事親，焉有不盡之道？愈是難得難順之親，益堅爲人爲子之念，則金石可格，豚魚可孚。彼瞽瞍雖頑，豈無人心？而究竟亦底于豫悦矣。瞽瞍既底豫，則天下爲子者，始信無不可順之親，而皆化于孝矣。夫子孝父慈，定分也。瞽瞍既底豫，天下爲父者，覺爲瞽瞍之過，而不以非道加其子。亦止于慈，而安其所以爲父。天下之爲子者，覺爲舜之是，而不以難事怨其親。亦止于孝，而安其所以爲子。不獨格瞽瞍，而爲天下萬世立父子之極，可不謂大孝乎？

天下，言大也。大悦而歸，言非强求也。草芥，喻輕也。不得乎親四語，孟子推舜事親之心如此，所以極盡其道也。不得，謂父母惡之也。不順，謂拂親意也。底，至也。豫，悦也。

無目眹曰瞽，有目眹無見曰矇，有目無眸子曰瞍。舜父有目不别好惡，故時人以此名之。小説家謂舜父實瞽，舜舐之，目霍然開。

孟子説解卷七終

孟子説解卷八

郝敬 解

離婁章句下

一

孟子曰：「舜生於諸馮平，遷於負夏，卒於鳴條，東夷之人也。文王生於岐周，卒於畢郢盈上聲，西夷之人也。地之相去也千有餘里，世之相後也千有餘歲。得志行乎中國，若合符節，先聖後聖，其揆一也。」

此章論帝王道同，而獨舉舜文者，以其德皆性之温純美善相似，爲古今道脉正宗，而年代地里先後遠近最隔，舉異以徵同也。二聖同處，在心源相接，非但形迹比擬。舜大孝，文王敬止。皆脩身齊家，治國以平天下，爲千古人倫之至也。舜好生，文如傷，皆以不忍人之心，行不忍人之政。豈惟舜文，凡先聖後聖，所由惟一理，所通惟一心。雖經綸變化，隨時轉移，其揆則一。未有不由乎仁義中正之道，而出于功利别途者也。孟子所以陳仁義言性善，入孝出弟，述唐虞三代之德，以待後之學者，惟曰道一而已。舜何人也、文王我師也，此之謂也。

諸馮、鳴條，皆東南地名。負夏，中國地名。遷，自東夷遷中國也。夷，遠裔邊地也。舜至文王，千二百年。得志，謂爲天子方伯，志得行也。志，即下文所揆者。行乎中國，政教行也。符節，所以爲信。揆，度也。以道裁物曰揆，猶百揆之揆，事物之宰衡也。

按史稱舜冀州人，耕于歷山，漁于雷澤，陶于河濱，作什器于壽丘，就時于負夏。冀州，即今北京、山西境。歷山，晉地。雷澤，曹地。負夏，衛地。皆中土也。然則孟子何以云東夷乎？張守節註《史記》引《會稽記》云：舜，上虞人。去上虞三十里有姚丘，舜所生也。又引周處《風土記》云：舜東夷人，生姚丘。今浙江紹興府有上虞、餘姚二縣。舜姚姓，故稱餘姚。上虞縣有握登山，上有聖母廟，舜母名握登也。然則舜本越産耳。今河南有虞城，豈即其行中國，遷負夏所經歷之地邪？文王生長西土，故不言遷。舜遷負夏，自東越遷于中原也。負夏，即帝都。冀州爲中原肩背，故名負夏。馮、憑同，滿也。東夷濱海水國，水神爲馮夷，故東越稱諸馮也。鳴條，鄭玄云地在南夷。按《虞書》：舜在位五十載，陟方死。陟方，謂巡守也。《禮記》云：舜葬蒼梧，二妃未從。史傳皆云舜巡守，崩于蒼梧，葬于江南九疑山，是爲零陵。今湖廣永州府寧遠縣有舜陵。《離騷》謂「濟湘沅以南征，就重華而陳辭」是也。鳴條，即蒼梧，以鳳凰梧桐得名也。《拾遺記》云：舜葬蒼梧，有鳥名憑霄，銜珠塵爲墳。集于峻林之上，能反形變色，常遊丹海之際，時來蒼梧之野。此鳴條之所由名與？鄭玄謂爲南夷地，是也。

《書》序云：湯與夏桀，戰於鳴條之野。孔安國謂鳴條在安邑，則是夏桀畿内。而《史記》云湯伐桀，桀走鳴條，遂放而死。《淮南子》云：湯敗桀于歷山。與妹喜同舟，浮江南巢山而死。然則鳴條、南巢，皆南方地名。《秦紀》云：費昌當夏桀時，爲湯御。以敗桀于鳴條，爲御有功。蓋追及也，如造父御周穆王之類。豈桀在安邑，而勞窮追乎？既放，則不于故都。鄭玄謂鳴條爲南方地，是也。而孔書《伊訓》云：有命造攻自鳴條。註云：鳴條，在安邑。孔書非古也，附會《孟子》，世俗又附會孔書，故今山西安邑有鳴條岡。而孟子引《伊訓》云「天誅造攻自牧宮」，則是古書原未言鳴條也。漢以前解經者，誤于《春秋》夷吴越，謂古聖人皆生中國，死中國。强謂諸馮、鳴條皆中國地，不思東夷明指越也，西夷明指秦也，故相去絶遠。若東夷爲中原，距秦非遥，何得稱夷而與文王分東西乎？況禹生西羌尤遠，容得非夷與？會稽之禹穴，九疑之舜陵，昭然天壤間，亦何能强移而之中土也？

岐周，周大王自豳所遷都也。岐本山名，在今陝西鳳翔府岐山縣。山有兩峯，俗名箭筈嶺，山南爲周原。《詩》云「周原膴膴」，在豳之東，鎬京之西。周自后稷至武王五遷，曰邰，曰豳，曰岐，曰豐，曰鎬，皆不離舊封。鎬京即今西安府，漢唐皆都此。畢，畢公榮之食邑。《書序》云：周公薨，成王葬于畢，祔文王墓。或云在渭北咸陽境，或云在渭南長安境。《史·周紀》：武王伐紂，上祭于畢。馬融云：即文王墓地。或云：畢，星名，天網也，主兵，網羅無道，故祭之。《詩》云「有捄天畢，載施之行」是也，與此畢異。郢當是程字之誤。文王作程邑，《地里志》云：扶風安陵縣，周程邑也，地近岐豐。周宣王時，有司馬封爲程伯。《詩》云「程伯休父」，是也。郢本楚南郡名，與西周遠不相涉。

文王但言生與卒而不言遷者，文王未王，生長西土，其得志行乎中國。則《江漢》《汝墳》二南之國耳，古皆謂中國，後儒始誣楚爲夷也。

符，孚也。古者用玉爲圭璋，長短有度剖而分之以爲信，半給付外，半留内。有徵發期會，則執以合之，防詐僞也。後世遂雜用金銀銅鐵，鑄爲物象。或刻竹爲篆文，或用繒曰繻，用木曰棨，用移文，曰璽書，皆符屬。漢有銅虎符第一至第五，唐有銀菟符、銅魚符，漢有竹使符，亦第一至第五。以左半給郡守，留右半于京師。節亦符類。詳《周禮》掌節之職。合曰符，執曰節。節以竹爲柄，長二尺，以毛爲流蘇狀，重累懸之。使者執以將命，出則給之，入則歸之。蘇武杖漢節于虜地牧羊，年久旄落，是也。

二

子産聽鄭國之政，以其乘去聲輿濟人於溱臻、洧委。孟子曰：「惠而不知爲政。歲十一月徒杠江成，十二月輿梁成，民未病涉也。君子平其政，行辟闢人可也，焉得人人而濟之？故爲政者，每人而悦之，日亦不足矣。」

子産爲鄭卿，執國政，禮絶群僚。嘗天寒出，見人有病涉者，以所乘輿載而濟之。當世以爲美談。此私恩小惠，差賢于立視其溺者耳。惠人而費，援人而以手，霸者驩虞之事，非王者公平之政體也。

儻謂行旅病涉，當歲寒橋梁功成，民自利矣，何必乘輿乎？爲政者貴容保無疆，使遠近衆寡樂樂利利。我不任施，民不任受，分願各得，太平之賜自普。至于尊卑有等，乘輿出入，辟開行人，亦是大體。豈得猥猥瑣瑣，自以其車濟人，無非欲人喜悦耳。夫有悦者，則必有不及悦者。如每人而悦之，須人爲解衣，人爲推食。煩費勞碌，何有窮日！君子不務以惠悦天下，惟務以政平天下，此也。

何謂政？凡篇中所言發政施仁之類，皆是也。天下大器，未可以數米揀髪，而望其理也。仁者普物無心，智者行所無事。天地無私恩，寒暑雨暘不齊，而萬物平。王者無私惠，生殺予奪不齊，而天下平。凡事錙銖而衡之必欹，尺寸而量之必錯。易簡而理得，無私而利普。用小惠者，必有苛法。過于用愛者，必過于用忍。此見有餘，彼見不足。平陂相乘，理數不可逃也。惟平，則不足者安于不足，而不見怒。有餘者忘于有餘，而不見喜。因民所自然而然，是謂之太平。惠而不知以下，語勢三轉，皆譏不知爲政。非直以徒杠輿梁當政也。言徒杠輿梁，見使民利涉非難耳。橋梁脩，則往來通。自無病涉，焉用乘輿？今舍一舉兼利之功不爲，而爲惟日不足之事，以是謂之不知爲政也。日亦不足，反形十一十二月。彼費時無濟，此一時並利也。

子産，鄭大夫，公孫僑也。聽，司平也。乘輿，所乘車也。溱、洧，國外二水名。惠，猶施也。分財曰惠，仁之小者。政，正也。大事曰政。歲十一月，夏時九月也。十二月，夏時十月也。徒，徒行者。杠，横木爲小橋如杠，亦名椎，功少故先成。輿梁，橋高如屋梁，可通車者，功多故後成。未病涉，既有橋梁，民不以天寒涉水爲病。病，猶患也。行辟人，謂乘輿出行，辟開行人，使之避道。不當以車濟行人，傷大體也。

乘輿濟人，遇天寒病涉者，偶一爲之，非常然也。小惠悦人，霸者之事。孟子譏之，意不主輿濟一事與子産一人耳。子産猶是知政者，恐人效其輿濟之類，不可爲法。猶夫子論微生高乞醯，其實微生亦直，人效其乞醯之爲則于直有損。凡聖賢救弊，攻其造端者而已。孟子言惠，與夫子言惠人異。夫子謂子産惠人，稱之也，故曰有君子之道。孟子言惠，譏之也，故曰不知爲政。夫子槩子産相鄭之業，目其爲人之實。孟子即輿濟人一事，論其爲政之體。其實子産政尚猛，夫子稱惠人，謂其能以嚴成寬，非姑息之謂也。此章之惠正是姑息。如子貢以施濟爲仁，故曰日亦不足。後世之政，如此者不獨一子産。孟子借子産立論，非專爲短子産。子産煞有長處。

《周語》云：先王之教，雨畢而除道，水涸而成梁。九月雨畢，十月水涸。夏正九月，周之十一月。夏正十月，周之十二月也。中原以北地高，水勢暴長不常，橋梁難久設。東南地低近江海，水勢殺而平，橋梁四時不改。北地春夏水漲，橋盡没。至冬月水涸，始可成梁輿濟人。正在冬水淺時，故涉者病寒。若水深，雖車豈能濟？若春夏車可濟，則人亦褰裳可涉，不稱病矣。溱洧二水合流，經鄭城下。平時深纔及膝，雨集水驟至，不可爲梁。十一二月可梁，而偶未成，故子産以車濟。解者云十一月十二月，農隙可爲梁，非也。若其可爲而利于民，雖農時豈得不爲乎？

子産、鄭，並詳《論語》。〇溱水出河南開封府密縣，經新鄭與洧水合。洧川縣，即二水下流也。

三

孟子告齊宣王曰：「君之視臣如手足，則臣視君如腹心；君之視臣如犬馬，則臣視君如國人；君之視臣如土芥，則臣視君如寇讎。」王曰：「禮爲去聲，下同舊君有服，何如斯可爲服矣？」曰：「諫行言聽，膏澤下於民，有故而去，則使人導之出疆，又先於其所往，去三年不反，然後收其田里，此之謂三有禮焉。如此則爲之服矣。今也爲臣，諫則不行，言則不聽，膏澤不下於民，有故而去，則君搏邦人聲執之，又極之於其所往，去之日，遂收其田里，此之謂寇讎。寇讎何服之有？」

此章猶爲政不得罪巨室之意。嘗觀《詩》《書》，古帝王于臣鄰，何其温恭而謙洽也。燕享而賓客朋友之，言語而父舅伯叔兄弟之。其自謂也，曰余一人，曰孤寡，曰不穀。夫焉有孤寡、不穀、一人，而敢慢其賓客朋友、父舅伯叔兄弟者乎？所以兢兢業業，匹夫勝予。養成温文之度，以親賢下士。故明良相悦，元首股肱相親，而治功成也。戰國諸侯僭天子，恣縱不法，以富貴驕人。群小逢迎，益視其巍巍。由于無禮下之君，遂無敢言之臣。羶悦蟻附，而胸藏不軌。衰世之君臣，非君臣也。孟子仕齊，不受禄，不爲臣，故得以抗論報施，而擿群下之隱，使齊王戢其驕氣。所謂大人格心之論，切中事理人情，無所回護。蓋未有犬馬土芥其人，而能盡人之心，得人之力者也。鄭人之於昭公，如國人者也。

楚伍員于平王，如寇讎者也。其臣不足論，而其君何使之至此極乎？《書》云「撫我則后，虐我則讎」，恒人之常也。若孔子微罪行，孟子三宿出晝，此聖賢之用心。天下聖賢少而恆人多。國人寇讎，隱然伏于堂陛事使之間，而出于名分禮法之外者，君臣相與之際，亦可畏也。當其有禮也，君薄施而臣厚報，故手足而得腹心。于其無禮也，君倍施而臣半報，犬馬而後國人，土芥而後寇讎，又何怪乎？齊王不自反而專責于臣，故引舊君有服爲問。意謂舊臣未必皆有手足腹心之好者，亦或有犬馬土芥之隙者，而定爲有服之禮，是君可薄臣，臣終不可薄君也。舊君且然，況見在爲臣者乎？抑不知所謂舊君有服，正以其平日有手足腹心之誼也。進以禮，退以禮，謂之君臣。既謂之君臣，焉得無服？若夫猜忌刻薄，則不足以稱君臣，而謂之寇讎矣。豈有寇讎之喪，而人肯爲之服者乎？禮服舊君耳，非服舊讎也。君但求爲君耳，勿爲寇讎，則臣自服之矣。蓋君臣雖有常分，而所以成其爲君臣者，不徒在分而在心。心不相接，雖君臣非君臣也。喪服亦有常制，而所以成其爲服者，不徒在制而在情。情不同戚，雖有服猶無服也。昔魯繆公問子思曰：爲舊君反服，古與？子思曰：古之君子，進人以禮，退人以禮，故有舊君反服之禮。今之君子，進人若將加諸膝，退人若將墜諸淵。毋爲戎首，不亦善乎？又何反服之禮之有？正與此章同，故世謂孟子受業于子思也。

信任曰手足，拱護曰腹心，一體之意也。《抱朴子》云「臣猶手足，履冰執熱不得辭」是也。犬馬，輕賤之也。國人，不相關也。躪踐之曰土，斬刈之曰芥。芥，草也。寇，害也。讎，怨也。舊君，舊嘗爲臣，而今去在他國者也。服，喪服也。《儀禮》：爲舊君服齊衰三月。諫行，如省刑薄斂之類。

言聽，如發政施仁之類。使憔悴之民沾膏澤，君子行道濟世之本心也。舊君之誼，莫大乎是。有故，如奔喪之類。導，猶先也。使人先路引導，恐留滯也。出疆，出本國境也。於所往，於所過之處及所至之國也。先，亦導也。三年不反，言望之久也。田，謂食禄之地。里，謂所居之宅。三有禮，殷勤再三盡禮也。或云：在國及臨去、去後爲三，諫不行言不聽有故而去，即不聽不行之故也。搏，擊也。極，窮也。

《儀禮》：臣爲君義服斬衰三年，爲舊君齊衰三月。《傳》云：爲舊君者孰謂也？仕焉而已者也。何以服齊衰三月？言與民同也。按舊君謂嘗仕于其國者，非故家世臣也，故曰仕焉而已者。嘗仕而後遂去之，恩禮輕。仕如中下士輩，與民未遠。今不仕，即與民同矣。民爲君服，皆齊衰三月。

四

孟子曰：「無罪而殺士，則大夫可以去；無罪而戮民，則士可以徙。」

君子見幾而作，爲其殺無罪也。非謂殺士之日，獨大夫當去，士不當去，戮民之日，獨士當去，大夫不必去也。云則可以者，及是時之意，過此恐不及去矣。民與士近，士與大夫近。禍成有漸，凡事幾類此。出處其大者，殺人其甚者也。獨舉殺士民不及大夫者，古刑不上大夫，《春秋》殺大夫則必書。五霸之盟曰「無專殺大夫」，大夫近君也。故春秋之惡，上極于弑君，而下甚于殺大夫。殺與戮異，古君賜臣死，則盆水加劍令自盡，或賜鴆，或磬之甸師，皆殺也。戮則肆其尸於市朝。戮者，辱也，殺之又辱之。故《周禮》有司刺，有司戮。士言殺，民言戮，貴賤之等也。

五

孟子曰：「君仁莫不仁，君義莫不義。」

此言上之化下。君身爲本，與格心略異。

六

孟子曰：「非禮之禮，非義之義，大人弗爲。」

此章孟子願學時中，精微之論，所謂立而能權也。莊敬曰禮，裁制曰義，兩者皆直方之德。易于凝窒，而難于變通。其理至精，而其用至神。如以形迹依倣，硜硜信果。小人未嘗廢禮義，雖模擬逼真，而幾微少窒。執中無權，則舉一廢百。不惟不循理者，出于理之外。即守理者，反失于理之中。故有今日爲禮，而明日不可爲禮者，如孟子處齊宋薛之餽是也。有在此爲義，而在彼不可爲義者，如孔子去齊與去魯是也。又如同姓不昏是禮，而彰君之過亦非禮。施惠是義，而子路治蒲，不告君施惠，亦非義。

陽貨不見是禮，而大夫有賜不往拜，亦非禮。惟時亡而往，乃禮也。子華富不當繼是義，而門人爲其友之母請粟不與亦非義。惟少與而終不繼富，乃義也。諸如此類，不可枚舉。大人盛德周旋而中禮，無心適莫而比義。禮之禮則爲之，亦有人不以爲禮而爲之者，有人以爲禮而反不爲者。義之義則爲之，亦有人不以爲義而爲之者，有人以爲義而反不爲者。神明不測，所以爲大人。

禮義豈有非者，謂其欲爲禮義而失中也。非禮義又豈有爲禮義者，謂其託于禮義之似也。節目次第，隨時變易，不可爲典要。若大經大倫，亙古今不易也。小人可由而不可知，拘拘一言一行，守繩墨而不變。大人神明變化，乘運委蛇。而萬事萬物，稟受承施，各得其所，所以爲大。此際真贋，疑似渺茫。小人無忌憚，與君子時中酷似。鄉原與中行、五霸與三王所以分也。苟非大人，寧安常守故，誰敢議此。

七

孟子曰：「中也養不中，才也養不才，故人樂有賢父兄也。如中也棄不中，才也棄不才，則賢不肖之相去，其間不能以寸。」

家有賢子弟，父兄之幸也。子弟不賢，父兄能善養之，尤子弟之幸也。《禮》云：人情常薄于孝而厚于慈。世多不孝之子，而鮮有不慈之父。故爲大舜寡，爲瞽瞍尤寡也。論者每厚其責于子弟，薄其責于父兄，此待賢子弟之常法。此章與古者易子而教，反責成父兄。蓋遭逢不肖子弟，于天理人情，委曲遷就之無已也。賢子弟遇賢父兄，藹然怡怡，其常耳。如子弟不賢，父兄又不賢，則有相夷之患。惟其有賢父兄，雖子弟不肖亦涵育之，曲成之，此子弟大幸。而爲父兄者，真無忝爲父兄矣，豈不信賢乎？如是而子弟復不悛，非人也。故不曰教而曰養，猶《論語》「女子小人難養」之養。賢父兄之苦心也，嗟乎！不才之子弟，以父兄之養爲樂。中才之子弟，以賢父兄之養爲恥。曾參非不賢也，蒙父之大杖，何嘗不樂乎？

中以德性言，才以識幹言。温文醇美，無暴厲之氣者，中也。英爽特達，有剸割之能者，才也。養與教異。教者，正以校之。養者，涵育之使自化。如雨露滋物，俟其天全性得。欣欣向榮，所以樂也，不曰教而曰養。子弟不肖，校則不祥，故校者教也。庠者，養也。不賢之父兄不足論，賢則以善養天下，而況子弟乎？雖不肖，循循善誘，使悔過遷善，愛勞忘怨，如此則子弟弘受其賜。若疾其不中不才，不可化誨，託不責善之名，坐視之或督過擯棄之，終陷爲大惡，然則奚貴爲賢父兄乎？與子弟之不肖者，分任其咎矣。是以朱均與象雖不才，不與四凶同放，天下不以堯舜爲私。後世有以子弟不肖，蕩覆家門，輒擿殺之者，何以爲父兄？故子弟之不孝，亦由于父兄之不仁也。孟子責望于父兄，亦天理人情之無已矣。

八

孟子曰：「人有不爲也，而後可以有爲。」

此章猶夫子云「愚不可及」之意。浮躁之人，輕舉妄動，臨大事頽然如拉朽。惟是渾厚深沉，不動聲色者，可以歷風波而不恐，臨大節而不奪。蓋惟翕聚而後能發散，專一而後能直遂。此孟子養氣知言，勿忘勿助，當大任不動心之實學也。

九

孟子曰：「言人之不善，當如後患何？」

人有不善，不能救正，又無意矜恤，徒然播揚稱述之，是誠何心？未有好言人之短，人不切齒者，聖人所以貴隱惡也。老子云：聰明深察而近于死者，好議人者也。博辯廣大而危其身者，發人之隱者也。馬援戒子云：聞人之惡，如聞父母之名。耳可得聞，口不可得言也。司馬昭謂阮藉：天下之至慎者惟阮嗣宗。每與言，言及玄遠，未曾評論時事，臧否人物，可謂慎矣。如此，禍患何由生？夫以阮藉之狂誕，遇司馬昭之猜狠，而能免于禍，惟其不言其惡耳。君子所以惡稱人之惡也。

一〇

孟子曰：「仲尼不爲已甚者。」

此孟子知孔子之深。《論語》默識之旨，《中庸》微顯之義，此一語都括盡。粗則世路人情，此爲易簡之方。精則神化性命，此爲玄通之理。夫子告魯哀公「成人不過乎物」，教二三子「無行不與」，皆此意也。天命之性，人所同得。堯舜相傳，允報其中。仲尼道德高千古，人望之如升天如日月。在仲尼正自恰好，不增不減。大道中庸，人皆可爲堯舜。已甚便是素隱行怪，念頭上增一分便已甚。孔子無意必無固我。人情上過一分，便已甚。孔子不追往不拒來，用行舍藏，無可無不可，纔得平等停當耳。

不爲已甚，只是心上無物。心同大虛，即泰山秋毫平等。見南子，答陽貨，進互鄉，固是不爲已甚。衞靈公問陳遂行，季桓子受女樂即去，陳恆弑君，沐浴請討，亦是不爲已甚。今人處富貴而驕奢，處貧賤而憂戚，固是已甚。如行孝割股，居官敝裘羸馬，亦是已甚。甚與不甚，凡在意念上加減者，皆爲已甚。聖人自至公，有意即是造作。中行鄉原，只向此分，真僞疑似幾希之間而已。

一一

孟子曰：「大人者，言不必信，行不必果，惟義所在。」

此與下章兩大人，皆本上章仲尼而言。此章借所謂硜硜小人者反形之，言決爲信，行確爲果。此論尋常一言一行小節，區區形跡之間而已。若大人圓神不測，行無轍跡，信果非所名也。信果，猶適莫。在凡夫機變是病，則信果是藥。在聖人信果即是必，無信果，即是勿必。非如朱註云「卒亦未嘗不信果」也。惟義所在，又何信果之有？猶無適莫義之與比，豈可云卒亦未嘗不適莫乎？

道惟虛故大，有礙即小。其小無内，則其大無外。人所以廣大，惟其精微也。如庖丁解牛，以無厚入有間，導大窾，批大郤，故游刃恢恢有餘。如善操舟者，江湖放浪，縱一葦之所如，祇見其小。至于危崖曲澗，嶕石林立，而能揚帆捩舵，緣洲穿渚，如履平地，始信爲大。大人萬變無礙，有似于此。小人硜硜，如平湖野水，信風直往。一遇淺灘，便停閣不進，且有傾覆之患，所以拘礙迫塞而爲小也。

不必信果，如子爲父隱、臣爲君諱之類，言不必信也。如親在不許友以死之類，行不必果也。夫子與蒲人盟不適衞，已而背之。遭桓魋之亂，微服而去。所全者大，何必信果。

一二

孟子曰：「大人者，不失其赤子之心者也。」

此章即不爲已甚之根抵也。赤子之心，凡人始生不學不慮，立命之原也。聖人神明不測，而曰吾有知乎哉，無知也。無知，即孩提之心。聖人用行舍藏，無可無不可。惟順帝之則，不識不知而已。七十而從心不踰，恰滿得十五以前事。孟子私淑一貫，故有性善良知、事親從兄之説。堯舜之道，孝弟而已，此也。後世以格物爲入門，而其學支離矣。

論赤子之心，人自未有失者。論爲大人，須加涵養擴充。夫子云：十室必有忠信如丘者，不如丘之好學。若但赤子即是大人，則大人亦多矣。本謂人性皆善，可以爲堯舜。天生赤子，皆與以聖賢之具。如豫章之材，干霄拂雲，高數仞而大十圍。其初萌芽出土，千枝萬葉已具。惟待雨露滋潤，人力栽培，日增月長，漸底于成。比成，亦惟勿剪伐其本有者，非能有加也。《易》曰「蒙以養正聖功」，即此意。

赤子之心無欲，與天同體。大人功參造化，亦惟無欲。中者，天下之大本。和者，天下之達道。大人位天地，育萬物，亦惟致中和。赤子能愛能敬，即中和本體也。大人無所不知，無所不能。惟其心體光明浄潔，天真不梏。故學問事業，由根本森發。及其至也，無思無爲，與天載同流。若心體未浄，學術事功，襲取小補，何以爲大人？老子云「含德之厚，比于赤子」，又云「專氣致柔，能如嬰兒」，亦此意也。

人生自少至老，惟此一心。非成人時一心，赤子時又一心也。心與赤子俱來，故本其初而名爲赤子也。歷經萬緣，點染戕賊。而其日夜所息，平旦復現。乍見入井孺子而怵惕，見觳觫之牛而不忍。爾汝不受，噱蹴不食。天幾觸處，皆赤子之心。惟納交要譽，興兵構怨，宫室妻妾，妄念起，遂迷其初。子云：我欲仁，斯仁至矣。一日克復，天下歸仁。有志爲大人者，失之于赤子，則當謹之于幾希。

一三

孟子曰：「養生者不足以當大事，惟送死可以當大事。」

此言親喪之爲重也。《禮》親喪稱大事，《樂記》云：「先王有大事，必有禮以哀之。」養生，謂親在奉養，尋常從容。所謀不過酒食，所任不過服勤。今日未盡，猶有來日，悠悠歲月，供爲子職而已。即盡心竭力，無所用之，故不足以抵大事。當，猶抵也。惟夫送死，哀痛迫切。一毫未盡，終天罔極。曾子云：人未有自致者，必也，親喪乎？孝子喪親，天崩地坼，身命都捐。故送死之心，必誠必信。天下事，無復有大于此者矣。先王不奪人之喪，親死雖王事不終。三年之喪自天子達，故曰大事。

一四

孟子曰：「君子深造之以道，欲其自得之也。自得之則居之安，居之安則資之深，資之深則取之左右逢其原，故君子欲其自得之也。」

此本體工夫合一。道爲本體，深造爲工夫。自得，則工夫即本體也。造即造道，得即得道。子夏云：君子學以致其道。道也者，不可須臾離。人在道中，常與道遠。造者，求其至也。日用行必著，習必察。所言所行，必求諸道深。謂精義窮理，篤志力行之極也。以道，謂學問思辨，不用之他。而用之天理民義，當由之路也。然力雖勤，而戒于襲取。機欲達，而戒于强探。優游厭飫，使涣然冰釋，怡然理順，乃爲自得。造道者，惟欲其如此也。蓋自得，則不知道之爲我，我之爲道。居安、資深、逢原，三者一時並臻。居不安，則心境未融，動而捏扤。資不深，則天機尚淺，根蒂未固。左右不逢原，則顯微未一，心不從矩。居安、資深、逢原，皆自得之實地也。居如居貨之居，强取力索者，雖得必失，而不能安享。自得，則積爲家珍，保護深藏而居之安矣。居安則深根固蒂，淵泉停蓄，足以待取，而所資藉者深矣。深處即是厚資深，非如溝澮行潦，無本易涸。淵泉而時出，千支萬派，無往不會其原。所謂從容中道，四體不言而喻矣。得道至此，性命洋溢，隨處平滿，無少剩欠，無假安排。即夫子從心不踰，顏子雖從末由之境。若一毫强襲，焉能形神俱妙？深造者所以欲自得也。

造，詣也，猶《春秋傳》「造舟于河」之造。《爾雅》「天子造舟」，即今之浮橋。比舟次第相續達岸曰造，喻循序無間也。道，猶路也。以道，謂學者當志於道，不可他適也。欲自得，謂造道者欲自然得心，不可以躐取，必由深造也。首言道爲本，造即造道，得即得道。深造，猶先難也。自得，猶後獲也。朱註以第二句釋首一句，云「道者進爲之方」。道既是方，所進爲又是何物？深造自得，即含漸進意。又以道作漸進解，不重複乎？子云：「誰能出不由户？何莫由斯道？」孟子亦云：「終身由之而不知其道者，衆也。」深造不以道，則所精攻者，或入于邪説詖行，故曰以道。道者，仁義中正，天下古今共由之路。深造者，居仁由義，存心養性，有事無忘。至于涵養純熟，事理圓融，顯微無間，居安資深逢原，一以貫之矣。居安者，若固有之也。資，猶藉也，仰給之意。取之，即取所資也。左右，應變無方也。逢，值也。原、源同，本也。即資深處，隨所取用，無不值其本源。所謂淵泉而時出之，從心所欲不踰矩也。

一五

孟子曰：「博學而詳説之，將以反説約也。」

此承上章逢原而言，即君子深造之方也。天下無心外之理，萬應皆生于心。心惟虛靈一竅謂之約，而其用散爲事物，事物皆心之枝葉也。學者多聞多見，條分縷析。幾微疑似之必察，前言往行之必考。

如此乎講説之詳者，雖恃口耳，實非講説口耳也，借口耳反而講説于心也。見聞多而非泛，擇識繁而有本。其諄諄于名物象數者，無非爲一竅虚靈浚其源，疏其牖也。誦《詩》讀《書》而講求其作述之意，惟反以會吾之良知而已。應事接物而辨論其化裁之方，惟反以印，吾之執中而已。此深造自得，資深逢原所由出也。不然，狥外而支離，豈有本之學乎？

博約，即孔顔相傳之旨。兩説字，爲口耳者發。學則不能廢言，學博則言不得不詳。要之言有不言也，説有無説也，是爲反約，約從博來。《易・乾・文言》曰：「學以聚之，問以辨之，寛以居之，仁以行之。」寛即博也，仁即約也。或曰：約則何用詳説？蓋不詳説，則所博者闇汶而無緒。學者見聞也，見聞多，必講明其條理，使脉絡貫通。百千萬件，總是一件。至德要道，不越幾微。而聖經賢傳，所貫穿惟一理。語云：有鳥將來，張羅待之。得鳥者一目也，今爲一目之羅，無時得鳥矣，博約之謂也。學之病在鶩外，不反約，則玩物喪志，終于無得。能反，則即博皆約，即詳説皆默識。博學詳説似深造，反説約似自得，此記者相承之意。

一六

孟子曰：「以善服人者，未有能服人者也。以善養人，然後能服天下。天下不心服而王者，未之有也。」

孔子言善，孟子亦言善。善是何物？人心知愛知敬，仁義之良所同有也。天下之人管于心，天下之心管于善。善者，人心之窽繫。養，謂以不忍人之心，行不忍人之政。行一不義，殺一不辜，而得天下不爲，是也。世主不能以德爲政，陶淑民性，撫綏民生。而但假一事之仁義，飾虛文以籠絡之，矜空名以挾制之。此霸者之事，民滋不服矣。是必實心實政，勞來匡直，使民有恆産恆心，道德齊禮之化洽，則强梗回心。孝弟忠信脩，則堅甲利兵，無所用之。親親長長，而天下平。所謂善教民愛，東西南北，無思不服，而王道大行矣。天下有誰不心服而歸往者哉！

以善服人者，見人皆不己若，覓人罪過，較長比短，所謂道之以政，齊之以刑也。以善養人者，胸襟恢洪，如大舜與人爲善。君子仁義禮三自反，其身正而天下歸之是也。

一七

孟子曰：「言無實不祥。不祥之實，蔽賢者當之。」

小人讒巧以蔽君子。其言本無實，然其説常售于昏庸之主。故賢者受蔽，而讒人得志。如《詩》所謂「驕人好好」，自以爲吉祥，不知無實之言，豈有吉祥者？惟聽者不核，故倖而免。一遇明主，取不祥之言按其實，討其欺，則蔽賢之奸立見，而罔上之誅何逃。《詩》所謂「豈不爾受，既其女遷」者，蔽賢之人當之矣。

一八

徐子曰：「仲尼亟稱於水曰：『水哉，水哉！』何取於水也？」孟子曰：「原泉混混，不舍晝夜，盈科而後進，放乎四海。有本者如是，是之取爾。苟爲無本，七八月之間雨集，溝澮皆盈；其涸也，可立而待也。故聲聞過情，君子恥之。」

仲尼水哉之歎，與川上略異。川上歎道，水哉歎學。道自不息，學貴務本。如水有源，故其流之也長，其達之也漸，其放之也遠。學有本原，亦復如是。聖人因水見學，故加歎賞。若水無本，雨集則盈。而無混混之源，雨止則涸，亦無放海之流。盈涸無常，其何能久能漸乎？獵取聲華，而情實不副，則敗露立見。是以君子羞之，而深取于有本者也。本者何？仁義禮智根于心也。君子恥之，恥其無實，非恥聲聞息也。即使聲聞不息，君子亦豈屑之？

此章即願學孔子之意。有本之學，即仲尼之徒學仁義忠信之道者。根本天命人性，不可須臾離。而其施爲次第，澤被四海，萬世永賴。無本之學，如當時處士橫議，所謂七八月之間也。堅白同異之辯，縱横揣摩之術，能使世主擁篲先驅，長跽請教；而其浮誕不根，勢敗則窮，智盡則竭，身死而灰飛煙銷。惟孔孟之道，千古如新，有本無本之辨也。

學者與其獲不虞之譽，寧遭求全之毀。毀可資脩省，而譽多受賺誤。恆情聞譽滿假，反自墮落。

《易・坤》之六四：无咎无譽，斯爲不害。語云：盛名之下，其實難副。我有其名，人按其實。我惟一身，而人十手十目。故名，造物所忌也。達人逃名，況復過情。君子之不可及者，其唯人之所不聞乎？務本之謂也。

徐子，即徐辟，孟子弟子。原泉，平泉也。平地曰原，水源曰泉。混混，猶滚滚，流貌。科，坎也。滿此而後及彼，行有漸也。放乎四海，其施遠也。有本者如是，言人學有本，亦如原泉之水也。苟爲無本，言水之非原泉者也。七八月，夏五六月，暑雨之候，與晝夜不舍者異也。雨集，雨驟至也。大曰澮，小曰溝，言非四海也。聲聞，名譽也。情，實也。人驟得虚譽，其實不副，敗露立見。如潦水無原，立見其涸也。

《荀子》云：孔子觀于東流之水，子貢問曰：「君子見大水必觀焉，何也？」孔子曰：「夫水，偏與諸生而無爲也，似德；其流也卑下，倨句必循其理，似義；浩浩乎不屈，似道；若有決行之，其應佚若聲響，其赴萬仞之谷不懼，似勇；主量必平，似法；盈不求概，似正；綽約微達，似察；以出以入以就潔，似善化；其萬折也必東，似志。是故君子見大水，必觀焉。」〇《淮南子》云：天下之物，莫柔弱于水。而脩極于無窮，遠淪于無涯。上天則爲雨露，下地則爲潤澤。萬物不得不生，百事不得不成。大包群生而無所私，澤及岐蟯而不求報。富贍天下而不既，德施百姓而不費。斬之不斷，焚之不然。淖鬧溺流遁，錯繆相紛，而不可靡散。利貫金石，强濟天下。動容無垠之域，而翱翔忽區之上。邅廻川谷之間，而滔騰大荒之野。靡濫振蕩，與天地鴻洞；蟠委錯紾，與萬物終始，是謂至德。餘詳《論語》第六篇。

《爾雅》：「泉一見一否曰瀸。」正出曰檻泉，懸出曰沃泉，仄出曰氿泉。或云：從上溜下曰下泉，湧出曰濆泉，同出異歸曰肥泉，異出同歸曰瀵泉。此原泉者，從平地發源也。混混，安流貌。不奔騰濆湧，水之平善者，故以喻學。○《周禮·遂人》：治野：夫間有遂，十夫有溝，百夫有洫，千夫有澮，萬夫有川。

一九

孟子曰：「人之所以異於禽獸者幾希，庶民去之，君子存之。舜明於庶物，察於人倫，由仁義行，非行仁義也。」

禽獸所以爲禽獸者，惟其昏迷放佚。人所以爲人者，惟其能憂勤惕勵也。其知覺運動同，惟方寸地異。惺則爲人，迷則爲禽獸。異處不在遠，不在多。在一念存亡間，是曰幾希。日用隨處體勘同異，凡事物之感，情欲之動，人能覺能克，禽獸則任情流徙。如四端人有，禽獸亦或有，未足表異。但人明之察之由之，禽獸不能也。禽獸有惻隱，而無羞惡。篇中戒人知恥。爾汝穿窬，充類必盡，則爲君子，否則爲庶民。民者，冥也，故違禽獸不遠。君子戒慎恐懼，無疚無愧，全其爲人。聖人知之盡，行之至，盡人盡物。故拔人群，首庶物。聖人高于君子，君子高于庶民，庶民異于禽獸，要其爲幾希則同也。幾，微也。希，少也。虛靈一竅，人物所以生。明察，即虛靈妙用。衆人昏于物欲，頑鈍無恥，乃禽乃獸。君子戰兢惕勵，祛蔽求明。然體用未徹，知行猶二。惟聖如大舜，生知濬哲。理之散見于萬物者，無不昭明。體備于人類者，無不精察。性地澄徹，天理流行。由其明察之肫然者，行之即仁，非有意于行仁也。由其明察之秩然者，行之即義，非有意于行義也。蓋本無纖毫之翳以礙其體，何事操持之力以反其初？不待存而常存，非不去而無去。《中庸》所謂大知，而道無不行者也。

人物之生，一片虛靈，爲立命之宗。《大學》首明德，即知也。三達德知爲先，乾道統天知爲資始，故聖德莫大于生知。生知便是安行，明物察倫，即天下之至聖。聰明睿智，而容執敬，別由此出也。故曰智譬則巧，聖譬則力。其至爾力，其中非爾力，大舜與孔子同也。性地光明皎潔，觸處真性洋溢。無假推移而神明默成，仁至義盡顯微無間。非如朱註分知與行爲兩段也。明察即便由行，倫物即是仁義。如孩提知愛敬，即是天能。若禽獸不知，即是不由。庶民可使由，不可使知。君子由而能知，聖人知即是由。故曰大人者，不失其赤子之心。庶物，即禽獸也。人倫，即庶民也。由仁義行，即君子也。聖人所以全體民物，立仁義之極也。

大虛内烱烱知氣，雖草木亦含靈。草木無靈，何以生長彫落應時不爽，夭喬臭味各正不亂？由此推之，瓦礫糞壤，普含自性。而獨從禽獸言者，禽獸與人近也。瓦礫糞壤不如草木，草木不如禽獸。有血氣能運動，有巢穴之居，有牝牡之合，有父子之性，有生死之情。《列子》云：戴髮含齒，倚而趨者爲人，而未必無獸心。禽獸傅翼戴角，仰飛伏走，而未必無人心。人所以貴，貴知也。苟邪暗昏塞，狗欲味理，何異三百倮蟲？大抵大虚知氣，全付予天地。天地知氣，全付予聖人。民次之，禽獸又次之。聖人，人之至者，同于天地。民之爲君子者，同于聖人。禽獸之善者，同于庶民。庶民若不致知，與禽獸同。君子若不致知，與庶民同。惟聖人聰明睿智，而但有性反之異耳。或曰：人物同生于天地，而聖凡偏全異，何也？道體至虚，虚則無内外，無大小，無形而能形形，無物而能物物，故全體不遺。天地在大虚内，祇稱兩儀，能覆能載。不能兼，亦偏耳。一氣陽不兼陰，陰不兼陽，相代而成。凡相待者不全，天地且然，而況其所生乎？天地能全其爲覆載，而不能全大虚。聖人能全其爲人，而不能全天地。人能全其所異于禽獸，而不能全聖人。蓋有形氣，則有畔岸。有畔岸，則有離合，有清濁，有通塞，有大小脩短。剛柔善惡，絲棼縷析，各不相兼，皆形爲之限也。天地所以稱盛德者，含受虚空，量大而無心，聖人形小而氣清虚。全體天地之性，如炬火與洪爐火，炎性無二。庶民如灰裏一星，吹則燃，燃則焚。若禽獸如螢光、燐火，可照而不可焚也。天地之間，光明熾盛，萬竈同明。故聖人言乾知，言大明終始，言明德，言致知，言先知先覺，言莫見莫顯。佛氏蹈襲，爲圓覺知慧，光明寂照，同此幾希也。或曰：知同虚出，必待存之，何也？大虚不能不凝爲形，形成不能不礙虚。惟有條理脉絡，則虚靈常主。如天道於穆，而四時順敘。百物生成，各得其所。並育不害，並行不悖。形氣爲徒，而神明爲帥。聖人所以明察而仁義由行，君子存心致知而養氣合虚也。人身塊然血肉，虚靈墮于形質。如火寄木中，鑽摩急，然後烟起麗木而生明。人戰兢惕勵，鍜煉久，然後知慧通達，與禽獸異而爲君子，故聖功以明察爲體也。

動而未形曰幾，聽之不聞曰希。不昧曰明，見微曰察。聖人生知，虚靈之内，萬象森羅，經緯昭晰。自然明察，非即物而明之，盡人而察之，如後儒格物之説也。庶物，謂凡宇宙事物，大小精粗，自耕稼陶漁以至四門百揆，敷土濬川，上下草木鳥獸之類。條理區別，無不得宜也。人倫，謂三禮五典，大經小曲，順父母，愛象，降二女，相堯攝政，命官誅凶，黜陟幽明之類，纖悉曲盡也。明察者，性之體。仁義者，性之藴。肫懇曰仁，化裁曰義。即倫物之理，明察之實也。由，率也。率其明察以經綸化裁，自然仁義流行，非有心于行仁義也。行仁義者，反之也。由仁義行者，性之也。明察，智也。由仁義行，聖也。明察，言其存也。由仁義行，言其施也。聖人神而明之，即默而成之，非先知而後行也。

夫子删《書》，斷自堯舜。以天贊堯，君贊舜。天無聲臭，而君有政教也。君者，繼天立人極者也，人道始于君。古書堯舜同典，舜之事，皆堯之事。猶《易》首乾坤，坤之事，皆乾之事也。乾言天道聖學。而賢人君子，敬義立德。黄中通理，皆坤成之。故體乾莫如坤，而法堯莫如舜也。《論》《孟》言道德，多自舜始。孔書《禹謨》，載舜命禹，有人心道心危微等語，彷彿禽獸幾希之意。後篇云舜與蹠之分，利與善之間，亦即幾希危微之旨。而孟子此章敘道統首舜，略不舉其辭。故知孔書本後人襲用孟子語意增入，解者顧謂孟子因危微語首舜，左也。説詳《書》。

凡鳥獸通名禽，爲人可擒制也。或云二足而羽曰禽，四足而毛曰獸。《易》云：「王用三驅，失前禽。」《周禮》六禽，羔亦與。則是獸小者亦得名禽也。獸，守也。獸大善走，須圍而守之，乃可擒也。逐追須犬，故文从犬。在野曰獸，在家曰畜束。

二〇

孟子曰：「禹惡旨酒，而好善言；湯執中，立賢無方；文王視民如傷，望道而未之見；武王不泄邇，不忘遠；周公思兼三王，以施四事，其有不合者，仰而思之，夜以繼日，幸而得之，坐以待旦。」

此承上章敘列聖之事，皆幾希之發越也。各舉一端者，非謂所行止此。而乾惕之心，舉一可窺，所以爲幾希也。人心以清明爲體，非聲色貨利，而能亂性者惟酒。酒旨，尤易溺。彼昏不知，皆麴糵之由也，故禹首惡焉。《戰國策》云「禹疏儀狄絶旨酒」，則凡聲色貨利，皆可知也。所惡在沉湎，故所好在善言，《書》云「禹拜昌言」是也。執中者，隨事察理，擇之精而守之固，《詩》云「不剛不柔，敷政優優」是也。立，立位也。方，類也。所立惟賢，不問其類。如用伊尹爲阿衡，亦執中之一事也。文王心存愛民，視之如恐有傷，《書》云「惠鮮鰥寡，懷保小民」是也。道不自聖，望之常若未見，詩云「不顯亦臨，無射亦保」是也。武王纘緒定功，心存敬義。不以近而泄，泄、媟通，慢也。不以遠而忘，忘，遺忘也。《記》稱觴豆户牖之銘，邇不媟也。《詩》稱燕子貽孫之謀，遠不忘也。周公相幼冲之主，遭不造之家，監二代之禮，成文武之德，故其事獨勞而心獨苦。思，慮也。兼三王，監夏商以造周也。施四事，施行禹湯文武四聖之事也，非定指上四條而已。心一道同，時宜化裁，皆在其中。其有不合者，即四聖較量以求中也。上承曰仰。夜以繼日，日思不足，繼以夜也。得，思而得也。坐以待旦，亟于行也。甚言憂勤之至，非定思某事行某事，必于夜思而晨行也。心源相接，異世同神。凡四聖所行，皆周公所已行。如《酒誥》之作，惡旨酒也。吐握下士，好善言也。損益夏商，執中也。文謨武烈，咸正無缺，皆周公成之也。説者惟立賢無方，一事未合。虞夏用人，如元凱輩，惟取世族。至殷湯敷求哲人，旁招俊乂。伊尹萊朱，巫賢傅説，非親惟賢。此商道度越虞夏，所以爲執中也。至周文武大封同姓，用人以世。周公謂魯公曰：君子不施其親，故舊無大故則不棄。苟非勳舊，如姜芈子姒諸世族，則不得躋華膴。是以當時有管蔡之敗，啓後世世卿之端。公蓋仰思之，而不敢改父兄之舊也。管蔡之使，孟子謂爲周公之過，亦思之而弗得，得之而未行耳。仲尼曰：有父兄在，如之何其聞斯行之？周公之謂矣。此章所言，皆行仁義之事。湯武反之，而禹文王周公皆性之。然帝降而王，時有古今。湯武遭亂，即禹文周公亦惟日孜孜。欲如舜無爲而治，千古不再矣。舜以耕稼陶漁之夫，艱難所素習。此五聖人者，起自公侯卿相，生長富貴，而憂勤亦若此。所以幾希相接，見知聞知，有自來也。

人心原自惺惺。其昏惰生于放肆，放肆復生昏惰。梏之反覆，乃近禽獸。惟勤勵則收斂，收斂復生勤勵。故至誠無息，不息則久，悠遠博厚高明由此出。《易·乾》之九二，爲三百八十四爻人道之首，其辭曰「君子終日乾乾，夕惕若厲」，《禮》云「君子戒慎恐懼，必慎其獨」，此也。此章列聖心法，合顯微内外而言。心以宰事，事以徵心。旨酒善言，事也。好惡，心也。立賢，事也。執中無方，心也。

愛民求道，事也。如傷未見，心也。遠邇，事也。不泄不忘，心也。三王四事，事也。思以日夜，心也。聖人德性常主，故即事見心。各據平生實行而約言之。禹恭儉之聖，故于嗜好見心。湯寬仁之聖，于圓融見心。文王純一之聖，于不已見心。武王敬義之聖，于周密見心。周公制作之聖，于思慮見心。禹受終，故言恭儉。湯首易虐，故主寬仁。文王事殷，故主純一。武王勘亂，故主敬義。周公輔理弘化，故主制作。

禹之憂勤，莫如治水。而首舉惡旨酒，則是旨酒之患，甚于洪水也。《易·未濟》之上九，以離明下孚于坎之六三，周公繫爻辭曰：有孚于飲酒。濡其首，有孚失是。失是者，喪明也。于《書》作《酒誥》。孔子尚憂酒困，況庶民乎？所以爲禽獸者，由其心醉也。雖有善言，不可以語醉人。人必醒而後可與言善。故禹之勤儉菲飲食，惟此爲要。堯舜授中，列聖同符。而中獨屬湯，何也？討罪命德兩大事，順乎天而應乎人，自湯始。湯之於夏桀，猶堯舜之於朱均也。湯之於伊尹，亦猶堯之於舜也。故執中莫如湯，立賢亦莫如湯也。文王不言事殷之至德，而言愛民者，商紂之虐民甚矣。文王既思存商，又思保民，是以其心獨苦。望道，望治也。天下有道，則民安。處無道之世，事無道之主，故其望切而愈迷。《易·坤》之象辭，文王自占也。曰先迷失道，言遭紂之難也，迷即未見之象。遠與邇非一境，不泄不忘非兩心。全體洞徹，凡席千里，一日萬年，非舉此失彼也。蘇洵謂聖心如潮上灣坳凹，浦漵並到，正似。

《大戴記》云：武王既踐祚，太公奉丹書戒之曰：「敬勝怠者吉，怠勝敬者滅。義勝欲者從，欲勝義者凶。」武王退而爲戒書，于席四端爲銘焉，于機爲銘焉，于鑑爲銘焉，于盥盤爲銘焉，于楹爲銘焉，于杖爲銘焉，于帶爲銘焉，于履屨爲銘焉，于觴豆爲銘焉，于户爲銘焉，于牖爲銘焉，于劍爲銘焉，于弓爲銘焉，于矛爲銘焉。席前端銘曰：「安樂必敬。」前右端銘曰：「無行可悔。」後左端銘曰：「一反一側，亦不可以忘。」後右端銘曰：「所監不遠，視爾所代。」銘鑑曰：「見爾前，慮爾後。」銘盥盤曰：「與其溺于人也，寧溺于淵。溺于淵，猶可游也。溺于人，不可救也。」銘楹曰：「毋曰胡殘，其禍將然。毋曰胡害，其禍將大。毋曰胡傷，其禍將長。」銘杖曰：「惡乎危，于忿懥。惡乎失道，于嗜慾。惡乎相忘，于富貴。」銘帶曰：「火滅脩容，慎戒必恭，恭則壽。」銘履屨曰：「慎之勞，勞則富。」銘劍曰：「帶之以爲服，動必行德。行德則興，倍德則崩。」銘弓曰：「屈伸之義，廢興之行，無忘自過。」銘矛曰：「造矛造矛，少間弗忍，終身之羞。予一人所聞，以戒後世子孫。」此皆所謂不媟邇者也。○《史·周本紀》云：武王既誅紂，至于周，自夜不寐。周公旦即王所曰：「曷爲不寐？」王曰：「告女，維天不饗殷，自發未生于今六十年。麋鹿在牧，蜚鴻滿野。天不享殷，乃今有成。維天建殷，其登名民大賢也三百六十夫。不顯亦不擯滅，以至于今。我未定天保，何暇寐？」王曰：「定天保，依天室。悉求夫惡，貶從殷王受。日夜勞來我西土，我維顯服，及德方明。」此武王未忘殷士也。厥後周公作《多方》《多士》，遷殷頑，皆武王之志也。又云：「自洛汭至于伊汭，居易地平也毋固無險阻也，其有夏之居。我南望三途，北望嶽鄙，顧詹有河，粤詹雒伊，毋遠天室。營周居于雒邑而後去。縱馬于華山之陽，放牛于桃林之野。偃干戈，振兵釋旅。」此武王不忘中夏，欲後世崇文德也。厥後周公營洛，制禮樂，興大平，皆武王之志，所謂不忘遠也。

二一

孟子曰：「王者之迹熄而《詩》亡，《詩》亡然後《春秋》作。晉之《乘（去聲）》，楚之《檮（桃）杌（兀）》，魯之《春秋》，一也。其事則齊桓、晉文，其文則史，孔子曰『其義則丘竊取之矣。』」

孔子之事，莫大于六經。六經救時，莫切于《詩》與《春秋》。《詩》備善惡，《春秋》紀世亂。《詩》有美刺，《春秋》有是非，相爲表裏終始者也。《詩》自宗廟朝廷以及邦國，自天子諸侯以至庶人，皆備。而當時所删定，篇止三百。起文武，終幽厲。其間世變，頗不及詳。下迄五霸，事闕不載，令後世無所考懲。故用詩人之志，借史氏之義脩《春秋》。此《春秋》所以作，補詩亡者也。《詩》亡，《風》《雅》《頌》皆亡也。《雅》《頌》，朝廷宗廟之詩。《雅》終幽王，犬戎亂而周東遷，與列國等。王朝不復有燕饗，卿大夫不復有獻納，則《雅》亡。禮樂不自天子出，郊廟不復有制作、歌太平、告成功，則《頌》亡。諸侯不朝，天子不巡守問俗，則《風》亡。如衛自文公以後無詩，齊自桓公以後、晉自武公以後無詩。春秋所載大國二十，而《風》僅十五。美刺不備，法戒不彰。故夫子取魯史始隱公元年，周平王之二十九年也，作《春秋》以續詩亡。古者采詩觀民風，國史掌之。《詩》序云：國史明乎得失之迹。古之詩，即史也。故詩亡，即以史補之。《春秋》本魯史也，猶晉史有《乘》，楚史有《檮杌》，載事紀惡同也。魯史當五霸之世，所書皆五霸之事。五霸莫盛于桓文，齊將亡，晉將分，而《春秋》畢。故《春秋》之事，齊晉居多。其文編年敘事，猶史官之舊。而事與文之中，寓是非，明勸戒者，義也。孔子嘗自謂丘竊取之，蓋直筆記事。正言無隱者，本史臣之義，吾惟私取借用之云爾。初未敢改史之舊事，易史之舊文，而斷然以爲孔氏之書也。此夫子自敘實録，原非謙辭。而後儒誣仲尼竊天子事，私行誅賞。重違聖人之情，有傷《春秋》之義，故説《春秋》當以孟子爲的。晉之《乘》以下，發明聖人忠厚之意，與詩人敦厚之志正同。不敢自任作者，而以憂時之情，託諸國史《春秋》二百餘年。五霸之禍由晉楚，夫子欲興周公之道，而孟子引晉楚折諸魯史，即《春秋》之義也。《春秋》以魯史槩桓文，借史臣無毁譽之義，申明周公之法。以魯臣脩魯史，庶免于出位之罪云爾。與詩人主文而譎諫正同，所以爲繼《詩》亡也。説者不達，疑《春秋》有所譏刺隱諱，不可以書見，口授七十子之徒。正緣不解所謂《詩》亡之意而鑿説也。今《春秋》具在，明白指掌，有不可以書見者乎？

○從來註家，不解《詩》亡《春秋》作。謂《詩》獨《雅》亡，王降爲侯，故無《雅》。而不知《詩》亡，正唯《風》多。《風》僅十五國，國不過數君。五霸之亂，缺略不載，故脩《春秋》補之。凡《春秋》所書，王朝之事，以補《雅》也。列國之事，以補《風》也。郊廟之事，以補《頌》也。竊史臣是非之義，補詩人之美刺也。詩人美刺之志微，春秋是非之義隱。二經皆聖人輔世憂時而作。自朱元晦謂《詩》不皆美刺，聖人正《詩》專爲作樂，與《春秋》之義違。不知春秋之義，與《詩》人之志一也。志有美刺，義有是非，一也。千古明經，無如孟氏其説《詩》曰「不以辭害志」「以意逆志」，是謂得之。其説《春秋》曰：知我者惟《春秋》，罪我者惟《春秋》。夫以意逆志，則知我矣。以辭害志，則罪我矣。學《春秋》與學《詩》，亦一也。○王者之迹，王者行事之迹也。熄，猶滅也，寒灰死火之意。《詩》亡，《風》《雅》《頌》皆亡也。《春秋》，魯史編年之名。夫子筆削，自隱終哀，凡十二公，上下二百四十二年，大抵皆五霸亂跡。隱公初年，鄭莊公始霸，厥後齊晉楚吴越接踵。齊晉衰、吴亡，而五霸畢，《春秋》終矣。取魯史者，魯，周公之後也，諸侯僭亂魯爲多。脩明魯史，思周公也。史獨引晉楚，春秋之亂，由晉楚也。《乘》，晉史名。《檮杌》，楚史名。《春秋》，魯史名。乘，載也，史以載事也。檮杌，惡獸。《左傳》有渾敦、窮奇、饕餮、檮杌，謂之四凶，皆古不才子。而檮杌，則顓頊氏之不才子，頑嚚不可教訓者也，或云即鯀也。一説：檮音儔，木名。性堅，故文从壽。杌，不動也，几案之屬。俗謂方几低平者曰杌。檮木爲杌，言不可移也，故爲頑嚚之名。《春秋》記魯事而曰齊晉者，魯與齊晉同盟爲與國，故書齊晉事爲多。春秋無王，惟有齊晉，孔子所以作《春秋》也。其義，謂是非之義也。竊取，猶言借用也。明是非，示勸懲，本國史之義。夫子借用，以續《詩》亡，存王迹也。史，史臣也。世儒謂竊取天子之事，謬也，餘詳《滕文公》下篇。

二二

孟子曰：「君子之澤，五世而斬；小人之澤，五世而斬。予未得爲孔子徒也。予私淑諸人也。」

從古惟有仁義道德之澤，流被無窮。君子小人，以貴賤言。君子在上位，富貴榮寵，如五霸之功業，假也。小人在下位，節行名譽，如楊墨之學術，邪也。假則難久，邪則易壞。蜉蝣日及之光，盃盂行潦之潤，不過終其身，父子祖孫間，五世斬矣。親至五世屬盡，禮至五世服絶，故其澤亦竭。惟有堯舜以來，倫物之菁華，仁義之馨烈，如日月之明，照臨千古。如江漢之波，沾溉萬世。則孔子之澤是也。在上則爲舜，爲禹湯文武，爲周公，在下則爲東魯一人。天下萬世一人，豈尋常君子小人可同日語乎？去今百有餘年，世未及五，而予生稍後，未得及門爲徒。然宫牆孔邇，三千七十士所傳流，耿耿在人心。予從諸人中，挹其芳潤，亦無異親炙及門者也。淑，善也，澄清灑濯之意。諸人，猶言衆人，即前章所謂庶民也。道不遠人，識大識小，焉不學而何常師者，孔子所以師先聖也。予學孔子，亦何人非師？幾希在民，千古如一日。斯人之徒，與知與能。聖人所先得，即衆人所同得也。居仁由義，入孝出弟，守先聖之道，使人類不至爲禽獸。即予所以聞而知之，願學孔子者也。故曰何以異於人哉，堯舜與人同耳。或謂孟子私淑子思之門人，非也。夫以伯夷伊尹，顔閔游夏，猶曰舍是。此何人而能以孔子之道開來？豈在尹夷顔閔下，而孟子顧没其師，使後世無傳乎？則其人可知也。善無常主，學無專師。前章以庶民造端，此章以諸人綰轂。蓋道惟人爲付託，惟幾希爲私淑。故自任繼孔子而不言其事，即無言之述、默識之旨也。幾希抉其微，倫物指其實，仁義挈其領，旨酒善言四事博其趣。故孔子亦不言事，而但舉《春秋》以正人倫。七篇之言仁義，即《春秋》也，所以爲私淑也。

此章首二句，言君子小人之澤近而易竭，形容聖人之澤，遠而無窮。中間更不措一語，突接下予未得爲孔子徒。末但以一淑字，應轉澤字作血脉，卒然不易解。

澤，光潤也。《禮》云「口澤手澤」，言潤也。《春秋傳》云「慶封車美，澤可鑑」，言光也，猶俗云殘膏末光也。子孫仰賴先澤，在君子，功庸名寵延及後嗣；在小人，畜産貲財分給子孫，皆澤也。五世，言延而易竭也。身以上，父王父曾高祖，五也。身以下，子孫曾玄孫，亦五也。喪服，父斬祖朞，曾祖功，高祖緦。緦以外服盡，高以上親盡。旁殺下殺皆以此爲差，故其澤不相及也。徒，衆也，謂衆弟子也。諸，亦衆也。諸人，即前章庶民也。私淑諸人，道在人也。私，獨也。清淳曰淑，沐浴膏澤之意。《詩》云：「其何能淑，載胥及溺。」善曰淑，惡曰溺。

《史記》云孟子受業于子思之門人，而不言門人爲誰，蓋據七篇中文義有似子思者揣摩云爾。而王劭以人字爲衍，則是親受業于子思之門矣。説者遂謂孟子師子思。而《孔叢子》書載孟子與子思問答，識者往往辨其誣，附録于後。○《孔叢子》曰：孟子幼，請見子思。子思見之，甚悦其志，命子上侍坐，禮敬甚崇。既退，子上請曰：「白聞士無介不見，女無媒不嫁。孟孺子無介而見，大人悦而敬之，白也未諭，敢問。」子思曰：「然。吾昔從夫子于郯，遇程子于途。傾蓋而語，終日而别。命子路將束帛贈焉，以其道同于君子也。今孟子車，孺子也，言稱堯舜，性樂仁義，世所稱希有。子事之猶可，況加敬乎？非爾所及也。」又：孟軻問：「牧民何先？」子思曰：「先利之。」曰：「君子之所以教民，亦仁義耳。仁義固所以利之乎？」子思曰：「上不仁，則下不得其所。上不義，則下樂爲亂也。此爲不利大矣。故曰利者，義之和也。」又曰：「利用安身以崇德也，此皆利之大者也。」又：孟軻問子思曰：「堯舜文武之道，可力而致乎？」子思曰：「彼人也，我人也。稱其言，履其行，夜思之，晝行之。孳孳焉，汲汲焉。如農之赴時，商之趨利，惡有不至者乎？」又：子思謂孟軻曰：「自大而不脩其所以大，不大矣。自異而不脩其所以異，不異矣。故君子高其行，則人莫能偕。而遠其志，則人莫能及也。禮接于人，人不敢慢。辭交于人，人不敢侮。其惟高遠乎？」以上四段，出《孔叢子》。〇高似孫曰：《漢・藝文志》無《孔叢子》，有孔甲《盤盂》二十六篇。後世即孔甲爲《孔叢子》，名鮒，字甲也。篇内載子思與孔子問答。則是孔子時，子思已長矣。然《孔子家語》及《孔子世家》，皆言子思年止六十二。孟子謂子思在魯繆公時，固嘗師之，是爲的然矣。然孔子没于哀公十六年，後十一年哀公卒，又悼公立三十七年元公立，二十一年繆公立，距孔子之没七十年矣。當時子思猶未生，則問答之事安得有？此出後人綴集，其無據若此。〇何孟春曰：《史記》載孟子受業子思之門人，後來《家譜》遂云親受業于子思。不然。攷之孔子年二十生伯魚，伯魚先孔子五年卒。子思母死，孔子令其哭于廟。孔子卒于周敬王四十一年，子思爲喪主，四方士來觀禮。子思生年不可知，所可知者，孔子卒之年，子思既長矣。孟子以顯王三十三年至魏，赧王元年去齊。其書論及張儀，當是五年後事。距孔子之卒，百七十有餘年。以百七八十年間所生人，而謂其前後相待，共處函丈，傳道受業，何子思孟子之俱壽考至是也？〇陳心叔曰：《孔叢子》，乃後人綴集之言。而《家語》及《孔子世家》，載子思年六十二，亦不足信。伯魚卒于哀公十二年戊午，至穆公元年壬申，凡七十五年。而子思仕穆公之世，則當生于哀公定公之世。伯魚未卒之先，安得謂子思壽止六十二邪？不然，則孟子受業于子思，不在穆公初年，而在元公悼公之世矣。夫赧王元年，齊伐燕。孟子所親見。《譜》謂孟子卒于赧王二十六年，魯文公之七年也。自文公七年，上距穆公元年，凡一百二十二年。是穆公元年孟子未生，況上而元公，又上而悼公之世邪？然則謂孟子學于子思之門人也，亦宜。○按以上諸説，知孟子不受業于子思甚明，而不知並受業子思之門人亦非也，緣未解諸人爲衆人故爾。

二三

孟子曰：「可以取，可以無取，取傷廉。可以與，可以無與，與傷惠。可以死，可以無死，死傷勇。」

此承上章私淑孔子，而論時中之道。人世唯利害兩途。利有取與，害則惟有死。取與生死，由中道上行，自然無傷。苟見理不明，冒昧徑情，則偏拗踐戾，于事理必有虧損。好利者人之情，顧利有可取，有不可取，能分辨之謂廉。苟不問可不可，見利即取，可者于廉固無損，不可者取之，豈不傷廉乎？輕財者，或喜于與。然與亦辨有可與，有不可與。若但以與爲惠，不問可不可，泛濫槩施，可者固惠，不可者，豈得爲惠乎？死難人之大節，然有當死，有不當死。若但以死爲勇，不問可不可，見害輒忘身，可者固勇，不可者，豈得爲勇乎？凡言傷者，虧損不完之名。傷生于偏，偏則礙，礙則損。如庖丁解牛，批大郤，導大窾，恢恢遊刃有餘地，何傷之有？惟利害當前，氣慴神昏，躁率固執，茫昧錯亂，焉得無傷？

三段各首二句論理，下一句任情。偏躁所以害理，上二句比義也，下一句適莫也。三事不主廉惠勇，而主時中。凡事皆然，而取與生死爲大。若論廉，偏于取固傷，偏于不取亦傷。論惠勇，偏與偏死固傷，偏不與不死尤傷。但廉傷于取者多，而傷于不取者少。惠勇傷于與死者有之，而傷于不與不死者尤多。各指其一偏，而皆可推矣。朱註過猶不及，以與者死者爲過，取者爲不及。然苟偏于不與不死，獨非不及乎？苟偏于不取，獨非過乎？本意貴時中而已。

微損曰傷，傷生于疑似。中本無可無不可，而可不可疑似則傷。故凡物受傷曰中傷。中乃傷，不中不能傷，疑似所以生傷也。取不取皆似廉，與不與皆似惠，死不死皆似勇。如以取耳，孟子取諸侯之餽，諸侯亦取禦人之貨。如以不取耳，孟子不受齊禄，陳仲子亦不食兄禄。此取不取皆相似，皆傷。如以與耳，夫子與原思粟，冉有亦與子華母粟。如以不與耳，夫子不與顏路車，楊子不與天下一毛。此與不與皆相似，皆傷。如以死耳，比干死于諫，子路死于難。如以不死耳，管仲晏子患難不死，李陵衛律夷狄亦不死。此死不死皆相似，皆傷。故曰傷生于似。惟精義入神，允執其中，而後能無傷。

二四

逢（龐）蒙學射於羿（意），盡羿之道，思天下惟羿爲愈己，於是殺羿。孟子曰：「是亦羿有罪焉。」

公明儀曰：「宜若無罪焉。」曰：「薄乎云爾，惡（平聲）得無罪？鄭人使子濯孺子侵衛，衛使庾公之斯追之。子濯孺子曰：『今日我疾作，不可以執弓，吾死矣夫！』問其僕曰：『追我者誰也？』其僕曰：『庾公之斯也。』曰：『吾生矣。』其僕曰：『庾公之斯，衛之善射者也。夫子曰吾生，何謂也？』曰：『庾公之斯學射於尹公之他陀，尹公之他學射於我。夫尹公之他端人也，其取友必端矣。』庾公之斯至，曰：『夫子何爲不執弓？』曰：『今日我疾作，不可以執弓。』曰：『小人學射於尹公之他，尹公之他學射於夫子，我不忍以夫子之道反害夫子。雖然，今日之事，君事也。我不敢廢。』抽矢叩輪去上聲其金，發乘去聲矢而後反。」

此承前章私淑孔子時中，而論親師取友之道。得其道，則雖曠世爲師弟。失其道，則雖及門即寇讎。借凶人之事，以警士君子。論行而結交，因不失其親，亦可宗也，非徒與凶人較罪案之輕重耳。士君子隨事反己，一毫失著，即孽由自作。苟能卻顧于事後，長慮于事始，雖有逢蒙，焉能害之？故曰「既明且哲，以保其身」，此之謂也，故君子賤技藝而貴道德。

逢蒙，人姓名，或作逢門。羿，古射師之通稱。盡羿之道，謂技與師等也。愈，猶勝也。宜若無罪，以逢蒙較，疑罪不在羿也。宜若，疑辭。曰薄乎云爾，孟子釋公明儀之意，言羿不明而誨凶人以招禍，亦其罪也。因引子濯孺子得友自全之事明之。潛師入人境曰侵。《春秋傳》云：「有鐘鼓曰伐，無曰侵。」追，謂鄭師不利而遁，故衛人追也。御車曰僕。子濯孺子，鄭大夫。庾公之斯，衛大夫。

尹公之他，人姓名。古人姓氏下多繫之字，猶舟之僑、石之紛如、宮之奇之類。端，忠厚也。取友必端，料不忍以己之道害己也。抽矢，拔矢出箙也。扣輪，扣擊車輪。去，脱也。金，矢鏃也。去金，恐射之而傷也。乘矢，四矢也。○古善射之官通名羿，非弑夏后相之羿也。夏羿，有窮氏國君也，爲其臣寒浞所殺，非逢蒙也。《左傳》云：夏后之衰也，后羿自鉏遷于窮石，因夏民以代夏政。恃其射，不脩民農，而淫于原獸。寒浞行媚于内而施賂于外。羿歸自田，家衆殺而烹之。故趙岐以逢蒙即羿之家衆。果爾，則羿本弑君之賊，人皆得而誅之，何但以取友不端罪之？且如羿取友端，容可免邪？非立言之意。賈逵云：羿之先祖，世爲射官。故帝嚳賜羿弓矢，使司射。《淮南子》云：堯時十日並出，使羿射之。其言怪誕，亦足以見昔之稱羿者，不獨一夏之有窮也。

《左傳》：尹公佗，學射于庾公差，庾公差學射于公孫丁。衛孫文子作亂，使佗與差逐獻公。公孫丁爲獻公御，庾公差曰：「射爲背師，不射爲戮，射爲禮乎？」射兩軥而還。庾公之斯，即庾公差也。皆亂賊之黨，何爲端人？事與孟子異，當以孟子言爲正。《左傳》因襲變幻脩文者耳。

二五

孟子曰：「西子蒙不潔，則人皆掩鼻避而過之。雖有惡人，齊債平聲戒沐浴，則可以祀上帝。」

此勉人日新之功。《易》曰：日新之謂盛德。天地之道，日新而已。其機存乎不息，故《大學》言明德。日新又新，浄垢之途。昏明之介，在倏忽之際耳。西子蒙不潔，惡人齋戒沐浴，皆猛然間事。兩「則」字緊關。美如西子，少不脩治，即喪其美。醜厲之人，苟能蠲除，立變其惡。克念罔念，爲狂爲聖，至微而危，蓋如此。素行皆善，一事偶差，則生平盡棄，不以積瑜而揜其瑕。生平蹉跎，一旦更新，便許上達，不以舊過而阻其新。釋回增美，信不可斯須忘也。

西子，即西施，越女之美者。蒙，冒也。不潔，汙穢也。掩鼻，惡其臭也。惡人，醜陋之人，反上西子，莊生所謂厲之人也。凡祭，皆七日戒，三日齋。事上帝，格天神也，明德惟馨之意。

帝者，至尊之稱。天下共適之謂帝，猶天下共往之謂王也。君主萬民，猶天主萬物。萬民所尊爲帝，故祀萬物所尊爲上帝也。先王本人道制禮，禮由人起。以人世尊君之禮尊天，非真天上有帝，如人世間也。《周禮·司服》「祀昊天上帝，即祀天也。又有五帝之祀，即祀五氣也。天道運爲五氣，春木氣爲東方青帝，夏火氣爲南方赤帝，夏季土氣爲中央黄帝，秋金氣爲西方白帝，冬水氣爲北方玄帝。統于一氣，是爲昊天上帝。禮家謂祀天不可無主，擇上古繼天之君配之。伏羲配青帝，神農配赤帝，軒轅配黄帝，少昊配白帝，顓頊配玄帝。蓋神依于人，以人事天。因借人帝之至者以達天，制禮之意本此耳。而緯書遂謂五方天帝，皆如人有名號。青帝名靈威仰，赤帝名赤熛怒，黄帝名含樞紐，白帝名白招拒，黑帝名叶光紀，昊天上帝名耀魄寶。此諔詭之談，而鄭玄崇信，執以解經，可哂也。

越王勾踐棲會稽，以吴王夫差好色，相于國中，得苧蘿山中鬻薪之女曰西施。三年學服，而獻于吴。入市人願見者，先輸錢一文。吴王納之，爲築姑蘇臺，荒于色以亡。

二六

孟子曰：「天下之言性也，則故而已矣。故者以利爲本。所惡於智者，爲去聲其鑿也。如智者若禹之行水也，則無惡於智矣。禹之行水也，行其所無事也。如智者亦行其所無事，則智亦大矣。天之高也，星辰之遠也，苟求其故，千歲之日至，可坐而致也。」

戰國處士談伎術，遊士談功利，百家相炫以智，皆旁岐，非正路也。大抵天下之言不外理，天下之理不外性。性無形難言，所可言者，其已然之故而已。然所謂故者，由矯强造作即非本然。惟不學不慮，率性而出者，乃謂故之本，乃可以言性。因性之故，由故之利。百凡應務酬酢，悉從天理人情明白正大處施行。無知而無不知，有事而如無事，乃爲自然之明覺也。今人機械變詐，無所不用，于民彝物則、易簡之理，戕賊斲喪，所以可惡。天下至順利莫如水，以神禹聰明，襄天下大難，宜其有壞奇之術，然亦不過循其歸海之性，九州高下相因之理，使水由地中行耳。豈堙高塞下，能使天地平成乎？故事無高遠，理由素定，順應爲本。莫高如天，莫遠如星辰。耳目難及，循其常行之度，雖千歲相距之遠，冬至之日，所爲作曆之元者，亦可坐而推。此非以利爲故，無所用鑿之明驗乎？蓋大道本中庸，當邪説横行、功利紛争之日，孟子譚性善，言仁義，若大路然。亦惟性之故，以利爲本耳。

此章即道在邇求諸遠，事在易求諸難，親親、長長、天下平之意，孟子道性善之要旨也。道不外性，而性終不可見，則不得不言。故凡推原曰故，百家言性是故，聖人言性亦是故。孔子云「性相近，習相遠」，習亦故也。孟子言端言情言才，亦故也。性體無外，大用顯行。周徧萬有，其故多端。而性終隱，言者競爲異説。于是有以性爲不善者，不知故不同。有自然，有强作。自然曰利，順而率之，無有不善，性之本也。强作曰鑿，逆而行之。或失不善，非性之本也。利生于良知，鑿起于用智。良知無知無不知，天靈之本，所以爲利。用智則爲變詐機械，乃强鑿而可惡也，豈謂智不當用哉！性本非枯槁，知豈厭剖析。故善鑿莫如禹治水。禹之治水，非治也，行也。伊闕、龍門、九河，人以爲鑿。而禹順其就下東注之常，用畚鍤疏瀹之，非堙塞之也，有事而謂無事可也。人性之善也，猶水之就下也。智者隨事觀理，因物察則，行所當行。不詭乎經，不拂乎性。雖剖抉元始，猶謂之不識不知，自然之明覺也。易簡正大，與天地同流，豈不大哉！以此言故即利，以此言性即本。今之智者，惟務窮高極遠，而不知高遠正不必鑿。莫高于天，莫遠于星辰。而天行有度，星緯有次。章蔀紀元，各有常數。但求其故，按度自合。雖千歲之冬至爲曆元者，目前可坐致其極，而况卑近者乎？人能本利以率性，則事無不善，而爲盡性。人能本利以言性，則信性果善，而爲知言。故曰人無有不善，水無有不下。激而行之，豈水之性，其勢則然耳。孟子所以道性善也。〇言即是事，非徒言之耳。天下之言性者，如告子輩，百家言皆是。對新曰故。物本有曰故物，事已往曰故事。性之故，即所知所能。而已矣者，無餘之辭。利，順也。故之順者，即良知良能，率性之道也。本，猶真也。如乍見孺子入井而不忍，故之利也。若納交要譽，人爲私知，即非本體，不可以之言性矣。性靈曰智。大智不用，自然明覺。小智機變，如功利之謀，縱横之策，滑稽之辯。背理傷道曰鑿，非故之利，君子惡之。真知即是行。率由曰行，作爲曰事。《詩》云：「天生蒸民，有物有則。」耳目有聰明，五倫有五德。萬事萬物，莫不各有當行之路。率性而行，皆曰利也。性之利，猶水也。水利就下，逆行則鑿。如禹治水，以水行水也。起冀兖，通河濟下流。次青揚，通江淮下流。下流殺，漸及上。乃次荆，次豫，次梁，次雍。雍地高，故獨後。乃導其源，導山導水，皆起西北，次東南。自源及委，自本達末，皆順自然。夫莫艱于治水，莫勤于禹功。而江河無西注，猶日月無東行。雖神智如禹，豈能違朝宗之理，堙江塞河，而望其平成乎？亦順其故之利而已。雖有事，胼手胝足，謂之無事可也。雖鑿龍門、伊闕，謂無鑿可也。故其告舜曰：安汝止惟幾惟康。夫以四載隨山，躬操畚鍤十有三年，猶曰安康，則禹之爲智可知也。如天行不息，一晝一夜九十餘萬里，猶曰天無爲。人能以飢食渴飲之心，裁天下之物，以霽行雨止之心，待天下之事，亦禹之行水矣。無知而知，不行而行，無可無不可。大人不硜硜，不信果以此。非必廢行，然後謂之無事也。

言性，則萬物皆備，所以謂故。事理有盤錯，猶江海有曲折，而無不東注；猶日月星辰有盈縮，而無不西轉。聖人處事，雖千變萬化，而無不順性。禹之治水，疏瀹排決，而不能使水西流。大撓容成迎日推策，細極渺茫，而不能使日東行。非蔽明塞聰而謂之無事，剖斗折衡而謂之不鑿也。《易》曰「言天下之至動而不可亂」，「言天下之至賾而不可惡」，以利爲故之謂也。《易》卦六十四，爻三百八十四。順三才之理，彰往察來，變動鼓舞，自然默成，皆率性之道。成繼之本，行所無事，而爲大智也。世之言《易》者，援爲仙術、丹經、占候、卜筮、堪輿等術，鑿也。天地四時運行，萬物洪纖高下，性命各正。恆人愛親敬長，好善惡惡，知是知非。喜怒哀樂，飢食渴飲，莫不各有天則，皆故之利也。天地有疾風暴雨，山崩川竭。萬物有夭札疵癘，人事有機械變詐。凶淫匪彝，乖氣紾結。依性發現，有所矯虔搏激而然，不可謂非故，然不可謂之利也。豈可據此以言性而謂性不善乎？

性包四德，獨言智者，一點靈覺，百千巧僞皆依此生，而皆徵于言。天下之言，莫多于戰國時。處士橫議，六經殽亂由此始，所以釀成焚坑之禍。孟子自謂知言，自然之理也。孔子知十世，《易》數往知來，皆所謂故也。引禹行水者，不主禹，主以水喻性也。無事爲大智，不主無事，以能成事也，未有拂事之理。能成事者，順事而能成事，所以爲大智。性之至順者莫如水，不可逆者亦莫如水。如鯀堙洪水，汨陳五行，未有不敗事者，故以爲喻。

物之不齊，物之情也，以利爲故，非按跡守轍之謂也。如日至雖可坐致，而坐致之日，亦自有差。唐堯冬至，日在虛。及周冬至，日在牽牛。至宋冬至，日在斗初。歲差不定，則又以後之所差者，推前之所差。大智順故，亦復如是。蓋天度三百六十，均爲十二辰，辰得三十，其正也。餘五度四分之一，其奇也。天度若無奇，則千歲之日，雖婦人孺子可知。唯其奇而不齊，是以巧曆不能筭。聖人知其然，爲之章蔀紀元，以極其數。又爲之歲差，以權其通，而造化歸諸指掌。故曰執中無權，猶執一也，所以爲大智也。

天無體，以星辰次舍爲體。天無度，以日行爲度。周天三百六十五度有奇，二十八星環列。東方角、亢、氐、房、心、尾、箕，北方斗、牛、女、虚、危、室、壁，西方奎、婁、胃、昴、畢、觜、參，南方井、鬼、柳、星、張、翼、軫。此二十八星麗天旋轉，是爲經星。又按地方隅，分周天爲十二辰。子爲玄枵，丑爲星紀，寅爲析木，卯爲大火，辰爲壽星，巳爲鶉尾，午爲鶉火，未爲鶉首，申爲實沉，酉爲大梁，戌爲降婁，亥爲陬訾。每辰相去各三十餘度，是爲日月一歲十二會之次舍也。五氣之精，在天爲五星。木曰歲星，火曰熒惑，土曰鎮星，金曰太白，水曰辰星。各氣運行有遲速，謂之緯星。與日月共爲七政，而天體圓包地外，與二十八星左旋。東出地上，西入地下，一晝一夜一周。日月五星，懸空隨行，亦東出西入，各參差不齊。而晝夜寒暑歲月，皆由日生。日逐天東出西入，一轉是爲一日，而每日不及天一度。一歲三百六十日，退天三百六十五度有奇，與天初度會是爲一歲。月行尤遲，每日不及天十三度有奇。凡二十七日有餘，退盡天度。二十九日有餘與日會，謂之一月。一歲日月會周十二次，是爲十二月。每月中分爲二氣，是爲二十四氣。每氣分三候，是爲七十二候。七政之行有遲速，故氣有盈，而朔有虚。二十四氣每中節，二氣共三十日五時六刻有餘，積之是每歲氣盈六日也。日月之會朔，止于二十九日六時三刻有餘，積之是每年朔虚又六日也。則是一年三百六十日外，多十二日，三年多三十六日。歲序漸差，故三年必置一閏以消之。五年多六十日，必再閏乃無餘日。七閏則無餘分，大約十九年七閏而齊，曆家謂之一章。四章爲一蔀，二十蔀爲一紀，三紀爲一元，凡四千五百六十一年也。此類皆天行自然之數，所謂求其故也。日至，謂冬至也。至，極也。冬至日極南，影極短，六陰窮而一陽更始。千歲之日至，謂上古一元之初也。曆法以上古冬至年月日時皆甲子，是癸亥年之十一月甲子日夜半子時之冬至也。日月五星齊會于牽牛，無復盈縮餘分，是爲上元。二曜如合璧，五星如連珠。自此七政復分行，遲速緩急不齊。惟日爲主，每歲冬至則日輒還其故處。至于一元終，而後七政復來會。餘詳《論語》第三篇。

二七

公行（杭）子有子之喪，右師往弔，入門，有進而與右師言者，有就右師之位而與右師言者。孟子不與右師言。右師不悦曰：「諸君子皆與驩言，孟子獨不與驩言，是簡驩也。」孟子聞之曰：「禮，朝廷不歷位而相與言，不踰階而相揖也。我欲行禮，子敖以我爲簡，不亦異乎！」

此章見君子處小人之群，包承之量，不惡之嚴。動必以禮，則内不失己而外有辭于人。不然，幾無以解于小人之忌。王驩方憤忿不平，孟子從容數語，明白坦夷，使懷懟忮者冰銷。説者謂孟子大露鋒鋩，何居乎？〇公行子，齊大夫也。子之，人名，即燕相子之。氏公行，蓋公行子之尊屬也。嘗爲燕君，燕亡，逃歸齊死。齊王以寄公禮葬，故朝臣往弔。右師，齊卿王驩也。古者太師爲左師，少師爲右師。入門，右師入門也。進，往迎也。就右師之位，右師立其位，而已往就也。云朝廷者，公事公臣皆在，即朝廷也。歷位，經歷他人之位也。踰，越也。階有東西，有上下，不得相紊越也。簡，略也，無禮之稱。

有禮而以爲簡，故曰異。異，猶怪也。

《荀子·大略篇》云：「公行子之之燕，遇曾元于塗。」楊倞註云：《孟子》曰：公行子有子之喪。公行子，齊大夫，子之蓋其先也。按倞所云，公行子之之燕，即燕相子之也，本公行氏。《史記》蘇代爲齊使燕，以事激燕王噲，讓國于子之。齊伐燕，噲死，子之自燕歸齊，至是死。齊王以有功于齊，又嘗爲燕君五年，以諸侯禮葬，朝臣畢赴。舊謂公行子喪子也，大夫喪子而講朝廷之禮乎？非也。

二八

孟子曰：「君子所以異於人者，以其存心也。君子以仁存心，以禮存心。仁者愛人，有禮者敬人；愛人者人恒愛之，敬人者人恒敬之。有人於此，其待我以横去聲逆，則君子必自反也：我必不仁也，必無禮也，此物奚宜至哉？其自反而仁矣，自反而有禮矣，其横逆由與猶同是也，君子必自反也：我必不忠。自反而忠矣，其横逆由是也，君子曰：此亦妄人也已矣！如此則與禽獸奚擇哉？於禽獸又何難焉！是故君子有終身之憂，無一朝之患也。乃若所憂則有之：舜人也，我亦人也。舜爲法於天下，可傳於後世，我由未免爲鄉人也。是則可憂也。憂之如何？如舜而已矣。若夫君子所患則亡無矣，非仁無爲也，非禮無行也。如有一朝之患，則君子不患矣。」

此章反復申言，惟是愛敬之心。存養擴充，終身不敢以一毫刻核之心傷吾仁，終身不敢以一毫怠惰之心傷吾禮。藹然慈和，視億兆皆赤子。退然謙恭，思匹夫亦勝予，則至誠能動物，而頑梗亦回心。蓋愛敬乃知能之良，我以是感，人以是應。興仁興讓，則物我共偕之大道。而責成則在君子。君子存心，終食不違，死而後已。苟小拂逆，輒是己而非人，日與天下交搆于怨府，何以爲君子？蓋人心存與不存，須拂逆中磨勘。安常無事，枯寂自守，夫誰不能？必横逆累不倒，患難摇不動。有横逆來，自反無横逆，亦必不自是。自反有歉，固憂。三反無歉，亦不忘憂。如此存心，乃幾于聖人。〇此章總一爲仁之功，復禮亦所以爲仁也。三自反，即己克而天下歸謂之仁。愛人人愛，敬人人敬，非先施而望報也。必如是，而後萬物與我爲一體。愛人不親反仁，禮人不答反敬，非望報而厚施。必如是，而後我與萬物一體也。但人立人達，堯舜猶病。天地之大，猶有憾焉。横逆之來，所以不免，故曰君子有終身之憂。此之不能，不可盡責之君子。此之不憂，則非仁人用心矣。

君子存心，非待横逆。而仁禮存不存，惟處横逆乃見。横逆之來，雖聖人不免。而聖人仁禮之至，横逆自化。仁者愛人，人亦愛有禮者。敬人，人亦敬。此君子萬物一體之本願，舜所以協和風，動法天下，傳後世以此。學者存心欲爲聖人，須從艱難中磨練，然後事理融，心境一，乃可入聖。三自反，即終食不違，造次顛沛必於是也。妄人，禽獸，非不平語。虚幻曰妄。如土木偶人，無肝膽肺腸者，自不責望之。視若空華泡影，不煩排遣，自然冰銷。蓋此時之横逆，無道至極。此時之心體，如天空雲净。無待反而自信真，一任去來。犯而不校，故曰何難？君子終身之憂以下，總疊上文，須君子存心篤，不爲聖人不已。聖人萬物一體，存神過化。如舜本耕稼陶漁之夫，所在一年成聚，二年成邑，三年成都。嶽牧薦之，帝堯尊之養之親之，天下之士悦之。何其人愛而人敬也？事難順之父母底豫，遇難孚之兄弟克諧。以至三苗格，四凶服，讒巧聖，又何其横逆之潛孚也。彼由側陋升聞，爲當世一人。至今仰之，爲萬世一人。夫非由鄉人起者與？今之君子口言仁禮而心不存，愛人而人不親，禮人而人不答。甚者横逆之來，不知自反，以罹于禍，碌碌庸人耳。苟有君子存心之功，造物至何難之境，不及舜，不爲憂矣。若夫君子所患以下，申明所以無一朝之患。非仁非禮，乃招禍之端。無爲無行，患何從生？有則自反，故君子不患也。即此是終身綿綿常存之心，舜所以至愛至敬，由仁義行者也。

大抵君子欲與天下相安于大順，故每事反己而恕人。孔子論仁曰家邦無怨，曰正己而無求於人，則無怨，躬自厚而薄責於人，則遠怨矣。怨不遠，斯患至。患生于與人校，與人校生于不自反。横逆至而能自反，則客氣銷，安得有患？利用安身，崇德莫大于此。

道之可以法今傳後者，莫如孝弟。仁禮即愛敬，愛敬即孝弟。孝弟莫如舜，故列聖獨舉舜。

異人，大過人也。存心，謂處心與人不同也，以仁禮存心。謂以此兩者，時時在念。愛人敬人，仁禮之發，心之用也。人愛人敬，通天下之心于己也。言恒者，横逆至則非恒矣。不直曰横，倒行曰逆。三自反，正存心處。忠，猶誠也。不忠，愛敬未盡誠也。不責人，惟自反，所以存心也。妄人無良心，虛僞之人，不可以心孚者也。奚擇，無別也。於，猶與也。何難，言易與也。以人道責之，則容忍爲難。以近于禽獸憐之，雖有褊急，誰與禽獸校者，故曰何難。終身之憂，通結上文。自存心至三自反，無已時也。無一朝之患，謂處横逆終不校，禍患不生也。患生于責人，終身自反不責人，則終身無患。患起于卒至，故曰一朝。

二九

禹、稷當平世，三過其門而不入，孔子賢之。顔子當亂世，居於陋巷，一簞食（嗣），一瓢飲，人不堪其憂，顔子不改其樂（洛），孔子賢之。孟子曰：「禹、稷、顔回同道，禹思天下有溺者，由（與猶同）己溺之也。稷思天下有飢者，由己飢之也，是以如是其急也。禹、稷、顔子易地則皆然。今有同室之人鬭者，救之，雖被髮纓冠而救之可也。鄉鄰有鬭者，被髮纓冠而往救之，則惑也，雖閉户，可也。」

此章爲隱居樂道者言。引禹、稷以形顔子，折衷于孔子用行舍藏、明己願學之意。聖賢無日不思康濟，但道與時違。有爲天下之心，而所遇非其時，所處非其地。如禹、稷處平世，事明君，過門不入，得時行道者之所爲也。若顔子陋巷簞瓢窮居，樂道者之所爲也。常人以大行爲樂，禹、稷以爲憂，憂在民也。常人以隱居爲憂，顔子以爲樂，樂在己也。惟窮居有顔子之樂，然後大行有禹、稷之憂。

當事而效不入之勤者，必窮居而有獨善之養者也，故曰易地則皆然。鄉鄰之鬭，雖無被髮往救之理，然未嘗無患難相卹之心。但勢不相及，君子素位，不在位强預謀。己褻而人賤其未同，故兀坐而視同室之鬭者，謂不仁。披髮而赴鄉鄰之鬭者，謂不智。是以君子貴于識時。不然，井有仁焉，其從之也，何況鄉鄰？

民飢溺而言平世者，有堯舜爲君也。古多名世，獨舉禹稷者，水土稼穡，尤憂勤之事也。南宫适謂禹稷躬稼而有天下，亦謂二聖獨勞耳。皆引孔子賢之者，孔子聖之時也。易地皆然者，易禹稷居顔子之地，亦能樂。易顔子居禹稷之地，亦能憂也。被髮纓冠，謂不暇束髮，而但結其冠之纓。纓，冠繫也。

三〇

公都子曰：「匡章，通國皆稱不孝焉。夫子與之遊，又從而禮貌之，敢問何也？」孟子曰：「世俗所謂不孝者五：惰其四支，不顧父母之養去聲，一不孝也；博弈，好飲酒，不顧父母之養，二不孝也；好貨財，私妻子，不顧父母之養，三不孝也；從去聲耳目之欲，以爲父母戮，四不孝也；好勇鬬狠，以危父母，五不孝也。章子有一於是乎？夫章子，子父責善而不相遇也。責善，朋友之道也。父子責善，賊恩之大者。夫章子豈不欲有夫妻子母之屬哉？爲得罪於父，不得近，出妻屏丙子，終身不養焉。其設心以爲不若是，是則罪之大者，是則章子已矣。」

齊人以陳仲爲廉，而孟子不取。以匡章爲不孝，而孟子不棄。所謂衆好之必察，衆惡之必察也。按其不孝之事，既無所指。尋其不孝之名，祇因責善。察其怨艾之情，尤有可矜。雖人言，何害其與遊而禮之也？

世俗，就通國言也。惰其四支，家貧不力食也。博，六博也。弈，圍棋也。博弈飲酒，遊蕩不務生業也。好貨財，私妻子，居積吝嗇，儉于其親者也。縱耳目之欲，荒于聲色玩好，墜先業者也。戮，辱也。好勇鬬狠，招禍興戎，使父母驚危也。五者皆世俗所謂不孝也。若夫士君子所謂不孝，何必至此？百行一虧，即是辱親。此姑就公都子所謂通國稱不孝者數之，而言章子非至如是之甚也。不相遇，猶不相得也。不得近，不得親近其父也。

孝者，百行之原，大舜、曾參所不敢居也。不孝者，諸惡之首，豺狼虎豹所不忍爲也。故天下惟孝爲難盡，惟不孝爲易免。《曲禮》云：爲子者聽于無聲，視于無形。不登高，不臨深，不苟訾，不苟笑，不服闇，不登危，懼辱親也。行如此其兢兢，而何至放肆不顧，如世俗之五者乎？故君子爲人子，一出言不敢忘親，一舉步不敢忘親，其責己也重以周。其求于人之子也，不至如世俗五者，不擯其爲不孝，其責人也輕以約。孟子于匡章，憐之非取之也。彼已遭國人之訾詬，而復絶之，將遂不可爲人。况情本可原，違衆曲全，不欲成人之惡也。然賊恩一語，已明知其非孝子矣。《戰國策》云：章子母得罪于其父，父殺而埋之馬棧之下。事詳《公孫丑》下篇。章子得罪其父，或以此。後父死，齊威王使章子將有功，許改葬其母。章子以不敢欺死父辭。其素行類此，故孟子終原之。迹其行，頗似陳仲子，故稱仲子廉。孟子非之，蓋仲子冒國人之譽，不稍絀，則矯情者成風。章子蒙國人之毁，不稍原，則處變者無以自白矣。○父子之間不責善。就常人論責，誅讓也，迫迮之意。誅讓迫迮，則情拂而傷恩，故不可行于父子之間。惟賢父于不才子，孝子于頑嚚之親則然。若夫賢子可教、慈親可幾諫者，豈得不以善道相論？自與誅求迫迮者殊科。故曾子云孝子之諫，達善而不敢争辨。争辨者，作亂之所由興也。昔人遺書戒子，云若忽忘不識，亦已焉哉。又云爾之不才，亦已焉哉。皆不責善之意。

三一

曾子居武城，有越寇。或曰：「寇至，盍去諸？」曰：「無寓人於我室，毁傷其薪木。」寇退，則曰：「修我墻屋，我將反。」寇退，曾子反。左右曰：「待先生如此其忠且敬也，寇至則先去以爲民望，寇退則反，殆於不可。」沈猶行曰：「是非汝所知也。昔沈猶有負芻之禍，從先生者七十人，未有與去聲焉。」子思居於衛，有齊寇。或曰：「寇至，盍去諸？」子思曰：「如伋去，君誰與守？」孟子曰：「曾子、子思同道。曾子，師也，父兄也。子思，臣也，微也。曾子、子思易地則皆然。」

此章明賓師不與臣同。凡急難相恤，君子皆然。至于禦侮捍患，乃子弟衞護父兄之事。武城大夫以師禮待曾子，則武城人皆其子弟也。武城有難，責師爲子弟守禦，名分乖而道誼屈矣。世俗人不解，引子思不去衞之事以律曾子。不知曾子既爲師，則不可役。其全軀苟免之臣，又或引曾子居武城之事以自免。不知如子思既爲臣，則當效力。此孟子所以有同道易地之説。可以死，可以無死，死傷勇，此也。

曾子教授于武城，子思亦教授于衞。但子思仕衞，已受衞君之職。而曾子本武城人，不仕。但受邑大夫聘，教授邑子弟也。盍去諸，請解館也。曾子盡率其所教子弟以去，故左右疑其先去爲民望。而沈猶氏七十人皆不與，則去者亦非止曾子一人也。按《周禮》諸子掌國子之倅，屬之大司馬。國有大事，則帥國子而致于太子，唯所用之。有兵甲之事，則授之車甲，合其卒伍，置其有司，以軍法治之。則是國學子弟，皆有與難之義，故左右以先去民望爲疑。而不知禮所謂諸子之職掌，正如子思受衞君之職，爲臣者也。曾子則武城大夫尊禮而賓客之者也，故曰父兄。父兄率其子弟避難，子弟從其父兄去，誰得而止之？故與子思異，易地同道。篇中屢發此義，即時中能權也。

武城，魯邑。曾子居武城，邑宰延之爲邑人師也。寇，兵寇也。寓，猶居也。左右，武城人服役曾子者也。待先生，謂武城宰待曾子也。爲民望，謂衆子弟亦從曾子去也。殆，近也。不可，疑其無救恤之誼也。沈猶，姓。行，名。曾子門人。言曾子昔嘗館于沈猶氏，有負芻者作亂，曾子亦率其弟子去之。蓋賓師無與難之義，不獨在武城爲然耳。負芻，人名。伋，子思名。微，卑賤也。

三二

儲子曰：「王使人瞷諫夫子，果有以異於人乎？」孟子曰：「何以異於人哉？堯舜與人同耳。」

儲子，齊臣也。瞷，私視也。孟子始之齊，齊王聞其名未睹其實，私使人窺之，庸主之見也。孟子言己無異人，矢口即稱堯舜，正乃齊人所以異也，言外有曉人意。聖人與人同，人自與聖人異。故曰予未得爲孔子徒也，予私淑諸人也。子貢云「文武之道在人」，與此人字同。

三三

齊人有一妻一妾而處上聲室者，其良人出，則必饜酒肉而後反。其妻問其所與飲食者，則盡富貴也。其妻告其妾曰：「良人出，則必饜酒肉而後反，問其與飲食者，盡富貴也，而未嘗有顯者來。吾將瞷良人之所之也。」蚤起，施以、異二音從良人之所之，徧國中無與立談者。卒之東郭墦燔間，之祭者乞其餘，不足，又顧而之他。此其爲饜足之道也。其妻歸告其妾曰：「良人者，所仰望而終身也，今若此。」與其妾訕山去聲其良人，而相泣於中庭。

而良人未之知也，施施移從外來，驕其妻妾。由君子觀之，則人之所以求富貴利達者，其妻妾不羞也而不相泣者，幾希矣！

此爲戰國游士，阿世取寵驕人，如齊王所養稷下輩，故借齊人設譬。孟子獨皭然塵垢外，不往召，不受禄，乃敢言此。古今士人，誰不墮此坑塹？染一毫世味，便帶一分齊人。故曰由君子觀之，非君子，則不聞鮑魚之臭矣。所以求三字，包括古今仕途無限醜態。獨言妻妾羞者，小人陽爲驕泰，不敢欺外人，而獨欺妻妾。卑汙苟賤之狀，外人共見，獨妻子不及見。至于妻子泣，則天下更無與齒之人矣。男子行事，使婦女羞且泣，狗彘豈食其餘乎？

良人，夫也。饜，飽也。顯者，富貴之人也。施，旁行不正也。《喪服傳》云「絶族無施服」，亦謂旁服也，與逶迤之迤通。東郭，東城外也。墦，冢也，與墳通。顧，望也。訕，罵也。施施，猶訑訑，自得貌。幾希，少也。羞有笑者，不笑而泣，辱不可忍也。在他人則笑，在夫婦則泣，情戚故也。

《史記》：齊王養士，開第康莊之衢，高門大屋尊寵之。示天下諸侯賓客，言齊能致天下賢士也。鄒衍、鄒奭、淳于髡之徒，皆爲列大夫。齊人歌曰：「談天衍，雕龍奭，炙轂輠髡。」考其言行，無一當仁義，爲富貴利達之資而已。

孟子説解卷八終

孟子説解卷九

郝敬 解

萬章章句上

一

萬章問曰：「舜往于田，號平聲泣于旻民天，何爲其號泣也？」孟子曰：「怨慕也。」萬章曰：「『父母愛之，喜而不忘；父母惡之，勞而不怨。』然則舜怨乎？」曰：「長息問於公明高曰：『舜往于田，則吾既得聞命矣。號泣于旻天，于父母，則吾不知也。』公明高曰：『是非爾所知也。』夫公明高以孝子之心爲不若是恝間入聲。我竭力耕田，共平聲爲子職而已矣。父母之不我愛，於我何哉！帝使其子九男二女，百官牛羊倉廩備，以事舜於畎畝之中。天下之士多就之者，帝將胥天下而遷之焉。爲去聲不順於父母，如窮人無所歸。天下之士悦之，人之所欲也，而不足以解憂。好上聲色，人之所欲，妻去聲帝之二女，而不足以解憂。富，人之所欲，富有天下，而不足以解憂。貴，人之所欲，貴爲天子，而不足以解憂。人悦之、好上聲色、富、貴，無足以解憂者，惟順於父母可以解憂。人少去聲則慕父母，知好去聲色則慕少艾，有妻子則慕妻子，仕則慕君，不得於君則熱中。大孝終身慕父母。五十而慕者，予於大舜見之矣。」

孝弟者，仁義之實，百行之本也。古今稱至孝無如舜。其他或事易順之父母，處無故之兄弟。惟舜遭嚚頑之親，輔以傲很之弟，毒苦萬狀，而卒能使父母底豫，兄弟克諧。非至誠貫金石者，能若是乎？孟子所以亟稱舜盡事親之道也。此下數章，所問事之有無，置不辨，而但推原聖人仁孝真心，與舜視天下悦而歸己章意同。其心不見親之難事，而惟見己之有罪。儻自視無罪，便可放懷，何至有旻天之泣？父母方惡我，我遂忘之，是謂恝然。舜見父母之恩，罔極難報，雖勞苦奉養，衹是常事，欲得父母愛我，若何而後可？計窮情迫，惟有仰天長號。此未遇以前，耕歷山時事也。及四岳師錫，堯舉以爲相，父母、象已克諧矣。三十徵庸，至五十攝帝位，備極人世榮寵，而竟無一日忘父母。是五十之年，猶孩提之心，所以爲至孝。

堯之舉舜，四岳薦舜，天下之士歸舜，皆以舜至孝也。「天下之士悦之不足以解憂」四段，即上文堯所本待舜者。推舜心自怨，不可解也。「人少則慕父母」以下，又即人悦好色富貴等，皆舜五十陟位以前所備享，而皆不以解憂。見生平所慕，惟有父母。不得而憂是怨，既得而不忘是慕。憂如兒啼思母，百方慰之不止，得母即止，是爲怨慕。

往于田，耕歷山未遇時也。號泣，叫號哭泣也。旻，藐冥之意。秋天曰旻天，氣清肅而冥遠也。怨慕，悲怨思慕也。怨，即憂也。不得則怨，求得則慕。怨有時解，慕無時忘。長息，公明高弟子。公明高，曾子弟子。則吾不知者，非之之辭。非爾所知者，抑之之辭。恝、恰通。心安無憂曰恝。共爲子職而已矣者，自歉之甚也。於我何哉者，自怨自反之辭。帝，即堯也。子，堯子也。九男二女，皆堯子。九男丹朱長，餘八庶未詳，皆事舜爲師也。二女，娥皇、女英，以妻舜也。百官，供役者也。牛羊倉廩，供祭祀奉養者也。畎畝之中，謂耕歷山之後，未登庸以前，三載詢事考言，帝曰我其試哉之時也。天下之士多就之，人心歸向也。莊周謂三徙成都，至鄧之墟而十有萬家。《史記》云：舜所居一年成聚，二年成邑，三年成都。胥，皆也。遷之，遷移以與之也。窮人，困窮之人也。無所歸，失依也。《詩》云：無父何怙，無母何恃。少艾，少女也。熱中，心煩也。五十，舜攝帝位。年已五十，父母已底豫，憂解怨釋，而慕終不忘也。「惟順於父母可以解憂」以上，皆言怨也。「人少則慕父母」以下，皆言慕也。慕者，依依不忍釋也。

百家横議，莫多于戰國嬴秦之季。此篇問答，多因當時世俗之説，而折諸理以歸于正。即孔子民義之教，中庸之典刑。解者疑孔門無此問答，腐儒之見也。

舜耕于歷山，舊謂歷山在中原冀州、濮陽等處不一。《風土記》云：舜，上虞人。始寧、剡二縣界上，即所耕田。山多柞樹，吴越間謂柞爲櫪，故名。餘詳《離婁》下篇。〇《吕氏春秋》云：堯有子十人，而以天下與舜，貴公也。然則丹朱其適子，故不在事舜之列。九子皆庶，趙岐云八庶，未知孰是。〇《史記》：秦博士對始皇云：湘君者，堯二女，舜妃也。《離騷》《九歌》有湘君、湘夫人，是也。蓋舜南巡守崩，二妃奔喪，卒于沅湘之間，遂爲湘水之神。長娥皇爲正妃，湘君也。女英爲次妃，湘夫人也。舜年百有十歲，二妃死，計亦百歲媪。今辭家多以少艾目之，謬也。〇艾，蒿屬，葉香。撋之成綿，温輭可實枕蓐。艾之言愛也，故以名女。艾凡四義，有新義，少艾是也。有久意，《禮》「五十曰艾」、《詩》「夜未艾」是也。有治義，《詩》云「或肅或艾」是也。有養義，《詩》云「保艾爾後」是也。

二

萬章問曰：「《詩》云：『娶妻如之何，必告父母。』信斯言也，宜莫如舜。舜之不告而娶，何也？」孟子曰：「告則不得娶。男女居室，人之大倫也。如告則廢人之大倫，以懟隊父母，是以不告也。」萬章曰：「舜之不告而娶，則吾既得聞命矣。帝之妻去聲舜而不告，何也？」曰：「帝亦知告焉則不得妻也。」萬章曰：「父母使舜完廩，捐階，瞽瞍焚廩；使浚荀去聲井，出，從而揜之。象曰：『謨蓋都君咸我績。牛羊父母，倉廩父母。

干戈朕，琴朕，弤底朕，二嫂使治朕棲西。』象往入舜宮，舜在牀琴。象曰：『鬱陶思君爾。』忸六怩尼。舜曰：『惟茲臣庶，汝其于予治。』不識舜不知象之將殺己與？」曰：「奚而不知也？象憂亦憂，象喜亦喜。」曰：「然則舜僞喜者與？」曰：「否。昔者有饋生魚於鄭子產，子產使校效人畜之池。校人烹之，反命曰：『始舍上聲之，圉語圉焉，少則洋洋焉，攸然而逝。』子產曰：『得其所哉，得其所哉！』校人出，曰：『孰謂子產智，予既烹而食之，曰：得其所哉，得其所哉！』故君子可欺以其方，難罔以非其道。彼以愛兄之道來，故誠信而喜之，奚僞焉？」

此章論聖人處骨肉之變，盡人倫之至。事不辨有無，而直指聖人仁孝之心。處危難而委曲巽順，極盡其誠。猶答桃應問瞽瞍殺人，皆仁人孝子用情之極至也。不告而娶是實事，若論天子女匹夫，何問告不告，瞽瞍焉敢違之。所謂廢人倫懟父母者，推聖人隱微之至情也。告則不得娶，是廢人倫也。瞽瞍不悦，是懟父母也，重懟父母一邊。當時所以愀然，惟恐父母聞知，又增一翻懊惱，實非有所要挾而然也。萬章又問堯亦何以不告者，意堯挾君命臨之。而孟子此答，尤見堯仁厚之心猶舜也。堯亦人子，體人子之心。恐告而瞽瞍有違志違言，亦何忍倚天子之尊，拂人親之意？仁人與孝子情同也。聖人處事温恭，純任天理，不敢以一毫氣燄加人。與後世首止之盟黨人子、脅人父者，公私邪正，相去天壤。七篇之義，所以與《春秋》同不朽也。父母欲殺舜，誠有之。若焚廩揜井，事不必實。舜升聞，父母已克諧矣。孟子不辨無者，此與臣父事殊，無損聖德。而遇難堪處，益見聖心，故論心而已矣。舜有二女、百官、牛羊、倉廩，則有府庫。干戈弨，是武庫之藏也。舜作五弦琴歌南風，故有琴，是文事也。象言不及百官，故舜見其來，並指臣庶與治，則併百官亦讓之矣。鬱陶思君，象表己之所以來也，語面謾，而色忸怩，良心不容欺也。舜不以其言爲欺，而反以其來爲喜。茲臣庶，指宮中左右臣僕。使象治之者，象方利兄之有。舜視己有，皆弟之有也。一聞思兄之言，見弟之面，舉平日殺己之憂涣然冰釋矣。憂亦憂，喜亦喜，説透聖人心曲。同氣相求，同聲相應，休戚與共，豈忍猜疑之！子産欲生物，尚不疑校人之貪。聖人愛弟，何忍逆象之詐？校人言生魚，子産且動色。象言愛兄，舜焉容不喜？聖人處兄弟真切，豈如恒人藏怨宿怒，終不釋然者哉！此章凡三段，首段巽以行權，畏之至也。第二段勞而不怨，順之至也。三段不億不信，誠之至也。皆處天倫之變，而極盡其情。孟子于難言處分疏殆盡，窮理精義之至，讀者宜深味也。若區區辨事之真贋，疑問者之爲迂，與孟子旨大相戾矣。與下數章皆當觀答者之情，不當求問者之事。但得聖人之心，即天下無難處之變，何問有無乎？

完廩捐階，使浚井出，即孔子教曾參大杖則走，索而使之未嘗不在，索而殺之未嘗可得之意。父母使之完屋，不敢不升。使之浚井，不敢不入。但升而能降，入而能出。使父母不覺揜之不斃、焚之不滅，所以謂之蒸蒸乂，不格姦也。捐階，史謂以兩笠自扞而下，不由原階。若由原階，不令得下矣。通史云：瞽瞍使舜條廩。二女曰：「時其焚汝，鵲汝衣裳，鳥工往。」言將飛而遁也。舜穿井，二女曰：「去汝衣裳，龍工往。」言將潛而遁也，即大杖則走之意。

前言奚而不知者，知象平日殺己之謀也。後言可欺以其方者，不知象入宫思兄之詐也。信其爲思兄而來，平日不恝之憂盡寫。見弟有忸怩之色，惟恐不安，而娓娓慰藉，何忍復料其欺。苟料象之欺，即非聖人用心矣。周公不知管叔之叛，亦以此。

前章言君子處横逆，三自反，以舜爲法，此章即其事也。完廩浚井，無命不從。臣庶予治，況牛羊倉廩府庫，何所不讓。最後挾詐而來，若有一毫計較留滯胸中，則猜忌不化，形迹尚存。使之慙愧無聊，適阻其自新。惟聖人至誠無僞，虚舟應物，藹然和氣，薰育洗蕩其辛螫，而飲以醇醪。所以自反而忠，無一朝之患，五十而慕，有終身之憂，正以此也。學者明乎此，豚魚可孚，夫豈虚語。孔子論舜孝，槩舉大德受命。聖人全體是道，言語藴藉，微顯一貫。孟子論舜孝，直指其真心。示人以天理人情之至，使爲人父子兄弟者，各自反而得其真心，則堯舜可爲，端在于此。或者疑《論語》無此等問答，正七篇之言所以善學《論語》，與後世《法言》擬皮膚者異也。此篇之内，詖言必通諸理，答舜之放象是也。俗言必準諸道，答伊尹割烹、孔子主侍人是也。稗言必正諸經，答舜臣堯、臣瞽瞍是也。疑言必察其心，答舜怨慕不告而娶是也。人言必折諸天，答傳賢、傳子是也。皆所謂知言之學，聖人復起，不能易也。

《詩》，《齊風·南山》之篇。懟，讎恨也。父母知其娶，則讎恨也。完，補葺也。廩，屋脊也。捐，舍也。階，梯也。父母與象去其梯，舜不由原梯降，故曰捐階。瞽瞍不覺舜已降，縱火將焚殺之。浚，疏鑿也。出，舜已從井出也。揜，閉井也。瞽瞍不覺舜已出，欲閉殺之也。謨，謀也。都君，舜字也。都，美也。名重華，故字都君。或曰舜所居，三年成都也。績，功也。象與父母，謂舜已死于井，論功分其所有也。牛羊父母，謂與父母也。干，楯也。戈，勾戟也。朕，我也。古人自稱皆曰朕，猶對人皆稱臣也。琴，舜所彈五弦琴也。弤，弓也。二嫂，舜妻，堯二女也。棲，燕息之所也。往入舜宮取所有也。舜在牀琴，出井歸也。鬱，憂思不遂也。陶、窑通，氣閉如窑也。君，謂舜。爾，語辭，言己思兄而來，將推咎于父母之辭也。忸怩，慙色也。臣庶，謂九男百官之屬。象素不至舜宮，舜喜其來，欲以宮中事委之。爲己得罪于父母，不能治事，倚庇于弟也。象憂亦憂，象喜亦喜，言兄弟之情，休戚與同。見其惡己則憂，見其思己則喜，不暇復計其他也。憂者，憂弟之不喜，非爲謀己憂也。喜者，喜弟之不憂，非爲釋己喜也。校人，效勞役使之人也。《周禮》主養馬者曰校人，此守池沼者亦曰校人也。圉圉，困而未舒也。洋洋，動貌。攸然，往貌。逝，往也。欺，誑也。方，類也，情理相類也。罔，昧也。

三

萬章問曰：「象日以殺舜爲事，立爲天子則放之，何也？」孟子曰：「封之也。或曰放焉。」萬章曰：「舜流共恭工于幽州，放驩兜斗平聲于崇山，殺三苗于三危，殛戟鯀于羽山，四罪而天下咸服，誅不仁也。象至不仁，封之有庳避，有庳之人奚罪焉？仁人固如是乎？在他人則誅之，在弟則封之。」曰：「仁人之於弟也，不藏怒焉，不宿夙怨焉，親愛之而已矣。親之欲其貴也，愛之欲其富也，封之有庳，富貴之也。身爲天子，弟爲匹夫，可謂親愛之乎？」「敢問或曰放者，何謂也？」曰：「象不得有爲於其國，天子使吏治其國，而納其貢稅焉，故謂之放。豈得暴彼民哉！雖然，欲常常而見之，故源源而來，不及貢，以政接于有庳，此之謂也。」

此章論聖人處兄弟之至情，盡在仁人之于弟數語。不藏怒，不宿怨。親欲貴，愛欲富，天理人情之至也。使象不得有爲於國，不得暴彼民，此解釋或曰放焉之意。自是聖人治天下之法，不在處兄弟情上論。如前章惟兹臣庶汝其予于治，方是聖人待弟至情，一味親愛欲富貴之而已。雖然一轉語，喫緊表聖人本心。自四岳薦舜，象已克諧矣。後又二十載，舜爲天子封象，象已化爲友弟。儻猶似三十年前，何稱克諧、何貴爲蒸蒸乂乎？當時且誠信喜，此時又猜忌，使人監制之乎？所以使吏治其國者，誠欲弟常常往來，不以國事羈縻之也。或人疑爲放，使不得有爲于其國。體或人意云爾，舜意實不然也，故特著雖然一轉語。欲常而見以下四句，趙岐云古逸書，近是。《堯典》：舜五載一巡守，群后四朝。朝則有貢，諸侯每年一朝貢京師。五年天子一出巡守，會諸侯于方岳。四月南巡守，會于南岳。即衡山，在今湖廣衡州府。有庳，通作有鼻，在今湖廣永州府零陵縣。舜都冀州。當時萬國，中原無閒田。有庳爲南巡守朝會近地，故封弟于南土。猶武王封周公于曲阜，皆近方岳，使爲地主，便期會也。諸侯每歲一朝貢，惟象來京師隨意，不待貢期。如天子以政事南巡，則適有庳，接見弟于封内，其相親愛如此。設使象有國事羈絆，則不得自由，所以使吏代治其國，不欲煩之也。或人不知，誤以爲放。曾有放之而又欲常常見之源源而來者乎？既不使有爲于國，又使往來道路，出入宫禁者乎？不知聖人愛弟之心者也。○放，安置也，禁錮之名。萬章疑象之惡不宜止于放，孟子言舜實以國封之，人言放耳。流，遷徙也。共工，官名。《書》云「象恭滔天，静言庸違」者是也。幽州，北裔。北，陰方。背明曰幽。《易》云鬼方，即北狄也。驩兜，人名。崇山，在南裔三苗，謂三苗國君。今湖廣岳州巴陵，古三苗地。負固不服，舜遷其君于西裔。三危，西裔地，《虞書》所謂分北也。殛，誅也。鯀，禹父名，治水無功，《書》云「方命圮族，堙洪水，汩陳五行」者也。羽山，在東裔海中，下有羽淵。《春秋傳》云：堯殛鯀于羽山，其神化爲黄熊，入于羽淵。四凶分投四裔，初止放流，俟其自悛。終不悛，乃即其地殺之。《虞書》云：「流宥五刑。」又曰：「怙終賊刑。」五刑，即肉刑。舜宥爲流，怙終成賊，乃殺之也。萬章言象惡不止四凶，殺之可也，放之輕矣，況又封之？怒，憤氣也。怨，恨意也。不藏怒，無怒可藏也；不宿怨，無怨可宿也，非謂有之而不藏宿耳。貴則分不隔而相親，富則享有餘而見愛。奉上曰貢，斂下曰税。雖然，謂雖人言然也而舜意不然。欲，舜心欲也。源源，猶滚滚不絶貌。來，來朝也。不及貢，不待朝貢之期，謂象來京師也。政，事也。天子以事巡守，則接見象于有庳之國也。

象不得有爲於其國，天子使吏治其國，而納其貢税。此舜當日優待其弟權宜事，後世遂以爲不刊之典。孟子亦因萬章問，偶然道及，後世遂援以爲王制。保全親藩良法，聖賢作事萬全，論事曲中，所以七篇爲經世之要也。

史稱舜南巡守，崩葬于蒼梧之野。今永州府零陵縣有舜陵，又有庳墟，即象舊封。舜葬此，豈非因象之故與？《越絶書》：舜葬蒼梧，象爲之耕，將以祀也，則聖德所孚化深矣。又云：禹葬會稽，鳥爲之耘。則訛以象爲獸矣。象耕猶近，鳥何能耘乎？傳記之謬類此。今湘沅間有二女遺祠，相傳奔舜喪道死，爲湘水神。屈原《九歌》，有湘君、湘夫人，即二女也。則舜陵象封，皆在南土爲確。或謂漢縣有象城，屬鉅鹿趙地，猶中原有虞城耳。

《左傳》云：帝鴻氏有不才子，掩義隱賊，好行凶慝，天下謂之渾沌，即驩兜也。少皞氏有不才子，毁信惡忠，崇飾惡言，天下謂之窮奇，即共工也。顓頊氏有不才子，不可教訓，不知話言，天下謂之檮杌，即鯀也。縉雲氏有不才子，貪于飲食，冒于貨賄，天下謂之饕叨餮帖，即三苗也。《山海經》謂渾沌、窮奇、檮杌、饕餮四者，皆惡獸，以名惡人。

四

咸丘蒙問曰：「語云：『盛德之士，君不得而臣，父不得而子。』舜南面而立，堯帥諸侯北面而朝之，瞽瞍亦北面而朝之。舜見瞽瞍，其容有蹙足。孔子曰：『於斯時也，天下殆哉岌岌吟入聲乎！』不識此語誠然乎哉？」孟子曰：「否。此非君子之言，齊東野人之語也。堯老而舜攝也。《堯典》曰：『二十有八載上聲，放勳乃徂雛落，百姓如喪考妣，三年，四海遏密八音。』孔子曰：『天無二日，民無二王。』舜既爲天子矣，又帥天下諸侯以爲堯三年喪，是二天子矣。」咸丘蒙曰：「舜之不臣堯，則吾既得聞命矣。《詩》云：『普天之下，莫非王土；率土之濱，莫非王臣。』而舜既爲天子矣，敢問瞽瞍之非臣如何？」曰：「是詩也，非是之謂也。勞於王事，而不得養去聲父母也。曰此莫非王事，我獨賢勞也。故說詩者，不以文害辭，不以辭害志，以意逆志，是爲得之。如以辭而已矣，《雲漢》之詩曰：『周餘黎民，靡有孑遺。』信斯言也，是周無遺民也。孝子之至，莫大乎尊親；尊親之至，莫大乎以天下養。爲天子父，尊之至也。以天下養，養之至也。《詩》曰：『永言孝思，孝思惟則。』此之謂也。《書》曰：『祇支載去聲見現瞽瞍，夔夔齊齋栗，瞽瞍亦允若。』是爲父不得而子也。」

咸丘蒙所述，蓋世俗之言。有盛德者，君父不得以尋常待之也。因舜匹夫有天下，故附會爲君不得臣，父不得子之說。因堯以天下讓舜，故增飾北面而朝之說。委巷之譚，謬不足辯，但辯堯在日舜未嘗爲天子耳。堯崩，天下諸侯惟知有堯。若堯在舜爲天子，豈一時有兩天子乎？舜未嘗爲天子，何由得臣堯？不辯而知謬矣。咸丘蒙又泥《詩》辭，伸臣父之說，愈不足辯，但教之言《詩》耳。孝子之至以下，方與正言。舜爲天子，正是尊親養親之至。以天子之貴尊其親，豈以天子之貴反屈其親乎？

所謂盛德之士父不得而子者，折諸書，猶言瞽瞍爲父而有舜云爾，豈曰以子臣父乎？

古明王盛時，道德一而風俗同，邪説不得作。六王統分俗殊，處士横議，百家簧鼓，此六經之閏數也。聖遠文獻無徵，譸張妄作。如所謂堯不慈，舜不孝，舜囚堯，禹幽舜，啟殺益，伊尹爲庖人酒保，太公爲舟人屠牛，百里奚爲丐者官奴之類，雜見稗家小説。皆所謂無父無君，害仁義，歸楊墨之言也。孟子辭而闢之，守先王之道，以維君父之倫，皆所謂與楊墨辯也。

朱子云：以意逆志是將自家意思，前去迎候詩人之志。至否遲速，不敢自必，而聽于彼，庶乎得之。不然，則涉于穿鑿，未免郢書燕説之誚。按此説似而實非，欲自然而反傷巧，可以讀他書而不可以説《詩》。自謂得解，而實與孟子背。其詆《詩》序爲贋，正由此。誤解以意道志，反坐以辭害志之弊。蓋《詩》言與他經略異，而説《詩》與説他經殊。他經辭志脗合，《詩》辭往往不似志。他經不得志，執辭可會。《詩》必先得其志，而後可諷其辭。志者，作《詩》之本也。毛詩古序本三百篇作者之志，故云在心爲志，發言爲詩。經解云温柔敦厚，《詩》之教也。其失也愚，不得其志而執其辭，故愚。咸丘蒙與高叟皆愚也。孔子云：「《詩》三百，一言以蔽之，曰思無邪。」思即意，即志也。變風變雅，辭有近于邪者，而志皆正。苟以意逆之，豈惟《關雎》《麟趾》《鹿鳴》《皇華》爲正，即《桑中》《溱洧》刺邪，亦正也。朱子執辭，故詆古序爲妄，斥變風爲淫，援孟子之説而失其解也。蓋心無古今，志在作者，而意在後人。由百世下，仰遡百世上曰逆，非謂聽彼自至也。有心曰意，非謂不敢自必也。《詩》三百篇，止詠三百事。而六籍所引証，百家所節取，言語應對之所寓託，聲音歌舞之所倡和，因事比類，情景相應，義理偶合，莫不可觀可興，唯《詩》爲然。故《詩》不在文辭，而在意與志相通。韓嬰作《外傳》，博採古今事變，廣譬曲喻，正是古人不以辭以意逆志之法。如《論》《孟》引詩多矣，何嘗據辭？皆有意逆之，非無心但迎候之謂也。若朱子所謂不自必而聽于彼，則咸丘蒙之説北山可謂得解矣。如是，則三百篇止可貼三百事，一句不可那移，那移便是郢書燕説。如《淇澳》之切磋，與貧富何預？《碩人》之巧笑，與禮何預？夫子稱爲知來，孟子引《柏舟》「憂心悄悄」以爲孔子，引《綿》「不殄厥愠」以爲文王，豈非郢書燕説？若聽自至，則終古不至矣。故言《詩》莫如孟子。○《詩》不以辭害志，則得其志而後可興也。興者，情之動也。《詩》有興，如林風水月，可以象倣，而不可以形求。諺云：「詩有別趣，非關理也。」故興不離辭，亦不執辭。不得志，則不知興之所寄。得其志，諷其辭，而興可知也。後世《詩》變爲辭，楚人之《離騷》是也。《詩》以志爲辭，志勝而辭達。《騷》以辭爲志，辭勝而志隱。《楚辭》坱圠曼衍，而其志本忠憤。鬱悒無聊之情，婉轉流離于物象事理文義聲律之外，使人悲愴嗚咽而不可讀者，興之謂也。故興不可以辭執也。從來説《詩》者，誤以比爲興。故《詩》爲絶學，皆坐以辭害志之癖。如《楚辭·天問》一篇，辭甚詼詭，惟以仰籲其不平耳，何須得答？柳宗元以辭答，已是添足。朱元晦以事理辯其是非，則諺所謂打破砂鍋者。解詩之誤，率由此。

咸丘蒙，孟子弟子也。語，俗語也。君不得而臣，謂君不得以臣待之也。容有蹙，不安之色也。岌岌，危貌。人倫倒置故危也，俗語又託爲孔子議舜之言自證也。齊東野人，齊國東鄙人無知也。言齊者，咸丘蒙亦齊人也。言東者，齊地東濱海，西則中華也。鄙語無知，尤謬于好事者。堯老，堯帝年老不親政也。堯年十六爲天子，在位七十載，試舜又三載。舜攝政，則堯年已八十有九矣。攝，代行天子事也。舜攝政二十八載，堯百十有七歲乃崩也。徂，神往也；落，形委也。皆死貌。言堯未死，舜未嘗爲天子。考妣，父母已死之稱考。成也，終也。妣，配也。喪三年，君喪與父喪同也。遏，止也。密，静也。八音，金石絲竹匏土革木也。居喪不作樂，天下以天子禮喪堯也。此以上，皆《堯典》之言。又引孔子言折之。舜既爲天子以下，孟子自斷之也。舜既爲天子，設言堯在日舜真爲天子也。即真曰既，反攝言也。有天子現在，而堯死又帥天下諸侯以天子禮喪堯，是舜與堯同時爲二天子，無是理也。《詩·小雅·北山》之篇。率，循也。土之濱，謂四海之涯。凡食其土者皆其臣也。《北山》之詩，大夫刺幽王役使不均也。言天下皆臣，何獨以己爲賢而偏勞之云爾。執此遂謂父亦是臣，是以《詩》辭而害詩人之志也。害，猶礙也。字曰文，句曰辭，心曰志。古序曰：「在心爲志，發言爲詩。」意，學者之意。逆，遡尋也。逆志，謂不泥文辭也。《詩》教温柔敦厚，辭不直切，非遡尋不得也。《雲漢》之詩，仍叔美周宣王憂旱勤民，而其辭曰：周衰之餘，黎民無有獨剩者。如以此辭，則是周民真無遺種也。孑，獨也。尊，崇奉也。養，供饗也。古帝王皆尊養具親，而舜由匹夫起，所以獨至也。尊爲虚禮，奉養爲尊之實也。《詩》，《大雅·下武》之篇。永，長也。心常在，故言不忘也。人能不忘乎孝，則天下以爲法也。《書》辭，今孔書《大禹謨》有之。祗，敬也。載，事也。夔夔，謹慎貌。齊栗，嚴肅也。允，信也。若，順也。引《書》言舜見瞽瞍，以證瞽瞍北面朝舜之謬也。舜以天子之尊，朝見瞽瞍，敬謹恐懼。瞽瞍信其孝敬，悦其尊養。有子如此，而父爲瞽瞍，迴出世類。所謂父不得而子者，可謂云爾已矣。猶犂牛之子騂且角之謂，非如咸丘蒙之説也。

八音：一曰金，爲鎛鐘、爲編鐘、爲錞、爲鐃、爲鐲、爲鐸之類。二曰石，爲磬、爲編磬。三曰土，爲塤、爲嘂叫，大塤也。四曰革，爲雷鼓、爲靈鼓、爲路鼓、爲鼖鼓、爲鼛鼓、爲晉鼓、爲鼗鼓，爲鞞鼓之類。五曰絲，爲琴、爲瑟、爲箏、爲築、爲箜篌之類。六曰木，爲柷、爲敔、爲雅、爲應之類。七曰匏，爲笙、爲竽、爲巢。巢，大笙也。爲和，小笙也。八曰竹，爲簫、爲管、爲篪、爲笛、爲舂牘之類。

五

萬章曰：「堯以天下與舜，有諸？」孟子曰：「否。天子不能以天下與人。」「然則舜有天下也，孰與之？」曰：「天與之。」「天與之者，諄諄準平聲然命之乎？」曰：「否。天不言，以行與事示之而已矣。」曰：「以行與事示之者，如之何？」曰：「天子能薦人於天，不能使天與之天下；諸侯能薦人於天子，不能使天子與之諸侯；大夫能薦人於諸侯，不能使諸侯與之大夫。昔者堯薦舜於天而天受之，暴僕之於民而民受之，故曰天不言，以行與事示之而已矣。」曰：「敢問薦之於天而天受之，暴之於民而民受之，如何？」

曰：「使之主祭而百神享之，是天受之。使之主事而事治，百姓安之，是民受之也。天與之，人與之，故曰天子不能以天下與人。舜相去聲堯二十有八載上聲，非人之所能爲也，天也。堯崩，三年之喪畢，舜避堯之子於南河之南，天下諸侯朝覲者不之堯之子而之舜，訟獄者不之堯之子而之舜，謳歌者不謳歌堯之子而謳歌舜，故曰天也。夫然後之中國，踐天子位焉。而居堯之宮，逼堯之子，是篡也，非天與也。《太誓》曰：『天視自我民視，天聽自我民聽。』此之謂也。」

舜有天下，明是堯與之。孟子歸諸天，由大虛有天之名，大虛無物，而條理分明，自然不爽，其體無聲臭，於穆不已。而其化育流行，亘古常新。故曰四時行，百物生。謙則益，盈則損，善則慶，惡則殃，皆自然而然。在人身即動靜呼吸晝夜寤寐之理，在人心即寂然不動感而遂通之神。惻隱羞惡辭讓是非，孩提知愛知敬之良，如好好色，如惡惡臭之意，已發未發之中和，皆是物也。自其善惡邪正、盈虛消長同出謂之天。自其賦予流行，各正不亂，若有主者，謂之維皇上帝。而其竅竅泄露，即人心。人心虛靈，全體即天。故曰天心人也，人心帝則也。若謂大虛無見聞，人何從得有見聞？大虛無靈覺，人何從得有靈覺？通一無二也。故一人之心，或有偏黨。合千萬人之心，即同禮大虛。故曰天聰明自我民聰明，故曰天子不能以天下與人。苟天子能以天下與人，丹朱、商均坐而得之矣。

堯以天下與舜，婦人孺子所共知也。孟子獨謂不然，即南宮适云羿奡不得其死，禹稷躬稼而有天下之意。漢班彪作《王命論》本此。苟天子能以天下與人，則人亦能以天下取諸天子。亂臣賊子，違命逆天，何所不至！故言則以折人謀之私，而天道無形，妖言罔世，故又以人徵天。天人本一，未有不得人心而能得天命爲天下君者。此章非爲贊堯舜，堯舜至矣，無復容贊。祇慮後世主以堯舜禪受爲私，人臣以天位可暗干，而不知非堯舜所能爲也。天主之，天下民共證之，歷試久而後付之天下焉，非敢輕也。舜禹既受之，而猶退然不敢居焉。君終，仍以還君之子，又非遽也。故曰居堯之宫，逼堯之子，是篡，非天與也。論堯舜之事，語及逼篡，意遠矣。後世如王莽、曹丕、劉裕之徒，自比堯舜。漢魏以後，禪壇相望，以揖讓爲口實。宜孟子表河南陽城去就之節，見聖人之心，立臣子之防也。古人觴酒豆肉，三讓後受，而況神器大寶乎？如謂曹丕虚讓，舜禹不爾，則是懲噎廢餐也。《禮》：子婦于父母舅姑之賜，若飲食，雖不嗜，必嘗而待。加之衣服，雖不欲，必服而待。加之事，使人代己，雖弗欲，姑與之，姑使之，而後復之。凡受賜，辭不得命，藏之以待。舜禹受終，復避位，即此意。蘇轍謂此章非君子之言，未之思耳。

行，躬行也。事，設施也。示，見意也。薦，舉也。暴，顯也。主祭，如類于上帝、禋于六宗、望于山川、偏于群臣之類。百神，皆天也。陰陽和，風雨時，百神享也。主事，如巡守、肆覲、肇州、封山、濬川、刑罪之類，皆相堯二十八載中事。而神享事治民安，施澤久，故曰非人所能爲，天也。三年喪畢，謂臣子于君父喪皆三年。嗣君諒陰，百官聽于冢宰，喪畢致政嗣君，禮也。此時舜受終已久，丹朱已就藩封，而舜必避去，明示天下以攝政之初心，非得已也。南河，謂堯都冀州在河北，東西南三面阻河，南則豫州境也。中國，帝都也。徒歌曰謳，永言曰歌。赴訴曰訟，成刑曰獄。而居堯之宫，而字與如通。逆取曰簒。《太誓》，孔書之辭。

六

萬章問曰：「人有言，至於禹而德衰，不傳於賢而傳於子，有諸？」孟子曰：「否。不然也。天與賢則與賢，天與子則與子。昔者舜薦禹於天，十有七年。舜崩，三年之喪畢，禹避舜之子於陽城，天下之民從之，若堯崩之後不從堯之子而從舜也。禹薦益於天，七年。禹崩，三年之喪畢，益避禹子於箕山之陰，朝覲訟獄者不之益而之啟，曰：『吾君之子也。』謳歌者不謳歌益而謳歌啟，曰：『吾君之子也。』丹朱之不肖，舜之子亦不肖。舜之相去聲堯、禹之相舜也，歷年多，施澤於民久。啟賢，能敬承繼禹之道。益之相禹也，歷年少，施澤於民未久。舜禹益相去久遠，其子之賢不肖，皆天也，非人之所能爲也。莫之爲而爲者，天也。莫之致而至者，命也。匹夫而有天下者，德必若舜禹，而又有天子薦之者，故仲尼不有天下。繼世而有天下，天之所廢，必若桀、紂者也，故益、伊尹、周公不有天下。伊尹相湯以王於天下，湯崩，太丁未立，外丙二年，仲壬四年，太甲顛覆湯之典刑，伊尹放之於桐。三年，太甲悔過，自怨自艾，於桐處上聲仁遷義，三年以聽伊尹之訓己也，復歸于亳。周公之不有天下，猶益之於夏，伊尹之於殷也。孔子曰：『唐虞禪擅，夏后、殷、周繼，其義一也。』」

孟子本意，歷數以繼爲常。前章問堯以天下與舜，答云否。此章問禹傳子德衰，亦云否。天子之貴，奸雄所睥睨也。且夫耰鉏釜甑，不可無主，而況天下乎？《易》曰主器莫若長子，以震承乾天之道也。庖犧已然，而唐虞焉能違之？堯舜相禪，爲有堯舜之事，非可爲常也。且啟再傳而仲康失國，四傳而帝相遇弒，世衰有主猶然。而況三代已下，皆效唐虞所爲，豈有寧日？以天下官，是逐鹿也。以天下家，示有主也。無主而人不争，未之有也。故《春秋》之義，魯隱讓而危身，宋宣讓而禍嗣，至燕噲讓而亡國。漢魏以來，王莽、曹丕之徒，借口禪授，稱頌功德，動比唐虞，可以爲常乎？此章有二義。一以明世及非私，本支百世，帝王所以奠世繫也。一以明行藏有命，居易素位，君子所以維世教也。

韓愈云：堯舜傳賢，其利民也。大禹傳子，其慮民也深。傳賢争，未前定也，傳子不争，前定也。前定，雖不當賢，猶可以守法而治。不前定，不遇賢則争，必受其亂。天生大聖不數，生大惡亦不數。傳賢得大聖，然後人不敢争。傳子得大惡，然後受其亂。禹後四百年乃得桀，亦四百年得湯與伊尹。湯與伊尹不可待而傳，故不得不傳之子也。蘇轍云：聖人不求爲異。恒人愛其子，有得焉則以與子孫，人情也。聖人以爲不可易而聽之，故使父子相繼。二説韓近，亦未盡。聖人傳賢傳子，各因其時。堯舜雖公，無舜禹亦必不禪。堯時洪荒初墾，須再一堯，而恰遇舜亦堯也。舜代堯，天下猶未平，須再一舜，而恰遇禹亦舜也。三聖湊合，時運正艱，欲不遞禪，何可得？若禹以後，洪荒已平，賢與聖材具不侔。繼體守成，中材其亦可矣。若謂傳子祇爲不好異，堯舜豈好異乎？謂禹慮天下深，堯舜豈獨不深乎？故曰時也，時即天也。《易》曰：「先天而天弗違，後天而奉天時。」天且弗違，而況于人乎？言天而天下事無遺理矣。孟子見其大原，故譚天莫如孟子。稷下譚天，何補世教。此章分疏千古聖賢，行藏用舍如指掌。學孔子聖之時，所以達天知命也。

天人一也，無人外之天。人事有得失，即是天命有消長。其幾不測，而其理不易。以爲人乎？則子之賢不肖，相之久近若或限之。以爲天乎？又未必有德者皆得，無德者皆失。天無爲而爲由人，人有爲而至由天。當然之時勢，即自然之理數。君子不敢僥倖逆天，亦不敢忘脩德基命，斯爲達天知命矣。世人惟不知天命，故不解孟子之言。大凡天地間精氣，靈爽變化，即是時勢理數。真見得時勢理數，與天地間靈爽變化通一無二，方是知天命。非人事外別有天命，理數外別有精氣靈爽變化，以爲天地鬼神者也。其所謂寵綏之上帝，降衷之維皇，皆象辭寓言，本原只在人道脉脉運轉。今人但道玉皇上帝分付人做天子，真成説夢。

《吴越春秋》云：禹讓位商均，處陽山之南，陰河之北。萬民不附商均，追就禹所。曰：「棄我何如？」禹不得已即位。然則當世稱舜禹避位，不止孟子也。三年喪畢，冢宰歸政于君，伊尹周公皆然。何獨舜禹不然？世儒不窺大原，但摘枝葉，不講求聖人行孝弟之心，而但疑浚井焚廩之非實。不察聖人傳賢傳子之意，而徒疑南河陽成之避假。見曹丕虚讓，而疑舜禹益無避位之事。猶見佛老清虚，而謂聖人不言屢空者也。

「匹夫而有天下」一段，言賢不得天下者，不但益，亦有並相亦不得，而終身匹夫如仲尼，以其不遇堯舜也。「繼世有天下」一段，言子得天下者，不但啟，亦有賢不及啟，而天不終廢，如太甲、成王，所以伊尹、周公亦猶益也。伊尹相湯一段，明天所以不廢太甲，太甲始雖不能敬承如啟，而終能怨艾，故天不廢之，而伊尹廢矣。周公之不有天下三句，明天所以不廢成王，以成王亦如太甲，始譸張而終悔悟，故天亦不廢之，而周公廢矣。然益、伊尹、周公雖不得天下，而德業聞望爲一代名世。惟仲尼老于匹夫，求爲益、伊尹、周公亦不可得，信乎天也。故末即引孔子，歎古今帝王義一，義與《論語》不義而富且貴之義通。義則崇高莫大乎富貴，不義則於我如浮雲。先儒謂堯舜事業，亦只是浮雲過太虚。孔子之歎，遠矣！包伊周在内，自天子以至匹夫，窮通得喪，誰非天？天豈有二？通于天之説，天下無不齊之遇。舜禹有天下而不與，仲尼疏水曲肱而樂，願學孔子者亦可知。自寓隱然，故特舉仲尼例舜禹。又引其言括興廢，其意常在孔子也。

啟賢，能敬承繼禹之道，與太甲顛覆湯之典刑賢不肖相反照。太甲、成王，皆所謂不至如桀紂者也。繼世如桀紂者多，興廢衹論始繼體居一代傳子之先者，再傳以下不其論。太甲、成王初年皆不肖，故以承天所廢于太甲詳而成王略者，舉彼例此，行文伸縮法。末引孔子歎古今興廢，飄然有千聖過影之思，所以爲善言天也。

禹不傳賢，而亦嘗薦益于天。益未受禪，而亦避禹之子。禹之心，即堯舜之心。益之心，亦即舜禹之心。形迹豈有間乎？而天下之民有從有不從，所以爲天。十有七年，禹相舜凡十七年也。陽城，潁川地名，在箕山北。七年，益相禹凡七年也。箕山之陰，即陽城也。山北曰陰。天子崩，百官總己聽于冢宰，三年喪畢，然後歸政于天子，冢宰退而避位，禮也。啟，禹子也。丹朱，堯子也。舜之子，商均也。敬承，言能敬慎仰承也。堯舜無令子，而有年久之相。益爲相不久，而禹子又賢，所以爲天。自然曰天，以主宰言也。流行曰命，以付予言也。莫，無也。無人作而自爲者，自然之天。無意求而忽至者，付予之命。匹夫而有天下，即傳賢也。仲尼匹夫，雖賢不遇堯舜，無天子之薦，是天意不欲與賢也。繼世以有天下，即傳子也。子必大不肖如桀紂而後天棄，不如是天不棄也。故伊尹雖賢，天不棄太甲。周公雖賢，天不棄成王，因引伊尹相太甲之事明之。太丁，湯太子，未立早死。外丙、仲壬，皆太丁弟。商道兄終則弟及。二年四年，共立六年，相繼死也。太甲，太丁子，湯孫也。顛覆，敗壞也。典刑，常法也。放，謂以禮防閑之。桐，湯墓地。三年，在諒陰也。怨，悔也。艾，治也。亳本帝嚳之墟，湯自商丘遷都焉。此明太甲不肖，不如桀紂，天所以不廢，伊尹所以不有天下也。周公成王，事見《周書》。猶益之於夏，遇啟賢也。猶伊尹之於殷，遇太甲賢也。禪，以位相授也。設壇墠行禮曰禪。義一，皆天命也。

堯娶于散宜氏女曰女皇。生子朱，驁很，兄弟爲鬩，嚚訟慢遊而朋淫。帝悲之，制弈棊以閑其情，使出就丹。有虞氏國之於房，爲房侯。○舜二妃，堯女也。娥皇無子，女英生義鈞，封于商，是喜歌舞。

按孟子謂堯舜之子不肖者，惟不肖堯舜耳。堯舜自難肖，肖堯惟舜，肖舜惟禹，故引以自代，而退朱均。朱均在三代下，得賢相，輔而守成有餘。如舜禹開物成務則不足，唐虞時須舜禹，不得不舍朱均。後世謂朱均大不才，過也。苟朱均大不才，舜禹必無南河陽城之避。舜禹避，而朱均能晏然無與以終，其賢于紂子武庚禄父，亦遠矣。○禹娶塗山氏女，生啟。能明訓教而致其化，故啟知王事，達于君臣之義，持禹之功而不殞。屈原《天問》云啟代益作后，亦謂禹以天下與益，而民歸啟也。益，即伯益，見許行章。○或云古人謂歲爲年。湯崩外丙方二歲，仲壬方四歲，太甲差長故立之。據《書序》云「成湯既没。太甲元年」，中間無君。《書序》非古也，當以孟子爲正。遷史殷紀，與孟子合，但云外丙立三年。○《孔叢子》云：「太甲即位，不明居喪之禮，干冢宰之政，伊尹放之於桐。」與孟子合。按古聖帝明王，嚴事師保，隆于君父。臣子不敢行于君父者，師保能行之，唐虞三代所以盛也。其君父臣子皆聖賢，尚道德而薄名位，故師保之權得伸。放桐雖因諒陰，然已抗世子之法矣。後世疑放主未必有，所謂放非禁錮，惟防範其出入，猶今先師鈐束弟子云爾。後世宰相，何敢以此加嗣君乎？商以前風氣醇朴，上下不相睽。禮法疏闊，天子名號或甲或乙，無異齊民。王畿往來遷徙，無異十室之邑。人情風俗，易簡真率，大臣得闢其忠。迄于周，歷六百載，而世運漓矣。成王幼沖，聞流言而疑忌，使周公不敢安位，況下焉者乎？世儒因此併謂伊尹未必放太甲，亦過爲周旋，古今不相及久矣。故曰伊尹聖之任，有伊尹之志則可，無伊尹之志則篡。至哉名言！人臣之義，當以周公爲法，不驕不吝，萬世臣子師表也。事詳上篇「燕人畔」章。○陽城箕山在今河南府登封縣，箕山即嵩山，古陽城在嵩山之南。山南曰陽，北曰陰。水南曰陰，北曰陽。〇桐，湯墓地。廟寢曰宮。晉《大康地記》云：尸鄉南有亳坂，東有桐城，太甲放處。今河南府城西古尸鄉，祝雞翁所居也。偃師縣有湯陵及伊尹墓。〇亳，說見《滕文公》下篇。

七

萬章問曰：「人有言伊尹以割烹要（平聲）湯，有諸？」孟子曰：「否，不然。伊尹耕於有莘之野，而樂堯舜之道焉。非其義也，非其道也，祿之以天下，弗顧也。繫馬千駟，弗視也。非其義也，非其道也，一介不以與人，一介不以取諸人。湯使人以幣聘之，囂囂（鴞遨二音）然曰：『我何以湯之聘幣爲哉？我豈若處（上聲）畎畝之中，由是以樂堯舜之道哉！』湯三使往聘之。既而幡然改曰：『與我處畎畝之中，由是以樂堯舜之道，吾豈若使是君爲堯舜之君哉，吾豈若使是民爲堯舜之民哉，吾豈若於吾身親見之哉！天之生此民也，使先知覺後知，使先覺覺後覺也。予，天民之先覺者也。予將以斯道覺斯民也。非予覺之而誰也？』思天下之民匹夫匹婦有不被堯舜之澤者，若己推（退平聲）而內（納）之溝中。其自任以天下之重如此，故就湯而說（稅）之，以伐夏救民。吾未聞枉己而正人者也，況辱己以正天下者乎？聖人之行不同也，或遠或近，或去或不去，歸潔其身而已矣。吾聞其以堯舜之道要平聲湯，未聞以割烹也。《伊訓》曰：『天誅造攻自牧宫，朕載去聲自亳。』」

此後三章，皆論聖賢出處大節。士必正己而後能正，人擔當愈重則執持愈堅。未有卑汙苟賤之士，能致主安民、建功業于天下者。古匹夫作相，以其君王，唯一伊尹。戰國游士，縁飾古和羹爲割烹，作乞墦口實。孟子極陳伊尹出處功業，非苟就者所能辨。窮無所養，必達無所施。志在温飽者，豈能幹伐夏救民之事乎？

易以鼎象凝命，禹鑄九鼎象九州，歷代寶之，故世稱宰轉爲鼎鼐之司。伊尹官宰衡。俗謂庖人曰宰，割肉曰尹。《禮記》脯曰尹祭，秤曰衡，故縁飾爲割烹負鼎俎也。

堯舜之道何物，而云樂之，非把玩之謂也。夫道，百姓日用而不知。知則好，好則樂。孔子不厭不倦，人不知不愠，樂也。樂道難言。言非道不樂，而所樂自見。全體曰道，時宜曰義，非義則害道，故又曰非其道也。天下千駟一介，辭受取予，渾淪看，聖心精一之至，大小殊而道義一也。小爲倪而大爲量，天下千駟内亦有一介，一介内亦有天下千駟。行一不義殺一不辜而得天下，枉尺而成霸王，是天下中一介也。柳下惠愛一言，而不以贋鼎欺齊人。小邾以句繹來，要季路一言而不得。是一介中千駟也。不義取予，如贓賕賄賂之類。一介雖微，蟻穴潰及千里，幾之所係在疑似。如以不與而已，便是楊朱，如以不取而已，便是陳仲，非聖人樂道之本懷。大抵恒人矯于大者常忽于小，謹于細者或奪于大。故曰君子語大，天下莫能載；語小，天下莫能破。道體如是，聖心亦如是。其顯而易見者，莫如辭受取予。其條理節度存乎義，以完乎道。震之以鴻鉅而不可撼，淆之以纖細而不能入宇。泰定而浮榮不足以攖寧，運經綸，行變化，天下其孰能當之？故曰人有不爲也，而後可以有爲。即此是先知先覺真境相湯救民之根，莘野一農，誰禄以天下，予以千駟者，形容其樂道精一之至耳。人倫庶物，誦《詩》讀《書》，包舉其中矣。

當夏商之際，天必非虚生伊尹，尹亦自不肯以耕稼終，未可謂不遇湯終不起也。故曰何事非君，何使非民。堯舜之道，自與逸民輩殊。但任大決不苟就，苟就任決不大。負鼎干謁，是輕佻無賴者所爲。故孟子稱其樂道，非謂尹本不欲出也。其曰何以湯聘爲者，初尚不肯資湯。直欲如舜禹奮庸熙載，而是時湯爲諸侯，就湯非得已也。當時若桀可輔，尹亦非湯臣矣。此意惟孟子知。

伊尹初視天下，無復有堯舜。湯聘至猶未許，三聘乃思輔湯，亦可以之爲堯舜，甚有遷就意。故五就桀，爲湯説桀也。湯初聘尹，原非自爲也。尹出亦非獨爲湯。孟子推其思天下民自任之重，故去就之間甚踟蹰。蓋伐夏非湯意，亦非尹意。尹自任救民，既不忍釋，而桀又不可輔，不得已乃決計説湯。商家一代丕基，伊尹掇以與之。故湯以伐桀爲慙，尹亦自云朕載自亳，而官號阿衡，甚言憑仗之也。直至商業定，湯崩，嗣王不順，放主不避，千古宰相任事，無復有如尹者。由其生平一介，至天下千駟不苟，自信于心，而後見信于天下。蘇軾云：辦天下之大事者，有天下之大節者也。其出不易，其任豈輕？所以爲聖之任也。若孔子無意必，渾然不露。五就之事，亦或不爲。孟子不見諸侯，言必稱堯舜，自謂當今之時，舍我其誰，頗似伊尹。然處齊梁去就全學孔子，所以與尹不同道也。

囂然幡然等語，非必盡出伊尹口，孟子代言其任若此。囂然非觀湯聘誠否，實有不資借湯之意，湯國七十里耳。尹志在天下，即欲如堯舜風動時雍，幡然以下，旋思有爲。無天下，七十里亦可。不睹雍熙，弔伐亦可也。知覺，是上達之學，民不可使知之。大學明德親民，未必民皆明德也。故曰明明德於天下，皆自明也。爲仁由己，仁者己達達人，非能使人盡達也。性善皆可爲堯舜，自是學問工夫，非使民皆堯舜也。伊尹亦但覺湯一人耳。五就桀，亦不能覺矣。匹夫匹婦，非必盡天下男女。博施濟衆，堯舜亦病。一夫不得所亦常事，尹但念此自咎，所以爲任也。就湯，爲救匹夫匹婦。葛伯殺商一童子，十一征始葛，酬其志也。

知覺皆道心。以本體言，知徧物而覺獨照，知似用而覺似體也。以工夫言，知研窮而覺妙悟，知有漸而覺無等也。未覺有先後，既覺無彼此。覺斯民，如人寐呼之使寤，寤則彼我同醒，無事哀益，原此知覺天付一也。民行不著，習不察，不好不樂，迷于非道非義，皆緣不知覺耳。尹能樂堯舜之道，便是天民之先知先覺者。樂此于畎畝，不能布澤天下，便是不以斯道覺民，非謂人人精一執中也。大抵聖人言知即行，知者見之謂知。聖人無知而知謂之覺，覺即是道。離行爲知者，俗學之支離，佛氏之空寂也。但言覺民，不言民覺，即欲達達人，明明德于天下之意。匹夫匹婦被澤，志願如此。與克己天下歸仁略似，非取必于天下也。天下由己立基，故曰聖人歸潔其身而已矣。

「吾未聞枉己」以下，就上文自任重斷之。凡擔當輕者，隨意苟且。本無大志，何用矜貴。懷千金之璧者，自擇地而趨。豈有欲爲堯舜事業，冒庖宰之行干謁人主乎？辱己甚于枉己。正天下大于正人，若不待聘出，是枉己也。出以割烹，是辱己也。如此而欲湯以阿衡任之，學焉臣之，烏可得？將致主覺民伐罪，而先蒙非道義之垢，猶表曲望影直，不可得。豈惟功業不建，雖湯聘豈及乎？故不潔身正天下，聖人不能也。潔身重近與不去一邊。遠與去潔身人知之，近與不去潔身人不知。故爲要湯之説，而誰知尹之近不去，同歸于潔身而已矣。堯舜之具在尹，湯求爲堯舜，則不得不求尹。昔人云處士無求于朝廷，朝廷有求于處士，此也。末引《伊訓》云「朕始事自亳」，徵湯之求尹也。無湯不失爲尹，無尹遂無湯。奈何湯不要尹，尹反要之乎？

割，切肉也。烹，調味也。要，求也。史稱湯娶有莘氏女，伊尹爲有莘氏媵臣，負鼎俎以滋味説湯，即此事。否，謂無是事也，不然謂無是理也。下章倣此。堯舜之道，仁義是也。仁義以正育天下爲道也。非其義，謂理不宜也。非其道，謂行不當也。當然曰宜，自然曰道。千駟，四千匹，言多也。回視曰顧，寓目曰視。介與芥同，草也。甚言其微，析義之精也。幣，玉帛之屬。聘，徵請也。古有徵聘，則使人奉幣帛致命。囂囂，無欲自得之狀。畎畝，田間也。行水曰畎，止水曰畝。幡然，反貌。親見，謂道由己行也。先知先覺，謂聞道先乎民，可爲人師，尹自謂也。民，冥也。天民，天所篤生之民，與凡民異也。天民之先覺，謂爲天民而能先覺者也。覺，悟也。覺民，教民使悟也。知者，學問之功夫。覺者，虛靈之本體。知粗覺精，知有明暗，而覺無偏全。或云知爲全體，覺爲初醒。謂以堯舜之道，勞來輔翼，使民醒悟也。思，尹自思也。匹夫匹婦，猶言一夫一婦。堯舜之澤，仁義之恩澤也。推，擠也。納，入也。溝中，猶言陷溺也。行不同，謂出處異也。遠謂山林，近謂廟堂。去謂隱，不去謂仕也。歸，猶總也。潔身，正己不辱也。以道要湯，謂道在尹，湯不得不求，即要也。猶子貢云夫子之求之。前云是謂父不得子，皆借其言解之也。《伊訓》，見孔書。天誅，謂天意誅罰夏桀也。造，作也。攻，伐也。牧宮，桀宮名。朕，我也，尹自謂也。亳，湯邑也。尹言天之誅桀，由桀自作攻伐，而我乃始有事于亳。引以證堯舜之道要湯，見湯有求于尹也。伊尹詳《論語》第十二篇。○莘野外，在今河南開封府陳留縣。古空桑地，伊尹所生也。

八

萬章問曰：「或謂孔子於衛主癰疽，於齊主侍人瘠寂環，有諸乎？」孟子曰：「否，不然也。好去聲事者爲之也。於衛主顔讎由。彌子之妻，與子路之妻，兄弟也。彌子謂子路曰：『孔子主我，衛卿可得也。』子路以告，孔子曰：『有命。』孔子進以禮，退以義，得之不得曰有命，而主癰疽與侍人瘠環，是無義無命也。孔子不悦於魯衛，遭宋桓司馬將要平聲而殺之，微服而過宋。是時孔子當阨，主司城貞子，爲陳侯周臣。吾聞觀近臣，以其所爲主；觀遠臣，以其所主。若孔子主癰疽與侍人瘠環，何以爲孔子？」

前後三章，皆出處大節。古聖賢不免多口，而行止關士風，故辯之。此章言命，即前列聖莫致之命。前章論伊尹相湯，聖之任也，其言直而壯。此章論孔子進退聖之時也，其言約而婉。有命兩字，括盡聖人一生進退。禮義兩字，又申明有命。用行舍藏，知我其天。進退渾合禮義，禮義渾合天命。《易》云窮理盡性以至于命，此也。禮義不與命合，猶是思勉而未時中，孟子願學在此。前章辯證意多，此章稱贊意多。

癰疽瘠環，得君未必如彌子瑕，況二人無因，何能自致孔子？孔子主之，亦未必遂可得卿。在彼不屑，於此豈屑乎？處衛齊從容無事，非有窮途親寡之阨。猥瑣侍人，又非司城忠貞之比。患難不苟，平常肯苟乎？

子路、彌子之見，是後世仕宦熟路。彌子語子路，以爲親戚師友間汲引之常，故子路亦以告也。昔柳下惠云：伐國不問仁人，此言何至於我？若伯夷、伊尹輩聞彌子語，必增盛氣。孔子但道有命，不拂人情，不拒來者，意甚悠然。惟孟子契此旨。聖人素位時行，恐學者未領，空空委命，特爲分疏。進以禮，即得之有命也。退以義，即不得有命也。到進禮退義，得不得方可言命。不能進禮退義，一切得不得，非命也。或云禮主讓，義主斷，進難而退易。此有意著迹。聖人之禮允執中，聖人之義無適莫，故通極于命。前言禮義，後但言義，主不得退一邊，不得不退。依群小干進，是無義無命也。○夫子辭王孫賈以天，辭彌子瑕以命。非人外別有天，非事外別有命，非禮義外別有天命也。行違乎自然謂之不天，求非所當得謂之無命，無禮義謂之不知天命。聖人渾身所動，渾心所存，皆禮義，即皆天命。禮義所以造命，惟聖人能盡禮義。故惟聖人達天知命，衆人託天自解。借命自寬，與命猶二。其得不得，倖不倖耳。故天下無適非命，無禮義無以凝命。唯聖人可言有命，説者謂聖人命不足言，誤也。

彌子之言，非脅夫子主己，亦是一種世情。彌子得寵於靈公甚專，夫子又靈公所敬禮者，更加與彌子綢繆，實是衛卿可得。其謀本邪，其意非惡，故子路亦見爲可。而夫子不明言主不主，但云有命。若曰：天下無往非命，但有意即非命，使我主彌子可也。爲衛卿主則非命，彌子爲我主，亦可也。爲衛卿主我，則非命。主賓欲合，而有命焉介乎其間，將若何？語甚藏蓄，故孟子申明之。

人情在困窮，不暇擇地而趨。操刃者從其後，則望門投止。孔子一生處窮，故好事者爲苟主之謗。然計孔子之窮，莫甚于在宋與陳絶糧七日，過宋而桓魋操戈于路，至微服行。此危急死亡之秋，而于宋猶主于司城貞子家。貞子宋人，爲宋司空，後去仕陳，爲陳湣公忠信之臣。忠信曰周，貞其謚也。貞，正也。言貞又言周，表其賢也。孔子在宋主于其家，在陳又主于其署。言司城又言臣，明非奄豎輩也。爲陳侯臣，即近臣之賢者也。孔子主之，即遠臣之賢者也。爲孔子之主，則貞子賢可知，所謂觀近臣以其所爲主也。孔子主貞子，則孔子之賢可知，所謂觀遠臣以其所爲主也。君子與君子朋，好事者何得而誣之。

癰疽，衛奄人，或作雍雎。瘠環，齊奄人。侍人，即寺人。主，主于其家也。好事，造謗者也。顔讎由，衛賢大夫。彌子，名瑕，靈公倖臣。禮主中，義主宜，進禮退義，用則行舍則藏之意也。莫之致而至曰命。不悦於魯衛，道不合于魯，之衛之宋之陳也。桓司馬，桓魋也。要，中路也。微服變，服使人不識也。不顯曰微。阨，難也。司城，宋官名，即司空。貞子先在宋爲司城，後去仕陳。陳侯，陳湣公，名越。周，猶忠也。近臣，在國中者也。所爲主，爲遠方來者之主也。遠臣，自外來者也。所主，主于近臣家也。近臣賢，則爲賢者之主，觀客可知主也。遠臣賢，則其所主者亦賢，觀主可知客也。所爲主，即遠臣也。所主，即近臣也。

癰疽、瘠環，皆刑餘朽腐之人，故其名如此。劉向《説苑》作雍睢，猶百里奚之爲傒奴，傳述之訛也。○顔讎由，《史記》作顔濁鄒，子路之妻兄也。《孔叢子》云顔讎由善事親，子路義之。後以非罪見執，子路請金于友贖之，孔子義之。○《説苑》：彌子瑕愛于衛君。衛國之法，竊駕君車，罪刖。彌子瑕母疾夜歸，駕君車出。靈公賢之，曰：孝哉！爲母故犯刖。公游果園，子瑕食桃而甘，不盡，以奉公。公曰：愛我而忘其口味。及子瑕色衰愛弛，得罪。公曰：是嘗矯吾車，食我以餘桃者。愛憎之生變也。○《國策》云：衛癰疽、彌子瑕二人專勢以蔽左右，復塗偵謂靈公曰：「昔日臣夢見竈君，以爲君也。」公怒曰：「吾聞夢人君者夢見日。」對曰：「日並燭天下，物不能蔽。竈則不然。前之人煬，則後之人無從見也。今臣疑人之有煬于君者，是以夢見竈君。」公乃疏二人，而立司空狗。○《史記》：孔子去魯適衛，自衛適曹，去適宋，與弟子習禮大樹下。宋司馬桓魋欲殺孔子，拔其樹。孔子去適鄭，與弟子相失，遂至陳，主于司城貞子家。歲餘，吴王夫差伐陳，取三邑而去。孔子居陳三歲。晉楚吴更伐陳，孔子遂思歸。

《春秋傳》云：「宋以武公廢司空。」蓋宋武公名司空，故改官名司城，掌營城邑也。○趙岐云陳侯名周，誤也。按《史・年表》，夫子來陳，當湣公之六年。湣公，懷公子，名越。孔子居陳三年，復去適衛，則湣公之八年也。湣公在位二十四年。楚惠王伐陳，殺湣公，遂滅陳。是歲，孔子卒于魯。然則貞子與陳侯同死難者，故曰陳侯周臣。《春秋傳》：衛宗魯與齊豹云：吾將死之，事子以周。與此周同。《國語》云：忠信曰周。《詩》云：「行歸于周。」《論語》云：「君子周而不比。」周皆訓忠信。此周臣，即忠臣，甚明。生爲周臣，故死謚爲貞子，所以爲賢。若陳侯亡國之君耳，雖爲臣何足重？重以周也。

九

萬章問曰：「或曰百里奚自鬻於秦養牲者五羊之皮，食（嗣）牛，以要秦穆公，信乎？」

孟子曰：「否，不然，好事者爲之也。百里奚，虞人也。晉人以垂棘之璧與屈産之乘（去聲），假道於虞以伐虢，宮之奇諫。百里奚不諫，知虞公之不可諫而去，之秦，年已七十矣，曾不知以食牛干秦穆公之爲汙（去聲）也，可謂智乎？不可諫而不諫，可謂不智乎？知虞公之將亡而先去之，不可謂不智也。時舉於秦，知穆公之可與有行也而相之，可謂不智乎？相秦而顯其君於天下，可傳於後世，不賢而能之乎？自鬻以成其君，鄉黨自好者不爲，而謂賢者爲之乎？」

百里奚相秦之業，未爲孟子所重，特以自鬻干主之誣，有傷士行，故爲置辯。枉己不能正人，伯者亦然。顧無盛德大業可述，衹據當日入秦之由，知幾識時，未至如人言之謬也。所推重在智，智過人即賢。凡霸者之事，以智勝論。帝王明聖，則主天命禮義。論霸功則主智，醇疵異也。孟子論二帝、三王、伊、周、孔子後，繫以秦臣百里奚。功名才略，不及管仲。秦穆之業，不顯於桓文。置齊晉君臣不道，而齒及秦，何也？孔子删《書》存《秦誓》，知西周之將化爲秦也，故孟子倣之。秦霸西戎，無預中國。未嘗朝盟夕會，紛紛然也。未如晉楚與諸侯争戰，躪踐中國也。其與晉争，晉負秦也，故秦穆不在五霸之數。五霸之盟諸侯，亂諸侯者也。其尊王室，陵王室者也。《春秋》之作傷五霸，而世儒謂之奬，謬也。寧齒秦不齒齊晉，亦春秋之義也。

士君子名節，莫大于出處，出處莫要于安危存亡。非有明決之識，不足以察其微。少有顧戀之私，皆足以昏其知。若百里奚籌虞秦興亡如指掌，先事去就如别黑白。無論庸臣，賢如宫之奇不及也。宫之奇之諫，當諫也。人臣之義，以宫之奇爲賢。百里奚賢于宫之奇在事後。凡仁者賢于人，即事而見。智者賢于人，當事而不識，事後始顯，故曰智也。使奚去而虞不亡，宫之奇諫行，亦無以見奚。使奚去虞而不之秦，之秦而不霸，亦無以見奚。猶召忽死而管仲不死，至于九合一匡，而後信管仲多于召忽也。孟子于奚，獨稱智。夫子于管仲稱仁，何也？管仲不以兵車，而秦殺人多。穆公殺三良，烏得與管仲同仁？其實管仲之爲仁也，亦不如其爲智也。

百里奚，虞賢臣也。鬻，賣也，猶今之傭工。食牛，牧牛也。爲人牧牛，得五羊皮。要，干謁也，因以皮爲贄幣也。垂棘，地名，出美玉。屈産，亦地名，出良馬。四馬曰乘。假道，借路也。虞、虢，二國名。晉將伐虢，道由虞，以璧、馬借道，併謀伐虞也。宫之奇，虞臣也。諫，止假道也。百里奚不諫，知虞公貪，不聽也。孟子即百里奚去虞適秦而信其智，即其智而信其賢。過人曰賢。智過人者，必無辱己之事。顯其君，謂輔相穆公霸西戎也。傳于後世，謂後世稱奚名也。成其君，結好于君也，猶《春秋》成宋亂。《詩》云「與子成説」、《楚辭》云「初既與予成言」之成。鄉黨，鄉里之人。自好，愛惜名節者也。

《楚國先賢傳》云：百里奚，字井伯，楚人，少仕于虞。《史記》趙良云：「五羖大夫，荆之鄙人也。」《秦紀》云：晉獻公滅虞，虜其大夫百里傒，以媵秦穆公夫人于秦。亡走宛，楚鄙人執之。穆公以五羖羊皮贖之，歸而授之政，號五羖大夫。《韓詩外傳》云：百里奚，齊之乞者也。逐于齊，自賣五羊皮，爲一軛車。見秦穆公，立爲相。漢鄒陽云：百里奚乞食于道路，穆公委以政。《説苑》云：秦穆公使賈人載監。賈人買百里奚以羖羊之皮，使將車。穆公觀監，見牛肥，問曰：「任重道遠以險，而牛何肥也？」對曰：「臣飲食以時，使之不以暴。有險，先後之以身。」穆公知其爲君子，以語公孫枝。枝賀得賢，以上卿讓之。或云：穆公好牛。百里奚賃于官爲養牛，牛蹄上乘肉三寸。公使禽息視牛，入言之。公不信，又言之。公怒，刖息，使守門。穆公出，又言之，公乃問。百里奚對曰：「臣非長于養牛者，乃養民者也。」公乃謝禽息。禽息曰：「所以不死者，君未知客，今知之矣。」觸門而死。穆公既授百里奚政，奚讓曰：「臣不如臣友蹇叔。臣嘗困于齊，乞食于銍人，蹇叔收臣。臣因而欲事齊君無知，蹇叔止臣。臣得脱齊難之周。周王子頹好牛，臣以養牛干之。頹欲用臣，蹇叔止臣，臣去，得不誅。事虞君，蹇叔又止臣。臣誠私利爵禄，且留，再用其言得脱。一不用及于難，是以知其賢也。」穆公迎蹇叔爲上大夫。按以上諸説，孟子之言爲正。大抵流言横議，因世遠訛傳，轉相附會。如夏姒姓，謂其先本吞薏苡而生。商子姓，謂其先吞燕卵而生。伊尹官宰尹，謂爲庖宰。百里名奚，謂爲傒奴。《周禮》有奚人、女傒，皆男女之没爲官奴者也。

《戰國策》：田莘説秦王曰：「晉獻公欲伐虢，而憚舟之僑存。荀息曰：『美女破舌。』謂阻諫也。遺虢女樂，舟之僑諫，不聽而去。因伐虢，遂破之。又欲伐虞，而憚宫之奇存。荀息曰：『美男破老頑童害老成。』遺虞美男，教之惡宫之奇。宫之奇諫，不聽而去。因伐虞取之。」《春秋傳》：晉獻公欲伐虢，荀息請以屈産之乘、垂棘之璧，借道于虞。公曰：「吾寶也。受而不借道，奈何？」對曰：「此小國所以事大國也。彼不借吾道，必不敢受吾幣。受吾幣而借吾道，我取之中府，而藏之外府。取之中廄，而置之外廄也。」公曰：「宫之奇存焉。」對曰：「宫之奇之爲人也，懦而不能强諫，且少長于君，君暱之。玩好在耳目之前，而患在一國之後。中知以上，乃能慮之。臣料虞君，中知以下也。」晉師遂會虞伐虢，滅夏陽。後五年，晉復借道于虞伐虢。宫之奇諫曰：「虢，虞之表也。虢亡，虞從之。晉不可啓，寇不可翫。一之謂甚，其可再乎？諺所謂『輔車相依，脣亡齒寒』者，虞虢之謂也。」弗聽，宫之奇以其族行，曰：「虞不臘矣。」晉滅虢，師還館于虞，襲虞，遂滅虞執虞公。荀息抱璧牽馬，前曰：「璧則猶是，而馬齒加長矣。」○《國語》云：伐虢之役，師出于虞。宫之奇諫不聽，出謂其子曰：「虞將亡矣，吾懼及焉。」以其孥適西山。三月而虞亡。

秦穆公名任好，武公之姪，德公少子也。穆公五年，晉滅虞。百里奚自虞來，穆公用之。薦蹇叔自宋來，公孫枝自晉來，由余自戎來。穆公夫人，晉獻公女。獻公死，晉亂。穆公納晉夷吾爲惠公。惠公卒，立子圉爲懷公，已又納重耳爲文公。晚年與晉隙，使百里奚子孟明視、蹇叔子西乞術及白丙乙三人將兵襲晉。奚與蹇叔止之不可，二人哭而送其子。已而師敗還，穆公悔，親迎三子于郊。復其官秩，作《秦誓》自訟，後竟報晉。與由余謀伐戎，拓地千里，益國十二，遂霸西戎。嘗亡駿馬岐下，野人得而殺之，共食者三百餘人。吏逐得，欲法之。穆公曰：「君子不以畜産害民。吾聞食善馬肉，不飲酒傷人。」皆賜之酒而赦之。韓原之戰，晉人已環公車矣。野人食馬肉者三百餘人馳冒晉軍，圍解，獲晉惠公歸。在位三十九年卒，葬雍。從死者百七十七人，子車氏之三良與焉。秦人賦《黄鳥》哀之。君子是以謂穆之爲繆也。《謚法》名與實爽曰繆，織絲經緯不齊亦曰繆。説詳《公孫丑》下篇。或以舍重耳立夷吾爲穆公之繆，非也。或以殺三良爲三良自願死，非穆公罪，此又以繆解繆。

孟子説解卷九終

孟子説解卷十

郝敬 解

萬章章句下

一

孟子曰：「伯夷目不視惡色，耳不聽惡聲，非其君不事，非其民不使，治則進，亂則退。橫政之所出，橫民之所止，不忍居也。思與鄉人處，如以朝衣朝冠坐塗炭也。當紂之時，居北海之濱，以待天下之清也。故聞伯夷之風者，頑夫廉，懦夫有立志。伊尹曰：『何事非君，何使非民？』治亦進，亂亦進，曰：『天之生斯民也，使先知覺後知，使先覺覺後覺。予，天民之先覺者也。予將以此道覺此民也。』思天下之民匹夫匹婦有不與預被去聲堯舜之澤者，若己推退平聲而內納之溝中。其自任以天下之重也。柳下惠不羞汙君，不辭小官，進不隱賢，必以其道，遺佚而不怨，阨窮而不憫，與鄉人處，由由然不忍去也。『爾爲爾，我爲我，雖袒但上聲裼昔裸裎於我側，爾焉能浼我哉！』故聞柳下惠之風者，鄙夫寬，薄夫敦。孔子之去齊，接淅昔而行。去魯，曰：『遲遲吾行也，去父母國之道也。』可以速而速，可以久而久，可以處上聲而處，可以仕而仕，孔子也。」

孟子曰：「伯夷，聖之清者也；伊尹，聖之任者也；柳下惠，聖之和者也；孔子，聖之時者也。孔子之謂集大成。集大成也者，金聲而玉振之也。金聲也者，始條理也；玉振之也者，終條理也。始條理者，智之事也。終條理者，聖之事也。智，譬則巧也。聖，譬則力也。由射於百步之外也，其至，爾力也。其中，非爾力也。」

夷、尹、惠三子，古今人物之師表也。行己如伯夷，濟世如伊尹，與衆如柳下惠，行誼功業，脩此三者故全也。孟子每舉以分疏古聖賢道德源流而致尊崇于孔子。孔子如天，三子如四時。舉四時，然後可觀天。孔子如心，三子如耳目口鼻。孔子如中，三子如喜怒哀樂。故孔子如樂，而三子如八音也。孔子非異三子，三子在範圍内爲之用。三子皆聖人，而孔子爲將聖，三子其偏裨也。士君子德行道誼，不法此數聖人者，皆詖行邪説。後世有述焉，吾弗爲之矣。

推尊孔子，而先舉列聖之事，如言天必先言列宿。不據列宿，不識天行之度；不據列聖，不見孔子之時。先舉伯夷者，制行過高，一于不可者也。次舉伊尹者，自任激昂，一于可者也。復次舉柳下惠者，調之以和，而有意堅忍，所謂執中無權者也。然後乃歸于時，參伍而成變化也。

伊尹大行，故言覺世澤民。夷、惠未致用，故但言風。風猶聲也。聞風感化，則致用可知，故與覺世澤民者並稱聖。伊尹之爲聖，人皆知之。夷惠之爲聖，人未知也。故曰奮乎百世之上，百世之下聞者莫不興起。非聖人而能若是乎？引以與伊尹並稱，見道無窮達，即比孔子于堯舜文武之意。三子詳其事。孔子無名無迹，無事可指。即去齊去魯，形容仕止久速。四可四而，狀其圓神不測，無意必固我。此際細入毫芒，所謂精義入神，包括萬事，非但去就耳。孔子也一句，贊歎可味，全體渾淪是道。惟有孔子得與於斯，三子不得而與在言外。

伊尹相湯伐桀，放太甲于桐，非聖人誰敢擔任？武王誅紂，湯先之也，伊尹始之，故曰朕載自亳。周公于成王，則敬慎之至矣。雖世運不同，亦是周公本謙恭。孔子温良恭儉讓，故曰如有用我，吾其爲東周。苟有用我，朞月而已可也，渾然不露氣魄。天地持載，覆幬非不任而無心，所以爲孔子。

清任和主一無時。時者，無清任和之迹。用則行，舍則藏。所謂先天而弗違，後天而奉天時。故時者，天道也。清任和者，人道也。人有意，天無心，聖智巧力所以分也。聖之時，非謂時清時任時和也。清任和者，一成不變之名。時無常主，孟子所以易而爲仕止速，以遣三子之執也。

行造其極曰聖。聖以上難更加，加即是神。孔子加時，即是不可知之神。三子加清任和，非加也。正是微不足，猶云清任和之聖者云爾。

此章論聖，較其最盛者，所重不在聖。昔孔子于伯夷，但曰古之賢人，于柳下惠曰知柳下惠之賢，未嘗許爲聖也。孟子重其行誼，始推爲聖人。功業不舉堯舜，舉伊尹，亦據人臣功烈震主者言，皆將以其過盛。形其時中，取裁于孔子也。凡言聖者，行過人之名。才過千人曰英，倍英曰賢，過萬人曰傑，倍傑曰聖。如以過人而已，公輸子亦聖之匠者也，師曠亦聖之聰者也，羿亦聖之射者也，王良、造父亦聖之御者也。下至醫卜，莫不各有聖。其術愈小，其智愈下，其聖愈卑。《易》曰：知至至之，知終終之。聖不難，而智難也。

贊孔子以樂，何也？象成也。《記》云：王者功成樂作。樂每奏一終，謂之一成。如《韶》九成，《武》六成，皆以象成功，故曰成於樂。人至聖始成，聖至孔子始大成。樂大成者集衆音，聖大成者集衆美。三子偏長，如一音獨奏無所集，爲小成。凡樂一音獨成，始終自爲條理易。八音兼總始終，相爲條理難。集，和聚也，猶集義所生之。集一音不和，乖戾而不集則不成樂。仕止久速未融，滯爲清任和而不集，則不成時。惟時能集，惟集能大，惟智能時。《易》云：大明終始，六位時乘，以御于天。即聖智始終條理之意，所以爲大成也。

天行莫如時，應時莫如樂。八音叶八風，十二律應十二辰。陽律陰吕，所以順天時而爲條理者也。條，貫也。理，順也。條貫而不息，理順而有常，即《中庸》贊孔子如天地敦化川流之意。條理，則始終聯絡。始以基終，終以成始。始終非兩時，聲振非兩事，猶張弛翕闢云爾。仕止久速，與時偕行。千變萬化，渾淪無間，而各得其所。以此合樂故大成，以此合道故時中。《樂記》云：清明象天，廣大象地，始終象四時，周旋象風雨。五色成文而不亂，八風從律而不姦，百度得數而有常。大小相成，始終相生。倡和清濁，迭相爲經，條理之謂也，故以喻聖之時。

金聲，謂擊鐘以倡衆音。聲，倡也。玉振，謂擊磬以收之。振，收也。衆音包絡其間，故曰集大成。《記》云：「先鼓以警戒。」《書》云：「合止柷敔。」鼓亦聲也，而獨言金，敔亦止樂也，而獨言磬者，金玉舉器之貴重言也。《樂記》云：鐘聲鏗，鏗以橫，橫以立武。君子聽鐘聲則思武臣，金主奮揚也。又云：石聲硜，硜以立辨，辨以致死。君子聽石聲則思死封疆之臣。石即玉，玉主斷制也。奮揚者始，斷制者終。匏土革水金石絲竹，八音相間。而金和玉節，抑揚起伏，迭爲終始。非金定居始，玉定居終也。金之爲器，亦不止鐘。其大者爲鎛鐘，小者爲編鐘、爲錞、爲鐲、爲鐃、爲鐸，皆金屬。而玉則惟有磬耳。金有千石之鐘，玉無尋丈之磬。金衆玉寡，金宣玉節。金聲高亮，有似智巧；而玉音硜硜堅確，有似聖之止極也。金聲而玉振之，一直語。蓋樂大成，自始作分，玉不過隨聲收之。始作翕如，即金聲始條理也。縱之以後，純皦繹如以成。皆本始作者觀厥成，終非能有加于始，玉非能有違于金。聖不能違智，似此。

智者，神明天縱，萬理兼照。降衷以來，二五靈秀所鍾獨隆，故曰始也。聖者，仁至義盡，道全德備，學問造詣窮極入功，故曰終也。聖本乎智，智爲乾始。《易》云：大明終始。又云：乾知大始。智圓而神，崇以效天。乾知資始，而萬物各正。人心知爲主而百體受成，故智以神用，其量無涯。達德首知，生而知之者，自安而行之。知可以一知貫萬行，行不可以一行貫萬知。故智者，心之神，大虛之靈，故曰心之精神謂聖。通明曰聖，與智非二也。而聖受成于智，智有大小偏全。聖因之如喬木千枝萬葉，含芽于出土之始，干霄拂雲惟完其初耳。如蕭韶九成，八音齊闋，磬戛戛然收其始之鏗鍧鞺鞳者耳，不在收聲時責成功也。

智即所謂明德。良知即良能，有始有卒，一貫之理也。以全體言，神明天縱，十五志學，是始之也。德行默成，七十從心，是終之也。以妙用言，時之來也。知幾先覺，隨事有始，時之因也。安安不遷，隨事有終。

孔子嘗言：「吾有知乎哉？無知也。」智而無知，無知而知，謂之神。神者虛也。《易》云：無思也，無爲也，寂然不動，感而遂通天下之故。非天下之至神，其孰能與於斯？時之謂也。唯虛能神，清任和窒于一而不能虛。仕止久速乘時故虛，惟道集虛。執中能權，乃合天則。勉强湊合，皆是人力。三子知不足而恃力，力雖强，違乎自然矣。

智含萬有，聖效其成。聖之從智，如埴隨型金就範。神明爲主，趣操嚮赴。耳目之從心志，即其符也。非但學問道德。日用應務，性地清徹，則百行順軌。凡事惟知始難，始即幾也。《易》云：知幾其神。《中庸》云：「唯天下至聖，爲能聰明睿智。」智之始也，容執敬别。以時出之，聖之終也。智陶鑄乎聖，知至至之，可與幾也。人事物理，幾動即始。臧否應違，初幾不迷，則究竟不爽。故曰知終終之，可與存義也。聖由智成，終由始造。智即聖體，聖以證智。非一非二，施受翕闢之道也。

百行始于心。行雖履其至，而運用因心。事不因心，取必行成。于是乎有窮高極遠、警世駭俗之爲。具曰予聖，得則爲三子，失則爲巢許陳仲之矯激，又甚則爲楊墨佛老之叛道。制行所以貴因心，而聖必證智，終必有始，道貴率性，此也。孔子中庸至德，堯舜允執厥中。如射者之正鵠，聲音之雅樂。

君子貴巧中，而不貴力至也。

說者謂先明諸心知所往，然後力行以求至，非也。此章之義，與知所先後循序漸進殊，此專言智之妙乎聖也。智通融而圓，聖詣極而方。聖不由智爲有方之行，不足以合道。先言始終者，明大成之義也。再言巧力者，明一貫之理也，與始終循序無涉。智聖與知行異，智聖成德也，知行工夫也。智亦兼知行，聖亦兼知行。豈智獨知不行，聖獨行不知乎？從來知行非兩，中庸不明不行詳矣。近代講良知，本體工夫合一，是也。○「集大成」一段，借樂以喻聖之時者，包括富而條理備。「智譬」以下，借射以喻聖之時者。非人力摸擬所謂不可知之神，欲從末由者也。前譬以樂之條理，主贊孔子。後譬以射之巧力，主律三子。條理專就孔子說。惟有條理，所以無可無不可。如四時錯行，自中天則。三子條理粗率，所以偏主用力，鹵莽而不能巧也。

智譬巧，聖譬力，申明智兼聖、始該終也。前言始終智聖對待，疑于無等，故復明智爲要，見三子聖不足于智也。智妙乎聖，猶巧運乎力，力惟受命于巧耳。孔子之聖不必言，所妙在智。善射者至不足言，所貴在中。力不足論，所難在巧。力雖强，當其命中，非力所預。挽强用力，而審度以巧。巧揣其本，而力齊其末。力必至彼而後見，巧即在心手内。彼百步外不失正鵠，只在心手内審固，惟受命而往集其所耳。中在百步之外，所以中不在百步之外，故曰非爾力。言力不足貴，不可與巧並論。故不曰其中爾巧，但曰非爾力，見巧不可力致也。蓋仕止久速之時運于無心，非力可强。神明默識，自然從心不踰矩。所以智妙乎聖，始基其終也。

以巧譬時，以力譬清任和。聖譬以下，皆形容三子之偏不及孔子之時中也。由射于百步之外，單承力言。《禮》：射，侯遠不過九十步。百步外，甚言遠，以形容三子之偏。兩爾字，指三子。在孔子分上，著不得力，言三子但能至耳。中非三子所企，緣他多力少巧。其至謂三子至，其中亦責三子中，全不粘孔子，正見孔子非三子所及。或云孔子亦兼巧力，三子亦兼巧力，未然。天工曰巧，人爲曰力。清任和有意偏主全是力，時者天道自然，無所爲而爲。無適無莫，如轉圓弄丸，力何所用？言力便有心，便與時戾。無力之力，民鮮克舉。雖兼三子，不可以力名。即如三子非不巧，而偏長不集。若公輸能匠不能音，師曠能聽不能匠，滯于一隅而不通于萬方，不足言巧。孔子非無力而不可力名，亦猶三子雖有巧，而不可巧稱也。

以力譬聖，正是輕言聖。聖豈可輕？凡行誼卓絶者，可以力勉。故曰天下可均，白刃可蹈。節如伯夷，功如伊尹，量如柳下惠，皆可氣魄堅忍，作意成功。皆謂之力，力即非巧。惟中庸易簡，不思不勉，無心應矩。精義入神，無容置力，故借射者之巧明之。巧不在正鵠，而在彀。智不在事物，而在心。如一貫是巧，多學而識是力。一日克己復禮是巧，天下歸仁是力。脩己以敬是巧，安人安百姓是力。若不會諸一而求諸多，不反諸己而求諸天下與百姓，則不能無偏倚之病。巧與不巧，所争毫芒。故三子難到，非必三子甚拙也。其所謂聖之力，亦非必如孟賁、北宫黝之純任血氣者也。

章内言智聖始終，巧力至中，皆對待之名，而實一貫之理，即《論語》「博約」、《中庸》「大本達道」變化出，蓋天下無心外之道。學有根本，而後行不爲枝葉。根本無迹可見，枝葉與世敷榮。

三子之聖，與無根蔕者雖不同，而行事未免著象。功名節槩，枝葉太覺敷榮。不如孔子仕止久速，妙應無心無象，顯微無間。所以智兼聖，始兼終，巧無容力，中忘其至也。

惡色，如淫婦人之類。惡聲，如淫樂之類。横，不順理也。頑，無知也。廉，分辨也。懦，柔弱也。何事非君，何君不可事也。何使非民，何民不可使也。言皆可誨化也。鄙，固陋也。薄，刻削也。敦，厚也。淅，將炊而以水漬米也。接，手接米而瀝其水也。行速不及炊，接米去也。《説文》引此作滰講淅。速，疾也。久，緩也。處，不出也。聖者，行造其極之名。絶塵曰清，自負曰任，諧處曰和，妙應曰時。餘見前篇。集，和聚也。解見《公孫丑》上篇。樂終曰成。一音獨奏爲小成，八音合作爲大成。金，鐘也。聲，宣也。玉，磬也。振，收也。凡樂將作，先擊鐘以宣衆音，後乃擊磬以收也。金聲高，故主宣。玉聲詘然，故主收。一宣一節，高下相和，與衆音相爲終始。非截然一始之，一終之也。金聲也者四句，釋集大成之意，非如小成之一音自爲終始也。條者，連屬不絶繹如之意。理者，分明不亂，皦如之意。始終，謂金玉始終乎衆音，即所謂聲振也。神明默識曰智，獨行絶詣曰聖。所治曰事。無形曰巧。任氣曰力。再舉足曰步。步六尺，人一舉足踐三尺也。

《虞書》云「戛擊鳴球，搏拊琴瑟」，堂上之樂也。又曰「下管鼗鼓，合止柷敔，笙鏞以閒」，堂下之樂也。《詩》云：設業設簴，崇牙樹羽。應田縣鼓，鞉磬柷圉。簫管備舉。《儀禮·大射》：樂人宿縣于阼階東，笙磬西面，其南笙鐘，其南鎛，皆南陳。建鼓在阼階西句，南鼓句；應鼙在其東句，南鼓。西階之西，頌磬東面，其南鐘，其南鎛，皆南陳句。一建鼓在其南句，東鼓句。朔鼙在其北。一建鼓在西階之東句，南面句。簜黨在建鼓之間。鼗鼓倚于頌磬，西紘。」皆所謂大成之樂也。《禮·大射》：量人以貍黎步量侯道。王射連張三侯，九十步。諸侯連張二侯，七十步。卿大夫士射一侯，五十步。每一舉足曰跬，跬三尺。再舉足曰步，步六尺。即今之弓，弓五尺也。《王制》云：「古者以周尺八尺爲步。今以周尺六尺四寸爲步。古步大而周尺小，每尺得漢尺八寸，古步周尺八尺，是漢尺六尺四寸也。漢以周尺六尺四寸爲步，是五尺一寸二分也。漢尺與今尺等。今步五尺，百步五十丈。外，則更多矣。

二

北宮錡起問曰：「周室班爵禄也，如之何？」孟子曰：「其詳不可得聞也，諸侯惡其害己也而皆去其籍，然而軻也嘗聞其略也：天子一位，公一位，侯一位，伯一位，子男同一位，凡五等也。君一位，卿一位，大夫一位，上士一位，中士一位，下士一位，凡六等。天子之制，地方千里，公侯皆方百里，伯七十里，子男五十里，凡四等。不能五十里，不達於天子，附於諸侯曰附庸。天子之卿受地視侯，大夫受地視伯，元士受地視子男。大國地方百里，君十卿禄，卿禄四大夫，大夫倍上士，上士倍中士，中士倍下士，下士與庶人在官者同祿，祿足以代其耕也。次國地方七十里，君十卿祿，卿祿三大夫，大夫倍上士，上士倍中士，中士倍下士，下士與庶人在官者同祿，祿足以代其耕也。小國地方五十里，君十卿祿，卿祿二大夫，大夫倍上士，上士倍中士，中士倍下士，下士與庶人在官者同祿，祿足以代其耕也。耕者之所獲，一夫百畝，百畝之糞，上農夫食嗣，下同九人，上次食八人，中食七人，中次食六人，下食五人。庶人在官者，其祿以是爲差。

戰國諸侯强僭，孟子申明周班，亦春秋之義也。節目不詳而義已備。通其義，則文武如在。爵以名正，等以位辨，而尊卑之分明。天下統于天子，國統于君，而綱紀之勢張。君祿制其全，臣祿以倍升，而隆殺之則定。祿以耕爲本，官以民爲基，而公私之誼通。先王所以統一四海，上下均和，指臂相使，美意良法，不啻詳已。得其人而潤澤之，爲政因先王之道，雖百世可知。惟是周初九州，千七百七十三國，歷代興廢，新故損益之數，疆理沿革之蹟，譜牒圖史磨滅不可盡考。孟子謂詳不得聞，以此。然亦可不必聞者矣。

天子一位至六等，班爵也。天子之制地方千里以下，班祿也。天子五等，爵通天下者也。「君一位」七句，爵在各國者也。天子之制至附庸，祿班于天下者也。天子之卿以下，祿班于各國者也。統論天下首天子，而公侯伯子男皆佐天子以治天下。分論中外首君，而卿大夫上中下士皆佐君以治其國。漢袁宏云：有主則治，無主則亂。故分而主之，則諸侯之勢成。統而君之，則王者之權定。分而主之，必經綸而後定。總而君之，必統體而後安。經綸之方，在乎設官分職。統體之道，在乎至公無私。故帝王建萬國而樹親賢，置百司而班群才也。

王者繼天爲之子，故曰天子。公，共也。公正無私，人所共尊也。韓非云：自營爲厶，背厶爲公。文从八，八與背同。厶，古私字也。侯，候也。在外守望曰侯，候順逆也。伯，長也。子，慈也。男，任也，任事也。君，尹也。傳曰：臣之求君以出令，故文从口。卿，嚮也，人所歸向也。大夫，夫之大者，民表也。或曰達扶于人者也。士，事也，事人者也。上士，士之長也。天子之士曰元士。元，大也。凡王事稱大，以别于列辟也。

古中外之爵，實惟五等。故公侯伯子男爲五，而天子統之爲王。卿大夫上中下士亦五，而諸侯統之爲君。孟子並天子通天下爲五等，而國内連君爲六等，示明主與群臣共天下一體無私之心也。漢儒作《王制》，不以王與君並列，後世人主好大自尊之私意也。

國中爵六等，王畿與列國同也。天子，天下之君。公侯以下，一國之君。有君則有卿大夫士，同也。卿即上大夫，大夫皆下大夫也，故各一等。據《周官》《周禮》，卿之上復有公孤，是八等也。《左傳》又謂次國上卿，當大國之中，中當其下，下當其上大夫。小國之上卿，當大國之下卿，中當其上大夫，下當其下大夫。果爾則卿有中下，大夫有上，是九等也。《王制》謂列國卿之上，又有天子之命卿，方伯國又有天子之大夫爲三監，則是十一等也。庶人在官者不預等。而《周禮》六卿之屬，莫不各有府史胥徒四等，是十五等也。《周書·武成篇》云：列爵惟五，分土惟三。與孟子言合。孔書非古，而此言必有所受之。質諸《虞書》五玉三帛，非謬也。《左傳》託丘明，而漢博士因襲爲《王制》。《周禮》出王莽家，劉歆、杜預所詳聞者，豈孟子獨未聞乎？故難盡信也。

《王制》云：四海九州，州方千里。内以一州爲王畿。其餘八州，州建百里之國三十，七十里之國六十，五十里之國百二十，凡二百一十國。名山大澤不以封，其餘以爲附庸閒田。天子畿内，分建方百里之國九，七十里之國二十一，五十里之國六十三，凡九十三國，其餘以祿士爲閒田。九州共千七百七十三國。方謂四方，四方皆千里也。周尺六尺四寸爲步，寬一步長百步爲一畝，三畝三百步爲一里。四方皆一里，中分爲一里者九。四方十里，中分爲方一里者百。四方百里，中分爲方一里者萬。四方千里，中分爲方一里者百萬。四方各七十里，中分爲四千九百里，五十里中分爲二千五百里。王制畿内千里，分公卿大夫之外，尚餘方百里者六十四，方十里者九十六，以爲天子自奉及士祿。王子弟食邑，皆取諸此。古人事簡官少。《記》云：唐虞官五十，夏官百，殷官二百，周官三百。故千里之入亦足。後世事煩官多。如《周禮》六卿之屬，下至府史胥徒，日食十萬人。故公五百里，侯四百里，伯三百里，子二百里，男百里。《周禮》非古也，孟子之言爲正。

天子以下爵五等者，主君言也。君爲陽，五陽數也。君以下爵六等，主臣言也。臣爲陰，六陰數也。受地四等，地數陰也。九州之地州千里，天子有千里，得九州之全數也。公侯百里，得一國之全數也。伯七十里，不及大國之三。子男五十里，不及大國之半。五猶成數，不能五則不成國，故附于大國。

附庸，舊註：庸、墉通，小城也。按《爾雅》：庸，勞也。《周禮·司勳》云：國功曰功，民功曰庸。《書》

曰：車服以庸。小國不能五十里，不足供朝貢之費。先王優卹之，使以治民之功，託附所近大國上達，如顓臾須句于魯之類。曰不達於天子，言不自達，非遂不達也。同爲天子藩臣，非諸侯之陪臣也。附託於諸侯，非諸侯遂得臣之也。鄭玄謂諸侯如牧正師長及有德者乃有附庸，則是以附庸爲諸侯之私屬，五霸衰世之事，非先王之制也。《魯頌》云：「錫之山川，土田附庸。」《魯頌》亦非周公之舊，其不在山川土田之內，亦可知也。

《王制》：「天子三公，九卿，二十七大夫，八十一元士。」《周禮》止六卿。或曰三公即六卿之兼官也。《周官》又有三孤，即今師保傅。有太有少，加授無專官也，故不言位。受地，受田也。即王畿千里内地，分授爲食邑也。有功德出封于外，則歸其畿内地于天子，别授之。《王制》云：畿内百里之國九。即九卿之地，視外公侯者也。七十里之國二十七，即二十七大夫之地，視外之伯者也。五十里之國六十三，即八十一元士之地，視外子男者也。不足八十一者，士有中下不等。不能皆五十里，授田視外附庸也。視，猶比也。畿内臣比于外諸侯，尊王也。

《王制》：大國三卿，皆命于天子。次國三卿，二卿命于天子，一卿命于其君。小國二卿，皆命于其君。下大夫五人，上士二十七人，大國、次國、小國同也。庶人在官，未命爲士者也，如《周禮》府史胥徒之屬。藏圖籍曰府，治文書曰史。胥作諝，有才智者也。徒，衆役也。徒常十倍胥，胥爲什長，皆各官自辟用也。

大小國三等之禄，據耕者一夫百畝漸加而上，皆可知也。下士同庶人百畝，中士倍之二百畝，上士倍之四百畝，大夫倍之八百畝，卿四倍大夫三千二百畝，君十倍卿三萬二千畝，此公侯大國之數也。次國方七十里，其君伯亦十其卿禄。然七十里之入，君視公侯殺矣。故其卿視公侯之卿，亦不得不殺，三倍其大夫耳。自大夫以下，至庶人在官者，與大國同也。小國方五十里，其君子男，禄亦十其卿。然五十里之入，君視伯又殺矣。故其卿視伯之卿，亦不得不殺，二倍其大夫耳。自大夫以下，至庶人在官者，與次國同也。凡貴者加一倍，即是賤者減一倍。自下士百畝而上，四倍而至大夫八百畝，三等之國同也。自卿以上，次國卿田二千四百畝，其君田二萬四千畝。小國卿田一千六百畝，其君田一萬六千畝。皆以農田一夫百畝起例，上推之，大約如此。自卿以上，三等之國異者，卿禄已厚，次小國不殺，則地之入不足也。自大夫以下，三等之國同者，大夫禄漸薄，次小國又殺，則臣之養不贍也。

卿禄已厚，君禄必十之者，十爲全數，君實有國，故數據其全。大夫以下皆倍，而卿獨數倍于大夫者，卿爲君貳，禮絶群僚，故特加厚。蓋由小國卿二于其大夫，則次國地廣，不得不增爲三。次國既三，大國自不得不增爲四矣。大國三卿，命于天子。次國二卿，命于天子。比小國之卿命于其君者，亦宜加隆，因乎爵也。

下士與庶人在官者同禄，而庶人在官者之禄無定數。則自士以上，一切無據矣。耕者之所獲以下，申明下士與庶人在官所同之禄，皆如耕者之所獲而已。農人一夫授田百畝，下士初起田間，爲臣與庶人未遠，禄宜自百畝始。士爲庶人，家自受百畝。既爲臣，不得耕，即受田之數爲禄數。故曰耕者之所獲，一夫百畝。爵肇于下士，禄起于百畝，此詔禄之始。上而公卿大夫，皆以此爲基矣。「百畝之糞」

以下，乃明庶人在官者，與下士所同之禄。蓋庶人家自有百畝，身役于官不得耕，則量所役之勞佚繁簡，即以躬耕所獲之數給之食。多不過如上農，少亦不失爲下農，足使代耕而已。然下士言田禄，在官之庶人言食者，下士有爵，故給田以爲常禄，無五等之數。在官之庶人無爵無常禄，但量事給食耳，難定以百畝也。故曰庶人在官者以是爲差，不及下士也。或曰庶人在官既給食，下士既有禄，則所授一夫百畝之田宜還官。曰：否。庶人給食少者止五人，若遂奪其田，則八口反不足矣。下士禄止百畝，奪其田，何以别于民？下士與民未遠，豈以始仕而遽奪其民田乎？先王加惠士人，自宜倍于民。若爵崇禄厚者，歸民田可矣。

國以民爲基，以農爲本，故禄以農爲差。見先王貴不忘賤，仕不忘耕，造端託始之意。儒者謂封建井田相因，此也。貴者有五等之爵，賤者亦有五等之食。農無五等之食，則必有饑饉之患，而上無所養。仕無五等之爵，則必有廢事之憂，而下無所治。君子小人相須，故先王班爵禄，以民爲則也。

北宫錡，衛人姓名。班，序列也。品秩曰爵，奉養曰禄。害，猶妨也。籍，典籍。諸侯僭越，惡王章不便己也。人所立曰位。古位與立通。一者，截然不亂之意。同一位，爵同也。凡，總也，不一之辭。上士，士之長也。禄言地，地即田也。禄自田出。天子之制，即王畿也。制者，宰割之名。居重馭輕，制人而不制於人者也。受地，受食禄之地也。視，猶比也。視侯百里也，視伯七十里也。元，大也。天子之士稱元，别于諸侯之士也。視子男五十里也。大國，公侯之國。次國，伯也。小國，子男也。君十卿禄者，國中之禄皆君之禄，舉全數歸君，内以其十之一給卿。故國無大小，君禄皆十倍其卿，卿皆取君十分之一。而卿禄倍大夫多寡不同者，國有大小，君禄亦有多寡也。大夫以下，國無大小，禄多寡皆同。上士減大半，中士半上士，下士半中士。不言半言倍者，爵自卑而升，禄自薄而厚。上以下爲基，貴以賤爲始也。庶人在官，謂無爵位而供役于官，與服田之庶人異也。有田不得耕，給之禄以代耕也。代耕，兼下士與在官庶人言也。耕者之所獲，反明下士與在官庶人不得耕，則無獲也。一夫百畝，授民田之常法也。糞，治田也。田糞多，則肥美而入穀多，是爲上農。糞少，則土瘠，入穀少，是爲下農。食，養也。入多養人多，入少養人少。耕之所入有五等，庶人在官給禄亦有五等。耕入之等，視農之勤惰。代耕之等，視事之勞逸，故曰以是爲差也。

按古者封建，國多而君衆。國多則敵，君衆則争。争則小者詘，大者併。是以唐虞萬國，不得不變爲周之千八百，周不得不變爲春秋之十二，春秋不得不變爲七，七不得不併爲秦，秦不得不變爲郡縣，勢也。世運所趨，極則窮，窮則通，聖人不能違也。儒者謂封建不復，則治終不古。夫三代以封建興，春秋七國，不以封建亡乎？秦以郡縣亡，漢唐不以郡縣興乎？謂封建當復，漢唐復之而七國反。謂封建不當廢，漢唐至今廢之而天下治。謂封建爲公，周之子孫世禄世爵，而士如孔孟不得占尺土，豈盡公乎？謂郡縣爲私，懸天下伯牧守令，以待天下士，士明一經者，皆得占一郡一邑，豈得爲私乎？大抵爲政在人。有先王，則郡縣亦治。無先王，則封建亦亂。必曰不井田、不封建不可爲治，亦非識時勢、達治體之論。談井田封建莫如孟子，法先王莫如孟子。而孟子言井田，曰：此其大略也。言封建，曰：其詳不可得聞也。其意可知也。故曰爲政不因先王之道可謂智乎？知譬則巧也，惟智者能因。不智而因，非禮之禮也，大人弗爲。此章蓋記古明王一統，上下尊卑均和治平之業，非必責後世以封建也。

三

萬章問曰：「敢問友。」孟子曰：「不挾長，不挾貴，不挾兄弟而友。友也者，友其德也，不可以有挾也。孟獻子，百乘之家也。有友五人焉：樂正裘、牧仲，其三人則予忘之矣。獻子之與此五人者友也，無獻子之家者也。此五人者，亦有獻子之家，則不與之友矣。非惟百乘之家爲然也，雖小國之君亦有之。費秘惠公曰：『吾於子思，則師之矣。吾於顔般班，則友之矣。王順、長息，則事我者也。』非惟小國之君爲然也，雖大國之君亦有之。晉平公之於亥唐也，入云則入，坐云則坐，食云則食，雖疏平聲食嗣菜羹，未嘗不飽，蓋不敢不飽也，然終於此而已矣。弗與共天位也，弗與治天職也，弗與食天禄也，士之尊賢者也，非王公之尊賢也。舜尚見帝，帝館甥於貳室，亦饗舜，迭爲賓主，是天子而友匹夫也。用下敬上，謂之貴貴；用上敬下，謂之尊賢。貴貴尊賢，其義一也。」

此章教世主尊賢敬士之道。堯舜之仁，急親賢。未有不親賢取友而能進德脩業者。故所處愈尊，所需于友愈亟。賢如虞舜，乃爲天子友。以天下讓，乃爲天子友賢，如堯舜之相與，乃爲一德之交。

後世人主，烏足語此！

同心曰友。友者，親愛之名。挾者，有所恃而要脅，則其情不親。挾有三，而貴爲甚。故詳言古人不挾貴，至于天子友匹夫，如堯以天下與舜，亦惟其友德而不挾也。況諸侯以下，飲食晉接，交遊常禮，何足爲盛節而自矜乎？然終於此而已矣。通前一大轉，非獨譏晉平公耳。如以常禮，平公亦可矣。律以尊賢之實，必使賢者居位治職食禄，而後其道顯。天子能爵人禄，人故有天子之尊賢，有諸侯之尊賢，有大夫之尊賢，有士之尊賢。士即上中下士之士，位卑禄薄，不得專爵士，惟有交際饋養。然既仕，則與匹夫異，故謂士之尊賢。晉平公即使與賢者共禄位，猶是諸侯之尊賢。況今止飲食饋養，無異士耳。大夫亦能薦人於諸侯，惟天子然後能薦人於天。故位爲天位，職爲天職，禄爲天禄。天子能奉天，諸侯之禄位，亦天子予之。諸侯能薦人於天子，亦是天位天職天禄。但立言之意，以王公爲至。王公即天子也。士之尊賢一句，總結上大小國百乘之家，而綰轂于天子友匹夫，中間超諸侯大夫士，直下與匹夫友，所以爲尊賢之至也。文勢錯落。

舊解無獻子之家，謂五人忘獻子之家，故獻子與之友。文義不似，本謂獻子有心友貧士，乃見其不挾。大夫與大夫友，常耳。亦非謂但擇貧，不擇人也。五人自是賢者，正惟貧賤，所以愈欲友之。若賢而亦有百乘之家，何俟獻子乃與之友乎？

古之用人，論定而後官，任官而後爵，位定然後禄。所立曰位，所治曰職。居位乃治事，因事乃詔禄，故位先而禄後也。

千古尊賢，無如堯之于舜。舜與堯同德，而舜賤爲匹夫，故堯尊之與己同，而忘其勢與己異。所以爲友德，不挾貴之極也。舜上見於堯，堯亦就見舜于館。舜受堯養，堯亦時就舜之饗。堯賓舜，舜有時亦以堯爲賓。舜主堯，堯有時亦以舜爲主。見者饗者，主也。所見所饗者，賓也。上下交相敬，故末以貴貴尊賢義一結之。而説者顧謂堯未至，顛倒人倫如此，可謂對癡人説夢矣。

舊解館謂授館，非也。凡就見賓于館曰館。館甥，詣甥館，答尚見之禮也。《聘禮》「公館賓」，謂詣賓館也。《左傳·哀公七年》：子服景伯如齊，陳成子館賓。亦謂詣館也。猶軍伐其門而曰門。襄公二十五年，吴子遏伐楚，門于巢之類，是也。舜尚見帝，下敬上也。帝館甥，上敬下也。下文引證此意。

貴貴尊賢，即三達尊之意。世主惟貴人貴己，而不知尊賢。在賢者敬其君，亦不肯自賤，其義始兼盡，故云往役義也，往見不義也。所謂貴貴尊賢一也，惟賢者能盡之。較重尊賢邊，貴貴人皆知之矣。

挾之言夾也，兩物相兼曰挾。長，謂年長。貴，謂有爵。兄弟，謂世家勳戚兄弟皆顯者也。孟獻子，魯卿。孟孫氏，桓公之裔，三家之長也。五人，皆貧賤士也。獻子以卿大夫多兄弟，而與之爲友，所以爲不挾也。儻五人者富貴與獻子等，獻子亦不與爲友矣。惟其友五人之貧賤，正其不挾己之富貴也。費，小國。惠公、費君、顔般，亦士之賢者。師所尊也，友所敬也。事我，我役使之也。亥唐，晉隱士。平公造其門，唐言入乃入，言坐乃坐，言食乃食也。疏食，粗飯也。不敢不飽，敬賢者之饋也。終于此者，虚禮而已也。職，主事也。位、職、禄三者，皆天命有德者也。士無爵土，故尊賢止虚禮。王公代天，帝臣不蔽，故爵禄宜與賢士共也。王公，即天子也。衆所共尊曰公。漢《郊祀志》云「天子爲天下父，曰鉅公」是也，因引堯尊舜徵之。尚，上也。帝，即堯也。館甥，詣甥館也。甥即舜也。《禮》：妻父曰外舅。謂我舅者，吾謂之甥。饗舜，就饗舜之食也。迭爲賓主，謂舜尚見帝，饗帝之食，則舜爲賓，帝爲主也。帝詣舜館，亦饗舜食，則帝爲賓，舜爲主也。

《高士傳》云：亥唐，晉人也。高恪寡素，晉國憚之。雖蔬食菜羹，平公每爲欣飽。平公嘗與亥唐坐。有間，亥唐出，叔向入。平公伸一足，曰：「吾向時與亥子坐，腓痛足痺不敢伸。」叔向勃然作色不悦，公曰：「子欲貴乎？吾爵子。欲富乎？吾禄子。夫亥先生乃無欲也，吾非正坐無以養之。」

四

萬章曰：「敢問交際何心也？」孟子曰：「恭也。」曰：「卻（却同）之卻之爲不恭，何哉？」曰：「尊者賜之，曰：其所取之者義乎不義乎？而後受之。以是爲不恭，故弗卻也。」曰：「請無以辭卻之，以心卻之，曰：其取諸民之不義也，而以他辭無受，不可乎？」曰：「其交也以道，其接也以禮，斯孔子受之矣。」萬章曰：「今有御人於國門之外者，其交也以道，其餽也以禮，斯可受御與？」曰：「不可。《康誥》曰：『殺越人于貨，閔不畏死，凡民罔不譈懟。』是不待教而誅者也。殷受夏，周受殷，所不辭也。於今爲烈，如之何其受之？」曰：「今之諸侯取之於民也，猶御也。苟善其禮際矣，斯君子受之，敢問何說也？」曰：「子以爲有王者作，將比避今之諸侯而誅之乎？其教之不改而後誅之乎？夫謂非其有而取之者，盜也。充類至義之盡也。孔子之仕於魯也，魯人獵較角，孔子亦獵較。獵較猶可，而況受其賜乎？」曰：「然則孔子之仕也，非事道與？」曰：「事道也。」「事道，奚獵較也？」曰：「孔子先簿正祭器，不以四方之食供簿正。」曰：「奚不去也？」曰：「爲之兆也。兆足以行矣，而不行，而後去，是以未嘗有所終三年淹也。孔子有見行可之仕，有際可之仕，有公養之仕。於季桓子，見行可之仕也。於衛靈公，際可之仕也。於衛孝公，公養之仕也。」

此章見聖賢涉世中庸之道。舉孔子爲徵，即願學之意。孔子不爲已甚，無可無不可。其言曰：「鳥獸不可與同群，吾非斯人之徒與而誰與？」是以季桓子、衛靈公、衛孝公，皆中人以下之君臣。苟以禮來，無所不可。孟子處戰國，雖不見諸侯，而苟善其辭命至，未嘗不受其餽。故曰交以道，接以禮，斯孔子受之。三語一章斷案，辭受如是，去就亦如是。委曲于辭受者，正其委曲于去就也。如謂世主皆不可與，交際皆不可受，將絶人避世，如沮溺、陳仲子輩，豈聖賢與人爲善之心？

交際，謂往來交相接。孟子不見諸侯，又與通問餽，故萬章問此何心。孟子以恭答之，即前章上下交敬之意。卻之卻之，述拒者堅確之辭。退還曰卻，與却同。却之，猶言持還也。重言者，拒之疾而語亟也。猶水哉水哉，亟稱之辭，即萬章所謂辭卻也。恆情以爲倨傲，而萬章以爲士自處當然，更不與人情變通，孔子所謂鳥獸同群者耳。「所取者義乎，不義乎」，正卻之之本心，明顯諸言者也。尊者致敬盡禮來，而士明言不義，鄙其物，即輕其人，是謂不恭。故萬章又欲爲心卻，以揜不恭之跡。然既謂交際，畢竟何苦如此，故折衷于孔子也。交以道，非無處之餽。接以禮，非義不及物也。

論交際而言殷受夏、周受殷，猶論傳食諸侯，而云舜受堯之天下不以爲泰也。殺人于貨，殘賊之行，孟子意以桀紂當之，隱然指當世諸侯殘民之甚者。舉殷周含下文王者作意，湯武誅桀紂，所謂不待教也。取殘救民雪怨，故受天下而不辭。方以討罪爲功，豈可更受其貨乎？

謂非其有而取之者，盜也。就學問道德論，即殺一無罪非仁也，非其有而取之非義也之意。萬章執以律諸侯交際，畢竟待人自處略不同。君子學之自脩，精義入神，充不義之類，如爾汝皆穿窬，幾希分舜蹠，秋毫不苟，義之盡處也。交際何至于爾。以諸侯爲禦貨，即陳仲子以兄禄爲蹠樹之類也。

獵，追逐也。較，猶犯而不校之校，與角通，鬭也。田獵爭禽，事同攘奪，猶且因俗。況交際以禮來，恭敬相先，受之奚不可？

凡事始曰兆。恆情難與慮始。始作紛更，庸衆所憚。安常循習，人便樂從，故曰爲之兆也。當世人以孔子之道難行。若果難行而去，則我任其咎。若可行不行，咎在人。如是而後去，亦猶禦人之餽，終無受理矣，非絶人也。是以句爲孔子之去解釋。季桓子、衛靈公、孝公，非甚明良也。苟交道接禮，未嘗不留。其所以不終三年者，可行而人不行也。孔子嘗自謂：苟有用我者，三年有成。三年淹留未得，何能有成？

唐韋述云：禮，天之所生，地之所長。苟可薦者，莫不咸在。聖人知孝子之情深，而物類無限。故爲之節，使物有品，器有數，貴賤差降，不得相越。周制五食用六穀，膳用六牲，飲用六清，羞用百有二十品，珍用八物，醬用百有二十罋，而以四籩四豆，供祭祀。禮外之食，雖平生所嗜，非禮不薦。所惡是禮不去，故屈建命去祥祭之芰薦。今欲以甘旨肥膿，皆充于祭。苟踰舊制，其何極焉。雖籩豆有加，不能備也。按此語即不以四方之物，供簿正之意。

衛靈公、季桓子見《論語》。○衛孝公，史傳無之。孔子在衛，前當靈公，後當出公輒之世。朱子謂孝公即出公輒，近是。或云輒無父，不當謚孝。此衛人謂輒當立而私謚之也。子路死輒難，冉有、子貢疑夫子爲輒，皆以輒適孫，當繼祖。及輒死，而輒季父黔攻輒子自立，是爲悼公。故輒無謚，衛人私稱爲孝，以解拒父之失，非禮也。按《史》夫子以衛輒八年自陳蔡反衛，明年歸魯。與衛輒處者經年，此外别無所謂孝公者矣。

交際，往來問餽相接也。卻，退也。卻之卻之，所謂辭卻也。爲不恭何哉，猶言何爲其不恭也。尊者，指諸侯。凡上予稱賜。曰，代爲卻者言也。取之于民，義乎不義乎者，疑而嫌之之辭。心卻，謂不言而心不欲受也。曰其取諸民之不義，心口自語也。交以道，如宋薛有處之類。接以禮，如粟肉不拜之類。兩者兼得，孔子受之，言雖聖人不卻也。如儲子以幣交，有道而無禮也。齊王以萬鍾留有，禮而無道也。禦人，要奪人財貨也。國門之外，無人之處也。《康誥》，《周書》篇名。殺越人，殺人而顛越之也。于貨，取其財貨也。閔，《書》作暋，與昬通，無知貌。或云强也。譈，《書》作憝，怨也。教者，誨之使改也。惡極，故不待教。殷受夏，湯誅桀取夏也。周受殷，武王誅紂取殷也。誅其人受其有而不辭者，爲雪民怨，所以光烈至于今也。言此以明《康誥》「凡民罔不憝，不待教而誅」之義。如之何受之，謂禦人之餽不可受，以其爲凡民所怨也。今之諸侯，謂七王也。取民無制，亦爲凡民所怨也。王者作，如湯武也。比，併也。誅之，謂誅如桀紂也。教不改而後誅，與夏殷稍異也。充類，推廣不義之類。一毫苟取皆爲盜，則諸侯取民亦爲禦也，然君子于交際何至于爾。獵，田獵也。較，角通，争奪也。田獵較奪禽獸以祭，世俗所尚，孔子不違，重絶俗也。奪取猶可，而況人自以餽來，何爲不可受乎？事道，謂以事行道獵較之事，亦當以道易之也。簿，書也，方策之類。正祭器，書其所當用品物于簿。不在簿内者，非其正也。四方之食，山澤異品，如《周禮·廛人、賈師》所謂珍異之類也。供簿正，供簿内之正數也。正數所不周，雖争取無益，而獵較之俗將自止，此獵較爲道之事也。奚不去，言道不行則當去，不必委曲遷就也。兆，端緒也。當世人畏聖道難行，故不務紛更，而委曲善變，示人以易行之端也。可行而不行，其責在人，然後去也。有所，謂有處所也。淹，留也。無三年淹留之處，非孔子不留，人不用也。見行可，見以爲道可行也，冀望之辭。際可，交際僅可也。公養，公家養賢餽粟肉之類也。季桓子，季孫斯也。桓子時，孔子爲魯司寇攝相，故見道可行也。衛靈公，衛侯元也。孔子去魯居衛，先主顔讎由，後主蘧伯玉，即此時也。衛孝公，見前。三仕非大行，見聖人不爲已甚，以申明交際不卻、孔子受之之意。

五

孟子曰：「仕非爲貧也，而有時乎爲貧；娶妻非爲養也，而有時乎爲養。爲貧者，辭尊居卑，辭富居貧。辭尊居卑，辭富居貧，惡乎宜乎？抱（袍）關擊柝（托）。孔子嘗爲委（穢）吏矣，曰：『會（貴）計當（去聲）而已矣。』嘗爲乘（去聲）田矣，曰：『牛羊茁（拙）壯長（上聲）而已矣。』位卑而言高，罪也。立乎人之本朝而道不行，恥也。」

大道中庸，不爲苦貞。道不行而俯仰無措，苟有知己資一命之榮，雖非大行，而隨分自盡以功得食，亦即時中之道。因舉孔子爲徵，首言時，亦即所謂聖之時。受賜仕貧，皆舉孔子者，中庸之至德也。須知孔子交道接禮斯受，與伊尹非道非義不取正同。惟孔子無意必，所以爲時。貧而仕，祿不過升斗，尚不苟得，必敬事後食，所謂非道不取者，又何加焉。于其處卑貧也，何嘗無下惠之和。于其辭尊富也，何嘗非伯夷之清。于其盡職也，何嘗非伊尹之任。委吏乘田，與時偕行，無可無不可。舜禹當盛世，遇堯舜總百揆。孔子當亂世，家貧仕爲小吏，其心一也。泰山秋毫，道無大小，乃所以爲聖之時，非但爲貧仕者解釋耳。大抵道本人情，不近人情即非道。此章于人情愈近，而天理愈精。前一章言士與人之量，後二章言士守己之貞，此一章言時中之權，如此然後爲天下古今之善士。孟子自寓願學而道不行，故以齊王問卿終之。孟子不終爲齊卿，與孔子不終相魯，其遇同，其道同也。

仕非爲貧，爲行道也。有時爲貧，道不行而家貧也。猶娶妻非爲養，爲嗣代也。有時爲養，饔飧無主也。尊卑以位言，富貧以禄言。禄厚曰富，薄曰貧。位卑禄薄，則職易舉，故爲貧仕者所宜也。辭，謂得之亦不居也。惡乎宜乎，猶言何者爲可也。抱關，守關門者。擊柝，擊木巡夜者。委吏掌倉庾之吏。曰者，釋其義，即下文位卑而言之言也。會計，會合出入，計多寡之數也。當，無差也。乘田，苑囿之吏，掌養六畜者也。乘，謂馬牛之類。田，牧地也。茁，長貌。壯長，肥大也。位卑，則所言不出其位，故卑貧宜居也。苟立朝而道不行，反爲可恥，故尊富當辭也。言高，謂謀出位之上。本朝，謂己國君之朝。此章言士處窮之義，下章論人君養士之禮。曰會計，曰牛羊，兩曰字，推聖人素位之心。而已矣者，其職止此也。各盡其職，無求于外，亦無歉于内。下文罪與恥，本此申言之。惟不求于職外，故無出位之罪。惟處卑行其職，故居高不得行爲恥。

抱與掊通，亦擊也。通作枹，與桴同，擊鼓棒也。棒亦作棓。横木持門曰關。抱關即是擊柝，本一職也。兩木曰柝，通作剫，斫也。《爾雅》：「木謂之剫。」《春秋傳》：「山有木，工則剫之。」謂判兩木夾門，爲機相擊，以警夜也。《易》云：「重門擊柝。」《春秋》：「魯擊柝聞于邾。」《漢儀》：城門擊刀斗，周廬擊柝。字或作欜。《周禮·挈壺氏》：凡軍事懸壺聚欜。通作橐，杵聲。《詩》云：椓之橐橐。擊柝，即抱關也。今人守門者執棒，亦抱關也。

《周禮·遺人》：掌邦之委積，以待施惠。鄉里之委積，以恤民之囏阨。門關之委積，以養老孤。

郊里之委積，以待賓客。野鄙之委積，以待羈旅。縣都之委積，以待凶荒。凡賓客會同，掌其道路之委積。凡國野之道，十里有廬，廬有飲食。三十里有宿，宿有路室，路室有委。五十里有市，市有候館，候館有積。

六

萬章曰：「士之不託諸侯，何也？」孟子曰：「不敢也。諸侯失國而後託於諸侯，禮也。士之託於諸侯，非禮也。」萬章曰：「君餽之粟，則受之乎？」曰：「受之。」「受之何義也？」曰：「君之於氓萌也，固周之。」曰：「周之則受，賜之則不受，何也？」曰：「不敢也。」曰：「敢問其不敢何也？」曰：「抱關擊柝者，皆有常職以食嗣於上，無常職而賜於上者，以爲不恭也。」曰：「君餽之則受之，不識可常繼乎？」曰：「繆木公之於子思也，亟問，亟餽鼎肉。子思不悦。於卒也句，標表平聲使者出諸大門之外，北面稽啓首再拜而不受，曰：『今而後知君之犬馬畜旭伋。』蓋自是臺無餽也。悦賢不能舉，又不能養也，可謂悦賢乎？」曰：「敢問國君欲養君子，如何斯可謂養矣？」曰：「以君命將之，再拜稽首而受。其後廩人繼粟，庖人繼肉，不以君命將之。子思以爲鼎肉使己僕僕爾亟拜也，非養君子之道也。堯之於舜也，使其子九男事之，二女女去聲焉，百官牛羊倉廩備，以養舜於畎畝之中，後舉而加諸上位，故曰：『王公之尊賢者也。』」

前章論士處窮，此章論君養士，與下章不見諸侯，皆言士不臣之節。以民自處，不肯比于臣。固其分不敢僭，實是義不可屈。諸侯以臣禮屈之，所以託賜不受，問餽亟拜不屑也。蓋君子擇君而後事，見可而後進，爲臣而後受禄。未卜其君，豈肯輕自附託而受其賜？輕託受賜，即是爲之臣矣。故寧退處于民，而不敢比于臣。然士雖不受禄，君自當善養士。一切侍御飲食居處，利用安身，以崇其德，使優游樂道于畎畝。有謀則就受教而學，然後論官而爵，位定而禄，士始願立于其朝矣。如舜之于堯，乃爲尊養之極。

孟子傳食于諸侯，而云不託，何也？傳食者，不合輒去。託則棲棲依附，惟恐不收。小人懷惠乞憐，如齊王養士稷門，四豪食客千人，皆無事豢養以要名。而士假此棲身，當世習尚如此。孟子去齊，齊王欲以萬鍾養其弟子，中國授室，亦欲孟子託己也。鳳皇豈與雞鶩共食，所以不可。若傳食，不過問餽廩粟庖肉，交際之類耳。齊王留孟子有師命，孟子不受禄，示不苟臣也。臣則必受教乃可。其不能無交際者，接引之權。其不苟棲託者，自重之義。君子未有不自重，而能使人重者。所以未嘗不欲仕，而終不苟仕也。

託，寄也，依也。寄旅依人館穀曰託，不獨失國之諸侯。然託于諸侯，惟諸侯乃可。古諸侯失國，亡在他邦曰寄公。寄，即託也。如魯昭公依託齊晉之類。士雖在他國，不肯仰託于君，以道自重也。雖是不敢比于諸侯，實是不肯苟且因人。有子云「因不失其親，亦可宗」，此也。餽、饋同。餉遺曰餽。氓、甿同，流民曰甿，亦謂在他國者也，説見《公孫丑》上篇。賑贍曰周，賞賚曰賜。執事曰職。以事食人曰食，一作飤。周無常數，君所以待民也。賜有常數，君所以待臣也。食有常數，臣所以受養于君也。惟餽無常數，主賓所以相交際也。周者，周其乏。無禄，故隨宜周之。有禄，則如數賜之。獻上曰貢，予下曰賜。賜則君以例頒之，食則臣以身就之。周則有司興發之，餽則君使人將送之。周士與周氓異，周士即餽也。士雖異凡氓，而未爲臣與氓同。以氓冒臣禮，故曰不恭。雖云不敢，實不肯輕食其禄也。鼎肉，肉烹于鼎者。《儀禮》有飪鼎，熟肉也。有腥鼎，生肉也。亟，數也。亟問，繆公使人問也。亟餽，即問來餽也。子思不悦，不悦以使命煩已拜也。於卒，于末後來餽也。摽，麾也。北面，向君也。稽首，叩頭也。伋，子思名。犬馬，言養而不敬也。臺，賤卒也。自此之後，臺遂不復來餽，繆公愠也。既摽使而又拜，猶望君悟也。繆公卒不悟，始亟而終遂絶，皆不能養也。廩人職粟者，庖人職肉者。君之有司自致于賢者之左右，相續不乏。不必屢稱君命，煩賢者下拜也。僕僕，煩瑣貌，臣拜君賜禮也。士受君餽亦必拜，但君既重其賢，則不可以亟拜褻之。廩庖繼粟繼肉，此孟子以義起之禮。賢君尊賢，自能多方曲體，非必定執此爲禮也。大抵士不敢廢禮，君自不欲屈士。士不苟受君禄，君務委曲養士，諒其所可受，勿犯其所必辭，是在人主而已。苟真有悦賢之心，何憂不善養？能善養，何患賢者不仕？堯養舜，見《萬章》上篇。上位，謂登庸爲相也。王公，見問友章。

臺，一作儓，俗謂傭賤者曰儓，通作佁，癡貌。《春秋傳》云：「王臣公，公臣大夫，大夫臣士，士臣皂，皂臣輿，輿臣隸，隸臣寮，寮臣僕，僕臣臺。」

七

萬章曰：「敢問不見諸侯，何義也？」孟子曰：「在國曰市井之臣，在野曰草莽之臣，皆謂庶人。庶人不傳質音志，贄同為臣，不敢見於諸侯，禮也。」萬章曰：「庶人召之役，則往役，君欲見之，召之則不往見之，何也？」曰：「往役，義也。往見，不義也。且君之欲見之也，何為也哉？」曰：「為其多聞也，為其賢也。」曰：「為其多聞也，則天子不召師，而況諸侯乎？為其賢也，則吾未聞欲見賢而召之也。繆公亟見於子思，曰：『古千乘之國以友士，何如？』子思不悅，曰：『古之人有言曰，事之云乎，豈曰友之云乎！』子思之不悅也，豈不曰：『以位，則子君也，我臣也，何敢與君友也？以德，則子事我者也，奚可以與我友？』千乘之君，求與之友而不可得也，而況可召與？齊景公田，招虞人以旌，不至，將殺之。志士不忘在溝壑，勇士不忘喪其元，孔子奚取焉？取非其招不往也。」曰：「敢問招虞人何以？」曰：「以皮冠。庶人以旃氈，士以旂其，大夫以旌。以大夫之招招虞人，虞人死不敢往；以士之招招庶人，庶人豈敢往哉？況乎以不賢人之招招賢人乎？欲見賢人而不以其道，猶欲其入而閉之門也。夫義，路也。禮，門也。惟君子能由是路，出入是門也。《詩》云：『周道如底止，其直如矢。君子所履，小人所視上聲。』」萬章曰：「孔子，君命召，不俟駕而行，然則孔子非與？」曰：「孔子當仕，有官職，而以其官召之也。」

士見君，爲行道耳。君重士，所以重道。大有爲之君，必有所不召之臣。如有不召臣之君，則賢者豈不樂見之。君不敬士，士所以寧甘爲庶人爲氓，不願見爲之臣也。上章論不受賜，則自處于氓。此章論不往召，則自處于庶人。雖不敢以臣自僭，實不欲以官自縻。世主之勢，可以加受職之臣，而不可以屈不仕之士。故士寧以庶人供上之役，而必不肯以士往君之召，總揆于義禮之當耳。孔子進以禮，退以義，所以爲聖之時。禮主莊嚴以自守也，義主化裁以制宜也。謂士不欲仕，則何以交際受餽？謂士欲仕，則何以不見諸侯。此可以知禮義矣。禮閑出入，而義通往來。故禮曰門，義曰路。不見諸侯，禮所以自防。而有可往，有不可往。義所以協，宜如士不託於諸侯禮也。而餽則受，賜則不受，義也。國君養賢，禮也。以君命將，不以君命繼，義也。士拜君餽，禮也。始至則拜，鼎肉數至則否，義也。故庶人不爲臣，不見諸侯，禮也。役則往，而見則不往，義也。君召以物以名，禮也。非其召不往，義也。既爲臣，不敢不見，禮也。未爲臣，不苟見，義也。義有千變，其趨異轍。門惟一室，其歸本同。故曰君子義以爲質，禮以行之。守經必以禮，而通變必以義。不知義，則禮爲拘。不知禮，則義爲隨。

故記曰：義者，禮之實也。協諸義而協，雖先王未之，有可以義起也。故曰非禮之禮，非義之義，大人弗爲。禮義者，君子所以爲時中也。士惟由義以出入禮門，則無適不中矣。

賢與多聞總是一人。賢者博通古今治亂興廢之故，因革損益之宜。天子諮訪而治，故謂之師。有大識見者，自有大涵養、大設施。致君澤民，功業名世。過人即賢，非兩人也。

引繆公子思一段，明士不可召。引齊景公虞人一段，明士必不往召。子君我臣，禮也。爲師非友，義也。君召各以其物，禮也。非其物不往，義也。士君子可否從違，一切向禮義上認取。所以謂之由是路，出入是門也。○招虞人歷數至大夫者，見名物相去之遠也。士以旂，謂士之已仕者也。不賢人之召，即欲見而招之也。呼人以手曰招。賢人之招，謂禮聘之，就見之也，即是見賢人以道。有禮則以道，無禮則不以道。士以禮自防，而君以非禮召之，欲賢人由此來見，由非其路，即閉其出入之門也。義路，謂往來通利，行無違礙。非此則履錯而他適，入門無由也。禮門，謂防護周密，啓閉以時。非此則蕩然無扃鑰，悠悠行路，無歸宿矣。須知此門即在路頭，此路即在門前。君子無適無莫，總之不違于禮。禮惟中正，義惟時宜。俱重士不見諸侯邊。引《詩》獨徵路者，門一定，路多歧也。平如砥，直如矢，所謂行天下之大道也。惟君子能之。小人，指游士干謁輩，當以君子爲法。君子履坦途，而小人多邪徑。末引孔子爲臣應召，明士不應召，由不爲臣也。

在國，居國中也。市井，街市井里。道謂之井，説見《滕文公》下篇。在野，居郊外也。草深曰莽，草色莽蒼。《莊子》云「適莽蒼者，三餐而返」，謂郊外也。草野之士鹵莽，故曰草莽。臣云市井草莽，别于在朝之臣也。庶，衆也。傳，猶通也。質，贄同，執以求通也。庶人執鶩目，士執雉，大夫執鴈，卿執羔。詳《滕文公》下篇。役，赴公家之役。田，獵獸于田。召虞人以旌，持旌爲信以招之也。皮冠韋弁，戎服之冠也。旃，一作旜。《周禮》：「通帛爲旜。」以召庶人，象其素也。士，已仕者也。畫龍曰旂。以召士，象其變也。析羽曰旌，分析鳥羽而垂注于竿首，猶今之旄節無帛者，以召大夫，象其直也。士之召，即旂也。士已仕爲臣，庶人未爲臣也。不賢人之召，謂不就見而召以臣也。不以道，謂不能尊德樂義而屈以勢也。《詩》，《小雅·大東》之篇。周道，大道也。底，《詩》作砥，磨石，言平也。履，行也。視，效法也。當仕，謂當仕時也。受職曰官。以其官召，言既傳質爲臣，非召師召賢也。

市井，市中之道四達如井。于井路輳集處爲市，以便交易也。城曰市，鄉曰井。○庶人之贄以鶩。禮書云「可畜而不散遷者鶩也」，故庶人執之。可畜而不違時者，雞也，故工商執之。鶩即鴨也。《曲禮》作匹，疋同，古雅字，通作鴉，轉作鴨。群畜于家而不能高飛，故庶人以爲贄。孟子云：「力不能勝匹雛」，言不勝一鴨鶵也。○皮冠即韋弁。《周禮·春官·司服》云：凡兵事韋弁服，眡朝皮弁服。皮弁有采玉爲飾，韋弁尚質。兵事，謂田獵講武之類。故用以招虞人。○《左傳》：齊侯田，招虞人以弓。不進，辭曰：「昔我先君之田也，旃以招大夫，弓以招士。」逸《詩》云「翹翹車乘，招我以弓」，謂招士亦以弓也，與《孟子》異。○《周禮·春官·司常》：掌九旂之物名。日月爲常，交龍爲旂，通帛爲旜，雜帛爲物，熊虎爲旗，鳥隼爲旟，龜蛇爲旐，全羽爲旞，析羽爲旌。國有大閲，王建大常，諸侯建旂，孤卿建旜，大夫士建物，師都建旗，州里建旟，縣鄙建旐，道車載旞，斿車載旌，皆畫其象。官府各象其事，州里各象其名，家各象其號常者，日月常明也。旂，倚也，兩龍相倚也。旜、旃通，戰也，垂不動貌。公孤所建，象無爲也。旗，期也，軍將所建，與衆期于下也。旟，譽也，軍吏所建。急疾趨事，則有稱譽也。旐，兆也，建之于後，審察形兆也。旞，順遂也。旌，精采也。天子旌旂高九仞，十二旒，曳地。諸侯七仞，九旒，齊軫。卿大夫五仞，七旒，齊較。士三仞，五旒，齊首。

八

孟子謂萬章曰：「一鄉之善士斯友一鄉之善士，一國之善士斯友一國之善士，天下之善士斯友天下之善士。以友天下之善士爲未足，又尚論古之人。頌其詩，讀其書，不知其人，可乎？是以論其世也。是尚友也。」

此章意主好善，與子路人告之以有過章參看。士苟好善，其識遠而志大，心虛而量廣。隨其器宇，而定其品格。果是一鄉之善士，即能友一鄉之善士。果是一國之善士，即能友一國之善士。果是天下之善士，即能友天下之善士。又進而爲千古之善士，即能友千古之善士。因其所受，以知其量。天下古今，惟善無窮盡，惟爲善無止足，惟好善之心無遠近新故。由鄉國天下推至上古，心苟虛受，百世如在。少自滿足，雖巷有君子，且莫遇之而交臂失之，甚者娼嫉之矣。友者，親愛之名。同道曰友，因心曰友。

友善即是好善。所謂人之有技，若己有之。人之彦聖，其心好之，不啻若自其口出也。生同世，則聲應氣求。生不同世，則心一道同。《詩》《書》所載，芳規懿行，皆可以精神冥接，合天下古今之善通爲一心，謂之千古之善士可也。

萬二千五百家爲鄉。大國三鄉。士能容蓄一鄉之善，即是合一鄉以成其身。苟非襟度冲虚，安能翕受無遺？即念慮上分别公私大小，士有志好善，皆能盡友天下古今。非必如朱註云「善能蓋之然後能友之」也。友亦非人人納交，盡一鄉之善言善行，皆在茹納中，即是友之。國與天下，愈推愈廣，極言好善之無窮極耳。尚、上同。尚論古人，不越載籍，而《詩》《書》爲要。其言語性情徵于《詩》，其行事功業著于《書》。然《詩》《書》糟魄也，精神非糟魄，而糟魄中有精神。《書》《詩》非古人，而因《詩》《書》可見古人。若守糟魄而不得其精神，是徒泥《詩》《書》而不知古人也，可乎？論世知人，即《詩》《書》所言神遊古人之地。較量體驗，如親承謦欬，冥識其丰采，而洞悉其底裏者，故曰知其人。頌、誦通，頌，容也。誦詩從容曰頌。尚友，謂上與古人爲友。

九

齊宣王問卿，孟子曰：「王何卿之問也？」王曰：「卿不同乎？」曰：「不同。有貴戚之卿，有異姓之卿。」王曰：「請問貴戚之卿。」曰：「君有大過則諫，反覆之而不聽則易位。」王勃然變乎色。曰：「王勿異也！王問臣，臣不敢不以正對。」王色定，然後請問異姓之卿。曰：「君有過則諫，反覆之而不聽則去。」

與庸主言，不切直不足以怵惕其心。庸主不知道義，惟禍患足以聳動之。遊士談利害，變詐無稽。君子據禮陳利害，使人主悚然起敬，所謂大人格心，主雖驕必懼也。貴戚之卿亦不同。如魯三桓、衛孫甯、宋華向，皆累世專政，視其君如贅旒。放逐由己，可謂橫矣。顧其君本皆不善，而後其臣陵轢之。故曰家之本在身，爲政不難。不得罪于巨室，無法家拂士者，國恒亡，是在人主而已。齊先貴戚，有如欒高陳鮑輩，皆世卿。而陳氏屢弑其君，遂移姜祚。宣王即世，卿之裔也。故孟子據事引春秋大義，正言以對，利害安危之幾凜然。蓋論卿，姑不論人，而但論名位權力如此。其君苟納諫，其人苟賢，則爲伊尹。其君不納諫，其人不賢，則爲莽操惟其君耳。故爲政在人，取人以身。用人不可不慎，君德不可不脩。大權不可假，世官不可任。言約而旨遠，所以使王勃然變色也。或謂孟子此言，開篡弑之端。夫苟易位而開篡弑之端，湯放桀、武王誅紂先之矣。今不患人主爲桀紂，而但患人臣爲湯武，誤也。君不求自爲明主，而惟憂臣爲亂賊，左也。天立君爲社稷生靈主，而自作孽，則社稷生靈爲重。大國之卿受命于天子，其貴戚受顧託于先君，以天子之命行廢置，以先君之靈易樹子，亦義所得爲也。故曰民爲重，社稷次之，君爲輕。諸侯危社稷，則變置，非獨告宣王云爾。昔者紂之將亡也，箕子、比干有此志而不克。牧野之事，武王所以酬三仁也。蓋使天下古今無此一途，則殘賊之禍何所懲；有此一途，則强臣借爲口實。故曰有伊尹之志則可，無伊尹之志則篡，至哉言矣！

卿者，章也，章善明理也。又卿，嚮也，人所歸嚮也。《傳》曰：卿者君之貳。古者天子六卿，諸侯三卿，小國二卿。貴戚，謂先世勳貴親戚，《詩》《書》所稱諸父諸舅皆是，不獨君同姓耳。異姓之卿與君非親故，拔自士庶，如孔子爲魯司寇、孟子爲齊卿類，故有可去之義。世官世禄，義無容去也。君有大過，謂危及宗社，如桀紂之行。小過有言責者當諫，大臣不足諫也，事至元老諫，是不得已。反覆諫，是十分不得已。易位，是萬分不得已。蓋使責可諉則聽之，情可絶則逃之。今辭既不得，去又不可，惟有易其不賢，立其賢者，此惟貴戚之卿爲然。故人主枚卜以求之，蓍蔡以信之，師保以事之。諫行言聽，不敢縱欲敗度，賴有此臣耳。王勃然變色，疑易位爲甚也。正對，猶直對也。大抵衰世之卿非古矣，承顔順首，貪位固寵。故曰今之大夫，今之諸侯之罪人。逢君之惡，焉能諫？諫且不能，況于反覆。反覆不能，安敢言易位？此君所以日驕，臣所以日諂也。言貴戚易位，以媿當世爲卿者，言不聽則去，以自況也。時孟子爲卿于齊，雖不受禄而有師命，故盡言如此。反覆之諫，明示以去志矣。

《周禮》六卿，冢宰、司徒、宗伯、司馬、司寇、司空也。諸侯三卿，兼官也。司徒兼冢宰，司馬兼春官，司空兼司寇。

孟子説解卷十終

孟子説解卷十一

郝敬 解

告子章句上

一

告子曰：「性，猶杞起柳也。義，猶桮棬圈也。以人性爲仁義，猶以杞柳爲桮棬。」孟子曰：「子能順杞柳之性而以爲桮棬乎？將戕墻賊杞柳而後以爲桮棬也？如將戕賊杞柳而以爲桮棬，則亦將戕賊人以爲仁義與？率天下之人而禍仁義者，必子之言夫！」

性不可以形象言，尤不可離形象言。在人爲性，在天爲命。命即天之性，性即人之命，一也。子思曰：天命之謂性。人物化生于天地間，莫非命，則莫不有性。天下無往非命，即無往非性。《中庸》謂能盡其性，則能盡人盡物，贊化育，參天地，故天下莫大于性。性難名。孔子謂成之者性，繼之者善，故天下亦莫大于善。《易》稱元善。元，大也。元者，善之長也。天繼此于人，人成此爲性，此性善之説之所由來也。性者，生理也。生生爲仁，即元善也。元者，亨利貞之始。善者，美大聖神之始。仁者，義禮智之始。所謂性善也，推其原即天命。故曰知其性，則知天矣。兩間時行物生孰非命，兩間道德經綸孰非性？性通極于命，命繼成于性。以此思性，性可知。以此思善，善可知，此性之大全也。告子論性，衹見形骸肢體之小，故曰食色性。是以有仁内義外之病，衹見知覺運動之氣，故曰生之謂性。是以有犬牛同人之病，衹守混沌冥頑之心爲性，故曰猶杞柳、猶湍水，故有戕賊搏激之病。大抵無善無不善一語，是其底藴。蓋其學不以得勿求爲主，道以不動心爲宗，視性惟軀殼内，欲如槁木死灰，斷絶思慮見聞，守鶻突無分曉之頑虚，以爲本來。不識聖人下學而上達之綱領，寂然不動感而遂通之全體也。惟學主無求，故偏執自信，難與盡言，孟子各隨所言折之。至于性善本旨，答公都子以下諸章備矣。

仁義，是聖賢學問根本。告子妄意詆毁，謂性本無仁義，由人爲乃有。孟子即一爲字折之。孟子非不爲，但云以利爲本。知皆擴而充之，如火之始然，泉之始達，充之足以保四海，是爲之以無爲也。若杞柳爲桮棬，必刀鋸斧斤，矯强造作，桮棬成而杞柳死矣。仁義爲人生理，仁義成而性始盡，豈可相比。必如告子之言，是性本不仁義，粧飾爲惻隱羞惡也，豈不悖乎？

孟子言仁義即是人性，故曰我固有之，非由外鑠。告子反其説，謂人性原無仁義，即所謂性無善無不善，亦非如孫卿直謂性爲惡也。告子未言性惡，但言仁義因爲有。則不仁不義，亦因爲有。性但空虚無物，即今禪學。孟子言性萬物皆備，全體四德，上下一貫，顯微無間。如天生材木，本供器用。

天予人性原，是曲成之具。大本即達道，盡人盡物，方是盡性存乎爲之耳。告子屏仁義爲性外，養性者不可爲仁義，猶養杞柳者勿以爲桮棬，桮棬成則杞柳亡，仁義成則人性亡，是禁人爲仁義也。夫材美不用爲棄材，人性不爲仁義，暴棄甚矣。説者謂性即仁義，無待于爲。不知告子之謬不在爲，而在使人不爲。孟子因言窮其害。子能順四語，非設難，是告子本意。謂爲桮棬不得順杞柳，爲仁義必戕賊人性。探其意詰之，以明仁義實非賊性而辯其失喻也。既以仁義爲賊性，是教天下人勿爲仁義也。既以仁義戕賊不爲，則必至不仁不義，大亂起而人類滅，禍可勝言乎？禍仁義，言爲仁義之禍。禍不指戕賊，爲仁義亦自不至戕賊，禍莫大于不爲仁義也。時楊墨行，功利熾，仁義充塞，所恃天理在人。孟子道性善，言仁義。而告子反爲此説，與于不仁之甚者也，非率天下而禍仁義與？無仁義，則世教滅，故仁義爲七篇要領。告子之謬，此章爲最。孟子與告子辯，此爲第一義。所謂生于其心，害于其政者也。

杞柳桮棬，假若自孟子口中出，亦未嘗不是。而告子立言本意，教天下人勿爲仁義，謬甚矣。蓋其學以無求爲不動心，以枯寂爲性。但涉有爲，即害性。孟子論性，合内外顯微，通才情而言。故雖以舜之勤勞，亦是無爲。禹之排決，亦是無事。事理非二。如杞柳材木，斲之削之，編之揉之，以爲箕爲笥爲桮棬。用不枉其材，不失其曲直之性。成器利用，皆謂之順。非以木爲金，以從繩者而從範也，焉得爲戕賊？且如爲仁何嘗不殺身，爲義何嘗不舍生，終不失爲仁義。禹何嘗不鑿，不失爲無事。人性千變萬化，由仁義行。有爲之而無爲者，有無所爲而爲之者。有戕賊而實順之者，有順之而反戕賊者。卒未可與告子言，略就所言折之云爾。後章倣此。

告子栝棬喻義，不及仁，何也？告子所疾尤在義。凡在外者，一切勿求，以爲不動心之捷法。仁主于愛，猶謂在我。義主于宜，見爲葛藤紛擾，勿使亂性，防之尤急，所以爲義外之學。

自此至第四章有次第。告子首言杞柳，喻人性本無善，由爲乃有善。次言湍水，喻人性亦無不善，由爲乃有不善。三言性渾然一片生氣，都無分別。四言食色性有分别。由仁義生内外，故爲義外之説。其底本惟性無善無不善而已。故孟子首言仁義順性；次言有不善非人性；三言性善雖同，知愚靈蠢自分；四明仁義合内外之道，而卒不詳言性善之旨。詳在答公都子以下數章。

杞柳二木性柔，可爲桮盂。棬、圈同。屈其木爲桮胎也。以人性爲仁義，言性本無仁義，必待作爲也。猶以杞柳爲栝棬，言人不當爲仁義也。以杞柳爲栝棬，矯揉戕害而後成。以性爲仁義，亦由是也。不知爲栝棬則戕賊杞柳，爲仁義但率性，何可同也？戕，殺也。賊，害也。〇舊云：杞柳，蒲柳，即楊也。《爾雅》云：「楊，蒲柳。」註云：「可以爲箭。」《春秋傳》云「董澤之蒲」是也。枝垂者曰柳，揚起者曰楊。其條柔，可編爲箕斗之類，與杞異。郭璞《上林賦》注云：梗，即杞也。《春秋傳》云：「杞梓皮革，自楚往也。」《孔叢子》云：「杞梓連抱。」《詩》云：「毋折我樹杞。」又云：「南山有杞。」蓋喬木。《詩》云：「陟彼北山，言采其杞。」則蔬菜之枸杞小叢也，與杞柳異。

二

告子曰：「性猶湍團水也，決諸東方則東流，決諸西方則西流。人性之無分於善不善也，猶水之無分於東西也。」孟子曰：「水信無分於東西，無分於上下乎？人性之善也，猶水之就下也。人無有不善，水無有不下。今夫水，搏而躍之，可使過顙；激而行之，可使在山；是豈水之性哉？其勢則然也。人之可使爲不善，其性亦猶是也。」

湍水之喻，亦杞柳意。所謂性無善無不善，在人爲耳。孟子謂爲則在于爲，就中有無爲之性。如乍見赤子入井怵惕，受呼蹴之食不屑，皆天幾自然。若性本不善，怵惕羞惡從何來？如水非性本下，雖東西決之，豈肯往乎？人無惻隱羞惡，由轉念矯揉害之，非性也。或云：見美色貨利心動，非不善乎？曰：所動雖欲，能動即惻隱。無惻隱，即同木石，見可欲亦不動矣。初動天理，轉念乃私欲。私欲動，亦自有羞惡是非之心在，便是性善。凡論性者，觀其大原，不當論其一曲。如世無不東流之水，偶一曲不足病東流。人疑性未必善，以世間實有不善人，人常有不善事。不觀天命本然，焉識性善全體？性體至大，其用至神。不在形體情念區别，兼神化、妙有無而言者也。故一元也，包亨利貞乃爲元。一仁也，包義禮智乃爲仁。一中也，包天地萬物乃爲中。一性也，包隱微見顯乃爲性。一至善也，包家國天下身心意知乃爲至善。故天地肅殺，不傷好生。人心哀怒，不妨中和。未發之中，不離已發。

雖不中節，而中未嘗死。若中死，則發亦不能矣。善惡同出大虛，形色皆是天性。人欲莫非天理，己克便是禮復。雖放僻邪侈，性現則群妄冰消。如水千迴百折，一往趨下。若但以一念一事之差爲惡，不通性命之全體，如告子、荀卿一曲之説也。憤世嫉俗，見天下善人少，遂謂善待于爲。見天下惡人多，遂謂性本惡。告子亦欲人爲善，荀卿亦欲人去惡。顧其持論偏枯，反以害道。惟聖賢言語平實，孔子言性相近，習相遠，孟子言順則善，逆則有不善。故曰天下之言性也，則故而已矣。故者以利爲本。釋氏明心見性，蹈襲此旨，告子、荀卿不如也。

湍水，水之團聚停蓄不流者。水本動盪之物，勢不能久停。此便是告子自己胸中强持揑扤之象，欲造無善無不善之地者也，故以擬性。聖人見道如川流，曰逝者如斯夫，不舍晝夜，率性之謂也。何至壅泉障川，使如湍水乎？

善者，生生之良，天命之本體。凡含生氣，無有不善。若不善，何能生生？由此推之，虎狼蛇蝎，性亦善也。其毒螫是其習氣，况于人乎？説詳《論語》性相近章。今人但看未發時氣象便知性善。未發不擇喧寂，不睹不聞，正于睹聞時會。

湍、圝通，與團同，水旋轉不流者也。搏，擊也。躍，跳也。顙，額也。激，壅急也。

三

告子曰：「生之謂性。」孟子曰：「生之謂性也，猶白之謂白與？」曰：「然。」「白羽之白也，猶白雪之白；白雪之白，猶白玉之白與？」曰：「然。」「然則犬之性猶牛之性，牛之性猶人之性與？」

人與物之生，同命于天，而不無靈蠢偏全之殊。人與人同出于命，而亦有賢智愚不肖之等。蓋性不能無習，而習有善惡。性不能離氣，而氣有清濁。性不能外故，而故有利鑿。性根極于命，而命有豐嗇也。性統于善，善原于一。一不能不散爲萬，天不能不離爲人。聖人言性必言習，此也。天下理一而分殊，一致而百慮。是以聖人因性牖民，脩道設教，以左右民。設爲名分等級、大小隆殺，以節文其差而條理其亂，使各安其居，便其性。不强民以所不欲，不責人以所不能。補敝救偏，損多益寡，範圍不過曲成不遺之道也。故論其同，乾坤爲大父母，而民吾同胞，物吾與也，仁所以統其同也。辨其異，剛柔異質，宫羽異調，八方異俗，五行異氣，一人之身，手行足持不相襲，而況萬有之林林然者乎？義所以辨其宜也。告子不知仁義，外義勿求，以强制爲不動，以無善無不善爲性，則其所謂生之謂性者，悶悶守其混沌之心而已。凡草木出土曰生。生者，萬物之始，無所爲而爲也。生理含于心爲性。性从心、从生，文字義理其來已久，非告子之臆説。但告子外義，則視生之性爲現成，而不復求諸事理物宜。偏上遺下，清虚無爲，以求齊物。與楊朱之恣縱，佛老之荒唐等，將使世道紛挐厖雜，無復區別，人類同于禽獸也，不得不辨。

天下無不同之性，故孟子亦云同類者舉相似。生同類，則性同。生不同類，則性豈無等。告子但言生耳，是混同也。故孟子以白之謂白，譬而詰之。告子亟然之，其蔽可知。蓋其學主不動心，其不動心主勿求。當下即性，揀擇即非。猶佛氏黄花皆般若，狗子有佛性之意。四生六道，一切平等。但有計較分别，即障本性。故其詩云：光明寂照徧恒沙，萬象含靈總一家。即生之謂性也。又云：一念不生全體現，六根纔動被雲遮。即勿求不動心也。又云：斷除妄想重增病，趣向真如亦是邪。即性無善無不善也。又云：隨順世緣無罣礙，涅槃生死等空華。即白之謂白，犬牛與人平等無二也。謂法界衆生，普含佛性，更無差别，解脱頓悟爲上乘。世間名法規矩，一切蕩滅，所以人類同于禽獸也。時佛教未興，告子始作俑。而孟子深燭其蔽，如神醫察病，見垣一方，迄今解者猶未能領略也。

生之謂性一語，雖聖賢亦無以易之。天地之大德曰生。孔子曰：仁者人也。孟子亦曰：仁也者，人也。以人言仁，與以生言性何别？《易》云：「一陰一陽之謂道。」説者謂陰陽爲氣，而聖人即謂之道。孟子亦云：形色天性也。形色非生乎？又云：「口之於味，目之於色，耳之於聲，鼻之於臭，四肢之於安佚，性也。」耳目口鼻四肢，非生乎？且生不謂之性，而死謂之性乎？故孟子不以其言爲非，但察其學術不正。源頭模糊，以頑虚爲妙理，脉絡不分明，生亦罔耳。天命維均，萬有各正。聖教一貫，萬應各殊。德性雖同，問學有漸。所以言仁必言義，言天下之至動而不可亂，言天下之至賾而不可惡，此也。告子但知生同性而不問其類，並所謂同者亦非矣。聖教與二氏異惟此，非但爲人與犬羊置辯耳。

或以生之謂性，病告子以氣言性，非也。告子勿求于氣，豈肯更以氣當性？言性自不得離氣。凡自然曰生，以生爲性，是告子不得勿求、不集義有事之病根。彼謂世間一切，生來現成便是性，非如後世分理氣之説也。其實理氣無兩，後儒破析，爲初學解釋文字則可。告子之學，正坐偏上，以氣爲亂志之物，以無善無不善爲性體。執未發之中，棄已發之和。違聖人下學而上達，中庸顯微無間之教，所以受病。聖人言性必言習，儒者謂論性不論氣不備，良是。謂氣離性，非矣。謂告子生之謂性偏主氣言，則並告子之意亦未曉矣。佛氏云「是法住法位」，即生之謂性之意。

或問生之謂性與性善之旨同異。曰：天地之大德曰生，生則自無有不善。《易》曰：「至哉坤元，萬物資生。」元者，善之長也。凡厥有生，從元善出。故曰繼之者善也，成之者性也。人有惻隱羞惡，善也。其不仁不義，性之殺于習也。禽獸有心知似人，善也；其無禮義，善未全也。草木無情，氣之偏也；其應時發生，亦性之善也。猛獸搏噬，毒草辛烈，則惡矣；而其生生之良，亦無不善也。告子既知生爲性，又曰性無善，是偏執孟浪之言。佛氏言性，亦不言善，謂善爲理障，如眼中金屑，即告子白之謂白，外義不求之意也。

白之謂白，古有此語。荀卿云：堅白同異之説，入焉而弱。公孫龍白馬非馬之類是也。物理難離者惟色，色之無色者惟白。無色之色，尤不可離。故孔子借以譬道，孟子借以譬性。白之謂白，譬無揀擇也。白譬真常也，羽、雪、玉譬無常也。性爲真常，人與犬牛，所謂無常也。物無心，人亦無擇，即禪家木人見花鳥之意。告子「勿求于心」，外絶諸緣，任物紛雜，不以關心，即佛氏云無生法忍也。白之謂白，羽、雪、玉皆無分也。生之謂性，犬、牛、人皆無別也。不生分別，便是外義。下文言白馬之白，亦無分別之譬。

《大戴記》云：天地積陰，温則爲雨，寒則爲雪。《韓詩外傳》云：草木之花多五出，惟雪花六出，陰極之數也。《説文》雪作䨮。雨之可埽者，能凈紛穢，若彗也。《家語》：以黍雪桃。凈義也。《釋名》曰：雪，綏也。水下遇寒而凝，綏綏然下也。農家以雪爲五穀之精。〇玉、犬、羊，俱詳《論語》。

四

告子曰：「食色，性也。仁，内也，非外也。義，外也，非内也。」孟子曰：「何以謂仁内義外也？」曰：「彼長而我長之，非有長於我也。猶彼白而我白之，從其白於外也。故謂之外也。」曰：「異於白馬之白也，無以異於白人之白也。不識長馬之長也，無以異於長人之長與？且謂長者義乎，長之者義乎？」曰：「吾弟則愛之，秦人之弟則不愛也，是以我爲悦者也，故謂之内。長楚人之長，亦長吾之長，是以長爲悦者也，故謂之外也。」曰：「耆嗜同秦人之炙蔗，無以異於耆吾炙，夫物則亦有然者也。然則耆炙亦有外與？」

告子言性無善無不善，無有差別，原無所謂仁義。仁内義外四語，毁仁義之言，就食色上形容。飲食男女，人之大欲，即是性。何處得有仁義？推孟子所謂仁義者，愛曰仁，是甘食悦色。歆喜之念由我生，在内者也。宜曰義，即可甘可悦之物。無常之變，自外來者也。内之情欲熾發，賊吾性者。勿求于心，以定吾内也。外之感遇紛至，亂吾性者。勿求於外，以養吾中也。内不出，外不入，以定吾性也。告子不動心之學蓋如此。然既謂義爲外，則凡事物之宜，一切皆外。不但敬長一事，而獨舉長長言者，因孟子嘗云親親爲仁、敬長爲義，而借以復之。要之愛敬雖兩名，良心非二理。告子謂仁由心出，義隨外轉。心願意肯者是仁，轉换不定者是義。在内者由在外者牽引而生，一切屏絶外緣，不使亂性。故言長而不理會長長之心，但執長者在外之迹，偏錮不通。孟子未就所言甘食之性仁内者通之，以明仁義合外内之道。仁在内未始非外，義在外未始非内。如耆雖在内，而炙亦外也，豈仁獨内乎？長雖在外，而敬在内也，豈義獨外乎？

聖賢精義窮理。告子只胡亂做，更不將心擬議，即今禪學以事物爲浮影，故外而不求也。仁主愛，義主敬。告子偏主形迹爲義，都不關敬。但念頭上事，都包在愛一邊，作仁内解。故云以義爲悦，於長亦云以長爲悦。悦即愛也，更不言敬，其意可知。

告子此章之論，本「生之謂性」來。食以養生，色以化生。萬物同生者，仁也。犬牛與人異者，義也。

告子言仁内，非真能體仁也，並仁亦謂害性。性不在外，亦不在内。猶莊生云：「愛成則德虧。」而外義尤甚，故孟子就其甚者辨之。孟子以仁義即人性，告子謂性原無仁義，食色是性，猶俗云穿衣喫飯是道。内著一貪戀心，便是仁；外著一揀擇心，便是義。皆性之害也。性上著不得仁義兩物，落不得内外兩境。有仁義便生内外，仁結在内不化，義牽在外失主，所以凝滯紛擾而性不可見。故曰性無善無不善，寂然空虛，内外兩邊不著。仁義向何處安立？在内者猶可自持，在外者轇轕無寧，所以外義尤甚。告子之學，蓋如此。

仁内義外四語，略重義外邊。甘食悦色，是仁愛之心由我生也。然非可甘可悦之物外來誘引，則内不起貪愛。故忘外所以安内，即老氏「不見可欲，使心不亂。」佛氏空諸所有，勿實諸所無之意。在内者忘乎我，不戀乎外，在外者忘乎物，不粘于内，便是告子之學。

孟子詰問義外而兼仁内者，仁義本不相離也。故告子答義外亦包仁，理自難割離。謂彼人年長，我因而長之，非先有長之之心在我也。境由外來，我初無心，便是義外。若有長之之心在我，即是仁内矣。由彼人白而我白之，我初無心，即前章白之謂白。羽、雪、玉從其白于外，無揀擇也。有揀擇，即是仁内矣。言義外，即反照仁内。言仁亦引弟，言長亦言悦，皆以義粘仁。説明知内外互根，而强欲斷絶，差排仁義，使性地脱然中虛而已矣。云義外者，有心欲置諸度外也。

異於白馬之白，言白人本異于白馬也。今告子謂從其白於外，是人馬無别也，猶之可也。至于長人，與長馬決不同。馬長不過謂之，而長人須起敬。白之謂白可無心，而長之謂長，可無心乎？敬長義也，豈得以長者在外爲義乎？長者在外，長之之心決非在外。告子答云：吾非謂心在外，謂吾心有可自主者，有不可自主者。可自主者謂之内，不可自主者，非外而何？如我一身一心，而有時乎愛弟，則爲仁；有時乎長長，則爲義。當我爲長，愛我之弟，雖遇秦人弟來，愛終不移。是我所喜悦者，我自爲主。雖欲外之不可得，故謂之内。惟遇長白外來，乃轉我而爲弟，遠如楚人長者，因而長之。吾宗族鄉黨中長者，又因而長之。惟以人爲喜悦耳，我欲主之不可得，容非外乎？觀告子此言，亦明知親親爲仁，敬長爲義。愛不言親而言弟者，表内外一身，義之能移内也。當其愛弟我爲長，忽遇長，即移我爲弟。當其用愛，我爲主。忽遇長，我即不能主，義之無常如此。故仁之爲悦也，順而從心；義之爲悦也，反而從境。從心者，一操即住。從境者，千變無端，故外義爲喫緊。以長爲悦，以我爲悦，皆謂之亂性。外者固非也，内者亦非也。故並舉言之，彼以性爲不出不入者而已。

告子言仁内義外，如轆轤轉。仁所以不得常主者，變換由乎義。内所以不得常寧者，牽引由乎外。境牽于外，則愛結于中。故我長皆言悦，悦即愛之屬也。愛有常主，義生揀擇。外義，惡揀擇也。細推之，愛弟不愛秦人弟，亦是揀擇。但由我悦，爲内。長楚人長，亦長吾長。正是無揀擇，而以長爲悦，亦是仁。但以其由長主，故爲外。總之告子毁仁義爲亂性，内不以我爲悦，則不生貪愛；外不以長爲悦，則不生分别，而外義尤甚。故孟子先辨外義。由其外義，故不窮理。與之言而不忍，故曰未嘗知義。以其外之，膏肓不可藥，在此。

義外頗難爲辭。告子以彼長而我長之，猶彼白而我白之形容，可謂佞矣。長楚人之長，亦長吾之長，即彼長而我長之也。其言仁内舉弟，其言義外稱悦，明仁隨義遷也。學主防外而讎義，故移仁就義，移内就外，以重義之咎。孟子借耆炙非外，以義合仁，以外合内，正以矯其偏也。

告子以食色爲性，仁爲内，則耆炙即愛即悦，即所謂仁内也。長無揀擇，以爲義外，耆炙亦無揀擇，何獨爲内乎？楚長吾長在外，秦炙吾炙亦在外。長在外，並以長之爲外。炙在外，何獨不以耆炙爲外乎？耆炙尤是以我爲悦者，長之固因人轉移，炙一物耳，豈亦能轉移我乎？中間轉移，悉由我心，非關外物。告子執長之在外，則是耆炙亦由外矣。孟子此語，雖辨長之在内，即是仁義合内外之道。炙在外而耆在心，仁非專内也。長在外，而敬在心，義非專外也。

告子於弟言秦，於長言楚，喻轉移倏忽相去之遠，表其在外也。孟子辨楚長不言楚炙，欲明秦弟雖不愛，而秦炙則皆愛也。飲食男女，人之同情，告子即以當性。孟子借以明義内，云耆秦人之炙無以異於耆吾炙，包悦秦人之色無以異於悦吾色也。借炙例長，見義即是仁，敬即是愛，外合内也。言約而意精，後章公都子飲食亦在外，本此折衷。

炙在外，耆由心，即釋門辨風幡，云風動，或云幡動。惠能云：非風動，非幡動，仁者心動。與此同。告子非不達此，必執言義外者，正不欲以幡風之動，動其心耳。孟子執言義内者，仁義同根于心，心豈在外，此理終不可易。

告子渾是後世佛教。今時儒者亡命歸佛，故終不肯認告子爲佛祖。非但不解，亦爲護短。朱元晦詆陸子静爲告子，而不識告子爲瞿曇。世儒趨向瞿曇，而不知瞿曇祖告子。千載知言，惟孟子一人。

食謂甘食，色謂悦色。彼長，謂彼人年長。我長之，謂我以長待之。非有長於我，非先有長之心在我，言由外至也。彼白，彼人色白也。我白之，我以彼爲白也。從其白於外，言非由我也。異於白馬之白，言稱人之白本異於稱馬之白。告子以爲無異也，蓋白不過稱之。至於長人，必行吾敬以長事之，豈與長馬同乎年？長者人也，在外也。長之者，我也，在内也。長非義，長之乃爲義，則義在内而不在外明矣。悦，欲也，亦愛意。耆、嗜同，好也，亦悦意。炙，以肉近火炙，使熟也。《禮》有燔炙。燔近火，炙遠火。

五

孟季子問公都子曰：「何以謂義内也？」曰：「行吾敬，故謂之内也。」曰：「鄉人長於伯兄一歲，則誰敬？」曰：「敬兄。」「酌則誰先？」曰：「先酌鄉人。」「所敬在此，所長在彼，果在外非由内也。」公都子不能答，以告孟子。孟子曰：「敬叔父乎，敬弟乎？彼將曰：敬叔父。曰：弟爲尸則誰敬？彼將曰：敬弟。子曰：惡在其敬叔父也？彼將曰：在位故也。子亦曰：在位故也，庸敬在兄，斯須之敬在鄉人。」季子聞之曰：「敬叔父則敬，敬弟則敬，果在外，非由内也。」公都子曰：「冬日則飲湯，夏日則飲水，然則飲食亦在外也？」

孟季子學告子之學，以義爲外。公都子得孟子長之之説，以敬當義，而歸之心。行吾心之敬達于長，義之在内以此。季子執義外之説，謂敬原非由我主，豈得由我行。設爲鄉人伯兄之譬，見敬兄者外遇長，欲行吾敬不可得，則公都子亦惑矣。孟子乃設爲敬叔敬弟，與前一般事理代爲解釋，以明行敬實由我主也。季子所以難公都子，在先酌鄉人一邊，所長在彼一語。孟子解釋，在弟爲尸一邊，惡在其敬叔父一語。惡在敬叔，即季子所長在彼之意，猶云惡在其敬伯兄云爾。方欲敬伯兄，忽又奪于鄉人之長，惡在其能行吾敬於兄也。不知酌鄉人者，偶因其爲賓，非遂奪吾伯兄之敬也。雖敬鄉人，何損于敬兄？行吾庸常之敬以敬兄，亦行吾斯須之敬以敬鄉人。猶之敬叔父遇爲尸之弟，豈其敬弟，遂不可以敬叔父乎？庸敬兩語，見敬鄉人無妨于敬兄。化裁適宜，條理分明，不相陵奪，正是敬由我行，而義不在外可知。孟季子終不省，即告子不得於言，勿求於心之蔽也。告子學主不動心，以我爲悦，由我者强持爲内。但轉移不定者，即斥爲外。不知心之應用，顯微千變，皆其本體。若斷滅應迹，以爲存主，則心亦塊然血肉耳，何以爲事物之宰乎？

孟季子所問，公都子所對，各本其師説。義外是告子自信得手之學。義内非孟子定説也，但爲破義外而反言内耳。其實仁義合外内之道，義不在外，亦不專在内。由内達外，由外顯内。未有絶之爲外，棄而不求者。外義是告子實在用功處，非徒分别名色部位耳。一切應務，以此作解脱法，特借敬長形容之。義不在外。惟長者義乎、長之者義乎兩語，最分明。公都子本孟子語體貼出。故謂，指孟子謂也。

上章告子言義外，故以長形容，主迹而言外也。此章孟季子疑義非内，故以敬形容，主心而言内也。行吾敬故謂之内。此理甚淺近，雖孟季子亦知之。猶上章云長之者義乎，告子亦知之。但其學主無求，雖遇長當敬，總不關心，强拒之爲外矣。

公都子以一「吾」字破「外」字。孟季子謂敬以敬長，長不由我，主敬焉得由我行。故設爲敬伯兄長鄉人之説。敬兄是我本意，苟遇鄉人之長，我欲行吾敬于吾兄烏可得？故曰所敬在此，所長在彼。敬不由我行，義安得在内。孟子舉叔父與弟，例伯兄鄉人，明敬弟無妨于敬叔，以比敬鄉人無妨于敬伯兄。一在位，一不在位。一庸敬，一斯須敬。時宜化裁，井然有緒，正義之因心而出也。豈得謂敬不由我行，而義不在内乎？

舉鄉人，又舉伯兄，見物自外來不等。各各帶義來，非我得預也。若由我主者，我欲敬兄，直敬到底。如愛吾弟，秦人之弟亦不愛，方是以我爲悦。方謂行吾敬，今我欲敬兄，而鄉人之長忽自外來奪之，以長爲悦者也，何謂敬由我行？敬雖在我，而長不在我。雖敬可言内，而行敬不由内，其權全在長。公都子不能答。在先酌鄉人所長在彼一難，孟子將爲解釋。不先得孟季子情吐，彼終不服。故更設一事，同前者詰之，見行敬之道非一端，皆人心上自然天則，非外鑠也。引而伸之，千變無窮。何但敬伯兄遇鄉人之長然乎哉！庸敬二語，咏歎有蘊藉。《易》云：擬議以成其變化，觀會通以行其典禮。言天下之動而不可亂，言天下之賾而不可惡。《詩》云：「有物有則。」聖人從心所欲不踰矩，皆此理也。難以語告子，彼不得於言勿求。雖有至理，不關于心，自以爲是，不可與入堯舜之道，外義蔽之也。

孟子云「庸敬在兄，斯須之敬在鄉人」，見從容精密。孟季子云「所敬所長，在彼在此」，見造次紛擾。孟子精義，故于内外顯微之際，極深研幾。孟季子學告子之學，抛卻外面一切不顧，惟守冥頑空虛之心。自謂懸解，道不同不相爲謀，非不解孟子之言，亦非不知行吾敬爲義内也。告子並敬亦謂可以不用，原壤瞿曇，何嘗用敬其外義也，以義爲不善。孟子謂庸敬在兄，斯須敬在鄉人，性善也。孟季子言所敬在此，所長在彼，視義爲亂性之物矣。

先言所敬在此，所長在彼。後言敬叔父則敬，敬弟則敬。語意略殊。前以吾敬奪于彼長而見其外，後以敬彼敬此無常而見其外。上章言楚長吾長，辯長之同也。此章言伯兄鄉人，辨敬不同也。同異雖殊，義外則一。同者混看皆平等，所謂彼長而我長之也。異者零看皆無擇，所謂非有長於我也。莊生云：因其所有而有之，萬物莫不有。因其所無而無之，萬物莫不無，亦此意。同而異，異而同。犬牛與人同生，猶白之謂白，此也，所以爲義外也。

冬日夏日，言時宜也，本孟子庸常斯須引伸出。因告子以食爲性，仁爲内通之本，孟子云炙在外之意。愛敬同心，内外非二理。甘食之仁既在内，敬長之義豈獨外。以境論，湯水外也。猶叔父與弟，伯兄與鄉人，亦外也。以心論，冬宜湯，夏宜水，心也。猶伯兄叔父之庸敬，弟鄉人之斯須敬，亦心也。若飲食之心在外，則寒熱失時，敬長之心在外，則久暫混施。惟愛心在内，而後温凉適宜。惟敬心在内，而後恭敬中禮也。

飲食亦在外，與孟子耆炙亦有外略別。孟子明仁義合内外之道，故曰有外，以明無外也。此專明義内，故曰在外，以明不在外也。

使告子言仁在外，其謬易破。惟言義外，亦似有理。故初學卒未解，須實見得有疑似逼真處。若但譏他全不知長之爲義，不知行敬爲義，則反爲告子所嗤矣。能如聖人明物察倫，雖謂義在外亦得。告子惟外而不求，所以鹵莽滅裂，害政亂德，不得不辨。

告子自是一種學，如莊周之流，以道術自負，非甚孟浪者也。本謂人性空洞無物，故杞柳喻其無象，湍水喻其不動。生之謂性言平等，義外言解脱，即佛教無所住而生其心、爲世出世法，故外義不求也。義外二字，足括三藏佛書大旨，孟子喫緊辨此二字而已。然告子已自立門户，成一家學。孟子謂其先我不動心，雖諄諄與言，卒未能使改步。犬牛人同，告子終以爲同。秦炙吾炙，冬湯夏水，告子終以爲在外。總之告子謂性無善無不善，主于躭空遺事，無求以安心，佛老之濫觴也。孟子謂性善，主于窮理盡性下學而上達，仲尼之明法也，所以卒不相入也。

舉鄉人者，援鄉飲酒禮也。按鄉飲酒禮，推鄉人異姓者爲賓。長於伯兄一歲，明非十年五年也。伯兄，長兄也。不長則不得爲賓，太長則敬亦不獨在伯兄矣。酌，酌酒也。敬在此，謂敬伯兄。長在彼，謂先酌鄉人，明不由我主也。尸，以象神。《禮》孫爲祖尸也。在位，謂弟在尸位，鄉人在賓位。弟在尸位，則叔父與我皆子孫，敬弟即敬祖考也。鄉人在賓位，則伯兄與我皆主人，敬鄉人以敬賓也。彼將曰在位故也，解所以敬弟之故。子亦曰在位故也，解所以先酌鄉人之故。庸，常也。斯須，暫也。斯者，立此也。須者，待彼也。敬叔父則敬，敬弟則敬，言敬以彼爲悦也。冬日寒，夏日熱，湯熱而水凉也。飲，謂時所宜飲，心所欲飲也。飲食在外，謂飲之食之之心豈在外也。

死而無知曰尸。古者祭祀，卜一人以象神之魄，代神飲食曰尸。《記》云：七日戒，三日齋，承一人焉以爲尸。廟祀之尸，用死者之同姓親屬。男男尸，女女尸也。郊社百神之尸，則卜其臣。曾子問曰：卿大夫爲尸于公。《傳》曰：晉祀夏郊，董伯爲尸。舜祀唐郊，丹朱爲尸。周公祭泰山，召公爲尸。《周禮・節服氏》：郊祀裘冕，二人執戈，送逆尸。又士師職：祭勝國之社稷則爲尸。凡祀皆有尸，雖蜡祭百神、貓虎之類皆然。惟始死之奠不設尸，不忍死其親，事之以人道也。既葬而虞祭，則設尸矣。《禮》云：爲人子者祭祀不爲尸。然則爲尸者，必無父之子。又云：「君子抱孫不抱子。」言孫可爲王父尸，子不可爲父尸也。爲君尸者，大夫見則下之。君知所以爲尸者，則下之。無尸而祭曰厭。曾子問云：祭必有尸乎？厭祭不亦可乎？孔子曰：祭成喪者必有尸，尸必以孫。孫幼，則使人抱之。無孫，取于同姓可也。祭殤必厭，蓋弗成也。祭成喪而無尸，是殤之也。愚按《禮》孫爲祖尸，其北面而拜者，即尸之父也，于禮似亂常。而《禮器》云：父北面而事之。以明子事父之道。夫使子拜其父而以明事父，不亦迂乎？古禮不可通于後世，尸其一也。

六

公都子曰：「告子曰：『性無善無不善也。』或曰：『性可以爲善，可以爲不善，是故文武興則民好善，幽厲興則民好暴。』或曰：『有性善，有性不善，是故以堯爲君而有象，以瞽瞍爲父而有舜，以紂爲兄之子且以爲君而有微子啟、王子比干。』今曰性善，然則彼皆非與？」孟子曰：「乃若其情，則可以爲善矣，乃所謂善也。若夫爲不善，非才之罪也。惻隱之心，人皆有之。羞惡之心，人皆有之。恭敬之心，人皆有之。是非之心，人皆有之。惻隱之心，仁也。羞惡之心，義也。恭敬之心，禮也。是非之心，智也。仁義禮智，非由外鑠（商入聲）我也，我固有之也，弗思耳矣。故曰求則得之，舍則失之，或相倍蓰而無算者，不能盡其才者也。《詩》曰：『天生蒸民，有物有則。民之秉夷，好是懿（意）德。』孔子曰：『爲此詩者，其知道乎！故有物必有則，民之秉夷也，故好是懿德。』」

此章以情言性善，即天下之言性也，則故而已矣之意。仁義禮智，性之善也。渾然在中，無迹可見。而惻隱羞惡恭敬是非等情，皆善端之發，其孰非性？才，猶言善也。善事曰才，即性善之形于事者，善念擴充利用不滯，故曰才。人之愚不肖，非獨不才。有其才而昏迷放佚，不能自盡，失在不思，思則神明常惺，勿使小體欺蔽。物交緣引，則四端流形。人皆可爲聖賢，而無有濟惡不才者矣。有物有則，「則」字最精切。物若無則，泛濫橫溢，無所不至。不識不知，乃爲順則。無過不及，乃爲中則，即性善也。好懿德，即情善也。下章禮義之悦心，即好懿德也。惻隱羞惡四者，無心妙合，便是好懿德，非好賢之謂。天下容有不善人，而無不好善之人。雖盜跖亦知仁義之爲美，非性善而若是乎？

無善無不善，善惡俱無也。可爲善，可爲不善，善惡兼有也。有善有不善，善惡一定也。三説告子似是而非，無善無惡。彷彿何思何慮，寂然不動。但聖人所謂無即有是無，告子所謂無執無遺有。聖人退藏于密，窮神知化以妙于無。告子一切斷滅，聖人大極渾淪，通微顯爲一。故沖漠無朕而萬象森然，已發之和即未發之中，一以貫之。告子内不求心，外不求氣，前後際斷，勢一廢百。其云無善無不善，是自家不動心，格式一切事物條理，槩斥爲外，即今禪家云無罣礙，其實糊塗不分，捕風捉影，祇成就自家軀殼，何補世教？何稱盡性？孟子所以非之。孟子論性，不向性上著語，而語語皆性，便是真知性。三説呶呶，轉摹轉不似，所謂畫虎不成類狗者也。

公都子三引人言，有次第。告子無善無不善，以厥初言；可以爲善爲不善，以作爲言；有善有不善，以厥終言。猶性近習遠，智愚不移之意。偏注不善一邊，引幽厲象瞽。微天下實有此等不才之人，性何必皆善？故孟子就不善邊，指其真情，推其本體，見人之不才。皆緣不思不求，自喪其善，非其性原不才也。曰乃若，曰則可以，曰若夫，曰非罪，曰皆有，曰弗思，曰舍失，曰不盡，皆就幽厲瞽象紂不善輩推勘。若堯舜文武，不必言此。孟子言性善，即夫子性相近習相遠之義。故曰天下之言性也，則故而已矣。故者以利爲本，故即習也。情善，是故之利者。利則有惻隱四端，鑿則相遠而爲不才矣。

乃若其情，謂如幽厲瞽象。其人雖不才，乃若其真情發見處，皆可以爲堯舜文武者也。但爲物欲陷溺，如夫子謂習，孟子謂鑿，使之然耳。既不率性，焉得不離道之遠。所以不才，未可以不善歸罪于才也。才即善也，爲善則才，爲惡則不才。孔子云：才不才。孟子云：不中不才。才包性情之善而言也。性情不可見而才可見，或以配性情爲三，無謂。

惻隱四者，即情之可以爲善者也，于發皆中節處見。在恒人，如石火電光者皆有之，不獨堯舜文武耳。四情首惻隱。惻惻隱隱，不忍人之心，生機活潑，爲萬善長，乃乾始資生之源。人所靈于萬物，通天下爲一身者，惟此。所謂仁也者人也，羞惡恭敬是非非此不靈，萬感非此不通，萬物非此不生，萬事非此不成，人性之善主此。遇赤子入井則怵惕，遇觳觫之牛則不忍，遇爾汝呼蹴則不屑不受，皆惻隱也。此最初一念，即故之利，情之可爲善者。雖轉念爲納交要譽，興兵結怨，萬鍾不辨，亦須經此過。即幽厲瞽象紂，亦從此變幻出。妄依真起，妄無自性，性惟一真，真即至善。人但依真發現，則一切皆真。背真逐妄，則諸惡並作。由此以推，雖毒草猛獸，普資元氣。本初皆善，搏殺毒螫，皆習氣緣染，而況稟元毓秀如人者乎？故人有殘忍者，見凶殘之事，皆能惻隱。人有無恥者，見汙辱之事，皆能羞惡。人有傲慢者，遇禮法之場，皆能恭敬。人有昏愚者，好醜當前，皆知是非。若性不善，此善端從何來？既露此端，定知性中本善。善惡不相容如水火。火在灰内，定知灰中無水。水在瓶内，定知瓶中無火。動處有此四情，決知静裏無不仁不義。其有凶殘無恥，傲慢癡愚，必有所錮蔽，如納交要譽惡聲、大欲妻妾宫室使然，決非虚靈無物。以利爲故之本懷，所以四端定爲四德，《易》以配元亨利貞。羲文周孔之旨，非自孟子始也。彼三家之言，何所倣乎？

思者，心之官。心存即思。《禮》云：「儼若思。」思則神存，有感必通，而善端呈露。所謂知皆擴而充之，百爲盡善矣。求即思，舍即不思。不能存神于静虚，察理于應感，牿亡其心，放而不求，則良心死。四端不見，安望所爲皆善，擴充以盡其才乎？所以下愚不移，去上智日遠，此也。人與天地稱三才，天地間豈有不才之人。故曰道一而已，聖人與我同類。下章聖人便是能盡其才者，如長安家家路通。今人走入旁岐去，自謂無路到長安，誤也。

「惻隱之心，人皆有之」四段，言情善也。「惻隱之心，仁也」四段，表性善也。大抵情即是性，才即是善。除卻情才，則性落空虚。即才情見性，此中庸平實之理。非如舊解以情徵性之謂也。仁義禮智以下，至不能盡其才，皆分疏所以不善。由人放失其心，陷于不才，勉人慎思總，明性善。亦非如舊解，但申言才耳。一個思字，縮結上八個心字。存其心以養其性，凡有四端於我者，知皆擴而充之，思也。先儒云：思者，聖功之本。故下數章多言思，非推測有無之謂。不能盡其才，言不能完其性之善，而中道墮壞也，即鑿意。才即性善之可見者。自此至牛山章，皆言才。

生理曰性。《易》云：「生生之謂易。」易即性也。《禮》：「天命之謂性。」命即性也。天地之間，生生不息。千變萬化，往來屈伸，逝者如斯不舍晝夜，莫非性也。人心死，乾坤毁，化幾息，則性不可見。故夫性者，兼三才而爲言者也。故曰或相倍蓰而無算者，不能盡其才者也。孟子言性，廣大精微。堯舜幽厲，都是倍蓰中物。

禮云：《詩》以道性情。《蒸民》之詩，言性善情善。一原之理，率性之謂道，知性情故爲知道。

孔子解《詩》，于「有則」上加一「必」字，「好是懿德」上加一「故」字，亦是推勘語法。孔子原性見情，孟子推情見性，一也。

引《詩》及孔子之言，非但徵前説，正以明情不離性，則可以爲善，即故者以利爲本之意。《易》云利貞者，性情也。王弼云：不性其情，何以久行其貞？夫情不離性，未有不善者。人皆有惻隱四者之情，而有不然，則情之離其性也。莊周云：「性情不離，安用禮樂？」子思「致中和」即此意。人能養未發之中，則發自中節。《詩》言則，即是中節。無私乃中節。文王不識不知，乃順則。夫子自言我則無可無不可，孟子謂之利。有心而鑿，則不利而違其則，於是始有不好懿德者矣，此豈可罪性乎？故曰：君子性其情，小人情其性。《記》云：人生而静，天之性也。感於物而動，情之欲也。常静而動，則爲性其情。而四端見，所謂物則之秉彝，故好懿德也。不能静而妄動，則爲情其性。横生無則，秉彝喪而四端不可見，好非其所好者有矣。引此以補前説之未備。

幽厲，周幽王、厲王也。詳見《離婁》上篇。紂爲兄之子，對王子比干言。比干，紂叔父。故紂爲其兄之子。微子，紂庶兄。乃若其情，謂故之利者也。可以爲善，言不可使爲不善也。若夫爲不善，謂見諸行事，以私智鑿而爲不善也。爲善曰才，非才之罪，猶言非性善之罪也。人性皆才，故未可以不善罪才。惻隱羞惡是非，解見《公孫丑》上篇。恭，謙退也。敬，謹飭也。惻隱四者，情也。仁義禮智，性也。因心有四端，覘性有四德也。火銷金曰鑠，由外入内也。固有，本有也。弗思，放其心也。加一曰倍，五倍曰蓰。無筭，猶言無數。惡去善遠，如紂視堯也。不盡其才，言不得完其性之善也。《詩》，

《大雅·蒸民》之篇。蒸，衆也。則，法也。有物有則，言物各有自然之性。如有父子，必有慈孝之則；有耳目，必有聰明之則，所謂不踰之矩也。秉，執也。夷，《詩》作彝，常也。民所秉執之常，性不可易，即仁義禮智也。心悦曰好，即情也。懿，美也。美德，即性善也。好美德，即情善也。惻隱羞惡四者，所謂好美德也。

告子分明是佛法。其説偏上，非《中庸》下學而上達之教。聖人未嘗不語上，而無懸空恍惚之説。宇宙事物，皆是實落，如何道得全無？聖賢言道，不是一便是二。一便是善，二便是不善。既不是善，又不是不善，卻是何等？此恍惚荒蕩，滑稽之戲論也。云無不善猶可，云無善必不可，何也？善不可無也。善之渾然處即無，無之粹然處即善。故云上天之載，無聲無臭，在人爲不睹不聞。未發之中，未發即無也，中即善也。不善可無，善如何無得？如空中有色，色可無，空不可無。《易》云：「繼之者善也，成之者性也。」善天也，性人也。天命之謂性，性即是天命，其體虚無。《大學》謂至善，一切不善，皆有爲之後。故曰若夫爲不善，非才之罪也。故不善可無，善不可無也。無不善，即善矣。猶素無色，去其玄黄，碧緑即素矣。至于素，無復可去矣。近代講良知，云無善無惡心之體，有善有惡意之動。既云心之體，即是良知，良即是善，何得又云無善心之體？亦是告子之意。或云孟子言情，以性不可見也。不可見者，非無善無不善者乎？曰：善但不可見耳，非謂無善。若無善，何緣生善？如果穀，設無生氣，何緣生出果穀？但未生時，生氣無形，豈可遂謂無生乎？有善而無迹，但可謂至善，不可謂之無善。猶周茂叔圖太極，太極不可見，謂之無極而太極。此亦但可謂之無善而至善耳。

朱子謂孟子言性，只見得性善，便把才都做善，不知有氣質不同。此言非也。氣質與性從來無分。孔子言性相近，與孟子言性善正同。言習相遠，即氣質在習中矣。詳見《論語》。孟子言故之鑿，與此章言弗思不求，舍則失，下章言陷溺，皆習相遠之意。此章末引《詩》及孔子之言，又申明性情離合，物失其則之故，可謂極備矣。乃謂言性不言氣不備，以駁孟子之說，豈其然乎？

七

孟子曰：「富歲子弟多賴，凶歲子弟多暴。非天之降才爾殊也，其所以陷溺其心者然也。今夫麰麥，播種而耰(憂)之，其地同，樹之時又同，浡(卜)然而生，至於日至之時，皆熟矣。雖有不同，則地有肥磽(敲)，雨露之養，人事之不齊也。故凡同類者舉相似也，何獨至於人而疑之？聖人，與我同類者。故龍子曰：『不知足而爲屨(句)，我知其不爲蕢(塊)也。』屨之相似，天下之足同也。口之於味有同耆也，易牙先得我口之所耆者也。如使口之於味也，其性與人殊，若犬馬之與我不同類也，則天下何耆皆從易牙之於味也！至於味，天下期於易牙，是天下之口相似也。惟耳亦然。至於聲，天下期於師曠，是天下之耳相似也。惟目亦然。至於子都，天下莫不知其姣(絞)也。不知子都之姣者，無目者也。故曰：口之於味也有同耆焉，耳之於聲也有同聽焉，目之於色也有同美焉。至於心，獨無所同然乎？心之所同然者何也？謂理也，義也。聖人先得我心之所同然耳。故理義之悦我心，猶芻豢之悦我口。」

上章即情才明性善，恐人未喻。此章即人物形體之可見者，委曲推原人性，同歸于善，直以聖人爲的。聖人，仁義禮智之盡其才者也。人性皆善，皆可爲聖人。聖人不與人異形，豈獨與人異性？人與聖人同性，豈可疑性不善，而爲紛紛之説乎？

天下莫才於聖人，莫不才於凶暴之人，人遂疑天之降生殊也。今人父兄于子弟，莫不願其才。然在豐歲則有所賴藉，而子弟多爲善。在凶歲則無賴，而爲暴夫，一子弟也。豈獨于富歲才，于凶歲不才乎？惟以凶年饑寒切身，不顧廉恥。有所以陷溺其心者，而不能自振拔耳。此陷溺之心，即下文與聖人同然之心。將言其同，而先舉其所以不同者如此。天下亦有爲暴不待凶歲者，其出於無賴，陷溺則同，皆非才之罪可知也。朱子謂孟子見得性善，便把才都做善。然既謂之才，即不得言不善。凡言才者，美質利用之稱。《説文》云：才者，草木之初。與材通。木之挺直可裁取者也，故天地人曰三才。性善不可見，才即性善之可見者，所謂故之利也。上章言不善非才之罪，人不盡其才。此章言天降才不殊，聖人與人同。引麰麥同生同熟，口同易牙，耳同師曠，目同美，心同聖人，皆是有形可見者，皆才也。重非天之降才殊一語，才同即是性善同。下牛山章引山木，正是言才。故結以未嘗有才焉者豈人之性，甚明。

「今夫麰麥」以下，言物類同而才同也。則人類同者，才豈獨殊？舉聖人結之。「故龍子曰」以下，又言人形同而才同也，則心同者才豈獨殊？再舉聖人結之，聖人盡其才者也。性不可見，就可見者形容惟才。「若夫犬馬之與我不同類」二語，應轉上文同類相似。易牙師曠，影起下文聖人先得。龍子之言，引作牽頭，足原不與口耳目並敘也。末芻豢二句，單借口作結。義理之心應轉上文陷溺之心，語脉相照應。

麰麥播種，便是樹之。禾苗可樹，麥苗不可樹。播種，主言地也。樹之，主言時也。其有不同以下三段，反言不同以明同，即上章爲不善非才之罪之意。天降才非殊，而人所以不才，由習鑿之，不思不求而失之也。猶麰麥同，而天澤地利人事不齊耳。

凡同類者舉相似，本謂形同者性初似。但性不可見，引麰麥播種生熟，影出人口耳目心。味聲色理義，皆以可見者。推其不可見者，故曰天下之言性也，則故而已矣。此道體聖學，喫緊宜理會。言性舉衆體，便是形色天性，君子不謂性之意，不但表其同耳。

麰麥類同，則成熟同。由此推之，凡飛潛動植類同者，才皆同。而人最秀，又何疑于降才之殊乎？聖人是極才者，然亦與人同類。此句歇後語，待人推勘。知才亦同矣。同類以形言，即耳目口之類相似。以心言，直透下理義之悦心。聖人豈能自殊于人，人豈得自諉于殊？

「不知足」二句，是龍子語。屨之相似二句，是孟子語。我知其不爲蕢，正言屨之相似。見人足同，引起口耳目皆同，推見心同也。衆體莫靈于口耳目，而足不如，故下文總敘不及足。言性舉口耳目衆體及心，非徒比例耳，正見理氣合，才性同。性無容言，遺形言性，遺下言上，則墮玄虛。七篇道性善，更不向性上著一語。前章公都子引人言呶呶，亦不置辨，祇據情論才。此章即才推廣其説，由物及人，由形及心，因外見内，即有形論無形。天地間惟草木禽獸與人，而人惟五官四肢爲用。故舉麰麥犬馬人類，口耳形體，盡性之事備矣。惟聖人能踐形，盡人盡物，以贊化育，乃爲盡其才，而後能盡其性。道器不二，顯微一貫。孟子言性，與二氏不同之大者也。二氏言性，空寂而已。

如使口之於味也，其性與人殊。設言耆味有不同，必是異類之口。若同類，則耆味無不同者。犬與犬同耆，馬與馬同耆，人與人同耆。應前凡同類者，舉相似之意。耳目三段，各含此意。口之於味，亦言性與食色之性正同。可知告子言未爲全非。易牙、師曠，便是味與聲之聖人。

我與物對。自我曰能，對物曰所。口耳目，我也。味聲色，物也。味，口所耆也。聲，耳所聽也。色，目所美也。理義，心所然也。心所然，即是好懿德。前章謂情之可以爲善者也。性不可見而言心，心不可見而言口耳與所耆所聽所美所悦，因可見以知其不可見。口耳目亦不離心，悦禮義亦非離耆好聲色，皆言才情之意也。才情同即是性善同，性不可見，才之可見者，其孰非性也。

程子云：「在物爲理，處物爲義。」説者疑理在物，似告子義外語。夫告子語義外，未爲全非。但不知處物一邊，單言在物，所以失之。我亦物也，理即物之則也。在物爲理，即四德也。處物爲義，如以慈孝之理處父子之物，以仁敬之理處君臣之物。凡惻隱四者之動，皆是悦理義之心，此悦之至精者也。子孝臣忠，則人無不悦。我爲忠臣孝子，我心自悦，此悦之粗者也。其或不悦，有所以陷溺其心也。同然，即同悦也。

然者，情之不離乎性者也。然間著不得一毫擬議，即前章謂「有物有則，民之秉彝，好是懿德」者也。然之爲言如也，心相符曰然。若曾子唯一貫，如影隨形，如響答桴。乍見惻隱，更無等待。莊周云「造適不及笑，獻不及排」是也。聖人無思無爲，寂然不動，感而遂通天下之故。自然而然，故聖人先得也。衆人陷溺，擬議安排，克而後復。如禪門棒打叱呵，纔逼得一然字出，所以後于聖人。比及然時，與聖人脗合。若絲毫不合，即不爲然。但有絲毫不然，即不爲同。芻豢二語，形容贊歎同然真境，總結上文降才非殊，同類相似之意。

理義悦心，自起念處察識擴充，至于保四海。如先王有不忍人之心，斯有不忍人之政。真性洋溢，方是真悦。非懸空契合，如禪門機鋒，言下頓悟而已。所以聖賢言性即言才，與二氏虚實迥别。

芻豢悦口，甘美自知。言語形容不出，把示人不得，惟食者自知。義理悦心亦然。悦心，即秉彝之好。良心動處，天機浹洽。無一毫人力，故曰我。我者，無我也。道書云：精無人，神無我。理義根心，情不離性，方是同然。祇靠人語我，我可示人，皆非也。禪語云「如人飲水，冷暖自知」，蹈襲此意。到此方見性善。今人遭陷溺，鮮能知味，豈得罪性乎？

富歲，豐年也。子弟，幼學者也。多賴，有爲善之資也。暴，惡也。爲善曰才。殊，異也。陷溺，言不能振起也。貧窮無賴，則不能守理。麰，大麥也。播，布也。耰，既播種，以鋤平土，揜覆之也。

地同，無肥磽也。樹，即播種也。時同，無先後也。日至之時，謂及成熟之日也。土厚曰肥，多石曰磽。凡同類，謂形同也。舉相似，謂性同也。不言性善而但言聖人與人同類，性善可知也。蕢、塊通，草土和爲坏也。不爲蕢，言必爲屨可著也。天下之足同，同適于屨也。因足同以推衆體同，又因衆體以推心同也。心同悦義理，性善可知也。易牙，人名，古之善調味者。耆、嗜同，欲也。期，如約也。子都，人之美者。易牙善調味者，故曰先得我口。聖人生知夙成，故曰先得我心。草食曰芻，牛羊之類。穀食曰豢，犬豕之類。

易牙，名臾兒，齊桓公饔人，即雍巫，善知味。淄澠二水爲食，嘗而能辨之。嘗烹其子以食桓公。○師曠，説見《離婁》上。○子都，鄭大夫，公孫閼之字。《左傳》鄭伯伐許與潁考叔争車者是也。《詩·鄭風》云：「不見子都，乃見狂且。」按《毛傳》云：「子都，世之美好者。」則凡美好者，皆得稱都，非必公孫閼也。美之言都，猶醜之言鄙也。都在邑，鄙在野。野外朴陋，都市繁華。故美曰都，猶視明者曰離婁也。

小麥曰秾，大麥曰麰。《詩》云：「貽我來麰。」《月令》孟春行冬令，首種不入。百穀惟麥秋種，故稱首種。隔歲麥，故稱宿麥。四月麥熟，故稱麥秋。《月令》：「孟夏麥秋至。」或曰日至，即夏至。按夏至以五月，麥熟不俟五月也。○耰、櫌同。蕢、塊通。説詳《論語》。

八

孟子曰：「牛山之木嘗美矣。以其郊於大國也，斧斤伐之，可以爲美乎？是其日夜之所息，雨露之所潤，非無萌櫱妍入聲之生焉，牛羊又從而牧之，是以若彼濯濯牀入聲也。人見其濯濯也，以爲未嘗有材焉，此豈山之性也哉？雖存乎人者，豈無仁義之心哉？其所以放其良心者，亦猶斧斤之於木也。旦旦而伐之，可以爲美乎？其日夜之所息，平旦之氣，其好惡與人相近也者幾希。則其旦晝之所爲，有又梏谷亡之矣。梏之反覆，則其夜氣不足以存。夜氣不足以存，則其違禽獸不遠矣。人見其禽獸也，而以爲未嘗有才焉者，是豈人之情也哉！故苟得其養，無物不長；苟失其養，無物不消。孔子曰：『操則存，舍則亡，出入無時，莫知其鄉向。』惟心之謂與？」

孟子之言性善以才。故于公都子章言不善非才之罪，富歲章言降才不殊。此章以山木譬人心，而結言無才之非情。皆以申明前章不善非才之罪之意。然言性善必言才，何也？率性之謂道，道通三才。天下古今共由，莫非性也，故曰天命之謂性。告子以無言性，以仁義爲禍，以不動爲心，以義爲外，則性乃槁木冥頑。語上而遺下，執內而遺外，豈復有人倫庶物、世道民生、帝王聖賢之事？故曰：「道在邇而求諸遠，事在易而求諸難，人人親其親長其長而天下平。」「行之而不著，習矣而不察，終身由之而不知其道者，衆也。」故曰舜明於庶物，察于人倫，由仁義行，堯舜之道，孝弟而已矣。故性以仁義爲實，道以倫物爲經。惻隱羞惡即是仁義恭敬，是非即是禮智，耳目口鼻即是天性，聲色臭味莫非理義。旦暮反覆，猶存幾希。情即是性，才即是善，氣即是心。人能存其心，養其氣，盡其才，由仁義行，斯與聖人不殊矣。故前章引聖人結之，此章引孔子之言結之。孔子云：吾道一貫，下學而上達。《中庸》云：微之顯，黯然而日章。所以言性主仁義，才情理氣合而爲一，後世才情理氣分而爲二。老氏謂當其無，莊周謂居無事，有無離而事理分。偏上遺下，毫釐千里，即今之禪學是也。學者誤入，皆由才與性離。離才無復有情，離才情無復有性。凡情之可以爲善者，即是才。才者，材也。此章借材木言才，雖遭斧斤，而生氣未熄。但能存養，即便發生，皆其才然也。

大國之郊，國人往來躪踐之所。以喻性，猶佛氏之言魔境也。五蘊六入交構，性地所以不得安寧。國外曰郊。國大，則樵牧多。牛羊斧斤交加，雖在曠野外，日受戕賊之擾。然郊外本爲牧，山林本儲材。用之以時，取之有節，材自不可勝用，而山之性自盡。如人但枯守其性，貪静厭動，何以爲人？孟子所以言性必言情，言氣言才者，此也。苟得其養，則斧斤之入，亦山林之利器。旦晝之爲，皆仁義之暇日。動不離静，情不離性。章而不失其黯，顯而不失其微。六虚周流，妙應無方。孔子所謂惟心之謂者，此也。苟護牛山而遷齊國，惡白日而貪昏夜，是告子杞柳湍水之性，義外不動之學。讀者能會孟子言才之旨，不待辯，而性善自曉然矣。〇人性不離應感。效心之用者惟事物，爲心之害者亦惟事物。得其養，則心常存而通萬物爲一體。中和位育，參爲三才者，此也。失養則心喪爲物役，牿亡反覆，濟惡爲不才者，此也。養之如何？脱其桎梏，寬其斧斤耳。目聲色交，而視于不見，聽于不聞，已發常存未發。顯而微，費而隱，則性不離情，秉彝之真自見。周流六虚，無往非性善之充塞矣。

止而生曰息。在人身一呼一吸爲一息。動静互根，二儀相摩，此造化之靈機也。于文从自从心。自，鼻也。鼻與心相守。養生家謂之性命雙脩，禪家以觀急攝心。云内心無喘，外息諸緣，神氣忻合，則義理躍如，故道書云：大道之極，昏昏默默。昏默即夜氣。儒者謂之未發氣象，屈原謂一氣孔神，于中夜存，本孟子語也。人日間情識紛擾，良心錮蔽，如囚人帶桎梏，不得解脱。佛氏謂之罣礙。比及向晦，手足停，合眼成睡，耳目無交，神識亦歛。比及平旦初醒，物尚未接，志氣自清。如冬冷回春，蟲蟄乍啟。混沌初開，月晦生朔，乾貞啟元，艮止生明，剥盡來復，同此理也。聖人所以退藏于密，寂然不動，感而遂通，惟其能純乎此。君子所以克而求復，知止謹獨，非禮不動，大者立而小者不能奪，亦惟不失乎此。《易·艮》之彖曰：「艮其背，不獲其身。行其庭，不見其人。」子曰：「艮，止也。時止則止，時行則行。動静不失其時，其道光明。」大象曰：「兼山艮，君子以思不出其位。」夜氣之説，蓋原于此。夜氣者，静機也。儒者謂之静中養出端倪，即是平旦之氣。孟子指以示梏亡人端倪云爾，非定在昏夜平旦時始有也。王輔嗣謂能性其情，程伯淳謂静亦定、動亦定。如是則旦晝皆平旦已發皆未發，和即是中，孟子所以以才論性也。心静即氣清，氣清即性見，都非兩物。性見自然，萬應皆真，所謂性情不離也。有未發之中，則發自中節。好惡相近，即情之可以爲善也。

晝爲陽，衆動紛紜。夜屬陰，萬感休歇。樵牧散歸，斧斤牛羊不在山，故曰日夜之所息。化機無息，息即是生幾。向晦入宴息，至于平旦。静生明，虚生白。當此時好惡，即乍見之惻隱，爾汝不受、呼蹴不屑之真心。未幾旦晝營營，巧僞復萌，便是納交要譽，種種私情梏梏，而亡失之矣。

今人晝則營營，五官奔騰；夜則縱酒近婦人，精神疲竭。雖平旦，安得有夜氣？是以聖人寢必有衣，卧不裸體。故寢不尸，言不昏沉如死尸也。莊周謂至人無夢，夫子自謂老不復夢見周公，則一切塵影不入夢。故古人夜則卜諸夢，熟睡無夢，則神與虚合。覺來終日，無非平旦之氣。所以成性存存，爲道義之門。從心所欲不踰矩，是謂能盡其才。無可無不可，惟心之謂，通乎晝夜之道者也。

好惡與人相近，即是理義悦心。惻隱四端，人皆有之也。物之則，性之情，民之秉彝，故相近。平旦未與物接，静體未擾，良心發見，其端甚微。先儒謂動而未形，介於有無之間曰幾。老子謂聽之無聲曰希，孟子謂庶民去之，君子存之。人之所以異于禽獸者，此也。

梏，刑械在頸者也。梏亡，梏之使亡，即所以放其良心者也。無所用其心曰放，有所累其心曰梏。梏似散亂，放似昏迷。梏似有心，放似無心。善存者無存而自不放，善養者常在而自不梏。有事勿忘勿助，則事理如一，性情不離，動而常静，晝夜通知矣。

梏之而亡，如佳穀方生遭稂莠荒蕪，不得暢遂，而苗根自在也。反覆，謂日復一日，輾轉無已時也。夜氣不足以存，謂放佚久而機械熟。祇仗一夕之寧，何足以平其飛揚之氣而還其清明之體？雖秉彝不死，所息不補所亡。故曰不足以存，是尚有存焉者也。若而人比于禽獸，殆有甚。而猶曰不遠者，以其猶有幾希之異者在也，性善益可知。

山言性，静也。人言情，動也。惟有血氣爲有情，若性則無物不有。故山亦有性，生物其性也。孟子論性以才，故借山喻性，借材木喻才。

「苟得其養」四句，猶物皆然，心爲甚云爾。物所指廣，不但山木，而況人心，尤生生不息。失養則消，亦不但山木，而況良心，尤幾希易亡。

養者，順而不害之名。惟其性善本才，故在養之便活，不可操之使滯。養者，良也，不犯于物曰良。謂有事勿忘勿助，不放而弛于昏，亦不梏而傷于拘，所謂允執厥中也。心之爲體，生生活潑。不可以無心舍，亦不可以有心操。惟善養者能性其情，則不操自存，不舍自無亡。出入惟時，妙應無方。因引孔子之言，見心之神，而人當善所養也。告子以杞柳喻性，其究歸于戕賊。孟子以山木喻性，其要歸于長養。此告子之心所以强制不動，流爲黝舍。孟子之學，無可無不可，而願學孔子也。引孔子之言，正破告子外義不動之心、無善無不善之謬。操存二語，言心之幾，不是言工夫。出入二語，言心之神，不是言病痛。

心可存不可操。蓋周流無方者，道也。神明不測者，心也。《易》曰：「變動不拘，周流六虛。上下無常，不可爲典要。」聖人所以無意必固我也。操者，把持之名，如操琴、操舟、操兵。勉强練習，初學生疏，有時乎作輟者也。故矯情絶俗，如陳仲子不食不居，乃謂之操。君子言守不言操，操存對舍亡。出此入彼，來去相乘，莫知其鄉，即于操舍時見。操則存，所謂欲仁斯至，俄頃之間耳。就恒人之心，形容靈妙之體，非指用功言也。存者固吾心，亡者獨非吾心乎？操存而入者，同心之妙。舍亡而出者，尤見心之妙乎？欲存其心者，未可强操。但不受世情牽累，不爲小體欺蔽，還其空明活潑之體，使靈知常惺，隨時隨處，素位而行，即無往非真性之洋溢矣。本自無操，何至于舍？本未嘗存，何至于亡？原無出入，何有于鄉？先儒云：不起不滅者心之體，方起方滅者心之用。能常存而不亡，雖一日之間，起滅無時，而心存自若也。程子謂心在腔裏。亦惟終日應務，而不離乎其宅耳。豈真有身外之心乎？但能不離未發之中，通達萬變，即所以性其情而能盡其才矣。

操則存，舍則亡。二者若以工夫論，只在作輟之間。操存似助長，舍亡似不耘苗。所以出入莫知，頑然如行尸走肉也。舍不足論，操亦有害。如告子勿求不動，欲矯放佚之失，反滯虚明之用，亦終必亡而已矣。内外破裂，故有此病。惟仕止久速惟時者，自無操存舍亡之患。所謂出入無時，莫知其鄉者，轉而爲不可知之神。聖人之所存者，豈異于衆人之所亡者乎？

日夜所息，平旦之氣，指示恒人養心之要。惟動而不失其静耳，即《中庸》云謹獨莫見乎隱，莫顯乎微之意。人但能謹獨，即無往非未發之中。而夜氣常存，終日皆平旦。非教人枯木死灰，把持以操其心也。此孟子與告子學術異處。或曰：孟子闢義外，而言性以才，得非外與？曰：以才言性，合外内之道也。以義爲外，分内外爲二也。外内合，則性體周徧。内外離，則性惟在一掬内。此公私大小誠僞所由分，毫釐千里之辨也。

操存是過用其心，舍亡是無所用其心。禪語云：恰恰用心時，恰恰無心用。無心恰恰用，常用恰恰無。又云：寂寂惺惺是，亂想惺惺非。惺惺寂寂是，無記寂寂非。皆竊操舍存亡之意而敷衍之。

邑外曰郊。郊于大國，謂在大國郊外也。國大人衆，則採伐者多。大曰斧，小曰斤。日夜，每日之夜，夜則樵牧者息。直出曰萌，旁生曰蘖。又斬而復生曰蘖，通作枿遏。養牲曰牧，郊外亦曰牧。濯濯，光潔貌。山之性，山以生材爲性也。雖存乎人者，言不才無良之人也。仁義之心，即良心也。良，善也，即惻隱羞惡。不及禮智者，仁義包舉也。告子言人性無仁義，故特明之。旦旦，猶朝朝。日初出曰旦，言每日早也。旦旦而伐者，伐其夜之所息也。平旦，侵晨也。晨未與物接，故其氣清明。好即惻隱，惡即羞惡。人皆有之，故曰與人相近。幾，微也。希，少也。旦晝，自朝至暮也。日出至入，與夜分界曰晝。文从晝省也。梏，困累不舒遂貌。罪人械在項曰梏。《春秋傳》宋樂轡以弓戲梏華弱，梏其項也。梏亡，梏之使亡也。亡，猶喪也，喪其良心也。反覆，非一日也。違，去也。苟，誠也。養者，生之而不傷也。操者，持之而不放也。舍者，縱之而不牧也。鄉與向同。

牛山，在今青州府臨淄縣南。《晏子春秋》曰：景公游于牛山，北臨其國，流涕曰：若何去此而死乎？即此也。

九

孟子曰：「無或乎王之不智也。雖有天下易生之物也，一日暴卜之，十日寒之，未有能生者也。吾見現亦罕矣，吾退而寒之者至矣，吾如有萌焉何哉？今夫弈之爲數，小數也。

不專心致志，則不得也。弈秋，通國之善弈者也。使弈秋誨二人弈，其一人專心致志，惟弈秋之爲聽；一人雖聽之，一心以爲有鴻鵠斛將至，思援員弓繳灼而射之，雖與之俱學，弗若之矣。爲是其智弗若與？曰：非然也。」

學成于時習，德始于有恒。工夫間斷，則天下無可就之事。況人君一心，衆欲交攻，自非置身莊嶽，遠離楚語，終無成理。齊王有一孟子而十寒一暴，猶之以不專之志，學弈秋之弈，雖有善教，無如之何。反歸咎于資之不明，誤矣！

君德莫大于明，不智則昏。是非之心人皆有，豈齊王無之？啟沃少而蒙蔽多也。一暴十寒，以譬不親君子。學弈無成，以譬爲善不篤。君子日隔，即是無志向善，聰明所以日昏也。易生之物，借草木爲喻，即上章山木得養則長之意。然生生之易，孰有如良心之在人者？良心近君子日開，近小人日蔽。猶草木得陽和則長，遇嚴寒則消。長我者使遠，消我者使近，信王之愚而因益其愚也，又何怪乎？說者謂君子易疏，小人易親，此又爲齊王解釋。七篇中所以開示王，如好貨好色、好勇好樂之類，易簡真切，何難親之有？小人興兵構怨，如緣木求魚，何易親之有？而王顧舍此親彼，所以不智也。其以弈譬何也？七國紛争，時事如棋，皆敗局也。孟子仁義之略，反手可王。其于治亂興廢之幾，洞如觀火。亦猶弈秋于弈，所以爲智也。弈用二人，一喻明君，一喻庸主也。

心失養有二：操之使存，賢智之蔽也；舍之使亡，愚不肖之蔽也。此篇自「牛山」以上八章，論養性而首告子。自此章以下九章，論存心而首齊王。蓋告子好言性，而以枯寂爲宗，是操則存者也。故終之以才情皆善，見性無内外也。齊王好文學，而以功利爲習，是舍則亡者也。故終之以天爵良貴，見學不外仁義也。人皆有心，而君心尤爲衆心之心。人皆養心，而君心尤爲難養，以其爲牛羊斧斤者愈多也。齊王足用爲善，故孟子惜之。記此引起下章萬鍾失其本心之意。

或、惑通，猶怪也。不智，不明達也。暴，晒也。寒，殺氣也。見，見王也，罕，少也。孟子自言見王時少，猶一日之暴也。群小蠱惑王心，猶十日寒也。始生曰萌。圍棋曰弈，弈然布散也。心言體，志言所向。專，不分也。致，極也。使，設辭也。弈秋，善弈者名秋。鴻，大鴈也，鵠鶴屬。或云鴻白鴈，鵠黄鶴也。繳，以絲繫矢而射也。矢長八寸，其絲曰繒。《列子》云「蒲且子之弋，弱矢纖繳，連雙鶬于青雲」是也。非然者，非智不若人也。以其不專心致志，即不善非才之罪之意。智，猶才也。孔子言性相近，習相遠，亦此意。

一〇

孟子曰：「魚，我所欲也。熊掌，亦我所欲也。二者不可得兼，舍魚而取熊掌者也。生，亦我所欲也。義，亦我所欲也。二者不可得兼，舍生而取義者也。生亦我所欲，所欲有甚於生者，故不爲苟得也。死亦我所惡，所惡有甚於死者，故患有所不辟避也。如使人之所欲莫甚於生，則凡可以得生者，何不用也！使人之所惡莫甚於死者，則凡可以辟患者，何不爲也？由是則生而有不用也，由是則可以辟患而有不爲也，是故所欲有甚於生者、所惡有甚於死者，非獨賢者有是心也，人皆有之，賢者能勿喪去聲耳。一簞食，一豆羹，得之則生，弗得則死。嘑呼爾而與之，行道之人弗受。蹴族爾而與之，乞人不屑也。萬鍾則不辨禮義而受之，萬鍾於我何加焉？爲宮室之美，妻妾之奉，所識窮乏者得我與？鄉向，下同爲身死而不受，今爲宮室之美爲之；鄉爲身死而不受，今爲妻妾之奉爲之；鄉爲身死而不受，今爲所識窮乏者得我而爲之：是亦不可以已乎？此之謂失其本心。」

人皆有生死不易之真心，而皆昏于富貴利達。此章反覆推究，使人自省。賢士君子，處利害得喪之際，真性流行。是非羞惡，各滿本願。如魚與熊掌之味，皆人所愛，而難兼得。寧取熊掌，是自愜其耆味之真心也。猶之名節道誼，與我七尺之軀，皆我所愛而難兼得。寧舍身全名節，亦以滿吾羞惡之本心也。豈其不好生惡死哉！蓋其心真覺道誼爲重，軀命爲輕，所以寧舍生而取義也。如使人無此好惡真心，則天下決無有肯舍生之人。惟其有此真心，所以雖得生免死，終羞爲之。然則羞惡之心，豈人所本無？豈賢者所獨有？但賢者能存，而衆人不能耳。今有行人乞人，當饑餓垂死。一簞一豆，未關大節，而可以救軀命，宜無暇擇矣。苟訶斥踐踏予之，諒彼真心，亦不屑受。此非舍生取義之良，人皆有之者乎？及其見富貴利達，雖號爲士君子者，萬鍾苟得，不辨禮義而受。夫萬鍾視簞豆重矣，烏可苟也？處此萬鍾亦從容矣，非生死所關也，不辨禮義而受之，獨何與？爲斯人計，不過爲富貴奢侈、宮室妻妾、朋友結交之資，亦大惑矣。鄉者爲饑餓將死，尚不肯忍辱于豆簞，今貪身外之浮榮，喪志于無禮義之富貴，何前後殊操與？蓋良心存，即乞人行人寧死不苟。良心蔽，即學士縉紳冒昧寡羞。夫人世光榮，如蜉蝣露草。一身之外，盡爲長物。況于三事，尤可得已。而乃昧理喪心，貪不義之利，行豪侈之私，適以見笑于乞人路人耳。凡今之人，喪失本心，孰不由此，豈才之罪？弗思耳。

此章專言義。因告子外義，而極言義之根于心也。義即人羞惡之心，無爲其所不爲，無欲其所不欲，立人之本也。君子喻於義，精義所以致用，集義所以養氣。羞惡一念，充之盡其才，則正大光明，與天地同流，顧其體直方。而恒人當利害，趨避揀擇，機巧百出，穿窬喪心。故此章即生死富貴關頭盤詰真心。末以富貴與生死抵勘，使愚者深思，而反得其本心也。喫緊在二者不可兼得。與一簞食一豆羹，得則生，弗得則死，危迫時見真心，舍生取義。所謂見危授命，臨難毋苟免，惟賢者能之。在恒人，即不屑嘑蹴之心是也。自「生亦我所欲，所欲有甚於生」以下三轉語，反覆推明舍生取義爲良心，正是「賢者能無喪」。是故「所欲有甚于生」以下，言衆人有是心而昏于利欲。簞豆臨死呼蹴不受，與前得生不用，辟患不爲，其心無二。賢者至死不變，衆人乍覺旋迷，所以竟喪心于無禮義之萬鍾也。大抵貧窮則節義見，富貴則廉恥亡。故患難可以勵士節，富貴每以移不肖，故分言之。非謂賢者能齊生死而不能忘富貴，衆人昏于富貴而又能齊生死也。見得思義，見危授命，只是一心。

舉魚與熊掌，爲可欲與可甚欲之譬也。魚在水，熊在山。漁獵異事，水陸異方。猶所謂緣木求魚也，故二者難兼。患難之喻，魚喻生輕也，熊掌喻義美也。獨取嗜味者，因前章嗜炙、飲食不在外而言，亦見義之根于心也。生與義不可兼得，如忠臣孝子貞婦，臨大節而身死則義全，身存則義亡，舍生取義。論其道理當然，惟賢者能盡之也。所以然者，非欲生惡死，性與人殊也。人之欲生甚矣。諒其中，尤有可欲甚于生者。人之惡死亦甚矣。諒其中，尤有可惡甚于死者。欲甚于生，即悦理義之心也。惡甚于死，即勿欲穿窬之心也。物之則也，民之秉也。如所欲所惡莫甚于生死，則是人無羞惡，偷生辟患無所不爲，而天下安得復有賢者。由其有此羞惡，不欲不爲，賢者所以舍生取義也。

自「可以辟患而有所不爲」以上，皆言賢者能勿喪。自「是故所欲有甚於生者」以下，皆言衆人喪心。蓋義之大者惟患難生死，其次惟辭受取予。賢者重義輕生，衆人見利忘義。要之舍生之心，亦衆人所有。不義之富貴，君子自不屑。得則兼得，失則兼失。故前半推舍生之心所以存也，後半推貪富之心所以失也，其意互備。

「凡可、由是」，四字所包甚廣。生死患難，其大者。下文無禮義之萬鍾，宫室妻妾等，皆包在内。凡可用，凡可爲，是衆人邊事；由是不用，由是不爲，是賢者邊事。衆人平日苟且，臨難自然辟患偷生。賢者能舍生取義，平日自然辭受不苟。

一簞食、一豆羹，物至細也。然偶當窮餓時，所需惟一飽，則其得失亦生死所係也。如與者矜其施而侮其困，呵叱踐踏與之，其人雖賤且貧，心必不屑受。呼爾蹴爾，倉卒横加之狀。不屑不受，指衷曲隱微，最初一念，縱轉念强受，中情自是不樂，即章末所謂本心也。擴而充之，何義不立？及遇厚利當前，平生意氣，化爲繞指，奴顏婢膝甘心焉，恒情大抵然也。萬鍾視簞豆利大，而曰於我何加者，非關生死迫切，是阿堵無用之物也。簞豆小，而辱止呼蹴，其恥亦小。萬鍾大，而無禮義求之，其辱亦大。執鞭乞墦，踰牆鑽穴，何止呼蹴？是不辨禮義也。美宮室，奉妻妾，厚交遊，其費不貲，故須萬鍾。恒人一生辛苦勞碌，惟勾當此三事。其貪生避患，惟爲擭此三事不下，故摘發其貪饕之私如此，廉恥所以盡喪也。

或謂舉萬鍾簞豆，以簞豆可苟，萬鍾不可苟，非也。本謂一簞豆甚小不作意，故真情不昧；萬鍾利大，故令智昏。若是萬鍾，呼蹴與亦受矣。好名之人，能讓千乘之國，而簞食豆羹見于色，正以此。陳仲子讓齊，是舍簞食豆羹之義，亦言其小也。

宮室妻妾兩者，恒人之情，窮乏得我，戰國之習。當時公卿以養士相傾，士倚朱門。如齊稷下、燕金臺，四豪食客，皆游手無賴輩。與王公之尊賢，君子通財之義殊也。得，猶託也。得我，言依託我也。失我則無賴，與上文得之則生之得相應。彼是我得人，此是人得我受萬鍾，不必定是不受呼蹴之人。而云今與向者，恥呼蹴而受萬鍾，人皆然也。故就一人詰之，使自思而得其本心也。向爲身死，非真能身死不受，而反不能卻此三事也，爲追問向者真心安在耳。猶乍見之惻隱，一覺旋迷，故追而詰之。借身死二字，抵壓三事，以破愚夫之惑。昔人云一棺戢身，萬事都已。三事皆身外，一死則三事都休。向爲義而身可舍，今爲三事，反不能舍乎？凡人前後相反，必有大不得已。宮室三者，非甚不得已也。不得已莫如死，死尚可已，三事不亦可已乎？蓋良心存，身命可拚。良心亡，見利輒動，人情昏惑若此。

反覆其辭，使深思也。此之謂失其本心，即不思則不得也。本心即羞惡之心，所惡莫甚于死，所欲莫甚于生。呼蹴，不受之心也。對今受萬鍾之心，則向者之心爲本心，思則得之。故下章即教人求放心，從大體，乃所以思也。

向爲身死不受，今爲三事受之，于理畢竟難解。蓋簞豆之呼蹴，自他人與之也。萬鍾之無禮義，自我求之也。人辱我故知恥，我自辱故迷也。又簞豆利小，萬鍾利大。小者不過一飽，故易忽。大者衆欲取給，故難忘也。又呼蹴是卒然來加，萬鍾垂涎已久。卒至者，無心直應。久欲者，積習迷心也。又呼蹴辱人于覿面，故恒情難堪。萬鍾乞哀于昏夜，行同鬼魅，正欲驕人也。大抵良心窮迫時易顯，得意時易昏。

熊，獸名，其足掌肉肥美。《春秋傳》所謂熊蹯也。者之言這，指所取也。所欲有甚於生，謂義也。欲惡甚于生死，即羞惡之心也。羞惡言欲者，良心自然秉彝好德，理義悦心。可欲之，謂善也。忠臣孝子，殺身成仁，可欲甚于生也。亂臣賊子，避患苟免，可惡甚于死也。好義，即是惡不義也。不偷生，即不避患也。由是，猶言率此也。是指良心，即欲惡有甚于生死者也。簞，竹器，以盛飯。豆，木器，以盛飲。一，甚言其少，一餐之具也。得則生，失則死，偶當飢渴之際也。嘑，呵叱也。行道之人，路人也，言非其所親敬者。蹴，踐踏也。乞人，乞丐之人。弗受弗屑，皆指其本心。十釜曰鍾，六石四斗也。萬鍾則六萬四千石，極言多也。不辨，言其心冥頑也。退讓曰禮，當然曰義。不辨禮義而受，即穿窬乞墦之類。所謂富與貴，不以其道得之者也。何加，言非切身，與簞豆得生失死異也。奉，供也。

所識，相知者也。得我，仰給于我也。鄉、嚮同，向日也。向者不得簞豆之食則死，而尚恥呼蹴不受。今爲宫室三者，昧禮義而受萬鍾，故曰可已也。已，止也。本心，即所欲有甚于生，所惡有甚于死，羞惡之心也。結言衆人所以喪其心不如賢者，蓋以此也。

熊，山獸，似豕，春出冬蟄。當心有白脂似玉，味美。性畏鹽，食少許則死。其膽春在首，夏在腹，秋在左足，冬在右足。好舉木引氣，謂之熊經。冬蟄飢，則自舐其掌，故其掌肉最美。《左傳》晉靈公宰夫胹熊蹯，是也。古人以其皮爲坐席。或云：雄曰熊，雌曰羆，力尤猛。熊行山中，每數十里有跧伏之所，多在石巖枯木中，山民謂之熊館。虎出百里外，則迷所歸矣。

一一

孟子曰：「仁，人心也。義，人路也。舍其路而弗由，放其心而不知求，哀哉！人有雞犬放，則知求之，有放心而不知求，學問之道無他，求其放心而已矣。」

仁義有二名，無兩體。一靈惺惺，爲萬事萬物之宰，生意活潑，故謂之仁。由此以制事裁物，即謂義。蓋心爲根本，而化裁即路。但心宰於無，而義動於有，故以義爲率由之路，而以仁爲主持之心，其實一心耳。故學問之道，專在求放心。人未嘗學問者，習氣躁擾，心如奔馬。學問未純者，操舍無常，心有出入。放猶出也。出往必須求之，欲求必須知之。知即便求，一覺即猛然在，不覺千里忘歸。盜蹠禽獸皆由不知。凡學問不全倚誦讀，講學窮理，惟以灌溉心田，如釜中有飯，乃著火添柴。心不在，如煮石蒸沙，虚費柴火，飯終不成。靈知惺惺，則道義之門闢。誦詩讀書，方有根蒂。學問總爲料理此心，心存本立。由此學問，立躋聖地矣。

此章論學問，而首言仁義，道不外仁義也。仁義不外心，故末總歸之求放心。中間帶義路，便是學問實地。路不根心，是五霸之假。告子之外義，俗學之支離，楊墨之害心也。

仁字从人从二。二者，兩儀之象也。人並兩儀立爲三才。三才同體曰仁，故醫家謂手足痿痺爲不仁。世謂果核心爲仁，本生生之意。天地之大德曰生。核在果實中央，心在人身中央。故以中心當仁，仁即性也。性字从心从生，凡生理在中心。

仁字從來無明訓，孔子始以人訓之。孟子以人心訓之，其實人心非仁本訓，亦猶路非義本訓。舉人至最切要者當之，以見不可離耳。以心言仁，須信人身渾是心，盈宇宙間渾是人心，方可爲仁。以路言義，須信四通八達，跬步不可舍，舍之便阻隔牆壁，墮落坑塹，如此方見得義。

孟子每于不仁不義之人曰哀哉，猶賈誼云可爲痛哭流涕長大息之意。痛莫慘於傷心，窮莫悲於失路。人失路，則在棘矜陷阱中。人放其心，則行尸走肉，如醉如狂，去死不遠，所以可哀。

知求不知求，兩知字喫緊，非泛然曉不曉耳。知者心之神，即仁之覺。不知則不識，痛癢麻木不仁。乾元惟知始，人心是知氣。雞犬知放乃能求，心知則放自收。孔子云「操則存」「我欲仁斯仁至」者，知也。知即求也，求本無求。故孔子論仁，就居處執事與人視聽言動上用心。學問即是德性，所謂下學而上達也。孟子爲喪其良心者逆治法，教人學問在求放心。所謂尊德性而道問學也，其實一耳。

此章論學問工夫，重在人有雞犬放則知求之，有心放而不知求二語，學問之道二語不過申言之。說者但重學問之道，單言求放心而遺知，妙義成孤負矣。○人皆有理義之心。但爲血氣躁擾，情識飛揚，迷失正路。故聖賢教人求放心，即《易》言艮止，《大學》言知止也。人心義理，從静中發生。聖人所以退藏于密，寂然不動，感而遂通天下之故者，主静立人極也。故學問莫要于求放心。或疑心本至神，何所容求？聖人從心，何嘗不放？惟聖人以道爲問學，可語此。衆人則以學問學道。孟子亦未嘗教人强制其心，論有事曰勿正勿助，論存心曰養其性，論養心曰寡欲。則所謂求者，猶《中庸》之言戒懼致中和，《書》之言兢業安止也。前章論夜氣，亦是求放心而已。

告子之不動心，以不求也。故其蔽外義，外義而仁亦非矣，豈成學問？故曰求則得之，舍則失之，所以異于告子。凡人心病有二：衆人之病，放而不知；知者之病，知而不放。故禪語云：若以知知寂，此非無緣知。若以知自知，亦非無緣知。所謂知求者，但常惺常寂，無昏迷散亂而已。求乃舍之對治藥，不舍何須求？求舍兩忘，則心體泰然，無放而非存矣。雞犬豈禁其出入？求雞犬，爲門巷生疏。馴熟時，出入自由，何待求？苟入笠又招之，雞犬亦病矣。先儒云：求心依舊落迷途，是以有騎驢覓驢頭上安頭之病。

大抵聖學即用見體，即事徵心；二氏有體無用。執理遺事，故萬物皆備於我；而二氏謂本來無一物。二氏以求心爲病，聖賢以求心爲學。二氏謂心本無心，焉用求？聖賢謂心實有，焉可不求？惻隱之心人皆有，因争城争地强戰而放。羞惡之心人皆有，因宮室妻妾結交而放。以至聲色緣引，氣壹動志，耳聽弈秋，心存鴻鵠，若斯之類，烏可不知求？大抵靈知在我，非從外得求者。求其昏散馳騁，貪利好色，種種癡迷之心。此種種心，即是明覺之心。覺則迷開，夢時人即是惺時人。惺即覺，覺即千里神行，不離方寸。迷即静坐枯守，兀然空身耳。放與不放，由知與不知也。

放心有二。一者昏惰，悠悠蕩蕩，飽食終日，無所用心，禪家謂之無記，《大學》云「心不在焉，視而不見，聽而不聞，食而不知其味」是也。二者散亂，逐逐營營，機巧變詐，過用其心，禪家謂之妄想，篇中云「目之于色，耳之于聲，口之于味，雞鳴而起，孶孶爲利者」，是也。二者在恒人有之，皆謂之放心。心非離内也，而神去其舍矣，故謂之放，求非向外也。靈知反照，則群妄自消。萬年千里，頓歸方寸，故曰欲斯至。求非遠，而知爲要。知自無放，無放自無求。顧心焉得無放，放焉得不求。求則不能離知，離知别無求法。離求别無放法，離放别無心法。心者，神行者也。神者，潛天而天，潛地而地，附形氣以存，而寄宅于人心。人心若非通天徹地，彰往察來，則無貴爲心。故放者，心之失，即心之神如馬奔軼。即是馬之能，惟謹其銜轡耳。故馬可馭，不可以奔而長繫。舟可操，不可以險而長泊。心可求，不可以放而長操。故曰操則存，舍則亡，操不可久也。操雖存，不能常也。故但曰養心，曰存心，不曰操心也。其操心也危，危非常心也，操非常法也，故曰求其放心而已矣。恒人放其心，聖人亦放其心。恒人放其心，前言備矣。聖人放其心，顯諸仁也，萬物備於我也。心一息不與天地萬物通，則痿痺不仁，安得無放。如日月放光明，則幽隱畢達，光由日月生也；如鷹隼飛翔雲霄，而絛鏇在手也。此謂聖人之心，放乎四海，與天遊也。而聖人每自云：勿教逸欲有邦，兢兢業業，一日二日萬幾。聖人未嘗不求也。言忠信，行篤敬，居處恭，執事敬，與人忠。無大小，無衆寡，無敢慢。如見賓，如承祭，戒慎不睹，恐懼不聞，日乾夕惕，聖人何嘗不求也？禹惡旨酒，湯執中，文王望道，武王不泄不忘，周公思兼待旦，未嘗不求也。而皆以其心放諸天下，古今而皆準，此非善放其心者與？或曰：衆人之求放心也，如之何？曰：衆人放其心而不知求，放其雞犬則知求之。雞犬不放，不能豢養。人心不放，不能酬酢。善放其心者，如放六畜。放，猶牧也。《詩》云：「或降于阿，或飲于池。或寢或訛，爾牧來思。何簑何笠，或負其餱。三十維物，爾牲則具。」此善放牛羊者也。豈爲其食我場苗，而遂縶維之，長閉諸一牢之内而已邪？今人畜雞犬，必開其樊籠而行散之，時其饑渴而飲啄之。然其出入有旦暮，栖止有塒柵。雞時數則不失，犬常呼則識家，此放而知求也。知即求，不知則忘而不求，遂失之矣。故不禁其放，惟求所以時其放者，此善養雞犬也。今夫心，非塊然形拘之物也。苟塊然形拘，則與手足同。手足不離身，而心瞬息萬里。故曰出入無時，莫知其鄉，所以靈于百體而貴于萬物也。誤者操之使不動，而曰勿求之使動也。夫求者由内致外，操者内不使出。操有時乎必舍，而求無時乎不得。操常欲枯其心如死灰，求常欲活其心如轉輪。故求之心常通之萬物，而操之心常閉之一腔。求不禁其放，而操惟恐其放，所以殊也。或曰：求放如之何？曰：知放即是求，知者主也。《易》云：乾知坤作。知無作，主之而已。心所以通天徹地者惟知，而所以流浪遷徙亦惟知。妄依真起，逐妄迷真。知現即迷消，妄去即真還。心迷于殘忍，知即惻隱怵惕之心自在。心迷于利慾，知即羞惡是非之心自在。心迷于昏惰，知即精明果敢之心自在。心迷于散亂，知即清靜寧一之心自在。故知即是求，非放者一心，知者又一心也。求即在所知之中，放不出所求之外。如日月放光，大地普照，即是日月之光。若更執日月以求日月所照之光，則迂矣。善放心者，勿以不知自迷，勿以知自擾，但隨事順應，常寂常惺，使心不失其官，思不出其位，則放處即知，知處即求。誦詩讀書，出作入息，無往非放心之塲，無在非求放之所。則知無所知，求無所求，放無所放矣。禪語云：忘緣之後寂寂，靈知之性歷歷。若以知知寂，此非無緣知。若以自知知，亦非無緣知。亦不自知知，亦不知知寂，不可謂無知。自性了然，皆蹈襲此意而加敷衍，適足以相發明耳。

一二

孟子曰：「今有無名之指屈而不信申，非疾痛害事也。如有能信之者，則不遠秦楚之路，爲指之不若人也。指不若人，則知惡之；心不若人，則不知惡，此之謂不知類也。」

無名之指，手第四指也。信，伸通。衆指可獨伸，惟第四指隨衆指同伸。此云不伸不若人者，言隨衆指亦不能伸，蓋病指也。然但不伸而無傷，故曰非疾痛。屈在第四指，故曰非害事。秦楚自鄒魯往，路遠矣。云不遠，言必欲往以求伸也。此章意重求伸。一指之不伸不若人者小，而心志之不伸，不若人者大。心不伸則疾痛害事，如不忍之心屈于所忍，不爲之心屈于所爲。養小，則大者不得伸。養賤，則貴者不得伸矣。不若人，謂君子内省不疚，無惡于志，其心常伸，故人不如也。此之能伸，不在人而在己。此之求伸，不在遠而在近。知小屈而不知大伸，顛倒錯謬。故曰不知類，警人深思也。

一三

孟子曰：「拱把之桐梓，人苟欲生之，皆知所以養之者。至於身而不知所以養之者，豈愛身不若桐梓哉？弗思甚也。」

此下三章皆以身言。人所以參爲三才者，惟身。身之本在心，喪心則喪其立身之本。故身之所以養者，心也。心得養則性盡形踐，以成其身爲完人。不然，形雖具，無異草木。取譬桐梓，與牛山之木意同。苟得其養，無物不長。養山木者，在禁其樵牧；養身者，在求其放心。身所以淪爲異類由于心喪，心所以喪，由于愛而不知所以養也。君子愛身以德，故養以仁義。衆人愛身以嗜慾，故養以聲色貨利。曾不如愛桐梓者禁其牛羊斧斤。而愛身者反以饑渴害心，以醉飽喪德，卑汙苟賤，使其身爲禽獸盜蹠而不悟，故曰弗思。思，則雖愚必明也。此章以下，皆以身言心，而漸及小體人爵。趙孟之貴，就當世人心所以壞者，破其粗惑。應上章齊王不智之意。

問：思是思其貴賤大小否？曰：思則得之，一得皆得。心得其官，自得其貴賤大小之理。貴者大者自爲主，賤者小者自聽命。知與不知，皆因思與不思。知者心之神，思則神靈而形爲役。公都子章專發明此意，非徒揣摩較量之爲思而已。

此章以下，以身言心，聖學所以異于二氏者也。老貴長生，煉心以留其身；佛貴無生，明心以滅其身；聖人生死不二，正心以脩其身。故大學之道脩身爲本，舍身亦復無心。養生養德，非二也。爲仁克己，不離視聽言動。聖賢雖無宫室妻妾結交之累，未嘗廢居室資生利用安身之道。必如二氏以身爲大患，泡影電露，則人類銷亡矣。故道也者，精粗本末上下合一。可論貴賤大小，而不可相無，即此是一貫之道。故下章言兼愛兼養，擇取之而已矣。

兩手共持曰拱，謂以兩手指相拄圍之，故叉手曰拱。以一手握之曰把。皆言小也。桐梓二木，皆美材。桐有三種：華而不實者曰白桐，又曰華桐，《月令》「仲春桐始華」，《爾雅》曰「榮，桐木」，此也；實小而可食者曰梧桐；實大而但可爲油者曰油桐，生山岡，又曰岡桐。材大而易長者惟華桐與梧桐。《詩》云：「其桐其椅，其實離離。」疏云：「梓實桐皮曰椅。」疑即梧桐也。或云椅即梓也，或云梓即楸也。按桐、梓、椅三木皆相似，而梓材端直理細膩，故木莫良于梓。俗云：牡丹花王梓木王。《書》以《梓材》名篇，《禮》以梓人名匠。世云越多豫章，或曰即梓也，或曰豫榆木。章，樟木也。

一四

孟子曰：「人之於身也兼所愛，兼所愛，則兼所養也。無尺寸之膚不愛焉，則無尺寸之膚不養也。所以考其善不善者，豈有他哉？於己取之而已矣。體有貴賤，有小大，無以小害大，無以賤害貴，養其小者爲小人，養其大者爲大人。今有場師，舍其梧檟假，養其樲二棘，則爲賤場師焉。養其一指而失其肩背而不知也，則爲狼疾人也。飲食之人，則人賤之矣，爲其養小以失大也。飲食之人無有失也，則口腹豈適爲尺寸之膚哉？」

上章言人不知所以養身由弗思，此章教人考其善不善于己，即思也。身孰不愛養，如今之養身者，皆害身者也。口溺于味，目溺于色，耳溺于聲，四肢溺于安佚。苟圖嗜慾不顧廉恥，以此養身，小養而大害矣，賤養而貴害矣，口腹養而心志害矣。心志口腹均吾身，當就所養中思其所害，就一身中思其貴賤大小。非廢聲色嗜味也，去其害之者耳。非外耳目口腹也，擇其主之者耳。聲色嗜味猶是也，耳目口體猶是也。但以禮義廉恥自持，于富貴利達不苟，則大小貴賤各得其分，而無小害大，賤害貴之疾矣。誠若是也，奚必杜絶耳目口腹，乃爲善養乎？故曰養心莫善于寡欲，非滅欲也。所謂于己取之，考其善不善者，如此。

此章就恒情委曲開導，極平實之論。衆人所以喪其良心，謂吾有身，安得不愛。既愛，安得無養。養則生營求，營求則寡廉恥，喪其心，而身爲禽獸。養其身而使身爲禽獸，不反害之乎？然則毁形滅情苦節，而後爲聖賢之身乎？是又不然。故教人考其善不善，於己取之，見非離身爲養也。非不愛身也，其間有貴賤，有大小。如父母愛子同，而有適有庶。非不愛庶，而終不以奪適。小亦吾體，但不以害大。

賤亦吾體，但不以害貴。利用厚生亦吾養，但不以廢禮義廉恥。非禁人養小也，惡其害大而已。故曰兼所愛，兼所養。故曰飲食之人，無有失也，則口腹豈適爲尺寸之膚哉！此真實語，非設辭也。蓋恒人所以喪心，祇爲身。君子所以責人養心，亦未嘗不爲身。大道不越人情，日用飲食辭受取予之間，識取真心，便是仁義中正之道。非教人矯世絶物，如二氏、陳仲子輩，而後謂之養心也。

前後數章由淺入深，此與上章皆不言心。上章但言人不知所以養其身，而歎其不思。此章正教人思，而但言考其善不善。于己取之有大小貴賤，而不言心正以啟人思也。下章問何謂大小，方明指心爲大。思爲本，即是所以養其身者，結前二章之意。

尺寸之膚，謂一尺一寸之肌膚，無小可遺也。考，較量也。善不善，養有得失也。豈有他哉，言非身外也。言身，則貴賤大小兼該矣。取，謂取其貴且大者，舍其輕且小者。貴而大者，心志也。賤而小者，口腹也。貴賤由大小分也。心量至虚無形，故大；百體滯于形，故小。心神至靈爲主，故貴；百體動而蠢，故賤也。養大則良心存，而高明正直爲大人；養小則志在温飽，貪汙卑鄙而爲小人。場師，場圃之官。梧，梧桐，其實可食。檟，梧屬。樲，酸棗也。貳，小也。酸棗實小，故稱樲。棘，刺也。凡木有刺者皆可稱棘，不獨樲也。一指喻小，肩背喻大。狼疾，豺狼性貪。小人貪饕，有狼之疾也。或云狼疾猶狼藉，貪濫無節之狀。飲食之人，猶言乞墦之輩。聲色貨利之徒，求安飽者也。口腹，小體之總稱。適，猶但也。尺寸之膚，言其小也。限于形骸之内，不能超于形氣之外者也。

古場圃同地。納禾稼爲場，種果蔬爲圃。《詩》云：「九月築場圃，十月納禾稼。」春耕爲圃，秋築爲場。場圃種果蔬，山林蓄材木。故《周禮》有山虞林衡，掌山林之禁。又有場人，掌國之場圃，供其果蓏珍異之物，與虞衡所掌不同。蓋果實不蓄于山，材木不蓄于場圃也。場師所以賤，爲其取果實而不養材木。梧與檟皆有實可食，場師並蓄之。檟棘叢生，不材而多實，梧檟材大而實少。但取多實，故爲口腹失大之喻。梧亦稱檟，《春秋傳》「樹六檟于蒲圃」，檟亦作榎。古人笞學童用榎，取其質輕不傷人也。魯穆姜使擇美榎，以自爲櫬。《爾雅》云：「櫬，梧也。」材宜爲棺。按榎从夏，大也。檟言假，亦大也。梧，魁梧，亦大也。或云檟楸也。《爾雅》云：大而皵鵲曰楸，小而皵曰榎。凡樹皮粗曰皵，大而皮粗，即今之梓也。小而皮粗爲榎，未似。《爾雅》又云：「椅，梓也。」「《詩》云：「其桐其椅，其實離離。」」若椅爲梓，不宜有實。不應《詩》反誤，《爾雅》難盡據也。大抵梧檟榎桐梓楸椅，皆相似。古人往往隨宜通名，不似後人拘拘爾。

狼，豺狼，説見《離婁》上篇。獸似狗形，瘦如柴，故又名豺。性貪，故俗謂恣食曰狼餐，恣取曰狼貪，不惜物曰狼戾，不收斂曰狼藉。貪饕無饜之人，有狼之疾者也。狼食羊，害牲畜。人每捕殺之，其膏可煎和。《禮》有狼臅膏。皮可爲裘，《禮》云「君之右虎裘，左狼裘」是也。貪以忘身，故爲養小害大之喻。星家有貪狼。古詩云「餓狼食不足，饑豹食有餘」，言狼貪豹廉。有所程度而食，故豹字从勺。貪病爲狼疾，朱註謂狼善顧有之，謂疾則不能，無稽。

一五

公都子問曰：「鈞是人也，或爲大人，或爲小人，何也？」孟子曰：「從其大體爲大人，從其小體爲小人。」曰：「鈞是人也，或從其大體，或從其小體，何也？」曰：「耳目之官不思，而蔽於物。物交物，則引之而已矣。心之官則思，思則得之，不思則不得也。此天之所與我者，先立乎其大者，則其小者弗一本作不能奪也。此爲大人而已矣。」

上章第言體有貴賤大小，未言心啟人思也。此章明言心爲身主，所以貴而大爲養身之本。人身血肉何異禽獸，惟心存則百體皆虛靈之用，仁義之發越也。心亡，則塊然一物。而獨舉耳目者，效心之靈，莫捷于耳目。亂心之物，莫甚于聲色也。心官之思，非計較揣摩。即《詩》云無邪之思，《書》云睿聖之思，《禮》云儼若之思，《易》云何思之思。一竅虛靈，萬象普現。二氏謂爲金丹寶覺，聖人謂之明德。其妙用爲思靜，而虛者其神也，動而靈者其幾也。無外無內，微妙玄通，不知所以然而然，不見所以有而有。至貴至靈，故曰天之所以與我者，非私智人力。函六合爲量，備萬物爲體，故曰大也。其宅不越徑寸，其承載不離血氣。其所以能大者，惟存乎思。心不能思，與耳目同。所以能得其官者，存乎先立。苟不立，則汩没于物而曠厥官，無以表帥百體而使之從。苟不先立，則造次襲取，物爲主而我爲客。物先而我後，便是從其小體矣。如官長先立于民上而後能治民，心必先正而後能宰物。耳目未交，靈知獨照。不以晏安昏，不以散亂擾。常寂常惺，大本先正。任其紛至沓來，觀理察則。耳目聲色進止聽命，無或有陵亂排闥而入驚吾神者矣。能如是，則小體率從，視明聽聰，無感不通。神妙變化，與天合德，是爲大人也已矣。

此章言心思而兼耳目，猶上章兼愛兼養之意。心未有離耳目自爲心者。人欲運其心，使身與天下國家通，必聰明四達而後可。七竅者，神明之户牖。户牖閉，則心不得達。與告子二氏等，所以孟子言性必言才情，言心必言耳目，言大必言小，一貫之旨也。

公都子先問人同類何有大小，再問人同體何有從大從小。隨從其體爲人，非以人從體也，體即人也。以大小體爲主，即是大小人。從，從所主也。以小體爲主者，聲色貨利之徒，故爲小人。以大體爲主者，神明變化之士，故爲大人。此章言大小不及貴賤者，大即貴，小即賤也。下章即繼之以天爵、良貴。

思則得，不思則不得。不但耳目，雖心亦有得失。孔子云「操則存，舍則亡，出入無時，莫知其鄉」，《大學》云「心不在焉，視而不見，聽而不聞，食而不知其味，脩身在正其心」，此也。思則心得其官，耳目聰明。不思則心失其官，視聽支離，而失其正矣。天所以與我者，即思得不思不得處。見其幾神，所係重也。言天與，見其貴而大也。耳目衆體帶在内，但耳目承載此心，視聽輔佐此官，故心爲大而耳目爲小。非謂心獨天與，而耳目非天與也。要之心通百體，耳目視聽莫非心。耳目聰明，亦即是大者。若夫血肉之心，亦即是小者。惟耳目得思而後聰明，思在心，不在耳目，所以大獨歸之心。

立，謂立乎其位。古文位與立通。思不出位便是立。如大君當宁，群工拱向，官長坐衙，六曹承聽，大立小自從。天君常主，物來順應。惻隱羞惡，發皆中節。雖遇盤錯，三思百慮，何損默識。既無妄想，又非枯寂。一切好聲邪色，是非了然，烏得而奪之？先立者，豫養于未發，主静以立極也。《中庸》云慎獨，《易》云知幾。有未發之中，則發必中節。如鑑先明，然後能照。如建國先立君，然後衆有主而不涣。《易·屯》之象曰：天造草昧，利建侯。即先立乎大之象，小不能奪，便是從其大體。物交則引，便是從其小體。要之耳目視聽，莫非心也。從大從小，係乎思與不思。思則耳目來隨心志，不思，心志去隨耳目。耳目來隨心志，如僕之從主也。心志去隨耳目，如主反從僕也。貴賤大小所以分。

心與耳目，皆據血肉形體言之。思與視聽，方是所司之官。故心不能視聽，耳目不能思也。如以神明當心，視聽當耳目，則視聽即神明，難分大小矣。

鈞，同也。從，隨也。所隨者即爲主也。官，猶職也。耳職聽，目職視，心職思。耳目不思，謂耳目自不能思也。蔽于物，蔽于聲色之物，不能洞徹其理也。如是則耳目亦一物耳。以聲色之物，交于耳目之物。引耳目往視往聽，心隨之往，所謂從其小體也。得之，謂心存而視聽得其理也。不得，謂心亡而視聽失其理也。天之所與我者，指心，而耳目亦在其中。大者專指心，心虚故大。耳目滯于形，故小。立，謂心不失官，立乎其位也。先，謂豫養于不睹聞之中。主宰常定，聲色自不能奪。不能奪，則自來從矣。《家語》孔子云「君子以心導耳目，小人以耳目導心」，此也。

或問：思則得之與不思而得，何以異？曰：一也。雖有安勉，然聖人不思亦非槁木死灰，但無憧憧往來之思，而未嘗無順理觀察之思。故其教人曰慎思，弗得弗措。《詩》云：「豈不爾思。」子云：

未之思，何遠之有？季孫三思。子曰：再三思，則可矣。周公思兼三王，夜以繼日。夫子終日終夜以思，然則思莫如聖人。而《易》云：「天下何思何慮」，何也？思之正而官不失職，雖百慮猶無思也。猶《大學》言誠意，自心身及家國天下莫非意。而聖人絶四先無意，蓋意之無欺即無意，思之無邪即無思。猶舜禹勤勞天下，而曰舜無爲，禹無事，有天下不與，即此義也。故凡言不可一端盡。聖人言思，儼若惺惺，莫見莫顯。雖一念不動，猶之思也，以其不同于斷滅也。聖人言無思，凝然寂寂，不見不聞。雖無感不通，猶之無思也。以其不同于散亂也，是爲無思而無不思。若夫忍心護痛以爲無思，則二氏矣。朋從妄想以爲思，則凡民矣。或疑宋陸子静與近代王陽明爲禪學，以其主于無思，謂程正叔、朱元晦爲正學，以其主于思。要之禪學何嘗廢思，僧慧能自云「不斷百思想，但教主空寂」。不肯以心爲天下國家用，雖勉强料理，鹵莽滅裂。將名物破除，詆人倫爲魔障，所以得罪聖人，非爲不思耳。陸王之學，何至于此。即云不思，又何嘗非聖學？今不必分疏禪不禪，但理會聖學，禪亦可，不禪亦可，況陸王乎？

思與想異。思字从囟信，頂骨也。思，絲也。自頂至心，一絲直下相通，端正細微之象。故《書》曰「思作睿」，睿字从户从谷省，通而虚也。从目，明也，取通明無碍之義，故曰睿作聖。聖，通明也。想字从相。共對曰相，心有所企望也。自思曰思，思物曰想。思爲正，想爲邪。

一六

孟子曰：「有天爵者，有人爵者。仁義忠信，樂善不倦，此天爵也。公卿大夫，此人爵也。古之人修其天爵，而人爵從之。今之人修其天爵，以要邀人爵，既得人爵，而棄其天爵，則惑之甚者也，終亦必亡而已矣。」

此因上章體有貴賤，耳目心官天所以與我者，而申言天人貴賤之義。爵以馭貴。今人祇爲欲貴喪心，所求者人世浮榮，謂之人爵。惟天與我者，皇降寵綏謂天爵。天比人爲尊，天爵比人爵爲貴。與其爲公卿大夫，不若爲仁人義士，此天人崇卑之分也。愛而公曰仁，所謂人心也。利而宜曰義，所謂人路也。忠信，即仁義實有諸己也。不自欺曰忠，不欺人曰信。忠則非色取，信則非行違。善，即仁義也。善，良也。自然曰良。樂而不倦，所謂我有好爵也。人情惟貴可欲，君子可欲之謂善。善莫如仁義，樂根諸心所同然。秉彝之好，如芻豢悅口。不如是，則爲襲爲假，有時乎倦。忠信則契合深而天機鼓舞，生惡可已？舞蹈不自知謂之不倦，所謂無以尚之，不復見天下有可愛可求者。而至尊至貴在我，是曰天爵。若夫公卿大夫，世不乏人。人以爲貴，而天之所貴不在焉。古之人爲公卿大夫者多矣，不爲公卿大夫者亦多矣。可以不爲公卿大夫，而不可不爲仁人義士。從之，即上章從其大體之從，猶聽也，隨也。聽其至不至，非取必于來從也。來不距，不來不要，從與要反也。從者，彼尾我後。要者，我迎彼前，如要于路之要，恐其去而留之也。脩天爵以要人爵，小人之好名者，如五霸、鄉原之流。削治曰脩。名節行事之可見者，今人與古人脩相似，而今人所以脩，爲要譽耳。始爲要，中必棄，終則亡。蓋爲仁義而無忠信，則爲善非樂，久之自倦。始以不得人爵而脩，中必以得人爵而怠。貧賤或勉强策勵，富貴則變塞，故曰棄也。以要而脩，惑矣。要得而棄脩，惑愈甚焉。苟患失之，何所不至。並始所脩者，終必全亡。蓋始而好名，猶畏物議。志得願滿，則無復忌憚，爲盜蹠禽獸以没齒矣，復何天爵之有？即孔子所謂「今之從政者，何足算」之意。然則自天子至于庶人，一是皆以仁義爲本。

仁義爲天爵，精神全在忠信。忠信便樂善不倦，始中終如一。即孔顔疏水之樂，在中不改。至尊至貴在我，故曰天爵。苟爲利禄而行仁義，利禄得而仁義亡，豈樂善不倦者乎？神情不浹，勉强安排，不勝充詘隕獲憂辱之甚者也。當世公卿大夫，孰能免此？從賤害貴，假此要彼，得彼棄此，機械變詐，自喪其天爵，故曰惑。惑即是弗思。借其所至貴，要其所不足貴，得其所不足貴，併棄其所至貴，故曰惑之甚。言爲人爵所昏，而喪其良心也。始而脩之，亦嘗少有所得。中而棄之，遂輟不脩。終而必亡，並始所脩者盡喪。前後若兩人，此干名者常態。或云並人爵亡之，人爵亡，何足道？當時公卿大夫，幾人是仁義忠信者？而皆世官，不可謂必亡也。

此下五章，以漸而精。前數章言養小害大之人，不知天爵之脩，最下者也。此章言脩天爵以要人爵，猶是假之之輩。直説到仁勝不仁，以主于熟。最後乃教以熟仁之法，立言之序也。

一七

孟子曰：「欲貴者，人之同心也。人人有貴於己者，弗思耳。人之所貴者非良貴也，趙孟之所貴，趙孟能賤之。《詩》云：『既醉以酒，既飽以德。』言飽乎仁義也，所以不願人之膏粱之味也。令聞廣譽施於身，所以不願人之文繡也。」

上章言天爵而人自棄，此章言良貴可欲，而人不思，皆不外仁義。仁義者，天下之達德達尊，焉得不貴？貴曰爵，良貴曰天爵，人人自有曰良。此章重人人有貴於己者、弗思耳二語。人之所貴以下，皆申明此意。教人自思，貴不舉王公舉趙孟者，權勢之陪臣，乃所以輕之也。可欲在己，可願在人。思可欲之在己者，自不願乎其外。兩所以，正可思，非與之較勝負也。君子學道不厭，豈其求飽？爲善不近名，何心于譽？姑借世情所願于趙孟者。惟飲食衣服，皆養小養賤之事。以形無味之味，無文之文。不貴之貴，常貴而不賤也。貴莫榮于不賤，是謂良貴。居仁由義，有天下之至味，何羡乎文繡？蓋理義悦心，美于芻豢，不然養小害大。膏粱者，墦間之乞餘耳。聲名洋溢，榮于華衮，不然身居下流。文繡者，衣冠之羽毛耳，人試思焉。

此與上章，專爲小人不仁義而求富貴者發。孔子謂「不以其道得之，於我如浮雲」，此也。名位本非可輕，如二帝三王之貴，聖人之大寶，亦惟以有仁義也。有良貴而貴者，二帝三王是也。徒貴而無良者，趙孟是也。故不舉名器，而但舉膏粱文繡，世俗所貪慕者，以見其不足願。君子所願貴，爲可以行仁義。膏粱文繡，以養口體，飲食之人所願，君子豈願之？

一八

孟子曰：「仁之勝不仁也，猶水勝火。今之爲仁者，猶以一杯水救一車薪之火也，不熄，則謂之水不勝火。此又與於不仁之甚者也，亦終必亡而已矣。」

此章明人性本善。雖梏亡之甚，一念偶覺，居然見有善無惡之初。真體來復，則群妄冰消。苟由此不迷，天理洋溢，邪妄焉得厠乎其間？如水火不相容，豈有既爲水，而又容火雜其中者乎？故曰猶水勝火。其有不勝者，由于善端乍還，保任不固，充拓不開。如水雖水，而涓涓一滴之潤，豈能熄車薪方揚之火？分數固然，而乃謂人性不善，理不勝欲，是爲不仁之人作口實耳。雖有幾希之良，亦終於迷亡。仁所以不勝，以此而咎性不善，豈不誤哉！與，猶助也。與於不仁之甚，言深有助于不仁者。如告子荀卿之類，末句正言其不勝。○此篇主論性善，而仁即性善本體。此章言人不能擴充其良心，非性之咎，即前章不能盡其才，陷溺其心之意。仁統四德，爲善之長，故曰：仁，人心也。前數章言人心壞于養小，即是不仁。故告子疑性未必善，不思良心欲之斯至。但久蔽乍開，欲盛理微，不能擴充以至于熟，故卒陷于不仁，豈得輒罪性不善？下章責人熟仁，末章以存心爲志彀，以仁義爲規矩，總括一篇之意。

一九

孟子曰：「五穀者，種上聲之美者也。苟爲不熟，不如荑啼稗敗。夫仁亦在乎熟之而已矣。」

此與上章一意。仁道至切，水火菽粟亦至切，故以爲喻。先儒謂心如穀種，穀種是一粒生氣，人心是一團生理。穀種須人力耕耘，去其害苗者，則荑稗死而後五穀熟。苟人力不繼，則佳穀不長，稂莠滿丘。五穀所以不如荑稗也，豈其種不美乎？仁爲人心，亦猶是也，充實之謂美。美在中而暢于四肢，發于事業，乃謂之熟。前章云能盡其才，聖人先得我心之所同然者，熟而已矣。

此與上章言仁，皆包四德。内外合一，天理充周。仁至義盡，智明禮恭，從容中道，方謂仁熟。仁即人心。七篇之要在存其心以養其性。心常存，則理無不得，事無不宜。所謂道義之門，即是盡性，即是仁熟。一篇義理，歸結一仁字。一篇學問，歸結一熟字。根柢惟性善而已矣。

意重熟。不熟則五穀無用，熟則荑稗亦有用。所以貴熟，非謂荑稗真勝五穀也。

仁生生不已，穀種亦生生不已。一粒種熟成千百粒，如仁一點元神，四端萬善由此森發。或以荑稗比衆技，非也。仁不仁，總是一心。反仁即不仁，反不仁即仁。荑稗依五穀生，不仁依仁生，消長相乘。荑稗長，即五穀不茂。物累叢，即天理不行。猶上章杯水不勝車薪之意。蓋不仁之害，烈于炎火。

良心動處，則烈燄全消。天下若無天理，人欲向何處銷煞？非性善而能若是乎？

五穀，謂稻、黍、稷、麥、菽。凡果蔬之實皆謂種。種之言鍾也，生氣鍾聚也。充實之謂美，即鍾聚意。荑稗，皆草似苗者。荑、稊通。茅始秀曰荑。《詩》云「手如柔荑」是也。木始生曰稊。《易·大過》「枯楊生稊」是也。草始生與禾苗無别，故曰莠亂苗。莠即今狗尾草。《戰國策》云「幽莠之幼也，似禾」，即荑稗之屬。莊子云道「在稊稗」，荑稗亦有實。莊子云「稊米在大倉」是也。

二〇

孟子曰：「羿之教人射，必志於彀姤，學者亦必志於彀。大匠誨人，必以規矩，學者亦必以規矩。」

此章總括一篇性善仁義之旨而言，教學之法不外于此。學者志于盡性，猶射者志于中的。善射者，發必中的。學中的，必用志于彀。心所向曰志。張弓狹矢、向侯引滿曰彀。射者習中，在張弓引滿欲發時，專心致志而已。《射義》云：「内志正，外體直。然後持弓矢審固，審固然後可以言中。」即志於彀也。所中者在百步外，而所用心只在弦括間。幾審于此，而發中于彼，舍彀更無命中之法。學者營道，猶匠人營宫室。宫室結構千態，不離規矩。規矩所以爲方圜。規矩定，大小廣狹高低，無不中度。舍規矩而恃目巧，則必有參差佩邪之病。故夫存心養性，中道之志彀也；居仁由義，立德之規矩也；雖聖人不能易也。

彀與規矩均爲法，而内外顯微略異。故規矩曰以，言其事也；彀曰志，言其心也。規矩與巧尚隔，而彀之于中，争毫髪耳。將發持滿曰彀。學者研精殫慮，憤悱欲，達其機如此，故曰不專心致志則不得。君子引而不發，躍如也。顔子立卓爾，曾子唯一貫，正是入彀時節。學者用志不分在此，禪家教人歸併一路不思善、不思惡，離言語文字，入不二法門，蹈襲此意。聖人神智天巧，中非爾力，與彀相忘，不須言志。學者求放心，養幾希，先立乎其大，以求中乎民秉，合乎物則，即是志彀。日用應事接物，非仁無爲，非義無行，即是規矩。内志于彀，外循規矩，則聖賢可立致矣。

此章之意，與梓匠輪輿不能使人巧語别。此專重彀與規矩不可易，是反約之旨。穿楊百步，只在指下。大厦千間，只在繩墨。中與巧皆不越此。教學之方，收放心、行仁義而已，更無他道也。

羿，古司射之官。大匠，衆工之長。射與匠皆藝之要者，故其學徒最重。學射先學挽弓，學匠先學規矩。矩即今曲尺，所以爲方也。圓生于方，故合言之。《周禮·考工記》匠人掌營國邑、宫室、溝澮，與梓、輪、輿人異。梓人爲器而已，輪人輿人爲車而已，故匠獨稱大。

孟子説解卷十一終

孟子説解卷十二

郝敬 解

告子章句下

一

任人有問屋廬子曰：「禮與食孰重？」曰：「禮重。」「色與禮孰重？」曰：「禮重。」曰：「以禮食則飢而死，不以禮食則得食，必以禮乎？親迎則不得妻，不親迎則得妻，必親迎乎？」屋廬子不能對。明日之鄒，以告孟子。孟子曰：「於！答是也何有？不揣吹上聲其本而齊其末，方寸之木，可使高於岑樓。金重於羽者，豈謂一鉤金與一輿羽之謂哉？取食之重者，與禮之輕者而比之，奚翅同啻食重！取色之重者，與禮之輕者而比之，奚翅色重！往應之曰：『紾枕兄之臂而奪之食則得食，不紾則不得食，則將紾之乎？踰東家墻而摟樓其處子則得妻，不摟則不得妻，則將摟之乎？』」

禮之所重，重其義也。故君子義以爲質，禮以行之。士惟精義，而後可與言禮。告子以食色爲性，外義不求，其于輕重多寡緩急之宜，貿貿然矣。任人執食色廢禮，亦告子之流。謂飲食男女，人之大欲。獻酬揖讓，禮也。如飢餓將死，而揖讓未備，不食則滅身。男女親迎，奠鴈迓輪，禮也。如有故不得親迎，不妻則無後。當此時也，守禮而因以滅身無後，天下未必以爲是。若爲救死嗣先，而廢禮與親迎，天下未必以爲非。由斯以論，是禮爲輕，食色爲重也。不知禮食親迎禮之小節耳。滅性無妻，食色之大故也。以小敵大，而定禮與食色之輕重，猶寸木本卑，而使高于岑樓。金本重，而有時輕于羽也。其流之偏，必至貪饕邪淫，皆以禮爲不足守矣，豈可以爲訓乎？夫揖讓而食，小節也。敵以軀命之重，則禮爲輕。若使當貪戾刼奪之日，無禮何所不至？將紾兄臂而奪其食自救者有矣。所以人雖餓死，不敢紾兄，禮之力也。謂禮不重于食乎？親迎而妻，小節也。較以無妻絶後之重，則禮爲輕。若使遇强暴凶淫之徒，無禮何所不至？將踰東牆以摟隣女者有矣。所以人雖無妻，不敢摟人女，禮之力也。謂禮不重于色乎？然則禮不可一日廢。先王制禮，于飲食男女之際兢兢然者，此也。

屋廬子兩言禮重，胸中了然。祇因義理生疏，口不能達。「不揣其本」至「奚翅色重」，皆以發其憤悱，解其疑滯。自「往應」以下，乃答任人，亦教屋廬子質義行禮也，非徒辯耳。凡物輕重有常，偏勝則反常。如岑樓本高，寸木本卑。苟升寸木于岑樓之上，則高者反卑。如金所以重者，豈一鉤之金，較一輿之羽而謂之重與？故食色雖輕，當窮餓時，嗟來亦有可食者。當無後時，不告亦有可妻者。誠重于禮矣。是必以輿金之禮，與羽之食色較，其多寡相敵，則其輕重自見。

人生之初，茹毛飲血，惟牝牡之合而無别。聖人因制爲飲食男女之禮，以節其貪、防其淫，人倫所以敘，世教所以立也。無禮則亂，故禮以防嗜慾，而豈嗜慾可與較輕重乎？任人謂食色重于禮者，亦依附禮而言也。以禮食則飢而死，固禮也。不以禮爲救死而食，亦禮也。不親迎不妻，固禮也。無後不親迎而娶，亦禮也。苟食色離禮，自不能與禮論輕重。惟附于禮而偏勝，則反重于禮。猶夫寸木高于岑樓，以其附于岑樓也。輿羽重于鉤金，以其附于車也。使寸木離樓，羽離輿，何能與樓金比乎？紾兄摟女，正是禮外事，食色不能自爲重矣。

《檀弓》黔敖爲粥于路，有飢者惡其稱嗟來也，去而不食。黔敖謝之，終不食死。曾子曰："微與？其嗟也可去，其謝也可食。"孟子亦云："周之亦可受也，免死而已。"然則救死而食，亦禮所有矣。《周禮·大司徒》荒政十二，其七曰眚禮，其十曰多昏。又《媒氏》仲春令會男女，奔者不禁。然則不親迎而妻，亦禮有矣。故孟子譬之寸木因于樓也，輿羽因于鉤也。《周禮》巾車職云："金路，鉤，樊纓九就。"車上牽挽處，多用鉤。馬項下懸纓，亦有鉤。皆乘輿之飾。《詩》云"四牡蹻蹻，鉤膺濯濯"，又曰"鉤膺鞗革"，是也。

任人，任國之人。屋廬子，名連，孟子弟子。不親迎，如孤子無父母之類。揣，量也。本謂下，末謂上。山小而高曰岑。重屋高明曰樓。岑樓，高樓也。鉤，馬飾也。金雖重而以爲鉤則小，羽本輕而一輿則重也。翅、啻通。奚翅，猶言何但也。紾，拗轉也。東家，鄰家也。摟，抱聚也。處子，女子在室者。

《昏禮》親迎：父醮子，命之曰：「往迎爾相，承我宗事，勗帥以敬先妣之嗣。」子行，主人迎于門外。壻執鴈至于廟，升階，奠鴈，稽首降出。婦從，降自西階。主人不降。壻御婦車，授綏，婦升乃驅。御者代，壻乘其車先歸，俟于大門外。○《記》曰：「男子親迎，男先于女，剛柔之義也。」壻親御授綏，親而敬之也。出于大門而先，男帥女，女從男，夫婦之義，由此始也。○劉向《説苑》：諸侯親迎，以屨二兩，加琮。大夫庶人屨二兩，加束脩。母取一兩屨屨女，命之，女拜。母引其手授夫于户，夫引手出户。夫行女從，拜父于堂，拜諸母于門外。夫升車執轡，女乃升。轂三轉，然後夫下，先行。○按女子之嫁，母命之。男子親迎，父命之。孤子無父，則不親迎，命使者往迎。故《昏禮》曰：宗子無父，則母命之。親皆没，己躬命之。支子則稱其宗，弟則稱其兄。若不親迎，則婦入三月，然後壻見婦父母。蓋無父母而親迎，是壻先往見婦父母，而新婦不得見舅姑，非禮也。故不親迎，則俟女來三月見廟後，壻乃往見婦翁。此不親迎而娶，亦古禮所有也。

二

曹交問曰：「人皆可以爲堯舜，有諸？」孟子曰：「然。」「交聞文王十尺，湯九尺，今交九尺四寸以長，食粟而已，如何則可？」曰：「奚有於是？亦爲之而已矣。有人於此，力不能勝一匹鴨雛，則爲無力人矣。今曰舉百鈞，則爲有力人矣。然則舉烏獲之任，是亦爲烏獲而已矣。夫人豈以不勝爲患哉？弗爲耳。徐行後長者謂之弟，疾行先長者謂之不弟。夫徐行者，豈人所不能哉？所不爲也。堯舜之道，孝弟而已矣。子服堯之服，誦堯之言，行堯之行，是堯而已矣。子服桀之服，誦桀之言，行桀之行，是桀而已矣。」曰：「交得見於鄒君，可以假館，願留而受業於門。」曰：「夫道，若大路然，豈難知哉？人病不求耳。子歸而求之，有餘師。」

人皆可以爲堯舜，此平實語。曹交舉以問，甚驚駭。故孟子就淺近開示，見作聖原無難事。然言愈近而旨愈深矣。道不外人倫日用，求堯舜于成功文章，見爲莫及。求其本源發端，惟赤子愛親敬兄之一念。衆人失之爲桀紂。堯舜精一無雜，處處率性，由仁義行。積而至于如天好生，蕩蕩巍巍。初無異術，行止疾徐，衣冠言動，無非入聖之路。反而求諸孝親敬長，自有餘師。故曰堯舜人皆可爲也。

人皆可以爲堯舜，是《孟子》七篇中尋常義理，所重只在一爲字。從事曰爲。曹交將爲字抹過，但以形迹比擬，曰如何則可者，是無志于爲，而但以不勝自患耳。故孟子以爲勉之，章内七爲字相應。行堯之行，歸而求之。行與求，皆爲也。凡爲在力，力行近乎仁。有能一日用其力于仁，未見力不足者，故聖譬則力也。不能舉一鴨雛，喻委靡無志，而甘爲無力人也。今曰舉百鈞，喻一旦奮發，欲爲有力人也。

爲與不爲，在乎一念。烏獲，有力之至者。引以譬堯舜而已矣，言不必形似也。但論所舉，即定所爲。曹交論爲在形體，孟子論爲在舉勝。舉堯舜之道，即是爲堯爲舜者矣，何論形體乎？夫人豈以不勝堯舜之任爲患？患不用力耳。力聽命于志，志欲爲則爲矣。故下文舉孝弟，言其易也。曹交虚擬堯舜，故教以用力。恐畏其難，故教以行止疾徐衣冠言行，即人皆可爲之實。孔子所謂「吾無隱乎爾」者也。

孝弟天性，恒人不學而能，不慮而知。與聖人不勉而中，不思而得，一也。此人皆可以爲堯舜之本源。孟子道性善，言必稱堯舜。堯舜惟性善，性善惟孝弟，孝弟惟行止疾徐之心。良心存，本源真，則衣冠言動皆真，於是有徐行後長之行，率性循理，即堯也。良心亡，本源差，則衣冠言動皆差，於是有疾行先長之行，背理妄作，即桀也。堯服言行，本孝弟生也。桀服言行，由不孝弟生也。若不向源頭識取，雖衣服言行，亦是形體尺寸之類而已。

曹交以形體爲聖，以假館爲學，其孟浪可知。孟子委曲善誘，教之以孝弟，所謂愚不肖可與知能者也。得見鄒君方假館，不得則已。可假館則留學，不可則已。留則受業，不留則已。此豈有志學道之士？孟子提大路，隱然辭卻，教他歸去。大路坦然，學道猶是也。但歸自有路，求放心即是學，孝弟即是無窮之師。莊周云「弱喪而不知歸」，與此歸字相彷。

曹交，曹君之弟。文十尺，湯九尺，猶堯眉八彩、舜目重瞳、文王四乳之類。言天生聖人，形體自殊。誇己形與聖人同，而未得爲聖人也。食粟猶言日用飲食，無他材能也。匹、鴨同。烏獲，勇士姓名。徐行，緩步也。得見鄒君，言已得。自通于鄒君，挾貴之意也。留，留鄒也。受業，受學也。所攻曰業。門，孟子之門。

《書》傳云：「舜目重瞳。」項羽、王莽目亦重瞳。禹，長頸鳥喙，越王句踐亦長頸鳥喙。人之神不係于形。仲尼之智，不短于長狄。

匹，即鴨，古字通。匹與疋同，古通作雅。《大雅》《小雅》《爾雅》之雅，俱作疋，通作鴉，烏也，轉作鴨。家曰鴨，野曰鶩。《曲禮》：庶人摯匹。註疏音木。是以匹字當鶩字，誤也。

《秦本紀》云：秦武王有力，好戲。力士任鄙、烏獲、孟説歸焉。王與孟説舉龍文之鼎，絶臏而死。或云：「秦王于洛陽舉周鼎，烏獲兩目血出。」《燕策》云：烏獲舉千鈞之鼎，行年八十，而求扶持。

曹國，姬姓，伯爵，以封文王子叔振鐸，即今山東曹州地是。

三

公孫丑問曰：「高子曰：《小弁(盤)》，小人之詩也。」孟子曰：「何以言之？」曰：「怨。」曰：「固哉，高叟之爲詩也！有人於此，越人關(彎)弓而射(石)之，則己談笑而道之，無他，疏之也。其兄關弓而射之，則己垂涕泣而道之，無他，戚之也。《小弁》之怨，親親也。親親，仁也。固矣夫，高叟之爲詩也！」曰：「《凱風》何以不怨？」曰：「《凱風》，親之過小者也。《小弁》，親之過大者也。親之過大而不怨，是愈疏也。親之過小而怨，是不可磯機也。愈疏，不孝也。不可磯，亦不孝也。孔子曰：『舜其至孝矣！五十而慕。』」

《小弁》之詩，周幽王太子傅作，以刺幽王也。幽王嬖褒姒，黜申后，廢太子宜臼。申后與宜臼奔申。申侯率犬戎殺幽王于驪山下，西周亡，遂與晉文侯共立太子宜臼于洛邑，爲平王。此東周之始也，故《春秋》託始于平王。《禮》云：知親而不知尊者，禽獸是也。禽獸知有母而不知有父。平王知立己之恩，而以王民戍申，銜廢己之讎，而黨外戚殺父，棄祖宗累十世之堂構不守，《春秋》所以託始也。《書》存《文侯之命》，《詩》録《揚之水》《小弁》《白華》，大義昭然。而高子論《小弁》，不數其不孝，但謂其爲小人之怨。孟子既辯其非小人而尤獎其爲親親者，何也？詩非宜臼自作也。凡言詩者，言其詩耳，非拘其事與人也。詩者，志也。在心爲志，發言爲詩。《詩》有三百，志惟美刺二端，故一言以蔽曰思無邪。孟子深契此旨，曰説詩者不以文害辭，不以辭害志，以意逆志。美者不必贊，逆其志而美存。刺者不必詈，逆其志而刺隱。故《小弁》之刺幽王也，若爲宜臼之怨其父也。《白華》之刺幽后也，若爲申后之怨其夫也。而實非宜臼自能爲《小弁》，申后自能爲《白華》也。故《序》于《白華》云：周人代作。于《小弁》云：太子之傅作。明子無怨父之道，而見平王之不能親親也。高子謂爲小人，與孟子謂爲親親，本作者立言之志，論性情之道，非論事與人也。太子之傅，不知何人，而志在篤倫，怨而不怒，所以爲温柔敦厚，可以怨也。《詩》之爲言，長言之也。長言不足，故嗟嘆之。嗟嘆不足，至于手舞足蹈而不知，所以爲性情之道也。凡人性情未必皆中和，而其爲《詩》未有不畏言、不嗟嘆、不舞蹈、不温柔敦厚者，不如是不可以爲《詩》。不可以爲《詩》，則不可以興，不可以觀，不可以怨。不可以事君父，則聖人删之矣。故《詩》三百，皆温厚可言，而不必温厚者乃能作也。凡《詩》皆道性情，而非即其《詩》以信作者之性情也。孟子據《小弁》之辭，逆作者之志，論仁人處變之情耳，豈遂以平王爲孝子乎？朱子説《詩》祇拘事與人，泥而不合，則詆古序爲妄。謂《小弁》爲平王自作，是平王爲親親之仁矣。黨仇殺父，不仁莫大乎是，此旨不明。故高子之固，與咸丘蒙同。孟子教咸丘蒙勿以辭害志，即斥高子固之意。固則不達。孔子云：誦《詩》三百不達，雖多奚以爲？達如子貢，然後可與言《詩》。古序犂然，人猶不達，而況欲並古序廢之。故《記》曰「其失也愚」，此之謂也。

怨之一字，加于讎則爲忍，加于親則爲愛。總之，人情悒鬱難忍則怨。高子以怨爲小人，謂器宇不寬廣也。愛而不忍，與忿而不忍，其怨同。未知宜臼之怨，忍邪？不忍邪？瞽瞍之惡不減于幽王。宜臼事父，奚但不底豫，焉可與舜同日語，故曰論其《詩》而已。引而伸之，三百篇皆可知也。

士有洪人之度，其恚忿自少，故求仁在無怨。君子汎愛衆，處横逆，如越人彎弓之類，犯而不校則可。舜無一朝之忿，而未免終身之憂。旻天之泣，爲不若是恝也。舜與平王，賢不肖相懸。而《詩》可觀、可興、可怨則同。故《詩》與《春秋》所載之事，不必皆聖賢，而美刺之志，是非之義，皆聖賢道德之至也。惟知《春秋》者可與言《詩》。平王千古不孝子，而《小弁》一詩深得孝子怨慕之意，雖大舜猶然也。子云「詩可以怨」，此之謂也。

言詩之蔽，一固字盡之，此章破此一字。引越人與兄，兩種用情不同。再引《凱風》比《小弁》，明親親中亦有當怨不當怨，皆以見《詩》之性情。各得其正，惟通達者可與言，所謂不以辭害志也。孟子見道精切，每于仁人孝子至情委婉處，辨析入微，所以妙于知言。惟知言，然後可與言《詩》。

設言有人於此，以譬《小弁》詩人也。越人，越國之人，甚言其疏，而此人與之無德無怨也。其兄，亦即此人之兄。兩射之，皆射此人也。己，即指此人談笑而道之者。己無以取之，猶横逆不校，此物奚宜至之意。涕泣而道者，至誠以感動之也。各因親疏爲情緩急，不可執一論。如以待越人之道，施于兄弟之間，則固矣。蓋射以殺身，膚受之災，非望相加，可付之一笑。若夫骨肉相殘，而談笑以道，豈若是恝乎？《檀弓》云：「吾母而不得吾情，惡乎用吾情。」於兄亦然。所以爲親親，仁也，仁者愛也。

《詩》主温厚。故高子以怨悱爲褊隘，而命之曰小人。固者，不通達也。關弓，猶彎弓。道，言也。情不相屬曰疏，迫切曰戚。淚下曰涕，啼哭曰泣。《凱風》，《衛風》篇名。母生七子，猶有淫行。其子能慰諭之，故詩人美之。過小，謂其咎止于身。過大，謂幽王無道，禍及宗社也。愈疏，謂親既疏子，子又疏親。所謂越人彎弓，談笑而道之者也。水觸石曰磯。不可磯，言水中不容磯石，遇之則怒。子不容親過猶是也。慕，怨慕也。舜之怨慕，亦《小弁》之性情也。

高子，即《詩・周頌・絲衣》序引言「靈星之尸」者，疏云公孫丑稱其言詩問孟子者是也。相傳子夏授《詩》高行子，高行子授薛倉子，薛倉子授帛妙子，帛妙子授河間大毛公。高子，即高行子也。至孟子時年老矣，故孟子稱叟。與孟子門人高子爲兩人。然《韓詩外傳》有高子問孟子衛女何以得編于詩，而後篇山徑章高子與孟子論樂，則門人高子亦似學《詩》者。豈即高行子之子弟爲孟子門人，如大小毛公之類與？

凡石在水中皆曰磯，釣磯是也。水遇磯必怒，故水險處曰磯頭。又磯與激通，感激或稱磯感也。

四

宋牼坑將之楚，孟子遇於石丘，曰：「先生將何之？」曰：「吾聞秦楚構兵，我將見楚王説稅，下同而罷之，楚王不悅，我將見秦王説而罷之。二王我將有所遇焉。」曰：「軻也請無問其詳，願聞其指，説之將何如？」曰：「我將言其不利也。」曰：「先生之志則大矣，先生之號則不可。先生以利説秦楚之王，秦楚之王悦於利，以罷三軍之師，是三軍之士樂罷而悦於利也。爲人臣者懷利以事其君，爲人子者懷利以事其父，爲人弟者懷利以事其兄，是君臣父子兄弟終去仁義，懷利以相接，然而不亡者，未之有也。先生以仁義説秦楚之王，秦楚之王悦於仁義，而罷三軍之師，是三軍之士樂罷而悦於仁義也。爲人臣者懷仁義以事其君，爲人子者懷仁義以事其父，爲人弟者懷仁義以事其兄，是君臣父子兄弟去利、懷仁義以相接也，然而不王者，未之有也。何必曰利！」

七國之紛争也，以利；策士之欲行其説也，亦以利。秦楚之兵，本爲利興。而説以罷兵之爲利，構兵之不利。彼爲利興者，必爲不利罷，故可望其聽。但此一罷也，惟知省餽餉器械，士馬無傷之爲利，而不知休争保民守分之本爲仁義也。仁義不明，惟利是從。此風一倡，三軍非一人，人非一心。其間有爲人臣者，懷此利心以事君。有爲人子者，懷此利心以事父。有爲人弟者，懷此利心以事兄。而彼君父兄，亦以利心接其臣子弟。夫既以利相與，則必以不利相争。今日以利罷兵，明日又必以不利興兵。蓋利之爲物，利己則不利人，利臣子弟則不利君父兄。弑逆篡奪，皆自此始，豈有不亡者哉！故必説之以仁義而後可也。教以殺無罪非仁也，取非其有非義也。仁義，人之良心也。懷，猶抱也。隱微衷曲，拳拳不釋之真意也。懷利以事者，有所覬覦而爲忠孝弟也。懷仁義以事者，無所利而各自盡其心也。仁義獨言終去者，世方好利，又以利勸之，人心世道，終無反正之日矣。

或問：宋牼如以仁義説秦楚，兵可必罷乎？曰：未可也。戰國之兵之不得罷，孟子亦知之，而不可不説之使罷也。説之罷猶愈于説之興者，知其不可罷而説以利，猶救焚而抱薪也。與其不罷而説以不利，不若説以仁義而未必罷也。雖其不罷，猶聞仁義之言。禮廢羊存，有王者起，必來取法，非以仁義爲必遇于秦楚也。凡聖賢立言，言其終古不易者而已。天理猶在，人心未死，故仁義不可終去也。

宋牼，人姓名。莊周、荀卿皆作宋鈃。石丘，地名。先生，年長者之稱。指，意所主也。○莊周云：不累於俗，不忮於衆，願天下之安寧，古之道術有在於是者。宋鈃、尹文聞其風而悦之。救民之鬭，禁攻寢兵。以此周行天下，上説下教，雖天下不取，强聒而不舍。其爲人太多自爲太少，置五升之飯，先生不得飽，弟子雖飢，不忘天下。○荀卿云：上功用、太儉約而慢差等，曾不足以容辨異、懸君臣，然其持之有故，言之成理，足以欺世惑愚衆，是墨翟、宋鈃也。

五

孟子居鄒，季任爲去聲任處守，以幣交，受之而不報。處於平陸，儲子爲相，以幣交，受之而不報。他日，由鄒之任見季子，由平陸之齊不見儲子。屋廬子喜曰：「連得閒矣！」問曰：「夫子之任見季子，之齊不見儲子，爲其爲相與？」曰：「非也。《書》曰：『享多儀，儀不及物曰不享，惟不役志于享。』爲其不成享也。」屋廬子悦。或問之，屋廬子曰：「季子不得之鄒，儲子得之平陸。」

儲子爲相，既不能尊賢舉能，有忝輔弼，咫尺大賢之門，又不能造請，而使人代致一幣，亦尋常交際耳，安望于齊王能就見之也？孟子難于盡言，但引《書》辭，譏其不成享，明不屑之意。然而受之者何也？所謂卻之不恭也。然則不報乎？曰：報以使也，亦不親往也。

禮以義爲質。稱物平施，惟君子能由是路，出入是門。行禮以志爲本。有敬賢之志，將之以物，行之以儀，而後成禮。儀物皆生于志，志用則儀物相稱，志不用，徒物而無儀，則不成禮。志不可見，而儀物即可見之志。季儲二子幣交同，其不來同，而有成享與不成享者，因處守與爲相異也。儀有備不備，諒其志有用不用，故報禮亦有見不見也。得閒，非覓其短，君子處事自無閒，而問者借以爲閒。不平滿處曰閒，猶言罅隙也。爲其爲相，即閒也。幣交既同，豈可以儲子爲相遂輕之？借此發問耳。學者患不能問，有閒乃可發端，屋廬子所以喜也。

季任，任國君之弟。任君朝會鄰國，其弟爲君居守其國也。幣交，交孟子也。以幣，不親交也。不報，未答禮也。儲子爲相，爲齊王相也。見季子，報幣也，爲其爲相，疑儲子不若季任爲國君弟之貴也。《書·洛誥》之辭，周公教成王也。奉上曰享，諸侯來朝享于王也。容貌曰儀，玉帛曰物，忠貞曰志。役，用也。儀生于志，物以將儀，而後成享。享猶夫不享，惟其不用志而爲虚文也。三語皆《書》辭，爲其不成享。孟子自言己不答儲子，正爲其不成享，非爲其爲相也。屋廬子悦，悦其聞教也。或問之，問屋廬子也。疑幣交同，而成享不成享異，何也？季子爲君居守，不敢越國，其以幣交，非儀不及物也。儲子爲相，可一來，而亦以幣交，所以爲儀不及物，不役志不成享也。

任國，伯爵，己姓。帝魁之母家，黄帝以封幼子。周之繼絶也，以居風姓。今濟陽之任城是也。

六

淳于髡曰：「先名實者，爲人也。後名實者，自爲也。夫子在三卿之中，名實未加於上下而去之，仁者固如此乎？」孟子曰：「居下位，不以賢事不肖者，伯夷也。五就湯、五就桀者，伊尹也。不惡汙君，不辭小官者，柳下惠也。三子者不同道，其趨一也。一者何也？」曰：「仁也。君子亦仁而已矣，何必同？」曰：「魯繆穆公之時，公儀子爲政，子柳、子思爲臣，魯之削也滋甚。若是乎賢者之無益於國也。」曰：「虞不用百里奚而亡，秦繆公用之而霸，不用賢則亡，削何可得與？」曰：「昔者王豹處於淇而河西善謳，緜駒處於高唐而齊右善歌，華周、杞梁之妻善哭其夫而變國俗。有諸内必形諸外，爲其事而無其功者，髡未嘗覩之也。是故無賢者也，有則髡必識之。」曰：「孔子爲魯司寇，不用，從而祭，燔煩肉不至，不稅脱冕而行。不知者以爲爲肉也，其知者以爲爲無禮也。乃孔子則欲以微罪行，不欲爲苟去。君子之所爲，衆人固不識也。」

遊士闗説，動引名實，即世俗所謂功名者也，與聖賢德業聞望殊。爲人自爲，皆是利心，害仁義，遺君親，如楊墨。亂臣賊子，皆生于有所爲。孟子姑未暇辨，第就髡所謂仁者論之。不在于爲人自爲與名實成不成，而在至誠惻怛之心。如夷、尹、惠三子，行止去就異而仁同也。髡乃引公儀、子柳輩，譏孟子雖不去，未必有益。不知棄賢不用，豈但無益，亡且隨之。又引王豹、緜駒謳歌俳優小技及婦人哭夫之事，侈爲有功，猶問嫂溺手援之意，滑稽之利口也。自謂有賢必知，而賢者用心，豈求人知？

如孔子豈不能有爲于魯，其君不用故去，而竟不忍彰君之失。孟子無功于齊，亦以王不用故去。顧何忍辭己無功而委罪于君，所以三宿出晝，難以語人，雖謂我無功不賢何傷。故曰君子亦仁而已。髡烏能知此？

髡譏孟子以漸而迫。初問，猶謂其去而名實未加。再問，謂雖不去亦未必有加，然猶謂其賢也。三問直譏其不賢。歌笑俳優婦女，近于狎侮矣。總之髡於孟子，了不相知。故孟子語歸結在人不識，即孔子云「人不知不愠」也。名實未加而去，由齊王不能用，故引百里奚不用而去虞，孔子不用而去魯。不用二字是骨子，然終不明言王不用己，而但借古人見意。所以爲達天知命，願學孔子，仁人用心，衆人不識，此也。髡譏孟子，與尹士語人意略同。孟子於尹士亦云「惡知予」「予豈若小丈夫」，亦衆人不識之意。但尹士私議，而髡面瀆。尹士自悔，而髡自信。言僞而辨，行僻而堅。若髡者，孔子爲司寇所必誅者也。

爲人自爲，渾是私心。一先一後，有意爲此，與聖賢用行舍藏全殊。夷尹惠道不同，皆無所爲而爲。恒情于人己間，一有所爲，則無所不爲。名非君子所先，小人先名，要譽也。對名曰實，即功利也。以功利爲名譽，即當世稱衍儀爲大丈夫之類。有意爲人，即是墨翟之兼愛。有意自爲，即是楊朱之爲我。楊墨所以可惡，非惡楊墨也，惡其害仁義也。孟子言仁義救功利之禍，不欲直斥當世言功利者，但謂之與楊墨辨耳。楊墨之道，是不仁義之端；名實先後，是無君父之實。楊墨賢于衍儀輩甚遠，而仁義不明自楊墨始。故欲明仁義，不得不與楊墨辯。與墨辨，以防爲人者；與楊辨，以防自爲者。此意亦衆人所不識也。

夷、尹、惠三子，合成一時中，何必同。即孔子仕止久速，惟時也。孟子生平願學，故篇内屢舉三子。伯夷似自爲，伊尹似爲人，柳下惠似人己和合，故曰不同道。所由曰道，所向曰趨。仁，謂愛人憂世之真心也。髡言仁主迹，孟子言仁主心。

伊尹先嘗五就夏桀，不用乃相湯。伐夏原非伊尹與湯本願也。唐虞以來無放伐之事，聖人難于作俑，故尹惟冀桀改圖，則夏民安而湯與尹亦永爲臣矣。所以往來頻數，反覆開導，不啻再三。若夫就湯，何必待五。五就桀不聽，而五反于湯耳。非謂就桀五，而就湯亦須五也。柳宗元謂事湯不如事桀成功速，夫欲速非聖人意也。聖人欲天下安，則君臣安。儻桀可回，十往所不辭也。

戰國遊説富强之策行，而仁義之道熄。孟子無功去齊，宜也。世人重功利，而宣王頗稱好士，故謂孟子可以有功而無功。不知功成于用，齊王不用仁義，其何功之有？是時稷下諸人，如淳于髡輩，貪叨豢養。獨孟子不受禄，不枉召。群小側目久，於其去而詆毁，小人之情也。孟子但隨意答問，渾然不露。及觀七篇言論風旨，皆正直忠厚，有不亂之守，又有包承之量。後儒顧謂孟子太露鋒鋩，均不識孟子者也。

孟子去齊，決于取燕一事。諸侯謀齊，燕人叛齊。湣王之死，其兆已見，而宣王不悟。陳賈輩方從臾之，故篇中敘孟子致臣于陳賈勸王後，可知也。及孟子去，宣王卒，齊有諸侯之師，終于不振。昔孔子去魯，在定公朝。季桓子專國，受齊女樂。孔子行，託膰肉不至。行不爲肉，亦不專爲女樂，爲季氏不可除而魯事終不可爲也，故孔子去而魯日衰。哀公死于有山氏與齊湣王死于莒，覆轍同也。聖賢見幾，若合符節。然而遲遲其行，三宿出晝，何也？司寇齊卿之位，不爲小矣，君恩不爲不厚矣。立乎人之本朝而道不行，使大臣怨乎不以，則君之過，亦非細也。異姓之卿，君有大過則諫，反覆之而不聽則去。其去也，使君蒙大過，則薄矣。故委曲于將去，寧使人謂己爲肉，爲無功不賢，而終不肯歸咎于君之不用，所以爲忠厚之至也。故曰君子亦仁而已，衆人不識也。

君子非故隱秘使人難識。小人之腹，不可以爲君子之心。道不同不相爲謀。君子謀道，小人謀名。君子論心，小人論迹。君子不以去就二心，小人就一心，去又一心。故君子不得于君，惟恐人知。小人疾其君，惟恐人不知。故曰君子交絶，不出惡聲。忠臣去國，不潔其名。孔子所以微罪行，孟子所以名實未加于上下而去之也。

孔子爲魯司寇不用遂行，孟子爲齊卿不用久而後行，何也？孔子食禄，孟子未受禄也。食禄則爲臣受事，而事一日不可曠也。不食禄，則所謂無官守無言責，進退有餘裕者也。爲小官不用，不去猶可，如柳下惠是也。爲司寇不用，則不可一朝居。不可一朝居，而即一朝去，是爲苟去也。苟，誠也，猶燕禮「賓爲苟敬」、《盤銘》「苟日新」之「苟」。不欲專爲此事而亟去，假祭肉不至以行。寧使人謂我爲肉，謂君爲失禮而已。用意忠厚，所以爲仁。

孔子爲魯司寇不用，四語甚委曲。司寇之位，爲卿相矣。用其身不用其道，雖司寇猶不用也。不用則當亟去，又從君祭，何其從容也。司寇不用既可從容，祭肉不至，又不可從容乎？而乃不税祭服以行，又何其急也。蓋其去也，原爲司寇不用。其從而祭者，不欲以司寇不用而去也。不税冕行者，正欲以膰肉不至而行也。故不知者以孔子爲肉，孔子甘之。即知者以君爲無禮，則其罪亦微耳。

先後，猶言緩急。名，聲譽也。實，事功也。大國三卿，孟子爲齊客卿。上謂君，下謂民也。未加，無益也。去之，空去也。居下位，不用也。五就湯五就桀者，屢説桀不用，而後反歸于湯也。三子進退不同，憂世愛民之心一也。公儀子，名休。爲政，謂爲相也。爲臣，爲諸臣也。子柳，泄柳也。王豹，衛人。短曰謳，長曰歌。淇，水名，在衛西南。衛在河北，淇在河内西北也。緜駒，齊人。高唐，齊西地。華周、杞梁，二人皆齊臣，戰死于莒。燔、膰通，熟肉也。祭禮有燔俎，燒肉以從獻也。《春秋傳》曰：「腥曰脤，熟曰燔。」祀有執燔，戎有受脤。《周禮·大宗伯》：以血祭祭社稷五祀，以饋食享先王。是社稷主腥爲脤，宗廟主熟爲膰也。税與脱同。冕，祭服之冠。微，細也。膰肉不至，細過也。苟者，且然而亟反之辭。凡言苟，皆兼誠意。如《論語》苟合、苟完、苟美、無所苟之類，皆且意。《儀禮》「賓爲苟敬」、《大學》「苟日新」、《離騷》云「苟余情其信芳」之類，與此苟皆誠意。如《論語》「苟志於仁」「苟有用我」「苟子之不欲」，篇内「苟得其養」之類，皆且然誠反之辭也。

魯繆公見《公孫丑》下篇。○《史·循吏傳》：公儀休爲魯相，奉法循理，無所變更，百官自正，使食禄者不得與下民争利，受大者不得取小。客有遺相魚者，不受。客曰：「聞君嗜魚，不受何也？」曰：「以吾嗜魚，故不受也。受必有下人之色，有下人之色，將枉于法。嘗食茹美，而拔其園葵棄之。見其家織布好，而疾出其家婦，燔其機。云欲令農士工女，安所售其貨乎？」○《左傳》：齊莊公襲莒。

杞殖即杞梁、華還即華周載甲夜入莒郊，明日，先遇莒子。莒子賂之。周對曰：「食貨棄命，何以事君？」莒子伐之，獲杞梁。齊侯歸，遇杞梁之妻于郊，使弔之。辭曰：「殖之有罪，何辱命焉？若免於罪，猶有先人之敝廬在，妾不得與於郊弔。」齊侯弔諸其室。然則所謂善哭變，俗知禮之謂也。《禮·檀弓》稱魯哀公使人弔蕢尚于路，畫宫而受弔。曾子曰：蕢尚不如杞梁妻知禮。《列女傳》云：杞梁死，妻無子，内外五屬無親，枕其夫屍于城下哭十日，城爲之崩。既葬，曰：「吾上無父，中無夫，下無子。内無依以見吾誠，外無倚以立吾節，吾有死而已。」遂赴淄水死。君子謂杞梁之妻，貞而知禮。《樂府》有《杞梁妻之歌》，其妹朝日悲其姊而作也。《琴操》有《范杞梁嘆》。范，其姓氏也。

《周禮·秋官·大司寇》：掌邦之三典，以佐王刑邦國。《史記》：魯定公九年孔子爲中都宰。一年，四方則之，進爲司空，又進爲大司寇。十四年，由大司寇攝行相事。齊人歸女樂，定公怠于政事。子路曰：「夫子可以行矣。」孔子曰：「魯今且郊，如致膰俎，則吾猶可止。」於是不致膰俎，孔子遂行，適衛。

七

孟子曰：「五霸者，三王之罪人也。今之諸侯，五霸之罪人也。今之大夫，今之諸侯之罪人也。天子適諸侯曰巡狩，諸侯朝於天子曰述職。春省耕而補不足，秋省斂而助不給。入其疆，土地辟闢同，田野治，養老尊賢，俊傑在位，則有慶，慶以地。入其疆，土地荒蕪，遺老失賢，掊（裒）克在位，則有讓。一不朝（潮）則貶其爵，再不朝則削其地，三不朝則六師移之。是故天子討而不伐，諸侯伐而不討。五霸者，摟諸侯以伐諸侯者也。故曰五霸者，三王之罪人也。五霸桓公爲盛，葵丘之會諸侯（句），束牲載書而不歃（察）血。初命曰：『誅不孝，無易樹子，無以妾爲妻。』再命曰：『尊賢育才，以彰有德。』三命曰：『敬老慈幼，無忘賓旅。』四命曰：『士無世官，官事無攝，取士必得，無專殺大夫。』五命曰：『無曲防（房），無遏糴（狄），無有封而不告。』曰：『凡我同盟之人，既盟之後，言歸于好。』今之諸侯，皆犯此五禁，故曰今之諸侯，五霸之罪人也。長君之惡其罪小，逢君之惡其罪大。今之大夫皆逢君之惡，故曰今之大夫，今之諸侯之罪人也。」

自此以下三章，皆儆當時富强之臣。王道衰微，下逮五霸，已非平世。而七國諸侯，並五霸假仁義之事，亦顯棄之矣。世道復何所終乎？苟爲臣者，少有愛君澤民之志，輔其君爲善，猶恐不及。而更教之掊尅聚斂，興兵結怨，皆今之大夫所爲。故此章歷定其罪案，而歸咎于其臣，所謂服上刑者也。巡狩述職，王者之大典。巡狩有慶有賞，自天子出。述職有貶有削有移，亦自天子出。五霸摟諸侯以伐諸侯，是不知有天子也。王法之壞自五霸始，故曰三王之罪人。五霸之事，無一不假。蓋不仗義，則不能服人。倚兵力，則開敵愈多。是以齊桓公不用兵車，九合諸侯，迹其盟誓五條，申戒同盟，雖無仁義之實，宛然有仁義之風。若今諸侯悉反其所言，欲如五霸勉强爲善，亦不可得矣。問其所以，非諸侯自能爲此也。皆由今之大夫，心術不正，學術不端，倡爲富强刑名縱横等術，逢迎其主，使世道壞亂如此其極也。有王者作，今之大夫可勝誅乎？焉可獨罪今之諸侯而已。

五霸，謂春秋二百四十二年間五强國之無王者也。孔子脩《春秋》，所以罪之。魯隱公初年，鄭莊公射天子，專征伐，霸之始也。閔僖以來，齊桓起，而晉文繼之。成襄以來，楚莊繼之。昭定以來，吳繼之。至于定哀之季，齊絶晉分吳亡，而春秋終矣。故五霸者，終始春秋者也。孟子云：世衰道微，孔子懼，作《春秋》。《春秋》，天子之事。又曰：「《春秋》無義戰。」即所謂摟諸侯以伐諸侯，三王之罪人者也。孟子没，《春秋》大義不傳。左、公、穀妄臆穿鑿，謂仲尼奬五霸，尊桓文，舛也。宋襄身爲虜，秦穆未同盟，皆牽帥備數，誣也。或援杜預《左傳註》云夏昆吾、商大彭豕韋、周桓文爲五。按《左傳》齊賓媚人説晉曰：五霸之霸也，勤而撫之。是時魯成公二年，五霸尚未終。後人託丘明語紕漏，而杜氏因孟子得罪三王語，遂以五霸分三代附會之。夫王降而後有霸，若使湯武前已有霸，是霸與王迭興也。觀下文首舉齊桓其爲春秋諸侯甚明，云摟諸侯以伐諸侯，正指十二國二百四十二年間事耳。

「天子適諸侯」至「六師移之」，言王者盛世，大權一統。即孔子云「天下有道，禮樂征伐自天子出」之意。天子巡守，而諸侯述職，亦尊天子也。省耕斂，主天子巡行，亦即是諸侯之職。所謂一遊一豫，爲諸侯度者也。天子巡守，入疆地闢，田治與否，則諸侯省視之勤惰，亦俱見矣。自入疆至有讓，言巡守有賞罰，由天子也。自一不朝至移之，言述職有貶削變移，亦由天子也。諸侯皆無專擅，此三王之法也。「是故天子討而不伐」二句，總承慶讓貶削六師移，皆自天子出。而征伐爲尤大，天子有討罪之權，不自伐而命侯伐之。諸侯惟奉天子命伐之，而不敢論討，此古今通誼也。「摟諸侯以伐諸侯」一句，括盡春秋二百四十餘年亂蹟。五霸罪案，惟此一語定之。以諸侯伐諸侯，非天討也。摟諸侯，又非諸侯樂從也。拘而聚之曰摟，猶摟處子之摟。諸侯渙散，會以要之，歃血以盟之，所謂摟聚也。此霸者詭計，王法所以壞，世道所以亂，《春秋》所以作也。七王合從連衡，由此作俑。得罪三王，莫大乎是。

巡守入疆，先土地，重國也。地事莫急於農桑，故次田野。民行莫重於孝弟，故次養老。朝政莫先於用人，故次尊賢。慶以地者，天子有閒田在九州，及削移之地，皆可充慶賞也。貶爵，如上公降爲七命，侯伯降爲五命，子男降爲三命之類。削其地，如大國削爲七十里，次國削爲五十里，小國削爲附庸之類。六師，即六軍。天子畿内六鄉，萬二千五百家爲鄉。家出一人，故萬二千五百人爲軍。六鄉，故六軍也。移之，變移其君也。古有寄公，即失國之君也。

五霸各有會有盟，舉齊桓之葵丘，槩五霸也。五霸桓公爲盛，則餘無足觀矣。餘四君，與齊桓先後狎主盟者也。周之東遷依鄭，鄭莊公爲天子卿士。隱公初年，鄭伯挾天子令諸侯，是摟諸侯之始也。齊桓公踵其事，而力强于鄭。管仲爲謀主，經營諸侯四十餘年。孔子稱其九合不以兵車，孟子述五盟之辭曰桓爲盛，非獨力强也。仗信義，不全倚會盟，故不歃血。而其辭有道誼之風，雖不能行仁義，而猶禁不仁義者，惟齊桓公爲然，所以賢于晉楚吴越諸君也。《春秋》書會四十九，齊桓公十有八，桓公他會盟未必皆不歃血，他盟辭未必皆如五命。特舉五命者，皆今諸侯之所犯也。必如杜預云夏商之季已有五霸，則是齊桓公上掩先代，而功並湯武也，豈其然乎？

僖公九年秋，齊侯盟諸侯于葵丘，《左傳》不載五命之辭。《穀梁傳》云：葵丘之盟，陳牲而不殺，讀書加于牲上，壹專也明天子之禁。曰：「毋雍泉，毋訖糴，毋易樹子，毋以妾爲妻，毋使婦人與國事。」又僖公三年秋，齊侯會諸侯于陽穀。《公羊傳》：桓公曰：毋障谷，無易樹子，毋以妾爲妻。二傳所記盟辭各異，當以孟子爲據。

凡盟，殺牲告神。同盟者各取牲血塗口旁，以表言出赤衷也。有食言者，神殛之如此牲。本愚俗之事。胡人彈骨，越人鬋臂，中國人歃血，非古也。《詩》云：「君子屢盟，亂是用長。」《書》云：「興民胥漸，泯泯棼棼。罔中于信，以覆詛盟。」盟者，盜賊之事，苗民之俗，《詩》《書》所不道也。王者盛世，諸侯無事不越境。會且非矣，而盟欲何爲？信近于義，則言出人信，歃血何爲？事不協諸義，假鬼道以要人，君子不爲。而有取于葵丘之盟者，爲其不歃血耳。不歃血而猶盟，所以爲霸。霸者摟諸侯之術，恃會盟而已。

初命，專爲王室屢易世子而言。再命三命，論同盟以善道也。四命五命，皆當時弊政。初命，宮闈之事。再命，朝廷之事。三命，邦國之事。四命，馭臣之事。五命，睦鄰之事。不孝非子也，天下首惡，故誅之。不言勿者，不待教也。父欲廢子，故其子爲不孝，故並禁之。子已樹立爲繼，中道改易，必有黷干之者。妻爲敵體，以妾並嫡，必有蠱惑之者。二者皆亂本也。賢者，才之成也。才者，可致于賢也。有德，即賢才也，尊在高位也。育，作養也。彰，即尊育也。凡才倍人曰茂，十人曰選，百人曰俊，千人曰英，萬人曰賢。賢者，聖人亞也。老幼者，國人也。孝弟，則敬老矣。無忘，加意憂卹也。賓，客也。旅，遠人也。任事曰士，與仕通。世官，勳舊子孫襲先世官爵者也。無世官，膏粱子多不才也。官事，官所職掌之事。攝，兼也。勿攝，事各有專官也。取士必得，無失人也。三語三轉意相屬。仕雖不世官，而官不可缺也。官雖不缺，而人不可濫用也。必得，兼擇人器使二意。卿以下皆曰大夫。專，擅也，謂任情獨斷也。不可以私怒小事擅殺大臣。有大惡，則質諸群議，明公道，議親貴，以存大體也。世官殺大夫二事，皆春秋諸侯之通弊。齊晉之亡，宋魯衛之亂，皆由于世官。無世官，非吝爵也。苟官缺，則廢事矣。要在得人，非其人而世官則不可。得其人，非世族亦可也。下二句，足上一句。大夫位高，君黨也。路馬猶不齒，況君之貴臣乎？語曰：廉遠地，則堂高。古者刑不上大夫，有罪則盆水加劍令自裁。故曰：君使臣以禮，則臣事君以忠。手足腹心，誼同一體。故《春秋》弑君書，殺大夫亦書。蓋上之殘下也，極于殺大夫。而下之慢上也，極于弑君。一體之義也。五命及此，庶幾《春秋》之義矣。無曲防三事，即《周禮·大宗伯》所謂「以凶禮哀邦國」者也。弔禮以哀禍災，即勿曲防也。荒禮以哀凶札，即勿遏糴也。喪禮以哀死，即有封必告也。勿曲防，旱澇相通也。無遏糴，豐歉相濟也。封必告，死葬相助也。封，即葬也。柩歸土曰封，即窆也。《禮》云：「縣棺而封。」凡諸侯告薨，則同盟皆弔。五月而葬，則同盟皆會。此獨言葬者，葬則有賵有賻，有贈有送。《春秋》王葬且不會，如武氏子來求賻之類，友邦可知矣。無不告者，告則會也。舊解謂封建國邑必告天子，非也。封建大事，豈贅之末簡？無不者，甚多之辭。春秋二百四十餘年間，未聞有封國者。命與卹災同，其爲死葬，甚明也。

《左傳》：周桓王欲以庶子易莊王，而王室亂。辛伯曰：「内寵並后，外寵二政，嬖子配適，大都耦國，亂之本也。」及莊王又寵妾子頹，而惠王出奔。惠王又寵庶子叔帶，而襄王爲世子奔齊。先是僖公五年，齊桓公以諸侯會世子于首止，定儲位也。有君父在内，而世子外結私援以脅父要君，未可爲訓。及襄王嗣立，桓公會諸侯葵丘，使王宰來受盟，定王位也。有如王宰不盟，則王位不定乎？此五霸之事，自桓公作俑，春秋所惡也。初命辭犯而倨，不似人臣納誨語。且葵丘周地，咫尺不朝王。而枉天子之卿，下受約束，亦非禮也。《穀梁》謂壹明天子之禁，其實禁天子耳。是時晉獻公廢太子申生，以驪姬爲夫人。鄭世子華背父賣國，何以不誅乎？内寵多而繼嗣不正，孰有如桓公者，安在其爲明天子之禁禁諸侯也？五命不及征伐，何也？霸者自護其短也。大夫既不可專殺，而征伐又可專乎？事有禁而征伐獨不禁，犯禁則征伐隨之也。霸者所以摟諸侯伐諸侯，故孟子按此定其罪。

説者謂五霸尊周室，攘夷狄，甚無稽。自齊桓而下，惟楚莊稍有道義風。重耳陵暴黠猾，罪之魁也。得與齊桓並稱者，先後繼起，同盟畏之甚于齊桓也。考其行事，皆桓公所不爲。夫子以一正一譎，別其優劣。而孟子獨盛桓，不齒文，其意可知也。即桓之盛，亦不過如五命之辭。而尊周攘夷，全無影響。苟能尊周，何至得罪三王？何至摟諸侯伐諸侯？命辭諄諄，竟無一語及王室，教同盟尊天子。世儒但據殺大夫封國必告，以附會尊周之説，於文義未通曉也。或曰：東周所以不即亡者，五霸之力。

夫東周數百里地，號令不行，無異小諸侯，諸侯安之。其彈丸土，據四宇中央，分之利少，而併之罪大，故周自能不亡。重耳召王請隧，睥睨大物，終不敢動者，以小白先爲之表正也。葵丘之會，天子致胙，小白下拜，發尊王之語。重耳欲脩小白之業，則不得不存周。故孔子謂管仲相桓，一匡天下，微管仲其被髮左衽者，此也。説者遂謂桓公、管仲能尊周攘夷，併無王之重耳，亦以爲尊周。與所夷之楚吴，亦以爲攘夷，豈不自相戾與？

戰國諸侯之惡，不止犯五禁。五禁，祇舉桓公所嘗禁者耳。天下惟王，五霸既得罪王，而今諸侯又得罪霸，所以今諸侯之罪極重，而今大夫益不勝誅矣。

長君之惡，謂君有是惡，而不能匡救畜止之，此小人無才依阿取容者。而惡非由小人作，但順之耳。顧人臣幾能弼違者，故曰其罪小。逢君之惡，謂君本不知爲，或欲爲不能遂，小人機智迎合，使其君信任。如孫吴之强戰，蘇張之縱横，申商之名法，流毒生靈宗社。使千乘之主一旦求爲匹夫而不得，皆小人誤之，故曰其罪大也。長惡逢惡二種小人，三王時亦有，而主明無所容，五霸亦用之，但不如今諸侯之甚耳。

五霸，終春秋五强國，鄭、齊、晉、楚、吴也。三王，夏商周三代聖王也。今之諸侯，秦、楚、齊、燕、趙、韓、魏諸君也。今之大夫，七國諸臣也。巡狩，巡行諸侯所守之國也。天子巡行，則狩獵講武，故曰狩也。述職，述其治國之職事于天子也。入其疆，天子巡守，入侯國疆界也。土地闢，闢以爲田也。田野治，無荒蕪也。慶，賞也。掊，裒通，聚斂也。又掊、棓通，棒也。克，勝也，以威力勝人也。貪而且狠，猶俗稱棍徒云爾。讓，責也。諸侯見于天子曰朝。移，變易也。討，求也，論也。伐，擊也。摟，聚也。束牲，束縛牲體奠于神前也。載書，加誓書于牲上也。歃，歠也字，與啑、唼通，以牲血塗口旁，示不食言也。桓公借信義服人，故不恃歃血。命，猶辭也。五命之辭，即所載之書辭。易，改也。樹，立也。賓旅，四方賓客行旅也。官事，如錢穀刑名之類。各有專官，無得兼攝廢事也。取士，用人也。必得，得賢才也。曲防，曲爲隄防，旱則壅泉，潦則禦水也。遏，止也。遏止糴穀，不相賑救也。封，葬也。告，告同盟也。盟，明也，以其所疑明于神也。君有惡而不能止，長君惡也。君惡未遂而迎合，逢君惡也。

《曲禮》云：「約信曰誓，涖牲曰盟。」《周禮·天官》玉府職云：「若合諸侯，則共珠槃玉敦。」《夏官》戎右職云：「盟則以玉敦辟開也盟，遂役之。贊牛耳、桃茢。」桃可辟鬼。茢，帚也，以掃除不潔。《秋官》司盟職云：掌盟載之法，邦國有疑會同，則掌其盟約之載，及其禮儀，北面詔明神。主盟者執牛耳，割取血，盛以珠槃玉敦。司盟北面讀誓書，告日月山川之神。尊卑以次歃血，乃坎其牲，置書其上埋之。有背盟者，欲令神殃之如此牲也。

《管子》曰：五害之屬，水爲大。請置水官，令甲士作隄大水之旁。大其下，小其上，隨水而行。地有不生草木者，必爲之囊。大者爲之隄，小者爲之防。夾水曰道，禾稼不傷。歲埤增之，樹以荆棘，以固其地，雜以柏楊，以備決水。民得其饒，謂之流膏。

《國語》：魯饑，臧文仲曰：「卿士告糴，古之制也。」以鬯圭玉磬如齊告糴。又：晉饑，乞糴于秦。穆公曰：「災殃流行，國家代有。補乏薦饑，道也。」汎舟于河，歸糴于晉。及秦饑，乞糴于晉，晉人弗與。慶鄭曰：「背施無親，幸災不仁，何以守國？」明年秦伐晉，獲惠公以歸。

葵丘，《左傳》註云在陳留外黄縣東，或云在雍丘縣東，桓公爲定襄王會諸侯於此。按晉獻公來會葵丘，宰孔止之云：「齊侯不務德而勤遠略，西爲此會。」則此地在齊西，即今河南開封府陳留杞縣是，距齊遠。或曰齊地，在臨淄東。若是去周遠，去晉尤遠，晉侯未必往也。

八

魯欲使慎子爲將軍。孟子曰：「不教民而用之，謂之殃民。殃民者，不容於堯舜之世。一戰勝齊，遂有南陽，然且不可。」慎子勃然不悦曰：「此則滑骨釐離所不識也。」曰：「吾明告子：天子之地方千里，不千里，不足以待諸侯。諸侯之地方百里，不百里，不足以守宗廟之典籍。周公之封於魯爲方百里也，地非不足，而儉於百里。太公之封於齊也，亦爲方百里也，地非不足也，而儉於百里。今魯方百里者五，子以爲有王者作，則魯在所損乎，在所益乎？徒取諸彼以與此，然且仁者不爲，況於殺人以求之乎！君子之事君也，務引其君以當道，志於仁而已。」

此與下章皆言富强之害，即上章逢君之大夫。戰勝而强，則殺人以殃民。得地而富，則兼併以踰制。殃民，人皆知其不可，而得地則人以爲當然。故慎子怪之，而孟子語以封建之制也。争地必殺人，殺人地尚未必得。然欲得地，未有不殺人者。今未能忘貪得之念，當思人不可擅殺，而以不忍人之心制其貪，故曰志於仁而已。當道者循理守分之謂志于仁而已者，當道之功純也。無欲害人之心，自無取非其有之事。

不忍殃民，就心上説，即仁也。勝齊不可，就理上説，即道也。自「吾明告子」至「在所益乎」，申明然且不可之意。自「徒取諸彼」至「求之乎」，申明殃民不容之意。末言當道以終不可之意，志於仁以終殃民之意。而志仁爲本，所謂格君心者也。凡不道之事，皆生于不仁之心。○《春秋傳》云：昔者周公、太公，股肱王室，夾輔成王。成王勞之而賜之盟曰：「世世子孫，無相害也。」載在盟府，大師職之。夫以二公功高爵隆，遠託東藩，其幅員不過百里，此公侯定制，虞夏以來未改也。故《易》云：利建侯。取象于雷之震驚百里，其來遠矣。《周禮》云：公地五百里，侯三百里。漢班固以下争爲異説，皆據《周禮》臆鑿，而不知《周禮》非古也。獨孟子近古，其言正而信。

爲將軍，伐齊也。不教民，不教以仁義也。堯舜，帥天下以仁義者也。南陽，齊地，山南曰陽，泰山之南地也。不識，謂戰勝攻取，正爲將之道，而以爲不可，所以不識也。宗廟之典籍，謂朝聘祭享，皆典籍所載，藏之宗廟也。儉，節也，止也。徒，空也。徒取，不戰而取也。

戰國時有慎到者，與淳于髡、田駢、接子、環淵、鄒衍、鄒奭輩皆齊稷門士。或謂慎子即慎到，然慎子自稱名滑釐，不名到也。或又謂滑釐，即莊子所謂墨翟、禽滑釐者。然姓禽，又非慎也。慎滑釐、愼到、禽滑釐，蓋三人。愼到方爲齊客，魯何得又使之爲將以伐齊乎？

九

孟子曰：「今之事君者，皆曰我能爲君辟闢同土地，充府庫。今之所謂良臣，古之所謂民賊也。君不鄉向道，不志於仁，而求富之，是富桀也。我能爲君約與國，戰必克。今之所謂良臣，古之所謂民賊也。君不鄉道，不志於仁，而求爲之强戰，是輔桀也。由今之道，無變今之俗，雖與之天下，不能一朝居也。」

七國之亂，以小人逢君爲富强也。由此不變，雖予之天下，豈能保乎？必向道志仁之主，居仁由義之臣，更化善治，興仁興讓，然後民安而天下安。未有紛紛功利，相争相奪，能保有天下者也。嬴秦由此道有天下，二世遂滅。漢興，文景恭儉仁厚，卒乃撫而有之。孟子之言，豈欺我哉！

今之事君者，即前章所云今之大夫也，如商鞅、白起、公孫衍、張儀輩皆是。賊，害也，與良反。不害于物曰良。害苗蟲曰賊。今，謂今諸侯。古，謂三王。人臣以安民爲良，害民奚良之有？以賊爲良，則民無噍類矣。不向道，行不義也。不志仁，其心忍也。桀者，磔也，凶殘之稱。君爲桀，已又以富强之策進，是以桀遇桀，所謂逢君之惡也。如此，則世道豈有安寧之期？孟子時，戰國之禍方熾。

迄秦與六國俱滅，而後道更俗變，非孟子億中也，理固然也。

鄉，與嚮同。約，結也。與國，相好之國也。由，從也。今之道，富强之道也。無變今俗，不更化也。争奪不已，必至危亡，故不能一朝居，言必不能保也。

一〇

白圭曰：「吾欲二十而取一，何如？」孟子曰：「子之道，貉貊同道也。萬室之國一人陶，則可乎？」曰：「不可，器不足用也。」曰：「夫貉，五穀不生，惟黍生之。無城郭宫室宗廟祭祀之禮，無諸侯幣帛饔飧，無百官有司，故二十取一而足也。今居中國，去人倫，無君子，如之何其可也？陶以寡且不可以爲國，況無君子乎！欲輕之於堯舜之道者，大貉小貉也。欲重之於堯舜之道者，大桀小桀也。」

堯舜開文明之治，垂憲萬世，其道惟中。中者，經世之極。不但取民一端，而取民有制，不輕以病國，不重以剥民，亦即用中之道也。白圭身爲商賈，忍滋味，薄衣食，約致富，欲以其術試于國。而二十税一，是戒噎而廢餐也。必若此，須止營繕，停祭祀，絶交際，罷廩禄。一切衣冠文物皆廢，然後可，則是舉中國爲夷狄矣，豈堯舜治天下之道？暴征不可，二十取一又豈可乎？此章宜與制民之産、治其田疇等章參看。財，亦國家所需也。雖有賢君，不能並耕而治。先儒云夷狄以無法勝，中國以法勝。夷狄不可從中國之法，猶中國不可從夷狄之無法也，此學問大關係實地。今世俗崇尚佛教，亦由未講于此章之義耳。

白圭本功利輩，即前章小人之逢君者。欲二十取一，非有意愛民也。謂行己之術可使賦大省，如漢桑弘羊、孔瑾云不加賦而國用自足，欺世主耳。纖嗇之與豪强，不向道、不志仁同，故以白圭繼民賊之後，見道有中庸。白圭之輕税，陳仲子之矯廉，皆害道者也。

貉，北方遠夷。燒土爲器曰陶。黍，稷屬也。暑熟曰黍，秋熟曰稷。北方地寒無五穀，唯黍生也。幣帛饔飧，諸侯聘享之費，詳見《聘禮》。無人倫，謂無宗廟祭祀之類。無君子，無百官有司之類。大貉小貉，言貉爲大而學貉者爲小也。小大，猶言甚與不甚。

白圭，名丹，魏人，或云周人。《史記·貨殖傳》云：白圭當魏文侯時，李克務盡地力，而白圭樂觀時變。故人棄我取，人取我與。能薄飲食，忍嗜慾，節衣服。曰：吾治生産，如伊尹、吕尚之謀，孫吴之用兵，商鞅之行法。苟其智不足與權變，勇不足以決斷，仁不足以取予，强不能有所守，欲學吾術，終不告之矣。故天下言治生者祖白圭。

一一

白圭曰：「丹之治水也，愈於禹。」孟子曰：「子過矣！禹之治水，水之道也。是故禹以四海爲壑。今吾子以鄰國爲壑。水逆行謂之洚（降）水，洚水者，洪水也，仁人之所惡也。吾子過矣！」

聖賢處人己利害之際，無私心。策士之計，利己害人而已。白圭治水，以鄰國爲壑。設使鄰國又然，則水患何時已。而反誇成功之易，以爲愈于禹。禹功在開導，而白圭務壅塞。禹在利人，而白圭惟便己。故曰仁人所惡也。其言之謬，又何待辨乎！

禹功千古無兩。水患國家代有，而權宜救敝惟有隄防。白圭治水，不過如前章所云曲防而已。凡水障於此，必決于彼，自然之勢。以鄰國爲壑，曲防之通弊。我能防，人亦能防。防多而水無所往，則失道逆行，併受其殃。後世治水皆然，不獨一白圭。顧白圭不憂其無策，反誇其過禹，悖謬甚矣。禹思天下有溺者，由己溺之。故天地平成，無偏利之私。功成不自滿假，豈如白圭自私自利，反沾沾自喜。孟子所以惡之，非必以禹功責之也。「水之道」一語，即是治水不易之理，神禹所爲大智也。水有必由之道，順其道而不以人力争，則其害自消。江淮河漢，由地中行者，道也。如殷人世有河患，雖王都不憚屢徙，蓋争利不如遠害。君子不以養人者害人，道然也。後世治水，力制奔流，廣營高岸，護惜城郭宫室，實乃枉水之道，竭民財力，以填無底之谷。但可謂之治水，而終非水之道也。利未得而害益深，智者不爲。凡天下事，未有違其道而可圖成者。禹之治水，治之以不治，故曰水之道也，猶言水之理云爾。順則爲理，逆則背理，故逆行謂之洚水。洚水，解見《滕文公》下篇。

《管子》云：五害，水一，旱一，風霧雹霜一，厲一，蟲一。水害最大。水之性，行至曲必留退，滿則後推前。地下則平行，地高即控。杜曲則擣毁，杜曲激則躍。躍則倚，倚則環，環則中，中則涵，涵則塞，塞則移，移則控，控則水妄行，水妄行則傷人。春三月天氣乾燥，水糾列之時也。山川涸落，天氣下，地氣上，萬物交通。故事已，新事未起。夜日益短，晝日益長，利作土功。令甲士作隄大水之旁，大其下，小其上，隨水而行。已作之後，常按行隄有毁作，大雨各葆其所，可衣者衣之，衝水可據者據之，終歲以毋敗爲固。此謂備之常時，禍從何來？所以然者，濁水蒙壤自塞而行者，江河之謂也。歲高其隄所，以不没也。春冬取土于中，秋夏取土于外，濁水入之，不能爲敗。

一二

孟子曰：「君子不亮，惡乎執？」

亮，明也，與亮陰之亮同。君子有固執之守，必先有通達之見，然後所執者通理而無蔽。若暗昧蹇淺之識主以一定不移之志，其所謂一定不移者未必是。而信果妄作，害事多矣。故曰篤信好學，守死善道，君子惡果敢而窒者。

一三

魯欲使樂正子爲政。孟子曰：「吾聞之，喜而不寐。」公孫丑曰：「樂正子強乎？」曰：「否。」「有知慮乎？」曰：「否。」「多聞識乎？」曰：「否。」「然則奚爲喜而不寐？」曰：「其爲人也好善。」「好善足乎？」曰：「好善優於天下，而況魯國乎！夫苟好善，則四海之內皆將輕千里而來告之以善；夫苟不好善，則人將曰訑訑施，予既已知之矣。訑訑之聲音顏色，距人於千里之外。士止於千里之外，則讒諂面諛于之人至矣。與讒諂面諛之人居，國欲治，可得乎？」

天下事非一人耳目心思所能辨。聖如周公，吐握下士，《秦誓》貴一个臣，孔子録其辭，繫之典謨後，明天下不可以一人理也。故君爲天下任相，相爲天下任群有司。群有司不可無才，而相不可有其才。惟無他技而後能好人之有技，若見己爲多技，則人之有技者疑而不敢進矣。故爲相之道，莫大于好善。所謂强知多能，非可有而不有，正其不必自有者也，所以爲真强知多聞也。

爲政，爲執政也。强，幹材也。知慮，心計也。多聞識，該博也。好善，心虛而向道也，尊賢使能、聽言納諫皆在其中矣。人不好善，由心不虚。心不虚，由見己有才智學識也。斷斷無他技，所以寔能容之。四海千里，承優于天下而言。訑訑，猶施施，舒行自得貌。又訑與馳通，放縱貌。訑訑者，不好善之顔色也。予既已知之者，不好善之聲音也。不好善之人，自謂天下道理皆已盡知，何須人告？故有善者亦不以告，而止于千里之外，避不肯進也。讒，毁善也。諂，媚也。諛，從也。《莊子》云：好言人之惡以爲讒，希意導言以爲諂，不擇是非而言以爲諛，皆小人窺測其聲音顔色而迎合之術也。

一四

陳子曰：「古之君子，何如則仕？」孟子曰：「所就三，所去三。迎之致敬以有禮，言將行其言也，則就之。禮貌未衰，言弗行也，則去之。其次，雖未行其言也，迎之致敬以有禮，則就之。禮貌衰，則去之。其下，朝不食，夕不食，飢餓不能出門户，君聞之曰：『吾大者不能行其道，又不能從其言也，使飢餓於我土地，吾恥之。』周之，亦可受也，免死而已矣。」

三仕去就之等，遭遇有甚不甚耳，皆主就言。不可就而後去，非不欲仕也。就三去三，委曲不執，即時中意。君子爲道而仕，言行即道行也，不可必得。其次禮貌隆則仕，亦望其言行也。如孔子久于衛，孟子久于齊，靈公、宣王猶知敬禮，故久留，亦爲道也。最下禮貌衰，决去矣。而苟貧無資斧，不能出門户，欲去不可得，而主君苟能察其困，自悔周恤，亦賢于伐木絶糧者。況聞悔罪之言，雖欲去，且受其賜，不必憤忿絶人自毁，以爲匹夫之諒也。君子涉仕有此三者，與《論語》賢者避世章意略同。而末多免死一節，見聖賢不爲苦貞。即曾子云「其嗟也可去，其謝也可食」之意。若陳仲子輩，有飢而死耳，所不受矣。

陳子，即陳臻。就，仕也。去，不仕也。言，即君子仁義之言也。將行，君有意行君子之言，是道之將行也。朝夕不食，士貧不能自養也。飢餓不能出門户，欲去不可得也。大者，猶云上之也。又不能，猶云次之也。先從其言，然後能行其道，故從言爲次也。我土地，君自謂本國也。免死而已，不得已而受也。

一五

孟子曰：「舜發於畎畝之中，傅説悦舉於版築之間，膠鬲舉於魚鹽之中，管夷吾舉於士，孫叔敖舉於海，百里奚舉於市。故天將降大任於是人也，必先苦其心志，勞其筋骨，餓其體膚，空乏其身，行拂亂其所爲，所以動心忍性，曾增益其所不能。人恒過，然後能改；困於心，衡於慮，而後作；徵於色，發於聲，而後喻。入則無法家拂士，出則無敵國外患者，國恒亡。然後知生於憂患，而死於安樂也。」

人生窮通得喪，屈伸消息，各有自然之數，所謂莫之爲而爲者天也。人固當順天，然貧賤憂戚，玉汝于成，隱憂啟聖，多難興邦，不可謂造物無心。遭逢適然，而遂不勉也。蓋天道沍寒而後陽和，萬物彫落而後發生。人苟情欲未盡，則精神不固。摧折不甚，則研慮不深。徐幹云：槌鐘擊磬，以發其聲也。煮鬯燒薰，以揚其芬也。賢者之窮厄，槌擊之意也。邵雍云：當煅煉時分勁挺，到磨礱處發光輝。人之成器，大段由困。舜以下諸聖賢皆是，而況恒人乎！聖賢雖清明在躬，耳目口鼻四肢之欲猶人也。睿哲如舜，處父母兄弟之變，呼天號泣，未必無竦動之心，未免有忍受之性。不順于父母，亦是其所不能。飢餓勞苦，患難迫切，其筋骨肌膚，豈同木石？向之所不耐者，今不得不耐，耐即益矣。向所不能容者，今不敢不容，容即益矣。平常無事，心不覺動，今試之皆動。動不遂，不得不忍，若天使之忍也。平時不能忍，而今動則堅忍，能堅忍，自能不動，是天若增益之使能也。蓋心不對境校勘，則包藏而不覺。理不對境磨礪，則因循而不勇。所以困苦拂鬱之極，至不可忍而動，動不敢遂而忍，忍不可動而化。至于忍無所忍，動無所動，心境一如，事理融通，齋戒神明，洗心退藏，寂然不動，感而遂通天下之故者，端由此矣。故曰增益其所不能。雖大舜猶然，而傅說諸人以下可知。不但聖賢之于大任耳，恒人脩己亦然。人不能改過，以其偶一差錯人不校而容之，己不覺而包藏之，遂永無惕勵之志矣。凡能改過者，必其常有過者也。屢錯屢悔，悔而又錯，困而不得出，衡而不得通，然後奮發而興起矣。

人賤之，人惡之，徵于顔面，形于咄叱，然後醒悟而曉喻矣。不但脩己爲然，凡國家所以治安亦然。必内有巨室，舉動惟恐得罪。外多强寇，防禦惟恐少疏。將營一慾，慮大臣之骨鯁。將舉一事，防敵國之乘釁。兢兢業業如此，是長治久安之幾矣。由此推之，天下之事，孰生也而不由于憂患，孰死也而不由于安樂乎？

動心忍性，此際有辨。處困則同，由道術中忍，則爲聖學。由世態中忍，則爲凡情。二者相懸，不可不察。心動則天真露，情忍則習氣消。動則心常覺，忍則性常定。所以卒然臨之而不驚，無故加之而不亂。然後可以當大任，故曰增益也。若夫脂韋於狥俗，折節于隕獲，以爲能人益之天損之也。

心動處，即見性，忍即于動處忍。以理制欲，以道御情。克己真工夫，盡在忍處得力。知之未嘗復行，非包藏之也。忍時覺苦，然人事消削時，正天道長養時。暗中受益于何處見？蓋前不能忍者，今能忍。則前不能任者，今能任矣。忍與任，功效相應。一章關紐，在一忍字。「人恒過」以下至末，皆發明「動心忍性」「增益不能」二句之意。人能會此，于患難貧賤中，正好求益。君子固窮，不以其道得之不去，以此。

恒人得于天者，未必有聖賢之資。而天所畀於恒人者，亦未必有大任之寄。故所增者，能改能喻能作而已。然當其有過，困衡徵發時，皆有動忍之力。困者鬱抑不舒，衡者思索不遂，困衡徵發處是過，喻作處是改。困衡在己，憤己之有過故曰作。聲色在人，始知己之有過，故曰喻。

拂士，拂逆之士，直諫骨鯁之臣也。拂如吁咈之咈。忠言逆耳曰拂，舊作弼，亦通。法家，師保大臣之家，人主所效法者也。敵國，相敵之國，齊晉秦楚之類。外患，意外之患，侵陵背叛之類。然後者，事過始覺。知者見未萌，恒情至彼而後見也。重生于憂患一邊，始信困無負于人也。憂患未必即生，而儆戒深于危迫，生之道也。安樂未必死，而怠惰成于佚豫，死之徒也。皆論恒情。在聖賢，憂患生，而安樂亦不死。

發，興也。舜耕于歷山，三十徵庸。傅説，商王武丁相也。版，以夾土也。築，杵也。膠鬲，當商紂時鬻販魚鹽，文王舉以爲臣。士，獄官也。夷吾，管仲名。囚于士官，齊桓公舉以爲相。孫叔敖，姓蔿，一作薳，楚莊王子薳之孫薳賈之子，名艾獵，字孫叔，敖其官號也。楚莊王舉以爲令尹。百里奚事見前。市，城市。百里奚行乞于市也。舜云發，傅説以下云舉，君臣之分也。降大任，以大事委任也。空乏，窮無資財也。行拂亂，不利往也。所爲，心所謀爲也。動心，使心不得寧也。忍性，使性不得遂也。曾、增同。增益所不能，謂德行增長。操心危，慮患深，故達也。困，不通也。衡、横同，不順也。作，奮起也。徵，形也。色，怒色。聲，叱呵也。喻，曉也。法家，法度之家，元老巨室也。拂、咈通，與上文拂亂之拂同。拂士，忠鯁吁咈不阿諛之士也。生死，猶老子言生之徒、死之徒也。

商王武丁夜夢得聖人名説，圖其像，使人倣求，得之傅巖之野。在虞虢之界，有澗水壞道。常使胥靡刑人築護，説賢而隱，代胥靡築以供食。求者得之，以見于武丁。與語而説之，遂稱傅説。作《説命》，相武丁中興。莊周云：傅説得之，相武丁，奄有天下。乘東維，騎箕尾，而比于列星。《天文》：傅説，一星，在尾後。一名天策。〇舊註云：文王舉膠鬲。按《書傳》多稱武王伐紂，紂使膠鬲視師，問何日至？武王曰：以甲子日。膠鬲還報。會天雨，武王晝夜行。衆請休，武王曰：吾已許膠鬲。甲子日不至，紂必殺之。吾救賢者之死也。按此，則膠鬲仕商。孟子告公孫丑文王難王，以箕子、膠鬲爲紂輔相，是未嘗事文王也。紂死而鬲亡去鬻販，武王舉之耳。○《春秋傳》：楚令尹蔿艾獵城沂，使封人慮事，以授司徒。量功命日，分財用，程土物，議遠邇，具餱糧，度有司。事三旬而成，不愆于素。杜注云：蔿艾獵，即孫叔敖也。○世傳叔敖少貧，遇枝首蛇，殺而埋之，不使後人見。見則不祥。其母云：「汝有陰德，勿憂。」令尹虞丘子薦于楚莊王曰：「臣竊選國俊下里之士，孫叔敖秀羸而多能，其性無欲。君舉而授政，國可使治，民可使附。」莊王以爲令尹。○《韓非子》云：孫叔敖相楚，棧車牝馬，糲餅菜羹，枯魚之膳，冬羔裘，夏葛衣，面有飢色。嘗三去令尹而不憂，三爲令尹而不喜。虞丘子家干法，孰而戮之。虞丘子喜，見于王曰：「奉法不骫，可謂公矣。」王曰：「夫子之賜也。」○楚伐鄭，與晉師遇于邲。晉士會曰：「蔿敖爲宰，擇楚國之令典百官，象物而動，軍政不戒而備，能用典矣。若之何敵之？」楚遂以霸。○孫叔敖將死，戒其子云：「王亟封我，我不受，我死，王則封汝。楚越之間有寢丘，此地不利而名惡。楚人鬼而越人機，可長有之，唯此耳。」知不利之爲利者，有道者之所以異于俗也。

《春秋傳》云：晉，郇瑕氏之地，沃饒而近鹽。山澤林鹽，國之寶也。《周禮·天官·鹽人》：「掌鹽之政令，以供百事之鹽。」鹽筴始于管子。齊近東海，有宿沙衞之地，可以煮鹽。桓公問管子：「何以爲國？」對曰：「唯官山海可。」曰：「何謂官山海？」對曰：「海王去聲之國，謹正鹽筴，則百倍歸于上。」〇凡鹽之類二：引池而成者曰顆鹽，《周官》所謂鹽鹽也；煮海煮井而成者曰末鹽，《周官》所謂散鹽也。皆食品。他鹽種非一，如戎鹽治諸瘡，黑鹽治腹腫，胡鹽治目痛之類，未可食也。有樹生者，出外國。鹵氣蒸薄，鹽凝樹顛。

一六

孟子曰：「教亦多術矣。予不屑之教誨也者，是亦教誨之而已矣！」

此言君子教人之心，不但有受教之益者，乃爲教誨。雖其人不率，置之不誨，而心本欲激勵使之改，非遂斷然棄之也。君子教人之無已如此。朱註謂必學者改悔，而後爲君子之教，則是教亦窮矣，何以稱多術？〇事之巧者曰術。屑者，煩碎迫切之意。不屑教，教不率而止不教也。舊解屑潔也，意似而非正釋。或云輕也，釋似而意不合。教，校也，有計較意。誨，每也，有慇懃意。

孟子説解卷十二終

孟子説解卷十三

郝敬　解

盡心章句上

一

孟子曰：「盡其心者，知其性也。知其性，則知天矣。存其心，養其性，所以事天也。殀壽不貳，修身以俟之，所以立命也。」

七篇屢言性，而未明指所爲性，非秘之也。性即人身中於穆之命，無可指據。惟心虛靈涵萬理，即是性體。人能舉心所有，如孩提之愛敬、惻隱、羞惡、辭讓、是非，知皆擴而充之，滿其本然之量，使良心無少虧，如此則知性善成繼之本然矣。蓋性者，妙萬物而爲言者也。與人言性，茫無可據。而良心在人，四端萬善，即是天命之性，故惟能盡其心者能知之。既知其性，而天豈外是乎？蓋天人同體，性命非二。無聲無臭時行物生而不已者，即是不睹不聞，喜怒哀樂之未發，發而皆中者也。同一大虛，但落形氣，則謂之性，在沖漠則謂之天。今既豁然見所性之體，即洞然會本來之天。《中庸》云「立天下之大本，知天地之化育」，此也。學者不必遠譚天，亦不必妄擬性，要在能盡此心。欲盡此心，在存存不亡，以保其善端之萌，防其旦晝之牿，衛護其寂然之本，培植未發之中，而養其性也。如是，則清靜寧一之宇，穆然見帝降之初，所謂顧諟天之明命者也，非所以事天乎？可知存心之爲要矣。君子能存心養性以事天，則貞明之神，知常不變，泰定之宇，静而能安。心與天合，性與命通，可以會一息于千古，可以凝萬年于一念，視古今猶旦暮，生死猶呼吸。與化俱往，與化俱來。惟脩身以俟之，豈以人世殀壽形骸遷徙，而動吾心、變吾性哉！則造化不在天而在我，所以立命也。學至立命至矣。要其理皆具于性，其功始于心，故存心爲至要矣。

七篇之要在存心，心存則理無不得。盡性至命，皆在其中。此章言人能存心，斯能盡心以盡性而立命。「盡其心者，知其性」二語，約前篇四端良心性善而言。「知天」，約前篇天爵良貴，天之所以與我者而言。總見盡性立命，不外于存心也。故曰君子所性，仁義礼智根于心，心統性命者也。

先儒謂孟子之學，出于子思。此章之言，便是《中庸》之義。盡心即《中庸》盡性之盡。《中庸》云：「唯天下至誠，爲能盡其性；能盡其性，則能盡人之性；能盡人之性，則能盡物之性；能盡物之性，則可以贊天地之化育；可以贊天地之化育，則可以與天地參矣。」許多層級，總歸盡性。此理中人以下未解，故七篇屢言性善，而歸于盡其才。亦屢言存心，而未以與性合。此章即心明性，變盡性言盡心，見心性非二，天人本一，以醒下學也。然不曰心盡，而曰盡其心者，何也？徹上下，通凡聖而爲言也。

蓋言盡心，則兼下學。言心盡，則全體矣。心盡便是至誠，如是而後知性，則天下之知其性者寡矣。學者但能用其心，即是盡心。無所用其心，放而不知求，即是不能盡其心。心之官則思，思則得之。先立乎大，小者不能奪，即是能盡其心。下文存其心，正所以求盡其心也。直到盡人盡物，贊天地，方是心盡處。心盡即是性盡。故學者欲盡性，只在盡心。于盡心處自然知得性，蓋性者心之生理。存主應用，一切盡心。凡有四端于我，知皆擴而充之，如此便識得性本至善。萬物皆備，而於天靈發越處，躍然見性真流形。不可言傳者，到此自然覿體會通矣。雖如告子諸人，紛紛異説，誰得而惑之。是謂知其性，猶言始可與論性云爾。此知與生知之知，淺深略異。彼主神明言，此以見解言也。知性不但知己性，性妙萬有，知我之性統天地人物，知天地人物之性通于我。向盡心處體驗，自能默而識之矣。天者性所從出，人物之性，皆是天命。離人物無處别有天，故知性處即是知天。天人本無二，貫天人者惟一心。盡則俱盡，知則俱知，故盡心要矣。然心何如乃盡？惟隨時隨處，已發未發，神明常主，顯微無間以存其心。存與操異：操者强持不動，存者有事勿忘。欲盡其心而無歉，須存其心而不亡。存心即是養性，存則不操而自在，養則不助而自長。大公順理，先後不違，非所以事天乎！自然爲天，生成爲性。存之而不舍，養之而不害，即所以奉事而不悖也。人生有殀壽，皆天也。脩短去來，天道何私？惟能存心養性，與天爲一，則視殀壽爲晝夜，平等不二。存養純篤，亦不見何者爲心，何者爲性。渾然全體，脩其身而已。脩身以外，悉付自然，所謂與天地合德，日月合明，四時合序，鬼神合吉凶。知進退存亡而不失其道者，唯聖人乎？宇宙在手，造化生身，是曰立命。《中庸》謂致中和，天地位，萬物育，盡性參贊，此也。要非有外于心也。○人心體萬物而爲量，所以虧欠不盡。由斧斤牛羊，反覆之梏，遂無萌蘖之存。故欲盡心者，存養爲要，如愛敬良心也。盡其愛以孝親，盡其敬以事長，是盡其心也。能盡此心，則知仁義即是人性矣。知仁義即人性，則知仁即天道之元也，義即天道之利也。能存此愛敬之心不失，即養此仁義之性不害，而奉承天道生成之德不違矣。馴至生死不二，心性兩忘，渾然一身，與上下同流，功贊化育，而命由我立矣。立命，猶言與天地參。此盡性之極功，皆由心起，故心爲本也。

此章之義，緊關在存其心。心性一也，性爲理周徧萬有，心爲宅，涵受大虛。性之惺惺不昧即心，心之生生不死即性。性無不在，言性則泛而無據。心有常主，即性之田地。故曰學問之道無他，求其放心而已矣。

存心與盡心稍別：存以主宰言，盡以致用言，惟存乃盡。未發之中不離中節之和，顯仁藏用，合內外之道，所以盡其心也。知天即在知性內，事天即在養性內。知性即盡心處知，養性即存心處養，盡心亦即存處盡。總之一存心，完卻功夫；一盡心，了卻性命。

說者引禪語，心無一物是盡心。聖人中庸之教，欲人向實落處用心，下學而上達，與空諸所有殊。佛法將實處落空，聖人向空處著實。凡有四端於我者，知皆擴而充之，足以保四海，乃爲盡心，非無一物之謂也。○知性之知，不甚著力，是明曉意。世人不知性，故孟子道性善，直指人心，明心見性。此義都被佛氏竊去。朱子分盡心知性爲知，存心養性爲行。或分盡心知性爲生知安行，存心養性爲學知利行，殀壽不二、脩身立命爲困知勉行，皆非立言之意。本意重在心，天命人性，總會于心耳。

朱子云：人能極其心之全體而無不盡者，必其能窮夫理而無不知者也，即解《大學》格物致知之意。必待理無不知，然後能盡心，則心無盡之日矣。本謂隨處盡心，便能知性，非必待全體方知。朱註倒解。

心性爲學問之本，生死爲性命之關。身者，性命之凝聚，天之心也。故《大學》誠意正心，以脩身爲本。此盡心知性，存心養性，以脩身爲極，見道體落實，天不外人也。言心性，二氏猶可混同。言脩身，則二氏茫無憑據。二氏惟以生死動心，故以其身爲大患果報。毁形出家，其何身之能脩？脩身兩字，聖教典刑，中庸矩矱。君子素位而行，正己無求，則無入而不自得。堯舜湯武動容周旋中禮，盛德之至，行法以俟命而已也。學不到全體，不足語脩身。身脩，則心性渾全。學到忘機轉入麤，已彫已琢，還返于朴，此之謂也。立命者，天即我，我即天，天人渾化，何有殀壽？

世儒謂天有氣數之天，有大虛之天。天豈容有二？大虛中屈伸往來，無非是氣數；人心上經綸變化，無非是大虛。人事有善惡臧否，即天命有吉凶禍福。如農有勤惰，即歲有豐歉。人即是天，性即是命。前篇論古列聖窮達，歸之天命，即是聖人盡性知天立命之事。一部《周易》，吉凶禍福之數，即是窮理盡性之實，非有二也。

二

孟子曰：「莫非命也，順受其正。是故知命者不立乎巖墻之下。盡其道而死者，正命也；桎梏死者，非正命也。」

此承上章立命而言。人世生死殀壽，莫逃自然之數。但我立于造物之先，守正循理。一切脩短順逆，聽其自至。固不敢曰命由我造，違道以希之。縱未必死，而徼倖決不爲。亦不敢曰無如命何，縱情以任之。雖死非所避，而行險必不敢。如是而死者，乃爲天命之死，正也。不如是而行險，以死孽由己作，非正命也。此立命之説也。

云莫非命也，似不正亦命。然此際有辨，故補云「順受其正」。順受似全不用人事，然人事盡方是正命，又補云「不立乎巖牆之下」。盡其道而死，申言順受其正；桎梏死，申言立巖牆之下。春生秋成是正命，不待秋而折殺非正命。人少壯老死是正命，恣情戕賊非正命。餘可推。

順反逆，正反邪。盡道受命，順也；逆天拒命，不順也。順則無不正，逆則失其正。循理而行則吉，此正命也。即偶不吉，亦正命也。大抵命出于天者無不正，而順與不順在人。盡道則順而正，悖道則逆而不正。巖牆下自是不當立，不立則盡道矣。順而正，必無死理。如是猶死，是命也，正也。桎梏死，即立巖牆下，守理懷刑，焉得有此？死雖均命，此實非正也。今人不盡道，動諉諸命。然必人事盡，命乃見。伯夷餓死，比干剖心，舜禹益周孔，有窮有達，方是正命。故曰進以禮，退以義，得之不得曰有命。説者謂進禮退義，即不須言命。正惟進禮退義，乃可言命耳。無禮義而言命者，皆非正也。故曰：君子有不幸而無有幸，小人有幸而無有不幸。顧謂聖人不言命，豈不誤乎？

正，猶自然也。天道有屈伸，人事有得喪，命也。盡其所當爲，以聽其莫之爲，順受其正也。巖牆，牆之將傾者。立其下，喻行險也。桎梏，刑械也。在足曰桎，在頸曰梏，或曰梏在手。小人爲惡犯刑，是自求禍也。

三

孟子曰：「求則得之，舍則失之，是求有益於得也，求在我者也。求之有道，得之有命，是求無益於得也，求在外者也。」

承上章不順受正命者，以營外喪其心也。心性我固有之，我求盡之。生死利害在外者，無容心焉。求在我，自忘其在外；求在外，必喪其在我。兩者提衡，總成就一爲己之心。恒人識見不定，内外交喪。若真見在我者有益，在外者無益，自不用其心于無益，而專心于有益。豈有不存之心，不盡之性。故立命者，惟勿以在外者，分其在内者而已矣。

内外有益無益，據前篇欲惡生死、養大養小、天爵人爵而言，人當自求其良心也。臧否是非，人信不及，但言有益無益，庶奔競之念自灰。猶孔子云「如不可求，從吾所好」之意。求之有道，謂有名節分義防限，不可妄求也；得之有命，謂富貴在天，雖得匪人力也。在我者根于性，在外者權由人。在我者欲之斯至，在外者於我何加？

四

孟子曰：「萬物皆備於我矣，反身而誠，樂莫大焉。强恕而行，求仁莫近焉。」

此承上章求在我而言。君子求諸己。人惟己身，參爲三才，脩己則人與百姓皆安，故爲仁由己，克己爲仁。己即我也。恒人執我爲我，故自私自利。惟仁者以天地萬物爲我。我雖血肉，一段知氣，妙與虚合。大虚無盡，我亦無盡。内而心志，外而耳目手足。細至毫窮，無感不通，無觸不覺。舉天下古今人倫庶物，皆靈氣所貫徹，非本有而若是乎？故曰：皆備於我。即此是仁，即此是樂。人皆有我，我固有者。我自保合，無少虧欠，反取諸身，皆備之物，一一實體謂之誠。如此則天全性得，從心不踰矩，取之逢其源，何樂如之？此皆備之真境，仁也。誰能備此乎？恒情以物爲物，格于外而不入。我自爲我，錮于内而不通。舉其所本有者，自欺自蔽，反諸身不誠，即是自反而不忠。不忠由于不恕，則有强恕之方。恕者，如心也。己未能誠，勉强推勘于人己間。己所不欲，勿施于人，則形骸破而障蔽除。萬物一體之仁，庶幾近之矣。

萬物皆備於我，一切痛痒相關，故爲仁。不仁，如手足麻木，痿痺不屬。强恕，就麻木處著針，使知痛痒，則人我仍相關，故曰近仁。

天地生一物之理，即生萬物之理，故一物中具萬物。我自具者，我自隔别，則我被物瞞，其實未嘗少也，是謂自欺。誠則無欺。坦然四通八達，即是仁。仁，生理也。樂，生機也。生則惡可已。物我咸亨，非快活無愧怍之謂。誠能樂，便是一貫。夫子忠恕之道，欲立立人，欲達達人，本忠行恕，仁之熟也。不誠則不忠。反忠求恕，資恕達忠，謂之强恕。所謂能近取譬，推己及人。夫子教子貢「其恕乎」「己所不欲，勿施於人」是也。朱子謂强恕不言忠，而忠在内。然忠甚不易。君子三自反，有仁有禮，尚云不忠。言忠可兼恕，言恕且未盡忠。

天地聖人，誠而已。誠即忠也。誠存爲忠，誠通爲恕。于文，中心爲忠，如心爲恕。心即是忠，如心即如忠。有是心，即有是事，如其心直達，此天地聖人之能事也。天地變化草木蕃，天地之忠恕也。本忠行恕，不待勉强，物我無礙，仁之至也。凡行不能如心直達，皆謂之不恕。不恕則不忠，不忠即欺，欺即不誠。强恕者，未能誠而勉强推行。凡惻隱羞惡，辭讓是非，事親從兄，一切用心較量。舉此加彼，使真意流通，《大學》所謂毋自欺。如惡惡臭，如好好色，則誠立而物我一體，仁斯近矣。〇忠恕，即忠信，非但欲惡比儗。凡心知其不可，而勉强推行，皆謂行恕。假如用財吝，試反諸心，吝恐致怨，勉强施予，亦恕也。作事怠，試反諸心，怠恐廢事，勉强奮作，亦恕也。勿爲其所不爲，勿欲其所不欲，皆是。

忠恕有二名，無二體。或單言忠以該恕，如四教惟舉忠。孔子云「行之以忠」、曾子云「爲人謀不忠」是也。或單言恕以行忠，如夫子告子貢「其恕乎」、《大學》「藏身不恕」、孟子云「强恕而行」是也。《大學》言誠意，即忠恕也。孟子言善推其所爲，即忠恕也。在天地聖人，自然忠以行恕，順而易，所謂性之也。在學者，强恕盡忠，逆而難，所謂反之也。先儒謂無忠做恕不出，此語欠融會。人心誰無忠，只爲不能强恕，所以忠不行。

孔子曰：「吾無隱乎爾。吾無行而不與二三子者，是丘也。」又曰：「天何言哉？四時行，百物生。」即萬物皆備，反身而誠之樂。人心能思，目能視，耳能聽，手足能行持，飢渴能飲食，遇親能孝，遇長能弟，色色現成，萬應如意，所以爲樂。今人終日馳逐，抛卻家珍，是謂自欺，所以長戚。惟仁者安土樂天，正己無求，則無入不得。二氏以身爲大患惡業，以無一物爲净樂，以推心爲扳緣計較，無明妄想，所以害道。

五

孟子曰：「行之而不著焉，習矣而不察焉，終身由之而不知其道者，衆也。」

道不可須臾離。人莫不飲食，鮮能知味。誰不爲子臣弟友，能行出子臣弟友之道者幾人？久習爲子臣弟友，能精察孝弟忠信之理者幾人？非强制不得已，則踵襲爲虚文。昏迷放佚，終身不悟者，何可勝數！故學者在收放心，即事窮理，因物察則，乃見道。若因循不猛省，終身爲下愚耳。

此章之言，欲人見道于隱微也。《中庸》云：「莫見乎隱，莫顯乎微。」君子之道費而隱，闇然而日章。知微之顯，即行著習察之意。先儒疑孟子學于子思，以此。孔子云：「民可使由之，不可使知之。」百姓日用而不知，君子之道鮮矣，即此意。知者，虛靈之神，道之體也。虛靈用事，即無往非道，無行不著，無習不察。呈露曰著，詳審曰察，二者皆知也。於行處著，習處察。知即行也，習獨言矣，習久于行也。不著姑待習，既習又不察，則將終身矣。不察，猶不著也，非已著而但不察耳。終身又久于習，輾轉沉迷，何時覺悟？衆即衆庶。庶民衆而聖哲寡也。道者，率性而已。知者，性之虛靈。知則逐處皆道矣，著則行即道，察則習即道。若更問何物爲道，便是民不可使知之。道本無物，物無非道。民不知道，如魚不知海，鳥不知空。常使其身如魚鳥，心如海空，即近道矣。

六

孟子曰：「人不可以無恥，無恥之恥，無恥矣。」

自此至宋句踐章，皆爲當世游士發。恥者，羞惡之心。人皆有之，惟禽獸無恥。人能以無恥爲恥，則自知名誼之爲重。有過必改，見善必遷，自無可恥矣。與下章不恥不若人相反。惟不知恥，則無所不至。有恥則何處不勉？陸子静云：知所貴，然後知所恥。天之所以與我者，戕賊陷溺而不知，可恥孰甚！

苟不知所貴，則恥或移于物欲。得喪之間，而恥所不當恥矣。凡世教之衰，由于恥尚失所。觀孟子乞墦之説，人所當恥者可知矣。

七

孟子曰：「恥之於人大矣！爲機變之巧者，無所用恥焉。不恥不若人，何若人有？」

孔子論士，惟行己有恥。羞惡之心，人品世教攸關，故曰大矣有恥。則勿爲其所不爲，勿欲其所不欲。光明洞達，人之生也直，無穿窬之心，此也。小人貪昧隱忍，鼠竊狗偷，窺瞰彌縫，如鬼如蜮，反以正直爲踽凉，名義爲迂闊。有羞惡之心，棄而不用。人以爲無恥者，彼以爲逢世巧術。不恥人所恥，甘爲人所不爲，禽獸而已，何若人之有哉！

四端惟羞惡猛勁直達，更無回互。甎動于心，則汗浹于顙，赬發于面，此無爲穿窬之真心也。不用恥者，深自揜覆，巧爲枝梧。如面赤則推酒，汗下則稱熱，此類非本無恥，有而不用耳。久久慣熟，並赧顔泚顙亦不復爾，則真禽獸矣。

《莊子》云：子貢南遊於楚，反於晉，過漢陰，見一丈人方將爲圃畦，鑿隧而入井，抱甕而出灌，搰窟然用力甚多而見功寡。子貢曰：「有械於此，一日浸百畦，用力甚寡而見功多，夫子不欲乎？」爲圃者仰而視之曰：「奈何？」曰：「鑿木爲機，後重前輕，挈水若抽，數朔如泆迭湯，其名爲槔。」

爲圃者忿然作色而笑曰：「吾聞之吾師，有機械者必有機事，有機事者必有機心。機心存於胸中，則純白不備；純白不備，則神生不定；神生不定者，道之所不載也。吾非不知，羞而不爲也。」

八

孟子曰：「古之賢王，好善而忘勢。古之賢士，何獨不然？樂其道而忘人之勢。故王公不致敬盡禮，則不得亟見之。見且猶不得亟，而況得而臣之乎？」

稱古賢王，以諷世主勢利驕人者。稱古賢士，以譏遊士趨勢附利者。君重士，士亦自重，此明良相成之道。今世主挾其富貴以奔走士，士羶悅之。廉恥喪，名節隳，機變無恥，所由來也。責成在士，世雖無古賢王，士奈何不爲古賢士？自貴而後人貴。七國諸侯，好士者容有。七國遊士，樂道忘人勢者絕無，士所以賤也。孟子不見諸侯，仕而不受禄，正爲此。

九

孟子謂宋句溝踐曰：「子好遊乎？吾語子遊。人知之亦囂囂翱，人不知亦囂囂。」曰：「何如斯可以囂囂矣？」曰：「尊德樂義，則可以囂囂矣。故士窮不失義，達不離道。窮不失義，故士得己焉。達不離道，故民不失望焉。古之人，得志，澤加於民，不得志，修身見（現）於世。窮則獨善其身，達則兼善天下。」

遊士挾權術以驕世主，朝秦暮楚，自謂優遊，其實貪圖繫戀，隨人喜怒，妾婦之道，勞且賤矣。孟子因句踐好遊，發素位自得之論，所謂天遊者也。囂囂，自得貌。章内言己言身言志，皆自意。德義道皆得意，皆所謂囂囂者也。得于心爲德，宜于事爲義，達于行爲道，止于至爲善，一也。所尊在此，何知身外之榮名？所樂在此，何須人世之寵利？處窮處達，爲己爲民，何用不臧，何試不效，而吾何歉乎哉！豈以人知不知爲悲喜！今人不足語此，惟古人德義有諸己。尊樂養諸心，得志不得志，窮達隨時，皆能有所建立而無待于人，所以能囂囂也。今之士，己無所得，一切仰人，其能囂囂乎？○囂，與遨遊之遨、翱翔之翱通，皆閒適意。非可强爲，必我實有可尊，則人不得而詘之；我實有可樂，則人不得而戚之，故曰斯可。反是欲囂，囂不可得。趙註云：自得無欲，惟能自得，乃可無欲。正貼本文解。

通章並舉人知不知，意略重不知一邊。若孔子用行舍藏，方成囂囂，所以謂古之人也。達不離道，謂舉措合理，即不離窮、不失之之義也。義嚴以處窮，道寬以大行。得己，猶言從吾所好，得己之天爵良貴也。民不失望，凡所經濟，答蒼生之仰望也。心所期向曰志，即所尊所樂也。德義澤民，士之本志。隱居求志，今果得行此志也。不言窮達，言得志不得志者。苟身出道隱，澤不加民，雖禄以天下，志猶未得也。脩身以見于世，非事表暴也。所謂珠藏澤媚，玉韞山輝，猶《易·乾》九二「見龍在田」之見。不得志，則龍德而隱。善世不伐，德博而化，天下文明，故曰見于世也。善，即《大學》「明德新民止於至善」之善。德義根于性，純粹以精，無物欲之雜，《易》云「美在其中，暢于四支，發于事業」之本也。至善成性，不以大行加，不以窮居損。得志與民由，則爲兼；不得志行己，則爲獨。時有舒卷，而善則一。陋巷之顔子，與過門之禹稷，善一也。

宋，姓。句踐，名。囂，《説文》「聲也，氣出頭上。从㗊从頁。頁，首也」，象聲之形。聲無形，象其氣从口出也。本音敖，與嗷、謷通。《詩》云「選徒囂囂」，又云「讒口囂囂」，皆聲也。《莊子》云「謷乎大哉」，放也。一音咻。《詩》云「聽我囂囂」，《左傳》「晏子之居湫隘囂塵」，《周禮·司市》「禁其鬬囂」，上篇「衆楚人咻之」，咻與囂通，亦聲也。《莊子》云「非不呺然大也」，枵與囂通，虚也。虚腹曰枵腹，天文玄枵作玄囂。三宿，虚在中也。或曰：玄囂之囂亦音敖，與隩通，隈曲處也。《尚書序》「仲丁居囂」，地在陳留浚儀之間，秦謂之敖倉，敖即囂也。山凹曰囂。唐人詩云「積雪在囂間」。故《史記》注云「玄囂者，在玄之囂」，大抵皆空曠之意。古人文字，取音義相彷。如《詩·鴟鴞》之鴞音梟，讀作謳；叶「既取我子」，讀作則。古謳、囂、嗷、咻之類，聲相近，通用，非如後世四韻之拘泥也。

一〇

孟子曰：「待文王而後興者，凡民也。若夫豪傑之士，雖無文王猶興。」

士生逢聖明，親炙德教，雲合風動，大幸也。然殊無難事，惟聖遠教堙，邪世惡俗，孤立無侶，全仗自己風力振作，以繼往聖，開來學，方是豪傑。興者，鼓舞變動，非徒景仰之。豪傑作用，即文王復生，蛟龍騰起，不似蝘蜓叫跳籬壁之間耳。孟子處戰國，便是真豪傑。隱然自命，與上章「囂囂」、下章「欿然」意相承。

自古聖人之生，必有輔翼。堯舜有四岳、九官、十二牧，文武有四友、十亂，孔子有三千七十士。凡此待而興者，未嘗非豪傑。設不與聖同生，未必不能興。但興于聖世易，興于濁世難。興于聖世，景從響應，未顯豪傑。生于濁世，砥柱中流，豪傑始見。孔子流離於春秋之季，車跡所過，風行雷動，嘗自稱曰「文王既没，文不在兹乎」，千古豪傑一人。孟子生戰國，自云周於德者，邪世不能亂，未得爲孔子徒，自擬爲聞知，此也。或以人性皆善解，非立言本意。

古聖作人多矣。伯夷、柳下惠，生乎百世之上。百世之下，聞者莫不興起。獨舉文王，何也？文王之文，上接堯舜，下起周孔。孔子每稱述文王，删《詩》首「二南」。詩可以興，「二南」，文王所以興起斯文也。當商紂昏亂，能脩身教家，聲色不大，使六州野人遊女無不回心向道。故孔子謂人而不爲「二南」，猶正牆面而立。故曰「豈弟君子，遐不作人」「成人有德，小子有造。古之人無斁，譽髦斯士」，興民莫如文王也。士君子寧爲中林之野人，江漢之遊女乎？寧以文王自處乎？誠奮然以興起斯文自任，即今日之文王；如因循不猛，以待聖作，歲月悠游，斯文將喪，天下事未有不誤于等待者。豪傑由人作，人皆可以爲堯舜，何等待之有？

一一

孟子曰：「附之以韓魏之家，如其自視欿坎然，則過人遠矣。」

此承上章囂囂、豪傑類記之，爲小人充詘于富貴者而發，非極則語。舜禹有天下不與，何有于卿相？陳仲子揮千乘之國，孟子小之，何有于家？所以遠過人。在自視欿然，自視則于韓魏之家弗屑視矣。欿、埳同，《莊子》云「埳井之蛙」，與坎通。欿然，猶坎然。坎，實也。《易·象》「坎中滿」。又坎、侃通，樂也。《詩》云「坎坎鼓我」，《論語》云「侃侃如也」。自視欿然，謂尊德樂義，在我有至足至樂者，安用韓魏之家？不屑受之意，與矯情好名者殊，涵養識趣過人遠矣。

附、付通，予也。韓魏，晉卿大家，與趙氏同篡晉，所謂不義之富貴也。自視欿然，即於我如浮雲之意。舊解欿然，不自滿也。據《説文》：欿，欲得也，音若貪。言雖得富貴，自視不足，文義欠順。

韓之先姬姓，其苗裔事晉，食邑于韓原，曰韓武子。後三世有韓厥，是爲獻子，從封姓韓氏，事晉景公，與公孫杵臼、程嬰共存趙氏孤。獻子卒，宣子嗣，與趙、魏分祁氏羊舌氏十邑。四傳爲康子，與趙、魏共滅知伯。康子之孫韓虔，與趙、魏並稱諸侯。後五世昭侯用申不害，國强，後遂稱王。五傳韓王安，虜于秦，國亡。○魏，見《梁惠王》上篇。○韓地，今山西潞安府襄垣縣，古韓州，有古韓城。陝西西安府亦有韓城縣，則秦地也。

一二

孟子曰：「以佚道使民，雖勞不怨。以生道殺民，雖死不怨殺者。」

道者，天理人心之公。有道之君，保民如傷。本無勞民殺民之心，至不得已而勞之殺之，豈有他哉？其心亦欲佚之生之也。蓋使之有道，勞猶是佚；教之有素，殺猶是生。民豈得而怨之？殺者，指君也。

民心同然謂之道，王道本乎人情。禮云：人情者，聖王之田。民情欲佚，人主佚民，道也。然佚有不得不勞者，不勞，終于不佚。以佚勞民，勞即是佚道。民情欲生，人主好生，道也。然亦有不得不殺者，不殺無以安生，爲生用殺，殺亦是生道。道無可佚，民何道以辭勞？道無可生，民何道以辭死？上非無道，下何能怨？今世主使民如禽獸，殺人如草菅。上失其道，民乃有辭，烏得無怨？至于民怨，而國不可爲矣。

佚道使：如築城從軍之類，調度有方，休息有時，簡閲拊循，惟恐有傷，皆佚道也。生道殺：如刑罪討叛之類，教養于平日，欽恤于臨時，許其悔罪自新，無屠城坑卒之慘，皆生道也。

一三

孟子曰：「霸者之民，驩虞如也。王者之民，皞皞豪上聲如也。殺之而不怨，利之而不庸，民日遷善而不知爲之者。夫君子所過者化，所存者神，上下與天地同流，豈曰小補之哉！」

王霸于有心無心見公私，于民知不知見大小。小則可知，大則不識不知。「皞皞」以下，言王民不識不知之象。過化存神，天地同流，正民所以不識不知也。霸者經營撈攘，衹是幫補。補即小。小補，尺尺寸寸，民見爲驩娱。王者政教經過處，風移俗易，不知其所自來。心思存主處，潛孚嘿運，不測其所自起。天覆地載，萬物並育。王者盡天覆地載之民，曲成不遺，舉一世更翻陶鑄，非霸者東塗西抹，小小補塞其破綻而已者也。○道德即顯見微。性善理微，于才情上見；王道功微，于民情上見。此章首尾以霸民褊小，形容王民廣大。神化正是微處。殺利遷善，皆就民情顯處，形其皞皞。王者無私怒。天討有罪，與衆共棄，非王者殺之，何怨之有？王者無私恩。田里樹畜，惠而不費，非分人以財，何功之有？王者不家喻户説。設爲庠序學校，民以暇日脩其孝弟忠信，非王者提耳而誨，誰知其爲之者？凡此刑賞教誨，東漸西被、南暨北訖，皆是君子所過也。然求其經歷之跡，化而無有。蓋過有所以過者，是即君子所存也。玄脩清穆，無思無爲，而化馳遐壤，不疾自速，非天下之至神孰能與于此？惟其存神，所以過化，與天地春氣一嘘而萬物生、秋氣一翕而萬物斂同也。天地無心生物，王者無心成治。

聖人之于天道，上下同流。霸者胸中渾是私意，感通之源窒，而徒倚法制束縛，所及有幾。逐處小補，彌縫之跡顯然，安能所過即化也？

驩虞，猶驩娱。皞皞，廣大貌。庸，功也。不庸，不見功也。民日遷善，所謂暇日脩其孝弟忠信也。爲之，謂庠序學校之類。所過，謂政教。所存，謂心思。過以作用言，存以主宰言。無迹曰化，不測曰神。聖人所以經綸天下，開物成務之本，是存者神也。民正德，利用厚生，日用不知，是過者化也。上下與天地同流，猶充塞乎天地之間與天地參之意。化育所流行，皆王者功德所洋溢也。王道有大成，無小補，補即小，非别有大補也。

一四

孟子曰：「仁言，不如仁聲之入人深也。善政，不如善教之得民也。善政民畏之，善教民愛之。善政得民財，善教得民心。」

善政即仁言，善教即仁聲。王者治天下，不過政教二者，皆善則皆不可無。就中較之，聲教之感深于政令。政令雖不可廢，而聲教移風易俗尤急。定爲經制，使民力本以厚生，向善以復性，此善政也。以此布之禁令，著之訓誥，即仁言也。至于庠序學校之設，鼓舞群黎，愷悌作人之譽，風動下國，此善教也，即仁聲也。善政行，則法制定而章程立。雖有放佚者，不敢不遵，故曰畏。畏則力本守分，勤生樂業。民可使足，國可使富。富而未教，故曰得民財也。善教，則以躬行之主，撫親上事長之民。民皆服于訓，若于化。有父之尊，母之親，故曰愛。愛則君民上下之間，興仁興讓，藹然淪肌浹髓，故曰得民心也。

仁言，愛民之言，發之自上者也。仁聲，愛民之頌，傳之自下者也。雖有桀紂之主，亦能爲仁言。必如堯舜湯武，風動來蘇，乃謂仁聲。故文王作興，二老歸周。諸侯有能行文王之政者，鄰國之民仰之若父母，是仁聲之入人深也。唐道州刺史元結，作《春陵行》，賊退示吏民詩。杜甫亟稱爲國禎，云「感彼危苦詞，庶幾知者聽」，此類所謂仁言也。

此章因前論王霸類記之。仁言善政，多霸者之事。仁聲善教，則王者之事也。霸者專以仁愛之言媚悦民，使之驩娱，其感人淺；王者以德行仁，不務多言，而同仁之風，鼓舞一世。聲即風也，存神過化，如萬竅鳴籟，虚谷傳響，莫知所以然而然。非口耳煦煦，相濡以沫者比，故曰入人深。善政，如管商之法，刑名之類。禁令曰政，德禮曰教。善政中有仁言，善教中有仁聲。民畏，令行禁止也；民愛，親上死長也。善政富國，所謂闢土地，充府庫，以民賊爲良臣，民誰輸心？善教，則摩民以仁，漸民以禮。上好仁而下好義，公私一體，財賦不足言矣。此章但言不如，而不分王霸者，誠僞公私存乎君心。孔子論政曰：「足食足兵，民信之矣。」政與財豈可獨廢，而仁與善同。以王者之心行之則王，以霸者之心行之則霸。人主自擇耳。

一五

孟子曰：「人之所不學而能者，其良能也。所不慮而知者，其良知也。孩亥平聲提之童，無不知愛其親者；及其長也，無不知敬其兄也。親親，仁也。敬長，義也。無他，達之天下也。」

此章明人性本善，仁義固有。仁莫切于愛親。愛親人之良心，不慮不學，而皆能知愛，自孩提然矣。義莫切于敬兄。敬兄人之良心，不慮不學，而皆能知敬，自孩提然矣。孩提知，天下何有不知之人？孩提能，天下何有不能之人？達之天下皆同，信乎其爲良知良能也。仁義豈外鑠我哉？

首以知能並舉，孩提以下獨舉知，知兼能也。知而不能，知亦僞耳。《中庸》言知行合一，達德首知。聖人生而知之，即安而行之。後儒將知行截作先後，破裂矣。近代講良知本此，然拋卻孝弟，單提良知，亦非立言之意。孟子本據孝弟爲良知。若舍事親從兄，則良知混入禪寂。云本來無物，真空無相，見性成佛，皆蹈襲良字意。以愛敬爲識情，眷屬爲魔障，至于無父母兄弟，不孝不弟，豈得爲良？聖學本天理人情實處立身，言性便言才情，言良知便言孝弟，所以下學而上達，萬世由之而無弊也。

本意非教人不學不慮也。舉不學不慮，見人心同然，所以爲良。不傷害曰良。凡待學思而後知能，不學思而遂不知能者，皆人力也。赤子何學何思，而能知愛親，能知敬兄，故曰良知良能，人心所同然。

故爲仁義之實，天命之性，率性之道。通諸天下古今，爲達德達道，此也。性善之旨，此最明切。

赤子不學不慮，即是大人何思何慮。故大人者，不失其赤子之心者也。博學慎思，亦惟復此心，以求至不思不勉者耳。故曰：堯舜之道，孝弟而已。乍見孺子入井怵惕，呼蹴之食弗受，即不學不慮之心也。納交要譽惡聲，爲宫室妻妾施予，即以思慮害良知也。苟能以保赤子之心仁民愛物，以恥呼蹴之心辨無禮義之萬鍾，即是以學思廓充良知。故曰：不思則罔，不學則殆。天命之性，率性之道，脩道之教，三者兼資。本無一物，而全體萬物。語上不遺下，語精不遺粗。故孟子以孝弟爲仁義之實，此不學不慮，爲戕賊禍仁義者指示本體耳，非教人廢學思也。

親親爲仁，敬長爲義，人皆知之。所以爲仁義，人不知。故曰無他，以親親敬長之心通諸天下，皆以爲仁義。設非根于人性，焉能通諸天下？惟其爲天下公心，所以爲天下公理。達之天下，即應上文不學不慮、孩提知能而言。或作擴充解，此章重在本體。

孩，小兒笑也，通作咳。《内則》云：子生三月，父執子之右手，咳而名之。《老子》云：「聖人皆孩之。」《莊子》云：未至乎孩而始誰。提，提抱也。兒始識孩笑，可提抱也。

一六

孟子曰：舜之居深山之中，與木石居，與鹿豕遊，其所以異於深山之野人者幾希！

及其聞一善言，見一善行，若決江河，沛然莫之能禦也。」

聖人迹與衆人同，而神明默識獨異。天地混沌，然後文明；翕聚，然後發生。中懷虛白者，其外貌常渾朴。故君子盛德容貌若愚，有聖人之悃愊，而後有聖人之神明。欲學英爽外浮，菁華的然叩其中。枯槁無生意，殆與聖人相逕庭矣。「深山」四語，形容聖人易簡澹泊之象。山深則靜，木石居，鹿豕遊，猶莊生野鹿摽枝之意。知故不設，與物大同，外貌無異深山野人。所以異者，惟幾希之存耳，他無以異也。言幾希，爲下文江河沛然種子。外扃貞固，内宇虛豁。孔子自謂無知，鄙夫問而兩端竭，亦此意。蓋洞虛無物之中，萬物皆備。聞見一觸，天靈勃發，即孔子耳順從心之境。《易》云：何思何慮，寂然不動，感而遂通天下之故，非天下之至神，其孰能與于斯？

七篇中三言幾希，皆指方寸虛靈。孔子云：心之精神謂之聖。《管子》云：凡物之精，下生五穀，上爲列星。流于天地之間，謂之鬼神。藏于胸中，謂之聖人。人之所以異于禽獸者惟此，聖人所以異于凡民者亦惟此。若決江河，是聖人幾希全體妙用，與凡民異。所謂明于庶物察于人倫，由仁義行者也。

居深山，謂耕歷山時。自玄德升聞以後，人易識耳。木石鹿豕，形容寂然退藏之狀。《易》曰：「聖人以此洗心，退藏于密。」

一七

孟子曰：「無爲其所不爲，無欲其所不欲，如此而已矣。」

此因上章良知幾希類記之。人性至善，良心爲嚴師。學問之功，不失其初心而已。外見之行事，所不可爲者，本有不爲之心，即無爲焉。内萌之念慮，所不可欲者，本有不欲之心，即無欲焉。外無緣染，内無欺蔽，由是則所行莫非善事，所存莫非善念。希聖、希賢之要不過此。語意與夫子告子路「知之爲知之，不知爲不知，是知也」相似。

爲主事言，欲主心言。凡人于不善之事，皆有不爲之心，即爲皆有不欲之心。初知其不可爲，少間轉念冒昧爲之。本心不欲，少間轉念，隱忍欲之，苟且因循，遂見諸行事，流爲匪彝，所由來也。苟真見事不可爲，即斷然勿爲。心所不欲，即截然勿欲。如此則知幾明決，己克禮復。外無一毫遷就苟安之事，内無一毫曖昧包藏之私。易簡直捷，作聖之功，豈復有加于此！

朱註專主義説，未融。所不爲，即無穿窬之心，義之端也。所不欲，即無害人之心，仁之端也。能不爲不欲，仁義不可勝用。故曰「如此而已矣」。仁主心，故言欲。義主事，故言爲。

爲不爲，欲不欲，皆由己私瞞昧姑息，牽引不斷。無者精明果決，直心而動，更無遮掩回護。善即遷，惡即去，此《大學》誠意毋自欺之功。主忠信，行恕，皆不外此，足了一生學問，故曰「如此而已矣」。

一八

孟子曰：「人之有德慧術知者，恒存乎疢疹疾。獨孤臣孽子，其操心也危，其慮患也深，故達。」

此章即生于憂患之意。人心鍛煉久，而後神明煥。若優游任放，養成下愚不移。經一翻鎚爐，增一翻長進，故君子以疢疾爲福。如人身血氣壯，則恣意戕生。常病，則節嗇自保。恒情皆然，惟上智，安不忘危。聰明睿智，得于性成也。

人，謂衆人。德慧者，悟道深也。術智者，謀事審也。疢疾，熱病也，所謂不得則熱中也。孤臣，臣不得于君，孤立無倚者也。孽，罪也，猶「天作孽」之孽。不得於父，罪孽之子也。執而不放曰操，有所圖謀曰慮。操心危，故專一而不敢肆；慮患深，故謹慎而不敢忽。收斂凝聚久，故事理通達，所以智慧也。

《説文》云：「疢，熱病也。从疒从火。」一作疹。癮疹，皮外小起也。外感内熱，則烝爲癮，發于肌表。疹盡熱除。喻人遭逢拂鬱，内懷不平，如莊生云「人心熱如焦火，朝受命而夕飲冰，我其内熱」，即此意。醫書云：一水不能勝五火。五行之氣，惟火最烈，在人爲五志之火。故莊生《外物篇》云：「木與木相摩則然，金與火相守則流。陰陽錯行，則天地大絯駭，於是乎有雷有霆，水中有火，乃焚大槐生火之木。有甚憂兩陷而無所逃……慰鬱瞀昏沈屯，利害相摩，生火甚多，衆人焚和，月肉固不勝火。」即疢疾意。

孤者，幼而無父之稱。于文从子，瓜聲。子不得于父，呱呱而泣也。又孤，顧也，顧望無所見也。孽，通作蘖。《賈誼傳》「庶人孽妾」，妾隸生子曰孽，孽之言蘖也，木斬而復生曰蘖。《書》云「若顛木之有由蘖」，通作枿遏，一作櫱，一作榁。凡女子有罪廢没爲役，得幸于君而生子曰孽，如木斬而復生也。文从辥，辥，罪也。《戰國策》云：有鴈從東方來，更嬴以虚矢下之，曰：「此孽也。」謂傷弓之鳥，隱痛在身，即疢疾意。

一九

孟子曰：「有事君人者，事是君則爲容悦者也。有安社稷臣者，以安社稷爲悦者也。有天民者，達可行於天下而後行之者也。有大人者，正己而物正者也。」

臣品大約有四：事君人者，所事惟君；安社稷臣者，所重惟社稷；天民，所任在天下；至于大人，德盛化神，無所不可。此其差等也。事是君，謂事不擇君，但得是君而事，獲上治民，不至遺佚，則君既見容矣，何必去父母之邦？以是爲悦，此道之主于就者也。安社稷臣，以社稷不安爲憂，惟願邦國無事，宗社生靈胥慶，所謂樂則行之者也。不然，雖君能容，終非其所悦，此道之主于去者也。天民，全體天道之民，未離畎畝，曰民必可行道于天下而後行，匹夫而自任以天下之重，此道之主于任者也。惟大人具神不測，意無偏主，素位而行，正己無求，過之則化。物未有能出其範圍者，以之窮居，所謂善世不伐，德博而化，天下文明者也。以之大行，君正，社稷安，天下平，所謂脩己以安人安百姓者也。社稷重于君，天下大于國。正己物正者，窅然忘其天下焉，所以爲尤大。蓋天民可大不可小，大人變化不測，仕止久速無心，孔子是也。天民，伊尹是也。安社稷者，危邦不居，伯夷非其君不仕，是也。事君人者，柳下惠之和，三黜不去，汙君不辭，以容爲悦者也。悦，猶告子以我爲悦、以長爲悦之悦，意之所主也。舊解謂苟容以悦君，于安社稷爲悦，難通。苟容取悦，何足比數？本不專爲三子與孔子發，而道有相似。古今人品，去就之義，大抵不越此。

事君人未嘗不欲社稷安，而所重特在君。安社稷臣，社稷重，君爲輕。君有大過，反覆諫不聽，則易位，則去，如殷三仁、周二老。生死去就，係國家興亡，皆安社稷臣也。二臣皆已仕者。天民未仕稱民，即伊尹，云天民之先覺者也。正己而物正，所謂聖而不可知之神，就平常行處見，不必拘定爲臣，即孔子無言無隱之意。物正，即于正己處見。孔子一生，惟正己而人自化。賢者亦步亦趨，不肖者亦不得售其邪枉，便是物正。隨分應量，非必盡天下皆化爲賢者，始謂之物正也。

二〇

孟子曰：「君子有三樂，而王天下不與存焉。父母俱存，兄弟無故，一樂也。仰不愧於天，俯不怍_胙於人，二樂也。得天下英才而教育之，三樂也。君子有三樂，而王天下不與存焉。」

此與下章一意，言吾道有真樂，不在勢分之榮。家庭無事，入孝出弟，天性之真樂也，故爲最。身心無累，俯仰優游，學問之真樂也，故次之。物我兼成，師友淵源，大道之真樂也，又次之。三者人皆可勉，非限于天。人當自脩，非求在外。若夫王天下，求之有道，得之有命，君子雖有大行之願，然待而後樂，則長戚矣，豈所稱素位自得者與？

天生聖賢，爲斯世斯民。聖賢以斯世斯民自任，故天地之大德曰生，聖人之大寶曰位。位者，聖人所以仁天下之具，故樂莫大于王天下。沈約云：「聖人遺情忘己，常以兼濟爲念。不登九五之位，則其道不行。非以黄屋玉璽爲尊貴也。」舜不帝，不得爲大孝。武王周公不爲君相，不得爲達孝。孔子不得位，遯世不見知，豈其所甚樂哉！此章爲聖人不得王天下者言，位不可得，則所性存焉耳，非以王天下爲不足樂也。

二一

孟子曰：「廣土衆民，君子欲之，所樂不存焉。中天下而立，定四海之民，君子樂之，所性不存焉。君子所性，雖大行不加焉，雖窮居不損焉，分定故也。君子所性，仁義禮智根於心，其生色也睟粹然，見於面，盎烏浪反於背，施於四體，四體不言而喻。」

此承上章言。四德本於性，乃所以入孝出弟，俯仰無愧，人已兼成，而爲性分真樂，王天下不與存者也。首以國形天下，見王天下雖足樂，而真樂本性生。吾全吾性之德，則心廣體胖，無入不得。親見堯舜湯武之事，于性無加。窮約終身，于性無損。蓋成繼之良，分授已定，本不由外得，豈外物可增損？分，即仁義禮智。人皆有分，但衆人所性梏于欲，君子所性根於心。性爲生理，生理涵諸心。如草木之根，著土則發生，根傷則生不茂。土中無瓦礫蟊賊，則根不傷；人心無物欲間雜，則天理不傷。天理融徹，自然充周，發越睟面盎背，四體坦蕩，從心所欲，所謂善養吾浩然之氣者也。睟盎不言而喻，正是性分之樂，而王天下無論矣。樂本性體，仲尼、顔子至處惟樂。樂則生，生則惡可已。四體不言而喻，便是生惡可已。

四德根心生色，即《易》所謂「黄中通理……美在其中，而暢于四肢，發于事業」者也。此獨以暢于四肢言者，王天下不與存也。施于用便是事業，事業亦是性，窮居亦有業。學道至四體盡化爲四德，則無入而不自得矣。〇仁義根心，則睟面盎背。孝弟樂生，則足蹈手舞。此德潤身，誠中形外之符，可實證，不可聲音笑貌取也。君子仁禮存心，自無傲狠不平之氣。人能孝弟，則其心和順，輯柔爾顔，詩人所以友君子也。堯舜温恭，文王豈弟，孔子温良。有道之士，切切偲偲，怡怡如也。後儒以嚴毅爲正色，以温柔爲邪媚，失其旨矣。

地廣民衆，則教化遠及而事半功倍。故君子欲之中天下而立，王畿據五服中也。君子樂之，即王天下之樂也。所性不存，性中有真樂也。無加損，甚言不相干也。分定，性所受之分段，一成不變也。睟然，清和貌。盎然，温厚貌。施，猶行也。喻，猶曉也。不言而喻，無所安排，動中天則，所謂默而成之也。

盎與甕通，敦重意。《易·艮卦》：「艮其背。」上九爻辭云「敦艮」，即盎背意。君子養定安止，故氣象敦重。人體惟背敦重，五官皆薄巧之屬。

二二

孟子曰：「伯夷辟紂，居北海之濱，聞文王作興句，曰：『盍歸乎來！吾聞西伯善養老者。』太公辟紂，居東海之濱，聞文王作興句，曰：『盍歸乎來！吾聞西伯善養老者。』天下有善養老，則仁人以爲己歸矣。五畝之宅，樹墻下以桑，匹婦蠶之，則老者足以衣帛矣。五母雞，二母彘，無失其時，老者足以無失肉矣。百畝之田，匹夫耕之，八口之家，可以無飢矣。所謂西伯善養老者，制其田里，教之樹畜旭，導其妻子，使養其老。五十非帛不煖，七十非肉不飽，不煖不飽，謂之凍餒。文王之民無凍餒之老者，此之謂也。」

此章即人人、親親、長長而天下平之意。孝弟者，民之同心。上能富而教，則老者安之，非私恩小惠也。昔文王治岐，必先鰥寡。故二老歸周，文王以王。問其所招來無異術，二老亦非可以術致者。惟文王善養老，故來歸。文王養老，非解衣推食煦煦之惠，不過制田里、教樹畜，民有常業，導之親上事長，自能老其老，而高年皆得所矣。故養老在養民。王道平平，惠而不費，與驩虞異也。與下章意相通，民得養則從善輕。秦漢而下，講求三老五更之名，饋食執爵之禮，上庠下庠、東序西序之制。但如是之謂養，則天下之老，凍餒者多矣。説見《離婁上》篇。本意重民有養，不獨爲養老。〔一〕

二老歸周，非徒爲就養也。一則慕周政清明，高文王事殷之節；一則擇主效用，釣渭水以覘周。然使文王無善政，二老何所聞而來乎？

二三

孟子曰：「易其田疇，薄其税斂，民可使富也。食之以時，用之以禮，財不可勝用也。

〔一〕「本意重民有養不獨爲養老」十一字，内閣文庫本無。

民非水火不生活，昏暮叩人之門户求水火，無弗與者，至足矣。聖人治天下，使有菽粟如水火。菽粟如水火，而民焉有不仁者乎？」

承上章言君能行仁政，使民富足，然後禮義之心生。飢寒切身，欲爲仁不可得矣。民莫不欲富。不富者，上無以使之。勸農薄税，所以使之富也。用莫不願足。不足者，上無以使之。時食禮用，所以使之足也。夫不足則争，有餘則讓。争則暴亂起，讓則禮義興。如水火之急，與菽粟同。人求水火，不必以時。雖在昏暮，不必以禮。雖叩門户，求無弗與者。何也？以水火家家有，足之至也。設菽粟亦如水火至足，民亦必如水火相通，豈不成仁讓之風哉！所以聖人治天下，制産薄斂，時食禮用，使民菽粟如水火，自無貪戾争奪爲不仁者矣。故曰：「倉廩實而知禮節，衣食足而知榮辱。」君子富則好行其德，小人富以適其力。韓非有云：「饑歲之春，幼弟不饟。穰歲之秋，疏客必食。非疏骨肉而愛過客也，多少之實異也。」是以古人易財，非仁也，財多也。今之争奪，非鄙也，財寡也。

易，治也，熟也。田多耕則熟。《周禮》地有一易再易，與此易同。田界畫曰疇，縱横耕亦曰疇。薄，謂什一也。食以時，如朝饔夕飧、舊没新升之類。用以禮，謂冠昏葬祭之類，言有節也。財用兼公私言，既富而又能儉用，所以常足而其富不匱。叩，擊也。至足，有餘也。菽，豆也。粟，稷也。仁，醇厚也，所謂恒心也。

二四

孟子曰：「孔子登東山而小魯，登泰山而小天下。故觀於海者難爲水，遊於聖人之門者難爲言。觀水有術，必觀其瀾。日月有明，容光必照焉。流水之爲物也，不盈科不行。君子之志於道也，不成章不達。」

叔世聖遠，大道陵夷，習尚頽靡。有志者脱去凡近以遊高明，乃可任重道遠，而付託斯文。孔子所以思狂簡之士也，蓋道體無形，領會存乎見。見者，神接也。目寓神傳，象得意顯。故曰「神而明之，存乎其人」。神莫捷于見，識莫顯于觀。《易》曰：「物大而後可觀。」觀者，觀其大也。故《觀》之彖曰：「觀，盥而不薦，有孚顒若。」「盥而不薦」，尚未事也。「有孚顒若」，其象顯也。孔子居高視下，所謂大觀在上，中正以觀天下也。學者觀海遊聖門，觀瀾觀光，下觀而化也。聖人以道觀天下，天下觀聖人之道，所謂神道設教而天下服也。故曰「二三子以爲我隱？吾無隱乎爾」，觀之謂也。通乎觀之説，而山海日月之義可默識矣。聖人作而萬物睹，百世之下，聞者猶將興起焉，而況五世之内，近聖人之居？見而知之，所以獨觀其大。遊聖人之門難言也，山海日月之喻，所謂我知言者也。故以觀贊其妙，開蒙發覆，使學者撥雲霧而出幽谷。豪傑之士，豈無望高山、思仰止者乎？

學道先識見，如曾點、漆雕開，聖人悦而與之，爲其所見大也。彼胸中别具一種識，故其氣象恢弘，擺落凡近。所謂豪傑之士，斐然成章，乃可上達。此章之意重在高明廣大，故以山海日月爲喻，推孔子爲上首。天縱將聖，巍然獨立于孤峯絶巘之上，地位崇而瞻望遠。四宇寥廓，舉國與天下，無一不在流覽之下，是聖人之大觀也。天下不能造聖人之位，故不及睹聖人之觀。聖人之觀大，故觀聖人者見其大，顔子所爲仰瞻也。如海爲百谷王，觀海則天下之水小矣。天下幾人曾蹈海，是終未嘗見海也。遊於聖人之門，乃見宗廟之美，百官之富。精義妙道，非言可述。然得其門者或寡矣，是終未嘗遊聖門也。士如欿啓寡昧，井蛙醯雞，豈足語大方？欲睹其大有術焉。物莫大于水，欲見水大，而但觀其潤下流濕，涓涓一勺，不足也。必觀長波浩蕩，連瀾千里，始信浮天載地者水也。至明莫如日月，然仰觀不過一掬，何以見大？日月有明，與燈燭異。燈燭所照無幾，日月之明，凡可受光處無不照，無非日月之明，所以爲大也。夫道流行兩間，森羅萬象，無物不有，無遠弗届。孔子登東山、泰山，小魯、小天下之實際，端在此。見此者謂之大觀，學此者謂之志士。士有大志，必有大材。如流水一物耳，必滔騰滂沛，隨處充滿，乃能流行。若夫升斗之潤，不滿一坎，涸可立待耳，其何以行之哉？君子有志于道，必其識量廣大，器宇高明，超軼凡品，具體聖賢，乃謂成章，如是者乃能通達。若夫樸遬猥瑣，區區凡民，而語于山海日月之觀，夏蟲語冰矣，烏能達？士所以貴弘遠也。孔子思狂獧，正以此。

莊周《秋水》《逍遥遊》，即此章之意。孔子登東山小魯，登泰山小天下，即大鵬之遊，海若之觀也。觀于海水日月，即河伯之睹東海，斥鷃之見大鵬也。流水不盈科，志道不成章，即朝菌蟪蛄之年，井鼃夏蟲之知也，故曰「小知不及大知，小年不及大年」，「井蛙不可語于海，拘于墟也；夏蟲不可語于冰，篤于時也；曲士不可語于道，束于教也」。不成章便是曲士，猶言未成材。大木曰章，《史記·貨殖傳》云「木千章」，漢時掌材者曰「章曹椽」，故梓材曰「豫章」。木成章，然後可大用。大匠取裁狂簡，斐然成章。不知所以裁，正謂此。或作下學成功解，不應與斐然成章異。此推尊孔子，故用孔子語，即孔子所思也。

或問：「孔子登東山而小魯，登泰山而小天下，何也？」道自堯舜肇統，三王繼序，其來遠矣。然皆弘化興理，因時立極，于斯道全體大用未折衷，教學宗領未有指歸。自夫子洙泗闡教，六經垂訓，抽羲皇以來未呈之緒，下迄唐虞三代經世之典，斟酌損益，以爲萬代法程，仁義禮樂宗師。宰我謂賢于堯舜遠，此也。誕生東魯，爲天下一人，生民以來未有。故能以宇宙爲堂室，穹霄爲户牖。如登東山而觀魯，千里在其掌上。登泰山而觀天下，四海九州羅目前。四顧寥廓，天衢曠朗，無復陔障畛域之限。是天下之大觀，聖人之境界也。小魯者，七十子歸其延攬也。小天下者，中國有聖人，四裔皆在包荒也。非魯與天下小也，孔子地位峻絶，所見大，故小也。何謂觀於海者難爲水？小魯、小天下者，自孔子觀也。觀於海者，由天下觀孔子也。孔子猶海，觀孔子猶觀海。水莫不放海，故江淮河漢朝宗焉。聖莫盛于孔子，故群聖集其大成矣。何謂遊于聖人之門者難爲言？遊亦觀也。聖人即孔子。遊聖人之門，觸目禮樂文章富有日新，非言語讚歎所及。雖有雕龍炙輠之口，譬鼃鳴蟬噪，紛嘖無當。孟子願學，以知言自任。山海日月，即其難言之言也。一説：聖人槩群聖也。言，謂百家之言也。六經者，聖人之言。經正而群言詘，其義一也。何謂觀水有術，必觀其瀾？術者，事之巧也。道無形，何以觀？何以大？

蓋無形者形萬形，觀其無形難見。惟觀宇宙間，形色象貌，升降飛揚，感遇聚散，孰非道之流衍發越，而大者森然睹也。如觀水者，池沼細流，無以見大。《中庸》云大哉聖人之道，洋洋優優，天地萬物，三千三百，皆是也。江海之間有長波曰瀾，浩蕩滔天，乃見水大。觀道亦何以異是乎？何謂日月有明，容光必照？此亦觀日月之術也。不言術，蒙上之文也。日月有明，燈燭亦有明。燈燭所照能幾？日月高明下濟，舉山河大地，凡有形可容受光輝者，無弗照。故仰觀日月僅一瞬，而觀其所照，大明可睹矣。夫道體物不遺，莫見莫顯，無行不與，亦何以異是乎？此孔子所以小魯小天下之實際。觀于此，即是觀海；遊于此，即是遊聖門，故曰術也。何謂流水之爲物，不盈科不行？水惟流乃行。物對道言，水無情曰物。水流行故達，是必源泉活撥，流動充滿，溢坎而出，然後可行。此不盈科不行者，與盈科而後進者意殊。彼主漸言，此主進言也。志士進取，如流水盈溢，沛然莫禦。若盃杓之潤，曾不滿坎，消矣竭矣，焉能行？如士無材識，萎然疲薾，自畫自棄，不憤不悱，安望進取？此章本爲無志不成章者而言，非惡欲速之謂也。何謂君子之志道也，不成章不達？全章至此，始提出道，是骨子。孔子之大，大以道也。學者觀孔子，觀其道也。學道先立志，所謂其志嘐嘐然者也。志大由于所見大。彼曾睹泰山、滄海、日月，故其丰采言論，英偉特出。如喬木挺直，干霄拂雲，乃可勝隆棟之任，待師匠之求，是謂成章。章者，材也。不成章者，叢篠樲棘也，焉能上達？達，通也。拘瑣則不通。所謂中人以下，不可以語上也。高明者，見顯知微，事理通達。成章，猶俗云成片段也。知其一，不知其二，見其偏，不睹其全，皆不成章，不達也。曾點、漆雕開直見到底，故達。

此章以「孔子登東山小魯」二句樹表，「故觀於海」以下，望此二句說，綰結在「志道」兩字。不成章、不達，言士志小而識卑，不足當大任也。分明孔子思狂簡之意，與篇末在陳章參看，皆激厲下學。朱子以成章當下學漸進之功，云皆積者厚，文章外見，則是篤實而有光輝之謂大。越善信美，迫近聖神，自背其說矣。或謂一級成章，又達一級，與上文言山海日月高明意背。此章意主高明，姑勿論等級。

容光必照，言普照也，非無隙不入之謂。幽岩蔀屋之下，自絶于日月，儘有不及照處。此特形容其高明光大耳。

不盈科不行，祇爲少流動充滿之勢；不成章不達，祇爲無高明廣大之材。成章者，學而未至，特其才高。不成章者，非全未學，祇爲材卑。如曾皙言志，春風鼓瑟，渾身是禮樂文章，居然有天地聖人氣象，方謂之成章，如此者能見道。不如此者，縱學，只是材藝。

朱子云：此章言聖人之道，大而有本。據章内小魯小天下，大則有矣，本則未及。又以觀水四句，作有本解，與立言之旨戾。大道顯微無間，瀾即是水，照即是明，物即是道。故觀瀾知水，觀照知明。水與瀾非二，照與明非二，物與道非二。孔子謂無行不與，《中庸》謂之費而隱，莫顯乎微，此聖人所爲大也。知微之顯，人未喻，故命之曰術。朱子以本爲天命之性，大爲率性之道。性、道、教逐字釋名，而義理渾成。離卻教，何處別有道？離卻道，何處別有性？離卻性，何處別有天命？總之一道耳。故承之曰道也者不可須臾離耳，離非道。今言道，又言本，道是何物，本又是何物？道便是本，更無物可以爲道本。

此章微旨，在「觀水有術」四句。聖人所以大，學者所志在此，「日月有明」二句，申「觀水」二句，更精切。李白詩云：「床前看月光，渾如地上霜。」杜甫詩云：「野日荒荒白。」在野而白，與在地如霜者，孰非日月之明？故善觀日月者，觀其普照之光。不善觀者，觀其一掬之明。猶觀天者不觀其時行物生，而觀其無聲無臭；觀聖人者不觀其經論變化，而觀其無言有隱，觀道者不觀其萬象森羅，而觀其冲漠無朕，是謂無術。無術不可以觀。無是術而語觀，是佛氏之觀空，老氏之觀妙，非吾孟氏所謂瀾照之觀也。

孔子云：「下學而上達。」爲其有上達之資，而施下學之教也。教在君子可必，而材具在學者難齊。故曰：中人以上，可以語上；中人以下，不可以語上。未有教人不取其上，顧取其下者。其曰過猶不及，曰兼人故退，皆接引微權。其實子路優于冉有，子張過于子夏。嘗觀夫子與子張語頓異，十九篇首子張，二十篇終子張。子張，聖門所謂堂堂未仁，因夫子謂「師也辟」而疑之耳，其實聖人望子張甚厚。孟子若無堂堂之氣，何以能浩然獨立，邪世不亂，閑先聖之道哉！病堂堂而勉爲駑下，駑下不可爲也，則爲偶俗，全身如鄉原，鄉原豈可爲乎？孔子所以卒于不偶，振衣泰山之巔，浮滄海，揭日月而行，終不自以爲過也。學者雖未可徑語上達，奈何苟安下學？此章之義，不可不熟思也。或曰孔子思狂獧，而道竟屬曾子，何也？曰：曾子狷者也，下學而上達者也。子張狂者也，可以上達而少下學者也。然《論語》篇終以帝王中道詳語子張，其語子張以行以達，隱然盈科成章，思狂獧惡鄉原之意。焉知子張晚年無所得乎？

孔子之大，與二氏異。二氏空虛寂滅，荒唐無稽。故以四大爲假，六親爲冤。聖道不外仁義孝弟。道德九經，庸言庸行，即神化性命天地鬼神之奥，卑近即高遠也。大道易簡，小道艱深。天地之道易簡，聖人之道中庸。讀《論語》二十篇透徹，則孔子之大自見。七篇仁義之言，即孔子之適派。故下章繼以楊墨執中無權、執中能權，然後見孔子之大。

或解難爲言，猶云難爲兄、難爲弟云爾。佛老之言，大而無用，半邪半謊。其餘刑名術數，九流百家，章句辭賦，皆六經皮膚。大道旁蹊，如江海有瀾，蛟龍罔象，皆在淘蕩中。如日月有明，窮岩幽谷，皆在照臨下。孔子之襟度，六籍之包羅如此。學者六籍淹貫，即是遊聖人之門。諸子百家，自不足觀。此可以實證，未可口舌争也。顔喟曾唯，亦衹爲難言耳。

東山，魯城東高山。泰山在齊地，于五嶽爲最尊。詳見《論語》。瀾，長波連屬也。流覽曰觀，遊亦觀也。容光，凡可容受光明之處。光無形，物無所不容也。科，坎也。章，材也。

二五

孟子曰：「雞鳴而起，孳孳孜爲去聲善者，舜之徒也。雞鳴而起，孳孳爲利者，蹠跖同，音隻之徒也。欲知舜與蹠之分，無他，利與善之間也。」

雞鳴而起，言其勤也。孳孳，勤懇不息之意。兩「爲」字，就隱微趨向處言。爲善如此其急，是惟日不足，坐以待旦，君子之純者也，非舜之徒而何？爲利如此其急，是夜氣不存，平旦無幾希，小人之尤者也，非蹠之徒而何？舜、蹠人品相去天壤，分處只在孳孳利與善二者之間。一念初分，毫釐之差，遂致千里。楊朱泣岐路，即此意也。兩擧雞鳴而起，教人日新又新。一善一利，教人知幾自擇。先善後利、先舜後蹠，聖變爲狂，係乎一念。至微至危，不可不審也。

雞，陽物也。子時一陽生，則感而鳴。人睡初醒，陽明用事，念慮方新，百爲始兆。爲利爲善，于茲攸分，所謂利與善之間也。分際曰間，如兩路岐端，一往中國，一往蠻夷。擧足左右，便分千里。中間更無兼兩並行之處，即易所謂幾也。幾者動之微、吉之先見者也。君子見幾而作，不俟終日，所謂雞鳴孳孳也。顔子知幾，曰舜何人、予何人。有爲者若是，所謂舜之徒也。大抵人心日用有子時，六時有雞鳴。良心動處，即是平旦夜氣一陽來復，所當察識擴充也。

《禮·内則》云：内外雞初鳴，咸盥漱，衣服，斂枕簟，灑掃室堂及庭，布席，各從其事。《詩》云：「夙興夜寐，灑掃庭内。」又云：「女曰雞鳴，士曰昧旦。」雞鳴而起，古人之常度也。

二六

孟子曰：「楊子取爲我，拔一毛而利天下，不爲也。墨子兼愛，摩頂放踵利天下，爲之。子莫執中，執中爲近之。執中無權，猶執一也。所惡執一者，爲其賊道也，擧一而廢百也。」

此因上章推尊孔子，而明仁義中正之道。所謂楊墨之道不熄，則孔子之道不著。孔子之道仁義是也，立仁義之極者存乎中，妙中之用者存乎權。故曰：可與立，未可與權。不能權，則不能執中；不能執中，則不可爲仁義，如楊墨是也。楊朱之學，惟取孤潔。取，猶貴也。爲我則不復濟人，一身之外皆爲塵累，惟保護自己性命，世務秋毫不關心，故曰拔一毛利天下不爲，此楊子之言。執爲我之一，而不顧其他者也。墨翟之學，惟主狥世，愛人而不暇自愛。千人苟可效力，捐軀忘身，摩頂放踵亦爲之，此墨子之志。執兼愛之一，而不顧其他者也。儒者學聖人之道，聞執中之訓，鑒二家之偏，得無就爲我兼愛之間，而守之爲執中乎？子亦莫須執中也。不楊不墨，似乎近道。而道之所謂執中者，有權以通其變也。若徒立于爲我兼愛之間，而不權其當，亦猶楊墨之執一者耳。蓋道體屢遷，不可爲典要。有時乎爲人，即合愛非同。有時乎爲己，即自爲非私。能權則萬應曲當，執一則變化不行。楊但舉一爲我，墨但舉一兼愛。其究無君父，害政害事，不仁不義，由此起也，所廢不既多乎？執一，指楊墨也。

道不離世，世惟有人與我，學惟有脩己治人兩端耳。禹稷過門不入，何異墨？顏子陋巷不出，何異楊？惟其有權，所以適中。如楊子雖生逢唐虞亦陋巷，如墨子雖身遭亂世亦於外，所以爲執一。今儒者學聖人仁義中正、脩己治人之道，不達聖人之權，依仁不熟，析義不精。一涉有意，偏主成固。狥象泥迹，去中逾遠。詆楊墨爲執一，而不知己之執中，亦猶楊墨耳。孔子云：「我則異於是，無可無不可。」豈無權而徒然乎？詩云「不識不知，順帝之則」，權也。

聖道莫大于仁義。宜曰義，愛曰仁。仁義有二名，無兩體。仁之化裁即義，義之真懇即仁。故惻隱羞惡，不爲不欲。不忍人，忍有濟，總一心也。發皆中節，愛敬不忒，便是中。君君臣臣，父父子子，兄兄弟弟，夫夫婦婦，舉此加彼，萬物各得其所而天下平，此孔子山海日月大中至正之道。聖人非有見于我與人而爲之，非有見于仁義中正而執之。因物付物，公平無私。精别不爽，是名曰權。聖人能權，所以允執厥中。言天下至賾而不可惡，言天下至動而不可亂，而道無不舉矣。孟子時楊朱、墨翟之言盈天下，言爲我者歸楊，言爲人者歸墨。故淳于髡曰：「先名實者爲人，後名實者自爲。」爲人自爲，此小人之肺肝也。凡功利富强之策，縱横捭闔之謀，由此生。拔一毛利天下不爲，楊之言也。而處士横議，素隱行怪，如稷下、於陵輩，誰非爲我者？其究使天下利己忘君，莫非楊之徒也。摩頂放踵，利天下爲之，墨之志也。而遊士奔競殉世，誰非兼愛者？其究殺妻烹子以取功名，莫非墨之徒也。楊朱、墨翟初心亦欲爲仁義，其偏執流禍，不覺至此，所以賊道。故曰楊墨之道不熄，孔子之道不著。于是儒者起而酌之曰：爲我可也，何至一毛不拔？但求諸己而已。利天下可也，何至摩頂放踵？但汎愛衆而已。莫須以此爲執中乎？夫執中，自堯舜相傳久矣，豈曰非道？然中無體，何以執？泥形迹典要，無輕重低昂之權，則中亦是一，執中亦是執一而已。學聖道而誤焉，猶之夫歸楊歸墨者耳。楊墨之害道也，正以執一。而猶楊墨之執一者，奚取爲聖人之徒哉！故夫君子惡楊墨，非謂爲我兼愛不可也，爲其執一也。道有萬方，原非一隅。執一爲我，則公人之百端廢。執一兼愛，則脩己之百端廢。至于無父無君，人將相食，世道交喪矣。君子所惡于楊墨以此。今欲距楊墨，正人心，明先聖之道，奈何又踵楊墨之弊？故君子非仁無爲，非義無行。入則孝，出則弟。用則行，舍則藏。無適莫信果，惟義與比。仕止久速，與時偕行。斯執中能權，而爲聖人之徒矣。

此章之旨，正是與楊墨辯。所以距詖放淫，而閑先聖之道者也。聖道莫要于執中，用中不外于仁義。當時處士橫議，百家之言甚背理者不足辯。似是而非，莫如楊墨。蓋亂生于不仁義，而賊仁義起于爲人爲我。楊墨好語仁義，而偏執不近情。然百家可與談仁義者，惟楊朱、墨翟二子。其他且不知仁義謂何，故特舉二子以破群邪之魁也。爲我即是脩真繕性之學。其言曰：逐物爲賤，存我爲貴。此雖聖賢不廢，但爲我而拔一毛利天下不爲，則所謂執一者矣。兼愛即是博施濟衆之意。其言曰：亂起于不相愛。盜愛其室，不愛異室，故竊異室以利其室。賊愛身，不愛人身，故賊人身以利其身。使天下人皆兼相愛，亂何由生？此雖聖賢不廢，但至摩頂放踵以利人，則所謂執一者矣。二者皆偏戾之極。其始亦欲脩己濟人，而意見一偏，謬遂千里，馴致賊仁害義，無父無君莫知所終。皆執一之爲害也。故儒者欲合二家之偏，兼脩折衷。自以爲不執一，而不知不一之内，又自有一。此際妙用有權，千變萬化。仁義並用，與時偕行，非可鹵莽任意，模擬揣合之也。惟義精仁熟者，能巽以行權。聖道所以高明而中庸，廣大而精微也。知此乃能可與楊墨辯，而稱聖人之徒。

子莫，魯賢人，無所考。詳其文義，因上楊墨稱子，而此指儒者爲子也。莫猶勿也。執中，教學常法，適道共由之路。但私意未融，見解未化，可立而未可權。如由、求、賜、商諸子，皆是子莫執中者也。權則如孔子絶四，無可無不可。乃謂允執不如是，則小人儒、硜硜士。非禮之禮，非義之義，大人弗爲也。中非泥定楊墨之間，無物無中。下學規矩，中道而立。顔子卓爾，猶未忘執也。〇拔一毛利天下不爲，與摩頂放踵爲之，楊墨二子未必真有此事。特形容其一偏之甚，以引起下文子莫執中也。不偏謂中，權所以用中。大舜執其兩端，所以權也，故能允執其中。無權而執中，即是執一。舉一廢百者，偏之蔽也。《大學》云：好而不知惡，惡而不知美。至父不知子、農不知苗，皆偏見遮蔽。孔子言六蔽，孟子因詖知蔽。蔽處皆廢處，不啻百矣。

中道内自有人己，自不廢爲我與愛人。苟極而論之，雖聖賢爲己，亦或有一毛不拔時節，爲天下亦或有摩頂放踵時節。但不執一，而變化隨時，乃謂之中。蓋有權以通變，故執中不窒于一，而無一不得中。苟無權，則中便是一，執中便是執一。執一者，無往不執一也。非拘定執楊墨中間，而脩己治人其大者耳。子莫亦爲我，但不至一毛不拔。亦兼愛，但不至摩頂放踵。爲我時，亦欲爲人。兼愛時，亦欲自愛。以此爲執中，人情誰不然？故曰近之。道不遠人，近情便是近道。但人己輕重之間，時宜化裁有權。苟未可與權，而偏主自用，局于一隅，而不通于萬方。視之詖行雖有間，而其過不及則均也。故曰猶執一也。然則俗儒之與楊墨，其間不能以寸。欲執中，必義精仁熟。可與權，然後二家之似不足以惑之。故與楊墨辯，不得不精。邪説害道，所爭只在毫末間。此執中之説，當亟講也。解者但謂執楊墨中間，粗淺甚矣。

執中爲近之，此句甚輕，還就逃楊墨者而言耳。執中無權一句緊關。後儒以無過不及爲中。無過不及之間，亦非所以求中也。過是過何物？不及是不及何物？過不及已無可得，況中何可得？既知過，則無過即中。既知不及，則無不及即中。到無不及處，又牽無過以防其前。到無過時，又引無不及以斷其後。上下左右復然。世上無此等拘攣之學。中之爲名，猶諺云其間就裡，隨處皆在。無名之名，無象之象也。子思以人心喜怒哀樂未發名，以發皆中節爲左驗。許慎訓中爲和，亦有見。離和更無處顯中。孟子精于言中，故以孔子權字當之，即子思言和之意。楊墨執一，故舉一而廢百。聖道能權，所以參天兩地成變化而行鬼神。故曰：堯舜之道，孝弟而已矣。人人親其親，長其長，而天下平。聖人所以權萬有稱平，而用其中于民者，仁義而已矣。

堯舜授中，是極則語。孔子添一庸字，而中之用廣。子思添一和字，而中之體見。孟子添一權字，而中之變通。要之庸已含和與權，權亦自孔子發。先後闡繹，非二理也。子思作《中庸》，極明微顯費隱。知行合一，誠明不二，乃所以爲中也。後儒分知行、先後、體用、内外、本末，上下精粗，一一破析，以爲窮理格物。守章句文字，不通一貫之旨。皆所謂執中無權，猶執一者也。

凡物之執，生于有形。有形不執，惟權爲然。權，秤錘也。聖人借以喻道，道不離形器也。造衡者先權，權立于物先，而輕重不主。銖兩斤鈞石，自毫釐以至重不可舉，因物各致其平，即中之中節而爲和者也。在人即不學不慮之良。平常易簡之理，百姓日用不知，故曰庸。庸與和不可見，而權之稱物者，可觀象而得其意矣，故惟孟子善言中。

天下古今道術，統于聖人。佛老雖異，不離心性。楊墨雖異，不離仁義。但其作用偏，故其謬千里。楊非不義而偏于爲我，墨非不仁而偏于兼愛，儒非不執中而偏于執中。今之佛氏，設爲空假中三觀遣執，又偏于不執。惟聖學執而無執，不執而固執爲權。權者，稱物之平，秉物之則。稱物非執，秉物非空。

物則非假，故聖學由立行權，本誠致虚。佛老以空爲真，以假爲權，不知權也。以空假爲中，不知中也。不仁義，無君父。舉一廢百，爲道之賊，又甚于楊墨也。

執一之一，猶《詩》言一方，禮言一端，與一貫之一殊。一貫之一，化兩之神，參伍之宗，萬有之命也。執一之一，意見先主，舉一不反三，固我之根也。言一，執之至也。指楊墨連俗儒在内。楊墨偏僻乖戾，不肯絲毫轉動，故曰執一。儒者言仁義差勝，而執滯不通，則執中猶執一。極言無權之弊，以見中無定在。非必儒者之賊道，遂同于楊墨也。

楊子即楊朱，墨子即墨翟，詳見《滕文公》下篇。不捨曰取，即執意。取爲我，猶言貴于爲我也。拔一毛利天下不爲，楊朱之言也。設言損己小而利人大，亦不爲。則甚于此者，可知矣。摩、磨通。頂，首也。放，至也。踵，足跟也。猶諺云粉骨碎身之意。子，泛指俗儒。莫，勿也，戒辭，亦疑辭，如「文莫吾猶人」之莫。言或者懲楊墨之偏，而執其中乎？中者，大虚之名。在人心爲未發，虚靈活潑，不可以有方求者也。稱物曰權，用中之則也，屢遷不執，即今之秤錘。説詳《論語·子罕篇》。執一，謂執持一偏，指楊墨也。賊，害也。百者，一之對也。道無常主曰百。執一者窒而不通，故廢百也。舉一，猶執一也。廢，棄也。

《列子》云：「楊子曰：『古之人，損一毫利天下，不與也。人人不損一毫，不利天下，天下治矣。』禽子問楊子曰：『去子體之一毛以濟一世，汝爲之乎？』楊子曰：『世固非一毛之所濟。』禽子曰：『假濟，爲之乎？』楊子弗應。禽子出，語孟孫陽。陽曰：『有侵若肌膚獲萬金者，若爲之乎？』曰：『爲之。』曰：『有斷若一節得一國，子爲之乎？』禽子默然。陽曰：『積一毛以成肌膚，積肌膚以成一節。一毛固一體萬分中之一物也，奈何輕之？』」餘詳《滕文公》下篇。○《莊子》云：不侈於後世，不靡於萬物，不暉於數度，以繩墨自矯而備世之急，古之道術有在於是者。墨翟、禽滑釐聞其風而説之，爲之大過，已之大循。作爲《非樂》，命之曰《節用》；生不歌，死無服，汎愛兼利而非鬬。其生也勤，其死也薄。其道大觳，使人憂，使人悲。其行難爲也，恐其不可以爲聖人之道。反天下之心，天下不堪。墨子雖獨任，奈天下何？墨子稱道曰：「昔者禹之湮洪水、決江河，而通四夷九州也。名川三百，支川三千。禹親自操橐耜，而九雜天下之川。腓無跋，脛無毛。沐甚風，櫛疾雨，置萬國。禹，大聖也，而形勞天下也如此。」使後世之爲墨者，以裘褐爲衣，以跂蹻爲服，日夜不休，以自苦爲極。曰：「不能如此，非禹之道，不足爲墨。」其意則是，其行則非也。將使後世之爲墨者，必自苦以腓無跋、脛無毛，相進而已。亂之上也，治之下也。餘詳《滕文公》下篇。

二七

孟子曰：「飢者甘食，渴者甘飲，是未得飲食之正也，飢渴害之也。豈惟口腹有飢渴之害，人心亦皆有害。人能無以飢渴之害爲心害，則不及人不爲憂矣。」

此爲養小害大者而言。口能知味，貧則貪食而失味；心能知理，窮則貪利而喪心。其事一，其害一。飢渴害口腹，急不暇擇精粗；嗜慾害心志，迫不暇顧廉恥。要之飢渴害口腹小，而嗜慾害心志大。苟處貧賤飢渴之秋，能不朵頤喪心，其爲人也，志不在養小，識量操持，過人遠矣。

飢渴即貧賤。禮云：傷哉，貧也。生無以爲養，即飢渴之害也。惟聖賢能忘之。甘者，貪婪之狀，害之徵也。恆人養小，役志于口體，而徵逐于富貴，如乞墦之爲。昏迷沉湎，其甘如飴。禮義之心，行乞人皆有。萬鍾則不顧禮義，爲宮室妻妾而失其本心，即是以飢渴之害害心志，非二事也。甘食甘飲，饕餮亡厭，即是害心。飢渴甚則不擇味，嗜慾深則不顧理。一事而有內外、身心、大小之辨耳，所謂以小害大、以賤害貴也。人苟能不役志于口腹，如餓死而不食嗟來，不以無禮之萬鍾失呼蹴不受之本心，則是餓其體膚而能忍性。欲惡甚于生死，而能無喪，可謂賢矣。貧賤不能移，大丈夫當如此，豈飲食之人可比而同乎？

甘之一字，曲盡世味。見利忘身，爲一指而失肩背，驅而納諸罟擭陷阱之中而莫知避，俗謂之甘心。不惟口有甘耳。甘即是害，未得飲食之正。謂非甘，而亦以爲甘也。飢渴之害，謂口不知味也。人心之害，謂心不知恥也。不以飢渴之害爲心害者，謂不以口腹害心志也。或作兩事解，誤。

二八

孟子曰：「柳下惠不以三公易其介。」

柳下惠與伯夷一般心思，皆不可一世。惠和非忘物，直是不屑，故孟子譏其不恭。外和内嚴，以至柔馳騁至堅，甚于堅者。設少變其守，可得三公，亦不爲矣。介，界也。《易》曰：「憂悔吝者存乎介。」介，猶節也。不易介，猶言不改節。易介者，不論大小，見可欲則心動，何必三公？不易介者，視三公亦一芥也。此章之意，重不易介。三公，姑就恆情所最動心者言。柳下惠不卑小官，故云。大抵强梁者易缺，濡忍者難磨。人知北方之强，而不知南方之强也。

二九

孟子曰：「有爲者辟若掘井，掘井九軔而不及泉，猶爲棄井也。」

此章即深造自得之意。人心萬理從出，道義之門。私欲錮蔽，則昏而不靈，窒而不達。學問以疏其壅，蕩其滯，使真機活潑。淵泉時出，則大本立而達道行。如爲井者及泉，所以貴井也。苟有志進脩，而學無本源，逐物狥象，支離穿鑿，探討雖勤，而性地未徹，資之不深，取之未逢源。如掘井雖勞，而不及泉，何以待汲？後世馬融、鄭玄輩，章句之學是也。

未及泉猶爲棄井，甚言不可不及泉，非謂及泉遂止也。義理無盡，學問無盡，未至須求至，已至自無息。聖人亦惟不厭不倦耳。未及泉，固不可已。既及泉，則源源而來。雖欲已，得乎？

有爲，猶言善作也。八尺曰軔。泉，水源也。棄井，廢棄無用之井。雖深無水，是爲棄物。

《易》以井命卦。井，通也。《彖》曰：「無喪無得，往來井井。」言静深而不竭也。《傳》曰：「井養而不窮。」又曰：井，德之地也。居其所而不遷。又曰：井以辨義。即大學静安慮得之意。故養心養德，莫如井。

三〇

孟子曰：「堯舜，性之也。湯武，身之也。五霸，假之也。久假而不歸，惡知其非有也？」

性之，純是德性用事。耳目口鼻，化爲神明。精瑩澄徹，渣滓銷融，所謂不識不知，由仁義行也。身之，猶知有形骸。躬行實踐，耳謀目哲，氣魄承載以行，所謂形色天性，聖人踐形者也。以下借上曰假。《家語》：孔子教季孫曰：「君取於臣謂之取，臣取於君謂之假。」以五霸上取帝王之事，非其有也，故曰假。假人之物，未有不歸其主者。歸主則知假，知假則求真，而不敢常爲欺罔之事。五霸，不歸之假也。積僞成真，習貫如自然。不思此物原非我有，而居之不疑。機械變詐，淪入骨髓。冒以爲身，安以爲性，永無反正之期，所以爲五霸也。

仁義人所固有，豈以五霸而獨無？有之而不用，抛卻家珍，借堯舜湯武爲名。如葵丘五盟，居然有典謨訓誥之遺，而實非齊桓本有也。堯舜之道，孝弟而已。小白殺子糾，重耳殺子圉，皆以骨肉相殘。弑君篡國，根本先撥矣。其他詐謀詭計，如尊王室、存亡國之類，有虚文而無實意。至于重耳，猾賊尤甚。

他可知矣，所以爲假。

五霸，三王之罪人，仲尼之徒所不道者。稱堯舜湯武，而終五霸，槩古今世運衰亂之極至也。春秋臣弑君、子弑父，由五霸也。七國連衡合從，五霸摟諸侯之本謀也。戰國距唐虞三代盛世遠矣，五霸視堯舜湯武，天壤懸隔。而篇中每以王與霸並言者，罪霸之無王，辨假之亂真也。惡至于假，而陰謀隱慝，盜賊姦宄所由生，故夫子以譎目晉文。譎即假也。莽、操、懿、温，由斯作俑。故人心之害，莫甚于假。大學之道，託始誠意以此。世儒因孟子以五霸與堯舜湯武並舉，遂以皇帝王霸配天時聖經，謂《春秋》爲獎霸，與孟子之意大相戾矣。

三一

公孫丑曰：「伊尹曰：『予不狎于不順，放太甲于桐，民大悦。太甲賢，又反之，民大悦。』賢者之爲人臣也，其君不賢，則固可放與？」孟子曰：「有伊尹之志則可，無伊尹之志則篡也。」

聖賢論事，有據理之極者，有原情之至者。如論交際受餽、辯陳仲子非廉、去齊三宿之類，皆人情之至者也。如論臯陶執法、湯武誅桀紂、伊尹放太甲、貴戚易君位之類，皆事理之極者也。原情者，曲以行仁。據理者，直以明義。世治非仁不浹，世亂非義不裁。七篇之旨，仁義而已。志者事功之本，非可以倉卒辦，必積誠動天地，精忠貫日月，天下信之，中外倚之，而後得爲伊尹之志。古今惟一伊尹耳。放主之事，亦惟一伊尹能行之耳。人臣不希伊尹之志，而遽希伊尹之事，鮮不誤矣。

唐虞以來，無革命之事，而伊尹相湯，始行于桀。亦無放嗣君之事，而伊尹託孤，始行于太甲。故曰伊尹聖之任者，視天下猶一介也。不見有物我之嫌，苟可安天下，以身當之不疑。故曰予天民之先覺者也，予將以斯道覺斯民也，非予覺之而誰也。伐夏之事，毅然責成于湯。師保之法，抗然獨行于己。蓋其世運純古，質直易孚，而忠貞一德，格于上下。前王之顧託甚重，新造之家邦未集，冲人顛覆不順，而逡巡引嫌，阿衡謂何，所以恥其君不爲堯舜，而自任堅也。伊尹之任即伊尹之志。有伊尹自任之志，則伐夏不爲逆，放嗣子不爲簒。教而不順，則大業隳。容得不放，能改，則天下安。容得不復，若其不改，神器無主，易位未爲不可也。舉天下之大，括囊而負之，涉歷長途，行李抵家，置諸安處，然後擔弛而志畢。苟無伊尹之志，則前此無莘野之樂，無三聘之出，亦無伐夏之功。功成全身而退，可矣。嗣君之賢不賢，誰肯自執其咎乎？故欲爲仁人，必先爲志士。志定，則嫌疑盡忘。志不定，則荏苒浮湛。初或勉强，中道改轍矣。如後世亂臣賊子，始非有無君之心。事勢陵迫，騎虎不得下。雖欲無爲簒賊，不可得。故曰有伊尹之志則可，無伊尹之志則簒，千古名言也。或曰：周成王初年，無異太甲，周公不爲伊尹之事，何也？曰：聖人與時偕行。周距商七百年所矣。時非伊尹之時，故公志亦非伊尹之志。伊尹聖之任者，周公聖之讓者。伊尹以天民先覺自任，恥其君不爲堯舜。周公惟曰：予旦以多子越御事作周孚先，願王作周恭先。其戒伯禽曰：勿求備于一人。一人者，天子也。《詩》

云：「公遜碩膚，赤舄几几。」此周公之志。自古大臣勞謙不伐，莫如周公。太甲雖顛覆典刑，而嚴事師保，故伊尹得行其志。成王猜忌，使公不敢安其位。其殺管蔡如拉朽，召公不懌，有以也。考之《金縢》《大誥》《無逸》諸篇，譸張不率，甚于太甲。設使周公行伊尹之事，其禍大矣。卒以勤施廸篤，明保冲子，揚文武之功，與伊尹並烈，所謂易地皆然者也。後儒因伊尹放君，誣周公居攝。其謂周公不居攝者，併疑伊尹不放太甲，無識同也。

伊尹語，今孔書《太甲》篇有之。狎，習見也。不順，不循理也。桐，桐宮，湯墓地也。伊尹之志，忠君愛國，以天下爲己任者也。逆取曰簒。

三二

公孫丑曰：「《詩》曰『不素餐兮』，君子之不耕而食，何也？」孟子曰：「君子居是國也，其君用之，則安富尊榮；其子弟從之，則孝悌忠信。不素餐兮，孰大於是！」

此與告彭更傳食意同。君子居是邦，是士之未仕者。用之，用其言也。從之，從學也。君子所言，皆仁義道德、尊主庇民之事。君用其言，則安富尊榮。不然，是其君不用，非君子之言不足用也。子弟從學，則習爲孝弟忠信。士風以培，名教以振。君子雖身不受職，上有益于君，下有裨于民。其受君之養，豈謂素餐？後世學校養士，亦用此意也。

古者士出于農，無不受田之家，無不耕之士。伊尹耕莘，亦士也。《詩》云：「攸介攸止，烝我髦士。」髦士，即農夫也。周衰，井地法壞，流民失業，士始有無田者，非古也。而孔子云「吾不如老農，焉用稼」，故孟子謂有大人之事，所以先四民而異于小人。非謂有可耕之田不耕，如游士之託于諸侯者比也。其所謂食君餽之粟、養賢之禮，亦非寄食侯門，如四豪之食客比也。

《詩》，《魏風·伐檀》之篇。素，空也。餐，食也。居是國，謂所居之國。君用之，用其言也。安富以祿言，國安則常保其富矣。尊榮以位言，常居尊則榮顯也。子弟，即所居國人之子弟。從，從學也。孝弟以行言，忠信以心言。孝弟之實，即忠信也。忠不欺己，信不欺人。

三三

王子墊店問曰：「士何事？」孟子曰：「尚志。」曰：「何謂尚志？」曰：「仁義而已矣。殺一無罪，非仁也。非其有而取之，非義也。居惡在，仁是也。路惡在，義是也。居仁由義，大人之事備矣。」

此承上章士不素餐類記之。王子墊亦疑士不耕而食，故問士何所事。志行曰事，事存曰志。士現在雖不見所事，而其作用已高尚于向往之志。尚志伊何？仁義是也。天下莫尚于仁義。士立志若曰：仁者以一夫不獲爲耻。殺一無辜，即是不仁。義者以一介不苟爲節。取非其有，即是不義。他日我得志，所居無改于仁，殺一無辜，吾不爲也。所行無改于義，取非其有，吾不爲也。仁義，帝王所以正育天下也。今世殺無辜、取非其有者，多矣。士志若此，雖未離韋布之賤，而帝臣王佐，設施已備，可謂之無事乎？孔子云：「隱居以求其志，行義以達其道。」今日所求之志，即是他日所達之道。故士之志，即是士之事也。

大人之事，如伊尹之任是也。小人之事，則並耕而食矣。與前二章意相承，孟子自道也。七國富强成風，殺無罪，取非有，皆當世遊士逢君之惡、民賊而爲良臣者。孟子思以仁義濟世，不得志，故曰尚志。《易》云：「不事王侯，高尚其事。」子曰：不事王侯，志可則也。即此意。

此居仁由義，與前篇弗居弗由意別。此居由，言富貴不淫，有道不變塞也。宅曰居，以心言。路曰由，以事言。苟家脩廷壞，則不得謂之居與路矣。大人之事，歸重仁義二字。居由不待爲大人時已然矣。

齊王子名墊。尚，上同。高尚，不同俗也。不變今之俗，雖與之天下不能居，故士高尚其志，以仁育義正天下自任也。大人，謂爲卿相，有天下之責也。

三四

孟子曰：「仲子，不義與之齊國而弗受，人皆信之，是舍簞食豆羹之義也。人莫大焉亡親戚、君臣、上下。以其小者，信其大者，奚可哉？」

此因下章舜孝類記之。陳仲子能讓齊國，而避兄離母，不食君禄，以小讓害大倫也。虞舜棄天下，而急父難，明國法，以大讓全大義也。陳仲子未有讓齊之事。推其矯廉，設不義與之齊國，其必不受。信，信其爲廉也。讓齊非小，以大倫律之則小。衰世大道不明，人皆好名。如陳仲子，人輕信不察，而孟子責其忘親戚、君臣、上下，彼復何辭？故德貴中庸，士行首人倫。兩言信，所以折其不情也。道不遠人。禮云：人情者，聖王之田也。

匡章稱仲子誠廉士，信之也。孟子云仲子惡能廉，不信也。此云人皆信，信其廉也。雖能廉，亦一節耳。天下大經五，一廉不可包舉。況廉且未信，而其他不足信愈明也。大廉本乎人情。夷齊讓國爲兄弟，泰伯讓天下爲父子，故足信也。仲子蔑視其君，避兄離母，不食不居而以爲廉。即信仲子者，稱其廉耳，可併稱其孝弟乎？無孝弟忠信而語廉潔，是以不足信也。

「不義」二字略輕，猶言無故與之也。仲子矯廉，雖義與之亦必不受，況不義乎？其義與之而不受也，是蚓之操也，不可爲也。其不義與之而不受也，亦簞食豆羹之義也，不可信也。蓋仲子身爲不義，有大于不讓國者。其爲弟也無兄，其爲子也無母，是無親戚也。絶人逃世居於陵，以君禄爲不義，是無君臣上下也。如此，雖與之國不能治。而徒以讓國爲義，所不受者大而所不得辭者尤大。堯舜之道，孝弟而已。君子不以天下儉其親，讓國何足道乎？今仲子所辭百，不過母食兄室，正是簞食豆羹之類。好名之人，能讓千乘之國。苟非其人，簞食豆羹見于色，是以不足信也，而人往往以廉歸之，何與？

仲子，即陳仲子，詳上篇。舍，猶讓也。簞食豆羹，言小也。人莫大焉，言罪之大者。

三五

桃應問曰：「舜爲天子，皋陶遥爲士，瞽瞍殺人，則如之何？」孟子曰：「執之而已矣。」「然則舜不禁與？」曰：「夫舜惡得而禁之？夫有所受之也。」「然則舜如之何？」曰：「舜視棄天下猶棄敝蹝徙也。竊負而逃，遵海濱而處，終身訢欣然，樂而忘天下。」

此章設問亦設答，無其事而有其理。凡事理各有至極，人各盡其所當爲。勿包藏，勿詭隨，理明見定，則天下無難處之事。方舜之爲天子也，皋陶實爲士師。當是時，假如瞽瞍犯殺人之罪，將如之何？究而論之，皋陶本法官也。惟行己之法，不當問舜禁不禁。舜人子也，惟盡己之情，不當問皋陶執不執。苟事勢窮迫，仁人孝子，惟有棄天下以全親，蹈窮海以脱罪。如是，則皋陶之執，盡其爲執而不撓。舜之不禁，終于不禁而法行。子情盡，國法伸，君不驕，臣不諂，罪人伏，死者償。推此以裁天下事，無所不用其極，則盤錯立解矣。乃所謂蕩蕩平平，無黨無偏，而萬事各得其理矣。

殺人，殺無罪之人。罪莫重于殺人，法所不貸也。以天子之父，犯不貸之法。使爲士師者而他人，或可骫法以伸情。使爲子者而他人，抑或屈情以從法。虞舜以大孝之子，又身爲天子，不難于詘法而難于使法不詘。皋陶以明允爲士師，不難于行法，而難于使法必行。欲法不詘，則惟有存吾親以忘天下。欲法必行，則惟有執吾法，而驅罪人于海外。《周禮·地官》調人職云「父母之讎避諸海外，兄弟之儺避諸千里之外」，此也。蓋權其事理之極至云爾。而説者顧謂孟子于桃應之問，宜若孔子于兩兒之問日，不答可也。或謂舜宜曲法，皋陶宜棄士師；或謂舜爲天子，瞽瞍必不殺人，皋陶執瞽瞍而亡，舜所亡益多；或謂天子之親，有罪則議，何至于死？此皆泥文生解，對癡人説夢。本意惟設變求經，因經行權，權不違經也。常人遇變局改，則事理迷惑。惟精義者求其當，使無餘欠，以應天下事，自平滿周匝，各得其所。孔子云：殷因於夏禮，周因於殷禮。此一定不易者也。其變而通之，所損益可知者也。六經但言所因，而不定所損益。所因者百世共守，所損益者難于先設。是故可與立者，未可與權。權無定權，定即經也。故曰大德不踰閑，小德出入可也。大者不踰，雖小出入，亦德也。故在舜，惟知不以天下易親者，子之經。苟不至棄天下而竊父以逃，則子容有未盡之情。在皋陶，惟知不以尊貴而廢法者，士師之經。苟不至使天子奉法，則士師容有未盡之法。各權其理之極至如此，而就中損益。舜欲全親，亦終不得挾貴以蔑法。皋陶雖愛君，亦終不得舍有罪而不討。瞽瞍亦終不得怙勢殺人，而無所忌憚，此權不離乎經者也。知經而後可與權也。忠臣孝子，欲委曲盡情，豈能越禮義法度之外哉！如前數者之説，合下便欲遷就苟且，不講于經，將令模棱者何所止極？雖世路人情甚便，而道理虧蔽處多矣。人各懷私自便，十室之邑不可理也。是以聖賢制事，合下透徹骨髓。衆人論事，枝梧皮膚耳。

此章形容舜孝之至，立萬世人子之極，結局在「終身訢然」「樂而忘天下」二語。皋陶執法邊略輕，皋陶嘗佐舜誅四凶。瞽瞍有聖子而不知，焚廩浚井且甘心，凶何如之？故以殺人擬之。而舜且不難棄天下以全親，即視天下猶敝屣。貴爲天子無以解憂之意，設爲必無之事，恆人難竭之情，以形舜之孝爲絶德而無以加也。

執之而已，言外甚寬綽。爲士師但見罪人，不見天子之父，故執之，而其他不知也。他如爲子有無窮之情，聽爲子者自盡，辭若竭而意甚豁。

此章之論，如一□〔一〕棋。兩人皆國手對局，半著不差，輸贏自莫逃。末著□〔二〕得全勝，如猛火逼出精金來。

篇内告梁王雪恥，告滕文公事齊楚築滕薛之類，皆由此取裁，皆經常不易之理。學者達此，然後可與議天下事。不然事理無歸著，孟浪鶻突與世浮沉而已。○桃應，孟子弟子。士，獄官。執之，執法也。有所受，謂法者天下公共，天子受之天，不得私也。敝，壞也。蹝、屣同，一作躧，草履也。竊，私取也。負，背任也。遵，循也。海濱，窮僻無人之地也。訢，與欣同。

三六、三七

孟子自范之齊，望見齊王之子，喟然歎曰：「居移氣，養移體，大哉居乎！夫非盡

〔一〕此一字底本漶漫不清，内閣文庫本同。

〔二〕此一字底本漶漫不清，内閣文庫本同。

人之子與？」孟子曰：「王子宫室車馬衣服多與人同，而王子若彼者，其居使之然也。況居天下之廣居者乎？魯君之宋，呼於垤田人聲澤之門，守者曰：『此非吾君也，何其聲之似我君也？』此無他，居相似也。」

此章即天爵、人爵之意，借富貴形容道德，諷齊王子以脩己愛民之道也。「居移氣」三句，含脩己意。「夫非盡人子」一句，含愛民意。「孟子曰」以下，申言丁寧之。「廣居」一句，包脩己治人，全重一「居」字。人主居高則能臨下，居重則能馭輕。北辰居其所不動，則衆星拱之。人心居安，則資取逢源。故曰仁人之安宅居惡在仁是也。爲人君，止於仁。止，即居也。仁，即廣居也。君道莫如居仁。居何以能移氣？天地之間，氣而已。人身，氣之聚耳。氣機升降飛揚不息，而皆神之所運。神凝則氣調，氣調則百體得養，睟盎生色。神居其所，則氣機自寧。《大學》定静安慮止於至善，意誠而心廣體胖，居移氣養移體之謂也。解者但著王子居處奉養看，失之。論道德，故足歎。論富貴，則句句世味矣。富貴移人氣體，世俗所知也；道德潤身生色，人不知也。實以養實，膏粱文繡，以養口體也；虚以養虚，仁義忠信，以養性也。世俗見彼而不見此也。

居以存心言。移者，變化之意。心爲氣主，氣爲體充。志得所，則氣自浩然，即居便養。氣得養，則四體不言而喻，形色改觀。居爲養主，故大哉專指居。因王子居富貴，養小體，而推及養心也。「大哉」一句粘上二句略斷。仁者心存天下，故曰大，即下廣居之意，勸王子居仁也。「夫非盡人子」一句，即下王子若彼意。言外見庶民子有無居無食者，其爲人之子同，諷王子推恩也。自范之齊，道路目擊民艱。見王子而感歎，猶孔子適衛歎庶矣之意。貴者夏屋，而賤者露處。富者粱肉，而貧者糟糠。故曰盡人子也。初歎含蓄，「孟子曰」以下再歎有餘慨。「王子宫室」四句輕遞下，揭起「廣居」一句，爲全章骨子，包學問政事言。貴能下賤，富不忘貧。以不忍人之心，行不忍人之政。推恩保四海，則氣配道義而體備萬物，方是廣居。末引魯君爲居移氣之徵，氣發爲聲，聲生于氣。居似人君，則聲亦似人君。儻廣居似聖賢，則聲氣亦與聖賢同矣。

范，齊邑也。望見，遇諸途也。居，處也。移，變易也。氣，氣象也。養，即所居者之養。體，肌膚也。非盡人之子，言王子雖貴亦人子也，特其居異耳。王子若彼，謂氣體不同也，居使之然，謂富貴也。天下之廣居，謂仁也。根心生色，所以尤異于人。垤澤之門，宋城門也。呼，唤也。守者，守門者也。非吾君，明知非宋君也。魯君、宋君所居相似，故聲亦相似，皆居之移人也。二國語音本異，所謂聲相似者，呼唤疾徐高下，出自人主者與群隸殊。如今仕路官話，南北相似，非必吴歈楚些，皆以居移也。〇此章見國君當善養世子，與上章參看。上章議論遠世情而其理直，此章議論近世情而其旨隱。上章以瞽瞍爲父而有舜，憂思怨慕，烝乂格姦，所以致允若也。此章以宣王爲父而有湣王，安樂不戒，儲養不端，所以底滅亡也。大抵開造之君，起于艱難，多賢；繼世之主，長于富貴，多不肖。故舜以匹夫爲天子，視天下猶敝屣，而天下歸之，以成大孝。齊魯之君，有千乘之國而不能居，身死他邦，以墮先業。聖狂榮辱相去天壤，生于憂患而死于安樂也。嗣君生長深宫，膏粱文繡，聲色靡麗，極耳目心志之娱，怠惰婾安。一遇風波，則震撼失措。故明君教養世子，使之居則思勞，安則思危，即大哉居之意。居者，人所以安身立命也。居高莫如人主。周公《無逸》之訓曰：君子所句，其無逸。所即居也。無逸，即居廣居也。齊王好貨好色，好樂好勇，召致四方遊惰滑稽浮靡之士以爲賓客。湣王爲世子，熏染其習氣，必有異于庶人子者矣。舜之爲人子也，無異深山野人。耕稼陶漁，飢餓勞苦，動心堅忍，故能濬哲温恭，聰明四達，躋天地于平成。齊王子何以異於人哉！其遭孟子於路，車馬服飾，揚揚自適。不聞有下車之禮，延訪之勤。莊周所謂鴟梟據腐鼠嚇鵷鶵者也。孟子喟然發歎，逆知宣王無令子，而繼體有危亡之禍矣。此歎當在齊取燕，諸侯謀齊，燕人叛齊，孟子將去之日。其後燕昭王以秦楚之師伐燕，湣王走衛。衛君辟宫舍之，湣王不遜，衛人侵之。去適鄒魯有驕色，鄒魯不納，奔莒。患難猶驕，安樂何如矣。是以淖齒數之曰：昌博之間，方數百里雨血，天以告也。地坼至泉，地以告也。人有當闕哭者，人以告也。天地人皆告，而王不戒，遂殺湣王于莒。以若所云，平日昏頑驕恣，非其居使之乎？向使能居廣居，虚己樂善，富貴不盈，何至天災人禍並至？而尚不省。追思孟子之言，真蓍蔡矣。末引魯君徵何也？齊魯一轍也。孔子之不行于魯，孟子之不行于齊，同也。齊湣王死于莒，與魯桓公死于齊、魯昭公死于晉，同也。桓公，宋出也。春秋初年，魯宋同盟。末年，昭公出亡，宋元公將納之，而卒于曲棘。昭公往來齊晉，道由宋，故魯君之宋，蓋指桓昭也。有國家而不得安其居，身死于他邦，所以謂之居相似也。〇或疑史稱齊湣王之死于莒也，太子法章狀貌奇偉，變姓名爲莒大史敫家傭。敫女奇其貌當貴，私之。後法章復國爲襄王，敫女爲君王后。孟子所歎齊王子，即法章也。

嘗考孟子未嘗事滑王，自不及見法章，此王子爲滑王無疑。

三八

孟子曰：「食（似）而弗愛，豕交之也。愛而不敬，獸畜（旭）之也。恭敬者，幣之未將者也。恭敬而無實，君子不可虛拘。」

列國之君，愛士者容有之。小不過飲食之餽，大則幣帛之將而已，皆非有尊賢敬士之誠。是謂不敬之愛，非真愛也。無實之恭敬，虛禮也。君子豈肯爲虛禮所拘執乎？

首言豕交獸畜，泛論不恭敬之失，非謂即豕交獸畜君子也。「恭敬者」以下，推恭敬之虛實。迎之致敬以有禮則就之，幣交視愛弗敬者加文矣。但未知其心，故察其虛實，非以無實當豕交獸畜也。無實比之不敬者，已有幣交矣。君子所就三，終于免死。故食爲極薄，其次加愛，次加禮文，次加實心。今人飼豕，爲將殺而用之也，故弗愛。飼犬馬愛矣，然叱呵鞭策之，弗敬也。愛士則敬矣，然敬亦有虛實。恭敬之心，實也。幣帛之將，虛也。有有恭敬而無幣帛者，亦有有幣帛而無恭敬者，故君子不信也。

獸，犬馬之類。畜，養也。幣，玉帛之類。將，奉行也。未將，謂先有恭敬之心，而後以幣帛將之也。拘，猶留也，羈縻之意。

三九

孟子曰：「形色，天性也。惟聖人然後可以踐形。」

形，謂耳目口鼻之屬。成像曰形，形見曰色，即形之色也。言色可見者，以顯其不可見者。天性，天所命之性。天性無形不可見，而形體之可見，莫非天性也。今人分耳目口鼻爲形，分仁義禮智爲天性。不思除卻耳目口鼻，何處更得仁義禮智？率性而來，踐形而往，即形色皆天性之實地。但惟聖人能之，而衆人不能耳。聖人純乎天性，而百體從心。衆人局于形骸，必克己復禮，養性以脩身，乃庶幾耳。

性無形難言。天下之言性也，則故而已矣。故者以利爲本，現成曰故，素履曰踐，其意同。踐者，率循不違，即率性之道也。世儒言性，索之杳冥。言形，謂爲耳目口鼻于聲色臭味，人欲也。然人外無天，欲外無理，形外無性。惟衆人恣形縱欲，馳騁放逸。鑿其故，不踐其形。踐者，信步安行。子云：踐迹入於室。四肢百體，皆神明之用。時行則行，時止則止，不過乎物，皆謂之踐。耳司聽，隨所當聽而踐以聽。目司視，隨所當視而踐以視。餘皆然。各順其軌，不爽其則，周旋中禮，從心不踰，孰形色而非天性乎？聰明四達，盡人盡物，贊參位育，皆盡性之能事，豈求之杳冥而爲天性則？佛老之性，非聖人所謂性也。

天性不外形色，大道不遠人情。聖教下學而上達，中庸所以爲至德也。惟聖人清明在躬，志氣如神，故天性洋溢，言動成文象。衆人天性形體同，而良心梏于嗜慾，以小害大，心不能思，而耳目之官奪于物交。所謂視而不見，聽而不聞，神明失主，百體紛騰，無如形何，烏乎踐？形雖不踐，而性善自若也。聖人踐形即是率性。衆人不能踐，以形自累，非性之罪。人當務克己以養性，可矣。

此理氣合一之論。孟子以才情言性，即此意。後儒分理氣爲二，幾見天下人有不盡理，而形遂空虚者。道一而已，原無氣質理義兩項之别。今以運動周流者屬氣，以肌體髮膚屬質。所謂仁義禮智，繼善成性，安頓何處。肌體髮膚，運動周流，率而由之，即是天命之性。除卻時行物生，别無命；除卻形色運動，别無性。達此，謂性不雜乎氣質可，謂性不離乎氣質亦可。不達乎此，謂氣質是性，非也；謂氣質不是性，亦非也。告子云：生之謂性。與形色天性何别？畢竟非是。及孟子自言依然，即此可會通矣。禪家蹈襲以爲密義。

四〇

齊宣王欲短喪，公孫丑曰：「爲朞之喪，猶愈於已乎？」孟子曰：「是猶或紾真上聲其兄之臂，子謂之姑徐徐云爾。亦教之孝弟而已矣。」王子有其母死者，其傅爲之請數月之喪，公孫丑曰：「若此者何如也？」曰：「是欲終之而不可得也，雖加一日愈於已，謂夫莫之禁而弗爲者也。」

古者喪期之內，不飲酒，不食肉，不處內，不預外事，非徒衰麻哭踊之謂居喪也。故國君五月居廬，三年不言禮也。後世以爲不便，自宰我已欲短爲朞年。齊王短喪，亦欲爲朞也。故公孫丑以爲猶勝于已而不爲者，孟子所以有紾兄徐徐之喻也。王子母死，即此時事。王子母，蓋庶也。死厭于所尊，不得終喪。故王子使傅代請于王，求居喪數月。公孫丑因謂王子數月尚不可得，朞年不亦可乎？不思王子數月不得者，禮之所禁，無如之何。若親喪三年上下同也，誰其禁之？而王自欲短之，所以不可耳。

紾，戾也。徐徐，輕緩也。其傅，王子師傅。請，請于王也。請數月之喪，即今乞假之類。終之不得，禮所禁也。即《儀禮》公子爲其母喪之禮。愈於已，勝於不居喪者。謂夫，謂向者紾兄之喻也。莫之禁三年之喪，天下通喪也。○《儀禮》記云：公子爲其母，練冠麻，麻衣，縓緣。既葬，除之。傳曰：何以不在五服之中也？君之所不服，子亦不敢服也。按《禮》，貴臣、貴妾緦麻，大夫無緦，況諸侯乎？故曰君之所不服也，王子不得終喪，以此。朱註謂厭於嫡母，不敢終喪，未確。

按《禮》降服有四等：君大夫以尊降，公子大夫以厭押降，公之昆弟以旁尊降，爲人後者、女子嫁者以出降。愚謂以尊降，爲辨分也。以出降，爲情殺也，可也。若夫厭降者，己非諸侯大夫，而但以其父之所降，己亦降之。旁尊降者，己非君公，而但以爲公昆弟于有親亦降之，則似迂矣。故縣子曰：古者無降。上下各以其親，此天理人情固然。世運有隆替，親有不得不殺，恩有不得不裁，非聖人得已也。

四一

孟子曰：「君子之所以教者五：有如時雨化之者，有成德者，有達材者，有答問者，有私淑艾乂者。此五者，君子之所以教也。」

君子教人，言語爲多。時雨化，如教顏子克復，教曾子一貫之類，心授神與，若時雨之潤物，受益而不知，故曰化之。凡善教者，啓憤發憤，莫非時雨，不獨語上爲然。雖成德達材答問，未有非時强聒者，此施教第一義也。成德，謂其人德性醇厚，薰養以成之。達材，謂其人材識通敏，開導以達之。答問者，隨其人所問，解疑辨惑，不必皆受業也。私淑艾者，聖澤百世不斬，懿訓昭垂，後學私取其善道以自艾治，不必皆親受也。私淑雖存乎學者，所以艾之，亦賴君子之教。清潤曰淑。芟草曰艾。艾與乂同，治也，斬艾自新之意，所謂自怨自艾也。五教，意指孔子。私淑，孟子自謂。

五教有等。時雨之化，默識心傳，上也。次成德，如仁義之類，隨其性之近者曲成之。德成而上，故優于材。材如從政、治賦、爲宰之類，于事能濟，不必有德。答問，不但答門人之問，如答萍實商羊之類，皆教也。私淑艾，兼上四者皆有。

《洪範》「乂時暘若」，言之德作乂，言即教也。《詩》云「或肅或艾」，艾即乂也。又如字讀，藥草名。艾久則善，君子之教遠而善也。浸潤曰淑。攻炙曰艾。

四二

公孫丑曰：「道則高矣美矣，宜若登天然，似不可及也。何不使彼爲可幾及而日孳孳也？」孟子曰：「大匠不爲拙工改廢繩墨，羿不爲拙射變其彀姤率律。君子引而不發，躍如也。中道而立，能者從之。」

公孫丑素聞孟子仁義性善、堯舜可爲之説，故歎其高，高斯美。美，充實也。美故樂從，高則苦難。欲孟子别開方便，遷就學者，使從而不知。道有定體，君子安能别爲一教？如大匠引繩削墨，更不能于繩墨外别立一法。如教射者，持滿審固，更不能舍彀率外别立一法。君子教思無已，苟可開導，豈其靳惜？顧道有可傳，有不可傳。可傳者君子引其端，不可傳者君子不能發。然其所未發者，已躍然于引伸内矣。蓋事事物物，各有至當恰好之理，即事即物而在，卓然不可易。但學者工夫生疏，氣質偏駁，物欲牽累，于所謂至當恰好者，齟齬不能從，非教者之咎也。苟其人天資明決，學問精熟，便是能者。于躍如之理，自允執厥中，妙合天則而從之不違。若其不能，君子將若何？唯有守繩墨，彀率深造，以俟其自得而已。

道雖無形而有定體，教雖多術而有成法，不可易也。丑言高美，所難在高，故承之以登天。曰使彼企及，疑道是君子可主者，欲改變其法以從學者。不知道體固然，教惟因之，不能易也。如射者祇教得引弓之法，更無舍矢命中之法。要之命中，亦只在引弓内矣。中道而立，宛似張侯設正景象。曰中道，以解登天之疑。立字，根改變二字來。立者立于彼，立故不可改，從者往所立。人能從道，道不能從人，所以爲立。

君子之教，以仁義爲繩墨，性善爲彀率，此其不可變者也。若夫啓廸開導，惟有言語一途。而言語有傳，不離糟粕，其菁華終非言語所及，然已即默寓于糟粕之内。君子欲盡發不能，非能發故隱也。道體如是，教者豈能遷就之？中即是道，中處即立處性善。堯舜之理，不外孝弟言行。可知可能，非高非卑，非近非遠，即微是顯，即外是内，周匝平滿。古今賢智愚不肖共由，是曰中道而立。道本無立，立隨中在。中本無象，立以象中。中立非有非無，教者授中，學者擇中，兩端允執，是名中立。能者從之，從中立也。回也擇中，其從之也。師過商不及，是不能也。語參一貫，語賜無言，旨不殊。而曾子曰唯，子貢無述，有能有不能也。從者，不違也。與言不違，退足以發，顏子能者也。中道而立，即卓爾也。雖欲從之，從所立也。從無所從，乃爲能者。孔子從心所欲不踰矩，聖人之事也。顏子有心欲從，所以不及聖人。

人性皆善。有物有則，率性而動，莫不各有至當恰好之理。所謂中，即和也。不鑿其故，以利爲本，則自能用中擇善，如大舜、顏子是也。其本不外性善，而其功不越仁義。學者但虚心寡欲，循循下學，日用倫物，衣冠言動間，皆是卓然可從之路。先儒謂聖人定之以中正仁義，主静而立人極。所以爲道與所以爲教，皆不外此。

引而不發，今禪家機鋒襲用此意，而徒以無心影響爲頓悟。半語投機，輒許見性。後此迷復罔終，而既已授偈印可，稱爲得法矣。如五霸假仁義，但同盟，即亂賊亦是諸侯。佛法亂真似此。故君子深造之以道，欲其自得之。苟不中道而立，雖能者之從，亦是談空説妙，恍惚無據者耳。聖道可與立，然後可與權。顔子若非立卓爾，而欲從末由，亦何異談空説妙者乎？高言其體段有企望意，美言其藏蓄有歆羡意。高即堯舜可爲，美即善信充實，皆丑所嘗聞于孟子者。繩以爲直，墨以畫度。彀，張弓引滿也。率、律同，法也。張弓正體，引滿向的，用巧之法也。引而不發，謂如善射者引弓，而但未發矢。發即破的，故曰躍如。躍，踴也，隱現出没之狀。中道，道理自然之極。立，謂卓然不易，顔子云「如有所立卓爾」是也。能者，妙悟上達者也。從，不違也。從之，從中道，所謂允執中也。

四三

孟子曰：「天下有道，以道殉身；天下無道，以身殉道。未聞以道殉乎人者也。」

殉者，從死之名，猶俗云生死相依之意。身殉道，道殉身，周旋不舍也。有道之世，身出，道即殉身而出，出必以道，不爲苟出也。無道之世，道窮，身即殉道而隱，處必以道，不爲苟處也。道與身不可相離。若有道而競榮寵，無道而甘屈辱，是身與道相捐，謂之以道殉人而已。如身何？如道何？

四四

公都子曰："滕更之在門也，若在所禮而不答，何也？"孟子曰："挾貴而問，挾賢而問，挾長而問，挾有勳勞而問，挾故而問，皆所不答也。滕更有二焉。"

滕更以國君之弟從大賢遊，而貴介自負，其識趣可知。孟子尚不絕之于門牆外，有教無類也。時或問而不答，所以折其驕貴之氣，使自悟。不屑之教，非真絕之也。

滕更，滕君之弟。若在所禮，言其貴宜見禮也。挾，謂其心自視與諸弟子異，非陵其師也。賢，謂己賢于諸弟子。長，謂在諸弟子中年長。勳勞，謂有功于國。《周禮》：王功曰勳，事功曰勞。故，謂故舊之家。心有挾，則其中不虛而善不入，故皆不答。滕更有二，挾貴挾故也。

四五

孟子曰："於不可已而已者，無所不已；於所厚者薄，無所不薄也。其進鋭者其退速。"

人之神氣，任其昏頹，則無不廢之事，無一可用之情。激勵大過，又急遽而難久。所以君子有養氣之學，無忘無助，仕止久速，時中而已。

聖賢學問，惟有天理人情。于天理上不可已，民義物則是也。于人情上不可薄，愛親敬長是也。

學問上不可驟，存心養性是也。以優游涵泳之功，行不可已之事，盡不可薄之情，深造自得，則堯舜可爲，性善仁義不外此矣。進處，即是不已不薄處。矯其偏而至于躐等襲取，是進鋭也。不恆無實，是退速也。雨集溝盈，涸可立待；揠苗助長，趨視即槁矣。劉向云：川以逶迤故能遠，山以陵遲故能高。學以漸漬故能進，人以涵泳故能豪。佛氏之學，於事無所不已，於情無所不薄。以頓悟爲聖果，以階級爲權乘，與聖道反。俗儒崇信，所由誤也。自此以下三章，意相承。

四六

孟子曰：「君子之於物也，愛之而弗仁；於民也，仁之而弗親。親親而仁民，仁民而愛物。」

君子於天下之物，生養撙節，所以愛之也。愛之而見以爲不忍傷一物，則仁也。仁施於物，有所必窮。而過于迂濶鄙吝，君子弗爲也。其於天下之民，推心施恩，所以仁之也。仁之而皆以爲一本同胞，則親矣。親施于民有所難徧，或溺于姑息小惠，君子弗屑也。故親施于親，不以待親者而泛及民，則仁之所及者，公而非私。仁施于民，不以待民者泛及物，則愛之所用者，儉而非吝。不然，沾沾煦煦，可以治天下乎？

此章仁義並運，經世大法，因上章不可已類記之，此則其可已可薄者也。較重上四句弗仁弗親邊見，愛之公而仁之普，非沾沾煦煦之謂也。愛則思仁，仁則思親，君子豈忍處其薄？顧天下未有情勝而恩不竭者，故愛有難兼、仁有當裁。用情大過，反昵爲驩虞，非經世之大猷也。仁育義正，理一而分殊。陽舒陰慘，春生秋殺，天地聖人不能違也。親吾親，遂欲使天下皆吾親；仁吾民，遂欲使草木鳥獸皆如民，天地聖人亦不能矣。

愛物惟不暴殄，而卒不免于刀鋸鼎鑊之用，是猶未盡仁也。然食以時，用以禮，不仁容何傷？仁民，則所欲與聚，所惡勿施，而卒不能以人之老爲吾老，以人之幼爲吾幼，是猶未全親也。然以佚道使之，以生道殺之，雖不親容何傷？二氏所以異于聖人，而不可施用，惟其混同不分。愛而遂仁，仁而遂親也。如墨翟以鄰子爲兄子，梁武帝以麵爲犧牲，亂常廢禮，故不可用。天地有生而無殺，不可以造物。聖人有仁而無義，不可以宰世。告子内仁外義，不可以爲學。佛氏戒殺放生，不可以爲政。豈如聖人親親仁民愛物，萬世由之而無敝也哉？

四七

孟子曰：「知者無不知也，當務之爲急；仁者無不愛也，急親賢之爲務。堯舜之知，而不偏物，急先務也。堯舜之仁，不偏愛人，急親賢也。不能三年之喪而緦小功之察，放飯流歠啜而問無齒決，是之謂不知務。」

此爲親賢而發。知者知人爲先，仁者親賢爲急。知務知人，即知智之務也。仁務親賢，即知仁之務也。不然舍大而務小，是謂不知務。故堯以不得舜爲憂，舜以不得禹、臯陶爲憂。孔子告樊遲仁智，皆主人言，即此意也。賢不始于知，則愛無别。故必先知而後能愛，誠能知其賢而親之，不必過用其心與臣下争能，而百工釐、庶績熙。堯舜所以大哉君哉而爲知務者，此也。知務者，知主術也。

此因上章類記之。智不務察，仁不務惠，亦弗仁弗親之意也。略重仁邊。智以妙仁之用，離智，則仁可欺而爲愚。離仁，則智過察而爲刻。故仁莫大于得人，智莫先于知人也。章内曰無不，曰徧，皆仁之容也。曰當務，曰急，曰先，皆智之别也。語意聯絡。智言當務爲急，仁言急親賢爲務。親賢即是急務，知即明于用仁也。仁者用情緩急得宜，守約施博，愛周天下，皆知之精其理也。得人以仁天下，而愛無不徧、事無不集，智亦無不知矣。故《臯陶謨》曰：知人則哲，能官人安民則惠，黎民懷之。哲而惠，何憂乎驩兜？何遷乎有苗？何畏乎巧言令色孔壬？禹所以謂唯帝其難之也。説者分智急先務、仁急親賢兩項，失之。

「不能三年之喪」四語，形容智不務親賢，無以廣仁，惟驩娱小補。從井救人，沾沾煦煦，仁亦愚耳。豈如爲天下得人者，無爲而治，仁覆天下也哉！緦麻三月，小功五月，服之輕者，三年包舉矣。今不能行三年喪，而察三月五月，是猶不爲天下得人，而務分人以財、教人以善也。放飯流歠，飲食狼戾。如此，雖有乾肉，何暇以手斷決？是猶不哲不惠，而欲無畏孔壬也。顛倒錯亂，是謂不知務。

三年之喪，喪之大者。緦麻三月，小功五月，喪之小者。放飯，大飯。流歠，長啜。飲食入口，多而欲速，貪饕之狀也。決、齧通，以齒決斷物也。乾肉難斷，齒決則失容。以手擘之而食，禮也。

放飯流歠，失禮之甚。問不齒決，訪其細也。

三年之喪，説見《論語》。緦麻小功，服之輕者。《儀禮》：緦麻三月。傳曰：緦者，十五升抽其半。有事其縷、無事其布曰緦。小功布衰裳，牡麻絰，即葛五月。按小功重于緦，先緦後小功，亦倒見之喻。小功、布功細于大功也。上曰衰，下曰裳。牡麻細于苴麻，無實者也。絰，首、要絰也。小功以下之絰麻皆澡治，即葛。謂三月既葬，以葛帶易麻帶，終五月之期也。緦、絲通。布縷細如絲也。麻，謂以澡治之牡麻爲首、要絰，故曰緦麻。三月而除，五服之輕者也。十五升，朝服之布也。升八十縷，凡千二百縷也。抽其半，用六百縷也。事洗治也，洗治其縷，而織布成。以爲衰裳，不復洗治也。凡洗治其縷者，戚在外也。洗治其布者，戚在内也。小功布十一升，大功布九升。布縷俱不洗治。○《少儀》曰：侍食於君子，毋放飯，勿流歠，小飯而亟之。《曲禮》曰：「濡肉齒決，乾肉不齒決。」

孟子説解卷十三終

孟子説解卷十四

郝敬　解

盡心章句下

一

孟子曰：「不仁哉梁惠王也！仁者以其所愛，及其所不愛；不仁者以其所不愛，及其所愛。」公孫丑問曰：「何謂也？」「梁惠王以土地之故，糜爛其民而戰之，大敗，將復之，恐不能勝，故驅其所愛子弟以殉之，是之謂以其所不愛，及其所愛也。」

自此以下四章，皆言好戰之罪。因前章言仁、親、愛而類記之。所不愛，即前弗仁弗親之意。仁者雖以萬物爲一體，而愛有差等。諸侯寶土地，未嘗不愛；而以視民，則所愛尤在民，土地其所不愛也；以民視子弟，則所愛尤在子弟，民其所不愛也。非不愛民與土地也，親疏貴賤分殊，聖道所以異于二氏也。六國之王，以土地之故殺人，皆不仁者也。梁王更以土地之故殺其子弟，殆有甚焉。以其所愛及其所不愛，如「老吾老、幼吾幼，以及人老幼」是也。仁者推恩有序，以其愛親者愛人。不仁者倒行逆施，以忍于他人者忍于親。公孫丑何謂之問，問不仁者耳。蓋推恩由親及疏，良心自內出也。不仁因疏逮親，物累自外至也。

糜，粥也。以生從死曰殉。驅子弟以殉，殉前戰敗死者。前爲土地驅民戰死，後又驅子弟再戰死，是以後死者殉前死者也。前以民殉土地，後以子弟殉民。要之驅子弟亦爲土地，非爲民也。但子弟後民死，故謂殉民。是之謂以其所不愛及其所愛，謂以土地及民與子弟也。

《史·魏世家》：惠王十八年拔趙邯鄲，趙請救于齊。齊威王使田忌、孫臏將兵救趙，敗魏于桂林。三十年又伐趙，趙又告急于齊。齊宣王用孫子計救趙擊魏。魏大興師，使龐涓將，太子申爲上將。外黃人徐子止太子曰：「勝齊，富不過有魏，貴不益爲王；不勝，則萬世無魏矣。」太子欲還，御者曰：「將出而還，與北同。」遂與齊師戰于馬陵，敗績。齊虜太子申，殺龐涓。

二

孟子曰：「《春秋》無義戰，彼善於此，則有之矣。征者，上伐下也，敵國不相征也。」

孔子云：「天下有道，征伐自天子出。天下無道，征伐自諸侯出。」甚者自大夫出。《春秋》之作，爲天下無道也。若有義戰，是天下有道。以上伐下，《春秋》不作矣。彼善於此者，還就之辭，于兩罪中權其稍輕者。《春秋》書戰凡二十有三，書伐凡二百一十有三。如齊桓公召陵伐楚，問包茅不入，昭王不返。楚莊王伐陸渾之戎，以陸渾逼周，犯王室也。此類較無故侵伐者爲猶善，然皆非有王命討罪，自上伐下，皆諸侯自相攻伐耳。敵國，謂名分相敵之國，非讎敵也。征之言正也。以上伐下爲正；以諸侯伐諸侯，即有罪當正，而非天子行天子事，亦不正也，何以正人？故曰：敵國不相征，所以《春秋》不義人之戰也。大抵《春秋》，紀亂之書，不但無義戰，亦無義人、無義事。後世説《春秋》，妄起凡例，崇獎桓、文。如召陵、城濮之戰，皆以爲義，謬也。經術之訛，莫如説《春秋》。千古知《春秋》者，惟孟子。

三

孟子曰：「盡信《書》則不如無《書》，吾於《武成》，取二三策而已矣。仁人無敵於天下，以至仁伐至不仁，而何其血之流杵也？」

此章爲杜嗜殺者之口，非直説《書》耳。觀前後二章可見，血流漂杵，不知當殺幾百萬衆，決非聖王好生之心。據理斷之，決不可信。

經解云：疏通知遠，《書》之教也。其失也誣，即此章之意。古書竹簡，篆文煩難，自不能多。孔子所删四代《書》，不過百篇。而漢伏生所傳，纔二十有八篇，爲真古文。孔安國《書傳》後出，多二十五篇，大抵後人補葺。其離《帝典》爲二，割《皐謨》爲《益稷》。《蔡仲之命》稱周公殺管叔，此犖犖不然之大者矣。秦漢間有張霸，作僞《武成》及他書數十篇流傳。孔書出而霸書始廢。然安知孔書非以霸易霸也？計孟子所見《武成》非古，按其誣，何止血流漂杵一語。文王三分有二，以服事殷，孔子稱至德，奈何伐商？動援文考，謂其克成厥勳，誕膺天命，是誣文王也。孔子謂武王末受命，周公成文武之德，追王大王王季。是武王在日古公季歷尚未王也，而《武成》皆稱大王、王季。然則武王克商，匆匆旬日間，即追王先祖，不已急乎？又述其祭告所過山川之神，自稱有道曾孫周王發。又云：「昭我周王，天休震動。」時師尚未至商郊，紂尚在。天下尚有王，而武王輒自稱王，誇有道曾孫，豈聖人語？按其全文，先後無次，何獨血流一語？《書》不可盡信，何但《武成》一篇耳。而孟子獨舉此者，惡其傷好生之心，與于不仁之甚也。天地之大德曰生，兵者殺人之事。古聖人聰明睿智，神武而不殺。季康子欲殺無道，孔子曰：「欲善而民善矣，焉用殺？」勝殘去殺，聖人之本願。是以靈公問陳，對曰：「軍旅之事，未之學也。」七國好戰殺人，而《武成》爲强戰口實，孟子所以欲並《武成》廢之也。或曰：「紂前徒倒戈自殺耳，非武王殺之。」曰：即非武王殺之，聖人亦不忍也。昔晉桓玄征殷仲堪，詣釋惠遠，問何以見顧。答曰：「願檀越安穩，使彼亦復無他。」惠遠讀書，頗識聖人意。經生不如也。○《書·牧誓》云：甲子昧爽，武王朝至商郊牧野，乃誓。王左仗黄鉞，右秉白旄以麾，友邦冢君、御事、司徒、司馬、司空、亞旅、師氏、千夫長、百夫長，及庸、蜀、羌、髳、微、盧、濮人咸在。又《詩》云：「殷商之旅，其會如林。矢于牧野，惟予侯興。」又云：「牧野洋洋，檀車煌煌，駟騵彭彭。惟師尚父，時維鷹揚。亮彼武王，肆伐大商，會朝清明。」《史》云：武王伐紂，紂亦發兵距之牧野。紂兵敗走，入鹿臺，衣其寶玉衣，自焚死。武王入至紂所，自射之，三發而後下車，以輕呂之劍擊之，以黄鉞斬紂頭，懸之大白之旗。或云：武伐紂，巴師勇鋭，歌舞以陵殷人，殷人倒戈。故世稱曰：武王伐紂，前歌後舞也。或云：紂陳其卒，左億右億，鼓之不應。還其刃，顧以向紂。紂走還寢廟，身鬬而死。左右輿紂屍，棄之玉門外。觀者進蹴之，蹈其腹，蹷其腎，踐其肺肝。武王使人帷而守之。觀者搴帷而入，提石投之未已也。按諸經傳語不一，大抵極言紂惡耳。子貢云：紂之惡，不如是之甚也。君子惡居下流，天下之惡皆歸焉。即孟子「盡信《書》不如無《書》」之意。前輩詩云：「紀録紛紛已失真，語言輕重在辭臣。若將字字求心術，恐有無邊受屈人。」深得此意。孟子論《詩》譏高叟，論《書》絀《武成》。學者窮經，而以固執之見附會穿鑿，其害與離經叛道等。昔人問陶弘景註《易》與註《本草》孰先，陶云：「註《易》誤，不至殺人；註《本草》誤，有不得其死者。」如唐子西謂弘景知《本草》不知《易》，註《本草》誤禍小，註經誤禍大。窮經不明，誤天下蒼生。如漢新莽變法，晉王何清談，宋王安石新法，莫不援經據古，而禍延生靈。故曰：盡信不如無，何獨一《武成》耳，是以明經難也。《易》云：「化而裁之存乎變，推而行之存乎通，神而明之存乎其人。」《武成》血流漂杵之詭不足信，而其言列爵惟五，分土維三，建官惟賢，位事惟能，重民五教，惟食喪祭，惇信明義，崇德報功，此亦《武成》語也，而可以不信乎？故孔書雖贋，亦有不可廢者。四十五篇雖真，亦有不可泥者。帝王因時立政，豈生今而反古，盡是古而非今哉？《易》云：「書不盡言，言不盡意。」

聖人立辭以盡言，變而通之以盡利，鼓之舞之以盡神。明乎《易》者，可與言六經矣。

《武成》，周逸《書》篇名。武王既誅紂，紀成功之辭。策，竹簡也，與册通。一作筴。簡、札、牒、畢，四名一物。單札爲簡，聯簡爲册。古無紙，用木曰版，用竹曰策。二三，言不多也。杵，舂杵也。血流杵，言殺人多而血流漂杵也。古《武成》已亡，今孔《書》有《武成》篇。辭云：「受率其旅若林，會于牧野。罔有敵于我師，前徒倒戈，攻于後以北。血流漂杵。」皆後人綴葺語。

四

孟子曰：「有人曰『我善爲陳，我善爲戰』，大罪也。國君好仁，天下無敵焉。南面而征北夷怨，東面而征西夷怨，曰：『奚爲後我？』武王之伐殷也，革車三百兩，虎賁（奔）三千人。王曰：『無畏，寧爾也，非敵百姓也。』若崩厥角，稽（啟）首。征之爲言正也，各欲正己也，焉用戰！」

此章重「國君好仁」二語。引湯武，以見無敵在仁，而不在陳戰兵者。聖王不得已而用之，以仁服不仁，以正征不正。本不爲好戰而興，自可以不戰而服。未有殺人之事而以之自炫燿者，故必有湯武之德，然後行征伐之事。

有人曰：述時臣自負之言也，猶前篇云「我能爲君約與國，戰必克」之類。陳，行伍之法也；戰，交兵相殺也。大罪，謂君不仁而爲之强戰，民賊者也，即殃民者不容于堯舜之世之意。好仁，謂平日脩德行仁也。無敵，無人與爲敵，所謂鄰國之民仰之若父母者也。既無敵，則戰陳自可無用矣。「南面」三句，逸《書》之辭。湯伐桀之事，見《梁惠王》下篇。革車，兵車，用皮革纏束使固也。三百兩，三百乘也。一車兩輪，故曰兩。虎賁，材官之稱，所謂千夫長、百夫長者也。王曰，武王言也。戒商人無驚畏，本安寧爾也，非敵百姓爲取殘賊也。崩，低垂也。自上而下曰崩。角，額角。稽首，以首叩地。此亦逸《書》之辭。今孔書《泰誓》文小異。「征之爲言」以下，申明好仁無敵，以仁易暴，正也。己者，民各指其國君之不仁者也。

按古兵車一乘，法用百人。三百乘，則當用三萬人。虎賁，謂宿衛將帥之臣。《泰誓》武王自言予有臣三千，即《牧誓》云「千夫長、百夫長」之類。每長各千百人，則士卒之多可知。而《本紀》但云「甲士四萬五千人東伐紂」，蓋言周士耳，又云「諸侯會者八百」。《牧誓》云友邦、冢君及庸、蜀、羌、髳、微、盧人皆在，則皆以其衆行，不止四萬五千可知。《本紀》又云「紂聞武王來，發兵七十萬迎敵」。夫以三州之地，垂亡罷散之衆，倉卒何能具七十萬？大抵紂亡，以暴不以寡。武王之王，以仁不以衆。論者但辨仁不仁，其多寡不足較也。孟子前章謂《書》難盡信，信則長好戰之風。此章以《書》決成敗不信，則不見仁者之勇。故讀《書》在觀理而已。

《周書·立政篇》云：「王左右常伯、常任、準人、綴衣、虎賁。」《周禮·夏官》有虎賁，掌先後王而趨以卒伍。舍則守王閑，王在國則守王宮，國有大故則守王門。其屬有虎士八百人。賁，舊作奔，如虎之奔走也。王莽以古有勇士孟賁，改奔爲賁。

五

孟子曰：「梓匠輪輿，能與人規矩，不能使人巧。」

此借藝言道也。灑埽應對進退者，下學之規矩；精義入神，周旋中禮者，上達之巧。巧由規矩入。學者由規矩習熟，馴至于巧。工師亦有目巧不用規矩者，不過妙合規矩耳，非能有加于規矩之外也。巧不可頓授。工師雖巧，但能以規矩授，不能以巧授。道可言傳者，雖精，只是規矩邊事。不言之秘，非言所及，在學者覿體承任而已。

梓匠輪輿，解見《滕文公》下篇。

六

孟子曰：「舜之飯糗朽茹汝草也，若將終身焉。及其爲天子也，被袗真上聲衣，鼓琴，二女果灌，若固有之。」

倏貧倏富，境有先後，聖心惟一。在貧賤，不冀將來之榮；在富貴，不覺往日之困。所謂大行不加、窮居不損，分定故也。此亦自孟子看出，聖心不自知也。

飯，食也。糗，乾糧也。茹，猶食也。草，蔬菜之屬也。若將終身不辭貧也。袗，單衣也。《昏禮》「畢袗玄」，古禮衣皆單。《書》云「藻火、粉米、黼黻、絺繡，以五采彰施于五色作服」是也。鼓琴，舜彈五絃琴，《史記》「堯賜舜絺衣與琴」是也。二女，堯二女，舜妃也。果與祼同，通作灌，進酒也。《周禮·大宗伯》職云「大賓客則攝而載果」。天子大祭祀賓客，王正祼，后妃亞祼。《詩》云「厥作祼將」，酌祭獻尸曰祼，獻賓客亦曰祼。《禮記·投壺》云「奉觴賜灌」，即果也。舊解女侍曰果，是以果爲祼裎之祼，誤也。若固有之，不驚其寵也，即有天下不與之意。

七

孟子曰：「吾今而後知殺人親之重也。殺人之父，人亦殺其父；殺人之兄，人亦殺其兄：然則非自殺之也，一閒去聲耳！」

强戰之徒，殺人父兄，孤人子弟。天道人事，無往不復。讎仇相報，祇自屠戮耳。方其殺人親之時，豈料自殺己親？一往一來，不過假手。豈如忍忿窒欲，休兵息戰，各保其父兄親戚之爲仁術也哉！

八

孟子曰：「古之爲關也，將以御暴；今之爲關也，將以爲暴。」

戰國時，一切取民之法，違古制多矣。然皆作法爲暴，或因暴變法。其不變古法而爲今之害者，莫如關征一事爲貪且狡也。本以防盗，而盗反在官。本爲盗設，而設反爲盗。方其禦暴也，寇自外來；及其爲暴也，盗自内出。自外來者可禦，自内出者誰防？未嘗變法而法壞，本以衛民而殃民。今之事君者誰爲此謀，所謂逢君之惡者矣。

關，門關也，禦盗、防寇盗也。爲暴，征商旅也。古者四郊四境皆設關以幾出入，備非常。後世因以征榷商旅，故《周禮·地官》有司關之職，掌國貨之節，司貨賄之出入者。凡所達貨賄，以節傳出之。凡貨不出于關者，舉其貨，罰其人。故《周禮》非古也。又云「國凶札，則無關門之征，猶幾。凡四方賓客敂叩關則爲之告，有内之送令，則以節傳出内納之」，此則古之遺意也。

九

孟子曰：「身不行道，不行於妻子。使人不以道，不能行於妻子。」

道者，天理人心之公，脩己治人之本。得之則推準動化，無往不利。失之則悔吝憂虞，跬步不通。

身與道違，則其道不可行於妻子；令與道違，雖妻子不從其令。妻子卑順尚不行，而況家國天下乎？徐幹《中論》云：「君子口無戲謔之言，言必有防。身無戲謔之行，行必有檢。」故雖妻妾不可得而黷也，雖朋友不可得而欺也。如此則不喜怒而德行行于閨門，不諫諭而風聲化乎鄉黨。大人正己物自正者，此之謂也。

一〇

孟子曰：「周於利者，凶年不能殺；周於德者，邪世不能亂。」

凶年多餓莩，家富則凶年不能殺；邪世多小人，德充則邪世不能亂。苟德不周，則根本淺而風力輕。小遇坎坷，枝梧不給，輒生退阻。況舉世昏惑，而欲以孑然一身，撑持宇宙。非盛德之至，焉能左右逢源？守先王之道不亂，如吾孟氏者哉！

周，偏也。周于利者，其利孔多。如五穀不登，則有廢居之資，所以凶年不能殺。周於德者，資深不窮，才足以有爲，而守有所不爲，故邪世不能亂。亂非必全無德。世衰道微，賢者亦不能自持，如楊雄事王莽、荀彧從曹操，非亂與？小有德而不能周也。如孔子在春秋，孟子在戰國，皭然泥而不滓，乃可謂盛德之至。

一一

孟子曰：「好名之人，能讓千乘之國；苟非其人，簞食豆羹見於色。」

此章極盡好名之隱。讓千乘未容易，非謂如此者皆好名。夷齊豈好名者？此言人而好名，雖夷齊之事，亦能爲之。必是真夷齊，處千乘之國如此，處簞食豆羹亦如此。伊尹于天下，千駟非義弗取，一介非義亦弗取，方是真讓。不然，矯強于千乘之國，而或動色于簞豆之微。蓋千乘可立名，則矯情爲讓，簞豆名所不再，則真心立見。故讓不足以論人，大小不足以論讓，但觀意念誠不誠耳。

君子疾没世而名不稱，名非君子所惡，而君子不求名也。所病在好，好則精神全注于名，如鄉原是也。苟非其人，謂非能真讓國之人，不承好名人，其實一人也。苟誠也，猶不爲苟去之苟，此句甚著力，非過脉語。就好名者翻轉看，好名好利總一心。好名之人，《大學》所謂爲善之小人，以義爲利者也。苟非其人，《大學》所謂務財用之小人，以利爲利者也。

簞食豆羹見於色，謂得之則色喜，失之則色愠也。千乘之國，辭受之際，人所觀望，故矯情要譽。簞食豆羹取舍輕，人不注意，故鄙吝之情見。與「魚我所欲」章簞豆、萬鍾相似。彼真心露于小，而昏于大。此僞心飾于大，而洩于小。凡僞必有意，小物不足博名，故不著意。大可釣名，故著意。若君子誠其意，何論大小乎？

一二

孟子曰：「不信仁賢則國空虛，無禮義則上下亂，無政事則財用不足。」

三者，治國之要，首在用賢。有仁賢，則教化興，經制立。無仁賢，雖僚寀備，猶無人耳。無禮義，則綱紀陵遲，風俗頹敗，何以爲國？無政事，則民窳惰而俗奢侈，生財無道，取用無制。國之貧窮，可立待矣。

此章首仁賢，即智者急先務在親賢之意。不曰無仁賢者，仁賢不限于地，信任存乎君。有賢不信，猶無賢也。賢者以仁存心，故曰仁賢，如殷三仁之類。用賢，則國運振，庶事張。空虛者，否藟之狀，無禮義，無政事，皆空虛之狀。入其朝，尊卑無等，貴賤無章，國體安在？觀其政，恆産不制，穀禄不平，國計安在？《管子》云：「禮義廉恥，是謂四維。四維不張，國乃滅亡。」《王制》云：「國無九年之蓄曰不足，無六年之蓄曰急，無三年之蓄曰國非其國。」故《周禮》財用掌之冢宰，以九職任萬民，以九賦斂財賄，以九式均節財用，以九貢制邦國之用，皆政事也。是以三年耕，有一年之食。九年耕，有三年之食。以三年之通，雖有凶旱水溢，民無菜色，所謂財用足也。

一三

孟子曰：「不仁而得國者有之矣，不仁而得天下，未之有也。」

田氏竊齊，韓、趙、魏分晉，皆以不仁得國，故曰有之。七王思踵此術併天下，無是理矣。蓋霸者之事，偏勝獨强，損人利己，故可竊國。王者怙冒無外，九州非一家，四海非一人，偏霸之術，未可望其必效也。嬴秦氏偶得之而不能一朝居，不可言得。必如三代有道之長，而後謂之得天下也。三代之得天下以仁也。

一四

孟子曰：「民爲貴，社稷次之，君爲輕。是故得乎丘民而爲天子，得乎天子爲諸侯，得乎諸侯爲大夫。諸侯危社稷，則變置。犧牲既成，粢盛成既潔，祭祀以時，然而旱乾干水溢，則變置社稷。」

天立君爲民，君立社稷亦爲民，故天下莫重于民，君道莫重于得民。世主驕奢淫佚，視民如草芥。其稍知自損者，惟念社稷重，而視民蔑如矣。不知至賤者，至貴者之基。得乎田野之民，可以爲天子。若得乎天子，不過爲諸侯。得乎諸侯，不過爲大夫耳。故曰「民爲貴」，是天子所自出也。至于君不能脩德行道，使社稷傾危，則改而置君。是君且輕于社稷，而況于民乎？其祀社稷，亦爲民祈福也。若備物以享，而社稷不能爲民禦災飢饉。則雖社稷且爲民改置，而況于君乎？故曰「民爲重，社稷次之，君爲輕」。

此章總見民貴。人君所共保社稷惟民，得民爲天子。如湯以七十里造商，文王以百里興周，非民心不至此。《詩》云「天命降監，下民有嚴」，此也。「得乎丘民」一段，申民爲貴。「諸侯危社稷」以下二段，亦申民爲貴。諸侯危社稷，危民也。社稷旱乾水溢，病民也，所以皆變置。變置社稷由諸侯，變置諸侯由天子。無天子，由貴戚之卿。國人變置其君，則亂矣。其以危社稷，則同也。

丘民，田野之民。田畝曰丘。危社稷，謂君無道，國將傾也。社，土神。稷，穀神。土地生百穀養民，立國之本也，故國家稱社稷。變置，改建也。別立賢君，以主社稷也。牲純曰犧。粢，飯也，在器曰盛。旱乾水溢，歲凶病民也。變置社稷，毀其壇壝偉，更新也。

百物之精，皆爲鬼神。土穀，養民之大者，其神尤靈。土神曰社，穀神曰稷。春祈秋報，則祭祀。祭者，人道也。天地山川社稷非人，而以人祀之，必擇人嘗有功德于其事者配之，以接其神靈，故配天以伏羲、神農、黄帝、少昊、顓頊。嘗爲天子，功德配天也。《春秋傳》：共工氏之子曰勾龍，嘗爲后土；烈山氏之子曰柱，嘗爲稷，夏以來祀之。周棄亦爲稷，商以來祀之。《祭法》云：「厲山氏之有天下也，其子曰農，能殖百穀。夏之衰也，周棄繼之，皆祀以爲稷。共工氏之霸九州也，其子曰后土，能平九州，祀以爲社。」孔安國云：湯革命創制，欲變置，以後世無及勾龍者而止。程正叔云：

勾龍與棄，皆以有功祀，水旱故變置。朱子謂：一時之灾，豈可忘萬世之功？所謂變置者，改其壇壝耳。按朱説是也。先輩嘗云：「句容有盗，改置社稷而盗止。下邳多盗，遷社稷于南山之上而息。」即此類，然亦委巷之禮耳。孟子但借此推社稷之爲民，非必以水旱遷社稷爲定禮也。

一五

孟子曰：「聖人百世之師也，伯夷、柳下惠是也。故聞伯夷之風者，頑夫廉，懦夫有立志。聞柳下惠之風者，薄夫敦，鄙夫寬。奮乎百世之上，百世之下聞者莫不興起也，非聖人而能若是乎，而况於親炙之者乎？」

此章言士以行誼爲重，能極盡乎此之謂聖。聖人所以師表百世，惟廉恥忠厚。人心所同，聖人先得人心同然耳。其師百世、風天下，機括在此。苟非出于民秉，雖奇行瓌節，好異之士容或稱述，欲頑懦鄙薄之夫聞風興起不能矣。愚不肖所可知能者，即是聖人，故曰心之精神謂之聖。士能立廉恥、篤恩誼，聖人之徒矣。

古人多矣，獨推二子何也？士行己惟清。處衆惟和。清則節概立，和則情誼通，兩者脩己治人之要。廉頑立懦敦薄寬鄙，皆著二子風上説。風大然後萬物鼓舞。莊周云：風之積也不厚，則其負大羽也無力。伯夷之風，如非君不仕、非友不友、不視惡色、不聽惡聲之類，皆清也。柳下惠之風，如不羞汙君、不卑小官、與鄉人處三黜不去之類，皆和也。其清皭然不滓，其和熏然無閒，各詣其極。故與人言伯夷之事，皆有起色；與人言柳下惠之事，皆有遜心。清風如秋，而物皆斂；和風如春，而物皆暢。故足以激發頑懦，開豁薄鄙。賢不肖之相觀，如水火之相薄，未有感之不動者。良心在人，千古一日。故世不無頑懦薄鄙之夫，而患無二子之高風。士能制行如二子，以之化民成俗易矣，故君子深有望于士之能風者。

「奮乎百世之下〔一〕」以上，申明所以爲聖人。由百世師之意，二子自來未有稱爲聖者。自孟子發之，以其爲士類師表也。二子行未免少偏，于不足中揚詡，故語甚鄭。重行造其極曰聖，二子聖與孔子少別。聖之時者，風不足以盡之。風者，天時之一氣耳。責夷之清以敦寬，則不能。責惠之和以廉立，亦不能矣，故曰奮也。奮有意，聖之時者無意。元氣渾渾，即不須言奮。奮則隘與不恭，孟子嘗謂君子不由，此爲激勵世風特加崇獎。商多義士，伯夷以廉著；魯多君子，柳下惠以和稱：較之五百年之聖稍不及。要之伯夷不能使其君不爲紂，柳下惠不能使其弟不爲跖。故曰：待文王而後興者，凡民也。若夫豪傑之士，無文王猶興。孟子當亂世，慨然以仁義自任，願學孔子。七篇之言，爲萬世師。其廉頑立懦，敦薄寬鄙，何但夷惠之爲烈耳？愚亦曰：孟子百世之師，非聖人而能若是乎？而況于親炙之者乎？

〔一〕「下」字内閣文庫本同，據《孟子》本文當作「上」。

下惠無可去之邦，故甘心三黜。伯夷遇文王之主，而亦不仕，所以清而不和。伯夷有叔齊之弟，故友于篤。下惠遇盜蹠之弟，而亦能自寬，所以和而不清。

一六

孟子曰：「仁也者，人也。合而言之，道也。」

仁與人無兩體：仁即人之生理，人即仁之生形。非人則仁爲虛理，非仁則人爲頑形。一片惻怛慈愛，凝成一副筋骨血肉，聯合無間，即道所出也。筋骨血肉含此惻怛慈愛，惻怛慈愛運此筋骨血肉，率性而動，所知所能無非是道。此易簡直捷之論仁也者。

「仁也者，人也」一句，便是合而言之，非以人釋仁也。人渾是一片生意，耳目口鼻，即聰明睿智。人能弘道，道待其人而行。世不知仁，而離氣言理，又不知人，而離性言形，皆未爲知道也。此章即形色天性。前篇以才情言性，亦此意。仁統萬善，乾始生生。成繼之本，道之原也。洩露全在人參贊位育，上下同流皆人分上事，故曰道不遠人。

形外言性，人外言仁，分道器内外顯微，從來久矣。孔子謂形上爲道，形下爲器。下學而上達，道器聯絡。有上下而無彼此，所以救破裂之弊，一貫之旨也。子思云「莫顯乎微，合外内之道」，孟子云「形色天性」，皆本孔子之意。孔子亦云「仁者人也」，亦合而言之。與下學言，不得不分。與上達言，不得不合。要之道無分合，無上下。合而言之，亦是方便接引。

一七

孟子曰：「孔子之去魯，曰『遲遲吾行也』，去父母國之道也。去齊，接淅而行，去他國之道也。」

孔子用行舍藏，隨時處中，無意必固我。孟子分疏出，覺聖人渾身是道。君子隨處見道，此語已具前篇。重拈出贊歎，有深味。

一八

孟子曰：「君子之厄於陳、蔡之間，無上下之交也。」

君子脩德，宜免困餒。孔子陳蔡之厄，絶糧七日，何至此極？蓋遭逢世亂，上無明主，下無良臣，天地閉而賢人隱，《易》所謂否，「上下不交」「君子道消」之日也，焉得不困？若生逢泰世，豈以脩德行道之君子，而遭飢餓者？況聖如孔子乎？信士不遇難也。不曰孔子，曰君子，因子路問君子有窮，解釋而言。顔淵曰「不容何害」，不容然後見君子。向使孔子納交苟合，必無此厄。所謂君子固窮，進以禮，退以義，得之不得曰有命者也。

一九

貉稽雞曰：「稽大不理於口。」孟子曰：「無傷也，士憎兹多口。《詩》云『憂心悄悄，愠于群小』，孔子也。『肆不殄田上聲厥愠，亦不隕允厥問』，文王也。」

士患不爲聖賢，無患不理於口。能爲孔子，雖群小愠之何傷？以愠之者群小耳。能爲文王，雖犬戎愠之何傷？以愠之者犬戎耳。士貴自脩，豈求理于人言！

貉稽，人姓名。理，猶調也。士憎，士不同俗，爲衆所憎也。憎，即愠也。兹，猶斯也。多口，群議也。《詩》，《邶風·柏舟》之篇。悄悄，憂意。愠，怒意。此仁人不遇之詩，孔子所以窮也。肆，遂也。《大雅·緜》之篇，言大王避狄遷國，内不弛防，未殄絶其愠怒；外脩鄰好，不隕絶其聘問。此大王之事，文王所以興也，引以徵士憎多口無傷之義。

貉稽，是孟子門人。故孟子舉士、引二聖勉之。理舊作俚，訓賴。猶《漢書》「其晝無俚」之俚。憎舊作增，訓益，文義欠順。下文兩引《詩》言愠，即憎意也。《柏舟》之詩，原不爲孔子作。《綿》之詩，亦不指文王事，是乃孔子、文王之所遭也。「憂心悄悄」「不殞厥問」二語，見彌謗之道。謗之爲名也，拒而愈來，訟而愈多。語云：「救寒莫如重裘，療暑莫如清冰。」止謗莫如脩身。有悄悄之憂，自能解慍于群小，有不殄之慍，益脩不殞之問，所以無傷。若任其多口，豈自厚而薄責於人之道乎？

《柏舟》之詩，言仁而不遇也。衛頃公時，仁人不遇，小人在側也。《緜》之詩，言文王之興，由大王也。孟子以《柏舟》爲孔子，以《緜》爲文王。不隕厥問，謂大王不絶聘問，事大之禮。而孟子引之，謂不墜聲問，脩德之徵。猶子貢引切磋論貧富，子夏引素絢論禮，所謂不以辭，以意逆志也。韓嬰作《詩外傳》，本此。子云：「告往知來，始可言《詩》。」孟子譏高叟、戒咸丘蒙，皆此意。如朱子解《詩》，則此章亦未免郢書燕説之誚矣。餘詳《萬章篇》。

二〇

孟子曰：「賢者以其昭昭，使人昭昭；今以其昏昏，使人昭昭。」

人主雖不肖，責人必以善。惟賢君自新新民，曉之而人喻。若世主身爲狂愚，欲人昭明，其道無由矣。兩使不同。賢者使人，條教章程，本明德中來。源清表正，舉措當理，勸懲合宜，民曉然知從違之準，遵道遵路，教化所以維新。今之使人者，表邪而源濁，徒以法令糾虔，違理拂情，是罔民也。民驚擾惶惑，莫適所從，終于昏亂，何以昭昭？先覺而後能覺人，凡設教者皆然。

二一、二二

孟子謂高子曰：「山徑之蹊奚間，介然用之而成路句，爲間不用，則茅塞之矣。今茅塞子之心矣。」高子曰：「禹之聲，尚文王之聲。」孟子曰：「何以言之？」曰：「以追槌蠡離。」曰：「是奚足哉？城門之軌，兩馬之力與？」

此舊分二章，非也。論人心通塞之機，係乎用不用。用即所謂心之官則思，思則得之，不用即所謂放其心而不知求也。人心何日不用？顧用于禮義，則我爲主而心爲我用。用于欲則物爲主，而我未嘗用其心。心爲我用，義理常明而成道路。心不爲我用，物欲錮蔽而成茅塞。孟子所以舉山徑通塞，警高子自用其心。高子未領，蓋人心亦有不用而静，常用而昏者。如告子勿求不動，亦是一種學。故援古樂器爲徵，附合用不用之説，掩飾茅塞之陋，意謂用則通，不用則塞。誠若是，則禹之聲不亦尚文王之聲乎？孟子問「何以言之」，對曰：禹樂存者，皆槌擊之而劚矣。用而然也。文王之樂不然，爲不用也。儻亦路與茅塞之分邪？孟子曰：追蠡不足以明用不用，何以辨禹樂之爲優。禹樂追蠡，由于歷年久，如城門軌深。由于日久車馬多，非一車兩馬所能致。文王之樂，亙千餘年，亦如禹之蠡矣。猶山徑蹊間，人行久自成路。若乍用乍輟，雖城門通衢不成軌，況山徑乎？故追蠡但可驗久近，未可定優劣也。

義理之心常用則著察，不用則錮蔽。如鐘磬用久則蠡，城門軌車多則深。山徑用則路成，不用則茅塞，其理同也。高子意不主論樂，因孟子言用不用，而引伸其説爲遁辭，非謂禹樂真優于文也。或遂以此爲高子茅塞之徵，誤矣。禹之聲，謂禹之樂也。聲，謂鐘也。凡作樂，鐘以聲之。禹聲尚文，亦自有説。禹樂大夏。夏，大也。物至夏而始大，南方離明，萬物相見，故大。唐虞以來，功莫大于禹。故禹稱夏后，樂以夏名。夏樂九，用最廣，皆以鐘奏。《周禮·春官·鐘師》掌金奏，奏九夏，大禮多用之。文王之樂，則《周頌·清廟》以下諸篇，而《維清》爲象舞之歌。象舞，文樂也。「二南」之詩亦祗作于房中。《大雅·文王》，則兩君相見之樂。蓋文王未爲天子，以西伯終。而禹揖讓有天下，平成之蹟高于百王，文不無少遜焉，論至德無間則同。《風》首「二南」，南風亦夏也。故高子並舉禹文而優禹，非全孟浪，但意在解釋山徑用不用之譏，不在樂也。

山徑之蹊間，譬人心梏亡後，幾希之存耳。若心體潔凈平坦，原無纖翳，通塞係乎俄頃。學問之功，不可須臾離也。爲間茅塞，學者通患，不獨高子。趙氏謂高子去學他術，無稽。

「以追蠡」「何以言之」，二以不同。「以追」二字連讀，謂禹鐘以槌擊而劙也。追、槌通，擊也。蠡、劙通，一作離，破也。荀子云「劙盤盂」，文从蠡，蟲齧欲絶也，古器破裂之狀。由于用者多，槌擊致然也。

「是奚足哉」，謂追蠡不足定樂優劣。古樂皆善，而蠡不蠡，因世遠近，未可遂以不蠡者爲劣。猶人心皆善，學有作輟，未可遂以茅塞者爲性殊也。斥追蠡言樂之謬，正以明用心猶用器，功深力久，金石可穿，何聖凡優劣之有？城門二語，即山徑成路之意。

城門之軌，不必另補城中之軌。孟子但言城門軌深，譬禹鐘所以劙，非一朝之故，文王鐘久亦自如禹，非以城中之軌例文王也。

高子，孟子弟子。山徑，山中細路。人行曰蹊。間即徑間。介然，微分貌，良心幾希之喻。朱註讀作甲，倏然之頃也，亦通。用，即行也。成路，成大路也。爲間，爲路之頃。不用，不行也。茅塞，茅草生而蔽塞，喻人心昏迷也。聲，金也。尚、上通，猶勝也。是奚足，言追蠡不足定樂優劣也。車跡曰軌，輪蹍地成跡也。城門道狹，僅容一車，故跡同。日久車馬多，故跡深。非僅一車兩馬，能致深也。禹先文王千餘年，鐘存者用久成蠡，未可據此謂優于文也。大抵器用久則劙，不獨樂耳。人心日新又新，孰不可作聖。優劣不足論，此言外之旨。

高子，與前篇言《詩》之高叟異，此孟子門人，彼高叟受《詩》子夏，所謂高行子者也。高子或即其族人子弟。言樂，以家世受《詩》也。

「蠡」字有四音。一音黎，瓢杓也。東方朔云「蠡測海」是也。一音螺，蚌屬。文子云「聖人師蛛蚤而結網，法蠡蚌而閉户」是也。一音裸，疥病也。《春秋傳》云「爲其不疾瘯蠡」，是也。一音禮，澤名也。今南康府滙澤名彭蠡。文从彖从虫，虫蝕物欲斷也，與離絶之離通。

《爾雅》：「路、旅，途也……一達謂之道路，二達謂之歧旁，三達謂之劇旁，四達謂之衢，五達謂之康，六達謂之莊，七達謂之劇驂，八達謂之崇期，九達謂之逵。」

車迹爲轍，轍廣爲軌。《左傳》曰：「下而視其轍。」《周禮・冬官》：「匠人營國。方九里，旁三門。國中九經九緯，經涂九軌。」八尺曰軌，九軌則七丈二尺，車可散行，故城中軌無定跡而淺。城門惟容一車，車出入皆由門中，故軌同跡而深。古士車兩馬，大夫以上四馬也。

二三

齊饑，陳臻曰：「國人皆以夫子將復爲發棠，殆不可復。」孟子曰：「是爲馮婦也。晉人有馮婦者，善搏（邦入聲）**虎，卒**（促）**爲善士。則之野，有衆逐虎，虎負嵎**（隅）**，莫之敢攖**（嬰）**，望見馮婦，趨而迎之。馮婦攘臂下車，衆皆悦之，其爲士者笑之。」**

仁人視民饑由己饑，如同室之鬭，纓冠拯救，豈辭再三？此惟得時行道者然耳，邦無道卷而懷之，則鄉鄰閉户之日也。士貴知幾審時。涵養定，則舉動合宜，不至鹵莽，貽笑于士林。此章兩復字，一卒字，當玩。復有頻數無厭之意，卒有變態倏忽之意。是時孟子道不行，將去而又狥衆請粟，反覆無定，故爲馮婦之喻。武人輕卒，生平搏虎，一旦收斂，學爲善士。無涵養學問之功，烏能持久？則之野，舊念復萌也，見搏虎不勝技癢。衆人趨迎，故態即逞。衆雖喜之，爲士者笑之。趣操忽忽不定，所以可笑也。「卒爲善士」「則之野」二語喫緊。卒、促同，猶卒然問曰之卒。卒與則字，應既爲善，宜無往不善，則之野何爲乎？見可欲心動，氣浮志淺不能自持，行止狼狽，忽如飄風，士所以笑也。

舊註笑其不知止，米親切。良士瞿瞿，進禮退義，如金如玉，豈若狂夫輕率馳騁乎？搏虎事極粗暴，以喻士之競進者，大抵温恭多縝密，狂躁多麤疏，故以爲比。註疏謂齊王威虐如虎，非立言之意。

穀不熟曰饑。發，發粟也。棠，齊邑。復，又也。言既不用，又爲民請粟，是頻復也。復猶數也。事君數斯辱，不可則止。舊註謂前請，今復請，無稽。馮婦，人姓名，武夫而婦人名，所以鄙之。搏，擊也。卒，猶忽也。爲善士，學謹飭也。之野，適郊外也。逐，尾其後也。攖，當其前也。負，背也。嵎，山角也，猶丘隅之隅。望見馮婦，適遇其至也。趨迎，衆逐虎者迎馮婦也。攘臂，奮手欲搏之狀。士，善士輩也。笑之，笑其爲善不終也。舊解「卒爲善士」，後改行爲善也。或讀「卒爲善」句，「士則之」句，「野」字連下，牽强難從。

二四

孟子曰：「口之於味也，目之於色也，耳之於聲也，鼻避之於臭也，四肢之於安佚也，性也。有命焉，君子不謂性也。仁之於父子也，義之於君臣也，禮之於賓主也，智之於賢者也，聖人之於天道也，命也。有性焉，君子不謂命也。」

在天爲命，命屬大虛。在人爲性，性屬形體。在天爲義理，在人爲氣質。義理無欲，由氣質有欲，此天人之分也，其實天人性命一耳。今人縱欲，則託之性。無欲之體，即寓于形氣，未可以人滅天也。

今人違理，則託諸命。形色之性，各具天理，未可以天廢人也。耳目口鼻，性中原有命，立命則不任性。仁義禮智，命即在性中，復性則不言命。耳目口鼻，即仁義禮智之發竅。仁義禮智，即耳目口鼻之元神。故曰一陰一陽之謂道，氣質皆天理也。非性自性，命自命非，耳目口鼻之性，與仁義禮智之命有二也。

人有耳目口鼻四肢，皆欲聲色臭味安佚，所謂生之謂性。食色性也，形色天性也。運有窮通，時有消息，焉能盡適己願，是乃命也。君子樂天知命，以道制欲，敢謂吾有此性，必求自遂邪？人有父子君臣，賓主賢聖，則有仁義禮智天道，而未必父子皆能仁。君臣皆能義，賓主皆盡禮，先智先覺，未必皆如賢者。全體天道，未必皆如聖人。氣有清濁，質有厚薄，不可謂非命。然而繼善成性，同此秉彝，仁義禮智，非由外鑠。善反之，皆爲聖賢，敢謂天命已定而不求自盡邪？張子厚云養則付命于天，道則責成于己。爲君子者當如此。

今人于軀殻上求圓滿，道理上任虧欠，不思性命一也，人自離爲兩，視耳目口鼻太粗，視仁義禮智天道太高。故前半言形氣，即性是命，後半言禮義，即命是性。前五者不可謂非人性，而性不能爲主處，即天也。後五者不可謂非天命，而命不能爲主處，在人也。天人性命，一而二，二而一也。

聲色臭味之欲不由安排，自然而然，豈得不謂之性？如以爲性，必求得之，將恣情縱欲，無所不至，故君子安命以盡性。然仁義禮智天道之于父子君臣賓主賢聖，本相屬而亦云命，何也？如舜爲子，遇瞽瞍爲父；文王爲臣，遇紂爲君；孔、孟爲賓，遇魯衛、齊梁之君爲主。智如晏嬰不知孔子，聖如堯湯而遭水旱，孔子而老于行。天道未定，感格不通，可謂非命。若但委諸命而怠于自脩，亦何以爲人倫之至，稱盡性之極乎？

智屬賢者以精義窮理，明物察倫莫如賢者也。是非之心，惟賢者最明天道。即仁義禮智，在天爲元亨利貞。惟聖人聰明睿智，上達天德，故天道屬聖人。《易·乾卦·文言》備論此理，然而德有性反，遇有通塞，皆命也。

二五

浩生不害問曰：「樂正子，何人也？」孟子曰：「善人也，信人也。」「何謂善？何謂信？」曰：「可欲之謂善，有諸己之謂信，充實之謂美，充實而有光輝之謂大，大而化之之謂聖，聖而不可知之之謂神。樂正子二之中，四之下也。」

善，即性善之善。七篇之旨原于善，然未明釋其所謂善也。善乃天下公理，好善天下公心。心所同然者，理也義也。「民之秉彜，好是懿德。」懿德，即善也。善無名，以善之幾名，欲即幾也。人生而静，天之性也。感于物而動，性之欲也。動有正有邪，皆爲欲。動于邪者不可欲，動于正者可欲。良心有感斯通，生惡可已。孩提愛親敬長，乍見入井，孺子怵惕，皆無欲而好。所謂欲仁不貪，不學不慮之良，純乎天者也。是曰可欲，此言乎在己者也。至于人，有慈祥者，人欲之，殘忍者，人惡之。樂正子性地慈和，孟子嘗稱其爲人也好善。惟其可欲而人欲之，世俗稱爲善者曰好人，即可欲之意也。

欲者，心之生意。樂則生，天地之大德，人身之元氣。不越仁義之實，人所自有，如愛親敬長之類。能不自欺其可欲，若《大學》誠意自慊，則可欲之善。實有諸己乃謂之信，信涵諸心而未擴充，一善有諸己亦謂信，衆善充積乃爲美。如立愛惟親，而仁充實至于欲立俱立、欲達俱達，立敬惟長而義充實。至于爾汝不受、一介不取，則衆善合萃方謂之美。美在其中而暢于四支，發于事業，作用彪炳，通宇宙爲一身，此大人無我，形骸不足以限之之謂大。然猶未免于推移之力，而未化也。至于四體不言而喻，大業無爲而成，上下同流，無復截補彌縫之跡，此則至善無欲、從容中道之聖人也。聖人猶或可知，如反之之聖，有跡可尋；小成之聖，有階可升。惟天下至聖，功侔造化，運同鬼神，常情意想所不能窺。苟不固聰明聖智達天德者，孰能知之，此之謂神。然其本亦不離乎可欲之善而已矣。

此章功始于善信，即《中庸》云「不明乎善，不誠乎身」「自明誠謂之教」也。善爲本體，信爲工夫。孔子思見聖，始于善人。《易》云「繼之者善」，《禮》云「止於至善」。善者，天道人心之本體。信者，思誠爲善之實心。馴至美大聖神，亦惟至誠至善。故七篇以性善爲根本，化與神，亦惟止於至善。至誠能化，至誠如神耳。先儒謂孟子之學得于子思，此也。夫子十五志學，亦是可欲。七十從欲，便是不可知。在學者共學適道，是可欲有諸己，至能權便是神化。化就境上覓不得痕跡，神就心上測不著妙用。要之存處不離過處，化處即是神處。

可知之聖，湯武是也。不可知之聖，堯舜是也。故曰：智譬則巧，其中非力。然聖各有不可知，如伯夷、柳下惠，奮乎百世之上，百世之下，聞者莫不興起，亦是不可知。《中庸》云：「及其至也，雖聖人亦有所不知。」神不可致思，況衆人焉能知之？

樂正子好善，是善人。從於子敖之齊，是未信，所以爲二之中也。欲者，人心悦樂之本體。善即性之成繼于天者。醇懿曰善，欣和曰欲。即善人有恆，入德之初幾也。人同此善，故爲六德之首。有諸己非至此始有，而至此始加學問之功，擇善而固執之者也。中含曰美，發揚曰大。大者暢遂亨通之意。美猶括囊，大則揮霍縱橫，無非是矣。即聖人知命，顔子卓爾田地。大以前，人力多；大以後，非力所及。聖，通也，無不通之謂聖。聖，聲也，聞聲即徹也。聖非遠于大，所争有心無心之間。神非異于聖，即聖之神妙處。過化存神，非甚懸殊也。得百里之地而君之，皆能以朝諸侯有天下。伯夷、伊尹與孔子同，則皆謂之神矣。

二六

孟子曰：「逃墨必歸於楊，逃楊必歸於儒，歸斯受之而已矣。今之與楊、墨辯者，如追放豚，既入其苙，又從而招之。」

此章論學術反正之漸大略如此，非必墨無歸儒、楊無歸墨者。墨翟之教，泛濫勤苦，于身心無涉。久之不安而思逃，必矯而入于爲我。楊朱之教，孤潔自守，躭虚好逸。久之于世故人情難通，然後改而歸儒。儒者學聖人之道，仁義並用，公己公人。歸儒者，與于共學之列也。斯受之者，唯何甚之意，喜其新，不追其往，急成人之美也。今之與楊墨辯者，謂當世小儒也。豚放可求不可追，追則其往愈亟。恆情追捕而得，則謹閉之。數其罪招之，招猶盡言以招人過之招。列子云「孔子勁招國門之關」，招與翹、敲通，謂鞭扑也。舊訓作罥，未似。

楊朱之學，静虚節嗇，與性命稍近，所以賢于墨而近于儒。儒者文弱之名，學子之稱。孔子謂儒有君子有小人，魯哀公以儒服戲孔子，孔子不居。大道無名，不可以儒目也。儒與楊墨分曹，自後世始。戰國處士横議，儒名者强半，非盡聖人之徒也。今之與楊墨辯者，蓋淺學之士，非能言距楊墨者也。竊聞聖人仁義之道，而設籬棘于胸中，與子莫同。若真聖人之徒，以道爲公，苟有來學，何必咎往？入苙又招，追往督責之也。拘儒專責已往，聖賢惟喜方新。

天下之言，不歸楊則歸墨。凡爲我無君者，皆楊之徒也；爲人無父者，皆墨之徒也。孟子憂天下賊仁義、忘君父，與楊墨辯。實非楊朱、墨翟二子親爲亂賊也。而無君父，由爲我爲人始，不得不距楊墨，故曰予不得已也。拘儒不達，謂孟子專與楊墨辯。孟子與二子生不同時，其距之也，非不與其進也，爲閑先聖之道，立仁義之防，明君臣父子之倫，開邪慝自新之路也。聖賢之心公而恕，俗儒以道爲私，以吹洗爲能，其心隘而刻。此章即仲尼不爲已甚之意，後儒謂孟子壁立萬仞，爭爲峻刻以效之，豈知孟子者乎？

小豕曰豚。苙，《説文》欄也，《方言》圂也，古文从竹从草，往往通用。苙與笠通，蓋也，所以禦暑雨。豕圈有屋如笠。或云：苙，香草，猪喜食。未聞種香草養猪也。

二七

孟子曰：「有布縷吕之征，粟米之征，力役之征。君子用其一，緩其二。用其二而民有殍，用其三而父子離。」

古者用民之力，歲不過三日。公家之布粟取于公田，絲毫無所預于民。自井田廢，徹法壞，下逮戰國，構兵繁費。歷數當時取于民者，有此三項，已煩矣。勢不能盡蠲，則當調其緩急。況此外如關征市廛澤梁，一切橫斂，不可勝數，民何以堪之？

古中國之衣，惟絲麻葛褐，後世始有木綿。此云布縷，緝麻爲縷以織布也。帶殼曰粟，脱粟曰米。用一緩二，欲民從容辦納也。用二用三，一時併征也。

布縷出自五畝之宅，匹婦所蠶也，成于夏，征在夏。粟米出自百畝之田，匹夫所耕也，成于秋，征在秋。力役出自同井之家，丁男所賦也，農隙乃役征，在冬。力役有二，軍賦冬更番，工賦冬興作；軍賦爲徭役，工賦有雇役。

《周禮·小司徒》：三年受邦國之比要，稽其民人而周知其數。上地家七人，可任者家三人。中地家六人，可任者家一人。下地家五人，可任者家二人。國中自七尺以及六十，野自六尺以至六十有五，皆征之以歲上下。豐年，公均用三日。中年，均用二日。無年，一日。

二八

孟子曰：「諸侯之寶三：土地、人民、政事。寶珠玉者，殃必及身。」

寶之爲言保也。土地世守之業，人民立國之本，政事脩德布惠，乃所以保民、保國者也。欲保土地，先保人民；欲保人民，先保政事。政事脩，則人民悅而土地固。人主安富尊榮是以爲寶，舍此不務，而縱耳目之欲，貴珠玉之玩，盤樂怠傲，民怨國危，憂辱死亡至矣。寶與非寶辨諸此。

珠，蚌種，生于澤。《禹貢》「淮夷蠙珠」，蠙即蚌也。南海交州人以採珠爲業，没水求之。大者至一寸八九分，一邊小平，似覆釜者，名璫珠。有至圓者，置地終日不停，不圓者爲璣珠，有稱夜光者。或曰：鯨鯢之目，所謂明月之珠也。魏惠王謂齊威王曰：「寡人有徑寸之珠，照車前後二十乘。」〇玉，詳《論語》。

二九

盆成括仕於齊，孟子曰：「死矣盆成括！」盆成括見殺，門人問曰：「夫子何以知其將見殺？」曰：「其爲人也小有才，未聞君子之大道也，則足以殺其軀而已矣。」

盆成，姓。括，名。小有才，私智也。大道，仁義忠信，居身之珍也。言有物，行有常，居安宅，行正路，自獲元吉。小人私智自用，災必逮身。白起、商鞅之徒皆是，不獨一盆成括耳。

君子以有才爲幸，小人以無才爲幸。才無多寡，聞道即大，不聞道即小。君子聞道而有才，以其才爲世用。小人不聞道亦無才，雖欲妄作不能。惟有才，又不由道，機械變詐，適足災身耳。

三〇

孟子之滕，館於上宮。有業屨句於牖酉上，館人求之弗得，或問之曰：「若是乎從者之庾搜也。」曰：「子以是爲竊屨來與？」曰：「殆非也。」「夫子之設科也，往者不追，來者不拒，苟以是心至，斯受之而已矣。」

世至叔季，有志爲聖賢者，千萬人不得一。但有向道之志，即是空谷足音，見似人者而喜矣。亦豈無假道濫竽輩，然真金須向沙裏淘，汲汲接引，故歸斯受之。如俞扁之門，不拒病夫；繩墨之側，不拒枉材；師儒之席，不拒曲士。君子有教，如之何其拒人也？或人雖諒孟子之心，終不悔其失言，是終未釋竊屨之疑也。蓋君子容納寬，故徒衆猥積，容有不善之事，于君子無傷。然從君子遊者，不可不自檢省，所以記之篇中。

上宮，公館也，趙註云：樓也。業，事也，所攻治曰業。業屨，治屨貿易爲生業也。牖，牕也。弗得，亡失也。若是乎，疑辭也。從者，孟子之從行者也。庾、廋同，匿也。來，來學也。言此來從我者，爲學道，非習爲不善也。設科，猶言設教。教條曰科。往者，昔日也。來者，今日也。追，追咎其不善也。不拒，即受也。苟，猶「不欲爲苟去」之「苟」。專爲此事曰苟。以，猶爲也。是心，來學之心也。至，即來也。苟以是心至，謂行事未必善也。斯受之，謂行雖不善，亦不逆億之也。即與其進不與其退，與其潔不保其往之意。〇爲竊屨來，一語甚含蓄，解人言以警從者也。君子之門，無竊屨之輩。遊君子之門者，豈可爲竊屨之事？猶言學古之道，而以餔啜云爾。

三一

孟子曰：「人皆有所不忍，達之於其所忍，仁也。人皆有所不爲，達之於其所爲，義也。人能充無欲害人之心，而仁不可勝用也。人能充無穿踰之心，而義不可勝用也。人能充無受爾汝之實，無所往而不爲義也。士未可以言而言，是以言餂（忝）之也。可以言而不言，是以不言餂之也。是皆穿踰之類也。」

道不外仁義，仁義不外惻隱羞惡。惻隱即不忍之心，羞惡即不爲之心，人皆有之者也。但乍萌旋梏，有所觸而不忍者，旋有所蔽而忍之；有所激而不爲者，旋有所蔽而爲之。若能廓充其不忍、不爲之念，以通于所忍所爲者，皆不忍、不爲，而仁義在是矣。所謂不忍不爲之心何處最真？今人語以傷生害命之事，誰則欲之，此不忍之真心也。語以穿踰盜賊之事，誰則爲之，此不爲之真心也。人能勿虛此心，充之真無欲害人，真無爲穿踰，以達于所忍所爲。事事皆然，而仁義不可勝用矣。無欲害人之心，一念肫肫，當體全真。惟穿踰之心，細微流注，有事非穿踰而心類穿踰者常多，羞惡之真情苟有纖毫隱忍，如甘受人爾汝呼斥之類，即穿踰也。機變之巧術，苟有纖毫包藏不化，如以言語探取人之類，亦穿踰也。是必胸中無一毫貪圖，然後滿其羞惡，無一毫機詐，然後顯其直方，則義精而仁亦熟矣。

惻隱之心，禽獸亦有。人所以異於禽獸，惟其有羞惡也。無羞惡，何所不至？故無欲害人之心，直而易達。無穿窬之心，細微難窮。蓋仁爲統體，義爲萬殊。仁爲宅而義爲路，由路所以歸宅。精于義，乃熟于仁。仁，生氣也，諸有爲皆屬生氣。義盡而仁始全，故推義類而極言之，仁在其中矣。

爾汝相呼，簡傲無禮。驕貴者常爾汝人，澳涊者常受人爾汝。故曰：受人施者常畏人。畏而受之，非實心也。其中有不受之實焉，即羞惡之真心也。能充之，則無所希冀仰藉。非義，一介不取，千駟弗顧。人何能爾汝我，我何爲陽受之？俯仰浩然，無適非義矣。爾汝亦有實受者，如父兄呼子弟，君主呼臣僕，先師呼門人，皆實受也。此謂不當爾汝而爾汝者。

穿窬之類，不可勝數。而受爾汝與餂取人，皆當時小人妾婦之輩，利口機心，揣摩飛鉗，希世取寵者也。二端極盡小人情狀。未可以言而言，可以言而不言。君子有時亦然，所惡在餂人。人我覿面，有懷不吐，而挾智用數以探取之，詐也。君子心體光明平易，語默自合天則。不妄發而非窺伺也，發必中而非迎合也。鹵莽者失時宜，機械者虧直體，均非義也。能無可無不可，乃精義入神而言爲律矣。

未可言，不必時。未可言但言，突出無端，使人驚疑其人。或問或對，因以鈎取其意，是謂以言餂。可以言不言，謂隱匿己情，誘致他情，皆遊説之術，不在教誨啓迪之列。

充義始于無穿踰，即所謂舜、跖幾希之間也。先儒云：人未有欲爲穿踰者，雖穿窬亦不欲也。自其不欲爲之心而求之，則穿窬足以爲聖人。可以言而不言，不可以言而言，雖賢人君子不能免也。因其不能免而遂之，則賢人君子有時而爲盜。此義所以爲至微也。○有所不忍不爲，良心也。其所忍所爲，私欲蔽之也。

達，通也。無欲害人，不欲傷害人，即不忍之心也。穿，穿壁。踰，踰牆。皆爲盜之事。無穿踰，即不爲之心也。無欲害人之心，雖害人者亦有之。無穿踰之心，雖穿踰亦有之，而皆不能充耳。爾汝，輕賤之稱。無受者，羞惡之實心也。受之者，貪昧隱忍，非其實也。實，猶真也。充此真心，不趨利不附勢，不諂不求，其氣常伸。非必人不爾汝我，而我不受之真心達諸行事，常伸而無愧歉，故曰無往不爲義矣。餂、吮通。舌取物曰餂。時未可言，故爲無心誤發之類，此以言探取人者也。時可以言，故爲有心掩護之類，此以不言探取人者也。凡若此皆機械變詐之事、穿踰之類也。

三二

孟子曰：「言近而指遠者，善言也。守約而施博者，善道也。君子之言也，不下帶而道存焉。君子之守，修其身而天下平。人病舍其田而芸人之田，所求於人者重，而所以自任者輕。」

此章以《中庸》「道不遠人」、所求乎子臣弟友、庸德庸言參看，其旨自明。總之身爲本，不下帶亦身也。言即言其所守也，不能脩身而貴人，即是能言不能行也。

大道經世，不離人倫日用。故行遠自邇，登高自卑。親親長長而天下平，七篇所以諄諄于孝弟仁義也。處士橫議，百家言哤而道術壞，世亂因之矣。闡道存乎言，閑道存乎守。如莊周、列禦寇之言，遠而荒宕，不可施用。如告子、楊朱之言，非不近，而不可致遠。如墨翟言兼愛，縱橫、刑名家言功利，皆無本致用，舍己求人，不務約而務博，忽近而圖遠者也。故言以中庸爲至道，以脩身爲本，言即言乎其道也。故曰：「君子之言也，不下帶而道存。」重近與約一邊，故曰脩其身而天下平。平天下，尚有工夫在，而其實不越脩身安人。安百姓，即是脩己。盡人盡物，即是盡性。所以近而遠，約而博也。欲平天下不務脩身，即縱橫功利，與荒蕩邪説一偏之詖行也。舍己田而芸人田，倒行逆施，天下之至愚也。不可以爲道，烏可以爲言？故孟子知言，距詖行，放淫辭，入孝出弟，所以爲守先聖之道也。

指，意所指也。約，簡也。博，廣也。存曰守，發曰施。不下帶，不越目前也。《玉藻》云：「侍于君，視帶以及袷。」袷，衣領也。視上于帶則傲，下則戚，傾則奸。凡視尊者，不得過帶，言不遠也。脩其身而天下平，即其身正而天下歸，親長而天下平之意。六經之指，帝王之道，皆不越此。

三三

孟子曰：「堯舜，性者也。湯武，反之也。動容周旋中禮者，盛德之至也。哭死而哀，非爲生者也。經德不回，非以干禄也。言語必信，非以正行也。君子行法以俟命而已矣。」

性者，謂全體天命，率而由之者也。反之謂收斂攝持，勿使叛去也，即反求諸身之反。性反不同，行法俟命則一，所以異于五霸之假也。「動容」以下，皆言聖人存誠之事。中禮由于盛德，則動容非假也。哭死不爲生，則哀非假也。不回非爲干禄，則經德非假也。言語不爲正行，則信非假也。皆所謂行法以俟命，無所爲而爲善者也。誠者天之道，湯武與堯舜同也。

此章爲貶霸絀假，正人心，明道術，非爲品第性反耳。略重反之一邊。道貴真脩，人性皆善。堯舜皆可爲，而善反存乎思誠。堯舜性者，即《中庸》云「誠者天之道」也。湯武反之，即「誠之者人之道」也。「動容」以下至「俟命」，皆至誠無所爲而爲。行法俟命，即至誠無爲，堯舜湯武同也。動容盛德之至一段，該下哭死三段，下三段，又歷舉中贊盛德之至。動容周旋，則哭死、經德、言語皆在内。哀與不回必信，皆中禮之類。非爲生，非干禄，非正行，皆盛德之至。禮者，動容之法。哀者，哭死之法。不回者，經德之法。必信者，言語之法。行歸于法，即反于性。非爲生，非干禄，非正行，即是俟命，即盛德之至也。一説「動容」一段屬性者，「哭死」至末屬反之，亦可。朱子以「動容」四段爲性者，

「君子行法」一句爲反之，未妥。凡天理自然曰法，法則也。《詩》云「有物有則」，反之是法，性亦即是法。反之處仁遷義，「不愆不忘，率由舊章」，是行法。性者由仁義行，「不識不知，順帝之則」，亦是行法。湯武遭亂固是命，堯舜揖讓亦是命。堯舜無子是命，湯武家天下亦是命。孔子進以禮，退以義，得之不得曰有命，即是行法以俟命。禮義即法，禮義未盡，不可言命。在天曰命，在人曰法。法即命之顯著，命即法之真宰。無見于人者，縱欲以壞法；無見于天者，惰行以諉命。君子盡性不謂命，安命不謂性。在人者一毫不可諉，在天者一毫不敢干，所以天人合一，爲誠之至也。○孟子言性，以利爲本。此以反言性。湯武反而盡性，猶禹鑿而順水，逆以致順也。故仁以克爲復，《易》以逆爲來，坤道至順而臣弑。君子弑父者，順也。有順而成逆者，有逆而反順者。故曰：言非一端而已也。佛言逆流，道言還丹，皆蹈襲反字意。

自然曰性，克復曰反。性言者，指道也，即法也。反言之，指性也，復其性也。動容，謂舉動容貌。周旋，圜轉也，中禮不踰矩也。盛德之至，自然而中，非有意求合也。至猶合也。非爲生者，哀死之心誠也。經，常也。不易之名不回，無邪曲也。如爲人君臣父子，止於仁敬孝慈之類，以是獲福禄，而聖人實非爲求禄也。《詩》云：「豈弟君子，求福不回。」言由衷曰信。正，質也，猶射不失其正之正，非爲質諸行而信于言也。君子行法俟命，通結上四者而言。凡聖人之事，無非脩其在我，以俟其在天。天理當然曰法。命即性所從出也。俟命，所謂殀壽不二也。行法即中禮哀死之類。俟命，即盛德之至，非爲生者之類。

三四

孟子曰：「說稅大人則藐眇之，勿視其巍巍然。堂高數仞仁去聲，榱崔題數尺，我得志弗爲也。食前方丈，侍妾數百人，我得志弗爲也。般盤樂洛飲酒，驅騁稱上聲田獵，後車千乘，我得志弗爲也。在彼者，皆我所不爲也。在我者，皆古之制也。吾何畏彼哉？」

此章破遊說之見。小人識卑，睹世主驕奢震耀以爲不可及。枚舉其事，皆奢僭犯禮違制。以先王道義律之，所稱巍巍妄自尊大者，乃其窮奢極欲，天道所惡于滿而必槩者也，故其危如累卵。天下惟有制者安，無制者危。古帝王宮室有度，飲食有節。出王有時，宴遊有戒，動合典則，乃可長世。若彼荒淫敗度，皆憂辱死亡之機也。在我者，廣居安宅，皆居易坦蕩之道也。不義而富且貴，於我如浮雲，吾何以畏之？

七王皆以諸侯僭天子，故孟子引古制律之。王章侯度，皆制也。得志弗爲，即是制。士循理守義，素富貴行乎富貴，豈以得志而恣睢？如堂高至數仞，食前至方丈，侍妾至數百，田車至千乘，奢侈敗度。以此爲巍巍，滿則必覆，高則疾僨。與舜禹之巍巍有天下而不與者絕殊，故不爲也。

大人，謂六國侯王。堂，宮殿之前堂。八尺曰仞。榱，椽也。題，頭也。古椽頭飾玉曰璇題。弗爲，不爲此奢侈也。食前方丈，謂饌列于前者方一丈，言多也。侍，傍列也。般樂，盤旋遊樂。一曰：般，大也。古之制，先王禮法也。當世諸侯所爲，皆僭踰之事。有王者起，申明侯度，罪不可貫。彼當自畏，吾何以畏之？

《周禮·明堂》：九尺之筵，東西九筵，南北七筵，堂崇一筵，度堂以筵，度室以几。《禮記》云：「天子之堂九尺，諸侯七尺，大夫五尺，士三尺。」史稱堯階三尺。《傳》云：天子之宮前清廟，左涼室，右明堂，後路寢。四室者足以避寒暑而不高大。高則近陽，廣則多陰，故室適形而止。此宮室之制也。《周禮》食醫掌和王之六食、六飲、六膳、百羞、百醬、八珍之齊。凡和，春多酸，夏多苦，秋多辛，冬多鹹，調以滑甘。凡會膳食之宜，牛宜稌，羊宜黍，豕宜稷，犬宜粱，鴈宜麥，魚宜苽。又膳夫職云：王日一舉，鼎十有二物，皆有俎。《書》云：「惟辟玉食。」《白虎通》云：王者四食，以有四方之物，食四時之功也。四方不平，四時不順，則徹膳。食有樂者，樂食天下之大平也。《禮器》云：天子一食盛德不飽，諸侯再，大夫士三，食力無數工商輩飽而後止。此飲食之制也。《昏禮》云：「天子后立六宮、三夫人、九嬪、二十七世婦、八十一御妻，以聽天下内治，以明章婦順。」《春秋公羊傳》云：諸侯娶一國，則二國往媵，以姪娣從。《白虎通》云：天子、諸侯一娶九女者，重國廣繼嗣也。法地有九州，承天之施，無所不生也。九女亦足以承君之施矣。九而無子，百無益也。或曰：諸侯一娶九女，天子一娶十二女，此侍妾之制也。《周禮·大宗伯》：以饗燕之禮，禮四方之賓客。《詩序》：先王以《鹿鳴》燕群臣嘉賓，以《棠棣》燕兄弟，以《湛露》燕諸侯，以《伐木》燕朋友故舊。《禮》云：諸侯宴禮，俎豆、牲醴、薦羞，皆有等差，以明貴賤也。公當饗，卿當燕。饗體薦，燕折俎。設賓主，明君臣，序禮樂。凡飲酒，朝不廢朝，暮不廢夕，終日百拜不至醉，防酒禍也。訓恭儉，樂慈惠，此飲酒之制也。《周禮・大司馬》：仲春教振旅，遂以蒐田；仲夏教茇舍，遂以苗田；仲秋教治兵，遂以獮仙上聲田；仲冬教大閲，遂以狩田。皆于農隙以講武事。《白虎通》云：田者，爲田除害也。《禮》：天子諸侯，歲三田夏不田。《書》云：恆于遊畋，是謂淫風。《老子》云：「馳騁田獵，令人心發狂。」《春秋傳》云：「不軌不物，謂之亂政。」《禮》云：田不以禮曰暴天物，故天子不合圍，諸侯不掩群，不焚林而狩，不竭澤而漁。獺祭魚，然後虞人入澤梁；豺祭獸，然後田獵；鳩化爲鷹，然後設罻羅。昆蟲未蟄，不以火田。不麛不卵，不殺胎，不殀夭，不覆巢，此田獵之制也。

張衡《西都賦》云：三階重軒，鏤檻文棍。王褒《甘泉賦》云：編瑇瑁之文棍。註：棍，連簷也。即今椽頭繚簷板，上有滴水瓦仰覆，厚盈尺，宫殿則飾以金璧曰璫。班固《西都賦》云：「裁金璧以飾璫。」倍于常制，故曰數尺，甚言其壯麗也。

三五、三六

孟子曰：「養心莫善於寡欲。其爲人也寡欲，雖有不存焉者，寡矣。其爲人也多欲，雖有存焉者，寡矣。」曾晳嗜羊棗，而曾子不忍食羊棗。公孫丑問曰：「膾貴炙與羊棗孰美？」孟子曰：「膾炙哉！」公孫丑曰：「然則曾子何爲食膾炙而不食羊棗？」曰：「膾炙所同也，羊棗所獨也。諱名不諱姓，姓所同也，名所獨也。」

此章舊析爲二，非也。大道不越人情，故養心莫善於寡欲。欲便是心，寡便是存。欲寡心存者多，欲多心存者寡，非欲外別有心也。中節即欲皆心，無節即心皆欲。所謂善養心者，非必滅情絶欲之謂養也，如口之於味欲也。曾子不忍於其父所嗜而不食，所以存其仁孝之心也。必若公孫丑之問，舉一切飲食、人所同嗜者盡絶之，曰吾父皆嗜此，而吾皆不忍食，不幾于滅性乎哉！但不食其所獨嗜，而亦不禁其所同嗜，猶名獨則諱，而姓同不諱也。寡欲之道，無異此。

可欲之謂善，善養不離欲。欲者，人心之生氣。生氣不可盡洩，造化發生必收斂。《禮》云：「欲不可縱。」貪利曰欲，求仁亦曰欲。如明月在天，清泉汙泥，本同一照。耳目口鼻，聲色臭味，聖凡同也。聖人未嘗教人塞耳目口鼻、絶聲色臭味以爲養心也。耳目口鼻，心之户牖。爲心之累者此也，效心之靈者亦此也。絶此無處有心，除此無處見心。所以養心，惟在調停節制此而已。聲色臭味，聖人與人同，而聖人謂無欲，惟其不染也。衆人汩没謂之多欲，多欲則神明失主而喪心。無欲則聞聲見色，莫非妙用。今不能如聖人無欲，但不至如衆人多欲。多欲即理轉爲欲，寡欲即欲轉爲理。善惡同出于大虛，而消長相乘。省事清心，天理分数自多；恣情縱慾，天理分數自減，非有異術也。他如操存以收其放，察識以充其端，不過爲防欲計耳，不如寡欲爲易簡直捷。但去人欲，別無天理，《易》所謂无妄也。

養者，日益也。寡者，日損也。以寡爲養者，以損爲益也。造化以刑成德，以貞起元。人心亦然，寡欲即是克己。神明中主，則百體受制而不妄動；斷緣省事，則世味淡而神清。大抵人只是一心，心只是一點欲，養身、養氣、養性，總歸之養心。欲多心放，欲寡心存。莊生云：嗜欲深者天機淺。聖人神明，視聽言動、喜怒哀樂不殊，但發而中節，不過乎物耳，非頑然斷滅如土木也。

良心莫切于仁親，嗜欲莫先于飲食。曾子不忍食羊棗，所以存其不忍妄親之心也。公孫丑謂曾子所嗜不獨羊棗，如膾炙人所同嗜，曾晳亦必嗜之，何不併膾炙亦不食乎？果若此也，絶粒辟穀，乃爲孝子；槁木死灰乃爲養心，豈《中庸》之教？故曰：人莫不欲食，鮮能知味，若曾子可謂知味矣。故曰人之於身也，兼所愛則兼所養，考其善者，于己取之，飲食之人，無有失也，口膚豈適爲尺寸之膚，即此意也。飲食男女，人之大欲，言食亦以該色也。

欲即是意。聖人毋意，即是無欲。意可毋也，而不能無也。欲可寡也，而不能絶也。欲仁得仁，即欲無欲，欲與無欲，非一非二。禪家以爲頓門，其實理無頓滅。聖人言生生，不言無生，言寡欲，不言斷欲。禪家斷欲，欲反熾。道家忘情，情愈蕩。寡欲養心，此下學而上達、顯微一貫之功。道不離世，天不離人，理不離欲，性不離才情。中庸至德，函三爲一，萬物皆備。聖學所以經世宰物，萬世由之而無敝也。學道由此，更無待擬議造作。廣大精微，高明中庸，皆在此。佛老之學，所以空談而無實用也。

道書云：心不留事，一静可期。妄念之生，莫如喜怒。念生即須舍，種種常然，久之自静，即寡欲法。喜食曰嗜。羊棗，果名，形如柹。《上林賦》所謂楟棗是也，又名輭棗，又名羊矢棗，俗名丁香柿，似樲而甘。《禮》：腥肉細切爲膾，片切爲軒，火炙熟肉曰炙。同，謂人同嗜也。獨，曾皙獨嗜也。諱，避尊者名也。《禮》：親死，既葬卒哭乃諱。禮不諱嫌名，二名不偏諱。違事父母則諱王父母，不逮事父母則不諱王父母。君所無私諱，大夫之所有公諱。《詩》《書》不諱，臨文不諱，廟中不諱。婦諱不出門，大功、小功不諱。入境問禁，入國問俗，入門問諱。

《白虎通》云：姓者，人所以厚親親、遠禽獸、別昏姻也。姓，生也，人所稟于天氣以生者也。人含五常而生聲，古聖人吹律定姓，以記其族。《國語》云：司商命民姓，五音相雜故成百姓。《書》云：錫土姓。《詩》云：「振振公姓。」又云：「振振公族。」《左傳》：衆仲云：天子建國，因生賜姓，胙之土而命之氏。諸侯以字句爲謚，因以爲族，官有世功，則有官族，邑氏亦如之。故姓非天子不可賜，氏非諸侯不可命。姓以繫百世之正統，氏以別子孫之旁出，族則氏之所聚也。三代以前，姓與氏爲二。婦人稱姓，男子稱氏。貴者有氏，賤者但有名無氏。故諸侯相詛，則云墜命亡氏，無氏爲賤也。姓或呼爲氏，氏不可以爲姓。氏不同而姓同者，百世不通婚姻。氏同而姓不同者，通婚姻可也。至三代以後，姓、氏、族混爲一。氏亦謂姓，姓氏亦謂族。《大傳》云：繫之以姓。又云：庶姓別于上。庶姓即氏也。《左傳》：羽父爲無駭請族，隱公命爲展氏。則是氏即族也。按氏之言柂侈也，柂與扯通。《詩》云：「析薪柂矣。」離析之意，故分之則爲氏，合之則爲族。別姓爲氏，即氏成族，族同氏，氏或有不同族者。姓本始生，如夏姓姒、殷姓子之類。夏、殷則其氏也。氏或以號，或以謚，或以國，或以字，以爵以官以居以志，如堯、舜、禹、湯，其號也。文、武、昭、宣、景、成、桓、戴之類，其謚也。齊、魯、吴、晉之類，其國邑也。王孫、公孫之類，其爵也。司徒、司馬、中行之類，其官也。伯有孟孫、叔子、子服之類，其字也。巫氏、匠氏、陶氏之類，其事也。東里、西門、南宫、北郭之類，其居也。五鹿、青牛、白馬之類，其志也。

《説文》：名，自命也。从夕从口。夕，冥也。冥不相見，而口自名也。《白虎通》曰：人有名，所以吐情自紀，事人者也。《禮》：子生三月，父名之。天道一時而物變，人生三月而始有知，故名。○古人諱名。如秦始皇名政，改正月爲征月，又爲端月，正言爲端言。漢高帝名邦，漢史改邦爲國。吕后名雉，《封禪書》改雉爲野雞。文帝名恒，改恒山爲常山。景帝名啓，《史記》改微子啓爲微子開。武帝名徹，改徹侯爲通侯，蒯徹爲蒯通。宣帝名詢，荀卿改孫卿。光武名秀，秀才改茂才。明帝名莊，老莊改老嚴，辦莊改辦嚴。殤帝名隆，隆慮侯改林慮侯。安帝名慶，慶氏改賀氏。吴太子名和，禾興改嘉興。晉文帝名昭，昭穆改韶穆，昭君改明君。《三國志》愍帝諱業，建業改建康。簡文鄭后名阿春，春秋改陽秋，富春改富陽。梁武帝名阿練，子孫呼練爲絹。隋煬帝名廣，廣陵改江都。唐祖名虎，虎賁、虎林、虎丘之類，皆稱武。唐太宗名世民，唐史世改代，民改人，民部改户部。高宗名治，治改理。代宗名豫，豫章改鐘陵，薯蕷改薯藥。宋英宗名署，又改薯藥爲山藥，簽署爲簽書。唐德宗名适，括州改處州。穆宗名恒，恒山改平山。石晉高祖名敬塘，拆敬氏爲文氏、苟氏。漢孝元皇后父名禁，改禁中爲省中。淮南王安父名長，《淮南子》書凡長改脩。司馬遷父名談〔一〕，《史記》張孟談、趙談，改稱同。唐李翺祖父名楚金，今皆改茲。晉以毗陵封東海王世子毗，毗陵改晉陵。錢王名鏐，石榴改金櫻，劉氏改金氏。楊行密據揚州，揚人呼蘯蜜爲蘯糖。賈曾以父名至中，不拜中書舍人。李賀以父名晉肅，不赴進士舉。柳公綽以祖諱，不敢拜禮部尚書。李涵爲大子少傅，吕滑劾涵不避父名。劉温叟以父諱嶽，不聽絲竹之音。桓玄以王忱呼温酒，流涕嗚咽。劉道隆誤索鳳毛，謝超宗徒跣還内。古人諱名，皆此類也。

三七

萬章問曰：「孔子在陳曰：『盍歸乎來！吾黨之士狂簡，進取，不忘其初。』孔子在陳，何思魯之狂士？」孟子曰：「孔子『不得中道而與之，必也狂獧乎！狂者進取，獧者有所不爲也。』孔子豈不欲中道哉？不可必得，故思其次也。」「敢問何如斯可謂狂矣？」曰：「如琴張、曾皙、牧皮者，孔子之所謂狂矣。」「何以謂之狂也？」曰：「其志嘐嘐梟然，曰：『古之人，古之人。』夷考其行，而不掩焉者也。狂者又不可得，欲得

〔一〕「談」底本作「淡」，内閣文庫本同，據今本《史記》改。

不屑不潔之士而與之，是獧也，是又其次也。孔子曰：『過我門而不入我室、我不憾焉者，其惟鄉（向）原乎！鄉原，德之賊也。』」曰：「何如斯可謂之鄉原矣？」曰：「何以是嘐嘐也？言不顧行，行不顧言，則曰：古之人，古之人。行何爲踽踽（舉）涼涼？生斯世也，爲斯世也，善斯可矣。閹（奄）然媚於世也者，是鄉原也。」萬章曰：「一鄉皆稱原人焉，無所往而不爲原人。孔子以爲德之賊，何哉？」曰：「非之無舉也，刺之無刺也，同乎流俗，合乎汙世，居之似忠信，行之似廉潔，衆皆悦之，自以爲是，而不可與入堯舜之道，故曰德之賊也。孔子曰：『惡似而非者：惡莠（酉），恐其亂苗也；惡佞，恐其亂義也；惡利口，恐其亂信也；惡鄭聲，恐其亂樂也；惡紫，恐其亂朱也；惡鄉原，恐其亂德也。』君子反經而已矣。經正則庶民興，庶民興，斯無邪慝矣。」

大道不越日用人倫，居仁由義，孝弟忠信而已矣。實體之則爲中行，其次識趣高明，有不群之志者，謂之狂。操持耿介，有不辱之守者，謂之獧。雖于道未渾合，而風裁獨持天真透露，世味不足以礙其遠度，塵氛不足以點其清操，是世教所倚重，孔子所思也。狂者議論過高，行有不逮，而不自掩護。獧者疾惡甚嚴，不屑不潔，而終不肯周旋，常與世落落。正乃天真不梏，與俗遠而與道彌近者也。蓋士惟有高明直方之氣，乃能振頽懦而立廉節。若猥瑣浮湛，每人而悦，是士林之稂莠，君子所惡也。

有世教之責者，惟申明仁義中正之道，使天下曉然知道不外廉恥忠信。民有恆性，自然興起。狂士之識量，狷士之節槩，爭勉爲之矣。道德一而風俗同，小人何所用其閹媚之術？唐虞之治，孔子之教，不過此。故上篇終楊墨，下篇終鄉原，皆歸重孔子，所以致願學之意，而示道德之宗也。

進取如希聖、希天、尚友古人之類，不忘其初，所謂不失其赤子之心。即忠信，立人之本也。猶善人不踐迹，亦不入於室之意。純任天真，所以爲狂，氣質未化，故止于狂。若鄉原薰染世味，不狂不狷，喪厥初矣。

聖人行處即中道，狂者得其氣魄，狷者得其筋骨，鄉原得其皮膚。氣魄筋骨，不如皮膚亂真。中道如無瑕之玉，狂狷玉之有瑕者，鄉原石之無瑕者。玉有瑕不如石無瑕者亂真，故世多惡狂狷而喜鄉原。惟聖人不然。

狂之言廣也，大也。獧、狷同，急也。與捐、蠲通。捐，棄也。蠲，潔也。有所不爲，謂非義不爲也。故思其次，單指狂，以答萬章思狂士之問。何如斯可謂狂，問魯士何人是狂。何以謂之狂，問狂之實行也。志謂之嘐嘐者，志大故言大也。古之人，堯舜以來列聖，皆是也。薄時流而慕古人，即進取也。重言者，動則稱也。夷，平也。謂其言甚高，而取其所言，就所行者，平等考校，常不揜其言。此狂者之短，亦便是狂者忠信處，所謂不忘其初，與鄉原自是者異也。既有琴張、曾皙、牧皮，又云狂者不可得，三千七十士中，如琴張數子，不多得也。不屑者，賤惡之辭。不潔，謂非道義也。獧者不屑不潔，是真廉潔。鄉原所譏，踽涼者也。又其次，次中道也。獧者堅貞有餘，而豁達不及狂，故又次也。

「過門不入」四句，皆孟子引孔子語，申明思狂獧，以誠之近道也，惡鄉原，以僞之害德也。近道者，遠而致思。害德者，過門而不願見。君子過門不入則憾，小人過門不入幸甚，何憾之有？過門反形在陳，不憾反形思歸。朱注以爲萬章引問，未然。

「何以是嘐嘐也」一段，模倣鄉原聲口，透出一生情狀，不必鄉原真有此語也。「何以是嘐嘐」四句，見其志與狂相反。「行何爲踽踽涼涼」四句，見其守與獧相反，不狂不獧，惟閹然媚世而已。聖人不狂不獧，則爲中行。凡夫不狂不獧，必爲鄉原。故鄉原與中道疑似，而聖凡相去天壤。

善斯可矣。一味與人親暱，不管邪正，全在人面上周旋，更不反照自己。閹猶閹寺之閹，幽腐之意，無復丈夫光明森爽之氣。不敢出一獨斷之言，不敢行一違衆之事，是曰閹然。

鄉原謂向人意推原也。鄉與向通，原之言緣也，婉轉依附之名。此爲正訓，孟子論鄉原情狀本此。萬章作鄉里之鄉，别是一解。萬二千五百家爲鄉。人莫衆于鄉，進之則國矣。大國三鄉，國與天下，皆鄉之集也。鄉人悦，則國與天下人無不悦。人至鄉國、天下皆悦，何以爲德之賊？萬章所以更端問也。

按經傳，凡言原者，多倣效意。《易》曰「原始反終」，推原也。《比》之彖曰「原筮」，依前復筮也。《禮記·文王世子》云「末有原」，勿以復進也。《周禮》「原蠶」，重蠶也。漢有原廟，倣舊廟也。朱註作願字，訓謹厚，未協。鄉里謹厚之人，爲害不至此。

鄉原局面，直逼聖人。聖人生今從今，惟有孔子。善與人同，惟有大舜。小可未能到，被鄉原襲取，作一媚世之術，所以挾詐彌天，罪惡亦彌天。「非之無舉」以下，正媚世情狀。狂者行不掩言，獧者孤潔無侶，未免破綻。鄉原忠信廉潔，無舉無刺，合同一世，殊覺完美。然一動聖人之思，一致聖人之惡，一近道，一爲賊。學者所以不患有古人之疾，患有俗人之好，寧磊落不合，勿爲猥瑣儕俗。士所以貴高明而脱凡近也，孔子登泰山小天下。惟成章之士能達，以此。

堯舜之道，中而已。孔子云：聖人吾不得而見之。即是不得中道而與之也。中則自無舉無刺，自諧世宜衆，自忠信廉潔。鄉原摹倣都似，聖人所以憂其亂德也。士君子主忠信，行廉潔。狂者不掩言，不忘初，是忠信。獧者不屑不潔，是廉潔。似忠信，似廉潔，是鄉原底本。無舉無刺，以其忠信廉潔媚君子也。同流合汙，以其忠信廉潔媚衆人也。衆皆悦之，欺人也。自以爲是，欺己也。沉溺錮蔽，久假不歸，習貫成性，故不可與入於堯舜之道。道即中，中甚精微，豈容多差？同此忠信廉潔，所爭只在誠僞幾希間。鄉原儘有學問事業，祇因一點媚心，學成一副似樣。儘教忠信，都成詐。儘教廉潔，都成貪。若向念頭上撥轉，一粒種真，普化成真。緣平日所居所行，儘自完備。堯舜之道中和，鄉原行徑都似堯舜。舉堯舜道之盡者，小可銷殺鄉原不下。

自以爲是，正是不求進取，其主張直從「何以是嘐嘐」來。狂者行不掩言，無心文過，如日月之食，天真未漓，不忘其初，所以進取。鄉原自以爲是，緣他言行，彌縫周匝，無可非刺。莊生謂七竅鑿而渾沌死，所以是非之心亡，而甘爲邪慝也。

「非之無舉」六句，自外説入。非刺，是人要推勘他。合同，是推勘他不破。居行，是窠臼深處。非之，大槩斥他不是，刺則深中其隱，俗既流矣，與俗不同便生罅；世既汙矣，與世不合便成隙。有罅隙，人便可非刺。然同俗而即其流者以同，則人併我謂流。合世而即其汙者以合，則人併我謂汙。乃內爲似忠信之心，外爲似廉潔之行，若爲同而不流、合而不汙者，然其深情厚貌，機巧彌縫如此。似忠信，與狂者言行不顧相反；似廉潔，與獧者踽踽涼涼相反。二反不同。似忠信，但不大言高行，似廉潔，所謂能讓千乘之國，而變色于簞食豆羹者也。衆皆悦之，根無非無舉，同流合汙來。自以爲是，根似忠信廉潔來。不可與入道，根自以爲是來。不可與入道，但誤自己。衆皆悦之，併誤天下。衆皆悦之，則衆皆效之矣。世道淪胥，君子所以恐而惡其爲賊也。然既無可刺舉而皆悦之，衆人焉能家喻户曉之？計惟有反經而已。《詩》云：「雨雪漂漂，見晛曰消。」兵家先爲不可勝，以待敵之可勝，反經之謂也。

鄉原是術，不是人。非一人之術，是百家之術。除卻聖賢，細微流注，大小各有鄉原。先儒云：凡有所爲而爲者，皆利也。惟鄉原此術周匝。如墨翟，是似仁之鄉原。楊朱，是似義之鄉原。商鞅、韓非，是似忠之鄉原。蘇秦、張儀，是似信之鄉原。陳仲子，是似廉之鄉原。沮溺丈人，是似潔之鄉原。惟有鄉原似中行。妄依真起，凡真皆有妄。聖道與天壤並垂，鄉原亦附聖道常有。陽不能無陰，君子不能無小人。理數自然，聖人末如之何。惟有明常道，審所好惡而已矣。

堯舜性者也，湯武反之也，五霸假之也。孔子所思中道，即堯舜。狂獧即湯武，鄉原即五霸。其删《詩》《書》，祖堯舜而宗湯武，脩《春秋》以黜五霸，惡鄉原也。孟子述唐虞三代之德，卑齊桓、晉文，以五霸爲三王罪人，惡鄉原，學孔子也。故下章以聞知自任，終七篇之義。

凡禍生于亂，亂生于似。惡似，非空惡之，所以弭亂也。惡莠則芟之，惡佞則遠之，惡利口則防之，惡鄭聲則放之，惡紫則去之，惡鄉原則正之。見背曰反，見面曰正。鄉原背道，反面乃正。惡莠以下，孟子語。

佞人有口才，無理説成有理，所以亂義，而實非義。利口慣熟，似開心見誠者，故亂信，其實無信也。

大道亙古今不易曰經。經者，常也，其在人心爲是非。千古若大路，禮義廉恥，光明正直，人心所共是也。卑汙苟賤，陰險變詐，人心所共非也。故曰斯民也，三代所以直道而行。《詩》云：「天生蒸民，有物有則。民之秉彝，好是懿德。」《書》云：「無偏無黨，王道蕩蕩。無黨無偏，王道平平。無反無側，王道正直。」經之謂也。叔世人情好枉疾直，喜同伐異。日積月習，常道乃背。高明者妬于時，而卑暗者悦于衆。徂詐者爲忠信，而貪汙者爲廉潔。正道乃反，民漸染而不興，皆邪慝之害心也。《詩》云：「式遏寇虐，勿俾正反。」又云：「式遏寇虐，無俾作慝。」此之謂也。故君子在上，敦典庸禮，勞來匡直。庠序學校，申之以孝弟之義，堯舜是也。君子在下，則進禮退義，守先王之道，以待後之學者。其子弟從之，則孝弟忠信，如孔孟之于春秋戰國是也。七篇言仁義性善，無非距詖息邪，撥亂而反之正也。常道既正，民有秉彝，自知禮義廉恥當守，邪媚可羞，是是非非，了然明白。而同流合汙者，自無所匿其奸。大惑解而習尚端，民行自興起矣。雖有鄉原，不得不改步，何邪慝之足慮乎？

反經，在人心上轉移。人之生也直，直即中。中者，心之本體。心匿爲慝，失中所以邪也。人心喜怒哀樂未發之謂中，發中節謂之和，和即中也。天下之達道，即經也。好惡公，邪正明，即是中和道達而經正矣。孔子脩《春秋》無毀譽，直道而行。其贊《易》也，扶陽抑陰。陽明爲君子，陰暗爲小人。狂獧中行，所以分也，皆本堯舜用中之意。六經之義顯，孔子之教明，即所謂反經而經正也。

或問鄉原與楊、墨何以異。曰：楊、墨亦鄉原也。邪之害正，未有不託于正者。不託于正，不能惑人。鄉原其尤者，不狂不狷似中。楊氏爲我，一毛不拔似獧。墨氏兼愛利天下，似狂。然則孔子何爲惡鄉原而不惡楊、墨？曰：楊墨當孔子世未甚也。孟子時，楊墨之言盈天下。爲我爲人，無父無君，顯然背于道之外，而鄉原隱然附于道之中。故防閑名教，則距楊、墨之功大；而洗滌人心，則惡鄉原之慮深。學者必先洗滌其心，然後可與明仁義，仁義明然後可與距楊墨。此章宜與楊子取爲我章例看，皆以明道之有中也。中無定體，能者從之。執不狂不獧求中，則爲鄉原而賊德，德在人心也；執不楊不墨求中，則爲子莫而賊道，道在天下也。其爲賊一也。孔子正德，故思狂獧。孟子明道，故距楊墨。道德莫要于中，故七篇終此章，即《論語》二十篇終「堯曰」之意，皆教人允執厥中也。

夫子與子張論達曰：察言而觀色，慮以下人，不亦鄉原乎？惟其質直而好義，所以中也。若夫色取行違，居之不疑，則鄉原矣。其與子路論士曰：切切偲偲怡怡如，不亦善斯可乎？此因子路過剛，而教以柔克也。若以語子夏、樊遲輩，則全無風骨，流爲鄉原矣。故曰：不剛不柔，厥德允脩，中行所以難也。大抵道不離涉世，爲狂獧，則見惡于小人。爲鄉原，則得罪于君子。然與其得罪于君子也，寧見惡于小人。故鄉原必不可爲，而狂獧必不可棄也。若今世，視鄉原又下矣。鄉原近名，而今名亦不惜矣。鄉原猶假，而今假亦不暇矣。故有執鞭乞墦，如穿窬盗跖之爲者，世方以爲圓融長厚，鄉里喜之，仕路推轂之。不然則世指爲浮躁剛惡，親戚惡之，仕路排擠之矣。廉恥喪而士無節槩，逢迎慣而官無紀綱。上下支吾，婾安藏拙，以諧世取寵，豈復有明作之氣、遠到之志？一朝有事，望風披靡。所謂圓融長厚者，縻爛如泥，不若浮躁剛惡者，尚有一割之用，而噬臍已無及矣。聖人所以惡鄉原，思狂獧也。有世教之責者，不可不三復於斯。

吾黨之士，謂魯國諸弟子也。狂簡，志大而略于俗也。進取，猶言尚友也。中道，行合乎道之中也。道，猶行也。獧，急也。琴張，名牢，字子張。莊周所稱「子桑户死，琴張臨喪而歌」者也。曾皙，名點，曾參父。言志異諸子，見《論語》季武子死。倚其門而歌，見《檀弓》。牧皮，未詳。嘐嘐，大言聲。曰，常言也。鄉原者，逢世之名，與狂獧獨行相反。「曰何以是嘐嘐」至「踽踽涼涼」，爲鄉原譏狂獧語，乃所以異于狂獧者也。言行不相顧，動則稱古人，譏狂者也。踽踽，獨行貌。涼涼，薄意。譏獧者也。善，相得也。閹然，無氣燄也。流俗，下流之俗。汙世，汙濁之世。居，存心也。行，履事也。自以爲是，文過也。狂者不掩，故能進取。鄉原自是，所以異也。莠草似苗，俗名狗尾。佞人巧辨似義，利口便捷似信。鄭聲淫哇亂雅，紫色紅艷似朱。反對正言。轉面曰反。是是非非曰正。經，常典也。反經，背邪面正也。經即仁義忠信，民秉物則也。常道明，則人皆知禮義廉恥之爲美，興起向善。而邪媚如鄉原者，自無所售其奸，故無邪慝。如此則狂獧可得，堯舜中道可入矣。

徐幹《中論》云：自仲尼没，唐虞之法微，三代之教息，人倫之中不定。惑世盜名之徒造異説，假先王之遺訓緣飾之，自謂聖人之真也。誘人以僞成之名，懼人以虚至之謗，使人憧憧不定，喪其故性而不自知其迷，相與祖述其業而寵狎之。斯術之于斯民，猶内關之疾也。非有痛癢煩苛于身，情志慧然，不覺疾之已深也。期日既至，則血氣暴竭。故内關之疾，疾之中夭而扁鵲之所甚惡也。故夫申不害、韓非、田駢、公孫龍汨亂乎先王之道，譸張乎戰國之世，非人倫大患，何者？術異乎聖人者易辨，而從之者不多也。今爲名者之異乎聖人也微，視之難見而世莫之非也，聽之難聞而世莫之舉也。其大抵也，苟可收名，不必獲實，則不去也。可以獲實，不必收名，則不居也。汲汲皇皇，常懼當世之不我尊而又恐後世之不我述也。其智調足以將之，便巧足以藏之，稱託比類足以充之，文辭聲氣足以飾之，是以欲而如讓，躁而如静，幽而如明，跛而如正。考其所由來，非堯舜之律也。核其所自出，非仲尼之門也。其回遹而不度，窮涸而無源，不可經方致遠，甄物成化，斯乃巧人之雄也，而僞夫之傑也。然中才之徒，咸拜手而贊之，揚聲以和之，悲夫人之陷溺，蓋如此乎？

三八

孟子曰：「由堯舜至於湯五百有餘歲，若禹、皋陶則見而知之，若湯則聞而知之。由湯至於文王五百有餘歲，若伊尹、萊朱則見而知之，若文王則聞而知之。由文王至於孔子五百有餘歲，若太公望、散上聲宜生則見而知之，若孔子則聞而知之。由孔子而來至於今百有餘歲，去聖人之世若此其未遠也，近聖人之居若此其甚也，然而無有乎爾，則亦無有乎爾！」

五百年一聖人出。生與聖人同時，同聚一堂，謂之見知。然世安得皆親見聖人？亦有生聖人後，世不同而道即前聖之道也，是爲聞知。由堯舜至孔子，千有餘年，列聖相傳皆然。由孔子至孟子，相去纔百餘年，鄒與魯又接壤，律以見知稍後，律以聞知最早。見知聞知，必居一于此，豈其無有見知者，而亦無有聞知者乎？兩「爾」字，一指見知，一指聞知。

道在宇宙，神而明之在人心。在宇宙者，流行不息。在人心者，苟不至德，至道不凝焉。待其人而後行，帝王所以治天下，聖人所以教萬世無窮，皆是也。顧氣數有聚散，大率五百年一聖人出。先後懸隔，見聞不同。而知本無二，孔子謂述而不作，孟子謂得志若合符節，此也。苟知不同，不得爲聖人矣。故聞知云者，直接先聖而名也，非但聞于見知也。見知云者，因與先聖同時而名也，非爲聞知者作合也。知之，知其德業文章，即知其道也。道無可見無可聞，凡可見者象也，可聞者聲也。不見而見，不聞而聞者，知也。孔子曰心之精神謂之聖，知即心之精神也。不待色而顯，不待聲而傳。仲尼所學于識大識小者，可見可聞者也。其不見不聞者，即存于所見聞之中。故見聞者未必知，不見聞者未必不知。是故有見而不知者矣，乃有見而知之者，有聞而不知者矣，乃有聞而知之者。見而知之者，不見亦知，聞而知之者，不聞亦知，是謂真知。知本不泥見聞，亦不越見聞也。

千聖一心，萬古一理。人所以異於禽獸者幾希，舜所以異於深山之野人者亦幾希。純此爲聖，不昧此爲知。聖人生而知之，故孔子曰：「吾有知乎哉？無知也。」無知而人皆可知，故孔子曰：「吾無隱乎爾。吾無行而不與二三子者，是丘也。」孟子以見聞言知，知不離見聞，所以爲中庸之德。仁義孝弟之道，二帝三王，莫之能易者也。其有所授之者，先得我心之所同然耳，非有秘義傳之前人而遺之後人者也。佛老蹈襲爲拈花微笑，夜深秘語，授偈傳衣。以大道爲伎倆，斯文爲牛耳。南宗北教水火相攻，具曰予聖。嗟乎！堯舜何嘗作此俑乎！是故自孟子而上，道在列聖。自孟子而下，道在六經。六經在，即孔孟在也，堯舜諸聖在也。凡有耳目，共聞共見，豈必人人師承，而後謂之見知聞知也哉！

自羲聖作《易》，斯文肇啓，時猶洪荒也。當堯之世，天下猶未平，乃舉舜而敷治，故道以堯舜平治天下爲首。《易》言象，虛也。《書》言事，實也。離事則無道。安人安百姓，乃爲盡道。故道莫備于堯舜，允執厥中。堯授舜也，孔子祖述之。故《書》首唐虞，猶《易》首乾坤。唐虞冠四代，猶乾坤生六子。乾坤合德，唐虞同典，故道必稱堯舜。所謂知之，皆知堯舜之道也。其舉禹湯而不及武王何也？應乎天而順乎人，革命自湯始也。湯之征伐，猶有揖讓之意焉，其用人猶然傳賢之意焉。故孟子謂湯執中，立賢無方。帝降而王，善學堯舜者莫如湯。孔子謂武未盡美，謂文王爲至德。君舉文王，而臣不及周公者，父子不並齒也。文王演《易》，周公《繫辭》。孔子獨爲文王作《文言》，附諸乾坤之後，自謂文王没文在茲。然則繼文王，本孔子之志也。

説者謂聞知資見，知爲接引。無見知，則無聞知，非也。謂湯聞諸禹、皋陶猶可，若伊尹見知，非由見湯始知禹、皋陶也。伊尹樂堯舜之道，湯於伊尹學焉後臣。伊尹先覺，不待見湯之後。文王亦非聞道于伊尹、萊朱，孔子亦非聞道于太公望、散宜生。大抵謂堯舜至孔子，千五百餘年間，列聖一脉相承，異世神交，不以見不見殊焉耳。

道莫要于知，知莫親于見。不見而聞，所謂耳順生知。神明默識如是者，莫盛于孔子，故聞知以孔子終。而孟子自謂私淑，得于聞也。後世幾人見先聖？故曰待文王而後興者，凡民也。若夫豪傑之士，雖無文王猶興。況今百年比鄰，以見非遠，以聞甚近，其于堯、舜、孔子之道雖未嘗見，豈亦未嘗聞乎？蓋生與聖人同世，則見。生不與聖人同世，則聞。二者不偏主。地近時近，謂之見可也。未得及門，謂之聞亦可也。故曰「無有乎爾，則亦無有乎爾」。

「然而無有乎」二語，商量卜度之辭。孔子之徒三千，身通六藝者七十人。識大識小，孰匪見知？今百年未久，鄒魯非遥，謂我與七十子同堂面授亦可，豈得謂今日無見知者乎？其或以予未得爲孔子徒，而予私淑諸人。五百年後，聞風尚得與於斯文，況旦暮咫尺，豈得謂今亦無有聞知者乎？二者必居一于此矣。

無乎爾，有乎爾，難直言之也。直言無見知，則前日之七十子，難乎其爲無也。直言有聞知，則諸人之私淑，難乎其顯任也。無有乎爾，即姑舍是之意。則亦無有乎爾，即乃所願之意。隱然欲超七十子而上接孔子，故朦朧其辭如此。

孟子姑舍游、夏、顔、閔而願學孔子，是無資于見知也。亦猶孔子于文王，非資于太公、散宜生也。故子貢謂賢者識大，不賢者識小。夫子焉不學而何嘗師，即孟子謂庶民君子存此幾希，予私淑諸人者也。

解者誤以諸人爲子思門人。夫孟子姑舍顔、閔，而甘爲子思門人泯然無稱者之徒乎？可謂不知孟子。道在人心，幾希有餘師。孔子學堯舜，孟子學孔子，正同。解者謂無見知則無聞知，非也。

德莫妙于明，常明曰知。知者，元始不昧之靈，千聖相傳之秘。孔子曰：「民可使由之，不可使知之。」知德者鮮矣。生而知之者上也，學而知之者次也。孟子曰：「智，譬則巧也。聖，譬則力也。」聖人言德必首知，故曰神而明之存乎人，默而成之存乎德行。默成不言，即神明也。聖人不于知外言行，亦不于行外言知。子思作《中庸》，憂道不明不行，語其弊也，故合而言之。蓋行有迹而易毀，知無象而不滅。行可見不可聞，知可聞不可見。可見者近在旦夕，可聞者千古如新。孟子所以重聞知也。先聖後聖，千里千歲，若合符節，非知不及此。《論語》終三知，孟子終此章，以知爲傳心之要。後世論學者，云先明諸心，知所往，然後力行以求至，知行始分爲二矣。是以有知而不能行者，不行之明，不可以爲知，其神明之知，反詆爲空虛，所謂割聖道以奉二氏者也。

五百歲，甚言其遠。大略天地貞元之數，至百而極，至五而合，非拘拘然也。據邵子《經世書》，唐堯元年甲辰，凡百四十年，歲次甲子，禹攝之。又四百五十三年，歲次巳未，成湯有天下。又六百三十九年，歲次癸亥，文王爲西伯。後五百八十七年，孔子生。又七十四年，歲在壬戌，孔子卒。後一百四十三年，歲次乙酉，孟子至梁。孟子生年未詳。據孔子卒于魯哀公十六年，而悼公立凡四十年，元公二十一年，穆公三十三年，共公二十二年，康公九年，景公二十九年，凡一百六十四年而魯平公立。魯平公見孟子，臧倉沮之梁，惠王見之而稱叟。則孟子生于穆公末年，共公之初年也。故云由孔子而來，百有餘歲。

堯、舜、禹、湯、皋陶、伊尹，俱詳《論語》。《夏書》有《禹貢》，《虞書》有《皋陶謨》。伊尹爲湯右相。萊朱，即仲虺，爲湯左相。太公望，詳《離婁》篇。散宜，姓。生，名。皆文王臣。至于今，孟子自謂其時也。鄒，古邾國。孟子居鄒，去魯甚近。《春秋傳》云「魯擊柝聞于邾」，然而無有乎爾，無見知也。則亦無有乎爾，又無聞知也。

孔《書》有《禹謨》《伊訓》《仲虺之誥》。○散宜，複姓。舊註云：宜生，名。誤也。堯娶散宜氏女，見《帝王紀》。○《尚書大傳》註：散宜生，文王四臣之一也。吕尚有勇謀而爲將，散宜生有文德而爲相。又曰：散宜生、閎夭、南宫适，三子俱學于太公。太公見三子賢，酌酒切脯，約爲朋友。○《淮南子》云：文王拘于羑里。散宜生以千金求天下珍怪，得雞斯之馬、玄玉、大貝、文皮，獻于紂，乃免。《説苑》：武王師伐紂，大風折旆，大雨水，卜而龜熸。散宜生三諫，武王三違之，而竟以滅商。

孟子説解卷十四終